suhrkamp taschenbuch
wissenschaft 374

Heidi Rosenbaum untersucht in dieser Arbeit, aufgrund welcher Verhältnisse die um 1800 in Deutschland bestehende Vielfalt von Familienformen sich im Laufe des 19. Jahrhunderts aufgelöst und sich der relativ einheitlich wirkende Typus »moderne Familie« herausgebildet hat. Sie geht dabei von der Hypothese aus, daß die verschiedenen Familienformen und ihre Entwicklung durch ihre spezifische Eingebundenheit in den und Verbundenheit mit dem Bereich der gesellschaftlichen Produktion und seinen Wandlungen grundlegend geprägt sind.

Die Hypothese wird an fünf Familienformen, »traditionellen« und »modernen«, überprüft. Als Beispiele für traditionelle Familien werden die von Bauern und Handwerkern untersucht. Dabei zeigen sich innerhalb des Typus des »ganzen Hauses«, dem beide zuzurechnen sind, wichtige, aus der jeweiligen Produktionsweise sich ergebende Differenzen. Ein Bindeglied zwischen diesen Familienformen und den modernen bildet die Heimarbeiterfamilie, in der sich alte und neue Elemente vermischen. Als Prototypen »moderner Familie« werden die bürgerliche und die proletarische Familie des deutschen Kaiserreichs analysiert. Obwohl die Trennung der Erwerbsarbeit von dem Wohn- und Familienbereich ein zentrales, beiden Familienformen gemeinsames Merkmal ist, überwiegen die aus der unterschiedlichen Arbeits- und Lebenssituation resultierenden Unterschiede.

Lediglich auf der ideologischen Ebene setzt sich allmählich eine einheitliche Vorstellung von Familie und Familienbeziehungen durch: das vom frühen Bürgertum entworfene und propagierte neue Ideal von Ehe und Familie, das bereits zentrale Merkmale der »modernen Kleinfamilie« antizipiert hat. Hieran zeigt sich, daß man zwischen Familienideologie und Familienrealität klar unterscheiden muß. Ideologie setzt stets nur an bestimmten Aspekten der Wirklichkeit an und verarbeitet sie zu einem mehr oder weniger konsistenten Muster.

Heidi Rosenbaum, geboren 1943, Diplom-Sozialwirtin, Dr. phil., Studium der Sozialwissenschaften in Hamburg und Göttingen. Von 1967 bis 1973 wissenschaftliche Assistentin bzw. Dozentin am Soziologischen Institut (später FB Gesellschaftswissenschaften) der Universität Marburg, seit 1973 lebt sie in Göttingen und nimmt Lehraufträge in Zürich und Göttingen wahr.

In der Reihe suhrkamp taschenbuch wissenschaft hat sie herausgegeben: *Seminar: Familie und Gesellschaftsstruktur. Materialien zu den sozioökonomischen Bedingungen von Familienformen* (stw 244).

Heidi Rosenbaum
Formen der Familie

Untersuchungen zum
Zusammenhang von Familienverhältnissen,
Sozialstruktur und sozialem Wandel
in der deutschen Gesellschaft
des 19. Jahrhunderts

Suhrkamp

Die Deutsche Bibliothek – CIP-Einheitsaufnahme
Rosenbaum, Heidi:
Formen der Familie : Untersuchungen zum Zusammenhang
von Familienverhältnissen, Sozialstruktur und sozialem
Wandel in der deutschen Gesellschaft des 19. Jahrhunderts /
Heidi Rosenbaum. – 7. Aufl. – Frankfurt am Main :
Suhrkamp, 1996
(Suhrkamp-Taschenbuch Wissenschaft ; 374)
Zugl.: Göttingen, Univ., Habil.-Schr., 1981
ISBN 3-518-27974-2
NE: GT

suhrkamp taschenbuch wissenschaft 374
Erste Auflage 1982
© Suhrkamp Verlag Frankfurt am Main 1982
Suhrkamp Taschenbuch Verlag
Satz und Druck: Wagner GmbH, Nördlingen
Printed in Germany
Umschlag nach Entwürfen von
Willy Fleckhaus und Rolf Staudt

7 8 9 10 11 12 – 01 00 99 98 97 96

Inhalt

Für Wolf

Während der Arbeit an der vorliegenden Untersuchung habe ich vielfältige Unterstützung, Ermutigung und Anregung erhalten. Den intensiven, kenntnisreichen und phantasievollen Diskussionen während der fünf Arbeitstagungen des von Michael Mitterauer geleiteten und von der Stiftung Volkswagenwerk finanzierten Forschungsprojekts »Strukturwandel der Familie im europäischen Vergleich« verdanke ich viele Anregungen und Hinweise. Karin Hausen und Michael Mitterauer haben Teile des Manuskripts gelesen. Ihre kritischen Bemerkungen haben dem Buch gut getan.

Besonderen Dank schulde ich Wolf Rosenbaum. Die den langjährigen Forschungsprozeß begleitenden Diskussionen mit ihm, seine Anregungen und kritischen Kommentare haben mir sehr geholfen.

Die Deutsche Forschungsgemeinschaft hat die Untersuchung durch ein Stipendium in den Jahren 1974 und 1975 gefördert. Die Arbeit ist vom Fachbereich Sozialwissenschaften der Universität Göttingen als Habilitationsschrift angenommen worden.

Göttingen, im Herbst 1981   H. R.

Einleitung

I. Übersicht über Fragestellung und Aufbau der Untersuchung

1. Fragestellung

a) Ein erster Blick auf die Situation der Familien in der Gegenwart läßt den Eindruck entstehen, als habe sich nahezu durchgängig ein einheitlicher Familientypus[1] durchgesetzt. Die ins Auge springenden Gemeinsamkeiten bestehen in:
- der Trennung von Erwerbstätigkeit und häuslichem Leben, das sich in einer nach außen abgekapselten Privatsphäre abspielt;
- einer spezifischen Rollenteilung, die dem Mann den außerhäuslichen Erwerb, der Frau die Verantwortung für Kinder und Haushalt zuweist, sie aber u. U. zur Zuerwerbsarbeit verpflichtet bzw. diese toleriert;
- der Abwesenheit mindestens eines Familienmitgliedes tagsüber;
- der Sicherung der Subsistenz durch das Einkommen aus der Erwerbsarbeit und der Versorgung durch das Marktangebot;
- dem Zusammenleben von zwei Generationen in einem Haushalt (was intensiven Kontakt mit der Großelterngeneration nicht ausschließt);
- die teilweise Übernahme von Sozialisationsleistungen durch spezielle gesellschaftliche Einrichtungen wie Kindergarten und Schule sowie
- der rechtlichen Gleichheit aller Familien durch die Ausbildung eines von der sozialen Position unabhängigen Familienrechts.

Eine Folge dieser nahezu allen Familien gemeinsamen Existenzbedingungen ist ein formal ähnlich verlaufender Lebensrhythmus. Normalerweise verlassen morgens die berufstätigen Familienmitglieder die gemeinsame Wohnung, die Kinder gehen zur Schule. Ab Mittag und im Laufe des Nachmittags kehren alle wieder zurück. Das Familienleben spielt sich hinter verschlossenen Türen, in der je eigenen Wohnung ab.

Auf diese Sachverhalte zielt vermutlich Tyrells Bemerkung, die Familien in unserer Gesellschaft praktizierten ein »»objektiviertes‹ soziales Grundmuster«.² Die formale Einheitlichkeit erleichtert es, von *der* modernen Familie zu reden. Hinzu kommt, daß sich mit dieser formalen Einheitlichkeit spezifische normative Vorstellungen über die Qualität des Zusammenlebens verbinden, die weithin akzeptiert, allerdings nur teilweise realisiert sind. Diesem Familienleitbild zufolge haben die Kinder eine zentrale Position in der Familie. Ihr Wohlergehen, ihre Erziehung und Bildung sind die große gemeinsame Aufgabe der Eltern. Die Beziehungen in der Familie, sowohl zwischen den Ehepartnern als auch zwischen Eltern und Kindern, sind bestimmt durch Zuneigung, Liebe und Vertrauen, durch persönliche Zuwendung, Respektierung der Individualität des Ehepartners und der Kinder.³

Diese normativen Vorstellungen und die Realität des Familienlebens sind jedoch nicht deckungsgleich, sondern stehen in einem Spannungsverhältnis zueinander, das entsprechend der realen Situation der Familien variiert. Nur wenn diese grundlegende Tatsache nicht berücksichtigt wird, entsteht die Vorstellung von dem einheitlichen Familientypus »moderne Familie«. Ausgangspunkt dieser Arbeit ist aber vielmehr, daß sich hinter der nach außen sichtbaren, einförmigen Fassade des Familienlebens wichtige Differenzen verbergen. Bei diesen handelt es sich nicht um stets vorhandene individuelle Variationen, sondern um sozialstrukturell bedingte Differenzierungen der »modernen Kleinfamilie«. Sie liegen nicht nur auf der Ebene der Größe der Familie und des Kontakts der Generationen zueinander. Unterschiede bestehen darüber hinaus in der materiellen Situation der Familien, in den Belastungen durch Erwerbs- und Hausarbeit, in der Wohnsituation, aber auch hinsichtlich kultureller und subkultureller Traditionen. Diese Differenzen sind insofern wichtig, als von ihnen auch die *Inhalte* des Familienlebens entscheidend tangiert werden. Von ihnen hängt ab, welche Stellung Kindern eingeräumt wird bzw. werden kann, welche Erziehungsziele und -stile verfolgt werden, welche zeitlichen und emotionalen Spielräume für die Pflege der persönlichen Beziehungen zwischen den Familienangehörigen bestehen, welche Art des Kontakts nach außen bevorzugt wird und anderes mehr.

Wenn diese Differenzen auch in jüngster Zeit, angeregt durch die schichtspezifische Sozialisationsforschung, ins Blickfeld der Familiensoziologie geraten sind, so fehlt es doch an Untersuchungen, die sich der Unterschiede systematisch annehmen. Die Familiensoziologie hat bislang ihr Augenmerk primär auf die die Familien verbindenden, weniger auf die sie trennenden Elemente gelegt. Insofern ist es nicht möglich, die hier vertretene Position fundierter zu belegen. Diese Differenzierungen der »modernen Familie« stehen nicht im Zentrum dieser Arbeit. Gleichwohl müssen sie, wenn im folgenden schlagwortartig von »moderner Familie« die Rede ist, mitgedacht werden.

Die äußere Einheitlichkeit des Familienlebens, hinter der die beschriebenen Differenzen zu verschwinden drohen bzw. erst auf den zweiten Blick erkennbar sind, ist allerdings ein Novum. In der deutschen Gesellschaft um 1800 existierten, wie zu zeigen sein wird, deutlich voneinander abgrenzbare und abgegrenzte Familienformen, deren Differenzen offensichtlich an die jeweiligen sozialstrukturellen Positionen gebunden waren. Die Unterschiede wurden durch ein ständisch gegliedertes Familienrecht untermauert.

Obschon auch die gegenwärtige Gesellschaft immer noch durch ausgeprägte Ungleichheiten gekennzeichnet ist, hat sich der beschriebene Typus der modernen Familie ausgebildet, dessen oberflächliche Einheitlichkeit den Blick auf die Differenzen verstellt. Welche Faktoren und Prozesse dazu beigetragen haben, daß sozialstrukturell bedingte Ungleichheiten sich nicht unmittelbar in der Familienform niederschlagen, soll im folgenden untersucht werden. Nicht die »moderne Kleinfamilie«, sondern ihre *Vorgeschichte* ist der Gegenstand dieser Arbeit.

b) Die Frage danach ist nicht neu. Zwar gibt es in der Familiensoziologie m. W. keine ausgebildete und stringent formulierte Theorie der Entwicklung der Familie; aber es existieren bestimmte theoretische Konstrukte über den Wandel der Familien in den letzten 200 bis 300 Jahren.

Im allgemeinen wird davon ausgegangen, daß im vorkapitalistischen Mittel- und Westeuropa die »Großfamilie« dominiert habe. Mit diesem unpräzisen Terminus wird teils das Zusammenleben von mindestens drei Generationen bezeichnet, teils darüber hinaus die um andere Verwandte erweiterte Familie. Diese Großfamilie sei durch die mit der Ausbreitung kapitalistischer Produktionsweise bzw. der Industrialisierung verbundenen Verlagerung der Produktion aus dem Hause zerstört worden. Es habe sich die in ihrem personellen Bestand auf Eltern und Kinder reduzierte sowie aus verwandtschaftlichen Bindungen weitgehend gelöste moderne Kleinfamilie herausgebildet, in der persönlich-intime Beziehungen vorherrschen.[4] Da die Familiengründung sich mit Neo-Lokalität verbindet, d. h. die Kinder spätestens mit der Eheschließung aus der Herkunftsfamilie ausscheiden, sind die Ehepartner die einzig dauerhaften Familienmitglieder. Auf diesen Sachverhalt zielt der Durkheimsche Begriff der Gattenfamilie (famille conjugale).[5]

Eine Variante dieser Entwicklungsvorstellung knüpft an die frühen Familiensoziologen W. H. Riehl und F. Le Play an. Sie hatten bereits das Zusammenleben von mehr als zwei Generationen als die an Eigentum gebundene Familienform identifiziert. Eigentumslose Bevölkerungsgruppen tendierten ihrer Ansicht nach hingegen zur Ausbildung kleinfamilialer Lebensweisen. Diese Differenzierung wird nun von gegenwärtigen Familiensoziologen in modifizierter Form beibehalten: danach sei die Großfamilie typisch für Angehörige der Oberschicht, die Kleinfamilie aber sei der Familientypus der Unterschichten.[6] Auf die Entwicklung der Familie übertragen führt diese Vorstellung zu der Aussage, die Gegenwart sei gekennzeichnet durch die »Universalisierung des Familientypus der Unterklassen« (König).[7]

Bedingt durch die Trennung von Produktion und Haushalt sei mit diesem Wandlungsprozeß auch eine Änderung des Verhältnisses von Familie und Außenwelt verbunden gewesen. Während die Familie vormals der Kontrolle und gegebenenfalls den Eingriffen außerfamiliärer Instanzen wie Nachbarschaft, Kirche und Obrigkeit unterstanden habe, führe sie in der Gegenwart ein nach außen abgekapseltes und von Einmischungen freies Leben »relativer Autonomie«.[8]

Mit den bisherigen Annahmen über diese Wandlungsprozesse verbindet sich die These von Funktionsverlust, Funktionswandel oder der Funktionsentlastung der Familie.[9] Ausgangspunkt dieses Theorems ist die Multifunktionalität der vorkapitalistischen oder vorindustriellen Familienverbände, in denen ökonomische, religiöse, berufsbildende und herrschaftliche Aufgaben eng miteinander verzahnt gewesen seien. Im Laufe der Entwicklung habe die Familie nun eine Funktion nach der anderen abgegeben, bis ihr nur noch die Erziehung verblieben sei, die sich damit als die »eigentliche« Aufgabe der Familie herausgestellt habe.[10] Sowohl in personeller wie in funktioneller Hinsicht sei die Entwicklung der Familie durch Reduktion gekennzeichnet – ein Trend, der jedoch nicht unbedingt negativ bewertet wird. Im Gegenteil könne erst von dem heutigen Zustand der Familie aus »mit Sicherheit gesagt werden, was wirklich zur Familie gehört und was nur sekundäres Merkmal ist, das ebenso gut oder sogar besser von anderen Einrichtungen der Gesellschaft verwirklicht werden kann«.[11]

In jüngster Zeit hat Tyrell den Versuch unternommen, diese theoretischen Konstrukte zu einer einheitlichen »Theorie der gesellschaftlichen Ausdifferenzierung der privatisierten modernen Kernfamilie« zusammenzufassen. Außer der Terminologie hat sich dadurch nichts geändert. Die Lösung der Familie aus den verwandtschaftlichen Bindungen, die mit der Entwicklung von der Großfamilie zur auf Eltern und Kindern reduzierten Kleinfamilie unterstellt wird, erscheint als »segmentäre Differenzierung des Verwandtschaftszusammenhangs«; die Konzentration der modernen Familie auf die Kindererziehung und die Pflege persönlicher Beziehungen, der Funktionsverlust, als »funktionale Spezialisierung« und »thematische Reinigung«.[12]

Auffällig an diesen hier nur sehr knapp referierten Positionen ist, daß die meisten Familiensoziologen der »vormodernen« Gesellschaft eine ebenso einheitliche Familienform unterstellen wie der Gegenwart. Eine Ausnahme davon bildet lediglich jene Position, die Groß- und Kleinfamilie bestehenden Eigentumsdifferenzen zuordnet.

Außerdem dominiert in der Familiensoziologie ein teleologisches Entwicklungsmodell der Familie. Schon die sprachlichen Metaphern deuten auf diese Interpretation familialer Wandlungsprozesse. Ob von »thematischer Reinigung« der Familie, der Ausschaltung »sinnfremder Komponenten« oder von der »eigentlichen« bzw. »ureigensten« Funktion der Familie die Rede ist – immer ist damit die Vorstellung einer »idealen«, »wesensgemäßen«, vielleicht auch »natürlichen« Ordnung der Familie verbunden, die am reinsten in der modernen Familie verkörpert sei. Die Wandlungsprozesse können deshalb nur als Abweichung von oder Hinentwicklung auf diesen Zustand interpretiert werden.

c) Fragt man nach den Gründen, weshalb sich ein tendenziell einheitlicher Typus »moderne Familie« herausgebildet hat, ist es erforderlich, die historischen und sozialstrukturellen Voraussetzungen und Grundlagen dieser Familienform gründlich zu untersuchen. Daraus ergibt sich, daß der Zeitraum von ca. 1780 bis 1914 im Mittelpunkt der Arbeit steht. In Deutschland ist diese Periode durch die Entwicklung und Ausbreitung der kapitalistischen Produktionsweise sowie grundlegende soziale und politische Veränderungen gekennzeichnet. Diese Umbruchsituation erlaubt es, die Auswirkungen der gesellschaftlichen Wandlungsprozesse auf tradierte Formen des Zusammenlebens und die Entstehung neuer Familienformen zu untersuchen sowie ein Erklärungsmuster für den Wandel von Familienformen zu entwickeln. Dabei sei explizit betont, daß *nicht* intendiert ist, eine generelle Erklärung des Wandels von Familie zu geben, sondern eine räumlich und zeitlich gebundene. Also: für die Zeit von 1780 bis 1914, wobei das Schwergewicht auf den Verhältnissen in Deutschland liegt.[13]

2. Untersuchungsplan

Die Arbeit geht von der Hypothese aus, daß die jeweilige Familienform und ihre Entwicklung *grundlegend* durch ihre spezifische Eingebundenheit und Verbundenheit mit dem Bereich der gesellschaftlichen Produktion und dessen Wandlungen geprägt ist. *Grundlegend* heißt: die jeweils spezifischen gesellschaftlichen, also historisch sich verändernden Formen der Produktion und der mit ihnen verbundenen gesellschaftlichen Differenzierungen bringen diese Familienformen in ihrer Besonderheit erst hervor. Konkreter formuliert: Was (Art der Produktion) mit welchen Arbeitsmitteln (Stand der technischen Entwicklung und der Arbeitsteilung) und unter welchen gesellschaftlichen Bedingungen (Eigentumsverhältnisse, selbständige und unselbständige Arbeit, Grad der Fremdbestimmtheit etc.) produziert wird, prägt in entscheidendem Maße die Familienstrukturen und beeinflußt die Beziehungen zwischen den Familienmitgliedern, bestimmt die soziale Definition der familialen Rollen (also was »Vater«-, »Mutter«-, »Kind«-, »Ehefrau«-Sein jeweils bedeutet), entscheidet über Art und Umfang der familialen Sozialisation, des konsum- und Freizeitverhaltens etc.

Die Untersuchung setzt in einer Zeit an, während der in Deutschland mehrere Produktionsweisen und infolgedessen auch Lebens- und Familienverhältnisse nebeneinander existierten: die einfache Warenproduktion des Handwerks, die noch stark gebrauchswertorientierte landwirtschaftliche Produktion, die kapitalistische Produktion in Form des Verlags und der (weniger wichtigen) Manufaktur. Die stark differierenden Familientypen basierten also auf stark differierenden, dabei gleichzeitig nebeneinander existierenden, nicht sehr eng miteinander verbundenen Produktionsweisen. Der Grad der wechselseitigen ökonomischen, sozialen, aber auch politischen Verflechtung war gering.

Sehr vereinfachend kann man um 1800 drei Grundtypen von Familien unterscheiden, die in sich noch vielfältig differenziert sind.

a) Eine große Zahl von Familien in der vorkapitalistischen Gesellschaft ist nicht nur in einem sehr viel umfassenderen Sinne als heute Lebens-, Erziehungs-, Konsum- und »Freizeit«-Gemeinschaft gewesen, sondern zugleich – und das im strikten Gegensatz zur »modernen Familie« – die grundlegende Einheit der Produktion. Weder waren diese Familien ohne die Produktionsaufgaben denkbar, noch die Produktion ohne den familialen Rahmen, der sie prägte und begrenzte. Diese Familienform, für die der Begriff des »ganzen Hauses« geprägt worden ist, finden wir traditionell bei Bauern und Handwerkern, seit dem Entstehen der Verlagsindustrie, wenn auch mit Modifikationen, bei den Heimarbeitern.

Die Einheit von Produktion und Haushalt bedeutete, daß jenseits aller vorhandenen Differenzierungen sachlich-ökonomische und arbeitsorganisatorische Aspekte im täglichen Leben dominierten. Aufgrund dessen, aber auch weil, von den Heimarbeitern abgesehen, in diese Haushalte häufig Gesinde, Gesellen und Lehrlinge einbezogen waren, konnten sich in ihnen weder eine Privatsphäre »Familie« ausbilden, noch – was damit zusammenhängt – emotional-affektive Orientierungen jene Bedeutung bekommen, wie sie für die moderne Familie typisch zu sein scheinen.

b) Einen weiteren Typus »traditioneller« Familie stellte die Adelsfamilie dar. Sie unterschied sich von den geschilderten Familien dadurch, daß sie in der Regel selbst nicht produzierte, also keine Produktionseinheit war. Statt dessen war sie, in politisch noch weitgehend dezentralisierten Gesellschaften, Medium der Herrschaftsausübung (wenn auch über unterschiedlich große Gebiete). Den Mittelpunkt adeligen Familienlebens bildete die ökonomische und politische Herrschaft über ihr

»Territorium«, deren Sicherung und Ausdehnung die Repräsentation des Hauses und die Organisierung und Pflege von politischen und gesellschaftlichen Kontakten erforderte. Aus diesen Gründen überwog in der Adelsfamilie die Orientierung nach außen. Das Entstehen einer Privatsphäre und intensiver persönlicher Gefühlsbeziehungen wurden hier ebenfalls *strukturell* nicht begünstigt.

c) Zu einem dritten Typus gehörten jene Familien, zu deren Aufgaben weder die Produktion noch die Herrschaftsausübung zählte. Auch sie existierten bereits in größerer Zahl innerhalb der »alten« Gesellschaft, ohne daß ihnen jedoch die Funktion eines Leitbildes zukam. Im wesentlichen war die Trennung von Familie und (Erwerbs-) Arbeitsstätte bereits vollzogen in bestimmten Handwerken und Gewerben, bei den Tagelöhnern in Stadt und Land sowie bei den Angehörigen der sich herausbildenden bürgerlichen Klasse, wo die Trennung von Erwerbsarbeit und Wohnung oft von vornherein mit der beruflichen Position verbunden war (Beamte) bzw. sich allmählich im Laufe des 18. und beginnenden 19. Jahrhunderts durchsetzte (Großkaufleute etc.). Diese Familien lassen sich – wie die soziale Streubreite unschwer erkennen läßt – nicht so einfach charakterisieren wie die vorher skizzierten Familienformen. Die soziale Situation war zu unterschiedlich.

Es ist nicht möglich, aber auch nicht sinnvoll gewesen, in dieser Arbeit *alle* diese Familienformen und ihre Differenzierungen zu untersuchen. Dagegen sprachen von vornherein arbeitsökonomische Gründe. Für die Fragestellung dieser Arbeit nach den Bedingungen der Ausbildung der »modernen Familie« reicht es aus, sich auf einige Familienformen zu beschränken, die wegen ihrer zahlenmäßigen Bedeutung sowie ihrer sozialen Leitfunktion wichtig sind und für die ausreichend Material zur Verfügung stand. Im folgenden werden deshalb fünf verschiedene Familientypen untersucht: »traditionelle« Familienstrukturen und -beziehungen werden am Beispiel von *Bauern- und Handwerkerfamilie* herausgearbeitet. Aus dem Vergleich dieser Familienformen, die beide der Sozialform des »ganzen Hauses« zuzurechnen sind, können Aufschlüsse über die Auswirkungen der spezifischen Produktionsbedingungen auf familiale Rollenkonstellationen und Rollenanforderungen gewonnen werden.

In der ursprünglichen Konzeption dieser Arbeit sollte außerdem die *adelige Familie* untersucht werden. Sie hat innerhalb der »traditionellen« Familienformen insofern eine Sonderstellung, als sie zwar keine Produktionsfunktion wahrnahm, ihre zentrale Aufgabe statt dessen in der Ausübung und Sicherung von Herrschaft lag. Aus dieser völlig anderen Bedeutung innerhalb des gesellschaftlichen Zusammenhangs resultierte ein spezifisches Struktur- und Beziehungsmuster der adeligen Familie, die sie gleichsam als ein Antitypus von »Familie« erscheinen lassen. Obschon diese Familienform zahlenmäßig keine große Bedeutung hatte, war sie als *Typus* besonders interessant. Aus Zeitgründen mußte auf ihre Untersuchung verzichtet werden. Erleichtert wurde diese Entscheidung dadurch, daß der Typus adeliger Familie für die Fragestellung dieser Arbeit nicht unbedingt herangezogen werden muß. Hinzu kommt, daß in den letzten Jahren außer den differenzierten Untersuchungen Stones über den englischen Adel[14] eine eingehende Studie über den westfälischen Adel erschienen ist, die u. a. auch die Familienverhältnisse untersucht.[15] Diese Untersuchungen bieten wichtige Aufschlüsse über die prägende Kraft, die von den Erfordernissen der Herrschaftsausübung und -sicherung auf die Familienstrukturen und -beziehungen ausgingen.

Die *Heimarbeiterfamilie*, die als dritter Familientypus untersucht werden soll, bildet eine Übergangsstufe zwischen »alten« und »modernen« Familienformen. Sie erfüllt zwar noch Produktionsfunktionen, dies jedoch im Gegensatz zu Bauern und Handwerkern ohne die Einbeziehung weiterer Arbeitskräfte in die Haushalte. Der Verlust der ökonomischen Selbständigkeit, Monotonie der Arbeit, kleinfamiliale Lebensformen und tendenzielle Individualisierung der Ehebeziehungen verweisen gleichzeitig schon auf die proletarische Familie.

Als unmittelbare Vorläufer der »modernen Familie« werden die bürgerliche und die proletarische Familie analysiert.

Die *bürgerliche Familie* bildet sich – ebenso wie das Bürgertum – noch im Schoße der vorkapitalistischen Gesellschaft heraus. Deshalb setzt die Untersuchung hier zeitlich schon früh, in der zweiten Hälfte des 18. Jahrhunderts an, obschon das Bürgertum als Klasse sich erst hundert Jahre später, in der zweiten Hälfte des 19. Jahrhunderts voll entfaltet hat.

Die bürgerliche Familie zählt zu jenen Familienformen, die keine Produktionsaufgaben wahrnehmen und die deshalb durch die Trennung zwischen Erwerbsarbeit und Haushalt gekennzeichnet werden können. Aufgrund der relativ günstigen wirtschaftlichen Lage großer Teile des Bürgertums werden die Kinder von Beiträgen zum Lebensunterhalt befreit. Der Frau verbleibt noch die Hausarbeit bzw. deren Organisation. Sie leistet jedoch keine Erwerbsarbeit. Auf dieser strukturell neuen Basis bilden sich allmählich neue Formen und Inhalte des nunmehr »privaten« Familienlebens heraus. Dazu gehören die zentralen Merkmale »moderner Familie«: Kindzentrierung sowie Intensivierung und Intimisierung der persönlichen Beziehungen.

Schon die ersten Ansätze dieser Entwicklungen werden vom Bürgertum ideologisch untermauert und zu einem in sich halbwegs konsistenten »Modell« von Familie zusammengefaßt. Seine Stilisierung zu *der* Familie schlechthin und seine Propagierung als einzig angemessene Lebensform kennzeichneten fortan die Entwicklung. Dieses Familienideal darf jedoch nicht mit der Realität bürgerlicher Familie verwechselt werden.

Die *proletarische Familie* bildet sich als Typus erst sehr spät, in der zweiten Hälfte des 19. Jahrhunderts, aus. Ebenso wie bei der bürgerlichen Familie sind bei ihr Erwerbsarbeit und Wohnung, zumindest für den Mann, zwei getrennte Bereiche. Die schlechte und unsichere wirtschaftliche Situation, der dadurch häufig notwendige Zuverdienst von Frau und Kindern sowie der zeitliche Umfang und die Belastungen durch die Arbeit minimieren die Chancen für ein dem Bürgertum vergleichbares Familienleben.

Die Analyse dieser verschiedenen Familienformen zielt zum einen darauf, den Zusammenhang mit der jeweiligen Produktionsweise herauszuarbeiten. Daneben wird nach Übereinstimmungen bzw. Differenzen zur »modernen Familie« gefragt. Schließlich werden die Wandlungen dieser Familienformen verfolgt. Es wird also erörtert, welche Faktoren auf die Veränderung dieser Familienformen einwirken und ob diese sich kontinuierlich in Richtung auf die »moderne Familie« entwickeln.

Für die einzelnen Familienformen werden jeweils folgende Komplexe untersucht:

- *Stellung der Familie bzw. einzelner Familienmitglieder im Produktionsprozeß.* Dazu gehören die Fragen nach Quelle, Art und Umfang des Einkommens, Art der Produktion, Ausmaß der Arbeitszerlegung sowie nach den gesellschaftlich-herrschaftlichen Bedingungen der Produktion.

- *Haushaltsgröße und Zusammensetzung.* Gefragt wird nach der Zahl der zusammenlebenden Personen, der Art der Beziehungen, der generativen Zusammensetzung.
- *Ehebeziehung.* Dazu gehören Heiratsverhalten, Arbeitsteilung und Rollendefinitionen, Autoritätsverhältnisse und Sexualität.
- *Stellung der Kinder.* Zu nennen sind: Probleme der Geburtenkontrolle, die Einstellung der Eltern zu den Kindern, Bedeutung der Kinder, Erziehungsprozeß, schulische und berufliche Ausbildung.
- *Geselligkeit und Freizeitverhalten.* Beides wird primär unter dem Aspekt der Verbindung des Haushalts bzw. der Familie mit der Umwelt analysiert.

Diese Problemkomplexe konnten nicht für alle Familienformen gleichgewichtig behandelt werden. Beispielsweise kann weder bei Bauern noch Handwerkern auf Grund ihres spezifischen Arbeitsprozesses von »Freizeit« in dem uns geläufigen Sinne die Rede sein. Verläßliche Angaben über Haushaltsgröße und Familienzusammensetzung sind nur für jene Familienformen vorhanden, deren sich die quantifizierende historische Familienforschung bevorzugt angenommen hat.

3. Bemerkungen zur Materialsituation

a) Die Vielfalt der Familienformen und die Länge des Untersuchungszeitraums machten es von vornherein unmöglich, ausschließlich oder auch nur überwiegend Primärquellen zu verwenden. Aus dem gleichen Grund wurde auch nicht mit Familienrekonstitutionen gearbeitet, d. h. es wurden nicht individuelle Familien über einen längeren Zeitraum hinweg untersucht. Die Arbeit stützt sich schwerpunktmäßig auf Literatur, in der das zeitgenössische Material in bereits verarbeiteter Form erscheint: auf Monographien, Enquêten usw. Es handelt sich also um eine Sekundäranalyse, bei der teilweise Primärquellen mitverarbeitet wurden.

Damit war eine Reihe von Problemen bereits vorgegeben. Unmittelbar das Familienleben und die Familienstrukturen im 18. und 19. Jahrhundert behandelnde Literatur gibt es kaum. Literatur, die nach Familienformen differenziert, gibt es, außer den Arbeiten Riehls und Le Plays, überhaupt nicht.[16] Das hängt damit zusammen, daß Familienverhältnisse erst dann diskutiert wurden, als bestimmte traditionelle Strukturen und Verhaltensweisen auf Grund sich wandelnder gesellschaftlicher Verhältnisse problematisch geworden waren. Aus dieser Genese der Familiensoziologie resultiert, daß der wenigen Literatur, die sich im 18. und 19. Jahrhundert mit »Familien«-Problemen beschäftigt, von vornherein eine gesellschaftspolitische Absicht eigen ist, die auf Veränderung oder auf Bewahrung gerichtet sein kann. Beispielhaft dafür sind die literarischen Diskussionen über Ehe und Erziehung im Bürgertum des 18. Jahrhunderts und die Untersuchungen Riehls und Le Plays.

Im engeren Sinne familiensoziologische Untersuchungen sind außer von den beiden genannten Autoren nicht vorhanden. Familiensoziologen haben bisher kaum historisch gearbeitet, sondern sich überwiegend jeweils aktuellen Problemen zugewandt. Hinzu kommt, daß die Fragestellung dieser Arbeit gleichsam konträr zu den in der Familiensoziologie gängigen Forschungsperspektiven ist.

Auch Historiker haben erst seit einigen Jahren im Rahmen der zunehmenden Beschäftigung mit Sozialgeschichte die Relevanz der Familienorganisation als der grundlegenden Einheit von Produktion und Reproduktion in den vorkapitalistischen Gesellschaften »entdeckt«. Es gibt deshalb leider erst sehr wenig Literatur, auf die zurückgegriffen werden konnte.

b) Wie bereits erwähnt, wurden einige Primärquellen verwendet. Es handelt sich dabei um Berichte von Regierungsbeamten und Ärzten, teilweise um Reisebeschreibungen. Auch die im 18. Jahrhundert sich im Medium der Literatur abspielende Diskussion über die Reform von Ehe und Erziehung gehört dazu. Nicht zuletzt sind hier die Autobiographien zu nennen, die aber nur teilweise Informationen über das Familienleben enthalten. Da es sich bei ihnen um Einzelfälle handelt, sind autobiographische Zeugnisse in dieser Arbeit durchgängig nur zur Veranschaulichung verwendet worden.

Für jene Familienformen, bei denen Haushalt und Produktion noch eine Einheit bildeten, d. h. denen von Bauern, Handwerkern und Heimarbeitern, konnten einige Informationen über Familienleben aus den herangezogenen wirtschafts- und sozialhistorischen Forschungen entnommen werden. Diese Literatur enthielt immer zugleich – wenn auch unsystematische und teilweise in Fußnoten versteckte – Aussagen über Rollenkonstellationen, Beziehungen im Hause, Kinderarbeit etc.

Eine andere wichtige Materialgattung, die allerdings nur für die Familien von Gehalts- oder Lohnempfängern zur Verfügung stand, waren Budgetstudien. Sie stammen überwiegend aus der Zeit des Deutschen Kaiserreichs. In der zweiten Hälfte des 19. Jahrhunderts ist im Zusammenhang mit der sozialen Frage auch eine Fülle sozialpolitischer Studien und Enquêten entstanden, die Aufschluß über wichtige Einzelprobleme, beispielsweise die Wohnungsnot oder Probleme der Industriearbeit, geben.

Schon erwähnt wurden die in den letzten Jahren von Historikern veröffentlichten, überwiegend regional eng beschränkten und leider nicht sehr zahlreichen Studien, die auf Familienrekonstitutionen beruhen und wichtige Informationen über Größe und Zusammensetzung einzelner Familienformen geben. Zum Teil handelt es sich um ausländische, vornehmlich englische und französische Forschungen, deren Ergebnisse, sofern sie verallgemeinerbar sind, herangezogen wurden.

Von diesen regional begrenzten Studien abgesehen, enthalten die meisten der genannten Materialien gar keine oder nur mit Vorsicht zu verwendende quantitative Angaben. Exakte Ziffern für die durchschnittliche Kinderzahl, die Familiengröße u. ä. zu geben, ist allerdings auch nicht die Absicht dieser Arbeit. Wesentlich relevanter sind m. E. die qualitativen Aspekte des Familienlebens.

c) Die Materialsituation ist für die einzelnen Familienformen sehr unterschiedlich. Beispielsweise gibt es bislang keine mit Familienrekonstitutionen arbeitenden Untersuchungen über Handwerkerhaushalte sowie proletarische und bürgerliche Familien. Die historische Forschung der letzten Jahre hat sich auf wenige Familientypen konzentriert. Auf Grund dessen sind die Gewichte bei der Untersuchung der einzelnen Familienformen verschieden verteilt. Am günstigsten ist die Materialsituation für die bäuerliche Familie. Im Zusammenhang mit der Diskussion um die Verbreitung der Großfamilie im vorkapitalistischen Mittel- und Westeuropa sind einige Untersuchungen zur Größe und generativen Zusammensetzung der bäuerlichen Familie entstanden. Das besondere Interesse gilt dabei dem Einfluß erbrechtlicher Regelungen auf die Formen des Zusammenlebens. Auch Agrargeschichte, Agrarpolitik und Volkskunde haben sich der bäuerlichen Lebensverhältnisse angenommen und eine Fülle an

Literatur hervorgebracht. Teilweise ist die Tendenz zur Verklärung bäuerlichen Lebens unübersehbar. Familienideologie und Familienrealität voneinander zu trennen, war nicht immer einfach. Ganz anders sieht die Situation bei der Handwerkerfamilie aus. Von der grundlegenden, vorwiegend Autobiographien auswertenden Studie Möllers[17] sowie wirtschaftshistorischen und zunftrechtlichen Abhandlungen abgesehen, gibt es nur sehr wenige, verstreute Informationen.

Auch die Familienform der Heimarbeiter hat kaum Interesse erregt. Erst in den letzten Jahren sind einige historische Arbeiten, vornehmlich in England und Frankreich, entstanden, auf die zurückgegriffen werden konnte.

Für die bürgerliche Familie existiert wiederum eine Fülle von Material. Besonders reichhaltig fließen die Quellen über das im 18. Jahrhundert in der literarischen Diskussion entwickelte und propagierte Familienleitbild. Einzelne Aspekte sind von Literaturwissenschaftlern bereits aufgearbeitet worden. Bedeutend spärlicher hingegen ist die Materiallage zur *Realität* von bürgerlicher Ehe und Familie. Damit hängt möglicherweise zusammen, daß nicht selten das von Kreisen des Bürgertums entwickelte Leitbild von Ehe und Familie mit der Realität verwechselt wird.

Zur proletarischen Familie ist im Zusammenhang mit der sozialen Frage in der zweiten Hälfte des 19. Jahrhunderts viel Literatur entstanden. Budgetstudien und Enquêten geben für die proletarische Lebens- und Arbeitssituation vielfältige Auskünfte. Allerdings dominiert bei einem erheblichen Teil des Materials eine spezifische Verzerrung. Die proletarischen Familienverhältnisse wurden nicht selten unter der Perspektive des Verfalls wahrgenommen und beschrieben – eine Folge des Umstandes, daß das Ideal bürgerlichen Familienlebens zur unbezweifelten Norm geworden ist.

Aus der Art des verwendeten Materials resultiert, daß einige, für die Fragestellung interessante Aspekte nicht untersucht werden konnten. So gibt die Arbeit wenig bzw. keine Auskünfte über
- Verwandtschaftsbeziehungen außerhalb der Haushaltsgemeinschaft;
- Auswahl von Paten als einen Versuch, soziale Beziehungen zu knüpfen bzw. alte zu bekräftigen;
- detaillierte Heiratsstrategien;
- Mobilität.

II. Methodologisch-theoretische Überlegungen

1. Zum Familienbegriff

Wenn die Entwicklung der »Familie« über einen derart langen Zeitraum untersucht werden soll, in dessen Anfangsphase zumindest mehrere Familienformen nebeneinander existierten, so fragt sich, ob die verschiedenen Familientypen, sowohl die »traditionellen« als auch die »modernen«, mit *einem* Begriff bezeichnet werden können? Oder handelt es sich um derart unterschiedliche Formen des Zusammenlebens, daß es wenig sinnvoll ist, alle diese Erscheinungen unter »Familie« zu subsumieren?

a) Der in der Soziologie üblicherweise verwendete Begriff der Kernfamilie bzw. Familie stellt ausschließlich auf das Zusammenleben der Eltern mit ihren unmündigen und unverheirateten Kindern ab, schweigt sich jedoch sowohl über die Qualität dieses Zusammenlebens, d. h. die Art der Beziehungen, als auch über die Einbettung in den sozialen Zusammenhang, in dem die Gruppe »Familie« existiert, aus. Er erweist sich dadurch als einer jener soziologischen Allgemeinbegriffe, die überzeitliche Geltung beanspruchen.[18] Insofern könnte der Begriff Kernfamilie in dieser Arbeit, die die Familienformen und deren Entwicklung über einen längeren Zeitraum untersucht und Verbindungslinien bis in die Gegenwart zieht, ganz unproblematisch verwendet werden.

Betrachtet man den Begriff jedoch genauer, so zeigt sich, daß in ihn trotz des hohen Abstraktionsgrades spezifische Realitätsdeutungen eingeflossen sind. Er setzt nämlich voraus, daß die Gruppe aus Eltern und Kindern in allen gesellschaftlichen Zusammenhängen als gesonderte existiert und erkennbar ist. In den industriekapitalistischen Gesellschaften ist dies zweifellos der Fall. Ob dies jedoch überall und zu allen Zeiten gilt, erscheint mehr als fraglich. Insofern erfordern familiensoziologische Analysen, den gesellschaftlichen Gesamtzusammenhang in die Untersuchung einzubeziehen, um dadurch Aufschluß über die Stellung der jeweiligen Familien- und Verwandtschaftsorganisation im sozialen Kontext zu erhalten. Sonst stehen sie in der Gefahr, auf Grund oberflächlich zu konstatierender Gemeinsamkeiten (Vater, Mutter, Kind), in der eigenen Gesellschaft existente Strukturen unbesehen anderen Gesellschaften zu unterschieben.

Diese Bemerkungen lassen erkennen, welche Schwierigkeiten auftauchen, wenn angeblich allgemeingültige soziologische Kategorien zur Analyse anderer gesellschaftlicher Verhältnisse als der, an denen sie entwickelt worden sind, benutzt werden.[19] Analytische Begriffe, die dazu gebildet worden sind, die Realität zu erfassen, spiegeln stets diese oder einzelne ihrer Aspekte wider. Da sich die gesellschaftliche Realität im geschichtlichen Ablauf verändert, sind auch die Kategorien zeit- und gesellschaftsgebunden und somit in Anwendung und Aussagegehalt beschränkt. Beachtet man den Zusammenhang des kategorialen Apparates mit der Realität, an der er gewonnen wurde, nicht, so hat das bei der Untersuchung anderer Gesellschaften häufig zur Folge, daß sie nicht aus sich heraus, in ihrer Eigenart, erfaßt werden können. In diesen Fällen führt die Analyse mit den ihnen unangemessenen, äußerlichen Kategorien lediglich dazu, daß der Forscher überall die Strukturen auffindet, die er mit der Anwendung seiner Begriffe vorausgesetzt hat, konkret: die historischen Besonderheiten der Gegenwart stellen sich als vermeintlich ewig gültige heraus, denn »unter der Hand (werden) *bürgerliche* Verhältnisse als unumstößliche Naturgesetze der Gesellschaft in abstracto untergeschoben.«[20]

b) Gegen die angeblich allgemeingültigen soziologischen Kategorien muß noch ein weiterer Einwand erhoben werden. Sie sind ein Produkt des Bemühens um die Entwicklung einer allgemeinen soziologischen Theorie, die gerade nicht auf die Analyse je historisch verschiedener Formen des Zusammenlebens zielt, sondern Aussagen über allgemeinste Strukturen der Vergesellschaftung machen will. Dies erfordert notwendig die Abstraktion von der Vielfalt der historisch verschiedenen Formen gesellschaftlichen Zusammenlebens, den Verzicht auf Geschichte, und nötigt letztlich dazu, soziale Beziehungen an sich, losgelöst von ihrem spezifischen Inhalt zu denken und zum Gegenstand soziologischer Forschung zu machen. Der Sinn eines solchen Unterfangens steht hier nicht zur Debatte. Festzuhalten gilt jedoch, daß diese Stufe von Abstraktion und Generalisierung eine Begrifflichkeit impliziert, deren Aussagegehalt gering ist.[21] Nicht selten reduziert sich der tatsächliche Inhalt der Kategorien auf die Konstatierung von Trivialitäten, auf die »unsterbliche Entdeckung, daß der Mensch in allen Zuständen essen, trinken etc. muß«.[22]

Die Gegenposition zu dieser Kritik an den soziologischen Allgemeinbegriffen kann nun nicht darin bestehen, den individuellen Einzelfall zum einzig legitimen Gegenstand soziologischer Forschung zu erheben. Das hieße, den Verzicht auf Wissenschaft zum Programm zu machen, da wissenschaftliche Aussagen stets Angaben über *typische* Strukturen, Verhaltensweisen und Beziehungen intendieren. Jede Begriffsbildung beruht auf Abstraktion und Generalisierung – wenn auch in unterschiedlichem Ausmaß und nach unterschiedlichen Kriterien. Es gilt daher eine Methode zu finden, die neben der notwendigen Verallgemeinerung zugleich das *Typische* der einzelnen Erscheinungen erfaßt.

c) Wenn alle Gegenstände der Soziologie gesellschaftliche sind und als solche historischem Wandel unterliegen, dann besteht ein sinnvoller Grad der begrifflichen Verallgemeinerung darin, das Typische eines Gegenstandes für jeweils begrenzte historische Epochen oder Zeiträume zu erfassen. Als Alternative zu den generellen Abstraktionen der allgemeinen Theorie bietet sich mithin folgendes Verfahren an: es werden Begriffe entwickelt, mit denen die Struktur eines Gegenstandes, d. h. die Grundzüge, die seinen, in der Wirklichkeit vorfindlichen, individuellen Erscheinungsformen innerhalb eines abgrenzbaren historischen Zeitraums gemeinsam sind, erfaßt werden können. Dieser Abstraktionsgrad erlaubt es, in der Begrifflichkeit notwendige Verallgemeinerung und historische Veränderung miteinander zu verbinden.[23] Eine solche Methode impliziert den weitgehenden Verzicht auf die allgemeinsten Kategorien wie »Gruppe«, »Familie« etc. Sie muß deshalb den Sachverhalt, der gemeinhin damit bezeichnet wird, jeweils in seiner historischen Besonderheit untersuchen und so beschreiben, daß diese Besonderheit auch in der Abstraktion des Begriffs ausgedrückt ist.

Beispielsweise müßte der auf diese Weise gewonnene Begriff der Arbeiterfamilie das Typische, die reale Grundstruktur der Vielzahl von Arbeiterfamilien widerspiegeln; sein Geltungsbereich ist somit beschränkt auf diejenigen Gesellschaften, in denen Lohnarbeit vorherrscht, also die kapitalistischen. Damit wird zugleich deutlich, daß dieser Begriff an einer spezifischen Realität entwickelt wurde, Aspekte dieser Realität erfaßt und daher in seinem Geltungsbereich auf diese Realität beschränkt ist. Hierdurch unterscheidet sich diese Art der Begriffsbildung von Webers idealtypischer Methode, die auf überzeitlicher Verallgemeinerung beruht. Sein Interesse gilt primär der widerspruchsfreien Konstruktion eines Idealbildes des Gegenstandes, weniger dessen realen Strukturen.[24] Insofern könnte jene Art der Begriffsbildung, für die vorstehend plädiert wurde, als realtypische charakterisiert werden.

d) Wenn, wie sich aus den vorstehenden Überlegungen ergibt, die Kategorie »Familie« bzw. Kernfamilie ebenso wie andere sozialwissenschaftliche Begriffe zeit- und gesellschaftsgebunden ist, dann muß für die verschiedenen historischen Epochen und Gesellschaften jeweils konkret bestimmt werden, ob man für sie überhaupt von Familie reden kann, und, wenn ja, welche grundlegenden Strukturen sie aufweist.

Die Forderung nach einer derartigen Forschungsperspektive wird erhärtet durch die Überlegung, daß es erst in unserem Kulturkreis, in dem die Gesellschaft aus mehreren relativ autonomen Teilbereichen und -strukturen zu bestehen scheint, überhaupt möglich geworden ist, Familie als einen separaten Lebensbereich zu denken.

Die Partialisierung der Gesellschaft in einzelne Teilbereiche hängt damit zusammen, daß im Kapitalismus der Bereich der materiellen Produktion mit rein ökonomischen Abläufen und Prozessen identisch wird. Nunmehr wird die Produktion ausschließlich dem wirtschaftlichen Effektivitäts-Kalkül unterworfen. Diese »Rationalisierung« bewirkt die Aussonderung aller zuvor mit dem Produktionsbereich eng verknüpften Beziehungen und ihre Institutionalisierung als gesonderte gesellschaftliche Lebensbereiche (Familie, Staat . . .).

Die Zäsur, die die Trennung von Familienleben und Produktion bedeutet hat, wird, insbesondere im Zusammenhang mit der Erörterung familialer Funktionen, in der familiensoziologischen Literatur immer wieder betont, m. E. jedoch in ihrer Bedeutung nicht ausreichend erkannt. So hat Brunner darauf hingewiesen, daß der Begriff »Familie« in Deutschland erst im Laufe des 18. Jahrhunderts in der Umgangssprache geläufig wurde. Vorher habe man vom »Haus« gesprochen, in dem durch die Einheit von Haushalt und Produktion, wie sie prototypisch bei Bauern und Handwerkern zu finden war, sachliche und Gefühlsbeziehungen eine Einheit gebildet hätten. Erst mit der Lösung der Produktion aus dem »Haus« im Zuge der kapitalistischen Entwicklung und mit der Sonderung eines Bereiches »Wirtschaft« und eines Bereiches »Familie« sei die Rationalität der Wirtschaft, das Gefühl der Familie zugeordnet worden.[25]

Die Skizzierung der Entwicklung vom ganzen Haus zur »privatisierten Kernfamilie« (Tyrell) zeigt m. E. sehr deutlich, daß »Familie« als gesonderter, vornehmlich gefühlsbetonter, privater Lebensbereich in seiner Existenz und Denkbarkeit gebunden ist an die kapitalistische Gesellschaft. Seine historische Verortung läßt es unzulässig erscheinen, diesen Begriff mit den ihm anhaftenden Konnotationen für die Analyse anderer gesellschaftlicher Verhältnisse zu verwenden. Dies Problem verschärft sich dadurch, daß der Begriff »Familie« nicht nur in der Wissenschafts-, sondern auch in der Umgangssprache verwendet wird, wodurch es unmöglich ist, zwischen wissenschaftlichem und umgangssprachlichem Gehalt und Konnotationen eine strenge Grenzlinie zu ziehen.

Es wäre jedoch verfehlt, daraus die Konsequenz zu ziehen, auf den Begriff Familie oder Kernfamilie bei der Untersuchung vorkapitalistischer Gesellschaften gänzlich zu verzichten. Es erweist sich nämlich als außerordentlich schwierig, ohne ihn bei der wissenschaftlichen Arbeit auszukommen. Derartige Allgemeinbegriffe erlauben es überhaupt erst, formal ähnliche gesellschaftliche Phänomene (hier: die gesellschaftliche Reproduktionseinheit) in unterschiedlichen Gesellschaften zu lokalisieren und damit die Grundlage für eine vergleichende Untersuchung zu schaffen, durch die erst die Besonderheiten gegenwärtiger Strukturen erkannt werden können.

Dem Familienbegriff sind somit zwei Dimensionen eigen. Einmal fungiert er als – weitgehend formaler – soziologischer Allgemeinbegriff, zum anderen ist er – notwendig – mit spezifischen Konnotationen behaftet, die seiner Verwurzelung in der gegenwärtigen Gesellschaft entspringen. Dieses vielen soziologischen Begriffen eigene historische Moment[26] erfordert außerordentliche Sensibilität bei deren Anwendung. Ihren Sinn haben sie bei der formalen Abgrenzung des Untersuchungsgegenstandes, bei der sich schon erste Hinweise auf dessen spezifische Struktur ergeben können. In einem zweiten Schritt historischer Analyse muß sodann versucht werden, die Besonderheiten des Gegenstandes in seinem spezifischen historischen Umfeld herauszuarbeiten und jene Kategorien zu entwickeln, die diese Eigenarten aufnehmen und ausdrücken.

e) Es ist bereits angeklungen, daß hier darauf insistiert wird, den jeweiligen Untersuchungsgegenstand als Teil des umfassenden gesellschaftlichen Zusammenhangs zu analysieren, dem er angehört. Die grundlegende Kohärenz der gesamtgesellschaftlichen Verhältnisse einer Epoche erlaubt keine isolierte Betrachtung einzelner Phänomene. Ebensowenig wie gesellschaftliche Teilstrukturen gesondert bestehen, können sie gesondert analysiert werden. Abgelehnt wird also die in der Soziologie verbreitete »Theorie der Wechselwirkungen oder Interdependenzen«, die zwar verbal den Zusammenhang der gesellschaftlichen Teilbereiche betont, in der Analyse diese jedoch trennt und einzeln jeweils für sich analysiert, z. B. die Struktur des Betriebes, der Familie usw., um dann nachträglich in einem zweiten Schritt die Wechselwirkungen zwischen dem so analysierten Gegenstand und anderen gesellschaftlichen Bereichen abzuhandeln. Dieses Verfahren bleibt dem Gegenstande, sei es nun die Familie oder der Betrieb, äußerlich, denn die jeweilige Teilstruktur ist grundlegend bestimmt von der gesellschaftlichen Gesamtstruktur und kann daher nicht isoliert, gleichsam voraussetzungslos erforscht werden. Auch für analytische Zwecke kann tatsächlich Zusammengehöriges nicht künstlich getrennt und ebenso künstlich wieder zusammengefügt werden.

2. Zum Zusammenhang von Produktionsweise und Familienform

In dieser Untersuchung wird ein theoretisch-methodischer Ansatz verfolgt, der die Familienverhältnisse in Verbindung mit der Stellung der Familie bzw. ihrer Angehörigen in der spezifischen Produktionsweise und – damit einhergehend – im Gesamtzusammenhang der Gesellschaft untersucht.

Der Begriff der Produktionsweise bezeichnet die spezifische Art und Weise, in der Menschen in einer Gesellschaft die für ihre Existenzsicherung notwendigen Güter und Dienstleistungen produzieren. Jeder Produktionsweise sind zwei nur analytisch trennbare Dimensionen eigen. Die eine ist die *Arbeitsweise*, d. h. die konkrete Form der Auseinandersetzung zwischen Mensch und Natur. Sie wird bestimmt durch den jeweiligen Arbeitsgegenstand und die Art seiner Bearbeitung, die von der Arbeitstechnik und der Qualifikation der menschlichen Arbeitskraft abhängt. Die zweite Dimension ist die der *Produktionsverhältnisse*, die Ebene der Beziehungen der Menschen untereinander. Dazu zählen die Teilung in Arbeitende und Nichtarbeitende, in Eigentümer und Nichteigentümer, in Leitende und Ausführende, in Herrschende und Nichtherrschende ebenso wie die Beziehung zwischen den Produzenten.

Die ständige Reproduktion und die Stabilität der Produktionsweise wird gesichert durch die Herstellung der konsumierbaren Güter und Dienste, ihre Verteilung auf die Mitglieder der Gesellschaft und ihren Verzehr, durch die Wiederherstellung der verbrauchten Arbeitswerkzeuge, Arbeitsgegenstände und Arbeitsfähigkeiten, durch die Erzeugung und Sozialisation neuer Generationen von Gesellschaftsmitgliedern sowie die Reproduktion der sozialen Positionen und Rollen.

Daraus ergibt sich, daß die jeweilige Familienform ein Element der Produktionsweise ist, das jedoch einen unterschiedlichen Stellenwert hat, je nachdem, ob Produktion und Familienleben eine räumlich-soziale Einheit bilden oder ob beide separaten Bereichen angehören.

Bei der Beschreibung dieser »objektiven« Strukturen und Zusammenhänge darf nicht außer acht gelassen werden, daß sie immer durch soziales Handeln der Menschen produziert und reproduziert werden. Das soziale Handeln geschieht jedoch nicht »blind« oder nach einem fest vorgegebenen Plan, sondern ist stets bewußtseinsvermittelt. Das handlungssteuernde Bewußtsein wiederum, zu dem die Entwicklung von Denk- und Wahrnehmungsstrukturen sowie die Verinnerlichung der sozialen Werte und Normen gehören, wird im Sozialisationsprozeß »erlernt«. Neben der »Familie« wirken dabei noch andere Sozialisationsinstanzen mit: Wertevermittler und -produzenten wie Lehrer, Massenmedien, Literatur, aber auch die Ausstrahlungen der Bereiche von Recht (Normen) und Politik.

Die enge und unauflösliche Verknüpfung von »objektiven« sozialen Strukturen und dem bewußten sozialen Handeln der Menschen bedeutet, daß Veränderungen der Produktionsweise wahrgenommen und interpretiert und infolgedessen von Bewußtseinsveränderungen begleitet werden. Damit einher geht die Entwicklung neuer Handlungsstrategien. Prinzipiell stehen dabei zwei Möglichkeiten zur Verfügung:

– die Anknüpfung an bisherige Denkformen, Werte und Normen und deren Um- und Neuinterpretation;
– die Übernahme und gegebenenfalls Modifikation »fremder« Denkformen, Werte und Normen.

Im letzten Fall muß beachtet werden, daß identische Leitbilder bzw. Normen innerhalb verschiedener sozialer Klassen unterschiedliches Verhalten zur Folge haben. Das heißt, die spezifische Realität der Produktionsweise oder Lebensverhältnisse bestimmt die konkrete Form der Realisierungs*möglichkeiten* der übernommenen Normen und Werte. Auf die eine oder andere Weise aber entstehen mit einem Wandel der Produktionsweise neue soziale Verhaltensweisen – auch im familialen Bereich.

3. Zum Konzept sozialer Ungleichheit

Wenn in dieser Arbeit davon ausgegangen wird, daß die Familienverhältnisse primär im Zusammenhang mit der Produktionsweise analysiert werden, so ist eine Differenzierung in verschiedene Familienformen durch diesen Ansatz nahegelegt. Ausgangspunkt sind mithin verschiedene Familientypen, die sich ergeben aus ihrer Eingebundenheit in verschiedene Produktionsweisen, aber auch aus der unterschiedlichen Stellung innerhalb einer Produktionsweise.

Dieser Ansatz impliziert eine Theorie sozialer Ungleichheit, die die Auswahl der Familienverhältnisse, die untersucht werden sollen, steuert. Es werden unterschiedliche, aber zugleich typische Soziallagen identifiziert und gegeneinander systematisch abgegrenzt, von denen angenommen wird, daß sie die jeweiligen Familienverhältnisse spezifisch prägen. Dementsprechend verlangen die einzelnen Familien bzw. das über sie vorhandene Material eine Zuordnung zu der für sie typischen Soziallage. Die Kriterien, die der Typisierung zugrundeliegen, müssen deshalb angegeben, sowie der reale Gehalt und die Relevanz der gebildeten Typen benannt werden.

Die in dieser Arbeit praktizierte Vorgehensweise steht der Theodor Geigers nahe, die er in seiner Untersuchung über die »Soziale Schichtung des Deutschen Volkes« angewendet hat. Er identifiziert ökonomisch-soziale Schichten zunächst von ihrer Stellung im Produktionsprozeß, was in erster Annäherung zu einer groben Zuordnung führt. Sodann versucht er mittels der

Untersuchung der Mentalitäten ein differenziertes Bild zu bekommen. Diesem Verfahren liegt die Überlegung zugrunde, daß die »objektive« sozio-ökonomische Lage eines bestimmten Bevölkerungsteils sich zwar nicht zwingend, aber doch mit hoher Wahrscheinlichkeit mit einer spezifischen, *typischen* Mentalität verbindet. Insofern kann Geiger definieren: »Schicht ist ein Bevölkerungsteil, dem eine typische Mentalität zugeschrieben werden kann.«[27] Mentalität wiederum ist »die geistig-seelische Disposition, ist unmittelbare Prägung des Menschen durch seine soziale Lebenswelt und die von ihr ausstrahlenden, an ihr gemachten Erfahrungen«.[28] Deshalb muß man, um spezifische Mentalitäten bzw. Schichten zu rekonstruieren, mit viel empirischem Material über »Lebenshaltung, Gewohnheiten des Konsums und der sonstigen Lebensgestaltung, Freizeitverwendung, Lesegeschmack, Formen des Familienlebens und der Geselligkeit« arbeiten, denn diese »Einzelheiten des Alltagslebens bilden im Ensemble den *Typ des Lebensduktus* und dieser ist *Ausdruck der Mentalität*«, die auch als »soziale Grundhaltung«[29] charakterisiert werden kann.

Im Gegensatz zu den meisten Theorien sozialer Schichtung macht Geiger soziale Kollektive zum Ausgangspunkt seiner Analyse und geht sehr differenziert vor. Trotzdem kann seine Methode nicht unbesehen übernommen werden. Zum einen hat er in der »Sozialen Schichtung des Deutschen Volkes« eine sehr begrenzte Fragestellung verfolgt, nämlich versucht, eine »Sozialstatistik« zu erstellen und das wahrscheinliche politische Verhalten einzelner Schichten zu bestimmen. Auffällig und problematisch ist aber zweifellos, daß er die »objektive Lage der Schicht bzw. Klasse« anhand der Stellung zu den Produktionsmitteln bestimmt, diese Vorgehensweise jedoch nicht weiter diskutiert.

Wenn also analog der Geigerschen Methode verfahren wird, so ergibt sich daraus die Konsequenz, dieses Problem abzuklären. Das zwingt dazu, die Klassentheorie als Theorie sozialer Ungleichheit zu diskutieren, für die der Schlüssel zur Erklärung sozialer Ungleichheit in der Verteilung der ökonomischen Chancen liegt, präziser: in der Stellung der Gesellschaftsmitglieder in der gesellschaftlichen Organisation der Produktion.[30] Dabei sind drei Fragen von zentralem Interesse:

a. die Beziehung zwischen wirtschaftlicher Lage einerseits und sozialer Lage und sozialem Handeln andererseits;

b. die Differenzierung innerhalb von Klassen und die Beziehung der Klassen untereinander;

c. das Verhältnis der Klassentheorie zur Gliederung der Gesellschaftsmitglieder nach Sozialprestige.

Im folgenden werden zunächst die methodischen Grundlagen der Klassentheorie des entfalteten Kapitalismus entwickelt. In einem zweiten Schritt der Analyse geht es sodann um die Frage, inwieweit diese Theorie für die Untersuchung struktureller sozialer Ungleichheit in vorkapitalistischen Gesellschaften verwendet werden kann.

a. Sozio-ökonomische Lage und soziales Handeln

Die Klassentheorie geht davon aus, daß die Gesamtheit der Lebensverhältnisse einer Gesellschaft eine unauflösbare Einheit bildet, die fundiert wird durch die Bedingungen der materiellen Produktion. Denn der Produktionsprozeß ist nicht nur eine Beziehung zwischen Mensch und Natur, sondern gleichzeitig eine Beziehung zwischen den Menschen. Deshalb werden in ihm neben den materiellen Gütern auch die spezifischen gesellschaftlichen Verhältnisse geschaffen, unter denen die Menschen leben. Eine bestimmte Weise der Produktion ist daher stets mit bestimmten gesellschaftlichen und sozialen Lebensverhältnissen verbunden. Das heißt die Stellung im Produktionsprozeß entscheidet nicht nur über die wirtschaftliche Situation, sondern über die Gesamtheit der Lebensbedingungen. Mit der kapitalistischen Organisation der Produktion sind tiefgreifende Arbeits- und Funktionsteilungen verbunden: leitende und ausführende Tätigkeiten, Kopf- und Handarbeit trennen sich voneinander. Diese Spezialisierungen bleiben nicht folgenlos. Aus ihnen resultieren klassenspezifische Fähigkeiten und Fertigkeiten, wie unterschiedliches Denken, unterschiedliche Sprache, unterschiedliche Sozialcharaktere.[31]

Es reicht jedoch nicht aus, die Klassen allein auf Grund »objektiver« ökonomischer Kriterien zu bestimmen. Eine Klasse konstituiert sich darüber hinaus durch ihr Handeln. Unter Klassenhandeln wird üblicherweise die mehr oder weniger zielgerichtete *politische* Aktion verstanden. Eine – in der Marxschen Terminologie – »Klasse für sich« existiert erst, wenn ihre Angehörigen zu gemeinsamem politischen Handeln gefunden haben.

Durch diese enge Fassung des Klassenbegriffs werden jedoch m. E. wichtige Existenzformen von Klassen ausgeklammert.

Es ist allerdings richtig, wie auch Stuke betont, daß Marx nur die »Klasse für sich« als Klasse im engeren Sinne angesehen hat.[32] Beispielsweise läßt sich das aus der berühmten Bemerkung über die Parzellenbauern schließen.[33] Das liegt jedoch m. E. an der spezifischen Fragestellung, die auf politische Aktionsfähigkeit, Fähigkeit zu Veränderung, Klassenkampf etc. zielt. Die zielgerichtete politische Aktion, der manifeste Klassenkampf sind aber im Handeln der Klassen gleichsam nur die Spitze des Eisbergs. Klassenhandeln ist außer auf der politischen Ebene stets auch auf der der alltäglichen Lebensumstände angesiedelt. Deswegen scheint es mir für andere Fragestellungen, wie beispielsweise der nach dem Zusammenhang von Klassenlage und Familienformen möglich zu sein, auch jene Gruppierungen als Klasse zu fassen, die nicht zu politischer Organisation und klassenbewußtem Handeln gefunden haben, deren einheitliche und einheitstiftende Lage *und* Stellung im System der sozialen Struktur aber im Bereich des Alltagslebens *einheitliches Verhalten* hervorbringt.

Auch auf der Ebene des Alltäglichen spiegeln sich die Klassenbeziehungen wider. Auf den ersten Blick erscheinen die gleichartigen Verhaltensweisen von Angehörigen einer Klasse (Konsumgewohnheiten, Freizeitverhalten etc.) als paralleles, gleichartiges Verhalten ohne einheitsstiftenden Charakter. Von einem bestimmten Grad der Vergesellschaftung an wird dies faktisch einheitliche Verhalten auch als einheitlich wahrgenommen und dadurch bestätigt als klassenspezifisches, beispielsweise arbeiterspezifisches Verhalten. Insofern können auch weitverbreitete Konsumgewohnheiten – z. B. trugen Arbeiterinnen im deutschen Kaiserreich keinen Hut – zur klassenspezifischen Identitätsbildung beitragen.

Diese Erweiterung des Handlungsbegriffs schlägt die Verbindung zu Geigers Methode, die ausgehend von den »Einzelheiten des Alltagslebens« Mentalitäten und dadurch Schichten bzw. Klassen bestimmen will.

b. Interne Differenzierungen und Beziehungen der Klassen[34]

Die kapitalistische Produktionsweise ist, wenn man sie in ihrer »reinen« Form, also abstrahierend von der realen Vielfalt, untersucht, charakterisiert durch zwei antagonistische Klassen: die ausbeutende und die ausgebeutete, Kapitalist und Lohnarbeiter. In der konkreten gesellschaftlichen Realität koexistieren aber stets mehrere Produktionsweisen, demzufolge auch Klassen miteinander. Diese Koexistenz kann verschiedene Stufen einnehmen. Normalerweise dominiert eine Produktionsweise, d. h. sie prägt sowohl die ökonomischen als auch (notwendig) die sozialen gesellschaftlichen Verhältnisse. So existierten im deutschen Kaiserreich Elemente einfacher Warenproduktion (Bauern, Handwerker) mit solchen der kapitalistischen Produktion (Lohnarbeiter, Kapitalisten). Gleichwohl handelte es sich aber, weil die kapitalistische Produktionsweise dominierte, um eine kapitalistische Gesellschaft. Neben den beiden der vorherrschenden Produktionsweise zugehörigen Klassen existierten das traditionelle handwerkliche Kleinbürgertum ebenso weiter wie die Bauern.

Es ist einleuchtend, daß diese Kategorien sehr global sind. Beispielsweise ist nicht zu übersehen, daß es innerhalb der – wie auch immer definierten – Arbeiterklasse wichtige Differenzierungen gibt, die sich sowohl im alltäglichen Verhalten als auch in Arbeitskämpfen niederschlagen. Analoge Überlegungen lassen sich für andere Klassen anstellen. Deshalb ist es notwendig, *innerhalb* der Klassen weitere Differenzierungen vorzunehmen. Sie sind der grundlegenden Klassenteilung nachgeordnet, bewegen sich also in ihrem Rahmen, d. h. richten sich nach der Stellung im Produktionsprozeß. Diese Differenzierungen müssen von Fall zu Fall bestimmt werden. Keinesfalls dürfen dabei formale Kriterien angewendet werden. Klasseninterne Gliederungen können nur auf Faktoren beruhen, die den Mitgliedern selbst wichtig sind und ihr Handeln und Verhalten bestimmen. Solche Differenzierungen werden als Schichten bezeichnet.[35]

Es reicht nicht aus, eine soziale Klasse durch ihre materielle Lage und ihr einheitliches Verhalten und Handeln zu charakterisieren. Außer solchen »lagespezifischen« Eigenschaften müsse, das hat Bourdieu hervorgehoben, auch die *Stellung* der Klasse in der sozialen Struktur, d. h. die Beziehungen und Relationen zu den anderen sozialen Klassen berücksichtigt werden.[36] Dies sei notwendig, wenn man den Begriff der *Sozialstruktur* ernst nehme. Die isolierte Betrachtung einzelner Klassen sei nicht sinnvoll. So zeige sich beispielsweise, daß zwei Klassen, die sich in identischer oder ähnlicher Lage befinden, dadurch, daß sie in verschiedenen Sozialstrukturen eine unterschiedliche Stellung einnehmen, auch unterschiedliche Eigenschaften zeigen und umgekehrt. Insofern fordert Bourdieu, bei Aussagen über Klassen klarzumachen, ob damit lage- oder stellungsspezifische Eigenschaften erfaßt werden sollen. Diese Feststellung beherzigen bedeutet zugleich, daß es sich verbietet, »allgemeine transhistorische und -kulturelle Axiome nach Maßgabe einer simplen Annäherung von Fällen aufzustellen, d. h. losgelöst von dem historischen und gesellschaftlichen Kontext, in dem sie stehen«.[37]

c. Die Bedeutung von Sozialprestige in der Klassentheorie

Weiterhin stellt sich die Frage, wie sich die sichtbare Differenzierung der Gesellschaftsmitglieder nach Status oder Prestige zur Klassengliederung verhält. Handelt es sich dabei lediglich um zwei Seiten ein und derselben Sache oder vielmehr um verschiedene Phänomene? Die letzte Position wird von Max Weber bei der Diskussion des Verhältnisses von Klassen und Ständen vertreten. Sowohl Klassen als auch Stände sind für Weber Phänomene der Machtverteilung in einer Gesellschaft. Er verwendet allerdings einen spezifischen Klassenbegriff. Für Weber ist Klassenlage letztlich identisch mit Marktlage, d. h. er reduziert den Klassenbegriff auf die rein wirtschaftliche Situation.[38] Als »ständische Lage« hingegen bezeichnet Weber »jede typische Komponente des Lebensschicksals von Menschen, welche durch eine spezifische, positive oder negative, soziale Einschätzung der ›Ehre‹ bedingt ist, die sich an irgendeine gemeinsame Eigenschaft vieler knüpft«.[39]

Dieser Begriff der »Ehre« entspricht in der Tendenz dem, was heute durchgängig als Sozialprestige bezeichnet wird. Die soziale Ordnung einer Gesellschaft ist für Weber durch die Verteilung der sozialen Ehre, d. h. des Prestiges zwischen typischen Gruppen bestimmt.[40] Solche ständischen (Prestige-) Gruppen sind charakterisiert durch

– spezifisch geartete Lebensführung;
– Beschränkung des gesellschaftlichen Verkehrs;
– Einschränkung des Connubiums auf den ständischen Kreis bis zur völligen Endogamie.[41]

Wenn Weber auch betont, daß »die Möglichkeit ›ständischer‹ Lebensführung ... naturgemäß ökonomisch mitbedingt zu sein«[42] pflegt, so sieht er Klassenlage und ständische Lage doch prinzipiell als zwei verschiedene Dinge. Beide existieren neben- und übereinander. Er betont, daß das eine, »Klasse«, durch Beziehungen zur Produktion und zum Erwerb der Güter charakterisiert sei, das andere, »Stände«, nach Prinzipien der *Lebensführung,* des Güterkonsums.[43] Normalerweise stehe ständische Ehre »mit den Prätensionen des nackten Besitzes als solchen in schroffem Widerspruch«.[44]

Der prinzipielle Gegensatz von Klassen- und Ständegliederung wird an ihrer Bedeutung in Webers Konzeption sozialen Wandels sichtbar. Differenzierung nach ständischer Ehre, so Weber, dominiere bei relativer »Stabilität von Gütererwerb und Güterverteilung«, Klassendifferenzierung hingegen bei »technisch-ökonomischer Erschütterung und Umwälzung«.[45]

Gegen diese Position Webers gibt es m. E. zwei zentrale Einwände: durch seine ökonomistische Definition von Klasse gerät völlig aus dem Blick, daß Klassenlage, d. h. Stellung zur Produktion, auch die Ebene der persönlichen Lebensführung einschließt. Man kann nicht unterstellen, daß es sich um zwei verschiedene Bereiche handelt, denn es sind *dieselben* Menschen, die dort arbeiten und hier leben.[46]

Im Zusammenhang mit seiner Differenzierung von Lage und Stellung der Klassen in der sozialen Struktur hat Bourdieu betont, daß die die Klasse bildenden Individuen, bewußt oder unbewußt, in ihrem Verhalten gegenüber den Angehörigen der anderen Klassen bestimmte Eigenheiten entwickeln, die ihre besondere Lage und Stellung in der gesellschaftlichen Struktur ausdrücken. Das heißt, die »objektive« Situation wird auf der Ebene der symbolischen Beziehungen verdoppelt.[47] (Dies entspricht in etwa dem, was Weber mit dem Begriff »Stand« zu fassen versucht, den er als eine bestimmte Stellung in der Hierarchie von Ehre und Prestige in einer Gesellschaft auffaßt.)

Gegen die von Weber konzipierte prinzipielle Unabhängigkeit der Gliederung der Gesellschaftsmitglieder nach den Kriterien von Ehre und Prestige einerseits und der Klassengliederung andererseits hat Bourdieu weiter darauf hingewiesen, daß diese rein »soziale Ordnung« (Weber) bestenfalls relative Autonomie besitze; »denn sie hängt in mehr oder minder direktem und je nach Art der Gesellschaft schwächeren oder stärkeren Maße von der ökonomischen Ordnung, d. h. Gütererwerb, Güterverteilung und Verwendung der ökonomischen Leistung ab . . .«[48] Die symbolischen Handlungen, die auf der Ebene persönlicher Beziehungen die Lage und Stellung im Gesellschaftssystem demonstrieren, bleiben letztlich »ein Spiel der Privilegierten privilegierter Gesellschaften, die es sich leisten können, die wahren Gegensätze, nämlich die von Herrschaft, unter Gegensätzen der Manier zu verschleiern«.[49] Das heißt aber auch: »Die Autonomie, der es zur Aufstellung symbolischer, d. h. zugleich systematischer und notwendiger Beziehungen bedarf, ist nur relativ; Bedeutungsbeziehungen, wie sie im Rahmen des engen, durch die Existenzbedingungen gegebenen Variationsspielraums bestehen, drücken daher letztlich Herrschaftsbeziehungen aus, und zwar in einer Weise, die diese Herrschaftsbeziehungen systematisch transformiert.«[50]

Diesen engen und unauflöslichen Zusammenhang von Klassenlage und -stellung einerseits und den sich auf ihrer Grundlage entwickelnden spezifischen Verhaltensweisen andererseits verkennen alle jene Argumentationen, die versuchen, die Eigenständigkeit der Gliederung nach Prestige bzw. »ständischer Lebensführung« herauszustellen. Mit einer bestimmten ökonomischen Position im gesellschaftlichen Produktions- und Reproduktionsprozeß verbinden sich spezifische Einstellungen, Verhaltensweisen, Traditionen, Lebensstile, d. h. spezifische kulturelle Formen, die sowohl durch die kollektive Erfahrung der Klasse als auch durch die individuelle Lebensgeschichte gestützt werden. Diese kulturellen Formen entwickeln, gerade weil es auch tradierte Verhaltensformen sind, eine gewisse Eigenständigkeit, d. h. verändern sich daher nicht als *unmittelbare* Reaktion auf Veränderungen der ökonomischen Position. Insofern können sie auch noch für einige Zeit fortbestehen, vielleicht auch leicht modifiziert, wenn und obwohl ihre reale Basis, auf der sie einst entwickelt worden sind, verschwunden bzw. Veränderungen unterworfen ist.

Diese kulturellen Formen gehören notwendig zur Klassensituation hinzu, bringen sie auch auf der Ebene der persönlichen Beziehungen zum Ausdruck. Sie können darüber hinaus aber über die Klassengrenzen hinweg Ausstrahlungskraft entwickeln. Phänomene wie die »Aristokratisierung des Bürgertums« im deutschen Kaiserreich oder die Anziehungskraft, die das vom Bürgertum entworfene Leitbild des Familienlebens für andere gesellschaftliche Klassen, selbst für die Arbeiterklasse besessen hat, sind hier zu nennen.[51]

Die relative Eigenständigkeit solcher kultureller Formen zu verkennen, hieße, einem platten Ökonomismus zu huldigen und – was auf dasselbe hinausläuft – in hohem Maße unsoziologisch zu denken. Es darf aber keinesfalls übersehen werden, daß es sich nur um eine *relative* Autonomie handelt. Es wäre ein großer Fehler, und hierin ist Bourdieu zuzustimmen, diese symbolischen Handlungen nur als Ausdruck von sich selbst zu nehmen. Denn sie verleihen *stets* der sozialen Stellung Ausdruck, und dies gemäß einer Logik, die die der Sozialstruktur selbst ist, d. h. die der Unterscheidung.[52]

4. *Zur Verwendbarkeit des Klassenbegriffs für die Analyse vorkapitalistischer Gesellschaften*[53]

Die gleiche Frage, die oben für die Begriffe Familie und Kernfamilie gestellt wurde, nämlich inwieweit sie für die Analyse anderer als der gegenwärtigen Gesellschaften taugen, stellt sich auch für den Klassenbegriff. Er ist selbst ein historischer Begriff, der an der Analyse der kapitalistischen Gesellschaft gewonnen wurde.[54] In dieser reinen Form existieren Klassen in anderen Gesellschaften nicht. Erst im Kapitalismus ist der Arbeiter rechtlich frei und auf Verwertung seiner Arbeitskraft angewiesen; dominiert die abstrakte Arbeit über die konkrete Arbeit; ist die Trennung von Produzent und Aneigner des Mehrprodukts rein ökonomisch bedingt und beruht nicht mehr auf unmittelbar politischen Herrschafts- und Knechtschaftsverhältnissen; sind sozio-ökonomische Differenzen nicht zugleich solche der Rechtsposition.

In der kapitalistischen Gesellschaft sind daher alle jene Momente rechtlicher und ständischer Differenzierungen abgestreift, die den Klassengegensatz, d. h. den Antagonismus von Mehrprodukt-Produzenten und Mehrprodukt-Aneignern, überlagert haben.[55] Die Aufhellung der Grundlagen der Klassengliederung, die durch die Analyse der kapitalistischen Gesellschaft erst möglich wurde, führte dazu, den Klassengegensatz auch in anderen Gesellschaften, in denen ein Mehrprodukt erzeugt und vom

Nichtproduzenten angeeignet wird, nachzuweisen. Das heißt, die Perspektive, daß alle diese Gesellschaften Klassengesellschaften sind, konnte erst durch die Analyse der modernen bürgerlichen Gesellschaft gewonnen werden.[56]

Diese Überlegungen verweisen darauf, daß es notwendig ist, zwischen einem *engen Klassenbegriff*, der nur für die Analyse der kapitalistischen Gesellschaft Gültigkeit besitzt, und einem *allgemeineren Klassenbegriff*, der auch zur Analyse nicht-kapitalistischer Gesellschaft taugt, zu unterscheiden. Präziser gesagt muß für die Untersuchung der jeweiligen Gesellschaft der Klassenbegriff entsprechend der historisch-konkreten Ausprägung der Klassen modifiziert werden.

Um das an einem Beispiel zu verdeutlichen: es wird immer wieder zu Recht darauf hingewiesen, daß die »Klassiker« der Klassentheorie in ihren verschiedenen Schriften den Begriff sehr unterschiedlich fassen und verwenden, und andererseits betont, daß die »höchste« oder entwickeltste Form von Klassen dann existiere, wenn zu den Kriterien »gemeinsame Stellung in der Produktion«, »einheitliche Verhaltensweisen und Interessen« noch die »politische Organisation« der Klasse bzw. ihrer Interessen hinzukomme, d. h. das Bewußtsein der Klasse von sich selbst als Einheit gegenüber dem sozialen Gegenspieler und die Auseinandersetzung mit ihm.[57] Gerade das Kriterium »politische Organisation der Klasseninteressen«, so läßt sich zeigen, ist tendenziell auf die Klassen in der kapitalistischen Gesellschaft beschränkt. Das ist eine unmittelbare Folge des hohen Grades der Vergesellschaftung, durch den sich die entwickelte kapitalistische von der vorkapitalistischen Gesellschaft unterscheidet.

Während in dieser die Produzenten weitgehend isoliert voneinander arbeiteten, sind sie im Kapitalismus in zentralen Produktionsstätten (Fabriken) zusammengefaßt. Der Arbeitsprozeß ist in viele Teilarbeiten zerlegt. Das räumliche Beisammensein und die arbeitstechnische Kooperation sind aber wichtige Voraussetzungen für die Erkenntnis der identischen Situation und die Konstituierung von Klassenbewußtsein, Organisierung von Klasseninteressen und für Klassenhandeln.

Außer der Produktion waren in der vorkapitalistischen Gesellschaft auch die Markt- und Austauschbeziehungen dezentralisiert. Es war geradezu ein »Merkmal der gesamteuropäischen Agrarverfassung in der vorindustriellen Zeit, daß die einzelnen

Landschaften in relativer Autarkie lebten. Güter, Dörfer und die agrarischen Kleinstädte deckten wechselweise oder ganz allein ihren Bedarf«.[58] Ebenso erschien der »Staat als eine lockere Zusammenfassung disparater Landesteile mit höchst uneinheitlicher Struktur«.[59] Das bedeutete, daß nicht nur der Kontakt zwischen den Produzenten, sondern auch zwischen denjenigen, die das Mehrprodukt aneigneten und in ihrem Gebiet die Herrschaft ausübten, kaum institutionalisiert war. Es fehlte außerdem ein staatlich-politisches Machtzentrum, das auf sich gerichtetes politisches Handeln provozierte. Aufstände und Revolten waren in Umfang und Zielen infolgedessen fast ausschließlich lokal begrenzt. Die Bedingungen für organisiertes politisches Handeln auf der gesamtstaatlichen Ebene sind mithin erst in der kapitalistischen Gesellschaft gegeben. Wenn man sich diese gravierenden Unterschiede vor Augen hält, ist einsichtig, daß ein Klassenbegriff, der die politische Organisation und politisches Handeln notwendig einschließt, für vorkapitalistische, ja selbst für frühkapitalistische Verhältnisse nicht anwendbar ist, weil wegen des gesellschaftlichen Entwicklungsstandes ein derartiger Zusammenschluß der Klasse gar nicht stattfinden konnte.[60]

Im Laufe des 19. Jahrhunderts, in dem alle gesellschaftlichen Bereiche zunehmend miteinander verflochten wurden, die Menschen und Landschaften einander näher rückten und voneinander abhängiger wurden, bildeten sich die modernen Klassen erst in einem mühsamen Prozeß heraus. Die »Entstehung des Proletariats als Lernprozeß« ist ein Teil dieser Wandlungen.[61] Wenn auch die Anfänge des Bürgertums lange vor denen des Proletariats liegen, so entwickelt es sich doch erst in der zweiten Hälfte des 19. Jahrhunderts zu einer sozialen Klasse auf nationalstaatlicher Ebene.[62]

Für gesellschaftliche Zustände, in denen organisierte Formen der politischen Auseinandersetzung nicht üblich oder möglich sind, kann deshalb auch die politische Organisation kein Kriterium des Klassenbegriffs sein.

Ein weiterer Gedanke spricht ebenfalls gegen die Verwendung des *engen Klassenbegriffs*. Er setzt den Antagonismus von Eigentum und Nichteigentum an den Produktionsmitteln und – darauf beruhend – den von Ausbeutern und Ausgebeuteten voraus. Dieser Gegensatz ist grundlegend für die Klassenexistenz und für das politische Klassenhandeln. Weder die Meister des »alten«

Handwerks um 1800 noch Teile der Bauernschaft standen jedoch zu anderen Personen in einem über Eigentum bzw. Nicht-Eigentum vermittelten Ausbeutungsverhältnis.

Aus diesen Überlegungen ergibt sich zwingend die Forderung nach einer Modifizierung des Klassenbegriffs für die Analyse vorkapitalistischer Gesellschaften. Diese Modifizierung müßte an der einheitlichen Stellung in der Produktion ansetzen, sowie, damit zusammenhängend, an der einheitlichen Lebensweise, gemeinsamen Interessen und vergleichbarer Bildung[63], d. h. an jenen Elementen, die den Klassengegner veranlassen, die Klasse als Einheit zu betrachten und zu behandeln. Damit sind zugleich jene Momente erfaßt, die die Klasse »an sich« ausmachen. Ein wichtiges weiteres Element, die ständisch-juristischen Überlagerungen der Klasse, müßten zudem in den Begriff aufgenommen werden.[64]

Die Umsetzung dieses Konzepts würde für die vorliegende Arbeit, in der die Klassenanalyse nicht im Zentrum steht, zu weit führen. Hinzu kommt, daß sie an einem Zeitpunkt ansetzt, in dem die beschriebenen Prozesse der Vergesellschaftung bereits begonnen haben und sich im Untersuchungszeitraum beschleunigen. Auf Grund dessen wird der Klassenbegriff im oben explizierten Sinne zur Kennzeichnung sozialer Ungleichheit verwendet, ohne für die verschiedenen Phasen des Untersuchungszeitraums jeweils exakt bestimmt zu werden.

Ein solch *allgemeiner,* weit gefaßter *Klassenbegriff* schließt gleichwohl wesentliche der oben explizierten Momente ein: die grundlegende Bedeutung der spezifischen Produktionsweise für die sozialen Lebensverhältnisse, einschließlich der materiellen Ungleichheiten, aber auch jener des Denkens und Handelns. Dazu gehören weiter die Beziehungen der Klassen innerhalb des gesellschaftlichen Zusammenhangs. Sie befinden sich in einem spezifischen funktionalen, arbeitsteiligen Verhältnis zueinander.

Dem in den Theorien der sozialen Schichtung verwendeten Schichtbegriff fehlen diese zentralen Momente. Entweder werden – wie in den gradationalen Schichttheorien – quantitative Differenzen zwischen den Gesellschaftsmitgliedern gegenüber qualitativen bevorzugt und die einzelnen Schichten lediglich in ein logisch-ordnendes Verhältnis zueinander gebracht. Oder aber die Schichtungskonzeption beruht, wie in den funktionalen Schichttheorien, auf derart unrealistischen Annahmen, daß auch diesem

Ansatz nicht gefolgt werden kann.[65]

Der von Mitterauer u. a. verwendete Begriff der »Arbeitsorganisation« ist m. E. ungünstig gewählt.[66] Mit ihm sollen zwar »sowohl die innerfamiliale Arbeitsorganisation als auch die Stellung der Familie innerhalb einer gesamtgesellschaftlichen Arbeitsorganisation angesprochen« werden.[67] Dieser zweite Aspekt wird jedoch in der sprachlichen Formulierung nicht hinreichend deutlich.

In der anfänglichen Konzeption dieser Untersuchung hatte der klassentheoretische Ansatz den Charakter einer Hypothese, deren Fruchtbarkeit sich erst in der Analyse erweisen mußte. An dieser Stelle kann festgehalten werden, daß sich dieser Zugang als tauglich erwiesen hat. Allerdings sind die dargelegten Einschränkungen und Präzisierungen der Klassentheorie und die Überlegungen über ihre Anwendbarkeit auf die Untersuchung vorkapitalistischer Gesellschaften dann in der Auseinandersetzung mit dem verwendeten Material entstanden. Insofern sind die vorstehenden Ausführungen teilweise bereits Ergebnisse der nachstehenden Untersuchung.

Kapitel 1

Die Bauernfamilie

Im folgenden sollen die typischen Strukturen der traditionellen bäuerlichen Familie, wie sie am Ende des 18. und am Anfang des 19. Jahrhunderts bestand, der Familien*typus,* herausgearbeitet werden. Die Analyse beschränkt sich dabei nicht allein auf die Untersuchung der generativen und personellen Zusammensetzung der Familie, sondern versucht darüber hinaus, die Art und Intensität der Beziehungen im Bauernhaus, zwischen den Ehegatten, zwischen Eltern und Kindern, zwischen den Generationen etc. darzustellen. Zentrale Bedeutung kommt dabei der Einheit von Produktion und Familienleben im Bauernhaus zu. Ohne die Zwänge einzubeziehen, die die Anforderungen der Produktion dem Zusammenleben auferlegen, kann die Struktur der bäuerlichen Familie nicht adäquat erfaßt werden. Die Spezifika der bäuerlichen Produktionsweise werden daher auch am Anfang dieses Kapitels erörtert.

Diese Einheit einer spezifischen sozialen und ökonomischen Lage mit den dadurch wiederum geprägten, spezifisch gefärbten »binnenfamiliären« Beziehungen wird durch die Begriffe »Familientypus« oder auch »Familienform« gefaßt.

Die Besonderheiten der bäuerlichen Familie werden mit denen der »modernen Familie« kontrastiert. Deren Charakteristika: Intimität der Beziehungen, Kindzentrierung, bewußtes Erziehungsverhalten, geben gleichsam den Hintergrund ab, vor dem die Spezifika der traditionellen Bauernfamilie erst wahrgenommen werden können.

Implizit findet zugleich eine Auseinandersetzung mit auch in der Soziologie verbreiteten Annahmen über die traditionelle bäuerliche Familie statt. Zu nennen sind hier besonders die Vorstellung von den großfamiliären Haushaltsverbänden, in denen mindestens drei Generationen harmonisch zusammen leben und arbeiten, und jene vom Kinderreichtum der Bauernfamilie.

Zentral für die Analyse ist weiterhin die Frage, ob die bäuerliche Familie eine Vorform der »modernen« Familie darstellt, aus der diese sich kontinuierlich entwickelt hat, oder ob es sich um einen strukturell eigenständigen Typus handelt?

Um diese Frage beantworten zu können ist es unumgänglich, die Entwicklung der bäuerlichen Familie im 19. Jahrhundert zu verfolgen. Dabei ist interessant, ob mögliche Veränderungen Folge von Wandlungen der bäuerlichen Produktionsweise oder der Übernahme von Familienleitbildern aus anderen Gesellschaftsklassen sind. Auf dieses Problem wird am Schluß des Kapitels eingegangen.

Das der Darstellung zugrundeliegende Material konzentriert sich zeitlich auf das Ende des 18. und die erste Hälfte des 19. Jahrhunderts. Einige Untersuchungen und Quellen beziehen sich auf frühere und auch spätere Zeiträume. Dies ist insofern vergleichsweise unproblematisch, als die bäuerliche Produktionsweise, wie noch zu zeigen sein wird, bis zum 1. Weltkrieg *relativ* unverändert geblieben ist. Der Kapitalismus dringt im Laufe des 19. Jahrhunderts zuerst in die gewerbliche Produktion ein und unterwirft sie seinen Prinzipien und seiner Dynamik. Dagegen bleibt die Landwirtschaft, mit Ausnahme der großbäuerlichen und der Gutsbetriebe, die aber in unserem Zusammenhang nicht interessieren, noch weitgehend der traditionellen Produktionsweise verhaftet.

Insgesamt existiert für die bäuerliche Familie eine Fülle von Material. Wegen der Einheit von Produktion und Familienleben können viele Informationen agrarhistorischen Untersuchungen und agrarsoziologischen Untersuchungen entnommen werden. Auch die Volkskunde hat den kulturellen Formen bäuerlichen und dörflichen Lebens sehr viel Aufmerksamkeit geschenkt. In den letzten Jahren haben sich zunehmend Historiker für die bäuerliche Familie, ihre Größe und Zusammensetzung sowie deren Veränderungen im Familienzyklus interessiert. Diese häufig mit Familienrekonstitutionen arbeitenden und sehr detaillierten Studien sind wegen des methodisch aufwendigen Verfahrens meist regional eng beschränkt, so daß aus ihnen nur bedingt allgemeine Schlüsse gezogen werden können.

I. Die Differenzierung der ländlichen Bevölkerung und die Eingrenzung des sozialen Typus Bauer

Im Untersuchungszeitraum änderten sich für die ländliche Bevölkerung viele Lebensbedingungen.

Einerseits führte das in der zweiten Hälfte des 18. Jahrhunderts einsetzende Bevölkerungswachstum bei relativer Konstanz der Bauernstellen zu einem starken Anwachsen der unterbäuerlichen Bevölkerung.[1] Diese Tendenz wurde durch die sogenannte »Bauernbefreiung« noch verstärkt.[2] Andererseits wurde durch die Veränderungen der Agrarverfassung für Großbauern und Gutsbesitzer der Übergang zu spezialisierter und kapitalistisch organisierter landwirtschaftlicher Produktion ermöglicht. Für die überwiegende Mehrzahl der Bauern jedoch änderte sich relativ wenig.[3] Denn mindestens bis zum ersten Weltkrieg ist der landwirtschaftliche Betrieb in der Regel noch ein »Allround-Betrieb« gewesen – d. h. primär auf Selbstversorgung ausgerichtet und ohne tiefgreifende Spezialisierung[4], wenngleich – grob gesagt – in manchen Gebieten Getreideanbau, in anderen die Viehwirtschaft im Vordergrund stand.[5]

Gleichwohl waren die ländlichen Lebens- und Arbeitsverhältnisse im damaligen Deutschland nach Ländern und Regionen außerordentlich vielgestaltig. Dies gilt zunächst einmal – für den Anfang des Untersuchungszeitraums – hinsichtlich der Agrarverfassung selbst, d. h. für Art und Umfang der feudalen Abhängigkeit und der feudalen Lasten. Neben der Differenzierung in Gebiete der Grundherrschaft und Gebiete der Gutsherrschaft unterschieden sich die Bauernwirtschaften weiterhin bezüglich der erbrechtlichen Regelungen, der Besitzgröße, der Anbauweise (»Gartenwirtschaft«, d. h. Weinanbau oder Gemüseanbau, Viehwirtschaft, Getreidewirtschaft), der Siedlungsweise (Einzelhöfe oder dörfliche Siedlungen) sowie des Ausmaßes der Marktorientierung der Produktion.

Hinsichtlich der Besitzgröße können grob drei Gebiete unterschieden werden:

Vorwiegend *Großgrundbesitz* (das sind Betriebe über 200 ha) dominierte in den Gebieten der gutsherrlichen Eigenwirtschaft (nord-östliches Deutschland und Schlesien), und als grundherrlicher Großgrundbesitz vornehmlich in Süddeutschland.

Vorwiegend *großbäuerliche Wirtschaften* mit einer Betriebsgröße zwischen 20 und 200 ha existierten in Hannover, Westfalen, Oldenburg, Schleswig-Holstein, Braunschweig, aber auch im südlichen und östlichen Bayern, im Schwarzwald, der Hohenloher Ebene, in Teilen Hessens und Thüringens.

Die *mittleren* und *kleineren bäuerlichen Wirtschaften* befanden sich im restlichen Süddeutschland und in Westdeutschland. Im Südwesten, in den fruchtbaren Flußniederungen von Main und Rhein, wo intensive Landwirtschaft betrieben wird (Gemüse und Weinbau), herrschte sogar eine ausgesprochene Landzersplitterung.[6]

Quelle: L. K. Berkner, Inheritance, Land Tenure and Peasant Family Structure, in: Goody, Thirsk, Thompson, Family and Inheritance, Cambridge usw. 1977, S. 75.

Vom Großgrundbesitz abgesehen, deckte sich die Verteilung des Wohlstandes mit der der erbrechtlichen Regelungen. Als Faustregel, von der es – unvermeidlich – viele Ausnahmen gibt[7], galt: Klein- und Kleinstbesitz dominierte in den Gebieten mit Realteilung; mittlere und große Höfe fand man vorzugsweise in den Gebieten mit Anerbenrecht.[8]

Innerhalb dieser verschiedenen Gebiete war die Bevölkerung in sich noch vielfach gegliedert. Neben Vollbauern, Halbbauern, Viertelbauern existierten jene vielfältigen Zwischenstufen bis zu den gänzlich Landlosen, die je nach Region Brinksitzer, Kötter, Häusler, Heuerlinge, Anbauern etc. genannt wurden. Diese starke Differenzierung nach Besitz und rechtlicher Stellung innerhalb der Dorfgemeinde läßt es außerordentlich schwierig erscheinen, Aussagen über *den* Bauern bzw. *den* bäuerlichen Haushalt zu machen[9] bzw. erfordert es, sehr genau festzulegen, welchen Typus man meint, wenn von *den* Bauern die Rede ist.

Gegenstand dieser Untersuchung sind nur jene Bauernfamilien, die ihren Lebensunterhalt in *entscheidendem Maße* aus landwirtschaftlicher Produktion auf eigenem oder in verhältnismäßig gesichertem Besitz befindlichem Land bestreiten.[10] Ausgeschlossen sind damit alle jene Familien, die einen Hof in kurzer Zeitpacht bewirtschaften und infolgedessen sowohl zur Produktion selbst als auch zum Grund und Boden keine dauerhafte Beziehung entwickeln können. Anders ausgedrückt: die Untersuchung beschränkt sich auf Familien, bei denen der Hof tendenziell Familienbesitz ist.

Als zweites Abgrenzungskriterium soll gelten, daß der bäuerliche Betrieb *Familienbetrieb* sein muß. Das heißt, der Bauer und seine Angehörigen arbeiten selbst mit; der Bauer ist noch nicht zum bloßen Wirtschaftsleiter aufgestiegen.[11] Das schließt die zeitweilige oder auch ständige Hinzuziehung zusätzlicher Arbeitskräfte nicht aus.

Durch das erste Kriterium läßt sich der soziale Typus »Bauer« abgrenzen von der breiten unterbäuerlichen Schicht. Dazu zählen im wesentlichen die

– *Nebenerwerbslandwirte,* die hauptsächlich gewerblich tätig sind und nur in der Erntezeit diese Arbeit zugunsten der Landwirtschaft unterbrechen. Sie gewinnen ihren Lebensunterhalt *überwiegend* aus nicht-landwirtschaftlicher Produktion (Dorfhandwerk, bestimmte Arten der Heimarbeit);

– die *Pächter oder auch Eigentümer kleinerer Stücke Land,* die ihren Lebensunterhalt vorwiegend als landwirtschaftliche Arbeitskräfte bei den Bauern verdienen (Gärtner, Heuerlinge . . .);
– die landlosen Tagelöhner.[12]

Das Gesinde (Knechte und Mägde) wird hier nicht genannt, da es – in unterschiedlichem Maße – in den bäuerlichen Haushalt integriert gewesen ist. Zudem war der Gesindestatus häufig kein lebenslanger, sondern auf die Jugendphase beschränkt. Erst mit der Heirat erfolgte dann der Wechsel in den Status des Bauern oder in den einer der vorstehenden Kategorien.

Die Abgrenzung nach »oben« in der dörflichen Hierarchie geschieht durch das zweite Kriterium. Inhaber guts- und großbäuerlicher Betriebe, die nur noch ihre Besitzungen verwalten, u. U. diese Funktion auch schon an Angestellte abgegeben haben, zählen nicht mehr zum Typus des Bauern. Damit fallen auch die überwiegend auf Marktproduktion ausgerichteten landwirtschaftlichen Großbetriebe aus dieser Untersuchung heraus. Die Abgrenzung des sozialen Typus »Bauer« nach »oben« wird in der Literatur kaum vorgenommen. Hingegen wird die Grenzlinie zur unterbäuerlichen Schicht (mit Ausnahme der glorifizierenden NS-Literatur bzw. des Genres der »Bauern«-Romane) stark betont und damit eine in der Realität sehr wichtige Differenzierung des Dorfes, an die sich spezifische Verhaltensweisen der Bauern knüpfen, aufgenommen. So weist Franz darauf hin, daß selbst im 18. Jahrhundert, als das Dorf noch ein in sich relativ geschlossener Lebenskreis war, starke ständische Schranken zwischen den Bauern und der dörflichen Unterschicht existierten.[13] Verwandtschaftsbindungen konnten, mußten aber nicht unbedingt diese Abgrenzungen mildern. Verständlicherweise waren die sozialen Grenzlinien weniger ausgeprägt in Gebieten, in denen auch der durchschnittliche Bauer nicht viel mehr Land hatte als der Nebenerwerbslandwirt.[14]

Die soziale Abgrenzung wird besonders deutlich auf zwei Ebenen:
– dem Heiratsverhalten (Connubium). Die Bauern heirateten unter sich. Jeder Versuch, diese unsichtbare Grenze zu den »Habenichtsen« im Dorf zu durchbrechen, wurde scharf sanktioniert.[15] Die die große soziale Kluft überwindende Liebe der reichen Bauerstochter zum tüchtigen Knecht gehört überwiegend

ins Reich der Phantasie.[16] In der Realität wurde sie gezielt vermieden bzw. hintertrieben. Der hohe Grad sozialer Endogamie, den Segalen für ein französisches Dorf nachweisen konnte, war die Regel.[17]
– der Geselligkeit (Commensalität)[18].

Trotz dieser Abgrenzungen gab es eine Reihe von Grenzfällen, die nicht ohne weiteres einzuordnen sind: einerseits die bäuerlichen Marginalexistenzen, andererseits die Großbauern an der Schwelle zum Gutsbetrieb, wo der Bauer nur noch in Spitzenzeiten mitarbeitete. Dennoch läßt sich als Typus des »Bauern« und seiner Familie, wie er dieser Untersuchung zugrundeliegt, der Mittelbauer bezeichnen, der von seinem Land mäßig bis gut, selten üppig lebte, der Typus des »self-supporting-peasant« (Khera).

Es ist allerdings nicht möglich, präzise anzugeben, welche Betriebsgröße jeweils den Maßstab für die Abgrenzung nach oben und unten bildet. Hängt es doch von der Fruchtbarkeit des Bodens, der Art der Produktion und von der Agrarverfassung (Umfang der Belastungen) ab, wieviel Landbesitz ausreicht, um eine Familie zu ernähren.[19] Hinzu kommt weiterhin, daß im Untersuchungszeitraum mit der Veränderung der Agrarverfassung auch die Allmenden entfielen, die für die kleinen Besitzer die größte Bedeutung hatten. Dies, aber auch Veränderungen der Fruchtwechselfolge etc. lassen generelle Aussagen nicht zu.[20] Insofern muß hier auf Zahlenangaben, die nur eine größere Genauigkeit vorspiegeln würden, verzichtet und auf der inhaltlichen Definition beharrt werden.

Man muß sich aber darüber im klaren sein, daß mit dieser Abgrenzung der weitaus größte Teil der dörflichen Bevölkerung aus der Untersuchung ausgeschlossen ist. Koselleck weist für Preußen, wo »sich um 1800 die Zahlen der Vollbauern, der Halbbauern und der landlosen Unterschicht in etwa die Waage hielten«[21], darauf hin, daß sich in der ersten Hälfte des 19. Jahrhunderts die Zahl der Häusler, Kätner etc. in etwa verdoppelte, die der landlosen Unterschicht verdreifachte. Sie machte um 1848 ca. ein Drittel der preußischen Gesamtbevölkerung aus.[22]

Die Abgrenzung gegen die landlose Unterschicht, darf nicht darüber hinwegtäuschen, daß auch der Bauer nicht üppig leben konnte. Henning hat ausgerechnet, daß vor dem 19. Jahrhundert 70-80% der Bauern in ihrer Lebenshaltung auf das Existenzminimum beschränkt waren.[23] Kargheit der Lebensverhältnisse, z. T. auch Hunger und Not durch schlechte Ernten, muß unterstellt werden.

Der vorstehende Versuch einer Ab- und Eingrenzung des sozialen Typus »Bauer« bzw. »bäuerliche Familie« zeigt zugleich, wie unsinnig es ist, statt dessen von *der* Landfamilie zu reden, wie es vielfach geschieht. Denn mit diesem Begriff werden sowohl in der Vergangenheit als auch in der Gegenwart vielfältig differenzierte Lebens- und Arbeitsverhältnisse zusammengefaßt. Streng genommen sagt er nur über die Art des Wohnortes etwas aus, kaum etwas über die Art des Lebens.

II. Bäuerliche Produktionsweise im 19. Jahrhundert

Die Betonung, die vorstehend auf die Mitarbeit aller Familienmitglieder für den typischen bäuerlichen Betrieb gelegt wurde, resultiert aus der fundamentalen Bedeutung der Art und Weise der Produktion für die Ausbildung typisch bäuerlicher Familienstrukturen, -beziehungen und -inhalte.

1. Die Bedeutung feudaler Lasten

Vom Anfang unseres Untersuchungszeitraums bis zur Mitte des 19. Jahrhunderts, als der Prozeß der »Bauernbefreiung« allmählich zu Ende ging, war die bäuerliche Produktionsweise noch grundlegend geprägt durch Art und Umfang der feudalen Lasten und Abhängigkeiten. Daher stellt sich die Frage, welche Auswirkungen diese auf die häusliche Situation hatten.

In den Gebieten der *Grundherrschaft* beschränkte sich die feudale Abhängigkeit des überwiegenden Teils der Bauern auf die Zahlung von Natural- und Geldabgaben. Dienste mußten nur in geringem Umfang geleistet werden.[24] Die Art der Lasten tangierte daher das tägliche Leben und den Arbeitsablauf in der bäuerlichen Wirtschaft kaum. Lediglich der *Ertrag* der Arbeit wurde geschmälert. Oder, wie Henning es ausdrückt, »die Belastung ... wirkte auf die wirtschaftliche Lage der Bauern wie eine jährlich wiederkehrende Mißernte, da durch diese Verpflichtungen regelmäßig ein Teil des Ertrages für die Verwendung durch die Bauern ausfiel.«[25] Insgesamt kam der Status eines Bauern in grundherrlicher Abhängigkeit dem eines freien Bauern vergleichsweise nahe.

Ganz anders gestaltet sich die Situation der Bauern in den Gebieten mit *Gutsherrschaft*. Am schlechtesten waren die erbuntertänigen Bauern gestellt, die nur ein Nutzungsrecht am Boden hatten.[26] Der Status der Erbuntertänigkeit schloß Frondienste in unterschiedlichem Ausmaß (Zwangsgesindedienst, Hand- und Spanndienste) sowie Schollenpflichtigkeit (einschließlich der Zustimmung zur Heirat) ein. Aber auch die Bauern mit besserem rechtlichen Status waren zu Diensten verpflichtet. Diese implizierten eine Überbesetzung des Hofes (bezogen auf die Wirtschaftsfläche) mit Zugvieh, Geräten und Arbeitskräften, die aber notwendig war, um die Dienste leisten zu können.[27] Dadurch wurde der Wirtschaftsablauf des Bauernhofes entscheidend tangiert. Besonders gravierend war die Bedeutung der Dienste bei den adeligen Scharwerksbauern, die bis zu 500 Tage pro Jahr Dienste leisten mußten. Für die anderen Bauern im Gebiet der Gutsherrschaft, landesherrliche Köllmer, Schatuller, Hochzinser etc., waren die Belastungen nicht so extrem, wenn auch bedeutend höher als im Westen Deutschlands.[28] Ein großer Teil der Bauern im Gebiet der Gutsherrschaft unterlag also sowohl im Bereich der persönlichen Lebensführung als auch in ihrer Produktionstätigkeit außerordentlichen Beschränkungen und Eingriffen.

Diese Verhältnisse können im folgenden nicht berücksichtigt werden. Ausschlaggebend dafür ist, daß es, m. W. mit Ausnahme der Untersuchung Mulerts[29], die aber eine andere Fragestellung verfolgt, kaum Material über die Auswirkungen dieser ausgeprägten Formen bäuerlicher Abhängigkeit auf die Lebenssituation der Betroffenen gibt. Die Vernachlässigung dieser Kategorie von Bauern wird durch die Überlegung erleichtert, wenn auch nicht gerechtfertigt, daß sie für die west- und mitteleuropäischen Agrarverfassungen nicht typisch gewesen ist.

Folglich beschränkt sich die Untersuchung auf jenen Typus des Bauern, der ein relativ gutes Besitzrecht am Grund und Boden hatte und dessen Abhängigkeit sich überwiegend in der Zahlung von Geld und Naturalabgaben, und nur in geringem Maße in der Verpflichtung zu Diensten niederschlug.

2. Spezifika bäuerlicher Produktion und ihre Auswirkung auf die Mentalität der Bauern

Unabhängig von den verschiedenen Varianten der Agrarverfassung wies die bäuerliche Wirtschaft – wie sie vorstehend definiert wurde – eine Reihe charakteristischer Merkmale auf, die sie von anderen Arten der Produktion unterschied und die Lebensweise ihrer Angehörigen in spezifischer Weise bestimmte.

Zunächst muß bedacht werden, daß der Besitz von Grund und Boden *die* Grundlage des bäuerlichen Lebens, das sichere Fundament bäuerlicher Existenz ist. Ein Bauer ohne Land ist undenkbar. Das Land ist zugleich das, was die Generationen miteinander verbindet; es ist das eigentlich Beständige im Ablauf der Zeiten, wohingegen die Personen ständig wechseln. Diesem Sachverhalt entspricht die Vorstellung, daß der jeweilige Bauer nur der augenblickliche Nutznießer des Boden ist. Der »Besitz gehörte niemals einem, der verfügte vielleicht darüber, aber er war Bestandteil einer Familie, gehört also immer auch den Kindern.«[30] Sehr deutlich wird die Bindung an das von den Vorvätern ererbte Land in einer Begebenheit, die Eilers berichtet. Sein Vater tauschte gegen den Willen der Mutter eine ungünstig gelegene Wiese, die zur Mitgift der Mutter gehörte, gegen ein anderes Stück Land ein. Diese Transaktion war Anlaß eines ernsthaften Zwistes zwischen den Eltern. Die Mutter hat den Verlust der Wiese nie verschmerzt, denn, wie Eilers interpretiert, »es war das Gefühl der Heiligkeit des schon von den Vorfahren bearbeiteten Bodens dabei im Spiele.«[31]

Die Fläche Land, die jemand besaß, bestimmte darüber hinaus seinen und seiner Angehörigen Rang in der dörflichen Hierarchie. Der »Landhunger« der Bauern hatte neben dem verständlichen Wunsch nach Verbesserung der materiellen Situation auch hierin eine Quelle. Die wahrhaft existenzielle Bedeutung des Besitzes erklärt den Stellenwert, den seine Erhaltung und Mehrung im Leben des Bauern einnahm. Er war das Zentrum bäuerlichen Daseins und beherrschte alle Lebensbereiche und Beziehungen: erst kam der Hof, dann die Personen.

Bäuerliche Produktion, insbesondere in Gesellschaften mit niedrigem agrartechnischen Entwicklungsstand ist weiter gekennzeichnet gewesen durch ihre fundamentale *Abhängigkeit von der Natur* (Wechsel der Jahreszeiten, Klima, Bodenbeschaffenheit . . .)). Damit verbunden war eine vorwiegend *empirisch-traditionalistische* Wirtschaftsweise. Man arbeitete so, wie es sich im Laufe der Zeit als zweckmäßig herausgestellt hat, so, wie schon die Vorväter gearbeitet hatten.[32] Daraus resultierte eine Starrheit und Unflexibilität des Bauern, ein Festhalten an alten Gebräuchen und Vorurteilen.[33]

Der bäuerliche Familienbetrieb war weiterhin gekennzeichnet durch die untrennbare *Einheit von Produktion, Konsum und »Familien«-leben*. Alle Familienangehörigen arbeiteten je nach Vermögen mit. U. U. wurden weitere Arbeitskräfte hinzugezogen. Die Arbeit der Familienangehörigen blieb gleichwohl zentral. Die Spezialisierung der einzelnen Tätigkeiten war noch nicht sehr weit vorangetrieben. Jeder konnte im Prinzip fast alle Arbeiten ausführen. Es wurden überwiegend Gebrauchsgüter produziert. Der bäuerliche Familienbetrieb war primär Selbstversorger, daher nur in geringem Maße in Markt- und Austauschbeziehungen involviert. Das Wirtschaften orientierte sich infolgedessen nicht am Gewinn, sondern am »Gedanken der Nahrung«, d. h. das Ergebnis der Arbeit mußte ausreichen, die Familie zu ernähren.[34] Das bedeutete höheren Arbeitsaufwand in schlechten Zeiten, geringeren in guten Zeiten, ohne daß die Frage der Rentabilität gestellt wurde.[35] Insgesamt war der materielle Spielraum eng begrenzt.

Innerhalb der Hausgemeinschaft galt, »daß nicht ›abgerechnet‹ wurde, sondern der einzelne nach seinen Kräften beiträgt und nach seinen Bedürfnissen genießt (soweit der Gütervorrat reicht), lebt . . .«.[36] Verbunden damit war ein ausgeprägtes Selbstbewußtsein der Bauern, besonders dann, wenn sie schon seit Generationen Eigentümer des Hofes und relativ wohlhabend waren.[37]

Diese Merkmale bäuerlicher Produktion und Mentalität zeigen deutlich, daß es sich hierbei um eine nicht-kapitalistische Wirtschaftsweise handelte, der die Prinzipien rationaler ökonomischer Kalkulation und der Profitmaximierung zutiefst fremd war. Sie beruhte zudem in entscheidendem Maße auf der Arbeitsleistung der Familienangehörigen. Weitere Arbeitskräfte, die kontinuierlich beschäftigt wurden, waren nur ergänzend vorhanden und wurden in den Haushalt einbezogen.[38] Als Faustregel kann gelten: wo, wie in großbäuerlichen Wirtschaften oder auf Gütern, die Arbeitsleistung des Gesindes die der Familienangehörigen überstieg, entwickelte sich eine Arbeitgeber-Arbeitnehmer-

Beziehung, die eine Abschottung von Herrschaft und Gesinde nach sich zog. Im Unterschied zu anderen Produzenten, wie Heimarbeitern, aber auch Handwerkern, die die Zwänge der kapitalistischen Entwicklung viel direkter spürten und sich deren Bedingungen anpassen mußten, blieb zumindest für die Zeit bis zum 1. Weltkrieg für den Typus des »self-supporting-peasant« die Arbeits- und Lebenssituation nahezu unverändert.[39] Erst mit zunehmender Marktproduktion und Abnahme der Selbstversorgung ergab sich für den Bauern die Notwendigkeit zur Technisierung, Spezialisierung und rationalen Kalkulation seiner Wirtschaft. Zwar sind auch heute die Mehrzahl der landwirtschaftlichen Betriebe noch nicht kapitalistisch organisiert, aber die notwendigen arbeitsorganisatorischen Umstrukturierungen und die stärkere Einbeziehung in die gesellschaftlichen Austauschbeziehungen tangieren auch die Familienbeziehungen. So werden beispielsweise die Kinder durch Schule und Ausbildung stärker aus dem täglichen Arbeitsablauf herausgelöst und bekommen dadurch eine eigenständigere Position in der Familie. Diese Entwicklungen setzten in größerem Umfang aber erst nach dem 2. Weltkrieg ein. Für unseren Untersuchungszeitraum gilt, daß der Typus des »Bauern« und des bäuerlichen Familienbetriebes relativ unverändert bleibt. Das bäuerliche Leben war mithin charakterisiert durch die Einheit von Familienleben und Produktion. Die ökonomische Enge der traditionellen bäuerlichen Wirtschaft erzwang die Ausrichtung aller wesentlichen Bereiche des bäuerlichen Lebens auf die Bedingungen und Bedürfnisse der Produktion. Diese strukturierten infolgedessen grundlegend das Zusammenleben der Menschen auf dem Bauernhof. Die Untersuchung der Strukturen bäuerlicher Familie kann daher nicht ohne grundlegende Kenntnisse der bäuerlichen Produktionsweise auskommen.

Mit dem Begriff der »bäuerlichen Produktionsweise« soll ausgedrückt werden, daß es sich im Untersuchungszeitraum nicht mehr um eine feudale Produktionsweise handelt, obschon sie noch einige Elemente davon enthielt. Auch der Begriff der »einfachen Warenproduktion« ist unangemessen, da die bäuerliche Produktion *typischerweise* keine Waren-, sondern Gebrauchsgüterproduktion war. Gleichwohl handelt es sich um eine relativ stabile Produktionsweise. Der Begriff der bäuerlichen Produktionsweise schließt zwei jeder Produktionsweise eigene

Elemente ein: die Arbeitsweise und die Produktionsverhältnisse. Bei den Bauern ist die *Arbeitsweise* geprägt durch den Arbeitsgegenstand (Boden, Pflanzen, Vieh), die Abhängigkeit vom Klima und vom Wechsel der Jahreszeiten, dem Entwicklungsstand der Arbeitsmittel (Werkzeuge) und dem empirisch-traditionalistischen Zugang zur Arbeit. Zu den *Produktionsverhältnissen* zählen die Herrschafts- und Abhängigkeitsverhältnisse einschließlich der spezifischen Eigentums- und Besitzverhältnisse sowie der erbrechtlichen Regelungen, soziale Beziehungen, die sich aus der Mitgliedschaft in der Dorfgemeinde ergeben, die begrenzte Abhängigkeit von Marktbeziehungen. Beide Dimensionen der Produktionsweise stehen in einem wechselseitigen Abhängigkeitsverhältnis zueinander. Dennoch ist es sinnvoll, sie analytisch zu trennen.[40]

Es ist wichtig sich vor Augen zu halten, daß selbst eine so relativ autarke und von Marktbeziehungen weitgehend unbeeinflußte Produktion wie die bäuerliche doch nicht auf den (technischen) Ablauf der Arbeit des Einzelbetriebs reduziert werden kann, sondern bestimmt war von umfassenderen gesellschaftlichen Strukturen, eben den Produktionsverhältnissen, die gleichsam das Moment der gesellschaftlichen Einbettung und Prägung der bäuerlichen Wirtschaft darstellen. Daraus resultiert, daß auch die Strukturen des bäuerlichen Familienlebens nicht allein aus der Arbeitsweise des Einzelbetriebs ableitbar sind, sondern zugleich beeinflußt werden durch die Produktionsverhältnisse, die für die Bauernschaft insgesamt wirksam sind. Insofern tragen Arbeitsweise und Produktionsverhältnisse gleichermaßen zur Ausbildung der *typischen* bäuerlichen Familie bei.

III. Größe und Zusammensetzung des bäuerlichen Haushalts

Gemäß der klassischen Vorstellung von der bäuerlichen Familie der Vergangenheit, die in den meisten Köpfen, auch denen vieler Wissenschaftler spukt, arbeiten und leben mindestens drei Generationen zusammen auf einem Hof vereint, unterstützt von treu ergebenen Knechten und Mägden, die lebenslang auf dem Hof verbleiben und gleichsam »Familienanschluß« haben. An diesem idyllischen Bild ist von den frühen Familiensoziologen, besonders W. H. Riehl, kräftig mitgearbeitet worden. Seine ungebrochene Dominanz wird vermutlich durch die Tatsache gestützt, daß heute in sehr vielen bäuerlichen Betrieben drei Generationen zusammenleben, jedenfalls signifikant häufiger als in städtischen Arbeitnehmerhaushalten.[41] Allerdings gibt es heute in der Landwirtschaft kaum mehr Gesinde. Die Übereinstimmung von Vorstellungen über die Vergangenheit und *heutiger* Realität sagt allerdings noch nichts darüber aus, ob diese Vorstellung für die Vergangenheit zutreffend ist. Deshalb soll sie im folgenden überprüft werden.

Man muß sich darüber im klaren sein, daß sich die Zahl der auf einem Bauernhof lebenden Personen im Gleichgewicht befinden muß mit der Größe und der ökonomischen Kapazität des Betriebes. Das heißt, es müssen ausreichend viele Arbeitskräfte vorhanden sein und nur so viele Konsumenten, wie auch ernährt werden können. »Wirtschaftsordnung, Erbrecht, Sitte und Brauch bilden gleichsam Schutzwälle, um dieses Gleichgewicht zu sichern.«[42]

1. Bestimmungsfaktoren der generativen Zusammensetzung

Zunächst soll geklärt werden, ob das Zusammenleben von drei Generationen, die Stamm-Familie, in der klassischen Bauernfamilie der Regelfall gewesen ist. Le Play, auf den der Begriff »Stamm-Familie« (famille souche) zurückgeht, hat damit eine Art des Zusammenlebens bezeichnet, in der die Autoritätsposition bei der ersten Generation bis zum Tode verbleibt. Das heißt, es leben die Eltern, der verheiratete Sohn und dessen Kinder zusammen; der Hof gehört weiterhin dem Vater. Er ist derjenige, der Autorität und Anweisungsbefugnis innehat. Mitterauer hat zutreffend darauf hingewiesen, daß diese Form der Autoritätsverteilung zwischen den Generationen in Mitteleuropa kaum vorgekommen ist, sondern, falls drei Generationen zusammenlebten, die Autoritätsposition in der Regel bei der mittleren Generation lag.[43] Wenn also im folgenden von der Drei-Generationen-Familie die Rede ist, dann ist damit diese Variante gemeint.

Von ganz zentraler Bedeutung für die Frage nach dem Zusammenleben der Generationen ist neben der Wirtschaftsordnung das Erbrecht bzw. die Vererbungspraxis. Beides stimmt nicht notwendig überein. Die Bedeutung der Erbregelung war deshalb so groß, weil in der vorkapitalistischen Gesellschaft die Heiratsmöglichkeit an den Nachweis einer »ausreichenden Nahrung« gebunden gewesen ist, im bäuerlichen Bereich also an den Besitz eines für die Ernährung einer potentiellen Familie genügend großen Hofes. Da Land knapp und nicht beliebig vermehrbar war, war der Erbgang neben der Einheirat die wichtigste Chance, in den Besitz einer »ausreichenden Nahrung« zu gelangen.

Grob vereinfachend kann man bei den Vererbungsregeln zwischen Realteilung und Anerbenrecht unterscheiden. Innerhalb dieser beiden Grundformen existieren allerdings eine Vielzahl von Varianten, so daß bei genauerer Betrachtung die Vererbungsregeln eher ein Kontinuum als eine Dichotomie bilden.[44]

Für die Gebiete mit *Realteilung* läßt sich die Frage nach der generativen Zusammensetzung der Bauernfamilie relativ leicht beantworten. Realteilung heißt, daß der vorhandene Besitz, auch der Boden, unter den Kindern aufgeteilt wird. Auf die verschiedenen Varianten der Realteilung kann hier nicht eingegangen werden. Praktisch läuft diese Form des Erbgangs darauf hinaus, jedem Kind zu einem bestimmten Zeitpunkt, der meist mit der Eheschließung zusammenfällt, seinen Erbanteil zu übergeben. Das Erbteil des zukünftigen Ehepartners mußte so groß sein, daß es zusammen mit dem eigenen ausreichte, eine Familie zu ernähren. Das junge Ehepaar kaufte, baute oder mietete sich ein eigenes Haus bzw. eine Wohnung. Das heißt, mit Realteilung war in der Regel Neolokalität verbunden. Von daher ist einsichtig, daß die Bauern in Realteilungsgebieten überwiegend in Kernfamilien lebten. Das Zusammenleben von drei Generationen war selten.

Anerbenrecht bedeutet, daß nur ein Kind den Grund und Boden erbt; in der Regel ist das ein Sohn. Die anderen Kinder, die weichenden Erben, werden überwiegend mit mobilem Besitz und Geld abgefunden. Normalerweise war ihr Erbteil bedeutend kleiner als das des Hoferben und danach bemessen, was dieser finanziell verkraften konnte. Diese Form der Vererbung begünstigte, da sie vor dem Tod der Eltern stattfinden *konnte*, die Ausbildung von Drei-Generationen-Familien; dann, wenn Geschwister als (unverheiratete) Knechte und Mägde auf dem Hof verblieben, auch andere erweiterte Familienformen.

Dieses Grundmuster des Zusammenhangs von Vererbungsregeln und generativer Zusammensetzung der Familie schälte sich auch bei einem internationalen Vergleich heraus.[45] Für Deutschland hat Berkner die Zusammensetzung von Haushalten in zwei Gebieten (Göttingen und Calenberg) mit unterschiedlicher Vererbung am Ende des 17. Jahrhunderts verglichen. 65% aller Familien im Anerbengebiet waren Kernfamilien (gegenüber 90% im Realteilungsgebiet); 28% waren Varianten von Drei-Generationen-Familien (gegenüber 6%), 4% andere erweiterte Familienformen (gegenüber 1%) und in weiteren 4% (gegenüber 3%) aller Haushalte lebten keine Familien.[46] Die auf den ersten Blick geringe Zahl von Drei-Generationen-Familien selbst im Anerbengebiet ist dann nicht mehr erstaunlich, wenn man bedenkt, daß das Zusammenleben von drei Generationen stets nur eine mehr oder weniger kurze *Phase im Ablauf des Familienzyklus* ist. Es handelt sich immer nur um die Spanne zwischen der Geburt des ersten Kindes der 3. Generation und dem Tod der Großeltern. Innerhalb einer dörflichen Population befindet sich daher stets nur ein bestimmter Prozentsatz der Familien in dieser Phase.

Wenn gesagt wurde, daß das Anerbenrecht Drei-Generationen-Familien begünstigt, so impliziert das keinen Automatismus. Ganz im Gegenteil gab es in der Vergangenheit eine Reihe entgegenwirkender Faktoren, die entweder das Zusammenleben von drei Generationen ganz unterbanden oder die Phase des Zusammenlebens möglichst kurz hielten.

(1) Das durch die Bindung der Heirat an den Nachweis einer ausreichenden Stelle bedingte relativ hohe Heiratsalter bei Bauern hatte die praktische Auswirkung, daß drei Generationen nur kurze Zeit zusammenleben konnten. Je höher das Heiratsalter und je geringer das durchschnittliche Sterbealter der Verheirateten, desto kürzer war diese Phase.[47]

(2) Sie wurde noch verkürzt bzw. entfiel ganz in jenen Gebieten, wo das Anerbenrecht in Form des Jüngsten-Erbrechts (Minorat) auftrat.

(3) Es kann auch nicht davon gesprochen werden, daß überall dort, wo Anerbenrecht praktiziert wurde, die Eltern den Hof dann übergaben, wenn der Erbe heiraten wollte. Zunächst einmal bedeutete die dann notwendige Einrichtung eines Altenteils, daß für das Alt-Bauernpaar Wohnraum und Unterhalt (meist in Form von Naturalien und etwas Land und Vieh) zur Verfügung gestellt

werden mußte.[48] Beides konnte nur erfolgen, wenn der Hof groß genug war, diese Belastung zu tragen. Ein gewisser Wohlstand mußte also mit den erblichen Regelungen zusammentreffen, um die Chance von Drei-Generationen-Familien zu begründen. Kleine und mittlere Höfe waren durch die Einrichtung eines Altenteils häufig überfordert. Dort mußte der Erbe mit der Heirat warten, bis die Eltern starben. In diesen Fällen blieb es bei der Zwei-Generationen-Familie.

(4) Entsprechend wirkte es sich aus, wenn Erbe und Eltern sich nicht über die Bedingungen der Übergabe einigen konnten. Die Übergabe des Hofes an den Erben war ein sehr kritischer Zeitpunkt im bäuerlichen Familienzyklus, der wegen der damit verbundenen materiellen und psychischen Belastungen von seiten der Eltern häufig möglichst weit hinausgezögert wurde.

(5) Insbesondere auf sehr großen Höfen wurde das Zusammenleben von drei Generationen häufig dadurch vermieden, daß die Altenteiler einen anderen Wohnsitz nahmen, teilweise in die nächstgelegene Stadt zogen und dort von den Zinsen lebten, die der Erbe für den Hof zahlen mußte.

(6) Die Weitergabe des Hofes erfolgte nicht selten durch die Wiederverehelichung des überlebenden Ehepartners. In solchen Fällen blieb es bei der Zwei-Generationen-Familie.

Als generelle Tendenz stellt sich heraus, daß das Anerbenrecht zwar die Ausbildung von Drei-Generationen-Familien begünstigte, aber eine Reihe von Faktoren und Strategien dem entgegenwirkten. Faktisch kam das Zusammenleben dreier Generationen nicht häufig vor, und wenn, dann auch nur für eine kurze Zeitspanne. Erst mit dem Anstieg der Lebenserwartung im 19. Jahrhundert, besonders der zweiten Hälfte, verlängerte sich diese Phase.[49]

In Deutschland lassen sich also zwei Grundtypen der generativen Zusammensetzung von bäuerlichen Familien feststellen:
– die Zwei-Generationen oder Kernfamilie und
– die Drei-Generationen oder Stammfamilie.

Am verbreitetsten ist das Zusammenleben von nur zwei Generationen gewesen. Drei-Generationen-Familien waren am häufigsten in Gebieten mit einer wohlhabenden Bauernschaft zu finden[50], die wiederum in den Anerbengebieten konzentriert gewesen ist.

Dieser Zusammenhang von bäuerlichem Reichtum und Drei-

Generationen-Familien kann nun aber nicht als Beleg für das verbreitete familiensoziologische Theorem verwendet werden, wonach die Angehörigen der Oberklasse in erweiterten Familienformen und die der Unterklasse in Kernfamilien lebten.[51] Zunächst einmal handelt es sich bei den hier betrachteten Bauern schwerlich um Angehörige der Oberklasse. Zum anderen gab es gerade bei den reichen Bauern das oben beschriebene Verhaltensmuster, demzufolge die Altbauern den Hof verließen und woanders wohnten und damit jene Konflikte und Spannungen vermieden, die mit der Einrichtung eines Altenteils häufig verbunden waren[52], detaillierte vertragliche Regelungen erforderten und sich in den verschiedenen Ländern in Form von Sprichwörtern, Liedern und Sagen niedergeschlagen haben. Generell läßt sich daher nur festhalten, daß die Möglichkeit für das Zusammenleben von drei Generationen bei den wohlhabenden Bauern größer gewesen ist als bei den ärmeren. Die faktische Ausbildung einer Drei-Generationen-Familie hing aber von einer Vielzahl von Faktoren ab. Infolge der steigenden Lebenserwartung im 19. Jahrhundert konnten allerdings mehr Familien als je zuvor diese Phase im Familienzyklus erreichen.

2. Kinderzahl

Ein weiteres Klischee, das sich mit dem Bild vergangener Familie verbindet, ist das des Kinderreichtums. Er würde, falls dies Bild zuträfe, die Größe des bäuerlichen Haushalts entscheidend tangieren. Diese Vorstellung von den kinderreichen Familien der Vergangenheit wird gespeist von einigen überlieferten herausragenden Beispielen und von der Verwechslung von Geburtenzahl und Kinderzahl.

Im 18. und auch noch im 19. Jahrhundert hat es mehrere Faktoren gegeben, die die effektive Kinderzahl in sehr engen Grenzen hielt.

(1) Das schon erwähnte durchschnittlich sehr hohe Heiratsalter bei Bauern bedeutete eine relativ kurze eheliche Fruchtbarkeitsperiode. Wenn man fehlende Geburtenkontrolle und ein Geburtenintervall von durchschnittlich zwei Jahren unterstellt, hat jede Anhebung oder Senkung des Heiratsalters entsprechend weniger bzw. mehr Geburten zur Folge.[53] Auf Grund der schweren landwirtschaftlichen Arbeit kann man davon ausgehen, daß

Fehlgeburten, aber auch insgesamt eine verminderte Empfängnisfähigkeit nicht selten waren. Hinzu kam, daß die Säuglings- und Kindersterblichkeit vergangener Jahrhunderte außerordentlich hoch war. Sie schwankte zwar nach Regionen, lag aber teilweise über 30% und mehr.[54] So hat Knodel für ein bayerisches Dorf in der Nähe Augsburgs die Säuglingssterblichkeit (Sterblichkeit der Kinder bis zum Alter von einem Jahr) berechnet und ist für den Zeitraum zwischen dem Ende des 17. und des 19. Jahrhunderts zu Werten zwischen 25 und 40% gekommen (ohne Totgeburten)[55]. Für die Zeit vor 1900 lag nach seinen Berechnungen die effektive Kinderzahl bei Ehepaaren, deren Ehe bis zum 45. Geburtstag der Frau bestand (!), nicht höher als drei. In diesem Dorf war keine Geburtenkontrolle üblich.[56]

Es gibt aber auch Gebiete, in denen die Bauern offenbar die Zahl der Geburten in Grenzen gehalten haben, was sich u. a. aus dem Alter der Frau bei der letzten Geburt ersehen läßt.[57] In diesen Dörfern lag die Säuglingssterblichkeit niedriger. Ob dies auf mehr Sorge für das einzelne Kind zurückzuführen ist, kann nicht geklärt werden. Zumindest aus Wülkers Untersuchung könnte man aber eine solche Schlußfolgerung ziehen. In den drei von ihm untersuchten Dörfern in der Nähe Hannovers war zwischen 1750 und 1890 trotz Geburtenbeschränkung die effektive Kinderzahl nicht niedriger als in den Gebieten mit höherer Geburtenquote, wo eine hohe Säuglings- und Kindersterblichkeit die Unterschiede bis zur Volljährigkeit der Kinder nahezu einebnete.[58]

Die Zahl der überlebenden Kinder war nun nicht unbedingt identisch mit der der im Haus lebenden. Insbesondere von der ökonomischen Kapazität des Hofes hing es ab, wieviele Kinder nach Erreichen der vollen Arbeitsfähigkeit im Haus verbleiben konnten bzw. in den Gesindedienst gehen mußten.[59] Man kann davon ausgehen, daß meist nicht mehr als zwei bis drei Kinder (auch erwachsene) im bäuerlichen Haushalt lebten.[60] Insofern ist der Schluß berechtigt, daß »›Großfamilien‹ im Sinne besonders kinderreicher Kernfamilien . . . keineswegs für die vorindustrielle Zeit charakteristisch gewesen sein dürften.«[61]

Allerdings lebten in fast allen bäuerlichen Haushalten eigene Kinder oder Ziehkinder. Denn zumindest der Erbe blieb bis zur Übernahme bei den Eltern, häufig auch noch Geschwister als Arbeitskräfte.[62]

3. Gesinde

Zum traditionellen bäuerlichen Betrieb gehörte Gesinde – wenn auch in unterschiedlichem Umfang. Der Bedarf des Hofes an Arbeitskräften war – Größe und Anbauart als konstant vorausgesetzt – unverändert im Laufe der Jahre. Die Zahl des Gesindes war daher einmal davon abhängig, in welcher Phase des Familienzyklus sich die bäuerliche Familie befand. Waren die Kinder sehr klein und nahmen auch noch die Zeit der Mutter in Anspruch, wurde (relativ) viel Gesinde benötigt. Dagegen nahm die Zahl des Gesindes mit zunehmendem Alter und zunehmender Arbeitsfähigkeit der Kinder ab. Berkner hat in seiner Untersuchung österreichischer Verhältnisse diese Abhängigkeit herausgearbeitet. Die zentrale Funktion des Gesindes war demnach die eines Ersatzes für fehlende kindliche Arbeitskraft. »This means that servants were more likely to be found in households with no or few children or in households headed by a young couple whose children were not yet old enough to work.«[63]

Zum anderen spielte die Größe des Hofes eine Rolle für die Zahl des Gesindes. Je wohlhabender ein Bauer, desto mehr Gesinde benötigte er und desto eher konnte er es sich auch leisten. Hingegen fand man kein Gesinde bei armen Bauern, die mehr als ein Kind, und bei Mittelbauern, die mehr als zwei Kinder hatten.

Anwesenheit von Gesinde im Haushalt in Abhängigkeit von der Zahl der Kinder des Besitzers und dem Wert des Besitzes (in Florin)

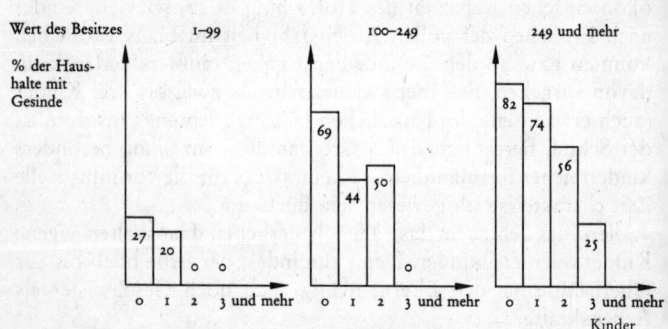

Quelle: Berkner, The Stem-Family . . ., a.a.O., S. 416.

»Servants were a labour substitute for children within each economic group, but the labour requirements of the farm obviously increased proportionally to its value and size.«[64]

Generell war für den bäuerlichen Haushalt die zeitweilige bzw. ständige Einbeziehung von weiteren Arbeitskräften typisch. Das mußten aber nicht notwendig Mägde und Knechte sein, die im allgemeinen jung und unverheiratet waren. Dort, wo auf den Höfen Platz vorhanden war, z. B. weil das Altenteil nicht besetzt war, gab es als zusätzliche Kategorie von auf dem Hof lebenden Personen die Einlieger, Inwohner etc. Häufig handelte es sich hierbei um ehemaliges, nun verheiratetes Gesinde, das teils voll, teils nur für die Miete beim Bauern mitarbeitete. Inwohner konnten aber auch verheiratete oder verwitwete Verwandte sein, sofern sie nicht im Altenteil wohnten.[65]

Diese Personengruppen lebten und arbeiteten zusammen unter einem Dach. Daher stellt sich die Frage, inwieweit sie eine Einheit bildeten bzw. ob innerhalb dieser Haushaltsgruppe die Familie im Sinne der miteinander verwandten Personen eine Einheit gegenüber den anderen Mitbewohnern bildete. Diese Frage kann hier zunächst nur vorläufig beantwortet werden.[66] (Sie wird am Schluß dieses Kapitels noch einmal aufgenommen.) Die Abgrenzung der verwandten Personen gegenüber dem Gesinde und den Inwohnern würde unserem heutigen Verständnis entsprechen. Familie wird danach konstituiert durch die Eltern und deren Kinder; u. U. können auch noch andere nahe Verwandte dazugehören, sofern alle miteinander leben. Dieser, am Kriterium der Heirat und der Blutsverwandtschaft orientierte Familienbegriff ist auch in der Soziologie üblich.[67] Er erweist sich für die sozialgeschichtliche Analyse aber als untauglich, sofern man ihn über seine Funktion der Lokalisierung des Untersuchungsgegenstandes hinaus verwendet. Vielmehr kann m. E. davon ausgegangen werden, daß überall da, wo der Hausverband auch die grundlegende Produktionseinheit war, die gemeinsame Arbeitsbeziehung so stark dominierte, daß *alle*, die zusammenlebten und arbeiteten, in gleicher Weise zum Hausverband zählten. Das heißt konkret: die Beziehungen zwischen den miteinander verwandten Personen und den anderen Mitgliedern des Haushalts unterschieden sich kaum voneinander, so daß die Verwandten keine gesonderte Gruppe innerhalb des Haushalts bildeten. Für diese These sprechen verschiedene Überlegungen:

(1) Untersuchungen von bäuerlichen Haushalten im 17. und 18., aber selbst noch im 19. Jahrhundert zeigen häufig sehr komplexe Verwandtschaftskonfigurationen auf Grund von Mehrfachverehelichungen, die durch die hohe Mortalität und den Zwang zur Verheiratung bedingt waren. Stiefeltern und Halbgeschwister, auch Ziehkinder waren keine Seltenheit. Dadurch wurde die Verwandtschaftsbeziehung in ihrer sozialen Bedeutung abgeschwächt und war kein sicheres Abgrenzungskriterium.[68]

(2) Bei dem Gesinde, aber auch bei den Inwohnern handelte es sich teilweise um Verwandte des Bauernpaares, wie die häufige Namensgleichheit anzeigt. Das heißt, innerhalb des Hausverbandes nahmen verwandte und nicht-verwandte Personen die *gleichen* Positionen ein.[69]

(3) Insofern ist es nicht verwunderlich, daß das Kriterium der Verwandtschaft innerhalb dieses Hausverbandes in der Regel keine sozialen Folgen hatte. Entscheidend war vielmehr die soziale Stellung: »Für die Struktur der Bauernfamilie war bis weit ins 19. Jahrhundert nicht die Art des Verwandtschaftsverhältnisses entscheidend, sondern die Rolle im Haus. Der Altbauer wird nicht in erster Linie als Vater des Hausherrn oder der Hausfrau angesehen, sondern als ›Ausnehmer‹, ›Austrager‹ ... usw.; ... Ebenso ist der Bruder, der nach der Hofübergabe im Haus bleibt, primär Knecht – oder, wenn es ihm gestattet wird zu heiraten, Inwohner. Das Verwandtschaftsverhältnis zum Hausherrn tritt demgegenüber in den Hintergrund.«[70]

Da aber das Verwandtschaftskriterium eine so geringe Rolle spielte, ist es wenig sinnvoll, zwischen einem engeren Kreis (= Familie) und einem weiteren (= Haushalt) bzw. zwischen Familienangehörigen und »familienfremden« Personen zu unterscheiden.[71] Insofern ist Mitterauers Schlußfolgerung zuzustimmen, daß wenn »die Stellung im Haus für die Gruppenstruktur vorrangig entscheidend (ist), ... in einer sozialhistorischen Analyse das ganze Haus als Untersuchungseinheit angesehen werden« muß.[72]

IV. Heirat und Ehe

1. Heirat und ihr Stellenwert im bäuerlichen Dasein

Die Antwort auf die Frage nach dem Stellenwert der Heirat im bäuerlichen Leben erschließt erst die Möglichkeit, Aussagen über die Chance bzw. die Existenz intimer Gefühls- und Liebesbeziehungen zwischen den Ehegatten zu machen. Denn es kann mit hoher Wahrscheinlichkeit vermutet werden, daß der mögliche Grad der Intimität zwischen den Eheleuten eng zusammenhängt mit dem Ausmaß »zweckfreier« Anteile des Zusammenlebens.

Zu heiraten war für den Bauern in gewisser Weise eine unabdingbare Lebensnotwendigkeit. Schließlich brauchte er für die Bewältigung der täglichen Arbeit eine Frau, er wollte eigene Kinder, die ihn später, wenn seine Kräfte nachließen, bei der Arbeit entlasteten und einen Erben, der den Hof weiterführte. Darüber hinaus bot die Ehe die einzige Möglichkeit, ein sozial gebilligtes Sexualleben zu führen. Diese Notwendigkeiten waren vermutlich so selbstverständlich, daß man darüber kaum ein Wort verlieren mußte. Daß zum Bauern die Bäuerin gehört bzw. der Status des Verheiratetseins mit der Position des Bauern untrennbar verbunden ist, kommt noch klassisch zum Ausdruck in den Formulierungen eines Übergabevertrages aus den 20er Jahren dieses Jahrhunderts, in denen es heißt: »Die Übergeberin ist 51 Jahre alt. Der einzige Sohn F. hat sich in neuerer Zeit verheiratet und *ist deshalb in der Lage,* das elterliche Anwesen zu übernehmen.«[73] Zugleich drückt sich darin aber auch aus, daß die bäuerliche Ökonomie auf dem Fundament von mindestens zwei einander ergänzenden, vollwertigen Arbeitskräften beruhte, auf der Zusammenarbeit von Mann und Frau.[74]

Die beiden zentralen Positionen im bäuerlichen Haushalt, die von Bauer und Bäuerin, mußten daher stets besetzt sein. Aus dieser Notwendigkeit erklärt sich der hohe Anteil von Mehrfachverehelichungen in der vorkapitalistischen Gesellschaft, in der die Sterblichkeit hoch war und die Ehen meist nicht lange bestanden.[75] Sofern der Erbe noch nicht alt genug war, den Hof zu übernehmen, führte der Tod des Ehepartners innerhalb recht kurzer Zeit zur Wiederheirat.[76] Anstelle der Frau oder des Mannes zusammen mit Gesinde zu wirtschaften, war teuer, zudem fehlte dann dem meist jungen Gesinde auch die nötige

Erfahrung in der Wirtschaftsführung; häufig waren noch kleine Kinder vorhanden, Klatsch breitete sich leicht aus, kurz: die Zwänge, wieder zu heiraten, waren so stark, daß Verstöße gegen die Norm von einem Trauerjahr nicht selten waren.[77]

Da, wie wir noch sehen werden, der Zwang, die Positionen zu besetzen[78], auch im Handwerk sehr ausgeprägt war, kann man vermuten, daß überall dort, wo der Haushalt zugleich Produktionseinheit war, dieselben ökonomischen Zwänge das Heiratsverhalten bestimmten.[79] Der große Anteil der Wiederverehelichungen bedeutet aber auch zugleich, daß in den bäuerlichen Haushalten eine Reihe von Problemen zu bewältigen waren, die aus der Stiefelternproblematik, der Existenz von Halbgeschwistern und großen Altersabständen zwischen den Kindern resultierten.

Sicher darf man die Selbstverständlichkeit der Eheschließung nicht allein auf ökonomische Zwänge zurückführen. Diese haben zwar vermutlich in der Mehrzahl der Fälle den Ausschlag gegeben. Es darf aber auch nicht übersehen werden, daß wir es mit einer dörflichen Gesellschaft zu tun haben, die auf der Basis von Haushalten organisiert war und beispielsweise für ledige Personen außerhalb der Dienstbotenstellung (und d. h. Integration in einen Haushalt) kaum eine Existenzmöglichkeit bot. Bewußt unverheiratet zu bleiben, eröffnete – außer für den katholischen Pfarrer – weder eine soziale noch ökonomische Perspektive. Insofern ist einleuchtend, daß Heirat selbstverständlich war und der Status des Ehemannes oder der Ehefrau angestrebt wurde. Dazu gesellen sich die schon eingangs erwähnten Gründe: der Wunsch nach Kindern als Erbe und Arbeitskraft sowie nach gebilligtem Sexualleben.

2. Heiratsalter

Nicht nur die Heirat selbst, auch ihr Zeitpunkt war den beschriebenen ökonomischen und sozialen Zwängen ausgesetzt. In Mittel- und Westeuropa lag das durchschnittliche Heiratsalter relativ hoch, jedenfalls bedeutend höher als in Südosteuropa und den meisten anderen Teilen der Welt.[80] Die dörfliche Bevölkerung machte davon keine Ausnahme. Die Bindung der Heiratserlaubnis an den Nachweis einer ausreichend großen landwirtschaftlichen Stelle drückte das Heiratsalter nach oben. Die steigende Lebenserwartung sorgte dafür, daß der Zeitpunkt der Hofübergabe oder des Erbfalls hinausgeschoben wurde. Wülker hat für die Bauern in den drei von ihm untersuchten niedersächsischen Dörfern ein durchschnittliches Heiratsalter von ca. 25 Jahren bei den Frauen und 29-30 Jahren bei den Männern berechnet.[81] Knodels Ergebnisse aus Anhausen ergeben ähnliche Werte für die Männer, aber höhere für die Frauen (+ 3 Jahre)[82]. Diese Zahlen beziehen sich auf Gebiete mit Anerbenrecht. Möglicherweise lag das Heiratsalter in Realteilungsgebieten etwas niedriger, weil dort das Erbe normalerweise dann zugeteilt wurde, wenn das Kind heiraten wollte. Die Altersdifferenz dürfte aber kaum sehr groß gewesen sein. Bidlingsmaier hat in ihrer sorgfältigen Studie darauf hingewiesen, daß in Realteilungsgebieten, wo die landwirtschaftlichen Stellen in der Regel nicht groß und die Belastung durch die regelmäßig wiederkehrende Teilung stark war, die Eltern einige Jahre lang die unbezahlte Arbeitsleistung ihrer erwachsenen Kinder brauchten, bis sie so viel Vermögen angesammelt hatten, daß jedes Kind mit seinem Erbteil und dem des potentiellen Ehepartners eine Existenz gründen konnte, ohne allzu viel Schulden machen zu müssen, und auch die Alten selbst noch leben konnten.[83]

In Anerbengebieten war das Heiratsalter abhängig von der Hofübergabe bzw. dem Erbfall. Es ist schon darauf hingewiesen worden, daß die Hofübergabe nur stattfand, wenn der Hof zwei Familien ernähren und sich der Erbe mit den Eltern über die Bedingungen der Übergabe einigen konnte. Die Alten sträubten sich häufig gegen eine Übergabe, weil diese für sie mit einem radikalen Positionswechsel von weitgehender Unabhängigkeit zu totaler Abhängigkeit verbunden war. Hinzu kam die Sorge, wie sie mit der Schwiegertochter auskommen würden. Die detaillierten Altenteilsverträge verweisen auf diese mit der Übergabe verbundenen typischen Probleme.[84]

Konnte man sich nicht einigen, oder war der Hof zu klein, mußte bis zum Tode des Vaters gewartet werden. Starb der Vater jung und war der Erbe schon volljährig, konnte er den Hof relativ früh übernehmen und heiraten. So weist Sieder darauf hin, daß die teilweise feststellbaren schichtspezifischen Unterschiede im Heiratsalter sich aus den schichtspezifischen Möglichkeiten ergaben, eine ökonomische Vollstelle zu erlangen.[85] Aus der Koppelung von Heirat und »ausreichender Nahrung« erklärt sich auch, daß jüngere Bauern häufig ältere Frauen heirateten. Offenbar wurde hier die Vollstelle durch die Einheirat erworben.[86] Wenn man diese Zusammenhänge berücksichtigt, muß man Mitterauer zustimmen, der darauf hinweist, daß das Heiratsalter viel stärker als gegenwärtig eine sozial bestimmte Größe und nicht so sehr an das Erreichen eines bestimmten Alters gebunden gewesen ist.[87]

3. Partnerwahl: Kriterien und Strategien

In der Literatur über bäuerliche Lebensverhältnisse, auch der neueren, wie beispielsweise Shorters Buch über »Die Geburt der modernen Familie«, wird allgemein hervorgehoben, daß die Bauern einzig nach ökonomischen Gesichtspunkten ihren Ehepartner ausgewählt, emotionale Aspekte wie Zuneigung oder gar Liebe keine Rolle gespielt hätten. Stets sei zuerst auf die wirtschaftliche Situation des zukünftigen Ehepartners geachtet worden, insbesondere auf das, was er in die Ehe einbrachte, weniger auf ihn als Person.[88] Von den ärmeren Bauern hingegen wird berichtet, daß für sie die Arbeitsfähigkeit der Zukünftigen zentral gewesen sei – viel Mitgift war sowieso nicht zu erwarten. Und in der Tat sind die drei Gesichtspunkte: *Mitgift, Arbeitsfähigkeit* und *Gesundheit* (unter dem Gesichtspunkt der Familienkontinuität und Arbeitskraft unentbehrlich) die drei wesentlichen Kriterien gewesen, die die bäuerliche Brautsuche beherrschten. Die »instrumentelle« Partnerwahl drückte sich auch in den schon erwähnten Altersdifferenzen der Ehepartner aus. Persönliche Zuneigung war demgegenüber sekundär.[89] Die Darstellung dieser Motive ist häufig mit ihrer Abwertung verbunden. Den sachlichen Elementen, die die traditionelle bäuerliche Eheanbahnung regiert haben, wird – implizit oder explizit – als positives Beispiel das heutige Ideal der »reinen« Liebesheirat entgegengesetzt. Besonders deutlich wird dies bei Shorter, für den erst die Zeit der »romantischen Liebe« die Möglichkeit wahren Menschseins eröffnet.[90] Problematisch ist eine derartige Sichtweise, die die gegenwärtigen Verhältnisse oder sogar die Ideologie der Gegenwart als absoluten Maßstab nimmt, weil sie die Verhältnisse vergangener Zeiten nur auf sehr oberflächliche Weise erfassen kann.

Dem Verständnis der bäuerlichen Partnerwahl kommt man näher, wenn man sich vor Augen hält, welche zentrale Bedeutung die Eheschließung im bäuerlichen Leben hatte. Sie war, darauf wurde schon verwiesen, notwendig, um die Kontinuität des Besitzes zu sichern, Arbeitskräfte heranzuziehen und durch die Ergänzung von männlicher und weiblicher Arbeitskraft die Wirtschaft führen zu können. Sie tangierte aber auch das Schicksal aller auf dem Hof lebenden Personen, in Gebieten mit Anerbenrecht nicht selten auch das des alten Bauernpaares und der Geschwister. Zugleich bot die Eheschließung *die* Möglichkeit, Besitz und Vermögen zu erwerben. Wenn man dies berücksichtigt, liegt auf der Hand, daß spontane und unreflektierte, nur die aktuellen Gefühle der beiden Partner und nicht die Verpflichtungen berücksichtigende Entscheidungen in diesem Umfeld Katastrophen verursachen konnten. Eine sorgsam bedachte und abgewogene Partnerwahl war Voraussetzung, um allen Bedürfnissen, den eigenen, denen der zu versorgenden Personen (Altenteiler, jüngere Geschwister) und denen der zukünftigen Kinder gerecht zu werden.

In den landwirtschaftlichen Gebieten, in denen Realteilung praktiziert wurde, war es nur möglich, sich eine mit nicht zu viel Schulden belastete bäuerliche Existenz zu gründen, wenn die Erbteile beider Ehepartner ausreichend groß waren. Und wie nah bzw. fern die jeweiligen Acker- und Wiesenstücke zueinander lagen, wollte auch bedacht sein in einer Zeit, wo die meisten Wege zu Fuß zurückgelegt werden mußten. Aus dem Schwäbischen berichten Ilien/Jeggle die heute noch geläufige Redewendung: »Drum prüfe, wer sich ewig bindet, wie sich die Wies zum Acker findet.«[91] Eine mögliche Reaktion auf die mit Realteilung verbundene Gefahr der Landzersplitterung bestand in der Bevorzugung von Verwandtschaftsheiraten, wodurch das Land in der »Familie« blieb.[92] Welche Heiratsstrategien auch immer entwickelt wurden, entscheidende Bedeutung kam unter diesen eher kleinbäuerlichen Verhältnissen der Arbeitskraft und -fähigkeit der Frau zu. Zugleich war aber klar, daß jede Ehe mit einem Partner, der weniger mitbrachte als man selbst, nicht nur identisch war mit sozialem Abstieg, sondern auch mit einem Mehr an Arbeit. Wo wenig Land und viele Schulden vorhanden waren, war die verlangte Arbeitsleistung notwendig höher als unter günstigeren Existenzbedingungen.

Wo Anerbenrecht praktiziert wurde, mußte in vielen Fällen nicht nur eine Altenteilsregelung gefunden, sondern mußten auch die Geschwister des jungen Bauern, die weichenden Erben, ausgezahlt werden.[93] Von der Höhe ihres Erbteils hingen wiederum ihre Heiratschancen ab. Als eine »gute Ehe« wurde jene angesehen, in der die Mitgift der Frau ausreichte, die Geschwister auszuzahlen. Bourdieu hat bei seiner Analyse der Bauern des Béarn herausgearbeitet, daß entgegen naheliegenden Vermutungen es für den Erben verpönt war, »aufwärts« zu heiraten, d. h. eine Frau aus einer wesentlich reicheren Familie zu wählen. Zwar war der ökonomische Vorteil offensichtlich, aber eine solche Ehe drückte seine Position in der häuslichen Machtstruktur. Analog kam eine »Abwärts«-Ehe, neben den ökonomischen Nachteilen, einer Entehrung gleich, weil er sich auf dem Heiratsmarkt unter seinem Wert verkauft hatte. Die Entdeckung solch diffiziler bäuerlicher Heiratsstrategien veranlaßte Bourdieu zu der Vermutung, »that the sociology of the family, which is so often depicted as based on sentiments might be nothing but a specific aspect of political sociology.«[94] Nun sind die Verhältnisse im Béarn sicher in vieler Hinsicht ein Sonderfall (hinsichtlich des ehelichen Güterrechts, des Verbleibens der Autoritätsposition in der ersten Generation etc.). Dennoch spielten Überlegungen dieser Art implizit auch anderswo eine wichtige Rolle und erklären neben den schon erwähnten Gründen das Phänomen der sozialen Endogamie, das im bäuerlichen Bereich stark ausgeprägt gewesen ist.

Einzeluntersuchungen zeigen die strenge Abgrenzung sozialer Gruppen auf dem Dorf. Insbesondere die Großbauern sind sehr auf Abschließung ihrer Gruppe und auf standesgemäße Heiraten bedacht gewesen.[95] Wülker kommt in seiner schon mehrfach zitierten Untersuchung zu dem modifizierten Ergebnis, daß die Großbauern zwar die weichenden Erben gelegentlich in die Gruppe der Kleinkötner und Brinksitzer einheiraten ließen, in ihren eigenen Heiratskreis jedoch nur in Ausnahmefällen Kinder anderer sozialer Gruppen aufnahmen.[96] Auch Planck stellt anhand der Auswertung einer Hofstellenchronik fest, daß die Schichtgrenzen häufiger nach unten als nach oben überschritten wurden.[97]

Wie groß die Bedeutung ökonomisch und sozial gleichrangiger Ehepartner im bäuerlichen Denken und Handeln verwurzelt war, zeigt sich darin, daß die im allgemeinen eng begrenzte räumliche Mobilität, die bei den Eheschließungen dominierte, von den Angehörigen der Extreme in der Sozialstruktur des Dorfes, den ganz Reichen und den ganz Armen, sowie denen mit besonderen Qualifikationen (Schmied, Hirte), teilweise erheblich ausgedehnt wurde. Da es von ihnen jeweils nur wenige Personen im Dorf gab, waren sie häufiger gezwungen, ihre Heiratspartner in anderen, oft auch weit entfernten Ortschaften zu suchen.[98] Das Prinzip, «über den Zaun« oder »über den Mist« zu heiraten, weil man die Verhältnisse beim Nachbarn am besten kennt, auch welches »Blut« dazugehört, wurde in solchen Fällen durchbrochen.

Bäuerliche Heiratsstrategien hatten ganz offenbar die – intendierte – Funktion, die dörfliche Sozialstruktur zu stabilisieren.

»To the extent that it afforded peasant families one of the most important opportunities for monetary and also symbolic exchanges that asserted the family's position in the social hierarchy itself, marriage, an institution that had a direct bearing on the improvement, conservation or dissipation of a family's material and symbolic capital, was no doubt one of the mainstays of both the dynamic and the static elements of the entire social system.«[99]

Wenn Shorter in der Tatsache, daß junge Bauernsöhne und -töchter selbst bei Nichteinmischung der Eltern normalerweise auch von sich aus nach materiellen Gesichtspunkten heirateten, eine Bestätigung seiner These von der »Abwesenheit der Liebe« (absence d'amour) beim bäuerlichen Heiratsverhalten sieht[100], so ist diese Beurteilung m. E. problematisch. Man muß bei der Analyse der Partnerwahl den sozialen und ökonomischen Kontext berücksichtigen, in dem ein Gefühl wie »Zuneigung« entwickelt wird. Dann wird auch verständlich, daß nicht nur massiver Druck seitens der Eltern und arrangierte Ehen diese notwendigen und erwünschten Ergebnisse zeitigen, obwohl beides vorgekommen ist. Ilien/Jeggle haben darauf aufmerksam gemacht, daß Liebe im Dorf etwas von Grund auf anderes war, als die bürgerliche Hoffnung (!), um seiner selbst willen geliebt zu werden oder zu lieben. Die äußeren Lebensbedingungen und Zwänge bewirkten eine spezifische Form der Wahrnehmung. Man »sah« den anderen nie losgelöst von seiner Umgebung, seinem Besitz, seiner Vergangenheit und Zukunft.[101] Auch Bourdieu hat diesen Aspekt der Koppelung der Wahrnehmung an die Lebenserfahrung hervorgehoben: ». . . the earliest learning experiences of children, reinforced as they were by all of their social experiences, tended to model their schemes of perception and appreciation, in a word, their *tastes*, which, since they played as large a role in other areas, led them to avoid improper alliances, even aside from considerations of a properly economic or social nature. Here, as elsewhere, a happy love, that is, a socially approved and therefore successbound love, was the same thing as that *amor fati*, love of one's own social destiny, which brings together socially compatible partners by way of a free choice that is unpredictable and arbitrary in appearance only.«[102]

Den Zusammenhang von sozialem Kontext und Wahrnehmung einerseits und der sprachlichen Form andererseits haben Medick/Sabean jüngst hervorgehoben und betont. Aus der Tatsache, daß in der sprachlichen Artikulation materielle Interessen nicht erwähnt werden, dürfe nicht die Schlußfolgerung gezogen werden, sie spielten auch tatsächlich keine Rolle. Es gäbe verschiedene sprachliche Codes, die in spezifischen sozialen und ökonomischen Kontexten entstanden seien und nur unter deren Berücksichtigung »verstanden« werden könnten. Wenn der »elaborierte code« des Bürgertums (middle class) die Ebenen des Individuellen und Emotionalen betone, so könne daraus nicht die Konsequenz gezogen werden, daß materielle Interessen für diese Klasse irrelevant seien. Sie seien vielmehr hinter der Form der Sprache verborgen und für »Eingeweihte« sichtbar. Daraus ziehen sie den zutreffenden Schluß, daß eine Untersuchung der bürgerlichen Familie des 19. Jahrhunderts nicht ohne eine gründliche Analyse der Eigentumsverhältnisse und Beziehungen auskommen könne und sich nicht auf eine »Geschichte der Gefühle« beschränken dürfe.[103] Das heißt aber auch, daß die romantische Liebe, zumindest im Bürgertum, so romantisch nun auch wieder nicht ist. Sie basiert auf der Voraussetzung der materiellen Sicherheit und setzt die Trennung von beruflicher und familialer Sphäre voraus. Erst dadurch kann der *Anschein* entstehen, daß Zuneigung an sich besteht, unbeeinflußt und unberührt von ökonomischen Erwägungen.

Die bäuerliche Liebesbeziehung muß notwendig anders sein. Das »persönliche Glück«, das für Shorter so bedeutsam ist, lag für den Bauern darin beschlossen, eine Frau zu heiraten, mit der er arbeitete, die ihm gesunde Kinder gebar und ihn durch ihre Mitgift vor Schulden bewahrte. Man kann wohl nicht bestreiten, daß das auch eine Art von Glück ist. Auf die Person des Partners bezogene Liebe an sich, unabhängig von diesem Fundament, hatte jedoch kaum eine Chance, sich zu entwickeln.

Daraus erklärt sich auch der Umstand, daß unabhängig davon, ob arrangierte Ehen üblich waren (was zeitlich und regional verschieden war), sich der Geschmack der Jungen selten von denen der Eltern unterschied. Gewiß ist in vielen Fällen auch Druck seitens der Eltern und anderer Verwandter ausgeübt worden. Gelegentlich hat das, wie Ilien/Jeggle berichten, zu tragischen Ergebnissen geführt.[104] Aber das sind die Ausnahmen. Die alle Besitzhindernisse unbeirrt überwindende Liebe findet man hauptsächlich in Bauernromanen, deren Realitätsgehalt in diesem Punkt nicht sehr groß ist[105], und die wohl auch kaum von und für Bauern geschrieben worden sind.

4. Formen des Sich-Kennenlernens und soziale Kontrolle

Das Sich-Kennenlernen der Bauerntöchter und -söhne unterlag in der traditionellen bäuerlichen Gesellschaft starker sozialer Kontrolle. Sie war zum einen notwendig, weil die Heirat in der Regel recht weit hinausgeschoben wurde und daher Verstöße gegen die moralischen Normen nahelagen. Zum anderen durften die mit einer Eheschließung verbundenen Strategien nicht durch unüberlegte Liebes- und Sexualbeziehungen zerstört werden, die, wenn auch die genannten sozialisatorischen Einflüsse ihnen entgegenwirkten, gleichwohl vorkommen konnten und auch vorgekommen sind. Die Sexualität war eine nur schwer kontrollierbare Größe, die, wenn sie nicht in geregelte Bahnen geleitet wurde, die dörfliche Ordnung durcheinanderwirbelte.[106] Daher erklärt sich der starke Einfluß von Eltern und Verwandtschaft auf die Partnerwahl, der wegen der materiellen Abhängigkeit der Jugendlichen (und Erben) und der notwendigen Zustimmung der Eltern zur Eheschließung normalerweise auch durchsetzbar war.

Die soziale Kontrolle über die Jugendlichen war infolgedessen ausgeprägt. Die dörfliche Gesellschaft kannte neben der Institution des Heiratsvermittlers verschiedene Formen des Sich-Kennenlernens potentieller Ehepartner, die sich allesamt dadurch auszeichneten, daß sie öffentlichen Charakter hatten, d. h. kein unkontrolliertes Alleinsein gestatteten. Das gilt für die Bekanntschaften, die man auf Festen schloß ebenso wie für die in

Deutschland weit verbreiteten Spinnstuben. Dort fanden sich abends die Frauen des Dorfes oder der unmittelbaren Nachbarschaft zusammen, teils kamen die Männer schon am Beginn dazu, teils erst gegen Ende, teils wurde zum Schluß getanzt.[107] Neben der schlichten Geselligkeit und der Möglichkeit, Dorfklatsch zu verbreiten, boten sie den Jugendlichen die – überwachte – Kontaktaufnahme.

Daneben existierte in Europa noch der weit verbreitete Brauch der Nachtfreierei oder des Kiltgangs.[108] Dabei handelte es sich um einen die Ehe einleitenden Brauch, der nächtliche Besuche der jungen Männer bei den Mädchen erlaubte, gleichwohl durch strenge Formvorschriften sexuelle Beziehungen zwar nicht vollständig, aber tendenziell ausschloß.[109] Diese Besuche wurden von der Gruppe der jungen Männer organisiert und überwacht. Verstöße gegen die Normen des Kiltgangs wurden öffentlich gemacht und mit Sanktionen belegt. Auch hierbei wurden also die Beziehungen zwischen den Geschlechtern von einer Teilgruppe des Dorfes kontrolliert.[110] Für die Beurteilung der Funktion des Kiltgangs ist Wikmans Hinweis wichtig, daß er nur dort geübt wurde, wo innerhalb des Dorfes weitgehende soziale Homogenität vorhanden, die Besitzunterschiede also nicht gravierend waren.[111] Dadurch wurde gewährleistet, daß die größere Bedeutung individueller Zuneigung bei der Wahl des Ehepartners, die der Kiltgang ermöglichte, nicht zu ausgesprochenen »Mißheiraten« führte. Von dieser Überlegung aus ist einleuchtend, daß die Sitte des Kiltgangs sich dem Ende näherte, als im Zuge der Wandlungen der Agrarstruktur im 19. Jahrhundert die sozialen Unterschiede im Dorf noch größer wurden.[112] Bedacht werden muß auch, daß der Kiltgang nur die Heiratsfähigen jeweils eines Dorfes umfaßte. Die Gruppe der jungen Männer wachte streng darüber, daß ihr nicht Konkurrenten aus anderen Dörfern erwuchsen.[113] Dieses Abschließen nach außen war nicht nur wegen der Konkurrenz notwendig, sondern auch, um die Übersichtlichkeit und Kontrolle zu wahren, der der Kiltgang unterlag. Offenbar wurden aber auch die heiratsfähigen Mädchen als »Eigentum« der Gruppe der heiratsfähigen Männer aufgefaßt und verteidigt.[114]

Im Bayerischen war hingegen die »Vorehe«[115] verbreitet. In anderen Regionen wiederum war die Verlobung, die die Zustimmung der Familien voraussetzte, entscheidender als die kirchliche

Trauung und erlaubte bereits die Aufnahme sexueller Beziehungen.[116] Ein hoher Anteil von Brautschwangerschaften war hier die Folge. Offenbar ist der allmähliche Zerfall des Brauchs des Kiltgangs auch mit einer zunehmenden Zahl vor- und außerehelicher Schwangerschaften verbunden gewesen.[117]

Die Gruppe der jungen Männer überwachte nicht nur das Verhalten der Ledigen, sondern auch die Einhaltung der Normen in anderen Bereichen. Bekannt sind die Überwachung und öffentliche Verhöhnung der Ehemänner, die sich von ihren Frauen kommandieren ließen, derjenigen, die ihre Frauen ungebührlich prügelten etc. Das heißt, die Dorfgemeinschaft als ganze oder Teilgruppen kontrollierten und sanktionierten die innerhäuslichen Vorgänge und Beziehungen.[118] Diese Eingriffsmöglichkeiten in den Lebensbereich, den wir als absolut privat erleben, machen eine der großen Differenzen zwischen traditioneller »Familie« und gegenwärtiger Familie aus.[119]

V. Beziehungen zwischen den Ehegatten

Die Analyse der Motive der Partnerwahl hat gezeigt, daß im Zentrum bäuerlichen Denkens und seiner Wertschätzung der Hof, dessen Erhaltung und – möglichst – Vergrößerung stand. Von daher bekamen die Motive Mitgift, Arbeitsfähigkeit und Gesundheit der Frau ihren Stellenwert. Unter Berücksichtigung dessen kann man vermuten, daß die Beziehungen der Ehegatten zueinander durch die gemeinsame Arbeit für den Hof grundlegend geprägt waren.

Des weiteren könnte gefolgert werden, daß die Wertschätzung des Partners sich nach dessen Beitrag zur gemeinsamen Arbeit richtete, anders ausgedrückt: die jeweilige ökonomische Leistung (wozu die konkrete Arbeitsleistung, aber auch eingebrachte geronnene Arbeit (= Mitgift) gezählt werden könnte) beeinflußte sowohl die persönlichen Beziehungen als auch den Status innerhalb der Hausgemeinschaft.

1. Arbeitsteilung und häuslicher Status

Insofern ist es sinnvoll sich zu vergegenwärtigen, wie die Arbeiten im Bauernhaus verteilt waren. Dabei ist zu berücksichtigen, daß hier nur eine grobe Übersicht möglich ist, da die anfallenden Arbeiten, je nachdem, ob vorwiegend Getreideanbau, Viehwirtschaft oder Wein- und Gemüseanbau betrieben wurde, unterschiedlich waren. Generell läßt sich jedoch das Grundmuster geschlechtsspezifischer Arbeitsteilung festhalten: die Frau besorgte die im und ums Haus anfallenden Tätigkeiten, einschließlich der Gartenarbeit, der Milchwirtschaft und Kleinviehhaltung, aber auch die Herstellung von Kleidung und Wäsche. Wo Hackfrüchte angebaut wurden, fielen ihr regelmäßig auch Feldarbeiten zu. In den Spitzenzeiten des Arbeitsanfalls (Ernte) mußte die Frau überall mit aufs Feld. Sie übernahm dort normalerweise die leichteren Arbeiten.[120] Der Schwerpunkt der Männerarbeit lag bei der Feldarbeit und – soweit vorhanden – in der Holzwirtschaft.

Wichtig ist bei dieser Arbeitsteilung, daß *beide* Ehepartner landwirtschaftliche Produktion betrieben, die Frau also keinesfalls auf Hausarbeit im engeren Sinne abgedrängt war, Hausarbeit vielmehr eine völlig untergeordnete Rolle spielte. Auch war die Tätigkeit der Frau teilweise hochqualifizierte Arbeit. Die Milchwirtschaft, die ihr normalerweise unterstand, erforderte sorgsame und geschickte, saubere Arbeit und trug, wo sie für den Absatz betrieben wurde, erheblich zum Wohlstand des Hofes bei.[121] Zusätzlich muß berücksichtigt werden, daß diese prinzipielle Aufteilung der Arbeitssphären von seiten der Frau in Notfällen überwunden werden konnte. Als den auf Dauer gestellten Notfall kann man die ökonomische Situation der Kleinbauern betrachten, wo die Arbeitsteilung zwischen Mann und Frau nur schwach ausgeprägt gewesen ist. Präziser müßte man sagen: Bauer und Bäuerin erledigten hier den größten Teil der Feldarbeit und Viehwirtschaft zusammen. Ausgenommen davon war aber die Hausarbeit der Bäuerin, die auch, nachdem der Mann seinen Arbeitstag beendet hatte, mit der Küchenarbeit, Nähen, Flicken etc. unermüdlich beschäftigt war.[122] Das heißt die Arbeit der Bäuerin war zeitlich unbegrenzt, während für den Bauern Phasen schwerer Arbeit mit Phasen der Erholung abwechselten, die zudem mit außerhäuslicher Entspannung (Wirtshaus, Verein) verbunden sein konnten.[123]

Sabean hat nun zu Recht darauf hingewiesen, daß die geschilderte Aufteilung der Arbeitssphären (die Frau im Mittelpunkt des Hauses, der Mann auf dem Feld) im Grunde nur für Gebiete mit vorherrschendem Getreideanbau galt. Überall dort, wo zu intensivierten Formen der Landwirtschaft übergegangen wurde (Weinbau, Gemüse, Hackfrüchte), mußte vermehrt Arbeit geleistet werden, mit der Konsequenz, daß die Frauen in immer stärkerem Maße zur Feldarbeit herangezogen wurden.[124] Dies und die verbleibende Hausarbeit bedeuteten eine ständige Überlastung der Frauen, für die Arbeitstage von 16 bis 18 Stunden im Sommer keine Seltenheit waren.

Selbst wenn man diese Fälle extremer Arbeitsleistung der Bauersfrau vernachlässigt und sich auf den eingangs geschilderten Fall beschränkt, so wird deutlich, daß die Bäuerin wesentliche Leistungen für den Hof und seine Wirtschaft erbrachte. Von ihrer Arbeitsleistung und Sparsamkeit hing der bäuerliche Wohlstand in entscheidendem Maße ab. Das drückt sich auch in Redewendungen aus wie »Eine Frau kann mehr mit der Schürze forttragen, als der Mann mit dem Heuwagen einfährt«.[125] Diese Bedeutung der Arbeit der Bäuerin legt die Vermutung nahe, daß sich ihr großer Beitrag für die bäuerliche Ökonomie in einer geachteten, zumindest ansatzweise der des Bauern gleichwertigen Position im bäuerlichen Haushalt niedergeschlagen und daß die Gemeinsamkeit der Arbeit und Interessen intensive persönliche Beziehungen nach sich gezogen hat.

Diese Vermutung erweist sich als weitgehend falsch. Einmal, weil sie direkt und unmittelbar aus der Arbeitsleistung auf den sozialen Status rückschließt, ohne auch nur ansatzweise die Eigentumsverhältnisse, einschließlich des Umfangs der Mitgift, zu berücksichtigen. Zum anderen, weil sie sich *allein* konzentriert auf die Beziehungen zwischen dem bäuerlichen Ehepaar und nicht reflektiert, daß Ehe und Familie nicht isoliert existieren, sondern in größere gesellschaftliche Zusammenhänge einbezogen sind, die sie bis in den Bereich der persönlichen Beziehungen hinein prägen.

Die Bauersfrau übte zwar im Rahmen ihrer Tätigkeitsfelder Autorität aus, z. B. gegenüber dem ihr unterstellten Gesinde. Diese wurde aber durch die umfassende und uneingeschränkte Autorität des Mannes und Hausvaters überlagert. In der klassischen Formulierung W. H. Riehls: »In der *Last der Arbeit* steht die Bäuerin dem Bauern gleich, in der *Zucht des Hauses* ist sie ihm unterthan.«[126] Diese gegenüber dem Mann untergeordnete Position der Bauersfrau ist vielfältig belegt. Sie war so fest mit der bäuerlichen Lebensweise verbunden, daß sie sich selbst auf der Ebene der alltäglichen Lebensrituale und auf der der Sprichworte und Redensarten niedergeschlagen hat.[127]

Die *Rituale* beim Essen, dem in Gesellschaften des Mangels naturgemäß ein hoher Stellenwert zukommt, drückten Positionen und deren Beziehungen untereinander innerhalb der Hausgemeinschaft aus, waren gleichsam Abbild der Ordnung des bäuerlichen Lebens.[128] Sie waren gekennzeichnet durch den Vorrang der Männer gegenüber den Frauen und, innerhalb der Männer, den absoluten Vorrang des Bauern. So hatte der Bauer stets den bevorrechteten Platz bei Tisch inne. Überlieferte Tischsitten aus der Gegend um das Kloster Doberan spiegeln noch die Subordination der (unverheirateten) Frauen und Kinder gegenüber den Männern wider. Dort durften bis in das 19. Jahrhundert hinein Mädchen und Kinder (!) beim Essen nicht sitzen. Das Stehen der Kinder hielt sich länger als das Stehen der Mädchen.[129] Eine spätere und entwickeltere Form war dann das nach Geschlechtern getrennte Sitzen aller am Tisch, wobei die Männerseite gegenüber der Frauenseite bevorrechtet erscheint.[130] Aus Frankreich (Cantal) berichtet Shorter, daß die Frauen die Männer bei Tisch bedienten, einschließlich der Knechte und Gesellen, und niemals Platz nahmen, bevor diese nicht fertig waren. Erst gegen Ende des 19. Jahrhunderts setzte sich die gemeinsame Mahlzeit durch.[131]

Die Vorrechte des Bauern (und der Männer) dokumentierten sich, wie aus diesen Beispielen hervorgeht, nicht nur in der Sitzordnung, sondern auch in der Zuteilung des Essens: um 1900 war es in Eifeldörfern immer noch üblich, daß der Bauer »oben« am Tisch saß und Fleisch und Brot für die ganze Familie schnitt. Er begann als erster mit dem Essen und gab durch das Niederlegen des Löffels das Zeichen für die Beendigung der Mahlzeit. Er bekam das meiste und das beste vom Essen.[132]

Die Ursachen für die absolute Dominanz des Bauern und die Unterordnung nicht nur der Kinder und des Gesindes, sondern auch der Bäuerin unter seine Autorität, liegen auf verschiedenen Ebenen, die allerdings eng miteinander verknüpft sind:

(1) Obwohl ein derart ausgeprägter Patriarchalismus wie auf dem Balkan oder im Mittelmeerraum nicht existierte, hatte in den mittel- und westeuropäischen Ländern die Höherbewertung der Position des Mannes eine lange Tradition.[133] Zwar war die Herrschaft des Ehemannes über die Frau nicht mehr wie im

germanischen Recht eine eigentumsartige Gewalt, sondern wurde als ein Schutz- und Vertretungsverhältnis aufgefaßt. Die Frau war und blieb ihm aber untergeordnet. Diesen Vorrang des Mannes hat das Christentum nicht gemildert, vielmehr, so Marianne Weber, »getreu der paulinischen Eheauffassung, seine Grundlagen eher verstärkt.«[134] Der strukturelle Statusvorsprung (Held) des Mannes war ein generelles Muster der europäischen Gesellschaften, dem sich auch die bäuerliche Lebensweise fügte. Es erhielt aber in den verschiedenen gesellschaftlichen Bereichen seine spezifische Grundlage und Legitimation.

Bei den Bauern wurde der strukturelle Statusvorsprung des Mannes dadurch fundiert, ständig reproduziert und legitimiert, daß er es war, der im Normalfall den Besitz- und Eigentumstitel am Grund und Boden innehatte. Dort, wo die Frau Land in die Ehe einbrachte und dieses nicht völlig in sein Eigentum überging, hatte der Mann die vorrangige Verfügungsgewalt darüber.

Selbst wenn man solche Modifikationen des ehelichen Güterrechts berücksichtigt, die die wirtschaftliche Situation der Frau verbesserten und vermutlich nicht folgenlos für die Ehebeziehung waren, so blieb das Grundmuster der patriarchalischen Verfassung des Bauernhauses prinzipiell erhalten. Zentrales Medium seiner stetigen Realisierung und Absicherung war die Verfügungsgewalt des Bauern über den Grund und Boden, der die Grundlage der Subsistenz aller Haushaltsmitglieder und der Stellung in der sozialen Hierarchie des Dorfes war. Aus seinem Eigentum und seiner Verfügungsgewalt speiste sich die Autorität des Bauern.[135] Die konkrete Arbeitsleistung war demgegenüber sekundär.

Die starke Bedeutung des Besitzes bzw. Eigentums an Grund und Boden wird deutlich, wenn man die Modifikationen dieser grundlegenden Autoritätsverteilung im Bauernhaus betrachtet: Die Position der Frau verbesserte sich, wenn sie »abwärts« heiratete, d. h aus einer reicheren und angeseheneren Familie kam als der Mann und eine größere Mitgift mitbrachte, als dieser aufgrund seiner Herkunft und seines Besitzes erwarten konnte. Der Extremfall einer solchen Allianz war die Heirat zwischen der Erbin eines Hofes und einem jüngeren Sohn. Die von Bourdieu analysierten bäuerlichen Heiratsstrategien zielten darauf, solche Allianzen zu vermeiden, weil sie den generellen Statusvorsprung des Mannes gefährdeten. Wie einer von Bourdieus Gewährsleuten es ausdrückte: »When the son of a modest family moves in with a great heiress she will always be the boss.«[136] Dies geht soweit, daß er den Namen der Frau annehmen mußte. Auch Riehl berichtet aus dem Westfälischen, daß der Bauer, der eine »Erbtochter« heiratet, den Namen der Frau führt und er »fügt seinem ursprünglichen Namen, wie sonst die Frauen pflegen, nur noch bescheiden hinten an mit dem Zusatz ›geborener‹«.[137] Auch bestimmte Formen des ehelichen Güterrechts, die der Frau eine bessere Eigentums-Position gewährten, dürften daher auf die internen Beziehungen nicht ohne Einfluß sein.[138]

Die Bedeutung der ökonomischen Faktoren, des Eigentums, kann man auch einer Untersuchung Lupris entnehmen, die in den 60er Jahren in der BRD durchgeführt wurde, also unter Bedingungen der rechtlichen und politischen Gleichberechtigung der Frau. Die Autorität des Mannes war in den Fällen, in denen die Frau den Hof geerbt hatte, wesentlich geringer als in jenen, in denen sie einheiratete. Der Unterschied war um so gravierender, je größer der Hof war.[139]

(2) Bedingt durch die grundlegende Arbeitsteilung fiel in den Aufgabenbereich der Männer (Bauern) auch die durch die Gemengelage der Felder notwendige Absprache über Zeit und Reihenfolge der Feldarbeiten. Durch diesen Zwang zur kollektiven Regelung der Arbeit war der Bauer notwendig in die Grenzen seines Hauses und Hofes überschreitende Zusammenhänge integriert. Da, wie Ilien/Jeggle beschreiben, dabei zugleich die anderen »öffentlichen« Belange des Dorfes erörtert und entschieden wurden, waren die »öffentlichen« Angelegenheiten gleichsam automatisch Männerangelegenheiten.[140] Verstärkt wurde die Einbeziehung des Bauern in größere, »öffentliche« Zusammenhänge durch seine Funktionen in der dörflichen und gemeindlichen Gerichtsbarkeit, in der Kirchengemeinde etc. Auch Wirtshaus- und Marktbesuch waren zwar nicht ausschließlich, aber vorwiegend Männerangelegenheiten. Für die Frau waren außerhäusliche Erfahrungen und Kontakte hingegen nur selten möglich. Sie hatten auch keine »öffentliche« Bedeutung. Die Integration der Frau ins Haus war dadurch umfassender. Daraus erklärt Sieder meines Erachtens zu Recht ihre schon erwähnte betriebshierarchische Abhängigkeit vom Mann und Hausvater und das Fehlen wirklich eigenständiger Autoritätsbereiche der Frau.[141]

(3) Hinzu kam, daß der Bauer in seiner Position mehrere

Funktionen oder Rollen vereinigte. Er war nicht nur Besitzer/ Eigentümer, sondern Wirtschaftsleiter, Dienstherr, Ehemann und Vater. Infolge der Ungeschiedenheit aller Lebensvollzüge im bäuerlichen Betrieb gehörten diese Funktionen nicht verschiedenen Bereichen an und fielen damit auseinander, sondern verstärkten sich gegenseitig und trugen zur überragenden Autoritätsposition des Bauern bei.

(4) Innerhalb des Hauses waren alle Abhängigkeitsverhältnisse auf den Mann bezogen. »Das Haus (oikos) ist also ein Ganzes, das auf der Ungleichartigkeit seiner Glieder beruht, die durch den leitenden Geist des Herrn zu einer Einheit werden.«[142] Darin, in dieser Herrschaftsbefugnis, so Brunner, bestehe der Sinn des Begriffs Hausvater. Das Haus war somit eine »dominant herrschaftlich organisierte Sozialform« (Mitterauer). Allein der Mann und Hausvater war politisch-rechtlich handlungsfähig. Er vertrat die anderen Hausgenossen nach außen, war für ihr Tun und Handeln verantwortlich und konnte für ihr Fehlverhalten belangt werden. Ausfluß dieser umfassenden Abhängigkeit aller Hausgenossen vom Hausvater war seine hausherrliche Gewalt, einschließlich der extremen Form, des körperlichen Züchtigungsrechts.

Die politisch-rechtliche Position des Hausvaters, aber auch der aus der Verfügung über das Land herrührende Autoritätsanspruch wurde prinzipiell durch den Umfang der feudalen Abhängigkeit beeinflußt. Wenn man auch davon ausgehen kann, daß starke Besitzrechte die Autorität des Bauern stabilisierten, so ist andererseits nicht ausgemacht, daß umfassende Eingriffsmöglichkeiten des Feudalherrn in die Angelegenheiten des Bauernhauses (durch Ehekonsensrecht, Ehegerichtsbarkeit, Erbgang) die hausväterliche Autoritätsausübung minderten.[143] Zum einen ereigneten sich diese, die Autorität des Hausvaters schmälernden Eingriffe nur in größeren zeitlichen Abständen. Zum anderen ist auch die Möglichkeit betont autoritären Verhaltens gegenüber Abhängigen, als Kompensation für eine schwache ökonomische und soziale Position, nicht auszuschließen. Auf jeden Fall aber blieb die dominante Position innerhalb des Hauses beim Mann und Hausvater.

Die Einhaltung dieses grundlegenden Positionsgefälles zwischen den Eheleuten wurde sozial kontrolliert. Die dörfliche Gemeinschaft als Ganze oder Teilgruppen griffen beispielsweise ein, wenn die Frau die Hand gegen ihren Mann erhob. Daß er geschlagen wurde und sich schlagen ließ, wurde als eine Beleidigung des gesamten männlichen Geschlechts aufgefaßt. Konsequenterweise wurden beide der öffentlichen Schmach preisgegeben.[144]

2. Eheleben und Sexualität

Im zeitlichen Ablauf der bäuerlichen Ehe waren die ersten Ehejahre die schlimmsten. Häufig wurde die Ehe mit Schulden begonnen. Wo, wie in den Realteilungsgebieten, nicht ein bestehender Hof übernommen werden konnte, mußten erst ein neuer Hausstand gegründet und die Betriebsausstattung erworben bzw. komplettiert werden. Wurde ein Hof geerbt, wie in den Gebieten mit Anerbenrecht, mußten die weichenden Erben ausgezahlt und das Altenteil ausgestattet werden. Für Bauer und Bäuerin bedeuteten diese Jahre somit vermehrte Anstrengungen, um die Belastungen tragen zu können, d. h. viel schwere und lange Arbeit. Die Frau wurde zusätzlich durch die vielen Schwangerschaften beansprucht. Für sie gab es während der Schwangerschaft und nach der Geburt kaum eine Schonung.[145] Die Frauen arbeiteten sich, wie Riehl es plastisch formuliert, »das Mark aus den Knochen« und »werden darum alt und häßlich vor der Zeit.«[146] Um den mit der Heirat einsetzenden vermehrten »Ernst des Lebens« wußten sie schon in früher Jugend, er konnte jederzeit bei Nachbarn und Freunden beobachtet werden. Dieses Wissen drückt sich aus in dem von Bidlingsmaier aus dem Schwäbischen berichteten Spruch der jungen Bauernmädchen:

> »Lustig, wenn mer ledig sind –
> traurig, wenn mer hauset.«[147]

Die schweren Lebens- und Arbeitsbedingungen tangierten auch die Qualität der sexuellen Beziehungen. Zeugung und Fortpflanzung waren Geschehnisse, die das Bauernkind schon früh bei den Tieren beobachten konnte. Häufig ermöglichten die engen Wohnverhältnisse auch Einblicke in menschliches Sexualverhalten. Auf jeden Fall erhielt die Sexualität dadurch den Anstrich des Natürlichen und Selbstverständlichen. So wenig wie mit anderen körperlichen Vorgängen wurde mit der Sexualität die Vorstellung des Unanständigen verbunden.[148] Zugleich war sie selten mit Zärtlichkeit gekoppelt. Sie war direkt auf rasche und unmittelbare

Befriedigung der genitalen Lust gerichtet. Die Befriedigung psychischer Bedürfnisse war daneben zweitrangig.[149] Die häufig belegte, geringe »Verfeinerung« des bäuerlichen Sexuallebens durch zärtliche Beziehungen ist sowohl Ergebnis der von persönlicher Zuneigung häufig unbeeinflußten Partnerwahl als auch der unmittelbaren Lebensbedingungen gewesen. Einiges davon fangen Ilien/Jeggle plastisch ein: »Liebe mit hungrigem Bauch, Zärtlichkeit nach 12stündiger Feldarbeit, unverklemmte Sexualität in einer ungeheizten Kammer fällt eben schwer.«[150]

Shorter charakterisiert im Anschluß an Möller das traditionelle europäische Sexualverhalten, das auch bei den Bauern verbreitet gewesen sein dürfte, durch: fehlendes Vorspiel, schnelle Ejakulation, Gleichgültigkeit für den Orgasmus des Partners.[151] Diese Art sexueller Beziehungen war unmittelbar auf die Befriedigung der Bedürfnisse des Mannes ausgerichtet. Die Sexualität der Frau braucht zu ihrer vollen Entfaltung im allgemeinen eine andere, zusätzliche Stimulierung erogener Zonen. Man kann deshalb mit großer Sicherheit davon ausgehen, daß die sexuellen Beziehungen zwischen dem bäuerlichen Ehepaar die Frau kaum befriedigen konnten. Diese Schlußfolgerung wird bestärkt durch Flandrins Studie über das Sexualleben im 17. Jahrhundert, derzufolge fast alle Theologen es der Frau erlauben, sich vor dem ehelichen Verkehr durch Betasten selbst zu erregen. ». . . und die meisten erlauben es ihr auch dann, wenn sich der Mann zurückgezogen hat und sie noch nicht zur Lustempfindung gekommen ist.«[152]

Die schwere Arbeit und die fehlende Schonung bei Schwangerschaft und Geburt waren Ursache häufiger Unterleibserkrankungen von Bauersfrauen. Die mit ihnen verbundene Verweigerung sexueller Beziehungen[153], der vorzeitige Verlust der Jugendlichkeit der Bäuerin, aber auch persönliche Unstimmigkeiten boten für den Bauern den naheliegenden Ausweg, sich bei der Magd schadlos zu halten. Für die Frau waren solche Kompensationen nicht möglich; sie mußte stillschweigen.[154]

Die bäuerliche Ehe war, wie wir gesehen haben, in erster Linie eine Arbeitsbeziehung zwischen zwei erwachsenen Menschen. Sie hatte die Aufgabe, den Besitz zu erhalten und zu vermehren und seine Weiter-Existenz durch die »Produktion« eines Erben zu sichern. Die Notwendigkeiten und Zwänge der Familienwirtschaft dominierten, die einzelnen Personen waren ihr untergeordnet. Dies Zurücktreten persönlicher Ansprüche und Bedürfnisse ist dort besonders ausgeprägt gewesen, wo der Hof schon lange im Familienbesitz war und der jeweilige Inhaber nur als Besitzer oder Eigentümer auf Zeit angesehen wurde, der deshalb nicht frei darüber verfügen konnte, sondern seinen Vorfahren, Kindern und Enkelkindern verpflichtet war. Diese Dominanz des Hofes gegenüber dem jeweiligen Besitzer spiegelte sich in der verbreiteten Gepflogenheit wider, den Bauern nicht mit seinem Namen, sondern als »der Bauer vom xy-Hof« zu benennen.[156]

Diese Imperative beherrschten die bäuerliche Ehe und drückten ihr ihren Stempel auf. Grassl leitet aus dem allem übergeordneten Gesichtspunkt des Besitzes das *Verhältnis der Kühle ab*, das schon zwischen den Verlobten, aber auch den Ehegatten herrschte. Nach der Hochzeit führe das Paar »das übliche Bauernleben der Arbeit und Leitung des Hofes, in seiner Art glücklich. Der Bauer und die Bäuerin erwartet nichts anderes, wird also nicht enttäuscht.«[157]

Wenn man davon ausgehen kann, daß keine intensive Liebe (im bürgerlichen Sinne) die Ehepartner miteinander verband, so doch in der Mehrzahl der Fälle ebenfalls keine ausgesprochene Abneigung. Aber auch dort, wo sich eine »Unvereinbarkeit der Charaktere« herausstellte, wog sie weniger schwer als in Ehen, die unter dem bürgerlichen Liebes- und Glücksanspruch geschlossen worden sind. Jeder der beiden Ehepartner hatte seinen festen Arbeitsbereich, dessen »ordentliche« Bewältigung Befriedigung gewährte. Die Orientierung am übergeordneten Gesichtspunkt des Hofes verhinderte sowohl großes persönliches Glück als auch persönliches Unglück.

Die Assoziationen von Kameradschaftsehe, die sich bei solchen Aussagen einstellen, sind für unseren Untersuchungszeitraum gleichwohl unzutreffend. Es soll noch einmal in Erinnerung gerufen werden, daß innerhalb des bäuerlichen Hauses die Position der Bäuerin auf Grund des ausgeprägten Statusvorsprungs des Bauern ausgesprochen inferior war. Keine engen Gefühlsbeziehungen milderten diese Statusdifferenz. Die vorrangige Bedeutung der Bäuerin als Arbeitskraft und der geringe Stellenwert gefühlsmäßiger Verbundenheit hat sich in einer Vielzahl von Redensarten und Sprichworten niedergeschlagen. Wenn aus dem norddeutschen Raum der Spruch berichtet wird:

>»Wiewerstärben
>brenk kein Verdärwen,

man Päare in't Graff,
brenk dei Buur an'n Bädelstaff.«[158]
(Weibersterben
bringt kein Verderben,
aber Pferde im Grab,
bringen den Bauer an den Bettelstab)

so sind in dieser Sentenz – zweifellos überpointiert – reale Erfahrungen eingeschlossen: der ökonomische Verlust, den das Viehsterben bedeutete, im Gegensatz zum Tod der Frau, der – im Fall der Wiederheirat – sogar über die Mitgift zur Besitzvermehrung führen konnte. Daß es sich hierbei, der patriarchalen Verfassung des bäuerlichen Hauses und der geringen Bedeutung persönlicher Beziehungen, um ein Strukturmerkmal bäuerlichen Lebens handelte, kann unter anderem aus einer Vielzahl weiterer Sprichworte entnommen werden, die ähnliche Aussagen machen. Shorter berichtet aus Frankreich nahezu identische Redensarten.[159]

VI. Stellung und Funktion von Kindern im bäuerlichen Haushalt

Bevor auf die spezifische Situation der Kinder im Bauernhaus eingegangen werden kann, müssen einige Grundsachverhalte über die Einstellung der Eltern gegenüber Kindern in der traditionellen Gesellschaft erläutert werden. Auf einen dieser Grundsachverhalte, die hohe Säuglings- und Kindersterblichkeit, ist schon hingewiesen worden. Sie war extrem hoch, wenn die Mütter ihre Kinder nicht stillten. Unzureichende und unhygienische Ersatznahrung besiegelten dort das Schicksal vieler Neugeborener früh. Teilweise wurden die Säuglinge, wenn die Mütter nicht stillen wollten oder konnten, zu Ammen gegeben, was im allgemeinen ihre Lebenschancen ungünstig beeinflußte. Das Ammenwesen war allerdings ein ausgesprochen städtisches Phänomen. Neben der Verbesserung der Überlebenschancen der Säuglinge (die Sterblichkeit war gleichwohl auch unter diesen günstigeren Bedingungen hoch) hatte das Stillen den Effekt, eine neue Empfängnis hinauszuzögern. Dieser Zusammenhang war teilweise, wie Kück aus der Lüneburger Heide berichtet, durchaus bewußt.[160] Das Stillen bewirkt Unfruchtbarkeit, mindestens verminderte Empfängnisfähigkeit der Frau wenigstens für die ersten sechs Monate der Stillzeit, die sogenannte Laktationsamenorrhöe. Ihre Wirkung wurde durch das – unterschiedlich verbreitete und praktizierte – Gebot der Enthaltsamkeit während der Stillperiode noch unterstützt und – teilweise – verlängert.[161]

Der durchschnittliche Abstand zwischen den Geburten war bei stillenden Frauen größer. Infolgedessen ist in Regionen, wo die Säuglinge nicht gestillt wurden, nicht nur ihre Sterblichkeit, sondern auch die eheliche Fruchtbarkeit höher gewesen.[162]

Unabhängig von der Frage, ob die Kinder von ihren Müttern gestillt wurden oder nicht, haben die Eltern ihren Kindern wenig Aufmerksamkeit und Zuwendung geschenkt bzw. schenken können. Gleichgültigkeit und Desinteresse herrschten offenbar vor. Kinder waren zudem, in Zeiten fehlender oder unzureichender Geburtenkontrolle, unvermeidbares und häufig unerwünschtes Nebenprodukt sexueller Beziehungen. Mehr aus Gewohnheit und Pflicht denn aus Zuneigung gezeugt, empfangen und zur Welt gebracht, gab es wenig Anlaß, sie besonders willkommen zu heißen. Hinzu kam, daß die große Mehrheit der Bevölkerung von der Aufgabe der Lebenssicherung voll in Anspruch genommen war. Shorter hat darauf hingewiesen, daß selbst für die Mütter unter diesen gesellschaftlichen Bedingungen das Wohlergehen des Kleinkindes auf ihrer Prioritätenliste nicht an erster Stelle stand.[163] Die Versorgung des Säuglings wurde – so gut es ging – in den täglichen Arbeitsablauf eingegliedert. Besondere Umstände konnten seinetwegen nicht gemacht werden. Wenn die Frauen mit aufs Feld mußten und das Kleinkind nicht mitgenommen werden konnte, wurde es beispielsweise stundenlang allein zu Hause gelassen. Teils war daher die hohe Kindersterblichkeit dieser Zeit eine Folge des mütterlichen Desinteresses,[164] teils natürlich auch der medizinischen Unwissenheit, teils wurde dieses Desinteresse wiederum durch die hohe Kindersterblichkeit verstärkt, die unerträglich gewesen wäre, hätte man dem einzelnen Kind sehr viel emotionale Zuwendung gewährt. So sagt Shorter im Zusammenhang mit dem Beispiel einer badischen Bäckersfamilie aus dem 18. Jahrhundert, von deren 5 Kindern nur eins die Geschlechtsreife und ein hohes Alter erreichte: »Wenn (diese Leute) über den Tod so gedacht hätten wie wir, so würde diese Serie von Verlusten sie zu psychischen Krüppeln gemacht . . . haben.«[165]

Bei den folgenden Ausführungen über Kindheit im traditionellen bäuerlichen Haushalt müssen diese Grundlagen der Eltern-Kind-Beziehung mitbedacht werden.

1. Einstellung zum Kind und Erziehungsinstanzen

Im bäuerlichen Haushalt hatten Kinder zwei wichtige Funktionen: sie waren potentielle Arbeitskräfte, die der Hof brauchte, und zudem billiger als Gesinde. Mit ihrem Heranwachsen wurde das Gesinde reduziert. Zum anderen aber war es – wie schon erwähnt – von Bedeutung, einen Erben zu haben, der den Hof weiterführen und zugleich die »Kontinuität des sachlichen und menschlichen Zusammenhangs« wahren würde.[166] Das Kind als Arbeitskraft und Erbe, das waren die beiden grundlegenden Perspektiven, unter denen die Bauernkinder von ihren Eltern gesehen und behandelt wurden. Sie prägten Kindheit und Erziehung durchgreifend.

Nur wenig läßt sich über die Behandlung der Kleinkinder im Bauernhaus sagen. Die Bauernmütter stillten ihre Kinder im allgemeinen selbst. Eine Ausnahme bildeten lediglich einige süddeutsche Regionen, wo auf Ersatznahrung ausgewichen wurde.[167] Kück berichtet aus der Lüneburger Heide von zwei Jahren Stillzeit. Auch Süßmilch erwähnt eine Stillperiode von zwei bis drei Jahren auf dem Lande, wobei die Furcht vor einer neuen Schwangerschaft die Dauer bestimmte.[168] Aus verschiedenen Regionen ist der Brauch des Wickelns des Säuglings bekannt. Dadurch wurden die Kleinkinder »ruhig gestellt«, zugleich aber auch innerhalb der kalten und zugigen, häufig mit einer offenen Herdstelle versehenen Bauernhäuser vor Gefahren geschützt. Zudem bot die weitgehende Bewegungsunfähigkeit des Säuglings die Möglichkeit, ihn längere Zeit allein zu lassen.[169] Wenn man auch diese Funktionalität nicht als Ursache des Wickelns ansehen kann, so dürfte doch das beharrliche Festhalten daran u. a. mit diesen Vorteilen zusammenhängen.

Über weitere Erziehungsmethoden gibt es kaum Quellen. Laslett schreibt zutreffend: »Nothing can as yet be said on what is called by the psychologists toilet training . . .«[170] Andererseits deuten eine Reihe von Indizien darauf hin, daß die Sauberkeitsdressur keine große Rolle gespielt hat. Sie war, wie Ilien/Jeggle schreiben, weder nötig noch möglich. Die Kinder hatten alle

Kleider an und »ließen es laufen, wann es ihnen kam.«[171]
Zumindest während des Aufenthaltes im Freien war dieses
Verhalten unproblematisch. Hinzu kommt, worauf Ilien/Jeggle
gleichfalls hinweisen, »daß Exkremente in der bäuerlichen Welt
noch nichts Ekliges und Stinkendes, sondern etwas Nützliches
waren, und daß von daher eine ganz andere Erfahrungsform von
Dünsten und Gerüchen möglich war, als sie das heute ist.«[172]

Speziell für die Beaufsichtigung und Anleitung der Kinder
zuständige Personen gab es im Bauernhaus nicht. Zwar wird
normalerweise die Mutter die primär für sie verantwortliche
Person gewesen sein. Wo Altenteiler vorhanden waren, übernahm gelegentlich auch die alte Bäuerin die Kinderpflege. Daneben kamen als Aufsichts- und Erziehungspersonen ältere
Geschwister, aber auch das meist jugendliche Gesinde in Frage.
Wer gerade Zeit hatte, mußte ein Auge auf das Kind haben. Im
allgemeinen war es viel sich selbst überlassen. Wenn auch die
Bemerkungen über die Größe des bäuerlichen Haushalts mit dem
Vorurteil aufgeräumt haben, daß die Kinder früher in großen
Haushaltsverbänden aufgewachsen seien, so ist andererseits deutlich geworden, daß in den traditionellen bäuerlichen Haushalt
zumindest zeitweise noch andere, wenn auch nicht sehr viele
Personen neben Eltern und Kindern einbezogen waren, nämlich
unter Umständen Altenteiler und/oder Gesinde.

Insbesondere die Anwesenheit von Gesinde bedeutete für Kinder Umgang mit häufig nicht sehr viel älteren Personen. Es war
auch üblich, daß die größeren Kinder mit dem Gesinde zusammen in einer Kammer schliefen.[173] Die Bedeutung des Gesindes
als Erziehungsinstanz tritt offen in Mecklenburg zutage, wo dem
Großknecht ausdrücklich die Züchtigung der Kinder erlaubt
wurde.[174] Aber auch jenseits der formalen Disziplinierungsbefug-
nis konnte vom Gesinde eine starke Ausstrahlung ausgehen.
Paulsen berichtet von einem Vetter der Mutter, der ein paar Jahre
bei dem Vater als Knecht gearbeitet hat und dem er, Paulsen, mit
»leidenschaftlicher Zuneigung« anhing.[175]

Außer diesen nicht kontinuierlich, aber zeitweise vorhandenen
Erziehungsinstanzen neben den Eltern spielten Dorfgemeinde
und Nachbarschaft eine Rolle. Einmal insofern, als dort andere
Kinder lebten. Zum anderen aber auch, weil die Haushalte nicht
gegeneinander abgekapselt, auf sich konzentriert, sondern offen
nach außen und für außen waren, was sich in den schon

erwähnten kollektiven Zügen dörflichen Lebens wie Spinnstuben, Bittarbeiten, Kiltgang und der damit verbundenen sozialen Kontrolle ausdrückt. Darin liegt sicher ein wesentlicher Unterschied zu den gegenwärtigen durchschnittlichen Sozialisationsbedingungen.[176]

Die Mehrzahl der Bezugspersonen, wie sie in vielen Bauernhäusern vorhanden waren, zusammen mit der starken Inanspruchnahme aller Heranwachsenden und Erwachsenen durch die tägliche Arbeit und die geringe Emotionalität und Intensität der häuslichen Beziehungen, die andere Einstellung zum Kind, verhinderten die heute so ausgeprägte gegenseitige psychische Abhängigkeit von Eltern und Kindern. Zugleich fehlten damit die Voraussetzungen für starke Identifikationen der Kinder mit einer Bezugsperson – Bedingungen, die Auswirkungen auf die durchschnittliche Persönlichkeitsentwicklung haben mußten.

2. Naturwüchsigkeit der »Erziehung«

Der Erziehungsprozeß vollzog sich naturwüchsig, ohne bewußtes Eingreifen und gezielte Bildung und Ausbildung der kindlichen Fähigkeiten. »Geistig sind die Kinder sich selbst und dem lieben Gott überlassen«, so faßt Bidlingsmaier die bäuerliche Erziehung zusammen.[177] Wie stark diese Haltung gegenüber den Kindern durch die Zwänge der täglichen Arbeit mitbedingt gewesen ist, zeigt sich an Berichten aus der ersten Hälfte dieses Jahrhunderts, in der die landwirtschaftliche Arbeit infolge der Mechanisierung schon leichter geworden war. So berichten Wurzbacher/Pflaum von einem Bauern: »Wie der erste Sohn kam freute er sich wie ein König. Er spielte auch mit ihm. Die Nachbarn lachten oft darüber, wenn sie ihn so fanden. Später waren es zu viele; er hatte zuviel Arbeit, und wenn er nach Hause kam vom Feld, hatte er solche Fußschmerzen, daß er nicht mehr aufstehen konnte. Da konnte er sich nicht um sie kümmern. Er scheute sich auch immer etwas vor Zärtlichkeiten . . .«[178]

Inhalt und Ziel der »Erziehung« im Bauernhaus können mit dem Begriff »Erziehung zur Arbeit« am besten beschrieben werden. Nur das sehr kleine Kind hatte viel Zeit zum zweckfreien Spiel, wobei die Spielgegenstände und Materialien selbst hergestellt werden mußten.[179] Aber schon früh mischten sich Arbeitsvollzüge mit dem Spiel. Das allmähliche, aber stetige Heranziehen des Kindes zur Arbeit fand sicher je nach Wohlstand und verfügbaren Arbeitskräften unterschiedlich früh und intensiv statt. Unabhängig davon spiegelte sich aber darin die grundlegende Einstellung des Bauern zu Kindern, die primär als Arbeitskräfte geschätzt wurden. Diese Haltung und der frühe Zeitpunkt, von dem an Arbeitshaltungen eingeübt wurden, wird sinnfällig deutlich in den Worten, die mein 87jähriger Großvater, ein Kleinbauer, an seine Enkelin, eine Bäuerin, nach der Geburt der zweiten Tochter richtete: »Ja, nun ist es ja wieder ein Mädchen, und Mädchen können nicht alle Arbeit tun. Aber wenn sie drei Jahre alt ist, dann muß sie Dir das ganze Feuerholz, das Du tagsüber brauchst, schon in die Küche bringen können – und wenn sie den ganzen Tag damit zu tun hat!«

Es wäre aber falsch zu glauben, daß diese Einübung in die Arbeitsvollzüge unbedingt Zwang voraussetzte. Teilweise mag das der Fall gewesen sein. Die Kinder spürten aber auch, daß die Übernahme von Pflichten ihre Wertung durch die Erwachsenen verbesserte.[180] Zudem gab es eine Reihe von Tätigkeiten, wie das Hüten von Vieh, bei denen sich Arbeit und Spiel gut miteinander vereinbaren ließen. Die Übergänge zwischen Spiel und Arbeit waren zunächst fließend und erst allmählich dominierte dann die Arbeit vollständig.

Den grundlegenden Mechanismus des Hineinwachsens in die Arbeit und die Entwicklung der Arbeitshaltung hat Sieder auf die unmittelbar vor den Augen des Kindes stattfindenden und dadurch gleichsam vergegenständlichten Arbeitsverrichtungen zurückgeführt: »Die im Stall arbeitenden Mägde, die auf dem Feld arbeitenden Knechte, die in der Küche arbeitende Mutter etc., all dies waren täglich erlebbare funktionale Zuordnungen, deren Wirkungsweise vom Kind ohne bewußte Erziehung internalisiert wurden. Dementsprechend früh entwickelten sich die Qualitäten einer Arbeitshaltung beim Kind. Sein Rollenspiel erhielt ausschließlich Stimulationen durch Vorgänge der täglichen Arbeit am Hof, dies um so leichter, als die Arbeitsvorgänge für das Kind übersichtlich und in ihrem Sinne begreifbar waren.«[181]

Das heißt, die Kinder wuchsen allmählich in die Tätigkeiten und Pflichten, aber auch Rollen hinein, die sie von den Erwachsenen abgucken konnten. Durch dies Prinzip der Mitahmung (Roessler) vollzog sich zugleich die »Berufs«-Ausbildung der Bauernkinder. Die Einheit von »Erziehung« und Ausbildung bedeutete, daß das

Bauernkind sehr früh die wesentlichen Qualifikationen einer Arbeitskraft erwarb. Körperliches Wachstum und die Erlangung beruflicher Fertigkeiten liefen parallel.[182] Sobald das Kind kräftig genug war, konnte es eine vollwertige Arbeitskraft ersetzen, mußte dies häufig auch schon vor der Zeit. Überlastung der Kinder mit Arbeit war nicht selten. Das als Erbe ausersehene Kind blieb normalerweise ohne Unterbrechung bis zur Hofübernahme bei den Eltern; entsprechend dem Arbeitskräftebedarf aber auch noch weitere Kinder.[183] Die, deren Arbeitskraft auf dem elterlichen Hof nicht benötigt wurde, mußten zu anderen Bauern in den Gesindedienst. Die damit verbundene Lösung von den Eltern und der Wechsel des Haushalts fanden für unsere Begriffe sehr früh statt. Die meisten Kinder gingen um das zwölfte Lebensjahr in den Dienst, einige, besonders die ärmerer Bauern, schon mit neun oder zehn Jahren.[184] Dies frühe Verlassen der Eltern dürfte in diesem Alter – selbst wenn man die geringe emotionale Färbung der Eltern-Kind-Beziehung berücksichtigt – für das Kind nicht leicht gewesen sein. Ein Abschied von der vertrauten Umgebung, die Verhaltenssicherheit gewährte, war es allemal. Der Eintritt in den Gesindedienst wurde zweifellos dadurch erleichtert, daß die Kinder wieder in einen Haushalt aufgenommen wurden, das soziale Klima ihnen also durchaus vertraut war. Gleiches gilt von der Arbeit. Sofern der Gesindedienst nicht in einem grundsätzlich anders strukturierten Agrargebiet angetreten wurde, beispielsweise einen Wechsel von Getreide- zur Viehwirtschaft implizierte, bedeutete er lediglich eine Vertiefung der schon im Elternhaus eingeübten Tätigkeiten und der dabei entwickelten Fähigkeiten. Daneben beinhaltete er, sofern die Kinder nicht im selben Dorf verblieben, einen Grad räumlicher Mobilität, der in diesen gesellschaftlichen Verhältnissen nicht von vielen erreicht wurde. Durch die relative Abgeschlossenheit der dörflichen Gemeinschaften nach außen und die damit verbundene gegenseitige Verflochtenheit der Dorfangehörigen sind vermutlich »Fremde« stets zunächst mit Mißtrauen beobachtet worden. Während für die Kinder, die im elterlichen Haushalt bis zur Heirat verblieben oder ihn fortsetzten, die Sozialisation kontinuierlich, ohne große Einschnitte verlief, bedeutete der Gesindedienst, auch wenn er prinzipiell in bekanntem Milieu stattfand, mehr oder weniger starke Brüche in der Entwicklung. Andererseits führte das frühe Verlassen des Elternhauses zu einem vergleichsweise hohen Grad an Selbständigkeit.

Ergebnis dieses frühen und kontinuierlichen Hineinwachsens des Bauernkindes in die Arbeit, des Fehlens von weitergehenden Anregungen und einer spezifischen, abgehobenen beruflichen Ausbildung war eine starke Determinierung des einzelnen und seines Lebensschicksals. Individuelle Begabungen und Fähigkeiten wurden weder beachtet noch gefördert und konnten sich demgemäß auch kaum entwickeln. Landwirtschaftliche Arbeit, sei es als Bauer oder Tagelöhner, wurde nahezu unausweichliches Schicksal. Damit verband sich eine ausgesprochen traditionalistische Einstellung zur Welt und zu Arbeit. Verhaltensweisen, gleich welcher Art erhielten ihre grundlegende Rechtfertigung allein aus der Tatsache, daß »es immer so war«, »der Vater und Großvater dies auch schon so gemacht haben« etc.

Gerade weil die Arbeitsvollzüge nicht bewußt gelernt worden sind, hatten sie den Charakter gleichsam »instinkthafter Selbstverständlichkeiten«. Daher führte schon bei Jugendlichen »der Versuch von Neuerungen zu einer inneren Sperre, zumal da Veränderungen als Eingriffe in das Ganze der überlieferten Welt angesehen werden.«[185] Die Funktionalität dieser Art der »Erziehung« und Aufzucht war somit gebunden an die grundlegenden Stabilitäten der sozialen, ökonomischen, technischen Umwelt. »It is evident, that the traditional method can bring adequate results as long as the individual remains in his group and within the sphere of the traditional interests and occupations; . . .«[186]

Solange diese Bedingungen erfüllt waren, hatte über die Einübung bäuerlicher Arbeit hinausreichende Qualifikation, gleich welcher Art, kaum eine Bedeutung. Die schulische Ausbildung blieb dementsprechend rudimentär. Von einzelnen Gegenden abgesehen, wie z. B. in der reichen Marsch[187], befand sich die ländliche Schulbildung auf einem niedrigen Stand.[188] Mit Rücksicht auf den Rhythmus der bäuerlichen Arbeit fand im Sommer wenig bis gar kein Unterricht statt.[189] Halbwegs regelmäßigen und systematischen Schulunterricht und -besuch gab es nur im Winter. Qualifizierte Lehrer waren selten. Häufig mußten die älteren Schüler den Unterricht erteilen.[190] Es dominierte die Vermittlung religiöser Inhalte. Insofern verstärkte der Unterricht die in vielen Bauernhäusern bestehende, besonders von der Mutter gepflegte religiöse Grundhaltung.[191] Da der Schulunterricht die Kinder nur vom Arbeiten abhielt, brachten die Bauern ihm auch nicht viel Sympathie entgegen.[192] Solange die dörfliche Lebenswelt und die bäuerliche Arbeit im althergebrachten Rhythmus verblieben, war diese Einstellung verhältnismäßig unproblematisch. Wie lange sich die ablehnende Haltung gegenüber der Institution Schule hielt und wie tief sie verwurzelt war in der überlieferten Sicht des Kindes als Arbeitskraft, wird deutlich in Bidlingsmaiers Beschreibung des Problems (vom Anfang des 20. Jahrhunderts): »Den Forderungen der Schule aber bringen die Eltern kein großes Verständnis entgegen, weil ihnen die Wirtschaft mehr am Herzen liegt, als die Weisheit ihrer Kinder, das Sachliche oft mehr als das Menschliche-Bildende.«[193]

3. Eltern-Kind-Beziehung

Das Bauernpaar nahm, darauf wurde schon hingewiesen, seine Kinder primär unter dem Aspekt der Kontinuität (des Hofes, der Generationen), als Arbeitskräfte und als Unterstützung im Alter wahr. Dieser »instrumental view of family relationships«[194] war eine Folge der Struktur bäuerlicher Lebensweise, in deren Mittelpunkt der Hof stand. Die Wertschätzung der einzelnen Haushaltsmitglieder richtete sich dementsprechend nach ihrer Leistung für den Hof, nach ihrer Arbeit. Die Wertung des Menschen nach seiner Arbeitsleistung war ein durchgängiger Zug bäuerlichen Denkens und Verhaltens. Sinnfälligen Ausdruck findet dieses Wertungssystem in den schon erwähnten Ritualen bei den Mahlzeiten. Die Tischordnung war auch Ausdruck der Hierarchie der Arbeitsleistungen. Die Kinder waren davon nicht ausgenommen.[195]

Daneben hatten sie aber noch die schon erwähnten anderen Bedeutungen für das Funktionieren der bäuerlichen Wirtschaft, die ihre Behandlung durch die Eltern bestimmten. So nahm in vielen Anerbengebieten der Anerbe innerhalb der Geschwisterreihe eine herausragende Position ein und wurde dadurch frühzeitig auf seine spätere Autoritätsposition innerhalb des Bauernhauses vorbereitet.[196] Die anderen Kinder waren demgegenüber zweitrangig.[197] Andererseits muß bedacht werden, daß gerade das Verhältnis zum ältesten Kind nicht selten ambivalente Züge trug. Einerseits war es das erste, das voll mitarbeiten und somit die Eltern entlasten konnte, andererseits gingen von ihm die gewohnte Existenz der Eltern bedrohende Forderungen aus: auf Abtretung des Erbteils (bei Realteilung) oder auf Hofübergabe (bei Primogenitur).[198]

Generell orientierte sich die Behandlung der Kinder – vermutlich unbewußt – an ihrer späteren Rolle in und für die bäuerliche Wirtschaft. So weisen Ilien und Jeggle darauf hin, daß Kinder teilweise systematisch verdummt oder (psychisch) verkrüppelt wurden, sei es, um unerwünschte Konkurrenten auszuschalten, sei es, um eine Tochter zur Versorgung der alten Eltern ans Haus zu binden. Eine »dubbelige« Tochter konnte die Hausarbeit besorgen und stellte keine weiterreichenden Ansprüche. Daß die Vielzahl solcher Kinder nicht das Ergebnis eines Naturprozesses sei, werde aus sprachlichen Wendungen verräterisch klar. Die schwäbischen Dorfbewohner sagen nicht »die und die ist blöd, sondern es ist immer die Rede von ›dubbelig gemacht‹ oder deutlicher noch ›als Dubbel gehalten‹.«[199]

Befehl und Gehorsam regelten die Eltern-Kind-Beziehungen. Im Zweifel wurde dem Gehorsam mit Prügel nachgeholfen. Körperliche Strafen waren üblich. Teilweise mußten die Kinder sich für die Prügel auch noch bedanken.[200] E. M. Arndt mußte seinen Dank durch einen Handkuß abstatten.[201] Entsprechend seiner uneingeschränkten Autoritätsposition und des starken instrumentellen Verhältnisses zu den Kindern, war das Verhalten des Vaters ihnen gegenüber streng und distanziert. Wenn auch die Mutter häufig weniger streng gewesen ist, so waren Liebkosungen und Beweise der Zärtlichkeit gegenüber den Kindern den Bauersleuten ebenso fremd wie untereinander. Die insgesamt wenig emotional getönten Beziehungen im Bauernhaus und das frühe Verlassen des Elternhauses durch die in den Gesindedienst gehenden Kinder ließen eine intensive Eltern-Kind-Beziehung nicht entstehen. So erzog »die bäuerliche Sitte . . . die Kinder in hoher Ehrerbietung und in strenger Unterordnung gegenüber den Eltern; das Gefühl der Autorität überwog weit das der zärtlichen Hingabe. Beweise der Zärtlichkeit gegen die Kinder waren dem Landmanne unbekannt . . . Die Ehrfurcht vor den Eltern war das unerschütterliche Fundament der bäuerlichen Erziehung, der Wille des Hausvaters war maßgebend wie für das ganze Haus so auch für die Kinder . . .«[202] Durch die Ungeschiedenheit aller Lebens- und Arbeitsvollzüge im bäuerlichen Haus war den Kindern die hierarchisch abgestufte Verfassung des

Hauses mit dem uneingeschränkte Machtfülle in seiner Person vereinigenden Vater an der Spitze stets vor Augen und wurde von ihnen quasi automatisch »internalisiert.«[203] Zusammenfassend kann man festhalten, daß die Kindheit auf dem Bauernhof sicher keine Idylle gewesen ist, wo in enger Naturverbundenheit, in unbeschwertem Spielen und Tummeln ein gesundes, fröhliches Landkind heranwuchs. Der Sozialisationsprozeß im Bauernhaus beinhaltete keine intentionale Erziehung. Er vollzog sich vielmehr naturwüchsig. Weder wurde die Beschäftigung mit den Kindern von den Eltern als notwendig angesehen, noch hatten sie Zeit und Energie dazu. Die Kinder wurden genährt und gekleidet, aber ansonsten viel sich selbst überlassen. Sie wuchsen gleichsam »nebenbei« auf und »wie von selbst« in die Erwachsenenwelt hinein. Für »Kindheit« als ein besonderes Lebensalter, in dem spezifische kindliche Bedürfnisse vorhanden sind und befriedigt werden müssen, war im bäuerlichen Haushalt kein Raum. Symptomatisch für die geringe Bedeutung, die dem Heranwachsen des Bauernkindes zukam, ist die Tatsache, daß die bäuerliche Sprache kein Wort für Erziehung im Sinne »körperlicher, geistiger und sittlich-religiöser Bildung (kannte). Denn sowohl das Plattdeutsche ›upptehn‹, als das Süddeutsche ›aufziehen‹ bezeichnen eigentlich nur die physische Pflege des kleinen Kindes.«[204] Die strukturellen Voraussetzungen für eine spezifische Wertschätzung des Kindes, gar einer Kindzentrierung, waren unter den Bedingungen traditionellen bäuerlichen Lebens und Arbeitens nicht gegeben.

Die Dominanz arbeitsorganisatorischer Erfordernisse und ihre Prägekraft für die Rollen im Bauernhaus ließen emotional-affektive Orientierungen nicht zu. Das Bauernkind konnte in dem solcherart geprägten Sozialisationsprozeß Fähigkeiten wie Rücksichtnahme, Zärtlichkeit und Einfühlungsvermögen nicht oder nur rudimentär entwickeln. Durch das elterliche Vorbild wurde auch den Kindern der Vorrang der Sache (des Hofes) vor der Person eingeprägt und zur obersten Richtschnur ihres Verhaltens. In diesem Zusammenhang erhält auch die uns als Gefühlsroheit anmutende schlechte Behandlung der ins Altenteil gegangenen Eltern durch den Jungbauern ihren Stellenwert.

Zunächst muß zur Beurteilung der Beziehung der Kinder untereinander bedacht werden, daß im Untersuchungszeitraum, zumindest seiner ersten Hälfte, Halbgeschwister häufig gewesen sind. Teils war das Folge des erwähnten Zwangs zur Wiederheirat beim Ableben eines Ehepartners. Teils handelte es sich bei den Halbgeschwistern um voreheliche Kinder des Bauern, die nach der Eheschließung, die nicht mit der Kindsmutter erfolgen mußte, bei ihm aufgezogen wurden, teils um außereheliche.[205] In allen Fällen bestanden mit hoher Wahrscheinlichkeit große Altersabstände zwischen den Geschwistern. Dieser Sachverhalt dürfte für die geschwisterlichen Beziehungen ausschlaggebender gewesen sein als die abgeschwächten Blutsbande. Unter Berücksichtigung dessen und des insgesamt geringen emotionalen Klimas im Bauernhaus kann man von vornherein vermuten, daß ausgeprägte geschwisterliche Zuneigung selten gewesen sein dürfte.

Aus der bäuerlichen Ökonomie resultierende Probleme legen zusätzlich den Schluß nahe, daß die Geschwister nicht selten in einem ausgesprochenen Konkurrenzverhältnis zueinander standen. In den landwirtschaftlichen Gebieten mit Anerbenrecht hatte, darauf wurde schon hingewiesen, der künftige Erbe innerhalb der Geschwisterreihe eine ausgesprochen privilegierte Stellung inne.[206] Wie stark sich darüber hinaus die Bevorzugung des Anerben im Erbfall auswirkte, hing von den ökonomischen und sozialen Alternativen der weichenden Erben ab. Sie waren relativ günstig, wenn, beispielsweise durch die Nähe einer Stadt, Möglichkeiten zu gewerblicher Haupt- und Nebenbeschäftigung bestanden und die Kinder eine dafür notwendige Ausbildung erhalten hatten.[207]

Wo solche Möglichkeiten nicht existierten, waren die weichenden Erben von sozialem Abstieg bedroht. Günther hat darauf hingewiesen, daß wahrscheinlich nicht zufällig in Norddeutschland die nichterbenden Geschwister mit demselben Namen wie die mit etwas Pachtland ausgestatteten Landarbeiter bezeichnet werden.[208] Der soziale Abstieg der weichenden Erben ging u. U. mit einer rigorosen Trennung der Geschwister nach der Hofübernahme zusammen. Khera folgert anhand ihres österreichischen Beispiels: »Where marked social and economic differences had developed between them, siblings tended to avoid each other. In case of need a person could seldom expect help from a sibling who was better off.«[209]

Die Separierung ging so weit, daß Kontakte zu Nachbarn denen zu Geschwistern vorgezogen werden.[210] Sieder hat in diesem Zusammenhang zu Recht darauf aufmerksam gemacht, daß unter den Bedingungen traditioneller bäuerlicher Lebensverhältnisse der Stellung des einzelnen Kindes in der Geschwisterreihe nicht an sich Bedeutung zukomme, sondern wegen der Auswirkungen auf seine ökonomische und soziale Position.[211]

In den Gebieten mit Realteilung, wo diese Probleme nicht vorhanden sind, bestanden andere, nicht weniger gravierende. Ilien/Jeggle weisen darauf hin, daß die Kinder sehr früh lernten, daß jeder neue Esser nicht nur ihren Anteil bei Tisch schmälerte, sondern auch ihre Zukunftsaussichten. »Die älteren Kinder fühlten sich durch die jüngeren bedroht, denn jede nachfolgende Geburt verringerte den Lebensstandard um ein gehöriges und genau zu quantifizierendes Stück.«[212] Verlangte einerseits die tägliche gemeinsame Arbeit Kooperation und Hilfsbereitschaft, so herrschte andererseits »das ständige Mißtrauen, der andere könnte sich einschmeicheln, bevorzugt werden, Schätzle sein, einen übervorteilen.«[213]

Diese latente Konkurrenzangst wurde beim Prozeß der Teilung selbst ganz manifest. Es ging zwar nicht mehr um sozialen Abstieg, aber dafür um das beste Stück Acker, Weide, Vieh ... So weist schon Riehl darauf hin, daß während und nach der Teilung des Hofes erbitterte geschwisterliche Rivalität herrsche und von geschwisterlicher Liebe wenig zu spüren sei.[214] Da der Umfang des Erbes über das Lebensschicksal des Bauernkindes entschied, dieser Umfang aber durch die Geschwister, die auch ihren Anteil fordern, bedroht wurde, war die Perspektive auf die Geschwister mit einer gewissen Notwendigkeit von Konkurrenzängsten bestimmt. Insofern spiegelt sich auch in der Beziehung der Geschwister untereinander die Härte des bäuerlichen Daseins wieder.

Dieses Bild, das ausschließlich die Konkurrenz der Geschwister untereinander betont, ist sicher zu einseitig. Solidarisches Verhalten gab es auch; beispielsweise dann, wenn Geschwister in Krisenzeiten als Arbeitskräfte einsprangen oder ihre unehelichen oder verwaisten Kinder auf dem brüderlichen Hof versorgt wurden.

VII. Die Position des Gesindes im Bauernhaus

Die Position des Gesindes sagt viel über die Art des Zusammenlebens im bäuerlichen »ganzen Haus« aus. Die Einbeziehung von Knechten und Mägden stand der Ausbildung einer privaten »Familiensphäre« entgegen und läßt auf gering entwickelte Familienbeziehungen schließen. Die Bedeutung der Blutsverwandtschaft trat gegenüber den sachlichen Arbeits- und Lebensbeziehungen zurück. Wenn auch Gesinde stärker im Süden Deutschlands verbreitet gewesen ist, im Norden und Nordosten des Reiches dagegen viel mit freien und kontraktlich gebundenen Landarbeitern gearbeitet wurde,[215] so fand sich auch in diesen Gebieten prinzipiell Gesinde auf den Höfen. Wülker gibt an, daß im Hannoverschen nach einer Zählung von 1818 auf den großen Höfen im Durchschnitt drei bis vier Knechte und Mägde, auf den anderen selten mehr als ein Knecht und eine Magd beschäftigt wurden.[216] Es wurde schon darauf hingewiesen, daß der Gesindedienst in jungem Alter begann, für unsere Begriffe im Kindesalter, von zehn Jahren an. Im 19. Jahrhundert verschob sich das Alter nach oben. Dazu trugen sowohl die Schulpflicht als auch der durch die Veränderungen der Agrarwirtschaft bedingte größere Bedarf an erwachsenem Gesinde bei.

Traditionell ist der Gesindestatus, im Gegensatz zu späteren Entwicklungen, ein Durchgangsstadium im Lebensverlauf gewesen, kein »Beruf«, der lebenslang ausgeübt wurde. Infolgedessen befand sich das Gesinde im Alter zwischen 10 und 25 Jahren und war in der Regel unverheiratet. Mit der Eheschließung ist im allgemeinen der Verlust des Gesindestatus und der Wechsel in den Inwohner- oder Heuerlingsstatus o. ä. verbunden gewesen.[217] Das Gesinde rekrutierte sich aus den Kindern der Angehörigen der unterbäuerlichen Schicht, aus Bauernkindern, deren Arbeitskraft nicht auf dem elterlichen Hof benötigt wurde, und aus den weichenden Erben, die teils als Gesinde beim Bruder arbeiteten, teils zu anderen Bauern gingen. Es konnte sich also beim Gesinde sowohl um Blutsverwandte als auch um nicht-verwandte Personen handeln. Aus diesem Grunde wurde schon oben im Anschluß an Mitterauers Argumentation die These vertreten, daß keine Unterscheidung zwischen einem engeren Kreis der Familie und dem »familienfremden« Gesinde im Bauernhaus gemacht werden könne.

Rechtlich war das Gesinde voll in den bäuerlichen Haushalt integriert. Es war ebenso wie alle anderen Hausangehörigen der hausväterlichen Gewalt unterworfen und persönlich, rechtlich und ökonomisch vom Bauern abhängig.[218] Diese zunächst noch sehr formale Argumentation wird durch einige weitere Überlegungen erhärtet. Die Unterwerfung unter das hausväterliche Regiment verlieh dem Gesinde innerhalb des Hauses einen ähnlichen Status wie den Kindern, denen sie infolgedessen nicht nur im Alter nahe waren. Sie wurden vielfach auch gleich behandelt. In der Regel mußten sie die gleichen Arbeiten ausführen. Häufig gab es für die Kinder und das Gesinde gemeinsame Schlafräume.[219] Die kindgleiche Stellung des Gesindes – man könnte mit demselben Recht von gesindegleicher Stellung des Kindes sprechen – wird in den Worten E. M. Arndts deutlich, der in seiner Lebensgeschichte schreibt: ». . . Kinder und Gesinde wurden bei aller Freundlichkeit und Gutherzigkeit der Ältern und Herrschaften immer im gehörigen Abstande gehalten.«[220] Obschon das Gesinde sehr oft, häufig jährlich den Dienst wechselte[221], ergab sich aus der Nähe im Alter und der Position im Hause ein enges Verhältnis zu den Kindern.[222] Das war sowohl für die Sozialisation der Kinder wie der des Gesindes bedeutsam, das seine Pubertätsjahre in dieser Umgebung verlebte. Darüber hinaus dokumentierte sich die Einbeziehung des Gesindes in den bäuerlichen Haushalt in der verbreiteten Praxis der Tischgemeinschaft. Diese Tischgemeinschaft hielt sich bei mittleren und kleinen Bauern bis ins 20. Jahrhundert.[223] Die Integration des Gesindes in den bäuerlichen Haushalt kommt auch darin zum Ausdruck, daß es in einigen Gegenden das Bauernpaar mit »Vater« und »Mutter« anredete.[224]

Es wäre verfehlt, aus diesen Hinweisen auf die prinzipielle Zugehörigkeit des Gesindes zum bäuerlichen Haushalt und dem kindgleichen Status zu schließen, seine Position im Hause sei unproblematisch gewesen. Dagegen spricht schon allein der häufige Wechsel des Dienstes. Der Hinweis auf die kindgleiche Stellung des Gesindes beinhaltet aber den Umkehrschluß, daß auch die Kinder nicht besser als das Gesinde behandelt wurden, und sagt für uns im Grunde mehr über die Stellung des Kindes im Hause als über die des Gesindes aus.

Die bisherigen Ausführungen dürften deutlich gemacht haben, daß diese Statusgleichheit von Kindern und Gesinde dem geringen Grad der Intensivierung und Intimisierung der Eltern-Kind-Beziehung geschuldet ist und viel über die personale Distanz im Bauernhaus verrät.

Ausnahmen hinsichtlich der Position des Gesindes fanden sich dort, wo die Bauern sehr reich waren, selbst nicht mehr oder nur wenig mitarbeiteten. Die Beziehung Bauer-Gesinde hatte hier tendenziell den Charakter eines Arbeitgeber-Arbeitnehmer-Verhältnisses angenommen. Hinzu kommt, daß diese Bauern in ihrer gesamten Lebensweise bürgerlich-städtische Kultur nachzuahmen versuchten, zu der auch die Abschottung der Familie gegen außen gehört.[225] Häufig fiel dieser Bauernreichtum, wie in Norddeutschland, mit der geringen Bedeutung bzw. dem Fehlen grundherrlicher Abhängigkeit des Bauern zusammen. Dadurch wurde die Distanz zum persönlich, rechtlich und ökonomisch abhängigen Gesinde erhöht.[226] Umgekehrt waren die Unterschiede im sozialen Status von Bauer und Knecht dort besonders gering, wo beide schollenpflichtig waren.[227] Daran zeigt sich, daß die Integration des Gesindes in den bäuerlichen Haushalt bestimmt wurde von dem Faktum der sozialen Nähe.

Wo die sozialen Unterschiede im Dorf nicht sehr ausgeprägt waren, d. h. das Gesinde sich nicht durchgängig aus einer anderen sozialen Schicht rekrutierte, war es keine Herabwürdigung, die eigenen Kinder in den Gesindedienst gehen zu lassen[228] und das Gesinde völlig in den Haushalt einzubeziehen. Umgekehrt bestärkten ausgeprägte Besitzunterschiede die Tendenz zur Distanzierung vom Gesinde.

Im Untersuchungszeitraum wanderten, bedingt durch den Arbeitskräftebedarf der Städte und der Industrie, viele Dorfbewohner, die früher in den Gesindedienst gegangen wären, in die Ballungszentren ab, wo sie mehr Geld verdienen konnten. Ein weiterer Grund dürfte in der rechtlichen und persönlichen Unabhängigkeit gelegen haben, die, im Gegensatz zu dem des Gesindes, mit dem Status des Fabrikarbeiters verbunden war. Die Bauern, die Schwierigkeiten hatten, überhaupt Gesinde zu bekommen, und auch über die gestiegenen Gesindelöhne klagten, bevorzugten daher saisonal zuwandernde Tagelöhner aus den angrenzenden Gebieten.[229] Sie wurden nicht, wie das Gesinde, in das Bauernhaus integriert. Diese Entwicklung betraf vorzugsweise die Dörfer in Stadt- und Industrienähe. In den anderen, entfernteren Gebieten in ungünstiger Verkehrslage, blieb die

Integration des Gesindes in den bäuerlichen Haushalt im Untersuchungszeitraum noch weitgehend unangetastet. Lediglich die Großbauern machten eine Ausnahme. Sie gehören aber auch nicht zu dem Typus des Bauern, der hier zugrunde gelegt worden ist (s. o.).

Über die anderen im bäuerlichen Haus lebenden Personen, die Inwohner, läßt sich wenig Präzises sagen. Auch sie waren formal-rechtlich in das Haus einbezogen. In der Kategorie Inwohner waren aber sehr verschiedene Typen von Mitbewohnern zusammengefaßt. Den Inwohnerstatus konnten beispielsweise haben:

– Dorfarme, die im Bauernhaus versorgt wurden;
– Tagelöhner, die beim Bauern die Miete abarbeiteten;
– Verwandte, auch Geschwister, die aufgenommen wurden;
– Mägde mit unehelichen Kindern.

Im Gegensatz zum Gesinde handelte es sich bei ihnen durchgängig um ältere Personen, die teilweise auch verheiratet waren. Vermutlich hatten Alter und Verheiratetenstatus eine andere Position der Inwohner im Hause zur Folge. Sie waren in ihrem Verhalten und in ihren Orientierungen nicht nur auf das Bauernpaar, die Hauseltern, bezogen, sondern auch aufeinander bzw. auf ihre eigene wirtschaftliche Existenz. Die Dynamik der Interaktion blieb davon nicht unberührt. Für ledige Inwohner dürfte die Situation deshalb auch anders ausgesehen haben. Die Vielfalt der Interaktionen macht es aber schwer, zu allgemeinen Aussagen zu gelangen.

VIII. Wohnverhältnisse als Gradmesser der Intimisierung und Abkapselung des Familienlebens

Die bisherige Betrachtung der Struktur der personalen Beziehungen im Bauernhaus hat ein für unser gegenwärtiges Ideal von Familienleben unvorstellbar geringes Niveau persönlich-affektiver Bindungen erkennen lassen. Das gilt sowohl für die Beziehung zwischen den Eheleuten, wie zwischen Eltern und Kindern als auch in bezug auf das Gesinde. Offenbar ist das Zurücktreten emotional-affektiver Orientierungen gegenüber arbeitsorganisatorisch vermittelten Beziehungen Folge der familienwirtschaftlichen Organisation der landwirtschaftlichen Produktion. Der Besitz, der Hof, stand im Mittelpunkt des Denkens und Handelns. Hinzu kam, daß infolge des geringen Standes der Arbeitstechnik die tägliche Arbeitsbelastung sehr groß war und dermaßen viel Zeit und Energie verlangte, daß für die Pflege der personalen Beziehungen nicht sehr viel davon übrig blieb.

Der geringe Grad der Intimisierung der Beziehungen zwischen den Mitgliedern des Hauses zeigte sich auch in den Wohnverhältnissen. Sie sind gleichsam ein Indikator für die Art des Zusammenlebens. Zumindest gilt diese Aussage für jene Verhältnisse, wo die Behausung nach den Bedürfnissen konstruiert wird. Sobald das Haus fertig ist, bestimmt es durch die Zahl und Anordnung der Räume die Struktur der Beziehungen, ist gleichsam die in Holz bzw. Stein verfestigte Beziehungsstruktur. Wenn also die Bedürfnisse nachfolgender Generationen sich dann auch der Behausung einfügen müssen, so gibt es doch immerhin die Möglichkeit, durch Umbauten etc. »neuen« Bedürfnissen zumindest teilweise »Raum« zu schaffen.[230]

Es ist schwierig, allgemeine Aussagen über das Wohnen im Bauernhaus zu machen, weil sich in Deutschland scharf ausgeprägte, landschaftlich gebundene Haus-Typen entwickelt haben. Dennoch soll im folgenden versucht werden – mit aller Vorsicht –, einige, für unsere Fragestellung wichtige Gemeinsamkeiten herauszuarbeiten.[231]

Ursprünglich waren die Bauernhäuser in sich wenig gegliedert.[232] So hatte das alte niedersächsische Bauernhaus anfänglich weder Wohn- noch Schlafräume. Alle Personen hielten sich im Flett auf und schliefen in an dessen Längswand untergebrachten Schlafbutzen.[233] Diese Verhältnisse hielten sich aber kaum irgendwo länger als bis zum Ausgang des Mittelalters. Danach wurden mehr Räume abgesondert, meist Stube, Kammer, Küche und – wo erforderlich – die Altenteilerstube. Diese Entwicklung vollzog sich in verschiedenen Varianten im Norden wie im Süden.[234] Das Gesinde schlief während des Untersuchungszeitraums in Norddeutschland teilweise noch »halb-öffentlich« in Schrankbetten auf der Diele vor den Viehställen, wobei über die moralische Reinheit von der Bäuerin gewacht wurde, die diesen Teil des Hauses von ihrem Bett (!) aus im Blick hatte.[235] Teilweise gab es auf den sehr reichen Höfen auch schon gesonderte Gesindekammern, oder das Gesinde schlief, wie in Ostfriesland, in der Sommerküche. Im mitteldeutschen Bauernhaus gab es eine Kammer im Obergeschoß, die wie fast alle Nebenräume nicht heizbar war.[236]

Im niedersächsischen Bauernhaus, aber auch in anderen Gegenden des norddeutschen Raumes, befanden sich die Betten des Bauernpaares im 19. Jahrhundert noch in der abgetrennten Wohnstube.[237] Das heißt, es gab bis weit ins 19. Jahrhundert hinein keine speziellen Räume zum Schlafen. Da die Wohnstube zugleich, wie aus vielen Schilderungen hervorgeht, allgemeiner Aufenthaltsort war, hatten Bauer und Bäuerin keinen Raum, in den sie sich zurückziehen konnten, in dem sie auch tagsüber einmal ungestört waren. Das Bedürfnis nach »Zweisamkeit« war nicht so stark, daß es sich in einer Veränderung der Raumnutzung durchgesetzt hätte.

Eine besondere Schlafkammer gab es hingegen im mitteldeutschen und oberdeutschen Raum. Dabei muß bedacht werden, daß sie in der Regel die Betten der kleinen Kinder mitbeherbergte,[238] so daß auch hier intimes Alleinsein kaum möglich gewesen sein dürfte. Wo durch viele Kinder oder aus anderen Gründen Platzmangel herrschte, stand auch hier das Bett der Bauern in der Wohnstube, wie es Schuster noch aus seinem Elternhaus (zweite Hälfte des 19. Jahrhunderts) berichtet. »In ihr (der Wohnstube – H. R.) spielte sich beim Bauern ja viel mehr vom Leben ab als in der Wohnstube des Städters, der doch zumindest zwei, gewöhnlich aber mehr Räume zu Wohnzwecken benutzt. Unsere Stube war auch Küche und Schlafraum für die Eltern. Sie diente oft als Werkstatt, war nicht nur Krankenstube für alle Familienangehörigen, sondern in ihr fanden auch Hühner, Ziegen und junge Schweinchen, sobald sie den Kopf hingen, sorgsame Pflege. Dafür wurde sie bei festlichen Gelegenheiten zur guten Stube. Sie war Geburts- und Sterbezimmer fast der ganzen Familie und diente bis zur Mitte des vorigen Jahrhunderts auch als Schulstube und Betsaal.«[239]

Auch da, wo sich die Ehebetten in einem gesonderten Raum befanden, ist dies kein in unserem Sinne »privater« Raum gewesen, der für Außenstehende tabu war. Drei Beispiele mögen das verdeutlichen:

Bomann berichtet vom niedersächsischen Bauernhaus, daß die Kammer, in der die Betten des Bauern und seiner Frau standen, eine Hintertür hatte, die ins Freie führte. Durch sie konnte der Bauer unbeobachtet von »Dritten« mal spät nach Hause kommen. Aber auch die anderen Hausangehörigen mußten, falls sie nach 22 Uhr, wenn alle Außentüren zugeriegelt wurden, nach Hause kamen, sich beim Bauern am Kammerfenster melden und wurden dann durch die Hintertür eingelassen.[240] Selbst wenn man davon ausgeht, daß dieser Fall nicht häufig eingetreten sein mag, ist es m. E. bezeichnend, daß dieser Hintereingang durch das »Schlafzimmer« des Bauern führt. Daß der Schlafkammer auch die Funktion eines Gastraumes zukommen *kann,* geht aus einer Schilderung Meier-Oberists hervor. Der Handwerker auf der Stör (also der, der zur Arbeit ins Haus kam) übernachtete entweder in einer Kammer auf Stroh oder auch im Schlafraum des Bauernpaares zu Füßen des Ehebettes![241] Vielfach befanden sich die Betten zwar im abgetrennten Wohnraum, aber bildeten die Wand zur Diele. Diese Schrankbetten waren häufig nach beiden Seiten zu öffnen oder hatten zur Diele hin mindestens ein kleines Fenster, »das Auge Gottes«, durch das die Bäuerin das Geschehen im Hause überblicken konnte. Das Bett als Ort, von dem aus soziale Kontrolle ausgeübt wird,[242] entspricht ebenfalls nicht unseren Vorstellungen und Gewohnheiten, in denen das Schlafen und der Schlafraum gleichsam Inbegriff des Privaten sind.

Jenseits der Schlafgewohnheiten, die m. E. sehr viel über die mögliche Intimität des Zusammenlebens aussagen, deuten auch andere Zeugnisse auf die weitreichende Gemeinsamkeit des Lebens aller Angehörigen des Hauses hin. Weder das Paar noch die Familie sonderten sich innerhalb des Hauses dezidiert ab. Symptomatisch für diese Ungeschiedenheit des Lebens ist Paulsens Schilderung eines Winterabends in seinem Elternhaus (um die Mitte des 19. Jahrhunderts): »Durch die Haustür unter dem Giebel tritt man in die mit Fliesen belegte Vordiele; die Tür zur Rechten führt in die Wohn- oder Süderstube, eine Tür gradaus in die »Norderstube«; jene ist im Winter, diese im Sommer der gewöhnliche Aufenthaltsort, wo die Mahlzeiten und auch die häuslichen Arbeiten, Spinnen, Nähen, stattfinden. Durch die Wohnstube geht es in den mit weißen Fliesen ausgelegten Pesel, der in der Regel nicht gebraucht wird: hier stehen die Koffer und Schränke. Durch die Norderstube geht man in die Küche, an die sich der tiefe Keller und darüber die Vorratskammer anschließen. Die glänzend hellblau gestrichene Wohnstube ist zugleich die

Schlafstube der Eltern, das Bett, ein eingemauertes Wandbett, wie es damals noch überall Sitte war, abschließbar durch Vorhänge oder Holztüren. Hier steht der eiserne Ofen, anfänglich ein sogenannter »Beileger«, der von der dahinterliegenden Küche aus geheizt wird, die Wände mit biblischen Darstellungen geziert, später ein moderner Aufsatzofen, in dem im Winter der Teekessel beständig brodelt. Am Winterabend sammelt sich die ganze Familie um den großen Klapptisch am Fenster, auf dem eine Kerze brennt, welche die Mutter selbst gegossen hat. Der Vater liest die Zeitung, die Mutter näht oder spinnt, die Magd kardet Wolle, der Knecht liest oder raucht im Hintergrund seine Pfeife, dreht auch wohl mal auf eigene Rechnung Strohseile, wie sie beim Dachdecken Verwendung finden, und ich mache Schularbeiten oder lese in einem Geschichtenbuch. Den Schluß macht dann um 9 Uhr ein Abschnitt aus Goßners »Schatzkästlein« oder einem anderen Erbauungsbuch, aus dem der Vater vorliest. Im Sommer sitzt man am Abend in der Norderstube und plaudert.«[243]

Dieses Zusammenleben aller Hausangehörigen auch am »Feierabend« hat mehrere Ursachen. Einmal saßen im Winter traditionell alle zusammen, weil es in der Regel nur eine Feuerstelle im Hause gab. Wegen der Brandgefahr durch das offene Licht (Kienspan) gab es im Hause, das auch im Sommer wegen der kleinen Fenster dunkel war, nicht viele Lichtquellen. Dies änderte sich im Laufe des 19. Jahrhunderts. Dennoch blieben sowohl Feuerung als auch Licht teuer, so daß sparsam damit umgegangen wurde. Zudem bestand aber offenbar auch seitens der Bauernfamilie kein starkes Bedürfnis, sich von den übrigen Hausbewohnern abzusondern. Ebenso wie man zusammen arbeitete, lebte man auch zusammen – ohne diese Verhältnisse zu sentimentalisieren. Lediglich auf den reichen Höfen, wo die Distanzierung vom Gesinde seit Ende des 18. Jahrhunderts eingesetzt hatte, war diese Gemeinsamkeit aufgehoben. Diese Betriebe basierten aber eben nicht mehr auf der Arbeitsleistung *aller* im Hause lebenden Personen, sondern vornehmlich auf der des Gesindes. Der Bauer war zum Betriebsleiter avanciert und stand einem tendenziell rationell betriebenen Unternehmen vor.[244] Wie schon mehrfach betont, fallen diese ansatzweise agrarkapitalistischen Verhältnisse aus der Untersuchung heraus.

IX. Weitere Verkehrskreise:
Bäuerliche Geselligkeit und Kontakte

Wie sind nun die Angehörigen des bäuerlichen Haushalts über den Rahmen des Hauses hinaus mit der sie umgebenden dörflichen Gemeinschaft verknüpft? Diese Frage ist insofern wichtig, weil Umfang und Art dieser Beziehungen über die Offenheit bzw. Abgrenzung des Hauses nach außen entscheiden und damit auch über die Möglichkeit wirksamer sozialer Kontrolle.

Es wurde bereits an anderer Stelle darauf eingegangen, daß allein schon durch die Gemengelage der Felder Absprachen zwischen den Bauern, die die Zeit und Reihenfolge der Feldarbeiten regeln, unumgänglich waren und dadurch der bäuerlichen Arbeit ein stark kollektiver Zug eigen war. Aber auch andere Gemeinschaftsarbeiten und -angelegenheiten mußten besprochen und geklärt werden, so daß jeder Bauer als Mitglied von Pfarr- und Dorfgemeinde von vornherein in außerhäusliche Bezüge integriert war.

Im Hinblick auf darüber hinausreichende Formen der Geselligkeit und Kontakte muß man sich vor Augen halten, daß durch die Ungeschiedenheit von Arbeit und »Privat«-Leben im bäuerlichen Bereich eine in unserem Sinne scharf von der Arbeit abgesetzte arbeitsfreie Freizeit nicht existierte. Sowohl die Struktur der Zeit als auch ihr Umfang, der für gesellige Aktivitäten zur Verfügung stand, unterlagen den Bedingungen der bäuerlichen Produktion, und diese bestimmten teilweise sehr stark die Geselligkeit, ihre Formen und die Zusammensetzung der Beteiligten.

Im Sommer waren die Arbeitstage extrem lang. Im Winter verlief das Leben geruhsamer. Aber auch dann gab es weder einen ausgeprägten Feierabend im Sinne der Freiheit von Arbeit, noch ein freies Wochenende oder auch nur einen arbeitsfreien Sonntag. Kühe mußten gemolken, das Vieh (Schweine, Hühner, Pferde, Gänse . . .) gefüttert werden. Damit ist ein hoher Grad von Unabkömmlichkeit verbunden gewesen. Für die Frau hörte die Arbeit sowieso nie auf. Essenkochen, Abwaschen, Näharbeiten, Spinnen, Weben, Stricken – sie war unermüdlich beschäftigt. Die oben zitierte Schilderung eines Winterabends in Paulsens Elternhaus kann durchaus als typisch gelten: während der Vater abends wenigstens zum Lesen kam, waren die Mutter und die Magd auch dann noch emsig mit Arbeiten für den Haushalt beschäftigt.

Große Bedeutung innerhalb der dörflichen Kommunikation hatten neben den ungeregelten und spontanen Kurzbesuchen, meist innerhalb der Nachbarschaft, oder dem Schwätzchen über den Zaun die Feste: Hochzeiten, Kindtaufen, Beerdigungen. Ihre Gestaltung war regional unterschiedlich. Gemeinsam war ihnen jedoch das Gewicht, das dem rituellen Konsum zukam. Auch heute noch setzt man in Gedanken quasi automatisch den Begriff »Bauernhochzeit« mit »viel Essen und Trinken« gleich.[245] Bei diesen Gelegenheiten wurden Bekanntschaften geknüpft. Insbesondere Hochzeiten waren dafür bekannt, daß sie sich vortrefflich dazu eigneten, neue Ehen zu stiften.

Zu dem »normalen« Gang dörflichen Lebens gehörten aber auch andere Geselligkeitsformen, die viel stärker den zentralen Inhalt bäuerlichen Lebens, die Arbeit, aufnahmen. Aus einigen Gegenden wird von dem Brauch der *Bitterzeiten* oder Bittarbeiten berichtet, die auf der Basis der Gegenseitigkeit üblich waren. Man bat Freunde oder Nachbarn um Hilfe bei Arbeiten wie Bohnenschnippeln, Muskochen etc.[246] Zugleich konnten bei diesen kollektiven Tätigkeiten soziale (gesellige) Bedürfnisse befriedigt werden. Stark arbeitsbestimmt war auch die vornehmlich winterliche Abendgeselligkeit der *Spinnstuben*. Meist trafen sich dabei nur die Frauen, entweder an einem festen Ort, oder reihum bei den Nachbarn. Gelegentlich gab es verschiedene Spinnstuben für die einzelnen Altersgruppen. Die Männer kamen später dazu, und der Abend endete häufig mit Ulk oder Tanz.

Der *Wirtshausbesuch* war nahezu ausschließlich eine Männerangelegenheit. Meist blieb nur am Sonntag Zeit dafür. Dem Besuch des Wirtshauses kam für die Übermittlung von Neuigkeiten große Bedeutung zu. In manchen Gegenden erfüllten diese Funktion auch Treffen bei Personen, die viel außerdörfliche Kontakte hatten, wie beispielsweise Handwerker.[247]

Als spezifische Form der Geselligkeit der Dorfjugend sei noch auf den schon erwähnten Brauch des *Kiltgangs* oder der Nachtfreierei verwiesen, der den Jugendlichen beiderlei Geschlechts Kontakte außerhalb der Kontrolle der Erwachsenen ermöglichte und daher seine Bedeutung bezog. Als Geselligkeitsform ist der Kiltgang auf die männliche Jugend beschränkt gewesen.

Bei fast allen hier erwähnten Formen der dörflichen Geselligkeit dominierte die mündliche Überlieferung. Geschichten und Märchenerzählen waren wichtige Bestandteile. Ursächlich dafür war der geringe Anteil lese- und schreibkundiger Personen im Dorfe.[248] Soweit vorgelesen wurde, handelte es sich zumeist um geistliche Literatur. Mit Ausnahme des Kiltgangs und – vermutlich – des Wirtshausbesuches war für die dörfliche Geselligkeitsformen bezeichnend, daß Kinder davon nicht ausgeschlossen gewesen sind. Sie waren ständig und überall dabei, wo die Erwachsenen sich bewegten. Diese unterhielten sich ohne Scheu über alles auch vor den Kindern.[249] Diese fast totale Einbeziehung der Kinder in die Erwachsenenaktivitäten unterstützte den oben schon geschilderten Prozeß des kontinuierlichen Hineinwachsens in die Erwachsenenwelt und zeigt zugleich, daß das Gefühl für das »Kindgemäße« wenig bis gar nicht entwickelt war.

Ein großer Teil der Geselligkeit, insbesondere die arbeitsbestimmte, spielte sich in den Häusern ab. Dadurch wurden häusliche Vorgänge zusätzlich transparent, sofern sie nicht ohnehin durch Hausangehörige und Besucher weitergetragen wurden. Hierin lagen die wichtigsten Ansatzpunkte für die Ausübung wirksamer sozialer Kontrolle.

Welche Personenkreise sich bei den Geselligkeitsformen der Erwachsenen zusammenfanden, ob vornehmlich Verwandte oder Nachbarn, läßt sich nicht allgemein beantworten. Es gibt Gebiete, wo vorzugsweise Kontakte zwischen den Nachbarn gepflegt wurden, wie dies Laslett für das vorindustrielle England berichtet.[250] In anderen Gebieten, so in der Lüneburger Heide, wurden Verwandtschaftsbeziehungen bevorzugt.[251] Einen Erklärungsansatz für diese Differenzierung hat Khera entwickelt. In ihren Untersuchungen von Dörfern mit unterschiedlicher Vererbungspraxis stellte sich heraus, daß in dem Realteilungsgebiet, wo die Verwandten in derselben sozialen Schicht innerhalb des Dorfes verblieben, Kontakte mit Verwandten bevorzugt wurden. Dort, wo infolge des Anerbenrechts die anderen Geschwister nur sehr wenig erbten und sozial abstiegen, Verwandtschaft und Schichtzugehörigkeit also nicht übereinstimmten, wurden hingegen die Kontakte zu den Nachbarn bevorzugt und die zu Verwandten explizit gemieden.[252] Sie folgert: »Thus it appears that social interaction among relatives in these central European peasant societies is conditioned primarily by the ownership of land and other property. It is not the kin tie per se that is of importance. It is the property connected with it that determines the social significance or insignificance of the kin tie.«[253] Die ungeheure

Bedeutung von Besitz und Eigentum im bäuerlichen Leben liegt hier ganz offen zutage. Verwandtschaftsbindungen konnten nur da Relevanz bekommen, wo sie innerhalb derselben Sozialschicht angelagert waren. Andernfalls wurden sie von den Besitz- und Rangunterschieden überdeckt. Es ist denkbar, daß die Bevorzugung von Kontakten innerhalb derselben Sozialschicht oder Statusgruppe im Dorf damit zu tun hat, daß die meisten dieser Kontakte, auch der Geselligkeitsformen, Austauschbeziehungen, beispielsweise von Arbeitskraft, implizierten und dieser Austausch bei zu großen Status- und Besitzdifferenzen zu ungleichgewichtig wurde. Zweckfreie, intensive persönliche Beziehungen, sei es zu Nachbarn oder Verwandten, gab es kaum. Die Kontakte waren stark institutionalisiert und fügten sich insofern dem durchgängigen Muster bäuerlicher personaler Beziehungen.

Vorstehend wurde bereits mehrfach auf die im Dorf wirkende soziale Kontrolle hingewiesen, die bis ins Haus hineinreichte und eine der wesentlichen Differenzen zwischen »traditioneller« und »moderner« Familie ausmacht. Sie wurde ausgeübt von der Dorfgemeinschaft, einzelnen Teilgruppen und einzelnen Personen. Nicht vergessen werden darf auch die soziale Kontrolle durch die Institution Kirche, sei es durch den Pfarrer oder die Kirchengemeinde. Die Wirksamkeit der sozialen Kontrolle bestand darin, als verwerflich geltende Verhaltensweisen öffentlich zu machen und die beteiligten Personen zu brandmarken. Was als Fehlverhalten galt, variierte regional und zeitlich. Dies gilt besonders für vor- und uneheliche Schwangerschaft. Im Laufe der Zeit haben sich bestimmte Formen herausgebildet, mit denen bestimmte Verfehlungen angezeigt wurden. Hauptgegenstand solcher Aktionen war offenbar sexuelles Fehlverhalten wie Ehebruch, vorehelicher Geschlechtsverkehr u. ä.[254] Vielfalt und Formenreichtum solcher Rituale lassen leicht übersehen, daß sie für die Betroffenen häufig nicht nur schmerzhaft waren, wie das Haberfeldtreiben, sondern mit öffentlicher Schmach und Erniedrigung verbunden waren.

Neben sexuellen Verfehlungen wurden aber auch Verstöße gegen die an typische Positionen gebundenen Verhaltenserwartungen geahndet. Die Verkehrung der Rollen von Mann und Frau im Hause, die sich am deutlichsten darin dokumentierte, daß die Frau den Mann schlug, zog ebenfalls öffentliche Rituale der Brandmarkung nach sich.[255] Die soziale Kontrolle auch innerhäuslicher Vorgänge und Beziehungen ließ Verhaltensvarianten nur in begrenztem Maße zu. Unter Bedingungen, in denen die Familie sich nicht nach außen abgrenzte, das häusliche Leben nicht als private Intimsphäre empfunden wurde, sind die das Verhalten standardisierenden Eingriffe sozialer Kontrolle als legitim empfunden worden – wenn man von dem Ärger des oder der jeweiligen Betroffenen absieht. Individuelle Verhaltensmodifikationen, beispielsweise Versuche, die starre Abgrenzung der Geschlechtsrollen aufzulösen, waren unter diesen Bedingungen weder denkbar noch lebbar. So wenig wie eine ausgeprägte Individualität der Personen konnte sich eine prägnante Individualität der Familienstile ausbilden.

X. Zusammenfassende Bemerkungen

Die traditionelle Bauern-»familie«, so wie sie vorstehend charakterisiert wurde, unterscheidet sich deutlich von dem Bild von Familie und Familienbeziehungen, das wir in unseren Köpfen tragen. Am auffälligsten ist das niedrige Niveau der Emotionalität und Affektivität, dem das Vorherrschen sachlicher, durch die täglichen Arbeitserfordernisse vermittelter Beziehungen entsprach. Damit einher ging der geringe Grad der Individualisierung, der schon frühzeitig durch die Spezifika der bäuerlichen Sozialisation, insbesondere die Einstellung zum Kind, bedingt wurde. Eine logische Folge der großen personalen Distanz selbst zwischen den »Familien«-mitgliedern war die fehlende Ab- und Ausgrenzung des engen Kreises der Familie innerhalb der Hausgemeinschaft.

Es dürfte deutlich geworden sein, daß diese Charakteristika der bäuerlichen »Familie« entscheidend, wenn auch sicher nicht ausschließlich, durch die Struktur der landwirtschaftlichen Produktion geprägt worden sind. Zu dieser Struktur gehören einmal gesamtgesellschaftliche Bedingungen wie die Agrarverfassung, das spezifische Muster der Arbeitsteilung zwischen den Geschlechtern sowie die geringe Produktivität der bäuerlichen Arbeit, die die Sorge um den Lebensunterhalt zentral werden ließ.

Darüber hinaus bestimmte die Größe des Hofes die Zahl der auf und von ihm lebenden Personen; die – teils vom Feudalherrn durchgesetzten – Erbgepflogenheiten regelten das Grundmuster der generativen Zusammensetzung; die Verteilung der unterschiedlich bewerteten Arbeiten und die Nähe oder Ferne des Zugangs zum Besitz entschieden über den jeweiligen Rang in der Hierarchie des Hauses (und des Dorfes). Das »Denken in besitzhierarchischen Systemen«[256] (Weber-Kellermann) hatte fundamentale Bedeutung für das bäuerliche Leben und zeigte sich vielleicht am deutlichsten bei der Wahl des Ehepartners. Die Verbindung von Produktion und Haushalt war zentral für die Dominanz sachlich-arbeitsorganisatorischer Beziehungen und das Zurücktreten emotional-affektiver Orientierungen.

Es wäre aber falsch zu glauben, daß die Wirkung dieser Faktoren stets nur unmittelbar wäre. Einerseits bestimmten zwar die Zwänge der tagtäglichen Produktion und Reproduktion direkt die Möglichkeiten des Verhaltens, andererseits verfestigten sie sich aber zu einem bestimmten Habitus und – auf längere Sicht – traditionellen Einstellungen, sei's zur Arbeit, sei's zu Positionen und Personen. Insofern beinhaltet die Aussage über den Zusammenhang zwischen der Struktur der Produktion und der Ausprägung bestimmter familialer Strukturen und Beziehungsmuster eine umfassendere Perspektive. Der fehlenden Ausgrenzung der Eltern-Kind-Gruppe innerhalb des Bauernhauses korrespondierten die ausgeprägten kollektiven Züge des bäuerlichen und dörflichen Lebens, wie sie sich in Gemeinschaftsarbeiten, gemeinschaftlicher Geselligkeit dokumentierten, aber auch in dem hohen Grad an sozialer Kontrolle, der nicht nur das Verhalten außerhalb, sondern auch innerhalb des Hauses unterlag.

Im Zusammenhang mit der Größe und Zusammensetzung der Bauern-»familie« wurde bereits die nachgeordnete Bedeutung der Verwandtschaftsbeziehung gegenüber der sozialen Position innerhalb des Hauses diskutiert. Deshalb, so wurde gefolgert, sei es weder möglich noch sinnvoll, im Bauernhaus einen engeren Kreis der Familie innerhalb der Gesamtheit der Hausangehörigen zu unterscheiden. Diese Argumentation kann nun ergänzt werden durch die Erkenntnisse über die Beziehungen zwischen den Bewohnern des Bauernhauses. Die geringe Emotionalität der Beziehungen, generell die große personale Distanz, läßt sich auf allen Beziehungsebenen erkennen. Sowohl hinsichtlich der Quantität als auch der Qualität der personalen Beziehungen grenzt sich weder die Eltern-Kind-Gruppe noch die der überhaupt miteinander verwandten Personen scharf innerhalb des Bauernhauses ab. Nur ein solches Beziehungsmuster vertrug sich mit der »Offenheit« des Hauses nach außen, wie sie sich in der Aufnahme und Integration zusätzlicher Arbeitskräfte, des Gesindes, dokumentierte, aber auch in der sozialen Kontrolle des Verhaltens seiner Angehörigen durch die Dorfbewohner. Von hier aus erscheint es sinnvoll, bei der Analyse des traditionellen Bauernhaushalts auf den Begriff »Familie« nach Möglichkeit zu verzichten. Ihm haften sowohl im wissenschaftlichen wie auch im umgangssprachlichen Gebrauch viele Konnotationen an (wie enge Gefühlsbindungen zwischen den Ehepartnern und Eltern und Kindern, Intimität, Abgrenzung nach außen etc.), die den Lebensverhältnissen im Bauernhaus diametral entgegengesetzt sind. M. E. eignet sich der von Brunner vorgeschlagene, schon von Riehl in ähnlicher Weise gefaßte, wenn auch ideologisierte Begriff des »ganzen Hauses« besser zur Analyse traditioneller bäuerlicher Lebensweise. Die Sozialform des »ganzen Hauses« ist gekennzeichnet durch:

– die Einheit von Produktion und Haushalt,
– die lohnlos mitarbeitenden »Familienangehörigen«,
– das in den Hausverband einbezogene Gesinde,
– die Herrschaft des Hausvaters über alle Angehörigen des Hauses.[257]

Diesen Merkmalen entspricht die Dominanz der sachlichen gegenüber persönlich-gefühlvollen Beziehungen der Hausgenossen untereinander. In dem derart gefaßten Begriff des »ganzen Hauses« sind zentrale Merkmale des bäuerlichen Lebens- und Arbeitszusammenhangs angesprochen und zugleich die Differenz zum gegenwärtigen Familienleben faßbar. Als analytisch schärferer, somit auch brauchbarer Begriff ist er m. E. vorzuziehen. Wenn vorstehend dennoch gelegentlich der Begriff »Familie« verwendet wurde, so geschah dies in seiner Bedeutung als formaler Allgemeinbegriff, der, wie in der Einleitung expliziert wurde, lediglich zur Lokalisierung des Gegenstandes dient, aber keine inhaltlichen Aussagen intendiert.

Das bäuerliche »ganze Haus« war, das dürfte deutlich geworden sein, keine Idylle, in der die Hausgenossen harmonisch miteinander lebten und arbeiteten. Vielmehr enthielt es eine Vielzahl *strukturell* bedingter Konfliktpotentiale. Einmal sind hier jene

Spannungen zu nennen, die mit der Einbeziehung des Gesindes verbunden waren. Die zentralen Konflikte resultierten jedoch aus der existentiellen Bedeutung der Verfügung über das Land, das Grundlage der Subsistenz, aber auch des sozialen Status war. Diesen Konflikten konnte sich – wegen der ökonomischen Gebundenheiten an das »Haus« – auch niemand individuell entziehen. Deutlich zeigte sich das bei den mit der Hofübergabe verbundenen Problemen. Ausstattung des Altenteils und Auszahlung der weichenden Erben einerseits und die dadurch bedingte ökonomische Belastung des Hofes andererseits implizierten diametral entgegengesetzte (existenzielle) Interessen der Betroffenen.

Wo es zur (voll-)bäuerlichen Existenz nur sozial und ökonomisch mindere Alternativen gab, wird auch die Beziehung der Geschwister untereinander stark durch die Konkurrenz um die Position des Erben (wenn die Eltern die Wahlmöglichkeit haben) bzw. um die Höhe ihrer Abfindungen, das beste Stück Land, generell: durch das jeweilige antizipierte Lebensschicksal geprägt.

Am Anfang dieses Kapitels wurde bereits darauf hingewiesen, daß die bäuerliche Produktion im 19. Jahrhundert weitgehend von der kapitalistischen Entwicklung, die zuerst die gewerbliche Produktion affizierte, unbeeinflußt geblieben ist. Selbst heute geht sie noch nicht einfach in der »entwickelten Verkehrswirtschaft ... mit ihrer Vorherrschaft des Rentabilitätsprinzips« auf.[258] Zumindest bis zum 1. Weltkrieg waren die Arbeits- und Lebensverhältnisse des hier im Mittelpunkt stehenden Typus des Bauern weitgehend stabil. Dementsprechend änderte sich auch die Struktur des bäuerlichen Haushalts nur wenig. Inzwischen sind jedoch tendenzielle Wandlungen festzustellen.

– Bei den meisten Bauernfamilien ist die Phase des Zusammenlebens von drei Generationen in einem Haushalt zur Regel geworden.[259] Das ist einmal Folge der gestiegenen Lebenserwartung, aber auch der insgesamt verbesserten materiellen Situation vieler Bauern. Das Problem der Hofübergabe ist durch die Einführung des Altersgeldes für Landwirte (1957) entschärft worden. Andererseits ist das Bauernpaar viel stärker als früher auf die Mithilfe der Eltern angewiesen, da landwirtschaftliche Arbeitskräfte rar geworden sind. Das Vorhandensein von Gesinde ist kein Strukturmerkmal des bäuerlichen Haushalts mehr.

– Persönlichen Ansprüchen und Bedürfnissen wird ein größerer Raum gewährt – allerdings nur tendenziell und im Rahmen der Erfordernisse der bäuerlichen Wirtschaft. Beispielsweise unterliegt die bäuerliche Partnerwahl unverändert bestimmten Bedingungen: Wegen ihrer – inzwischen noch gestiegenen – Bedeutung als Arbeitskraft muß die zukünftige Bäuerin landwirtschaftliche Arbeit kennen und leisten. Sie soll sozial »gleichrangig« sein und eine Mitgift einbringen. Und schließlich muß sie sich in die personelle Konstellation des Hofes einfügen können. Im Rahmen dieser Voraussetzungen trägt die bäuerliche Partnerwahl dann »überwiegend individualistische Züge«[260], was auf das Verschwinden der arrangierten Vernunftehen hindeutet.

– Partielle Veränderungen lassen sich auch im Rahmen der Eltern-Kind-Beziehung ausmachen. Die Notwendigkeit, sich um die kleinen Kinder zu kümmern, ihnen liebevolle Pflege angedeihen zu lassen, wird gesehen und ruft dort, wo diese Maximen mangels Zeit nicht praktiziert werden können, Schuldgefühle hervor.[261] Zur größeren Eigenständigkeit des Kindes tragen sicher auch der ausgedehntere Schulbesuch und die anerkannte größere Relevanz der Schulbildung bei, wodurch die Kinder aus der täglichen Arbeitsroutine herausgehoben werden. Diese Tendenzen dürfen jedoch nicht überbewertet werden. Generell, so stellte sich bei einer neueren Untersuchung heraus, dominiert weiterhin eine wenig reflektierte Einstellung zum Kind.[262] Erst für die älteren Kinder ergibt sich eine andere Situation. Infolge des Arbeitskräftemangels in der Landwirtschaft und alternativer Berufsmöglichkeiten haben die Jugendlichen einen gesteigerten Wert für den Hof, den sie in Konfliktfällen ausspielen können. Daraus resultiert eine bessere Position im Haushalt.[263] Insgesamt läßt sich also festhalten, daß die persönlichen Beziehungen innerhalb des Bauernhauses intensiver geworden sind. Indiz dafür und für ein besonderes Zusammengehörigkeits- und Verbundenheitsgefühl der Familienmitglieder ist schon Bruggers Beobachtung aus den 30er Jahren, derzufolge die auf den Höfen verbleibenden ledigen Geschwister des Bauern eine wichtigere Position haben als das Gesinde.[264]

Diese Wandlungen ergeben sich nicht zwingend aus Veränderungen der bäuerlichen Ökonomie, sondern sind zu einem großen Teil auf gesamtgesellschaftliche Veränderungen rückführbar, insbesondere auf die Ausstrahlung des modernen, bürgerlichen Ideals von Ehe- und Eltern-Kind-Beziehungen. Der höhere Grad der Vergesellschaftung unserer Gesellschaft (gegenüber der ersten Hälfte des 19. Jahrhunderts), die Reduktion des Stadt-Land-Unterschiedes, die Existenz und Verbreitung von Massenkommunikationsmitteln haben zur Übernahme verbreiteter gesamtgesellschaftlicher Idealvorstellungen auch durch die Bauern geführt. Sie können allerdings, wie am Beispiel der Wahl des Ehepartners gezeigt wurde, wegen der weiterbestehenden Einheit von Produktion und Haushalt und der unveränderten Relevanz der Arbeitsbeziehung nicht voll realisiert werden. Weiterhin gilt: »Familienziele und Familienorganisation orientieren sich in der Bauernfamilie am ererbten Familienbetrieb. Die Idee der Hoferhaltung erweist sich immer noch als starke moralische Verpflichtung, der persönliche Wünsche der Familienangehörigen im allgemeinen untergeordnet werden.«[265]

Die knappen Hinweise auf Veränderungen im Bauernhaus, insbesondere die partielle Übernahme gesamtgesellschaftlich dominanter Wert- und Normvorstellungen, auch Verhaltensweisen, dürfen nun nicht dahingehend interpretiert werden, daß die heutige Bauernfamilie sich von dem dominierenden Typ der städtischen Kleinfamilie nur graduell unterscheide, in ihrer Entwicklung und in ihrer Anpassung an »die Strukturen der industriellen Gesellschaftsverfassung« gleichsam verspätet sei und dieses Nachhinken beschleunigt aufholen werde.[266] Gegenüber dieser auch als Theorie vom »cultural lag« der Bauernfamilie bekannten Position haben Agrarsoziologen[267] darauf hingewiesen, daß die feststellbaren Differenzen zwischen gegenwärtiger bäuerlicher und städtischer (Arbeitnehmer-)Familie *strukturell* bedingte Unterschiede sind, die sich aus den unveränderten Grundbedingungen der landwirtschaftlichen Produktion, insbesondere der Einheit von Arbeit und Haushalt, der Bindung an den ererbten Besitz von Grund und Boden und die Art der landwirtschaftlichen Tätigkeit ergeben. Beispielhaft sei auf die vaterbestimmte Sozialisation des Bauernkindes verwiesen, die einen krassen Gegensatz zu der »Normal«-Sozialisation in der »vaterlosen« Gesellschaft« (Mitscherlich) bildet. Diese Vaterbestimmtheit des Erziehungsprozesses des Bauernkindes ist, das hat Linde überzeugend nachgewiesen, Folge der – durch die in der Landwirtschaft weiterbestehende Einheit von Arbeit und Familienleben – Präsenz des Vaters und seiner Tätigkeit im gesamten Tageslauf.[268]

Solange die spezifischen Strukturen der landwirtschaftlichen Produktion bestehen bleiben, d. h. solange sie nicht vollständig industrie-kapitalistisch betrieben wird, werden auch die strukturellen Eigentümlichkeiten der Bauernfamilie, möglicherweise abgeschwächt oder modifiziert, gleichwohl *grundsätzlich* weiter existieren. Insofern kann man die moderne Bauernfamilie nicht als eine Variante des in der gegenwärtigen Gesellschaft dominanten Familientyps, sondern nur als eine eigenständige Familienform betrachten.

Von den oben genannten Charakteristika des »ganzen Hauses« sind die beiden letzten (Einbeziehung von Gesinde und hausväterliche Herrschaft) in der Entwicklung weggefallen. Das zweite Merkmal, lohnlos arbeitende Familienangehörige, gilt nicht mehr uneingeschränkt. Dadurch und durch den beschriebenen größeren Spielraum für persönliche Wünsche und Ansprüche, die Intensivierung der Beziehungen, unterscheidet sich die gegenwärtige Bauernfamilie von ihrer Vorläuferin. Insofern scheint mir für die Gegenwart der Begriff Bauern*familie* angebracht zu sein.

Kapitel 2

Die Familie im »alten« Handwerk

Wie für die Bauern soll im folgenden die typische Familienform des traditionellen oder »alten« Handwerks herausgearbeitet werden. Da im Handwerk Produktion und Familienleben weitgehend zusammenfallen, kann auch hier davon ausgegangen werden, daß die Bedingungen der Produktion den Familientypus unmittelbar und entscheidend gestalten. Das heißt, für die Familienform des »alten Handwerks« sind die Einheit einer spezifischen sozialen und ökonomischen Lage und die dadurch wiederum spezifisch geprägten »binnenfamiliären« Beziehungen charakteristisch.

Untersucht werden zunächst die Spezifika der handwerklichen Produktionsweise, daran anschließend und in engem Zusammenhang damit die generative Zusammensetzung und der personelle Umfang der Handwerker-Haushalte, die Art und Intensität der Beziehungen zwischen seinen Angehörigen, zwischen dem Ehepaar, den Eltern und Kindern, den Generationen, die Position der gewerblichen Arbeitskräfte usw.

Bezugspunkt der Analye muß – notwendig – die Nähe oder Ferne des Familientypus im Handwerk zur »modernen« Familie sein, die den Hintergrund abgibt, vor dem erst die Besonderheiten der Struktur der Handwerkerfamilie erkennbar sind.

Ebenso wie die Familienform der Bauern kann auch die der Handwerker als Sozialform des »ganzen Hauses« bezeichnet werden. Damit wird auf zwei in der Tat sogleich ins Auge fallende strukturelle Ähnlichkeiten bei Bauern- und Handwerkerfamilien abgestellt: die Einheit von Produktion und Familienleben sowie die Aufnahme von Arbeitskräften in diese Haushalte.

Diese, beiden Familientypen gemeinsamen Charakteristika dürfen aber nicht darüber hinwegsehen lassen, daß zwischen ihnen gleichwohl Differenzen bestanden. Sie resultierten im wesentlichen aus Unterschieden in der Produktionsweise, die sich wegen der engen Koppelung von Produktion und Haushalt bis auf die Ebene des Zusammenlebens auswirkten.

Im Untersuchungszeitraum können zwei Phasen in der Entwicklung des Handwerks unterschieden werden: bis ca. zum Ende des ersten Drittels des 19. Jahrhunderts waren die Arbeits- und Lebensverhältnisse im Handwerk, gemessen an den Zuständen im 18. Jahrhundert, relativ stabil. Danach setzten grundlegende Veränderungen ein. Anders als die bäuerliche wurde die handwerkliche Produktionsweise frühzeitig durch die kapitalistische Entwicklung beeinflußt und umgeformt. Diese Wandlungen waren nicht auf den Arbeitsprozeß beschränkt, sondern tangierten dadurch auch die Ebene des Zusammenlebens. Als »altes« Handwerk kann deshalb nur das Handwerk der ersten Phase verstanden werden. Die Analyse der Lebens- und Arbeitsbedingungen dieses Zeitraums, unter Einbeziehung gelegentlicher Rückblicke auf frühere Jahrhunderte, steht daher im Mittelpunkt der folgenden Ausführungen. Die Auswirkungen der strukturellen Veränderungen in der zweiten Phase auf die Familienbeziehungen werden anschließend aufgezeigt.

I. Die Struktur des »alten« Handwerks

1. Bedeutung und Entwicklung des Handwerks

Bis weit ins 19. Jahrhundert hinein prägte das Handwerk die Struktur der gewerblichen Produktion in Deutschland entscheidend. In ihm waren mit Abstand die meisten der gewerblich Tätigen beschäftigt.[1] Die handwerkliche Produktion deckte den überwiegenden Teil des Bedarfs an gewerblichen Erzeugnissen. Dennoch war die traditionelle Verfassung des Handwerks schon stark unterminiert und Veränderungen unterworfen. Und das nicht erst seit der Einführung der Gewerbefreiheit in einigen deutschen Staaten zu Beginn des 19. Jahrhunderts. Bereits im Laufe des 18. Jahrhunderts (besonders seiner zweiten Hälfte) stieß sich die gewerbliche Entwicklung an der Zunftverfassung mit ihren Produktionsreglementierungen und -beschränkungen. Da die Zünfte starr auf ihren Rechten bestanden, diese sogar zunehmend »egoistischer« interpretierten, nahm das unzünftige Handwerk zu. Dies wurde möglich durch
– obrigkeitliche »Ausnahmeverordnungen«,
– Ernennung von Hofhandwerkern,

– Ausweichen der gewerblichen Produktion aufs zunftfreie Land
  sowie
– illegale unzünftige Produktion in der Stadt durch die Bönhasen
  (das waren normalerweise verheiratete Gesellen).

In den Städten, in denen die Zunftverfassung sehr streng
eingehalten wurde, entwickelten sich, da die Zünfte die Ausbildung und die Zahl der Mitarbeiter vorschrieben, keine Fabriken.[2]
Kraus gibt für Hamburg von 1789, wo infolge des Bevölkerungs-
zuwachses die zünftigen Handwerker den gewerblichen Bedarf
nicht mehr deckten und der Rat zur Erteilung von Konzessionen
an unzünftige Handwerker gezwungen war, folgende Relationen
an:

Schustermeister:	120	Gesellen:	200	Bönhasen:	2000
Tischlermeister:	130	Gesellen:	150	Bönhasen:	1800
Schlossermeister:	150	Gesellen:	120	Bönhasen:	1000

Quelle: A. Kraus, Die Unterschichten Hamburgs in der ersten Hälfte des
19. Jahrhunderts, Stuttgart 1965, S. 21.

Obwohl das Handwerk traditionell ein städtisches Gewerbe war,
führte diese Entwicklung dazu, daß um 1800 in Deutschland die
Zahl der selbständigen Handwerker auf dem Land die derjenigen
in der Stadt erreichte und teilweise wohl sogar übertraf.[3] Eine
Ausnahme bildeten lediglich die östlichen Provinzen Preußens, in
denen wegen der spezifischen Agrarstruktur das städtische Handwerk eindeutig dominierte.[4]
  Schon für die Jahrhundertwende stimmte also das Bild von dem
vorwiegend in der Stadt angesiedelten Handwerk nicht mehr.
Zugleich spiegelte sich in dieser Entwicklung ein Bedeutungs-
schwund der Zünfte, die zwar in den Städten teilweise zäh und
verbissen ihre Privilegien verteidigten, deren Einfluß auf die
Gesamtheit der gewerblichen Produktion aber wegen der Verbreitung des unzünftigen Handwerks nachließ. Trotz dieser
Veränderungen, die in der Relation Stadthandwerk – Landhandwerk deutlich werden, fielen die gravierenden Veränderungen im
Handwerk überwiegend erst in die letzten zwei Drittel des
19. Jahrhunderts. Dies ist um so erstaunlicher, als die Zunftverfassung durch die Einführung der Gewerbefreiheit in einigen
Ländern schon seit Beginn des 19. Jahrhunderts aufgehoben
worden war. Entgegen den Erwartungen änderte sich jedoch

zunächst wenig an der Struktur der handwerklichen Produktion. Auch weiterhin dominierten wie im 18. Jahrhundert die Klein- und Kleinstbetriebe.[5] »Die Zunftgesetze wirken fort, auch wo sie aufgehoben werden . . .«[6]

Ursächlich für die Stabilität der Verhältnisse trotz einschneidender rechtlicher Reformen (neben der Einführung der Gewerbefreiheit wurden beispielsweise in Preußen die Gemeindeverfassung, die Agrarverfassung und die ständischen Rechte verändert) war einmal, daß die Zunftverfassung durch die starke Entwicklung des ländlichen Gewerbes und die Zunahme illegaler Handwerksarbeit in den Städten bereits vorher unterminiert war. Die Aufhebung der Zunftverfassung bedeutete daher lediglich die Legalisierung bestehender Verhältnisse. Zum anderen muß berücksichtigt werden, daß die zünftige Organisation nur ein Element der handwerklichen Produktionsweise gewesen ist. So weist Schmoller darauf hin, daß die Art und Weise der gewerblichen Produktion eng zusammenhängt mit der Gesamtheit der ökonomischen und sozialen Verhältnisse. Solange sich diese nicht änderten, änderte sich auch die Struktur der handwerklichen Produktion nicht.[7] Für die Zeit bis ca. 1830 kann also mit Recht noch vom »alten« Handwerk gesprochen werden. Wenn im folgenden der Handwerkerhaushalt untersucht wird, so stehen diese traditionellen Strukturen des Handwerks im Zentrum. Um sie klar herausarbeiten zu können, konzentriert sich die Untersuchung auf den *Typus des städtischen Handwerksbetriebs und -haushalts.* Für diese Beschränkung sprechen folgende Überlegungen:

Ein Unterscheidungsmerkmal zwischen Stadthandwerk und Dorfhandwerk bestand darin, daß das eine primär Haupterwerb war, das andere stärker durch zusätzliche Einkommensquellen ergänzt werden mußte.[8] Diese konnten in einer Nebenerwerbslandwirtschaft oder Einkommen aus (saisonaler) Tagelöhnerarbeit einzelner oder mehrerer Familienmitglieder bestehen. Allerdings muß man berücksichtigen, daß mit dieser Aussage nur Tendenzen erfaßt werden. Denn die Übergänge waren fließend. Auch das Stadthandwerk war vielfach bis weit ins 19. Jahrhundert hinein mit einem mehr oder weniger umfangreichen landwirtschaftlichen Nebenerwerb gekoppelt. Das galt in besonderem Maße für die kleinen Städte, die ihren Charakter als Ackerbürgerstädte lange beibehielten[9] und die entscheidend vom Handwerk geprägt wurden.[10] Zudem muß berücksichtigt werden, daß die Proportionen zwischen Haupt- und Nebenerwerb sich im Laufe eines Handwerkerlebens entsprechend den Konjunkturen verändern konnten. So florierte beispielsweise anfänglich das Geschäft des Schneidermeisters Harnisch in einer Kleinstadt, laut Zeugnis seines Sohnes, so gut, daß vier Gesellen beschäftigt werden mußten. Daneben wurde stets etwas Land- und Viehwirtschaft für den Eigenbedarf betrieben. Als das Geschäft zunehmend schlechter ging, wurde nur noch ein Geselle beschäftigt. Schließlich war die Landwirtschaft für den Unterhalt des Haushalts ausschlaggebender als das Handwerk.[11]

Jenseits dieser Überlegungen war das Dorfhandwerk als Nebengewerbe häufig technisch nicht weit entwickelt; es wurde meist ohne Gehilfen ausgeübt.[12] Es fehlte ihm auch die zünftige Organisation.[13] Entscheidender war jedoch, daß das Landhandwerk, gerade weil es überwiegend nur als Nebenerwerb betrieben wurde, den bäuerlichen bzw. unterbäuerlichen Lebens- und Familienverhältnissen näher stand als denen des städtischen, zünftigen Handwerkers. Das unzünftige Stadthandwerk hingegen kann als eine unvollkommene Variante des zünftigen Handwerks begriffen werden. Die Mehrzahl der unzünftigen Handwerker hatte – bis auf die Meisterprüfung – eine zünftige Ausbildung durchgemacht und war daher durch die Traditionen des Handwerks geprägt. Gegenüber der »normalen« Handwerker-Existenz war ihre Lebensweise nur ein – meist illegaler – Notbehelf, der von ihnen auch als solcher empfunden wurde. Daher dürften gerade für die unzünftigen Handwerker die Lebens-, Arbeits- und Familienverhältnisse des zünftigen Handwerks Orientierungsmodell gewesen sein, wenngleich dessen Realisierung ihnen verwehrt war.

Diese Überlegungen rechtfertigen die Vernachlässigung sowohl des Dorfhandwerks als auch des städtischen, unzünftigen Handwerks in dieser Untersuchung. Dadurch fällt allerdings ein großer Teil der Lebens- und Arbeitsverhältnisse von Handwerkern aus der Untersuchung heraus.

2. Spezifika handwerklicher Produktionsweise

Ebenso wie die bäuerliche wird auch die Handwerksproduktion als eine eigenständige Produktionsweise begriffen. Meist wird sie unter den Begriff der »einfachen Warenproduktion« subsumiert. Dieser Begriff ist jedoch m. E. zu unspezifisch, betont zudem ausschließlich die Ebene der *Produktionsverhältnisse* (Grad der Marktorientierung, Verhältnis zum Eigentum, Relation zwischen der Arbeitskraft des Betriebsinhabers und der der fremden Arbeitskräfte) und spart die Ebene der *Arbeitsweise* aus. Beide Ebenen, Produktionsverhältnisse und Arbeitsweise, machen aber erst in ihrer spezifischen Ausprägung und ihrem jeweiligen Verhältnis zueinander die Produktionsweise aus.

Handwerksproduktion war gewerbliche Tätigkeit und nahm damit in einer noch weitgehend von der Landwirtschaft bestimmten Gesellschaft eine Sonderstellung ein. Diese wurde dadurch verstärkt, daß handwerkliche Arbeit im Gegensatz zur Landwirtschaft eine spezifische Ausbildung erforderte. Der Handwerker machte zunächst eine mehrjährige Lehre durch und mußte nach der Gesellenprüfung einige Jahre an verschiedenen Orten und bei verschiedenen Meistern Arbeitserfahrungen sammeln, bevor er daran denken konnte, sich der Meisterprüfung zu unterziehen und sich selbständig zu machen. Die Aneignung der beruflichen Fertigkeiten erfolgte vornehmlich durch das Nachahmen der gezeigten Arbeitsvorgänge ohne deren theoretisch-methodische Durchdringung. Dieser empirische Zugang gehörte ebenfalls zur Struktur des »alten« Handwerks. Der Handwerksmeister verfügte sowohl über bestimmte, personengebundene berufliche Qualifikationen (technische, künstlerische und/oder kaufmännische) als auch über das Eigentum an den Produktionsmitteln.[14] Diesem kam allerdings, anders als beim Bauern, für die berufliche Existenz des Handwerkers geringere Bedeutung zu als der fachlichen Qualifikation. Beides, Qualifikation und Eigentum an den Produktionsmitteln, war Voraussetzung für die Selbständigkeit. Dazu gesellte sich als unabdingbares Erfordernis die Eingebundenheit in die zünftige Organisation.

Ziel des Wirtschaftens war im »alten« Handwerk die Sicherung eines sich traditionell herausgebildeten Lebensniveaus. Das entsprach dem »Prinzip der Nahrung« im bäuerlichen Bereich. Konkurrenz und Profitstreben waren dem Handwerk weitgehend fremd. Die Orientierung am »Prinzip der Nahrung« führte dazu, daß nur so viel gearbeitet wurde, wie zur Sicherung des Lebensunterhaltes notwendig war. Zwar ist der Arbeitstag des Handwerkers lang gewesen, reichte normalerweise von fünf Uhr morgens bis zum Abend, aber es gab viele Pausen, und die Arbeitsintensität war nicht groß.[15] Viele Feiertage, blauer Montag etc. sorgten für die notwendige Entspannung. Arbeit um der Arbeit willen oder zur Steigerung des Lebensstandards war weitgehend unbekannt, vertrug sich nicht mit der Einstellung der Menschen dieser Zeit zur Arbeit und zum Leben, die man als »ursprünglicher« bezeichnen könnte. Denn »der Mensch will, ›von Natur‹ nicht Geld und mehr Geld verdienen, sondern einfach leben, so leben, wie er zu leben gewohnt ist und so viel erwerben wie dazu erforderlich ist«.[16]

Ganz überwiegend dominierte die kleinbetriebliche Produktion. Die Zünfte ließen in der Regel nicht mehr als zwei Gesellen und einen Lehrling pro Handwerksbetrieb zu. Allerdings hatte diese Vorschrift nur geringe Bedeutung, da die meisten Handwerksbetriebe diese Betriebsgröße gar nicht erreichten. Um 1800 hatte in Preußen nur jeder dritte Meister einen Gesellen. 1819 war das erst jeder zweite.[17] In diese Zahlen ist auch das Dorfhandwerk einbezogen, das, von Ausnahmen abgesehen, von Alleinmeistern betrieben wurde. In den Städten, und hier besonders in den größeren, dürften daher mehr Meister einen und mehr Gesellen gehabt haben, als in den Durchschnittszahlen zum Ausdruck kommt.[18] In den kleineren Orten dominierten jedoch die Alleinmeister. In Hildesheim machten sie 1808 59% aller Handwerksbetriebe aus.[19] Allerdings wird man davon ausgehen müssen, daß die Betriebsgröße im Laufe der Zeit schwankte, wie es oben am Beispiel des Schneidermeisters Harnisch erkennbar war. Je nach Auftragslage arbeitete der Meister allein bzw. mit in den Haushalt einbezogenen Arbeitskräften (Gesellen, Lehrling), u. U. unterstützt durch Frau und Kinder.

Trotz weitreichender Spezialisierung der Gewerbe im 18. Jahrhundert, insbesondere in den Städten, hatte der Produktionsvorgang noch ganzheitlichen Charakter. Der Grad der Arbeitszerlegung war im allgemeinen gering.[20] Nicht durchgängig, aber vielfach war das Handwerk in diesem Zeitraum noch Produktion für den Kunden auf Bestellung, keine Produktion auf Vorrat.

Das Handwerk wurde besonders in den Kleinstädten ergänzt durch Nebenerwerb wie Landwirtschaft, Brauerei etc. Dieser fiel, neben der Hausarbeit im engeren Sinne, überwiegend in die Zuständigkeit der Frauen (und der Kinder).

Mit Ausnahme einiger weniger Gewerbe, wie der Bauwirt-

schaft, dem Transportgewerbe etc., ist für die Handwerksproduktion die Einheit von Arbeitsstätte und Haushalt typisch
gewesen. Gelegentlich arbeiteten die Handwerker im Hause des
Kunden, auf der Stör (Schlachter, Schneider). Da die Handwerksarbeit normalerweise an eine Werkstatt gebunden war, war die
Einheit von Wohnung und Arbeitsstätte bedeutend enger als bei
den Bauern. Im Extremfall waren beide sogar identisch, nämlich
dann, wenn wie bei den ärmeren Handwerkern, die Werkstatt
bzw. der Arbeitsplatz Teil der Wohnung war.

Zusammenfassend kann also festgehalten werden: Die *Arbeitsweise* des traditionellen Handwerks war geprägt durch den
Arbeitsgegenstand (die Verarbeitung von Rohstoffen und Halb-
fabrikaten) und die Arbeitsmittel, die differenzierter waren als bei
den Bauern, sich aber dennoch auf einem niedrigen Stand der
technischen Entwicklung befanden. Merkmal der Arbeitsweise
war zudem die räumliche Konzentration der handwerklichen
Tätigkeit auf eine Werkstatt. Für die *Produktionsverhältnisse* des
Handwerks waren kennzeichnend das kleine Privateigentum, die
gemeinsame Arbeit von Meister und gewerblichen Arbeitskräften, die (relativ) geringe Bedeutung der fremden Arbeitskraft, die
Produktion für den Kunden auf Bestellung, die Regelung der
Produktionsbedingungen durch die Zünfte. Das Zusammenspiel
beider Elemente, von Arbeitsweise und Produktionsverhältnissen, konstituierte die traditionelle handwerkliche Produktionsweise, die sich sowohl auf der Ebene der Arbeitsweise als auch
auf der der Produktionsverhältnisse von der bäuerlichen Produktionsweise unterschied.

3. Bedeutung der zünftigen Organisation des Handwerks

In der Stadt war die Ausübung eines Handwerks an die Mitgliedschaft in der Zunft[21] gebunden. Unzünftige Handwerker konnten, sofern sie keine obrigkeitliche Ausnahmegenehmigung hatten, nicht offen ihr Gewerbe betreiben, sondern nur versteckt auf
den Dachböden. Die Zunft war aber nicht nur ein Berufsverband.
Neben den ökonomischen Funktionen im engeren Sinne oblag
ihr zugleich die Regelung der »privaten, geselligen, sittlichen,
rechtlichen Lebensbedingungen ihrer Mitglieder«.[22] Dadurch
erfaßte die Zunft das ganze Leben des Handwerksmeisters und
seiner Angehörigen. Sie war seine soziale Heimat, die ihm

Selbstbewußtsein und Sicherheit gewährte.

Ziel der zünftigen Politik war jedoch in erster Linie die gleichmäßige Gestaltung der wirtschaftlichen Lage bzw. der ökonomischen Chancen aller Zunftmitglieder.[23] Diese Zielsetzung wurde durch verschiedene Maßnahmen zu erreichen versucht:

– die Festlegung der Produktionstechnik und der Kampf gegen Neuerungen. Das Überlieferte, Althergebrachte sollte bewahrt bleiben;[24]
– die Sicherung gleicher Bedingungen beim Rohstoffbezug;
– Qualitätskontrolle;
– Preisfestsetzungen;
– Begrenzung der Arbeitszeit;
– Festlegung der Zahl der gewerblichen Mitarbeiter;
– Regelung der Lehrlings- und Gesellenausbildung;
– Regelung der Voraussetzungen für die Meisterprüfung und das »Selbständigmachen«.

Von vornherein verfolgten alle diese Regelungen den Zweck, die innerhandwerkliche Konkurrenz auszuschalten, um dadurch das Auskommen für die Zunftmitglieder zu sichern. Zugleich beinhalteten sie ursprünglich aber auch den Schutz des Verbrauchers vor Pfuschern. Es ist einleuchtend, daß in Zeiten wirtschaftlicher Bedrängnis des Handwerks der erste Aspekt überwog und der zweite in den Hintergrund trat. Dies war im 18. Jahrhundert überwiegend der Fall. Die handwerkliche Produktion war technisch rückständig. Die Vorschriften wurden engherzig ausgelegt, um neuen Meistern den Zugang zur Zunft zu erschweren. Und in der Tat waren in Deutschland im 18. Jahrhundert schon viele Zünfte »geschlossen«, d. h. die Zahl der Meisterstellen war fixiert, teils formell durch Zunftschluß, teils faktisch durch Erschwerung des Zugangs zur Zunft, beispielsweise durch hohe Beitrittsgelder oder Vermögensnachweise. Der Prozeß der Abschottung der Zünfte hatte seinen Höhepunkt erreicht.[25] Zugleich versagte aber offenbar auch die Kontrollfunktion der Zunft gegenüber ihren Mitgliedern, die eine qualitativ hochstehende Ausbildung der Lehrlinge und Gesellen sichern sollte.[26] Tatsächlich wurde die Differenzierung in arme und reiche Handwerker dadurch nicht verhindert, sondern nur verlangsamt.

Die Funktion der Zunft als Versorgungsanstalt und Absicherung gegen Lebensrisiken wird weiter deutlich in:

- der Bevorzugung der Meistersöhne bei der Ausbildung durch verkürzte Lehrzeit, geringeres Lehrgeld und Erleichterung, sich als Meister niederzulassen, wodurch die »Erblichkeit« des Gewerbes begünstigt wurde;[27]
- der Fürsorge für die Witwe eines Meisters. Sie konnte mit einem Gesellen das Handwerk weiterführen, mußte aber vielfach innerhalb einer bestimmten Frist einen »Mann vom Fach« heiraten oder das Gewerbe aufgeben. Da die Zünfte weitgehend geschlossen waren, lag hier, in der Einheirat ins Amt, eine der wenigen Chancen für den Gesellen, Meister zu werden. Das führte zu Ehen mit teilweise gravierenden Altersdifferenzen;
- der Versorgung der Meistertöchter durch die Möglichkeit, ins Amt (= Zunft) einzuheiraten. Anfangs war die Heirat einer Meisterstochter oder -witwe für den Gesellen lediglich eine Erleichterung, Meister zu werden. Als die Zünfte geschlossen wurden, war sie vielfach die einzige Chance.

Wie erwähnt, reichte der Einfluß der Zunft auf das Leben der Handwerker allerdings noch wesentlich weiter und umfaßte die gesamten Lebensbedingungen. Das begann schon bei der Entscheidung, wer überhaupt Mitglied der Zunft sein konnte. Es galt das Kriterium der »ehrlichen und ehelichen Geburt«. Nicht nur ausschließlich Kinder »ehrlicher Leute« konnten ein Handwerk erlernen und in die Zunft aufgenommen werden; auch die Frau, die einen Meister heiraten wollte, und die dadurch Zunftmitglied wurde, mußte wie er selbst »ehrliche« Abkunft, eheliche Geburt und sittlichen Lebenswandel nachweisen.[28] Dieser Nachweis erstreckte sich bis auf die Großeltern. Die Voraussetzung von vier völlig einwandfreien Ahnen für den Meister wie für seine Frau, den die Hildesheimer Schmiedezunft im 18. Jahrhundert verlangte,[29] hatte den Charakter einer adeligen Ahnenprobe und wurde von der Zunft selbst gegen die Anordnung von städtischem Rat und Gerichten unerbittlich zu praktizieren versucht, obschon diesem Verlangen seit dem Reichsabschied von 1731 der Boden entzogen worden war.

Man kann diese Praktiken, wie Stadelmann/Fischer es tun, mit der generellen Bedeutung der Herkunft, der Geburt für den jeweiligen Platz in der altständischen Gesellschaft zu erklären versuchen.[30] Tatsächlich standen hinter dem außerordentlich kleinlichen Festhalten am Kriterium der ehelichen Geburt aber auch ganz handfeste ökonomische Interessen. Es diente – und das ist am Beispiel der Hildesheimer Schmiedezunft ganz offensichtlich – dazu, den Zugang zu den Meisterstellen zu erschweren, d. h. sich die Konkurrenten vom Halse zu halten.[31] Des weiteren wurde es von der Angst diktiert, bei den anderen Zünften in Verruf zu geraten.[32]

Die anderen Reglementierungen des Lebens, die die Zunftzugehörigkeit ihren Mitgliedern auferlegte, wie das Verlangen eines sittlichen Lebenswandels (häufig wurde Ehebruch mit dem Ausschluß aus der Zunft geahndet)[33], Festlegung der Zeit, zu der die Gesellen abends zu Hause sein mußten usw., resultierten aus der Einheit von Arbeitsstätte und Haushalt sowie der Einbeziehung der oft halbwüchsigen gewerblichen Arbeitskräfte in den Haushalt. Dies Zusammenleben auf häufig engstem Raum konnte nur halbwegs reibungslos funktionieren, wenn feste Verhaltensorientierungen vorhanden waren. Die Sozialisationsfunktion des Meisterpaares gegenüber Lehrling und Gesellen erforderte, daß ihre Lebensführung untadelig und vorbildhaft war. Diese funktionale Erklärung der zünftigen Regelungen darf aber nicht darüber hinwegtäuschen, daß zugleich auch Verhaltensanforderungen bestanden, die so nicht legitimierbar waren und ausgesprochen bizarren Charakter hatten. Die »Ehrbarkeit« als Inbegriff des Ethos des Handwerkerstandes trieb teilweise seltsame Blüten. Die strenge Wahrung der hierarchischen Abstufungen im Handwerk (Gesellen und Lehrlinge durften sich nicht zusammen im Wirtshaus aufhalten)[34] und die diskriminierende Abgrenzung gegenüber Nicht-Zunftangehörigen (in Bremen galt es als schimpflich, mit der Magd zusammen am Meistertisch zu essen)[35] bewirkten zusammen mit den schon erwähnten Verhaltensvorschriften eine weitgehende Ritualisierung des Verhaltens, wie es sich beispielsweise in den Begrüßungsformeln in den Handwerkerherbergen ausdrückte. Das Verhalten war stark außenbestimmt und kontrolliert. Dadurch bekam das Leben im Handwerkermilieu einen ausgeprägt kollektiven Zug. Wie gezeigt worden ist, unterlagen auch die Bauern vielfältigen Formen sozialer Kontrolle. Zum Teil gab es sie, wie die Überwachung des Lebenswandels durch die engere Nachbarschaft und die Kirche, auch in der Stadt. Allen diesen Kontrollinstanzen gemeinsam war die *moralische* Verurteilung bestimmter Verhaltensweisen. Darin und in der öffentlichen Schmach bestand die Sanktion.

Die Zunft war für die Handwerker eine zusätzliche Instanz, deren soziale Kontrolle teilweise stark formalisiert war, wie die beschriebenen Anforderungen an die Herkunft des Handwerkers und seiner Angehörigen zeigen. Darüber hinaus mußten sich ihre Sanktionen nicht allein auf moralische Mißbilligung und Veröffentlichung tadelnswerten Verhaltens beschränken. Sie konnten, da die Zunft wesentlich ein ökonomischer Verband war, auch die wirtschaftliche Existenz des Handwerkers tangieren. Letztes und schärfstes Mittel war sein Ausschluß aus der Zunft.

4. Mentalität und ökonomische Situation

Die Mentalität des traditionellen Handwerkers ist ganz wesentlich durch diese Spezifika der Produktion und die zünftige Organisation bestimmt gewesen. Im Unterschied zum Bauern, dessen Selbstbewußtsein und Stolz sich aus der Größe des Hofes, den er bewirtschaftete, ableitete, also aus Besitz bzw. Eigentum, resultierte der spezifische Berufsstolz des Handwerkers aus der langen Ausbildung. Denn die ausgedehnte Lehr- und Gesellenzeit, einschließlich der Erweiterung der fachlichen (und sozialen) Kenntnisse durch das Gesellenwandern, garantierten die »meisterhafte« Arbeit.[36] Zudem war das Handwerk qualifizierte Spezialistentätigkeit, die nicht jeder halbwegs praktische Mensch selbst ausführen konnte. Das daraus resultierende Selbstbewußtsein des Handwerkers war groß.[37] Dem Berufsstolz des Handwerkers waren am Ende des 18. Jahrhunderts allerdings schon häufig die Grundlagen entzogen. In vielen Handwerksbetrieben konnte die Ausbildungsfunktion nicht mehr adäquat wahrgenommen werden. Die Lehrlinge wurden vielfach zu berufsfremden Arbeiten herangezogen, mußten als Haus- und Küchenmagd und Kindermädchen arbeiten.[38] Derart ausgebildete Handwerker waren kaum in der Lage »meisterhaft« zu arbeiten.

Allerdings tangierte dieser zunehmende Verfall der Handwerkerausbildung und -arbeit den Berufsstolz des Handwerkers wenig. Es ist wahrscheinlich, daß er sogar besonders ausgeprägt auftrat, da er in dieser Zeit des ökonomischen und sozialen Niedergangs des Handwerks eine der wenigen Stützen des Selbstbewußtseins war. *Der Berufsstolz war das dritte konstitutive Element neben »ehrlicher« Geburt und »ehrbarer« Lebensführung für das Selbstbewußtsein des Handwerkers.*

Als Kehrseite der zünftigen Eingebundenheit des Handwerks erwies sich neben der technischen Rückständigkeit infolge der Produktionsreglementierungen die Fremdheit gegenüber den Regeln der modernen Wirtschaftsführung. Der durchschnittliche Handwerker war zur Kalkulation von Preisen und Kosten nicht in der Lage. Roller hat für das ausgehende 18. Jahrhundert Beispiele aus Durlach genannt, denen zufolge die Bäcker und Schlachter nicht in der Lage waren auszurechnen, ob sie bei den bestehenden Preisverhältnissen auf ihre Kosten kamen. Hinzu kam, daß bei den Handwerkern keine Trennung der verschiedenen Einnahmequellen vorgenommen wurde. »Die Meister selbst hatten keine Übersicht über die Sache, da sie keine Geschäftsbücher zu führen pflegten und wenn sie noch Einnahmen aus Nebenerwerb wie Gast- und Landwirtschaft und andere hatten, nicht unterscheiden konnten, ob sie ihr Handwerk mit Schaden oder Nutzen betrieben.«[39] Ob sie mit Verlust arbeiteten merkten sie erst nach längerer Zeit daran, »daß der Geldbeutel leer wurde«.[40] Unfähig zur Kalkulation war (am Anfang des 19. Jahrhunderts) auch Klödens Schwager, der ein Pfefferküchler- und Kuchenbäckergeschäft betrieb: »Er war nie dahin zu bringen, zu berechnen, wieviel ihn die Waare koste und wieviel er daran verdiene.«[41] Selbst noch zu Ende des 19. Jahrhunderts zeigen die vielen Beispiele aus der Untersuchung des Vereins für Socialpolitik über die »Lage des Handwerks«, daß Buchführung und kaufmännische Kalkulation für einen nicht geringen Teil der Handwerker böhmische Dörfer gewesen sind.[42] Diese Beispiele offenbaren eine außerordentliche Vernachlässigung der kaufmännischen Ausbildung der Handwerker durch die Zünfte bei einseitiger Konzentration auf die technische Qualifikation.

Eine kaufmännische Ausbildung war allerdings, solange die Zünfte funktionierten, auch nicht vonnöten. Traditionelles Selbstverständnis und Selbstbewußtsein des Handwerkers basierten auf seinem fachlichen Können. Die Sorge für die »ausreichende Nahrung« war ihm weitgehend von der Zunft abgenommen, die dafür sorgte, daß für jedes Zunftmitglied genug Kunden vorhanden waren, vielfach auch noch die Absatz- und Bezugspreise regelte.

Erst als die Zünfte zunehmend an Einfluß verloren, machte sich die fehlende kaufmännische Ausbildung als ein empfindlicher Mangel bemerkbar. Ein Großteil der Schwierigkeiten, denen das

Handwerk ausgesetzt war, resultierte daraus. Wegen seiner beschränkten ökonomischen Perspektive konnte es ihnen nicht adäquat begegnen, sondern suchte das Heil, wie schon Zeitgenossen bemängelten, in der Rückkehr zu den alten Verhältnissen: ».. . mit der Kleinheit seiner (des Handwerkerstandes – H. R.) Produktion verbindet sich dann die Kleinlichkeit seiner wirtschaftlichen Anschauungen und Bestrebungen. Der mangelnde Erwerb soll ihm durch zünftige Hindernisse herbeigezogen werden .. .«[43] Angesichts dessen ist es wenig erstaunlich, daß der Großteil der Handwerker in sehr bescheidenen Verhältnissen lebte. Von wenigen Ausnahmen abgesehen ist die Bescheidenheit des Lebenszuschnitts schon früh mit dem Handwerk verbunden gewesen. Mummenhoff hat darauf hingewiesen, daß es selbst in seiner Blütezeit, dem 15. und 16. Jahrhundert, nicht unbedingt seinen Mann ernährte.[44] Die Beschränkung der Betriebsgröße und des Produktionsumfangs, die Ein- und Verkaufsregeln durch die Zünfte sicherten zwar normalerweise das Auskommen, ließen aber selten Reichtum entstehen. Diese Situation verschärfte sich in der zweiten Hälfte des 18. Jahrhunderts. Die Preise für Agrarprodukte stiegen infolge des Bevölkerungswachstums, ohne daß dieser Preisanstieg durch Nominallohnsteigerungen ausgeglichen werden konnte. Ergebnis dessen war ein Nachfrageausfall für die gewerblichen Produkte.[45] Verschärfend kam hinzu, daß infolge des Bevölkerungswachstums noch mehr Menschen in die Handwerke, besonders in die Massenhandwerke drängten. Insgesamt war daher »die wirtschaftliche Lage des Handwerks – jedenfalls für die Masse seiner Angehörigen – recht prekär«.[46]

Zweifellos hat es auch recht wohlhabende, seltener sehr reiche Handwerker gegeben, wie beispielsweise den Maurermeister Zelter in Berlin, das Gros seiner Kollegen hat aber in bescheidenen Verhältnissen gelebt.[47] Dem entspricht der Hinweis Kaufholds, daß die Schicht der selbständigen Handwerker in sich zwar relativ beachtliche Differenzierungen aufwies, diese aber absolut genommen nicht allzu gewichtig waren.[48]

Ebenso wie bei den Bauern ist der materielle Spielraum der meisten Handwerker eng begrenzt gewesen. Die Arbeit und die Sorge für den Lebensunterhalt hatten in diesen Haushalten zentrale Bedeutung und prägten in hohem Maße die Sozialbeziehungen.

Der Bescheidenheit des Lebenszuschnitts der Mehrzahl der Handwerkerhaushalte entsprachen die beengten bis dürftigen Wohnverhältnisse. Zu ihnen sind nur sehr allgemeine Aussagen möglich. Der Ausbildung einiger, landschaftlich gebundener Haustypen wie bei den Bauern standen verschiedene Momente entgegen. Zu nennen ist einmal die starke Differenzierung der Gewerbe. Ein Bäcker mußte beispielsweise an seine Behausung andere räumliche Anforderungen stellen als ein Schneider. Hinzu kommt, daß mit dem Niedergang der Zünfte nach dem 30jährigen Krieg sich auch die Anlage der Häuser veränderte[49] – sofern die Handwerker welche besaßen. Entscheidend ist aber, daß ein Großteil der Handwerker zur Miete wohnte, und sich in den meist beengten Wohnungen einrichten mußte, wie es gerade ging. Als typisch für einen zur Miete wohnenden Handwerker kann die Wohnung von Klödens Onkel, einem Goldschmiedemeister, angesehen werden: »Die Wohnung bestand aus einer Stube vornheraus, in welcher gearbeitet wurde und welche zugleich Wohnzimmer der Familie war, und einer Stube nach dem Hofe, in der die Großmutter wohnte (zur Miete – H. R.). Zwischen beiden lag die Küche, welche ihr Licht mittels eines Zwischenfensters aus dem Zimmer der Großmutter empfing ... Dicht unter jenem Zwischenfenster stand der große Amboß und an der Seite die Ziehbank.«[50] Wenn auch der Lehrling Klöden auf dem Dachboden schlief, so beherbergte diese Wohnung Meister, Meisterin, Großmutter und drei Kinder und diente zugleich noch als Werkstatt. Auch für Durlach beschreibt Roller die Wohnverhältnisse vieler Bürger und Handwerksmeister ähnlich: »Ein heizbares Zimmer, aber nicht regelmäßig eine Kammer, dazu die Küche ...«[51] Wenn bei den besser situierten Handwerkern oder jenen, deren Gewerbe es unbedingt erforderte, zusätzlicher Werkstattraum vorhanden war, so war gleichwohl der Wohnkomfort gering. Möller weist darauf hin, daß selbst hausbesitzende Handwerker sich in der Regel mit der aus Stube, Kammer, Küche bestehenden »Normalwohnung« zufrieden gaben.[52] Derartige Verhältnisse bestanden vielfach noch am Ende des 19. Jahrhunderts. Adolf Damaschke, dessen Vater Tischlermeister war, beschreibt, daß die neben Stube und Küche vorhandene Kammer der elterlichen Wohnung »natürlich« vermietet wurde. Aus Platzmangel schlief er in einem mit Rollen versehenen Bettkasten. »Kinder haben eben kein Bett.«[53]

II. Zusammensetzung und Größe des Handwerkerhaushalts[54]

Eine erste Annäherung an die Frage der *generativen Zusammensetzung* läßt sich aus der (sich aus Einzelstudien ergebenden) durchschnittlichen Haushaltsgröße in verschiedenen deutschen Städten im ausgehenden 18. Jahrhundert entnehmen. Sie liegt bei ca. 4 Personen und damit – wie Möller hervorhebt – niedriger als zeitgenössische Autoren annahmen.[55] In Göttingen umfaßte der durchschnittliche Haushalt 1763 knapp 3,4 Personen (ohne Studenten).[56]

Die durchschnittliche Personenzahl pro Handwerkerhaushalt lag 1763 jedoch höher, nämlich bei 4 Personen. Diese Differenz resultiert aus dem überdurchschnittlichen Anteil von gewerblichen Arbeitskräften (Gesellen, Lehrlingen) und Dienstpersonal in den Handwerkerhaushalten.[57] Berücksichtigt man diese Personengruppe nicht, so liegt die Zahl der Mitglieder pro Handwerkerhaushalt nur bei 3,57 Personen.[58] Hinter dieser Durchschnittsziffer verbergen sich unterschiedliche Verhältnisse bei den einzelnen Gewerben, wie die folgende Übersicht zeigt:

1	2	3	4	5
Anzahl der Haushalte	Gewerbe	Durchschnittl. Personenzahl/ Haushalt	Durschnittl. Personenzahl/Haushalt o. Arbeitskräfte u. Dienstboten	Diff. zw. Spalte 3 u. 4
48	Bäcker	5,2	4,5	0,7
50	Schneider	4,9	4,0	0,9
16	Tischler	4,7	3,8	0,9
86	Schuhmacher	4,5	3,9	0,6
74	Tuchmacher	3,8	3,6	0,2

Quelle: B. Sachse, Soziale Differenzierung und regionale Verteilung der Bevölkerung Göttingens im 18. Jahrhundert, Hildesheim 1978, S. 28, 29.

Die Differenz in der durchschnittlichen Zahl der Mitglieder nach Abzug der Dienstboten und Gehilfen ist ein Indiz für die unterschiedliche ökonomische Situation der Gewerbe.

Diese Zahlenangaben, so zufällig und unvollständig sie auch sind, deuten jedoch weder auf eine große Verbreitung von Großhaushalten in der Stadt, auch nicht bei den Handwerkern, noch auf verbreitetes Zusammenleben von drei Generationen hin, noch auf Einbeziehung weiterer Verwandter in nennenswertem Ausmaß. Mit dieser letzten Schlußfolgerung stimmt die Tatsache überein, daß in Göttingen, einer »relativ großen Mittelstadt«[59], die in die Haushalte einbezogenen weiteren Verwandten (auch Altenteiler) im Zeitraum von fast 100 Jahren (1763-1861) nie mehr als 3–5% der Gesamtbevölkerung ausmachten.[60]

Eine neuere Studie über das Göttinger Handwerk hat ergeben, daß 1829 und 1861 nur in 10% der über 600 Haushalte zünftiger Gewerbetreibender (einschließlich der Witwenhaushalte) »sonstige Verwandte« lebten, von denen nach den Altersangaben angenommen werden kann, daß es sich dabei um »Elternteile« des Meisters oder der Meisterin handelte.[61] Daß die Göttinger Verhältnisse keine Ausnahmen sind, zeigen Analysen der Durlacher und Ansbacher Bevölkerung im 18. Jahrhundert, die allerdings nicht die Zahlen für die Handwerker gesondert ausweisen, sondern mit globalen Ziffern arbeiten. In der Stadt Durlach lebten 1760 nur 19 »Elternteile« in den Haushalten ihrer Kinder. Unter der Voraussetzung, daß jeweils nur ein Elternteil in einem Haushalt aufgenommen wurde, liegt die Quote dieser Variante von Drei-Generationen-Familien an der Gesamtzahl der Haushalte (rd. 800) bei ca. 2,4%.[62] In Ansbach kam 1713 die Drei-Generationen-Familie überhaupt nur in der Form von bei den Kindern lebenden »Elternteilen« vor und zwar in maximal 5,3% aller Haushalte.[63] Als vorläufiges Bild des Handwerkerhaushalts ergibt sich mithin das einer um Gesellen, Lehrlinge oder Dienstmagd erweiterten Kernfamilie.

Für die aufgrund des bisherigen Zahlenmaterials zu vermutende Dominanz der Zwei-Generationen-Familie im Handwerk sprechen auch einige, mit der Organisation der handwerklichen Produktion verbundene Gründe. Die besonders im bäuerlichen Anerbengebiet auftretende Drei-Generationen-Familie war das Ergebnis der Bindung der Generationen an das immobile, zentrale Produktionsmittel »Boden« und einer Reihe weiterer Faktoren, die eng mit der Verfassung der landwirtschaftlichen Produktion verbunden waren. Die wesentlichen dieser Faktoren sind beim Handwerk nicht vorhanden:[64]

- Im Handwerk bestand für den Meister in der Regel die
  Möglichkeit, bis an sein Lebensende in der Werkstatt mitzuar-
  beiten.
- Es fehlte weiterhin der Druck von außen (wie seitens des
  Feudalherren auf die Bauern), den Betrieb frühzeitig an die
  nachfolgende Generation zu übergeben.
- Bedingt durch den zünftigen Wanderzwang der Gesellen
  bestand auch vielfach der Sohn und Erbe nicht auf einer
  Übergabe.
- Hinzu kommt, daß die Mehrzahl der Handwerksbetriebe nur
  eine dürftige »Nahrung« gewährte, die für zwei Familien nicht
  ausreichte.

Auf Grund dieser Spezifika handwerklicher Produktion stellte
sich das Versorgungsproblem der älteren Generation nicht bzw.
anders als beim Bauern: wenn der Handwerksmeister seinen
Betrieb bis an sein Lebensende führte, mußte nur die Witwe im
Alter versorgt werden. Und in der Tat betraf das »städtische
Versorgungsproblem« – wie Mitterauer feststellt – »vor allem die
Witwen«.[65] Innerhalb des zünftig organisierten Handwerks ver-
suchte man, dieses Versorgungsproblem auf eine recht einfache
Weise zu lösen: durch Privilegierung des die Witwe heiratenden
Gesellen bei der Erlangung der Meisterwürde. Daß nicht nur die
jungen Witwen von dieser Art der Versorgung Gebrauch mach-
ten, wird noch zu zeigen sein.

Die bisherige Argumentation, die die These von der Zwei-
Generationen-Familie im Handwerk stützt, wenn auch keinesfalls beweist, läßt allerdings einige Fragen offen:

1. Wie verträgt sie sich mit der von den Genealogen überzeugend nachgewiesenen hohen beruflichen Kontinuität in der
Vater-Sohn-Folge im Handwerk, oft über viele Generationen
hinweg[66], von der auf die Vererbung der Handwerksbetriebe als
Normalfall geschlossen worden ist? Die Kontinuität des Fami-
lienbetriebs durch Vererbung, d. h. patrilokale Ansiedlung der
folgenden Generation, würde aber, wie bei den Bauern, die
Entstehung von Drei-Generationen-Familien begünstigen.

2. Wie verträgt sie sich mit der in der Literatur, besonders der
autobiographischen, öfter erwähnten im Hause lebenden Mutter
oder Schwiegermutter?[67]

3. Was resultiert aus der Dominanz der Zwei-Generationen-
Familie im Handwerk für Zeitpunkt und Ort der Haushaltsgrün-

dung der nachfolgenden Generation?

Zu dem ersten Fragenkomplex hat sich jüngst Mitterauer geäußert. Anhand österreichischen Materials weist er nach, daß strikt zwischen *beruflicher Kontinuität* in der Vater-Sohn-Folge und *betrieblicher Kontinuität* unterschieden werden müsse. Berufskontinuität habe sich nach seinen Quellen sehr wohl mit betrieblicher Diskontinuität vertragen. In der Blütezeit des Handwerks, im 16. Jahrhundert, sei der Handwerksbetrieb äußerst selten in der Vater-Kind-Folge vererbt worden. Ursächlich dafür sind seiner Ansicht nach insbesondere die hohe Mobilität des gewerblichen Nachwuchses auf Grund des Wanderzwangs für Gesellen, durch die die Handwerkersöhne spätestens nach der Lehrzeit das väterliche Haus verlassen mußten. Hinzu komme, daß die Privilegierung der Meistersöhne, auch Schwiegersöhne, durch die Zünfte bei der Verselbständigung sowie die in der Regel geringe »Kapitalinvestition« für die Einrichtung einer Werkstatt die neolokale Ansiedlung der Handwerkersöhne und -schwiegersöhne begünstigt habe. Es habe daher gar keine Notwendigkeit für den Sohn oder Schwiegersohn bestanden, mit der Verselbständigung und Heirat zu warten, bis er die Werkstatt übernehmen konnte.

Hinweise auf stärkere Vererblichkeit der Betriebe und damit Patrilokalität konnte Mitterauer nur bei den Gewerben finden, die eine größere technische Ausstattung erforderten (Sensenschmiede) oder die an bestimmte Standorte gebunden waren (Bäcker, Müller, Bader). Auch Wohlhabenheit, speziell Hausbesitz, begünstigte die Vererbung des Betriebes und damit patrilokale Ansiedlung des Sohnes oder der Tochter.[68] Der Anteil der hausbesitzenden Gewerbetreibenden war in österreichischen Städten, speziell in Wien, aber sehr gering.[69]

Eine verstärkte Tendenz zur Erblichkeit der Handwerksbetriebe läßt sich nach Mitterauers Quellen jedoch für das ausgehende 18. und beginnende 19. Jahrhundert, d. h. den in dieser Arbeit interessierenden Zeitraum, feststellen. Ein wesentlicher Grund dafür ist seiner Ansicht nach die Aufhebung des Wanderzwangs für Gesellen am Ende des 18. Jahrhunderts in Österreich.[70] Ob daraus auf eine Zunahme der Drei-Generationen-Familie im Handwerk geschlossen werden kann, ist nicht ersichtlich.

Diese Ergebnisse Mitterauers sind nicht ohne weiteres verallgemeinerbar. Dazu fehlen vergleichbare Untersuchungen anderer

Regionen. Ein Indiz dafür, daß die Vererbung des Betriebes in der Vater-Kind-Folge (und mithin patrilokale Ansiedlung) andernorts häufiger gewesen sein könnte, ist die Tatsache, daß Hausbesitz bei Handwerkern, der ja von Mitterauer u. a. als ein die Vererbung begünstigender Faktor hervorgehoben wurde, regional in unterschiedlichem Umfang verbreitet gewesen ist. So waren in Hildesheim am Ende des 18. Jahrhunderts 70% der Handwerker Hauseigentümer, 30% Mieter der Häuser bzw. Wohnungen.[71] In Göttingen waren 1763 immerhin 50% der Handwerker Hausbesitzer.[72] Die Quote differiert allerdings stark nach Gewerben:

Anteil der Hausbesitzer in ausgewählten Gewerben (Göttingen 1763) in %

Bäcker	94	Schuhmacher	62
Gerber	89	Schneider	32
Metzger	87	Tuchmacher	31
Leineweber	73	Buchbinder	27

Quelle: B. Sachse, a.a.O., S. 55.

Die in beiden Orten relativ hohen Quoten hausbesitzender Handwerker legen die Schlußfolgerung nahe, daß der väterliche Handwerksbetrieb hier auch häufiger im Erbgang übernommen worden ist.

Die oben schon genannte Zahl von maximal 10% Handwerkerhaushalten mit einem Elternteil des Meisters oder der Meisterin in Göttingen weist allerdings darauf hin, daß diese Vermutung nicht stimmt, und in der Tat gehörte selbst um die Mitte des 19. Jahrhunderts die Vererbung des Betriebes, auch des Hauses, keineswegs zum *typischen* Verhalten der Göttinger Handwerker.[73] Ganz offensichtlich dominierte neolokale Ansiedlung der Kinder. Häufig wurde der Hausbesitz veräußert.

Die schon genannten Argumente, geringe ökonomische Kapazität der Betriebe, Mitarbeit des Meisters bis an sein Lebensende und – relativ – leichte Verselbständigung der Meistersöhne standen der Vererbung und der Ausbildung von Drei-Generationen-Haushalten entgegen. Das änderte sich erst in der zweiten Hälfte des 19. Jahrhunderts, als die notwendige Kapitalausstattung der Handwerksbetriebe wuchs.

Auch die Aufnahme eines überlebenden Elternteils in den

Haushalt war nicht die Regel. Die Autobiographien vermitteln insofern ein falsches Bild.[74] Mitterauer hat in seinen Salzburger Untersuchungen (für das Jahr 1794) feststellen können, daß die Versorgung der überlebenden Meisterin außer durch die Führung eines Witwenbetriebes auch anders gesichert werden konnte. »Viel häufiger als Witwenbetriebe begegnen Meisterwitwen, die aus eigenen Mitteln, von einem Gnadengeld oder von anderen nicht gewerblichen Einkünften leben. Ihre Haushaltsformen haben aber mit dem Handwerksbetrieb selbst nichts mehr zu tun. Anders als im naturalwirtschaftlich fundierten bäuerlichen Familienbetrieb muß eben die Witwe des städtischen Handwerksmeisters nicht notwendig im Haus selbst versorgt werden . . .«[75]

Angesichts dieser Ergebnisse kann man sich des Eindrucks nicht erwehren, daß das Zusammenleben von drei Generationen von den Handwerkern gezielt vermieden wurde. Nicht nur die Wohnverhältnisse waren dafür verantwortlich. Vermutlich waren die mit dem engen Zusammenleben verbundenen zusätzlichen innerhäuslichen Belastungen und Konflikte allen bewußt.

Sehr eindringlich zeigen diese Ergebnisse aber auch, wie revisionsbedürftig viele unserer Vorstellungen über die Vergangenheit sind und wie gefährlich es ist, heutige Auffassungen unüberprüft in die Vergangenheit zurückzuprojizieren. Besonders aber sollte man sich davor hüten, sie auch noch als gleichsam »natürliche« zu hypostasieren. Weder war es offenbar in der »Ordnung der alten Welt« ein natürliches Bedürfnis, den Betrieb an ein Kind zu vererben[76], noch mit diesem oder einem anderen Kind zusammen den Lebensabend zu verbringen.

Ebenso wie die Frage nach der generativen Zusammensetzung der Handwerkerhaushalte läßt sich die nach der *Kinderzahl* nicht völlig zufriedenstellend beantworten. Die verschiedenen Einzeluntersuchungen über die städtische Haushaltsstruktur differenzieren meist nicht innerhalb der städtischen Bevölkerung. Hinzu kommt, daß auch hier zwischen der Geburtenziffer und der effektiven Kinderzahl unterschieden werden muß, die auf Grund der hohen Säuglings- und Kindersterblichkeit nicht annäherungsweise identisch sind. So waren beispielsweise in Durlach im 18. Jahrhundert mehr als 50% aller Todesfälle Kinder bis zum Alter von 10 Jahren.[77] Beeindruckend, wenngleich wohl eine traurige Ausnahme ist das Beispiel der Mutter Harnischs, der

Frau eines Schneidermeisters, die in zwei Ehen zwölf Kinder geboren hatte, von denen nur eines ein hohes Alter erreichte.[78] Dieser Fall ist insofern irreführend, als er den Eindruck sehr großer Geburtenziffern bei Handwerkerfrauen vermittelt. Die Schlußfolgerung ist vermutlich unzutreffend. Mitterauer hat bei einem Vergleich der Kinderzahl Salzburger Handwerkerfrauen im Alter von 20 bis 44 Jahren mit der gleichaltriger Landfrauen einer Salzburger Gebirgspfarre festgestellt, daß die Handwerkerfrauen weniger (überlebende) Kinder hatten als die Frauen auf dem Lande. Der Unterschied sei so gravierend, daß er allein durch höhere Kindersterblichkeit in der Stadt nicht erklärt werden könne, sondern eine (gezielte?) Einschränkung der Geburtenzahl vermuten läßt.[79]

Mitterauer sieht die Ursache dieser Differenz in der unterschiedlichen Wertschätzung, die dem Kind innerhalb der Haushalte zukam. Wurde es bei den Bauern als Arbeitskraft geschätzt und benötigt und erhielt dadurch eine Bedeutung, die mit zunehmendem Alter stieg, so hatte das Kind im Handwerkerhaushalt geradezu einen umgekehrten Stellenwert. Durch das zünftige Verbot der gewerblichen Frauen- und Kinderarbeit sowie die Begrenzung der Mitarbeiterzahlen war der Wert des Kindes als Arbeitskraft im Handwerkerhaushalt gering.

In Göttingen kamen zwischen 1763 und 1861 auf ein Ehepaar (gesamte Bevölkerung) zwei bis drei im Haushalt lebende Kinder.[80] (Die Diskrepanz zu der eingangs genannten durchschnittlichen Haushaltsgröße erklärt sich dadurch, daß in dieser Zahl auch die in der Stadt relativ große Anzahl der Ein-Personenhaushalte eingeht, die die Durchschnittsziffer nach unten drückt). Die Kinderzahlen je Handwerkerhaushalt bewegten sich durchaus in diesem Rahmen.[81] Die verbreitete Vorstellung vom Kinderreichtum vergangener Familienformen trifft also ebensowenig wie auf die Bauern auf die Handwerkerhaushalte zu.

Zu bedenken ist weiterhin, daß, bedingt durch die Notwendigkeiten der Berufsausbildung, die Handwerkersöhne das Elternhaus frühzeitig verließen. Teilweise wurde schon die Lehre in einem anderen Betrieb (und Haushalt) absolviert; spätestens als Gesellen aber mußten sie außer Haus und auf die Wanderschaft. Infolgedessen lebten in den Handwerkerhaushalten wenig ältere Söhne. Nach Mitterauers Angaben waren 1794 in Salzburg in 27,7% der Handwerkerhaushalte Söhne über 14 Jahre, aber nur noch in 8,5% Söhne über 24 Jahre.[82] Dafür findet man in den städtischen Haushalten häufiger Konstellationen mit Töchtern, speziell älteren Töchtern.[83] Die nachstehende Grafik über die Altersverteilung der Söhne und Töchter in Göttinger Haushalten (1763) zeigt diesen Sachverhalt sehr deutlich.

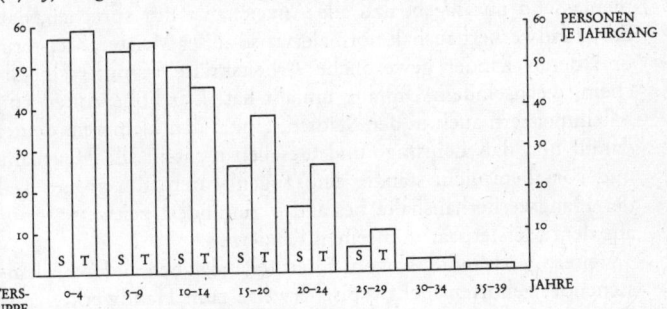

Quelle: B. Sachse, Soziale Differenzierung und regionale Verteilung der Bevölkerung Göttingens im 18. Jahrhundert, a.a.O., S. 26.

Während die Zahl der Söhne zwischen zehn und neunzehn Jahren sprunghaft um rund 50% zurückging, verlief der Prozeß des Ausscheidens aus dem Elternhaus bei den Töchtern viel langsamer und kontinuierlicher. Da ihnen keine unabhängige berufliche Existenz offenstand, verblieben sie – beschäftigt mit Haus- und Handarbeiten – bis zu ihrer Heirat im Elternhaus.

Es wurde schon verschiedentlich angedeutet, daß zusätzlich zu den Familienangehörigen im engeren Sinne zum Handwerker- haushalt die *gewerblichen Arbeitskräfte* (Gesellen, Lehrlinge), u. U. auch Dienstboten gehörten.[84] Ihre Zahl war abhängig von der ökonomischen Situation des jeweiligen Handwerkerhaus- halts, speziell der Auftragslage. Die Zahl dieser in den Haushalt einbezogenen Personen konnte also im Laufe der Zeit durchaus schwanken. Die Abhängigkeit der Personenzahl von der Auf- tragslage und das frühe Ausscheiden der Söhne aus dem Haushalt führten dazu, daß der personelle Bestand des Handwerkerhaus- halts wesentlich instabiler war als der des bäuerlichen Haushalts, wo durch die Größe des Hofes die Zahl der notwendigen Arbeitskräfte (relativ) feststand. Generell kann man deshalb sagen, daß überdurchschnittlich große Haushalte nur dort zu

143

finden waren, wo die materielle Situation sehr günstig war. So gab es 1829 in Göttingen einen Schneider, dessen Haushalt achtzehn Personen umfaßte – außer Meister, Meisterin und Kindern gewerbliche Arbeitskräfte und Dienstboten.[85]

Angesichts des schlechten Forschungsstandes läßt sich zusammenfassend nur sagen, daß alle Anzeichen dafür sprechen, daß der Handwerkerhaushalt normalerweise außer Meister, Meisterin und deren Kinder gewerbliche Arbeitskräfte in unterschiedlichem, wechselndem Umfang umfaßt hat. Der hohe Anteil von Alleinmeistern auch in den Städten, zumal den kleineren, deutet darauf hin, daß Lehrlinge und Gesellen nicht in alle Haushalte und vor allem nicht ständig einbezogen waren. Ein großer Teil der Handwerkerhaushalte bestand – zumindest zeitweise – nur aus dem Meisterpaar und seinen Kindern.

Weitere Verwandte, sowohl Elternteile als auch andere Alleinstehende, gehörten nicht typischerweise zum Handwerkerhaushalt. Da der Betrieb nicht regelmäßig in der Vater-Kind-Folge vererbt wurde, fehlte eine institutionalisierte Altenteilsregelung (wie in Teilen des bäuerlichen Bereichs). Der weitaus größte Teil der Betriebe war von seiner ökonomischen Basis her auch gar nicht in der Lage, solche Versorgungsfunktionen zu übernehmen. Teilweise scheint die Übernahme solcher Funktionen im Haushalt auch gezielt vermieden worden zu sein.

Die in Autobiographien häufiger erwähnten Verwandten im Handwerkerhaushalt vermitteln ein Bild der historischen Realität, das durch den bisherigen Forschungsstand jedenfalls nicht gestützt wird und das möglicherweise zusammenhängt mit einer spezifischen Auswahl. Teilweise schildern sie auch die Verhältnisse überdurchschnittlich wohlhabender Haushalte. Wenn berichtet wird, daß der Haushalt des Berliner Maurermeisters Zelter in den 6oer und 70er Jahren des 18. Jahrhunderts aus dem Meisterpaar, drei Kindern, einer Großmutter, einer Schwester der Meisterin und einem Hofmeister für die Erziehung der Kinder bestand[86], so erklärt sich diese Zusammensetzung aus dem Wohlstand des Hauses. Zelter beschäftigte sechzig Maurer und rund zweihundert Ziegelarbeiter, stand also einem (für die damaligen Verhältnisse) Groß-Betrieb vor und war insofern in der Lage, weibliche Verwandte zu versorgen. Von diesen Ausnahmefällen abgesehen, besteht die Differenz in Haushaltsgröße und Zusammensetzung zur Gegenwart nicht in der Aufnahme von Verwandten in diese Haushalte, sondern in höherer Kinderzahl, vor allem aber in der gelegentlichen oder dauernden Einbeziehung von Lehrlingen und Gesellen. Ebenso wie im bäuerlichen wurde im Handwerkerhaushalt produziert und ebenso wie dieser tendierte er wegen der Einheit bzw. der räumlichen Nähe von Arbeitsstätte und Wohnung (Haushalt) »und damit zusammenhängend durch die ihm eigene berufliche Sozialisation ... *strukturell* zu Familienformen mit Gesinde ...«[87] Während die Lehrlinge in der Regel die ganze Lehrzeit in einem Haushalt/Betrieb verbrachten, wechselten insbesondere die Gesellen häufig und trugen dadurch in die Handwerkerhaushalte Diskontinuität und Unstetigkeit.

III. Heiratsverhalten und Partnerwahl

Die Untersuchung des Heiratsverhaltens und der Partnerwahl eröffnet einen ersten Zugang zur Frage nach der Art der Beziehungen zwischen dem Ehepaar im Handwerkerhaushalt. Wo, wie bei den Bauern, primär sachlich-ökonomische Erwägungen den Entschluß zur Heirat und die Wahl des Ehepartners bestimmten, war die Chance intimer und intensiver Gefühls- und Liebesbeziehungen gering. Die Frage zielt also dahin, ob die Handwerkerfamilie auch in diesem Aspekt eine Variante des »ganzen Hauses« war oder ob sie hierin der »modernen« Familie näher stand.

1. Heiratszwang

Ebensowenig wie die Struktur der landwirtschaftlichen, bäuerlichen Produktion ließ es auch die der Handwerkswirtschaft zu, daß der Meister längere Zeit ledig blieb. Die zentralen Positionen des Hausherrn und der Hausfrau mußten besetzt sein und waren es in der Regel auch. In Mitterauers Salzburger Material (von 1794) fehlen ledige Meister vollkommen.[88]

Dieser Sachverhalt erklärt sich einmal daraus, daß in der traditionellen Gesellschaft die Position eines selbständigen Bauern oder Handwerkers selbstverständlich den Status des Verheiratetseins einschloß.

»No single man, we must remember, would usually take charge of the land, any more than a single man would often be found at the head of a workshop in the city. . . . Marriage we must insist, and it is one of the rules which gave its character to the society of our ancestors, was the entry to full membership, in the enfolding countryside, as well as in the scattered urban centres.«[89]

Die allgemeine Regel, daß der Meister verheiratet sein muß, wird sinnfällig in der identischen Verwendung der Begriffe »Bräutigam werden« und »Meister werden«.[90] Für Durlach berichtet Roller den synonymen Gebrauch des Ausdrucks »hat Hochzeit gehalten« für den Erwerb des Bürgerrechts, das mit der Erlangung des Meistertitels gekoppelt war, selbst wenn die Ehe an einem anderen Tag geschlossen als das Bürgerrecht erworben wurde.[91]

In den Zunftordnungen war die Heirat teils bindend vorgeschrieben, teils als selbstverständlich unterstellt. So heißt es in einer Münchner Schusterordnung von 1443: »Das Handwerk und der Rat sind übereingekommen, daß kein Schustermeister das Handwerk hier erwirbt oder arbeitet, er sei dann Bürger hier zu München und hat einen eigenen Rauch (d. i. eigenes Haus – H. R.) und eine Werkstatt und ein Eheweib oder er sei Witwer.«[92] Meisterrecht, Bürgerrecht, Ehemann- und Hausbesitzerstatus gehörten also hier zwingend zusammen. Hausbesitz war allerdings vielerorts keine notwendige Voraussetzung für das selbständige Gewerbe (auf den großen Anteil der Mieterhaushalte bei den österreichischen Handwerkern wurde schon hingewiesen); die Koppelung von Selbständigkeit, Bürgerrecht und Verheiratetenstatus hielt sich aber noch lange über die Aufhebung der Zunftverfassung hinaus. Noch in der Mitte des 19. Jahrhunderts (1857) lagen bei den Wiener Handwerksmeistern »Erringung der Selbständigkeit, Haushaltsgründung und Heirat« eng beieinander.[93]

Die Ursache dieses faktischen Heiratszwanges läßt sich nicht durch die notwendige Mitarbeit der Frau bei der gewerblichen Produktion begründen. Normalerweise gehörte diese entsprechend den zünftigen Vorschriften allein zum Aufgabenbereich des Meisters und anderer gewerblicher Arbeitskräfte. Mitterauer weist zur Erklärung auf die zentrale Bedeutung der Sozialisationsfunktion des Meisterhaushalts für den gewerblichen Nachwuchs hin.[94] Die häufige oder auch nur gelegentliche Einbeziehung Halbwüchsiger in den patriarchalisch strukturierten Meisterhaushalt implizierte die Übernahme von Vater- und Mutterfunktionen durch das Meisterpaar. Die Mutterfunktionen der Meisterin reichten über die allgemeinen Hausfrauenpflichten wie Verpflegung, Wäschewaschen etc. hinaus, umfaßten auch die allgemeine Erziehung des Jugendlichen. »Der Lehrling wurde nicht bloß technisch unterrichtet, er wurde durch Anweisung und Vorbild zu Fleiß und Ehrbarkeit vom Meister erzogen, zu Sparsamkeit, Ordnung und Reinlichkeit vom sorgenden Auge der Meisterin angehalten.«[95]

Eine weitere wichtige Funktion der Meisterin bestand in der Repräsentation des Meisterhaushalts nach außen. In erster Linie oblag sie sicherlich dem Mann, aber auch die Meisterin hatte »öffentliche« Funktionen, die sich aus ihrer Mitgliedschaft in der Zunft ergaben. Insbesondere die geselligen Veranstaltungen der Zünfte, bei denen die Frauen zugelassen waren[96], stellten für die Meisterin gleichsam institutionalisierte Verbindungen zwischen Haus und (zünftiger) Öffentlichkeit her. Ihr Verhalten konnte die »Ehre« ihres Mannes und des Hauses vergrößern oder mindern. »Die ganzen Jahrhunderte hindurch galt im Handwerk der Satz, der Männer Ehre ist der Frauen Ehre, doch der Weiber Schande ist auch der Männer Schande.«[97]

Zu diesen Funktionen, die nicht von Ersatzpersonen, wie z. B. einer Magd übernommen werden konnten, gesellten sich
- ein umfangreicher Haushalt, in dem in unserem Untersuchungszeitraum noch weitgehend Vorratswirtschaft betrieben wurde;
- in vielen Gewerben auch der Kontakt zu den Kunden, sei es beim Verkauf oder bei der Annahme von Bestellungen, sei es durch den Vertrieb der Waren auf Wochen- und Jahrmärkten;[98]
- die nebengewerbliche Arbeit, die überwiegend den Frauen oblag.

Letztere war, wie erwähnt, für viele Gewerbe nicht nur eine willkommene, sondern auch eine notwendige Einnahmequelle.

Neben seinem Handwerk konnte der Meister nur mit Hilfe von Frau und Kinder »auch noch seine Stücke Land, Gärten, Äcker und Weinberge und etwas Vieh besorgen und damit sein Einkommen verbessern. Aus dieser Lage heraus ist es auch zu beurteilen, daß die Meister fast ohne Ausnahme verheiratet waren ... Sie mußten eben eine Frau haben, und das war bei ihrer Lage unbedingt notwendig.«[99] So ließ der schon erwähnte Hildesheimer Zinngießer, nach einem Jahr des Streits mit der Zunft wegen der Herkunft der Braut, »*durch die Führung seines Junggesellen-haushalts im Geschäft geschädigt*, sich in aller Stille auswärts trauen.«[100]

Auch bei diesen letztgenannten Funktionen der Meisterin, die an sich von Dienstboten hätten ausgeführt werden können, handelte es sich aber im Bewußtsein der Zeitgenossen nicht um allgemeine, sondern um an eine bestimmte Position gebundene Funktionen. Wenn also die beiden zentralen Positionen des Handwerkerhauses, die des Meisters und der Meisterin, unbedingt besetzt sein mußten, so ergab sich daraus als notwendige Konsequenz der faktische Zwang zur Wiederverehelichung im Todesfall des Ehepartners. Daß ein Witwer oder eine Witwe einem Handwerkerbetrieb vorstand, kam nur vorübergehend vor. Die Zunftordnungen gestatteten vielfach der Witwe ohnehin nur für eine bestimmte Zeit, ein halbes oder ein Jahr, die Weiterführung des Betriebes mit einem Gesellen. Heiratete sie dann nicht wieder einen »Mann vom Fach«, mußte der Betrieb aufgegeben werden. Andernorts konnte die Witwe zusammen mit einem zum »Werkführer« ernannten Gesellen den Betrieb unbegrenzt weiterführen. Aber auch diese Konstruktion wurde häufig durch eine neue Eheschließung legalisiert oder beendet. Ähnlich wie bei den Bauern wirkten auch im Handwerk die ökonomischen und sozialen Zwänge dahingehend, daß relativ schnell wieder geheiratet werden mußte, oft ohne das »Trauerjahr« einzuhalten.[101]

Aus der zeitlichen Koppelung von Meisterprüfung und Heirat ergab sich, daß die Handwerker erst relativ spät, d. h. ca. ab dem 25. Lebensjahr heiraten konnten. Denn nach der mindestens dreijährigen Lehre begannen für den Gesellen einige Jahre der Wanderschaft. Bevor er das Meisterstück anfertigen konnte, mußte er in dem Ort, wo er sich selbständig machen wollte, einige Jahre als Geselle gearbeitet haben (sog. Mutzeit). Der Erwerb des mit der Meisterschaft gekoppelten Bürgerrechts war an ein bestimmtes Mindestalter gebunden. In Durlach lag es bei 25 Jahren.

Mit diesen Fakten verträgt sich Rollers Angabe aus Durlach, daß im 18. Jahrhundert das durchschnittliche Heiratsalter der ledigen Männer (nicht nur der Handwerker) bei rund 27½ Jahren lag. Das durchschnittliche Heiratsalter der Mädchen war etwas niedriger, lag bei 25½ Jahren.[102] Autobiographische Zeugnisse verweisen auch auf diese Altersphase. Der Leinewebergeselle Riedel hielt zum Beispiel 30 Jahre für ein gutes Heiratsalter.[103]

2. Partnerwahl

Die Antwort auf die Frage: wen heiratete der Handwerksmeister? läßt die umfassende Bedeutung der zünftigen Organisation des Handwerks für die Lebensverhältnisse seiner Angehörigen schlagartig deutlich werden. Die Zahl der prinzipiell als Handwerkerehefrauen in Frage kommenden Mädchen war dadurch eingegrenzt, daß die Zünfte durchgängig bei den Frauen ebenso wie bei den Handwerkern selbst den Nachweis »ehrlicher« Geburt und eines untadeligen Lebenswandels verlangten.[104] Eine Vielzahl von Fällen ist überliefert, in denen die Zünfte, auch gegen geltendes Recht, versucht haben, diese Ansprüche durchzusetzen.[105] Praktisch hatte die Zunft dadurch ein Vetorecht gegen die Wahl der Ehefrau. Die Legitimation dafür bezog sie daraus, daß die Ehefrau in die Zunft aufgenommen wurde und die Zunft auch ihr gegenüber bestimmte Verpflichtungen übernahm. Für die Gesellen geschlossener Zünfte – und in vielen Gewerben war im Untersuchungszeitraum der Zugang beschränkt – bestand häufig, sofern sie nicht zu dem Kreis der privilegierten Meistersöhne gehörten, die einzige Möglichkeit, Meister zu werden und sich selbständig zu machen, in der Einheirat in die Zunft, d. h. der Heirat einer Meistertochter oder Meisterwitwe. Für einen mittellosen oder nur mit geringem Vermögen ausgestatteten Handwerksgesellen war dies auch in anderen Gewerben die naheliegendste und einfachste Lösung. Denn durch die Koppelung von Meisterprüfung, Verselbständigung und Heirat war die Meisterschaft teuer geworden. Es fielen Kosten an für das Meisterstück, das Meisteressen, die Freisprechung etc. Hinzu kamen die Hochzeit, Haushaltsausstattung, Einrichtung der Werkstatt und anderes mehr. Gebauer berichtet aus Hildesheim, daß sich dort 1802 allein die Zwangsausgaben beim Eintritt in die Schneiderzunft auf gut 100 Taler belaufen konnten.[106] Das war mehr als der Jahreslohn eines Gesellen.[107] Dem in die Zunft einheiratenden Gesellen wurden – gleichsam als Prämie – finanzielle Erleichterungen gewährt. Teilweise wurde in solchen Fällen auch die Dauer der Mutzeit gekürzt.[108] Im Fall der Heirat einer Meisterwitwe entfielen auch noch die Kosten für die Einrichtung einer Werkstatt. »Schließlich« – so stellt Wissell fest – »erwuchs aus solchen Vergünstigungen bei manchen Zünften die Pflicht zur Einheirat in die Zunft. In geradezu kindlich-naiver Weise wird eine solche Pflicht als etwas ganz Selbstverständliches angesehen.«[109]

Aus der Perspektive der Zünfte stand bei diesen Regelungen die Versorgung der Handwerkerwitwen und -töchter, für die sie mit verantwortlich waren, im Vordergrund. Selbst Töchter ohne Mitgift konnten unter diesen Bedingungen einen Mann finden und versorgt werden. Angesichts fehlender eigenständiger Berufsperspektiven für Frauen und fehlenden Versicherungsschutzes kam der Privilegierung der Einheirat ins Amt in der Tat eine große Bedeutung zu.[110] Selbst in Hildesheim, wo im 18. Jahrhundert der Zugang zur Zunft für Außenstehende noch relativ leicht war, war die Zahl der eine Meistertochter oder -witwe heiratenden Gesellen recht hoch. Daran wird die Bedeutung der Begünstigung solcher Verbindungen besonders offenbar.

Der Anteil der Meistersöhne (MS) und der Meistertöchter oder -witwen Heiratenden (H) an den Neuaufnahmen in Hildesheimer Gilden und Innungen. 1700-1799.

Zeitraum	Barbierinnung			Grob-schmiedegilde			Schmiede-gilde			Schneider-gilde		
	Aufn. insgs.	davon MS	H	Aufn. insgs.	davon MS	H	Aufn. insgs.	davon MS	H	Aufn. insgs.	davon MS	H
1700-1749 abs.	16	2	4	24	12	2	80	27	32	68	4	29
i. v. H.			37			58			74			49
1750-1799 abs.	23	—	12	23	11	1	80	39	28	99	23	27
i. v. H.			52			52			84			50
1700-1799 abs.	39	2	16	47	23	3	160	66	60	167	27	56
i. v.H.			44			55			79			50

Quelle: Kaufhold. Das Handwerk der Stadt Hildesheim im 18. Jahrhundert, Göttingen 1968, Tab. 3 b, S. 295.

Den Großteil der Einheiratenden stellten die auswärtigen Gesellen.[111] Es sind diejenigen, die kein Erbe oder väterlicher Wohlstand nach Hause zurückzog und die deshalb günstige Heirats-chancen wahrnahmen. In den Autobiographien wird von vielen solchen günstigen Angeboten berichtet.[112]

Daß für die Witwe die Heirat eines der Gesellen keine unge-wöhnliche Lösung der mit dem Tod des Meisters für sie, ihre Kinder und den Betrieb entstandenen Probleme darstellte[113], läßt sich an dem hohen Prozentsatz der Ehen erkennen, in denen die Frau älter als der Mann war. Am Anfang des 18. Jahrhunderts lag er in Durlach bei 28,88% und nach zwischenzeitlichem Sinken, zwischen 1751 und 1780 sogar bei 30,38% *aller* Ehen (nicht nur Handwerker).[114] Daß dies keine singuläre Erscheinung war, zeigen die von Möller mitgeteilten Zahlen für Tondern[115], sowie die Bemerkung Noldes: »Überhaupt findet man es in diesem Stande (dem Handwerk – H. R.) oft, daß die Frau älter ist als der Mann . . .«[116] Teilweise entstanden durch die Privilegierung der Einheirat ausgesprochen bizarre Eheverbindungen. Kessler berichtet aus Königsberg einen Fall besonders ungewöhnlicher Altersdifferenz. Dort heiratete ein Zirkelschmiedegeselle, »um Meister zu werden, 1701 eine 74jährige Witwe, die immerhin noch sieben Jahre bei ihm aushielt; 1710 folgte als zweite Frau dann eine 16jährige Ratsschmiedemeisterstochter! Die eine Ehe-frau war 1627, die andere 1694 geboren.«[117] Die Altersdifferenz zwischen den beiden Ehefrauen betrug 67 Jahre.

Jenseits dieser Fälle der Einheirat konnten weder Roller für Durlach noch Mitterauer für Salzburg eine ausgeprägte Tendenz zu Eheverbindungen innerhalb des eigenen Handwerks feststel-len.[118] Wenn also offenbar kein gesteigerter Wert auf eine bereits mit dem Gewerbe vertraute Frau gelegt wurde, so verweist das einmal, wie Roller betont, darauf, daß die den Frauen obliegen-den Tätigkeiten in allen Gewerben die gleichen waren. Die Arbeit, die der Meisterin zufiel, »war die allen Bürger- und Hintersassentöchtern gleiche Haus-, Garten- und Feldar-beit . . .«[119] Zum anderen könnte das nur »schwach entwickelte innergewerbliche Konnubium« als ein Indiz dafür interpretiert werden, daß die Frau in der gewerblichen Produktion normaler-weise nicht mitgearbeitet hat. Allerdings müsse eine derartige Schlußfolgerung, so Mitterauer, breiter abgesichert werden.[120] Diese Folgerung kann nur unterstützt werden. Wenn nämlich die Bremer Zinngießer als Vorzug der Einheirat werten, daß »der Bräutigam eine bei der Profession aufgewachsene Frau (erhielt), die nach ihrer Meinung ihm in vielen Stücken an die Hand gehen konnte«[121], so kann man daraus geradezu die gegenteilige Folgerung ableiten.

Es dürfte aus den bisherigen Äußerungen schon hervorgegangen sein, daß praktische, insbesondere finanzielle Überlegungen bei der Wahl des Ehepartners eine wichtige Rolle spielten.[122] Versorgungsheiraten waren sehr häufig – zumindest die Fälle der Einheirat können überwiegend als solche interpretiert werden. Aber auch bei vielen anderen Verbindungen wird dieser Gesichtspunkt eine Rolle gespielt haben. Solange die Ehe für die Frau die einzig akzeptable Lebensperspektive bot und sie anders nicht versorgt werden konnte, mußte für sie und ihre Eltern dieser Aspekt zentral sein. Aus der Perspektive des Mannes war in vielen Fällen die zu erwartende Mitgift schlicht die Voraussetzung für die selbständige Existenz, zumindest aber eine erfreuliche Beigabe. Möglicherweise resultierte das gering entwickelte innergewerbliche Konnubium daraus, daß gegenüber dem Vorzug »einer bei der Profession aufgewachsenen Frau« vielfach der einer höheren Mitgift ausschlaggebend gewesen ist. Daß statt dessen persönliche Zuneigung, gar »Liebe« dominiert hätten, wird von dem bisher aufgearbeiteten Material in keiner Weise gestützt. Möller warnt sogar ausdrücklich davor, in diese Verhältnisse moderne Vorstellungen von Liebe hineinzutragen.[123] Das heißt nicht, daß Zuneigung keine Rolle spielen durfte oder gespielt hat. Aber ebenso wie bei der bäuerlichen Partnerwahl konnte sie nicht die entscheidende Rolle spielen. Die notwendige Dominanz sachlicher Überlegungen wird in Rumpfs Ratschlägen von 1823 für den »Haus-, Brot- und Lehrherrn« hinsichtlich der Wahl eines Ehegatten deutlich erkennbar. Er warnt zwar ausdrücklich vor der Heirat einer Witwe[124] und davor, den »Reichtum zum ersten und einzigen Zweck beim Heiraten zu machen.«[125] Aber eine bloße Liebesheirat ohne Rücksicht auf die finanzielle Seite der Verbindung sei ebenso töricht.[126] Zentral sind für Rumpf hingegen Häuslichkeit, Sparsamkeit, Arbeitsamkeit und -fähigkeit.[127] Die Frau muß insbesondere gesund sein. »Eine Frau, die schwach, siech, kränklich ist, taugt für keinen Bürger: sie kann nicht arbeiten, . . .«[128]

Und in der Tat kann man sich der Angemessenheit dieses Ratschlags, selbst wenn man eine mögliche gewerbliche Mitarbeit der Frau außer Betracht läßt, angesichts der Bedeutung der Haus-

und Nebenerwerbsarbeit im Handwerkerhaushalt nicht verschließen. Diese, aus der Struktur der traditionellen Handwerkswirtschaft resultierenden Notwendigkeiten bildeten gleichsam die bei der Partnersuche zu erfüllenden Rahmenbedingungen, innerhalb deren dann noch die Besonderheiten des Einzelfalles berücksichtigt werden mußten. Der Vorrang solcher sachlicher Überlegungen ließ wenig Raum für eine innige Zuneigung der Ehepartner.

IV. Autoritätsverhältnisse und Ehebeziehungen

Die patriarchalische Verfassung des Hauses, die dem Mann die dominante Position zuwies, alle anderen Hausgenossen in graduell unterschiedliche Abhängigkeit von ihm stellte, ist ein Strukturmerkmal der vorkapitalistischen Gesellschaft gewesen, dessen Ursprünge bis weit ins Mittelalter hineinreichen.[129] Die nahezu uneingeschränkte Herrschafts- und Autoritätsposition des Mannes erfuhr jedoch innerhalb der verschiedenen Bevölkerungsklassen und -schichten ihre spezifische Ausbildung und Legitimation.

Die häusliche Machtposition des Bauern wurde ganz wesentlich durch seine Verfügung über das zentrale Produktionsmittel, den Grund und Boden, gestützt. Zwar war auch der selbständige Handwerksmeister Eigentümer der Produktionsmittel, diese hatten jedoch nicht ansatzweise jenen Stellenwert für die Existenz des Handwerkerhauses wie der Boden für das bäuerliche Dasein. Das Werkzeug war nicht teuer, und wenn auch die Ausübung einiger Gewerbe an bestimmte Häuser gebunden war (radizierte Gewerbe), so konnten diese (relativ) leicht erworben oder auch gemietet werden. Zentrale Bedeutung kam im Handwerk vielmehr der beruflichen Qualifikation zu. Sie war die primäre Quelle des Unterhalts. Die ausgeprägte patriarchalische Verfassung der Zünfte und der Gesellschaft insgesamt gestand nur den Männern eine Berufsausbildung zu. Einzig der Mann konnte damit die für die Ausübung eines Handwerks notwendige Qualifikation erwerben. Er durchlief dazu eine langdauernde Spezialausbildung, die zudem infolge der Wanderschaft mit einer für die vorkapitalistische Gesellschaft überdurchschnittlich großen regionalen Mobilität und sozialen Erfahrung verbunden war.

Die Frau blieb vorwiegend auf die Haus- und nebengewerblichen Arbeiten beschränkt, es sei denn, sie übernahm den Verkauf und – seltener – den Vertrieb der Waren. Ihre Ausbildung erstreckte sich auf ein wenig Lesen, Schreiben, Rechnen für den Hausgebrauch und religiöse Unterweisung. Die Hausgeschäfte selbst lernte sie von ihrer Mutter. Aus der Autorität des Vaters kam sie mit der Eheschließung unter die des Mannes. Sie war rechtlich, ökonomisch, aber auch sozial weitgehend unselbständig. Daß sie arbeiten konnte, war, wie gezeigt wurde, gleichsam Voraussetzung dafür, daß sie überhaupt geheiratet wurde. Ohne diese Fähigkeit taugte sie nicht zur Handwerkerfrau.[130]

Es ist wichtig, sich vor Augen zu halten, daß der Ausschluß der Frauen vom Gewerbe nicht eine Folge der Eigentumsverhältnisse war, die im Handwerk keine besondere Rolle spielten[131], sondern aus der patriarchalischen Verfassung der Gesellschaft (des Hauses, der Zunft, des Stadtregiments etc.) resultierte. Daran zeigt sich im übrigen, daß das Patriarchat nicht auf die Eigentumsverhältnisse reduziert werden kann, sondern daß es sich bei beiden um unterschiedliche Strukturen handelt, die sich gegenseitig verstärken können, wie am Beispiel der Bauern sichtbar geworden ist, gleichwohl aber verschiedene Quellen haben.

1. Arbeitsteilung

Ebenso wie die bäuerliche war auch die Handwerkerehe wesentlich eine Arbeitsbeziehung zwischen den beiden Ehepartnern. Die Dominanz sachlicher Überlegungen (Finanzen, Arbeitsfähigkeit) bei der Wahl der Ehefrau hat diesen Aspekt schon deutlich gemacht. Gleichwohl bedingte die Struktur der traditionellen Handwerkswirtschaft eine andere Art der *Arbeitsteilung* zwischen den Ehepartnern als bei den Bauern.

Von der gewerblichen Arbeit war die Frau ausgeschlossen. Die Zunftgesetze untersagten die Beschäftigung von Frauen im Gewerbe – außer beim Verkauf als Ladenmädchen etc.[132] Auch die Witwe eines Handwerksmeisters durfte vielfach nach dem Tod des Mannes das Gewerbe nur für eine Übergangszeit selbständig weiterführen. Das heißt, die normale – im Sinne von normgerechter – Arbeitsteilung wies allein dem Mann, u. U. zusammen mit gewerblichen Arbeitskräften (Gesellen, Lehrlingen), die gewerbliche Tätigkeit zu. Der Frau oblagen (u. U. mit

Hilfe von Dienstboten) der Haushalt, die Kinderaufzucht und -erziehung sowie die anfallende Garten-, Vieh- und Landwirtschaft.

Diese strikte Arbeitsteilung wurde in einigen, typischen Fällen unterbrochen. Es gibt Hinweise darauf, daß es für den Meister sehr wohl von Vorteil war, eine »bei der Profession aufgewachsene« Frau zu heiraten, die ihm zur Hand gehen konnte. Besonders die armen Handwerksmeister, die Alleinmeister, die ohne Gesellen und Lehrlinge arbeiten mußten, waren auf die gewerbliche Mitarbeit der Frau (und der Kinder) angewiesen.[133] Alleinmeister fanden sich zahlreich in den wenig einträglichen Gewerben. In Bremen waren das z. B. die Grobbäcker und Knochenhauer.[134] In diesen Fällen bestimmte die Notwendigkeit einer mit dem Gewerbe vertrauten Frau von vornherein die Partnerwahl.[135] In anderen Gewerben, die mit einem Ladengeschäft verbunden waren, übernahm die Frau wohl auch den Verkauf.[136] Allerdings war das mit dem Handwerksbetrieb gekoppelte Ladengeschäft im Untersuchungszeitraum noch nicht sehr häufig.[137] Einen anderen Fall, in dem die normgerechte Arbeitsteilung durchbrochen wurde, stellte die Mitarbeit der Handwerker in der Nebenerwerbslandwirtschaft zu Zeiten verstärkten Arbeitsanfalls dar. So berichtet beispielsweise Ludwig von den Verhältnissen in seiner Heimatstadt Eisleben noch um 1850: »Die Männer sind Handwerker, die Frauen sind Bauern. Und den großen Feldarbeiten, Heu-, Grummet-, Getreide- und Kartoffelernte, macht auch bei den Männern das Handwerk Platz. Dann steht die Brücke leer, der Webstuhl ruht, Schere und Säge hängen am Nagel; Meister, Lehrling und Geselle tummeln sich draußen im Feld oder auf der Wiese.«[138]

Von diesen Abweichungen abgesehen, kann davon ausgegangen werden, daß im alten Handwerk die Arbeitsbereiche von Meister und Meisterin relativ strikt voneinander geschieden waren. Während beim Bauernpaar Mann und Frau bei ausgeprägter Arbeitsteilung prinzipiell dasselbe machten, nämlich landwirtschaftliche Produktion, die Frau notfalls auch Männerarbeit erledigen konnte, konzentrierten sich im Handwerk Mann und Frau tendenziell auf ganz unterschiedliche Tätigkeiten. Insbesondere die eine Spezialausbildung erfordernde gewerbliche Arbeit konnte nicht von jedem ausgeführt werden, sie stand insofern einer flexibleren Aufteilung der anfallenden Arbeiten von vornherein entgegen.

Selbst wenn die Frau in einigen Betrieben mithelfen mußte, so führte sie doch überwiegend Handlangerdienste und Hilfstätigkeiten aus. Eine vollwertige gewerbliche Arbeitskraft konnte sie normalerweise nicht sein.[139] Überdies baute die zünftige Organisation diesen, der gewerblichen Arbeit immanenten Trend zur Arbeitsteilung noch aus und überhöhte ihn. Nicht nur dadurch, daß sie Frauen von der Berufsausbildung und -ausübung ausschloß, sondern insbesondere auch dadurch, daß Mitarbeit von Frauen von den Gesellenverbänden als unehrenhaft definiert wurde.[140]

2. Autoritätsverhältnisse

Bedingt durch die Einheit von Wohnung und Arbeitsstätte verstärkten sich – ebenso wie beim Bauern – die Rollen und Funktionen des Meisters gegenseitig. Er war nicht nur Meister, sondern auch Ehemann und Hausvater, darüber hinaus noch Zunftmitglied, u. U. zusätzlich Inhaber verschiedener politischer Ämter. In umfassender Weise war er für alle Fragen und Bereiche zuständig, einschließlich der religiösen und sittlichen Unterweisung der Hausgenossen. Weiterhin war er verantwortlicher Stadtbürger und als Zunftmitglied einem größeren Verband inkorporiert und in diesen stärker und umfassender einbezogen als die Frau, deren Mitgliedschaft nur über ihn lief. Diese Vielfalt der Positionen und Funktionen legitimierte die innerfamiliale Autorität des Mannes. »Der Status des Meisters spiegelte das Wesen des ›alten Handwerks‹ am stärksten wider. In ausgeprägter Weise war er nicht nur mit ökonomischen Funktionen betraut, die im Meisterhaushalt als Produktionsverband ihren Ausdruck fanden, sondern etwa auch mit der sozialen und religiösen Verantwortung für den Bereich seiner Werkstatt und seiner Wohngemeinschaft. Als Mitglied der Meisterzunft hatte er Teil an ihrer jurisdiktionellen Tätigkeit und – soweit vorhanden – an ihrer politischen Aktivität . . .«[141]

Gegenüber dieser umfassenden, ökonomische, familiale und öffentliche Funktionen einschließenden Position des Mannes war die der Frau sehr schwach. Ausdruck dessen und zugleich wiederum Verstärkung ihrer Subordination waren ihre vorrangige Beschränkung aufs Haus und auf häusliche Arbeiten, die ökonomische Abhängigkeit vom Mann, der weitgehende Ausschluß von den öffentlichen Angelegenheiten sowie das Fehlen rechtlicher und politischer Eigenständigkeit.[142]

Um es noch einmal zu betonen: die patriarchalische Verfassung des Hauses und der Gesellschaft insgesamt, die Mann und Frau sehr unterschiedliche Positionen zuwies, war das traditionelle, grundlegende Muster für die Beziehungen der Geschlechter. Aus ihm, das ideologisch überhöht und abgesichert wurde, resultierten weitreichende Auswirkungen auf die verschiedenen Ebenen, auf die jeweilige Arbeitsteilung, hier: den Ausschluß der Frauen aus dem Gewerbe und auf die Bewertung der einzelnen Tätigkeiten. Das Autoritätsgefälle zwischen den Ehepartnern beruhte nicht etwa auf der beschriebenen Arbeitsteilung im Handwerkerhaus, sondern diese war umgekehrt eine Folge des Autoritätsgefälles, das mit der patriarchalischen Struktur von vornherein verbunden war. Die grundlegende Asymmetrie der Positionen von Mann und Frau wurde durch das von den Zünften errichtete Berufsmonopol der Männer noch verstärkt und führte zu einer im Handwerkerhaushalt strikter als bei den Bauern eingehaltenen Arbeitsteilung zwischen Meister und Meisterin. Diese Wirkungen waren also Folge der patriarchalischen Strukturen und trugen wiederum zu ihrer Verstärkung bei, indem sie sich zu ein spezifisch weibliches (oder männliches) Rollenverhalten anstrebenden Sozialisationsmuster verfestigten.[143]

Wenn Laslett die Handwerkerfrau als Partnerin und Untergebene (partner and subordinate)[144] des Meisters bezeichnet, so beschönigt er selbst mit dieser Formulierung die tatsächliche Situation. Harnischs Worte, mit denen er das Schicksal seiner Mutter beschreibt, dürften wohl für viele Frauen aus dem Handwerk zutreffen: ». . . meine Mutter vollzog als eine gehorsame Hausfrau den Willen ihres Mannes, wenn auch wohl zuzeiten mit Seufzen. Sie hatte auch in ihrer Jugend als eine Magd gearbeitet (wohl im Elternhaus – H. R.), sie hatte sechzehn Jahre mit einem dem Trunke ergebenen Manne gelebt und blieb eine Lastträgerin bis ans Ende ihres Lebens, nachdem sie zwölf Kinder geboren und elf davon begraben hatte.«[145]

Infolge der ausgeprägten patriarchalischen Verfassung des Handwerkerhaushalts war die Distanz zwischen den Positionen scharf markiert. Sie wurde selten durch intensive Gefühlsbeziehungen gemildert. Das gilt einmal für die Beziehung Mann – Frau, die primär sachlich fundiert war, noch mehr aber hinsichtlich der Beziehung zu den anderen Hausgenossen.

Ausfluß der patriarchalischen Verfassung des Handwerkerhauses ist eine Entscheidungsstruktur, in der der Mann allein alle wichtigen Entscheidungen treffen konnte und in der Regel auch traf. Jene Variante, bei der er sich auch alle unwesentlichen Entscheidungen vorbehielt[146], kann als *überzogener Patriarchalismus* bezeichnet werden. Überzogen insofern, als es sich mit einer patriarchalischen Verfassung durchaus verträgt, daß alle Positionen – in unterschiedlichem Ausmaß – eigenständige Entscheidungsbereiche besitzen, die allerdings unter der alles und alle dominierenden Autorität des Mannes und Hausvaters stehen. Die unumschränkte Machtposition des Mannes und Meisters kommt klassisch in der Beschreibung der Position des Seilermeisters Tieck zum Ausdruck, von dem berichtet wird: »Die volle Gewalt des Vaters und Meisters, Furcht und Gehorsam, das galt in seinem Hause als oberstes Gesetz. Wehe dem Untergebenen, über dem sich das Ungewitter seines Zornes entlud, der nicht selten und unerwartet in jäher Weise hervorbrach.«[147]

Ebenso wie im patriarchalisch verfaßten Bauernhaus war in dem Handwerkerhaushalt das körperliche Züchtigungsrecht immanenter Teil der hausväterlichen Gewalt. Seine Umsetzung in die Tat gegenüber Kindern und Kindesgleichen (Lehrlingen), nicht selten auch der Ehefrau, wird wiederholt bezeugt. Auf die Häufigkeit handgreiflicher Auseinandersetzungen zwischen den Eheleuten verweist die Aussage Harnischs, daß sein Vater »auch im größten Zorne ... doch nie, *wie das im Bürgerstand oft geschieht,* die Würde meiner Mutter verletzte.«[148] Und von Bohlen berichtet von dem Schneidermeister, bei dem er lernte: »Der Meister war ein pockennarbiger, schwarzer Krauskopf, klein und untersetzt, von gutmütigem aber aufbrausendem Temperamente; seine Frau eine lange hagere Figur, im höchsten Grade gebieterisch und zanksüchtig; und es verging fast kein Tag, an welchem sich beide nicht entzweiten, öfter handgemein wurden und zuweilen sogar mit Messern aufeinander eindrangen.«[149]

Gewalttätigkeit scheint ein typisches Element dieser häuslichen Situation gewesen zu sein, und nicht allein auf individuelle Persönlichkeitsmerkmale reduzierbar. Ganz wesentlich resultierte sie aus der so ausgeprägt dominanten Position des Mannes, die leicht zu einer Überdehnung der patriarchalischen Rolle führte.

Wenn oben festgestellt wurde, daß die Einheit von Wohnung und Arbeitsstätte im »Normalfall« zu einer gegenseitigen Be- und Verstärkung der Rollen und Funktionen des Meisters führt und darin seine überragende Autoritätsposition gründet, so können umgekehrt wegen der Ungeschiedenheit aller Lebensbereiche Störungen beim Ausfüllen eines Rollensegments eine Minderung seiner gesamten Stellung bewirken. Seine Autorität konnte dadurch so erheblich reduziert werden, daß der Mann in die Position des »Pantoffelhelden« geriet.[150] Eine andere Verhaltensvariante bestand in der Kompensation der Schwächung eines Rollensegments durch ein verstärktes Ausagieren der anderen. So scheint in den Zeiten des Niedergangs des Handwerks die Vater- und Ehemannrolle vielen Handwerkern gleichsam eine Kompensationsmöglichkeit für den Verlust von ökonomischer Macht und sozialem Ansehen geliefert zu haben.

Beispielhaft für eine solche Ehebeziehung und die Ausgeliefertheit und Auswegslosigkeit der Frau in einer derartigen Situation waren die Verhältnisse im Hause des Bäckermeisters Fischer. Die Ehepartner verstanden sich nicht, es gab häufig Streit, den der Mann mutwillig vom Zaun brach. Dann verprügelte er die Frau. Der Sohn sagt über seine Mutter: ». . . sie war meinem Vater sein Geselle und sein Knecht und sein Lehrjunge, seine Laden- und Marktfrau, und seine Dienst- und Küchenmagd und seine Wasch- und Scheuerfrau, und sein Flickschneider und was weiß ich noch . . . und sie bekam weiter nichts dafür, als das bißchen kärgliches Futter und mehr als einmal wußte es mein Vater so einzurichten, daß sie das zu Mittag auch noch nicht bekam.«[151] Verstärkt wurden die Probleme noch durch die räumliche Enge vieler Handwerkerhaushalte, in denen man sich nicht so gut wie im Bauernhaus aus dem Weg gehen konnte.

Als Lösungsmöglichkeit unerträglicher Ehebeziehungen boten sich im Untersuchungszeitraum für Katholiken die Trennung von Tisch und Bett, für Protestanten die Ehescheidung an. Von beidem wurde allerdings wenig Gebrauch gemacht, denn:
- die Frau hatte eine schlechte soziale und ökonomische Position;
- der Mangel an Bargeld erschwerte ihre Alimentierung;[152]
- der Meister benötigte für Betrieb und Haushalt eine Frau;
- die Ehescheidung war eine außerordentlich umständliche und zeitraubende Prozedur.[153] Auch ihre spätere Erleichterung in

einzelnen Ländern änderte wenig. Die Macht der Tradition und die sozialen Verflechtungen des Handwerkerhauses standem dem entgegen.[154]

Infolgedessen »keifte und prügelte (man) sich schon einmal, aber man arbeitete und lebte zusammen, man betrog vielleicht den Partner, aber man trennte sich nicht.«[155] Diese Schlußfolgerung Möllers traf sicher für die Mehrzahl dieser Ehen zu. Gleichwohl bot sich in stark zerrütteten Ehen ein weiterer »Ausweg« an, der offenbar auch beschritten wurde: Ehmer weist darauf hin, daß in Wien um die Wende des 18. zum 19. Jahrhundert eines der entscheidenden kriminellen Delikte (neben Kindesmord und -weglegung) der Gattenmord gewesen ist, der »fast ausschließlich in den traditionell strukturierten, die Möglichkeiten freier Partnerwahl weitgehend ausschließenden und vielfältige Abhängigkeitsverhältnisse bedingenden kleinbürgerlichen Familien verübt wurde.«[156] Hier wurde »das Bewußtsein, aus dem Kerker der Ehe nicht ausbrechen zu können, ... Anlaß zum Mord.«[157] Daß die (wenigen) Fälle des Gattenmordes massiert in diesen Verhältnissen von Handwerkern und anderen Kleinbürgern vorkamen, veranschaulicht sehr deutlich den repressiven Charakter der dort vorherrschenden Ehebeziehungen.

3. Sexualität

Für die im 18. und 19. Jahrhundert herrschende kleinbürgerliche Sexualmoral lagen Zweck und Rechtfertigung des Geschlechtsverkehrs in der Zeugung von Kindern. Sexualbeziehungen waren infolgedessen auf die Ehe beschränkt, vor- und außerehelicher Geschlechtsverkehr streng verpönt. Diese Vorstellungen hatten sich in einigen Zunftvorschriften niedergeschlagen. So wurden dem Meister, dessen Frau zu schnell nach der Eheschließung niederkam, »die Fenster zugemacht«, d. h. er wurde aus der Zunft ausgeschlossen.[158] Auch Ehebruch des Meisters oder der Meisterin zog den Verlust des »ehrlichen Namens« und Ausstoß aus der Zunft, auch der Kinder, nach sich.[159]

Im bäuerlichen Bereich hatten vor- und außereheliche Sexualbeziehungen ebenfalls häufig Sanktionen zur Folge. Es gab aber regionale Differenzen. Teilweise wurden in Gebieten mit striktem Anerbenrecht und hohem Heiratsalter voreheliche Geschlechtsbeziehungen weitgehend sozial akzeptiert. Die unehelichen Kinder wurden nach Hofübernahme und Eheschließung häufig legitimiert. Generell kam der ehelichen Geburt bei den Bauern nicht jene überragende Bedeutung zu wie beim Handwerk.[160]

Ob den Bauern trotz sozialer Kontrolle im Dorf ein unbefangeneres Ausleben ihrer Sexualität möglich war als den Handwerkern, was sich aus den häufigen Hinweisen der Literatur auf die Beziehung Bauer – Magd schließen läßt, kann nicht geklärt werden. Eine mögliche Bestätigung könnte man der Tatsache entnehmen, daß die Zunftvorschriften härtere Sanktionen vorsahen, nicht nur auf moralische Verurteilung zielten, sondern auf die ökonomische Existenz. Ob sie deshalb strikter eingehalten wurden, bleibt aber zweifelhaft. Wissell weist zu Recht daraufhin, daß Existenz und Härte dieser Sanktionen eher darauf hindeuten, wie wenig selbstverständlich der »ehrbare Lebenswandel« war. »Dazu waren die früheren Zeiten viel zu naiv-ursprünglich den Freuden des Lebens, auch den geschlechtlichen zugetan ... Gerade das Geschlechtliche scheint im Leben der Handwerker eine große Rolle gespielt zu haben.«[161] Zumindest für die Gesellen ist die relative Ungebundenheit ihres Lebens mit größerer sexueller Freizügigkeit verbunden gewesen. Sie zählten, wie Möller berichtet, in den größeren Orten zu den Bordellbesuchern.[162] Ob solche Gewohnheiten mit der Eheschließung abrupt und dauerhaft endeten, kann nicht belegt werden, erscheint aber zweifelhaft. Untersuchungen zu diesem Problembereich fehlen. Die große Zahl von Versorgungsehen, in denen die affektive Bindung gering, der Altersunterschied häufig sehr groß war, läßt aber vermuten, daß außereheliche Beziehungen nicht so selten waren, wie die Schärfe der zünftigen Sanktionen zunächst annehmen läßt. Von den Handwerkerehen, in denen die Frau beträchtlich älter war als der Mann, schreibt der zeitgenössische Beobachter Nolde, daß die einheiratenden Gesellen »sich aber in Rücksicht des Alters ihrer Frau wohl zu entschädigen wissen.«[163]

Generell wird man, ähnlich wie bei den Bauern, von einem »niedrigen Niveau des erotischen Raffinements«[164] ausgehen dürfen. Wenn auch die Kinderzahl im Handwerkerhaus nicht hoch war, so waren doch häufige Schwangerschaften keine Seltenheit. Allerdings dürfte Harnischs Mutter, die in zwei Ehen zwölf Kinder gebar, wohl eher eine extreme Ausnahme gewesen sein. Aber solche »Dauerschwangerschaften« (Möller) waren auch

nicht selten. Sie lassen vermutlich weniger Rückschlüsse zu auf
»herzliche Zuneigung« als
– auf verbreitete Unkenntnis mechanischer Verhütungsmittel in
  jener Zeit und in Handwerkerkreisen; [165]
– auf das Fehlen mehr oder weniger institutionalisierter sexueller
  Ventile, wie sie das Mätressenwesen beim Adel oder die
  Beziehung zur Magd beim Bauern darstellt (Prostitution war
  vorwiegend auf größere Städte beschränkt); [166]
– auf »jenes häusliche Statusgefüge ..., das der Frau gebot,
  ihrem Mann in allem ›zu Willen‹ zu sein und ihm so erlaubte,
  seine sexuellen Bedürfnisse u. U. selbst auf Kosten einer
  physischen Überanstrengung der Frau zu befriedigen.« [167]

V. Die Situation des Kindes im Handwerkerhaushalt

Auf die Schwierigkeit, abgesicherte Angaben über die Zahl der im
Haushalt lebenden Kinder zu machen, ist schon eingegangen
worden. Bei den vielen Versorgungsehen, in denen die Frau
erheblich älter ist als der Mann, waren von vornherein nur wenige
oder gar keine Kinder mehr zu erwarten. Aber auch insgesamt
konnte von Kinderreichtum keine Rede sein. In Göttingen lag die
durchschnittliche Kinderzahl (1763-1861) pro Handwerkerhaushalt – wie erwähnt – bei zwei bis drei Kindern. Lehners hat für
das ausgehende 17. Jahrhundert ähnliche Durchschnittszahlen
für den österreichischen Marktort Stockerau berechnet. [168] Er
macht dabei auf das schon von den bäuerlichen Haushalten her
bekannte Phänomen eines hohen Anteils von Stiefkindern aufmerksam. In Stockerau waren sie in 10% aller Haushalte vorhanden. Für unseren Untersuchungszeitraum fehlen solche Angaben.
Immerhin kann auf Grund des beschriebenen Zwangs zur Wiederheirat im Gewerbe vermutet werden, daß Stiefkinder nicht
selten waren. Lehners folgert daraus: »Die Familie mit Stiefeltern,
respektive Stiefkindern ... dürfte aber besonders auf affektivem
Gebiet Probleme aufgeworfen haben, die es wert wären, genauer
untersucht zu werden.« [169] Probleme sind durch diese Familien-
konstellationen sicher entstanden. Ob sie sich tatsächlich so stark
auf die affektiven Beziehungen ausgewirkt haben, wie Lehners
unterstellt, ist m. E. angesichts der geringen Bedeutung der
Gefühlsebene in den Handwerkerhaushalten fraglich. Gravierend

scheint mir auch zu sein, daß zwischen den Kindern aus verschiedenen Ehen große Altersabstände bestanden.[170] Andererseits verließen zumindest die männlichen Kinder häufig im Ausbildungsalter das Elternhaus, so daß – im Gegensatz zu den Bauern – das Zusammenleben solcher sehr altersungleicher Geschwister und Halbgeschwister seltener gewesen sein dürfte.

Ob, wie Mitterauer andeutet, bei den Handwerkern eine Beschränkung der Geburten praktiziert worden ist, läßt sich nicht zweifelsfrei entscheiden. Einerseits stützt sein Material diese Schlußfolgerung[171], andererseits fehlen aber vergleichbare Untersuchungen für andere Gebiete sowie Hinweise auf Kenntnisse und Praxis empfängnisverhütender Methoden und Mittel in Handwerkerkreisen.[172]

1. Bedeutung von Kindern

In der familienhistorischen Literatur wird überwiegend die Position vertreten, das Handwerkerkind habe im Haushalt eine ganz andere Bedeutung gehabt als das Bauernkind, das als Arbeitskraft und Erbe erwünscht und notwendig gewesen sei.[173] Daß trotz der starken beruflichen Kontinuität[174] im Handwerk der Betrieb selten in der Vater-Kind-Folge vererbt worden ist, wurde bei der Frage der generativen Zusammensetzung des Handwerkerhaushalts schon diskutiert. Am häufigsten erfolgte die Weitergabe des Handwerksbetriebs *in der Familie* mittels der Heirat der Meisterwitwe.[175] Als Erben hatten Kinder also in der Tat keine zentrale Bedeutung gehabt. Der im Vergleich zu Bauern mindere Wert des Kindes als Arbeitskraft wird damit begründet, daß in vielen Gewerben die Kinder höchstens Hilfsdienste ausüben konnten, und dies sei auch nur dann der Fall gewesen, wenn kein Lehrling gehalten werden konnte. Zudem begrenzten die Zunftbestimmungen die Zahl der gewerblichen Mitarbeiter, auch die der Lehrlinge. Eine Lehre beim Vater, die regional in unterschiedlichem Ausmaß üblich gewesen zu sein scheint[176], kam wegen der Begrenzung der Mitarbeiterzahlen praktisch nicht gleichzeitig für zwei oder mehr Söhne in Frage. Spätestens nach der Gesellenprüfung mußte der Sohn dann endgültig das Elternhaus verlassen und auf die Wanderschaft. Der Meister war dann ausschließlich auf andere Arbeitskräfte angewiesen.

Die hohe Mobilisierung des gewerblichen Nachwuchses durch

die Institution des Gesellenwanderns wirkte somit einer größeren Bedeutung des eigenen Kindes als Arbeitskraft entgegen. In Salzburg waren 1794 90% der Gesellen nicht aus der Stadt; bei den Lehrlingen war das Verhältnis 50 zu 50[177], wobei nicht unterstellt werden kann, daß alle einheimischen Lehrlinge auch beim Vater lernten. In diesem Fall, oder wenn der Sohn ein anderes Gewerbe oder eine ganz andere Berufsausbildung gewählt hatte, fiel er als gewerbliche Arbeitskraft für den Vater sowieso aus. Diese Fälle sind aber alle häufig vorgekommen. Hinzu kam, daß die Handwerkerkinder zahlreicher die Schule besuchten als dies auf dem Lande üblich war. Vielfach war der Schulbesuch auch schon Voraussetzung für eine Lehre. Beides, Schulbesuch und Lehre, erhöhten die Kosten für die Aufzucht der Kinder. Die zeitliche Beanspruchung durch den Schulbesuch sowie die Erfordernisse der Berufsausbildung im Gewerbe und die zünftigen Reglementierungen minderten also die Bedeutung von Kindern als gewerbliche Arbeitskräfte erheblich. Andererseits war der Handwerksbetrieb auch nicht unbedingt auf sie angewiesen. Er konnte seinen unterschiedlichen, schwankenden Arbeitskräftebedarf durch die Aufnahme von Lehrlingen und Gesellen decken und war dadurch den konjunkturellen Wechselfällen gegenüber auch wesentlich flexibler.

Wenn also hier der Mitterauerschen Position zugestimmt wird, daß *generell* das Kind als (gewerbliche) Arbeitskraft im Handwerkerhaushalt keine große Rolle gespielt hat, so darf andererseits nicht übersehen werden, daß in den sehr zahlreichen Alleinmeisterbetrieben Kinder sehr wohl eine wichtige und notwendige Hilfe auch bei der gewerblichen Arbeit gewesen sind. Darüber hinaus bot aber der Handwerkerhaushalt noch viele andere Betätigungsfelder für Kinder. Zunächst sind die mit dem Nebenerwerb verbundenen Arbeiten zu nennen: Feldarbeit, Gartenarbeit, Tierhaltung etc. Dabei fielen Tätigkeiten an, bei denen schon kleine Kinder sich nützlich machen konnten, beispielsweise beim Viehhüten. Daneben waren sie für Botengänge, Einkäufe etc. zu gebrauchen. Speziell Töchter konnten frühzeitig im Haushalt beschäftigt werden. Besonders in den kleinen, wenig einträglichen Gewerben, für die einerseits die Nebenerwerbslandwirtschaft von großer Bedeutung war, und die sich andererseits keine weiteren Arbeitskräfte leisten konnten, war die Bedeutung der kindlichen Arbeitskraft sicher groß. Einen guten Einblick in die Vielfalt kindlicher Tätigkeiten vermittelt die Schilderung Harnischs, der in einem, zumindest in seiner Kindheit, wohlhabenden Haus aufwuchs und als einzig überlebendes von zwölf Kindern von den Eltern möglicherweise sogar mehr als üblich geschont wurde: »Ich wuchs auf, wie Handwerkskinder in kleineren Ackerstädten aufwachsen. Soweit es der regelmäßige Schulbesuch erlaubte, auf den entschieden gehalten wurde, ... nahm ich teil an allen Garten- und Feldarbeiten; und mußte auch zu Zeiten beim Handwerk etwas helfen, indem ich alte Kleider, die gewandt werden sollten, auftrennte (die Nähte verschnitt) ... Das Leben in Feld und Garten gefiel mir besser als die Beschäftigung mit alten Kleidern.« Als äußerst langweilig wurden von ihm dagegen das Viehhüten, Viehfutterschneiden u. ä. empfunden.[178]

Dennoch kann festgestellt werden, daß Kinder für den Handwerkerhaushalt auf Grund der gewerblichen Arbeitsorganisation nicht von so existenzieller Bedeutung waren wie im bäuerlichen Haushalt. Dies ist sicher auch der Grund für die nicht seltenen Fälle der Heirat zwischen einem Gesellen und einer Meisterswitwe oder -tochter gewesen, die schon über das gebärfähige Alter hinaus war.[179] Ob allerdings die bei Handwerkern geringere Kinderzahl als bei Bauern auf die Entbehrlichkeit der Kinder als Arbeitskraft zurückgeführt werden kann, ist fraglich. Zumindest könnte man sich auch noch andere Gründe für eine Beschränkung der Kinderzahl vorstellen, zum Beispiel die im Durchschnitt recht beengten Wohnverhältnisse.

Weder aus ökonomischen Gründen noch aus solchen der Betriebskontinuität hatten Kinder im Handwerkerhaushalt mithin eine besondere Relevanz. Die Söhne verließen relativ früh das Elternhaus. Daß die Töchter länger blieben, hatte weniger mit betrieblichen Notwendigkeiten als vielmehr damit zu tun, daß ihnen keine standesgemäße, eigenständige berufliche Perspektive offenstand. Wenn man diese im Vergleich zu Bauern andere Bedeutung des Kindes im Handwerkerhaushalt bedenkt, ergibt sich die Frage, ob daraus auch eine andere Einstellung zum Kind resultierte. Diese Frage ist sehr schwer zu beantworten. Zweifellos fehlte im Handwerkerhaus jene ausgeprägt instrumentelle Sicht des Kindes, die im Bauernhaus dominierte, wo das Kind zentrale Bedeutung als Arbeitskraft, Unterstützung im Alter und als Erbe hatte. Die »Einstellung zum Kind« setzt sich aber aus mehr Faktoren als nur der Nützlichkeit für die Ökonomie oder die »Kontinuität des Blutes« zusammen. Andere Momente wie traditionelle Haltung gegenüber Kindern in einer Gesellschaft, Umfang der Säuglings- und Kindersterblichkeit, Möglichkeit effektiver Geburtenkontrolle etc., aber auch spezifische Lebensbedingungen wie Wohn- und Arbeitsverhältnisse, spielen eine ebenso große Rolle. Insofern kann m. E. nicht ohne weitere Untersuchungen, die jedoch wegen der Quellenlage schwierig sind, auf eine spezifische Einstellung zum Kind im Handwerkerhaus geschlossen werden. Dies betonen kann aber nicht heißen, daß der Verlauf der Kindheit im Handwerkerhaushalt nicht anders strukturiert war als im Bauernhaus. Die Andersartigkeit der Lebens- und Arbeitsverhältnisse setzte sich auch in diesem Fall durch.

2. Verlauf und Inhalt des Erziehungsprozesses im Handwerkerhaushalt[180]

Die beschränkten Lebensverhältnisse der Mehrzahl der Handwerkerhaushalte bedingten den Verzicht auf professionelle Erziehungspersonen. Die in Autobiographien genannten Beispiele einer Amme und Wärterin oder eines Hofmeisters[181] fanden sich nur in überdurchschnittlich wohlhabenden Häusern, wie dem des schon erwähnten Maurermeisters Zelter in Berlin, der eher den Unternehmern als den Handwerkern zuzurechnen ist.

Als Erziehungspersonen kamen daher zunächst lediglich die üblichen Haushaltsangehörigen in Frage. Die Mutter betreute das Kleinkind, unterstützt von größeren Kindern, häufig auch vom Lehrling, der in vielen Handwerkerbetrieben die Dienste eines Kindermädchens versehen mußte. Die personelle Konstellation bei der Erziehung war also ganz entscheidend durch die Einheit von Betrieb und Haushalt geprägt: nicht nur die Mutter und Geschwister, auch der Vater, häufig noch Lehrling und Geselle, waren frühzeitig in den Erziehungsprozeß involviert. Damit soll nicht gesagt werden, daß alle diese Personen sich im Handwerkerhaushalt intensiv um das Kind kümmerten. Ebenso wie bei den Bauern wuchsen auch hier die Kinder weitgehend »nebenbei« auf, ohne daß ihren Bedürfnissen übermäßige Aufmerksamkeit zuteil wurde. Vielmehr versuchte man, »in Häusern, wo viel Arbeit ist, ... die kleinsten Kinder meistens soviel wie möglich aus dem Hause zu schaffen ...«[182] Die Notwendigkeiten und

Zwänge des alltäglichen Lebens und der Arbeit strukturierten weitgehend die Behandlung des Kindes. Der Großteil elterlicher Erziehung bestand in dem faktischen Zusammenleben.[183]

Über die frühkindliche Erziehung fehlen, ebenso wie bei den Bauern, weitgehend präzise Informationen. Insbesondere über die Reinlichkeitserziehung schweigen sich die Quellen aus. Die folgenden Ausführungen sind daher nur sehr punktuell. Im Vergleich zu heutigen Verhältnissen scheinen relativ lange Stillzeiten üblich gewesen zu sein. Nolde berichtet von einem Jahr (in Rostock)[184], teilweise werden auch noch längere Zeiten genannt.[185] Die orale Orientierung des Kleinkindes wurde verstärkt durch verbreitete Verwendung des Saufnapfens oder Zulps. Teilweise war er offenbar nicht nur Beruhigungsmittel, sondern diente auch zur Nahrungsaufnahme, denn Bronner beschreibt ihn als ein »feuchtes Brod in ein Tüchlein gewickelt, das man in unserer Gegend den Kindern darreicht, um sie zu stillen.«[186]

Verbreitet scheint auch, wenn man den Quellen glauben darf, der Gebrauch von Beruhigungsmitteln gewesen zu sein. Neben heftigem (!) Wiegen der Kinder, wurden ihnen Mohnaufgüsse, Opium, Branntwein eingeflößt.[187] Man kann sich leicht vorstellen, daß die hohe Kindersterblichkeit auch hierin eine Ursache hatte.[188] Von Zeitgenossen heftig bekämpft wurde die sexuelle Stimulierung der Kinder, die als ein weiteres probates Einschläferungsmittel praktiziert wurde.[189] Wenn man zudem berücksichtigt, daß der Säugling – wie zu der Zeit noch allgemein üblich – fest gewickelt wurde, so stellt sich die frühkindliche Erziehung als ein fortwährender Versuch der Erwachsenen dar, das Kind ruhig zu halten. Diese Dominanz von Beschwichtigungsstrategien wurde zweifellos erzwungen durch die Inanspruchnahme der Eltern durch die tägliche Arbeit, aber auch durch die beengten Wohnverhältnisse, in denen die Mehrzahl der Handwerker lebte. Es gab in Handwerkerkreisen selten gesonderte Kinderzimmer. Eltern und Kinder schliefen normalerweise zusammen in einem Raum, häufig auch mehrere Personen in einem Bett.

Ob man angesichts dieser (allerdings insgesamt sehr spärlichen) Informationen von einer vergleichsweisen Frustrationsfreiheit in der frühkindlichen Erziehung des Handwerkerkindes sprechen kann, wie Möller das tut[190], scheint sehr fraglich. Viel wichtiger ist die Bemerkung Schlumbohms, daß die Ungeschiedenheit der

Lebenssphären von Erwachsenen und Kindern, wie sie sich beispielsweise in der Schlafsituation ausdrückt (die ganz ähnlich wie im Bauernhaus war), neben zweifellos negativen, auch positive Wirkungen hatte. Unter Hinweis auf die »massiven Angstgefühle von Kindern (aus dem besitzenden Bürgertum), denen das ›Alleinschlafen‹ konsequent zur Pflicht gemacht wurde«, schreibt er: »Demgegenüber konnte das Schlafen von Erwachsenen und Kindern in einem Bett das Leben von Säuglingen gefährden, aber Kindern auch Wärme und Körperkontakt bieten. Freilich mag es sein, daß der Name ›Liebe‹ zu sehr an eine aktive, bewußte und außergewöhnliche Hinwendung denken läßt und überhaupt ein zu großes Wort für solche Verhaltensweisen ist, die, in beträchtlichem Maße aus der Not geboren, als quasi-natürliche und selbstverständliche praktiziert wurden.«[191] Zweifellos liegt hier eine der zentralen Differenzen zwischen heute üblichen, »normalen« Sozialisationsbedingungen und denen der traditionellen Familienformen.

Wenn das Kind laufen konnte, gelangte es offenbar recht unmittelbar unter die hausherrliche Gewalt, die sich sehr häufig in brutaler körperlicher Züchtigung äußerte. Nolde berichtet aus Rostock, daß die barbarischen elterlichen Schläge die Gesundheit der Kinder schädigten.[192] Auch die Autobiographien sind voll von Berichten über exzessive Prügel. Bronner bekam als Kind von seinem Vater so heftige Ohrfeigen, daß er ein paar Wochen lang vollständig taub war.[193] Fischer wurde von seinem Vater nur zum Verprügeln in den Arm genommen. Er bekam dermaßen viel davon und unterlag so starken Einschränkungen seiner Bewegungsfreiheit, daß er zu einem sehr stillen und ängstlichen Knaben heranwuchs.[194] Und von Ludwig Tiecks Vater wird berichtet: »...die Hand väterlicher Züchtigung (ruhte) oft schwer auf Ludwig.«[195]

Auch im bäuerlichen Haus strukturierten Befehl und Gehorsam die Beziehungen zwischen Eltern und Kindern. Daß sich die Beispiele väterlicher Gewaltausübung in den Autobiographien der Handwerkersöhne so häufen, mag einen Grund in den Wohnverhältnissen haben, bei deren Enge Gereiztheit und Zorn leicht entstanden und denen man dann nur schlecht ausweichen konnte.[196]

Die körperliche Züchtigung verfolgte das verbreitet anerkannte Ziel, die Kinder »an pünktlichen und schnellen Gehorsam« zu gewöhnen. Denn, wie Rumpf die Eltern ermahnt: »Ihr müßt die Gewöhnung . . . ganz früh anfangen. Das Kind muß schon ganz klein gewöhnt werden, sich dem Willen der Mutter und des Vaters zu unterwerfen.«[197] Völlige Subordination unter die Eltern verwies das Kind auf den ihm im »ganzen Haus« angemessenen Platz. Ebenso wie das Kind im Bauernhaus internalisierte es frühzeitig die hierarchische Struktur des Hauses.

Auch über die Beziehung zu den Eltern können nur aus den Autobiographien Folgerungen gezogen werden. Fast überall ist das Verhältnis des (männlichen) Kindes zu den Eltern charakterisierbar durch Furcht und Respekt vor dem Vater und Zuneigung zur Mutter. Nahezu durchgängig schildern die (von Männern verfaßten) Autobiographien die Mutter als den sanfteren Elternteil. Andererseits aber verhalten sich Eltern gegenüber Kindern je nach Geschlecht sehr unterschiedlich. Und wenn die Verfasser der Autobiographien ihre Mutter als freundlicher und liebevoller als den Vater schildern, so könnte sich darin die spezielle Bindung an das gegengeschlechtliche Kind spiegeln.

Die uneingeschränkte Autoritätsposition des Meisters im Handwerkerhaus führte zu einer Distanz gegenüber den Kindern, die Gefühle der Zuneigung von beiden Seiten nur schwer aufkommen ließ bzw. verhinderte, sie zu zeigen. So wird beispielsweise von Tiecks Vater berichtet, er sei »gegen die Kinder kurz, streng und abweisend (gewesen) . . . niemals lobte er; er ließ gewähren, und seine Billigung sprach er meist durch Stillschweigen aus.« Der Vater liebte besonders seinen ältesten Sohn, war aber unfähig diese Zuneigung zu zeigen. »Von einem solchen Vorzuge hatte dieser unter der züchtigenden Hand des Vaters keine Ahnung, und er staunte nicht wenig, als ihm in späterer Zeit, da er zum Jüngling geworden war, der Vater das Geständnis ablegte, er sei eigentlich sein Liebling gewesen.«[198]

Beweise von Zärtlichkeit und Liebkosungen der Eltern gegenüber den Kindern werden nicht erwähnt. Fischer schreibt von der Liebe seiner Eltern ihm gegenüber, sie habe sich freilich nicht durch »Streicheln, Küssen oder Spielen oder in den Arm nehmen (ausgedrückt) . . ., denn da ist mir auch nicht das allergeringste davon bewußt.«[199]

Obwohl der Eltern-Kind-Beziehung im Handwerkerhaus jene ausgeprägt instrumentelle Perspektive auf das Kind fehlte, die die Verhältnisse im Bauernhaus gekennzeichnet hatte, wodurch

Raum für eine stärkere Zuwendung zum Kind freiwerden *konnte,* so stand dem offenbar in vielen Fällen die autoritär-hierarchische Verfassung des ganzen Hauses entgegen.

In die gleiche Richtung wirkte die durch die Einheit von Arbeit und Wohnung sowie die Einbeziehung von Gesellen und Lehrlingen in die beengten Wohnungen fehlende Privatheit. Sie stand einer Intimisierung der Familienbeziehung entgegen. Meines Erachtens liegen in diesen Merkmalen des Handwerkerhaushalts die entscheidenden Ursachen des geringen emotionalen Niveaus der Beziehungen, weniger, wie Möller im Anschluß an Bossards »law of family interaction« folgert, in der Zahl der Mitglieder, wodurch »die zwischenmenschlichen Beziehungen derart zunehmen, daß ihnen nicht mehr, wie in der modernen Kernfamilie, emotional ausreichend entsprochen werden kann.«[200]

Außer dem Abbau der instrumentellen Beziehung zum Kind sind vermutlich die Reduktion des Autoritätsgefälles in den Eltern-Kind-Beziehungen und eine Intimisierung des Familienlebens notwendige Voraussetzungen für eine Verbesserung der Position des Kindes im Hause sowie einer Intensivierung der Beziehungen.

Kompensation für die durch räumliche Enge und repressive Atmosphäre gekennzeichnete häusliche Situation fanden die Kinder im Spiel, das sich vorzugsweise auf der Straße abspielte. Die Kinder eines Häuserblocks oder eines Viertels fanden sich hier zum Spiel, aber auch zu »Straßenschlachten« zusammen. Schlumbohm hat die prägende Bedeutung der »Straße«, die den Kindern einen von der Kontrolle seitens der Erwachsenen weitgehend freien Raum bot, für den Sozialisationsprozeß des »Kleinbürgers« herausgearbeitet. Dabei hat er zutreffend darauf hingewiesen, daß »die *relative* Bedeutung dieses Sektors autonom regulierten Gruppenhandelns . . . um so größer (war), je weniger emotionale Intensität die Beziehungen in der Familie und in anderen Sozialisationsinstanzen hatten und je weniger sich Eltern und andere Bezugspersonen kontinuierlich und ausdrücklich dem Kinde zuwendeten und sich mit ihm beschäftigten.«[201] Für die Mädchen, die im allgemeinen früher und stetiger zur Hausarbeit herangezogen wurden und zudem in ihrer Bewegungsfreiheit größeren Restriktionen unterlagen, wird man allerdings die Bedeutung der Sozialisationsinstanz »Straße« geringer ansetzen müssen.

3. Erziehungsmaximen

Neben dem Erziehungsziel »Gehorsam« wurden von Rumpf die Erziehung zur »Arbeitsamkeit« und »Schamhaftigkeit« genannt. Gemäß dem Motto, daß der »Müßiggang die Urquelle allen Lasters« sei, sollten die Kinder frühzeitig, nämlich am besten, sobald sie laufen können, beschäftigt werden. Angesichts der Verhältnisse im Handwerk waren diese Mahnungen Rumpfs recht überflüssig.

Bei den ärmeren Handwerkern arteten die Hilfsdienste, die die Kinder frühzeitig leisten mußten, teilweise in eine ausgesprochene Plackerei aus, wie Fischer aus seiner Jugend berichtet. Er wurde nicht nur von seinem Vater zur Hilfsarbeit in der Bäckerei, einschließlich des Verkaufs von Brezeln auf der Straße und auf der Kirmes herangezogen, sondern mußte als ältestes Kind auch der Mutter bei den Hausarbeiten helfen.[202] Für die Mädchen im Handwerkerhaus, für die keine autobiographischen Zeugnisse vorliegen, dürfte das Hineinwachsen in die weiblichen Arbeiten unter der Aufsicht der Mutter früher und kontinuierlicher stattgefunden haben. Rumpfs Ratschlag: »Die Töchter müssen früh gewöhnt werden, kraftvoll und geschickt zu arbeiten, häuslich und sittsam zu sein, *wenig zu begehren, gern zu dienen und sehr geduldig auch Lasten und Beschwerden zu ertragen*«[203], vermittelt einen Eindruck von ihrer Situation.

Wenn Schlumbohm das Heranziehen zur Arbeit mit der Intention der Eltern erklärt, »die durch die Kinder verursachten Netto-Kosten möglichst gering zu halten«[204], so verkennt er m. E. das Funktionsprinzip dieser Haushalte und unterstellt das Vorherrschen eines Kosten-Nutzen-Denkens, das, wie anfangs gezeigt wurde, traditioneller handwerklicher Mentalität prinzipiell fremd gewesen ist. Ebenso wie bei Bauern, mußte auch im Handwerkerhaushalt jedes Mitglied im Rahmen der überkommenen Arbeitsteilung je nach Vermögen bei den anfallenden Arbeiten mithelfen, ohne daß bei der Verteilung dieser Arbeiten ihr Wert abgeschätzt und in Beziehung zu den Lebenshaltungskosten gesetzt wurde. Die Mitarbeit auch der Kinder gehörte zu den Selbstverständlichkeiten aller Familienformen, in denen die Arbeit, auch die gewerbliche, integraler Bestandteil des täglichen Lebens war, traditionell ökonomische Knappheit vorherrschte und die Welt der Erwachsenen und die der Kinder (noch) keine getrennten Sphären waren.

Die Erziehung zur »Schamhaftigkeit«, die Rumpf betont, wird durch die Autobiographien teilweise bestätigt. So berichtet Zelter von seiner Mutter, sie habe ihm eine »strenge Schamhaftigkeit als die Tugend aller Tugenden« von frühester Jugend an gepriesen.[205] Es gibt auch einige Zeugnisse darüber, daß Schamhaftigkeit zumindest in der Praxis nicht die Rolle gespielt hat, die Rumpf ihr in seiner Theorie der Erziehung zuschreiben will. Beispielsweise berichtet Brandes, wie er zwölfjährig in den Haushalt eines Vetters aufgenommen wurde: »Wegen Mangel an Betten hatte mein Vetter mich seiner Köchin zum Schlafgesellen gegeben; diese machte in der Nacht öfter Versuche, Begierden in mir zu wecken; ich, noch ganz unschuldig, konnte gar nicht begreifen, warum sich das Mädchen immer so lebhaft an mich drängte; . . .«[206] Kurze Zeit darauf versuchte ein etwas älterer Vetter ihn zur Onanie zu verführen, angeblich ohne Erfolg.[207] Eine ähnliche Situation schildert Probst, dem von seinem Lehrherrn, der seine Vaterschaft vertuschen wollte, die geschwängerte Magd ins Zimmer einquartiert wurde.[208] Offenbar handelte es sich beim Zusammenschlafen halbwüchsiger Knaben und Mädchen nicht um etwas außerordentlich Unübliches.

Ein weiteres Merkmal der Erziehung im Handwerkerhaus war die starke *Religiosität*.[209] Die autobiographischen Belege dafür sind zahlreich. Und selbst wenn, wie im Haus Tieck, der Vater ein Freund der Aufklärung war und über die Irrealität religiöser Inhalte spottete, dann war bestimmt die Mutter tief religiös und vermittelte den Kindern ihre religiösen Bindungen. Üblicher aber dürfte gewesen sein, daß beide Eltern religiös, bibelfest und Kirchgänger gewesen sind. Ein schönes Beispiel hausväterlicher Gesinnung zeigte Harnischs Vater, in dessen Hause der zweimalige sonntägliche Kirchgang (für die Eltern, die sich abwechselten je vierzehntägig) für alle obligatorisch war, einschließlich der Gesellen, Lehrlinge und der Dienstmagd. Auch das Vorlesen geistlicher Erbauungsliteratur gehörte zu den sonntäglichen Beschäftigungen.[210]

Diese Hinweise müssen vor dem Hintergrund gesehen werden, daß die Kirche (und kirchliche Bindungen) eine der tragenden Säulen des sozialen Lebens der Stadt war und die Wahrung bestimmter Formen, zu denen auch der regelmäßige Kirchgang gehörte, vom Handwerker erwartet wurde. Die Einhaltung solcher Formen machte einen erheblichen Teil seines Ansehens aus. Zugleich muß aber betont werden, daß ebenso wie im Bereich der zünftigen Organisation auch hier, in der religiösen Unterweisung und Übung, vieles zum leeren Ritual geworden war, unter dem am ehesten die Kinder litten. Besonders in Pietisten-Kreisen war diese Hypostasierung religiöser Übungen weit verbreitet.[211] Brandes wurde als Kind von einer Tante, die ständig betete und in die Kirche lief, dermaßen auf ihre Lebensweise gedrillt, daß er, wie er schreibt, »beinahe zum Heuchler und Dummkopf dabei ausartete.«[212] »An Sonn- und Festtagen füllte das Lesen der Bibel und einiger Postillen die Zeit zwischen den öffentlichen dreimaligen Gottesdiensten in der Kirche und den Mahlzeiten aus. An Werkeltagen wurde das liebe Vaterunser, im Geleit von etwa fünf anderen Gebeten, gewöhnlich nur sechsmal gemißbraucht; aber an Sonn- und Feiertagen stieg diese Zahl wegen des Gottesdienstes, wo man jedesmal, ohne ein dreimaliges Vaterunser zu beten, nicht wegkam, auf ein ganzes Dutzend und darüber.«[213]

Die Schule bildete keinen Gegenpol zur häuslichen Erziehung. Das lag zum einen daran, daß die Schulverhältnisse, speziell in den kleineren Orten, miserabel waren. Besonders trugen dazu große Klassen, sowie unqualifizierte und schlecht besoldete Lehrer bei, die auch nur gerade ein bißchen Lesen, Schreiben und Rechnen beherrschten.[214] Zum anderen aber regelte in der Schule ebenso wie im Elternhaus das Prinzip von Befehl und Gehorsam die Beziehungen zwischen den Erwachsenen und den Kindern, bei dessen Durchsetzung das Mittel der körperlichen Züchtigung uneingeschränkt den Vorzug gegenüber allen anderen hatte.[215]

Aber noch auf einer anderen Ebene bestand Kontinuität zwischen Elternhaus und Schule: in der selbstverständlichen Dominanz religiöser Inhalte. Bibel, Katechismus und Gesangbuch bildeten den gewöhnlichen Lesestoff. Klöden charakterisiert diese Situation durch den Eindruck, »daß die Schule mit der Kirche förmlich verwachsen war, ja, daß sie eigentlich nur der letzteren wegen da war . . . Der gesamte Unterricht bezog sich auf Religion und Kirche und gewann dadurch allerdings eine seltene Einheit . . . Nur das Rechnen war eine fremdartige Lektion.«[216]

Gleichwohl spielte die Schule für das Handwerkerkind eine größere Rolle als für das Bauernkind. Das lag zum einen daran, daß die Kinder in der Stadt oft schon vom dritten Lebensjahr an in die ABC-Schulen gingen, wo sie Stillsitzen und die Anfangsgründe des Lesens lernten. Zum anderen erlaubte die geringere Bedeutung als Arbeitskraft dem Handwerkerkind auch regelmäßigen Schulbesuch. Schule, die engere und vielfältigere Nachbarschaft in der Stadt, das Leben und Spielen auf der Straße vermittelten dem Handwerkerkind mehr und andere Anregungen als dem Bauernkind, trugen somit zu seiner größeren Einbezogenheit in gesellschaftliche Zusammenhänge bei.

Für die Mädchen war der weitere Lebensweg klar und eindeutig. Sie mußten im Hause der Eltern bleiben und sich mit häuslichen Beschäftigungen nützlich machen, bis sie geheiratet wurden. Für die Knaben begann die Berufsausbildung. Für viele Handwerkersöhne lag es nahe, das väterliche Gewerbe zu erlernen. Sie waren von klein auf damit vertraut. Weitere Vorteile boten die Privilegierung der Meistersöhne durch die Zünfte bei Ausbildung, Meisterprüfung bzw. Niederlassung. Auffallend sind in den Autobiographien die Hinweise darauf, daß im Konfliktfall bei der Berufswahl der väterliche Wille ausschlaggebend war. Der Wunsch des Knaben war demgegenüber sekundär. So wurde Zelter von seinem Vater zum Maurerhandwerk gezwungen; Fischer von seinem als Bäckerlehrling angenommen, obwohl dieser Beruf der einzige war, von dem er mit Sicherheit wußte, daß er ihn nicht ergreifen wollte.[217] Beide Väter setzten ihren Willen aber aus ganz unterschiedlichen Motiven durch. Der Maurermeister Zelter besaß einen großen und gutgehenden Betrieb, den offenbar der Sohn weiterführen sollte. Sein Verhalten paßt also zu der bereits erwähnten Tatsache, daß Erblichkeit des Betriebes am ehesten bei den wohlhabenden Handwerksmeistern zu finden war. Der verarmte Bäckermeister Fischer hingegen zwang seinen Sohn zu sich in die Lehre, weil er dadurch das Lehrgeld sparte, um dessen Zahlung er bei einer anderen Ausbildung vermutlich kaum herumgekommen wäre.

Auch die meisten Bauernkinder sind im Laufe ihres Lebens aus dem Umkreis bäuerlicher Arbeiten nicht herausgekommen. Aber für sie hatte es kaum Alternativen gegeben, wenn nicht eine nahegelegene Stadt sie ihnen sichtbar vor Augen demonstrierte. Der Sohn des städtischen Handwerkers hatte – bei aller prägenden Kraft des väterlichen Berufes, der vor seinen Augen ausgeübt wurde – hingegen von klein auf auch eine Vielfalt von beruflichen Alternativen (selbst im Gewerbe) vor Augen. Insofern traf ihn die Durchsetzung des väterlichen Willens vermutlich härter als das

Bauernkind. Die Determination des einzelnen im »ganzen Haus« konnte sich also auf verschiedenen Wegen durchsetzen: einmal vorwiegend durch das allmähliche, bruchlose Hineinwachsen des Kindes in die ihm zugedachte (Berufs-)Rolle, sodann durch massives Durchsetzen des väterlichen und hausherrlichen Willens. Für die Entwicklung persönlicher Begabungen und Fähigkeiten war auch im Handwerkerhaushalt wenig Raum. Andererseits muß bedacht werden, daß durch die Berufsausbildung im Handwerk für den (männlichen) Heranwachsenden der Lebens- und Erziehungsrahmen – verglichen mit den Verhältnissen beim Bauern – eine Erweiterung erfuhr.[218]

Die häusliche Situation, in der das Kind im Handwerkerhaus heranwuchs, kann abschließend noch einmal gekennzeichnet werden durch:
- häufige Auseinandersetzung zwischen den Eltern, die dem Kind nicht verborgen bleiben konnten, selbst wenn dies von den Eltern intendiert worden wäre;
- Durchsetzung des elterlichen Willens gegenüber dem Kind mittels körperlicher Züchtigung;
- wenig Zeit der Eltern und der anderen Haushaltsmitglieder für die Beschäftigung mit den Kindern;
- ein insgesamt geringes Niveau der (positiven) affektiven Beziehungen;
- frühes Heranziehen des Kindes zur Arbeit sowie
- starke Determination der Entwicklung des Kindes (Knaben) durch das väterliche Vorbild oder die explizite Durchsetzung des väterlichen Willens.

VI. Die Einbeziehung von Lehrlingen und Gesellen in den Meisterhaushalt

Die spezifische Prägung bekam der Meisterhaushalt einmal durch die Einheit von Wohn- und Arbeitsstätte. In der Regel war beides unter einem Dach vereint. Typische Ausnahmen bildeten nur einige wenige Gewerbe wie die Bauhandwerke. Zum anderen tendierte der Handwerkerhaushalt wesentlich bedingt durch diese räumliche Einheit »strukturell zu Familienformen mit Gesinde.«[219] Die Einbeziehung von Lehrlingen und Gesellen in den

Meisterhaushalt ist das Pendant zur Einbeziehung des Gesindes in das Bauernhaus.

Selbst wenn man berücksichtigt, daß es im Untersuchungszeitraum im Handwerk einen hohen Prozentsatz von Alleinmeistern gegeben hat, die ohne Lehrling und Gesellen produzierten, so muß man bedenken, daß diese Situation sich entsprechend der Auftragslage wandeln konnte. Das heißt, auch Alleinmeister konnten zu anderen Zeiten durchaus einen Lehrling und/oder Gesellen gehalten haben oder halten.

Zwar war in den größeren Orten im Untersuchungszeitraum schon ein Teil der Gesellen verheiratet[220], was eine Aufnahme in den Meisterhaushalt ausschloß, und auch Lehrlinge wohnten nicht mehr stets beim Meister. Teilweise handelte es sich dabei um Ausnahmefälle, wie die bereits erwähnten Bauhandwerke, teilweise hielten sich die zünftigen Gepflogenheiten regional, aber auch nach Branchen differenziert, unterschiedlich lange.[221] Gleichwohl kann davon ausgegangen werden, daß um 1800 Lehrlinge und Gesellen *im Normalfall* noch beim Meister wohnten. Der Handwerkerhaushalt erwies sich insofern als eine Variante der Sozialform des »ganzen Hauses«, die damit das grundlegende Sozialgebilde nicht nur der bäuerlichen, sondern auch der städtisch-bürgerlichen Kultur darstellte.[222]

Ebenso wie beim bäuerlichen Gesinde muß die Frage nach der Position der gewerblichen Arbeitskräfte im Meisterhaushalt gestellt werden. Dabei erweist es sich als notwendig, aufgrund des unterschiedlichen Alters und sozialen Status zwischen Lehrling und Gesellen zu differenzieren.

In den meisten Gewerben wechselte der *Lehrling* mit Lehrbeginn, im Alter von zwölf bis vierzehn Jahren vom Elternhaus in das des Meisters über. Er erhielt dort Kost und Logis, wurde also Haushaltsmitglied und unterstand als solches der vollen patriarchalischen Gewalt des Meisters und Hausherrn. Das Verlassen des Elternhauses war mithin kein emanzipatorischer Schritt, sondern nur ein Wechsel der Erziehungs- und Aufsichtspersonen. Der häusliche Rahmen des Lebens und die Unterordnung blieben erhalten. Damit ist das Wesentliche über die Position des Lehrlings im Meisterhaushalt ausgesagt: wie *als* Kind und wie *das* Kind unterstand er dem hausväterlichen Regiment. Die Methoden der Lehrlingsausbildung waren weitgehend identisch mit denen der Erziehung der eigenen Kinder. Insofern gehörten auch

»Schläge ... zur Erziehung des Lehrlings wie das Brot zur täglichen Nahrung.«[223] Diese Bemerkung Neumanns deutet schon darauf hin, daß die traditionelle Form der Lehrlingsausbildung nicht idealisiert werden darf. Mißbräuche hatten sich schon in der Blütezeit des Handwerks eingeschlichen[224] und waren im Untersuchungszeitraum häufig. Anlaß zur Klage gaben insbesondere:

- schlechte Ausbildung;[225]
- Heranziehung des Lehrlings zu Haus- und Küchendiensten;[226]
- schlechte Unterbringung;[227]
- exzessive körperliche Züchtigung, die bis zur Mißhandlung ausartete.[228]

Da vielfach die Schutzfunktion der Zunft gegenüber dem Lehrling nicht (mehr) funktionierte, war er häufig faktisch recht- und schutzlos der Willkür des Meisters preisgegeben.[229] Obgleich diese Mißstände sich im Untersuchungszeitraum häuften, darf nicht übersehen werden, daß in der Mehrzahl der Fälle die Lehrlingsausbildung noch funktionierte. Zum anderen war bereits deutlich geworden, daß Prügel und Arbeit in vielen Handwerkerhaushalten auch das gewöhnliche Los der Kinder bildeten, der Lehrling in dieser Hinsicht also keine besondere Behandlung erfuhr.

Nach den Regelungen der Zunftverfassung war der *Geselle* ebenso wie der Lehrling in den Meisterhaushalt eingegliedert. Er erhielt Kost und Logis, dazu einen (geringen) Lohn. Damit verbunden waren der Zwang zur Ehelosigkeit und die Unterordnung unter die hausherrliche Gewalt. Diese Ein- und Unterordnung bedeutete die Überwachung der obrigkeitlich festgelegten oder durch Zunftverordnungen geregelten Lebensweise der Gesellen, insbesondere ihres »ehrbaren Lebenswandels«.[230] So mußte der Geselle abends zu einer bestimmten Zeit im Hause sein und durfte nicht ohne vorherige Genehmigung auswärts übernachten.[231] Die umfassende Unterwerfung auch des Gesellen unter die Hausherren-Disziplin schloß die Berechtigung des Meisters ein, Vergehen gegen seine Anordnungen mit Züchtigung zu strafen. Dies war nicht nur sein Recht, sondern auch seine ihm auferlegte und sozial kontrollierte Pflicht. Es ist allerdings naheliegend, daß die Einordnung des halbwüchsigen Lehrlings in die hierarchische Struktur des Hauses und auch die Durchsetzung des hausherrlichen Willens ihm gegenüber unproblematischer gewesen sein dürfte als gegenüber dem Gesellen. Und in der Tat lag in der Einbeziehung der Gesellen in den Meisterhaushalt und ihrer Unterwerfung unter die hausherrliche Gewalt eine der wesentlichen strukturellen Konfliktquellen des Handwerkerhauses.[232] Das Erlebnis relativer Ungebundenheit zur Zeit der Wanderschaft machte die Unterordnung während des Arbeitsverhältnisses besonders drückend. Vieles spricht dafür, daß die Meister ihre ihnen zustehende und auferlegte soziale Kontrolle gegenüber den Gesellen nicht voll durchsetzen konnten. Je älter der Geselle war, und das Durchschnittsalter stieg infolge der Schließung der Zünfte, desto problematischer wurde diese Konstruktion.

Unterschiede in der Einbeziehung von Lehrlingen und Gesellen in den Meisterhaushalt resultierten aber nicht nur aus der Altersdifferenz, sondern auch aus der unterschiedlichen Verweildauer im Hause. Eine Lehre dauerte mindestens drei bis dreieinhalb Jahre.[233] Den Meister zu wechseln, war praktisch ausgeschlossen. Der Lehrling blieb also im Durchschnitt viel länger als beispielsweise das bäuerliche Gesinde bei einem Dienstherrn. Anders lagen die Verhältnisse bei den Gesellen. Sie arbeiteten in der Regel nur kurze Zeit bei einem Meister.[234] Der häufige Wechsel stand einer stärkeren Integration in den Haushalt entgegen.

Hier erhebt sich die Frage, ob innerhalb des so zusammengesetzten Handwerkerhaushalts die aus Eltern und Kindern bestehende Kernfamilie sich gegenüber den gewerblichen Arbeitskräften abgrenzte, oder ob sich – wie im Bauernhaus – eine solche Differenzierung nicht durchsetzte. Die Frage ist nicht leicht zu beantworten. So hatten beispielsweise die Gesellen im Hause eine etwas andere Rechtsposition inne als das Gesinde.[235] Das heißt, selbst die rechtliche Verfassung des Meisterhauses differierte zwischen den verschiedenen Haushaltsangehörigen.

Im Gegensatz zum bäuerlichen Haushalt, in dem verwandte und nicht-verwandte Personen gleichermaßen Gesindestatus haben konnten und deshalb das Kriterium der Blutsverwandtschaft gegenüber der Position im Hause sekundär wurde, wurden als gewerbliche Arbeitskräfte meist keine Verwandten in den Handwerkerhaushalt aufgenommen.[236] Bei den Lehrlingen war das unterschiedlich: in manchen Orten lernten die Söhne oft beim Vater[237], in anderen Gegenden war das unüblich. Wenn sich die gewerblichen Arbeitskräfte aber überwiegend aus nichtverwandten Personen rekrutierten, so ließe sich daraus folgern, daß die Verwandtschaftsbeziehung zwischen Eltern und Kindern dadurch besonders herausgehoben wurde und zu einer Abgrenzung dieser Gruppe innerhalb der Haushalte führte. Auch zünftige Bestimmungen wie die Privilegierung der Meistersöhne betonten die Verwandtschaftsbeziehung. Andererseits zeigt der Fall Klödens, der bei seinem Onkel lernte und sehr gekränkt darüber war, nicht als Verwandter, sondern nur als Lehrling behandelt zu werden, daß das Faktum der Blutsverwandtschaft auch unter diesen Bedingungen nicht unbedingt Folgen hatte.[238] Die Frage läßt sich aber nicht eindeutig entscheiden. Im Untersuchungszeitraum vollzogen sich im Handwerk unterschwellig schon große Veränderungen. In den Großstädten waren die Gesellen und Lehrlinge schon häufiger nicht mehr in die Haushalte einbezogen. Insofern war ihre Lage dort im Durchschnitt anders als in den Klein- und Mittelstädten, wo traditionelle Vorstellungen und Verhaltensweisen noch recht ungebrochen dominierten. Unterschiede zeigten sich auch in den einzelnen Branchen des Handwerks. Daraus erklärt sich, daß für die Zeit um 1800 sowohl Hinweise auf eine Abgrenzung der Meisterfamilie von den Arbeitskräften als auch solche auf »Familienanschluß« der Gesellen und Lehrlinge in den Quellen zu finden sind.[239] Generell aber ging auf Grund der Strukturwandlungen des Handwerks und der Ausbreitung des bürgerlichen Familienleitbildes die Tendenz im Laufe des 19. Jahrhunderts zu wachsender sozialer Distanz zwischen Meisterfamilie und gewerblichen Arbeitskräften.[240]

Solange Lehrling und Geselle aber im Hause des Meisters arbeiteten, lebten und verköstigt wurden, kam allein schon dieser Tatsache für das Zusammenleben große Bedeutung zu. Diese »Offenheit« des traditionellen Handwerkerhaushalts für die Einbeziehung weiterer Personen stand – unabhängig von dem Grad dieser Integration – der Ausbildung einer nach außen abgegrenzten familialen Privatsphäre entgegen.

Die Einbeziehung von Gesellen und Lehrlingen in den Meisterhaushalt schuf strukturell bedingte Konfliktpotentiale. Diese Konflikte lagen auf verschiedenen Ebenen. Die Gesellen waren daran stärker beteiligt als die Lehrlinge, deren Unterordnung und Abhängigkeit größer war:

1) Probleme der Arbeitsbedingungen, d. h. Auseinandersetzungen um Lohn, Arbeitszeit, Art der Tätigkeit, Reglementierungen

wurden nicht zwischen Meister und Gesellen allein abgemacht, sondern tangierten wegen der Ungeschiedenheit von Arbeit und Wohnen das gesamte häusliche Klima.[241] So beeinflußte jeder Wechsel des Gesellen die Haushaltszusammensetzung und damit auch das emotionale Gleichgewicht der Beziehungen. Konflikte um die Arbeitsbedingungen waren nicht selten. Den Autobiographien läßt sich entnehmen, daß die Kontrakte von den Gesellen kurzfristig und häufig auch aus geringfügig scheinendem Anlaß wie Mißverständnissen, aber auch schlechter Laune des Meisters gelöst wurden.[242] Das enge Zusammenleben, das sich über den ganzen Tag erstreckte, senkte die Reizschwelle und führte dazu, daß schon kleinste Anlässe zum Bruch ausreichten.

2) Eine weitere Konfliktquelle lag auf der Ebene der Lebensbedingungen. Dazu gehörten Unterbringung, Reinlichkeit des Meisterhaushalts, Qualität des Essens[243], strenge Überwachung[244], Verträglichkeit der Charaktere.

3) Auch die erotisch-sexuellen Beziehungen im Handwerkerhaus konnten durch die Einbeziehung der Gesellen tangiert werden. Das galt sowohl hinsichtlich der Beziehung des Gesellen zur Meisterin wie zur Meisterstochter.[245]

4) Weitere Probleme entstanden dadurch, daß die bestehenden Konflikte zwischen Meister, Meisterin und den Kindern durch die Aufnahme der Gesellen und Lehrlinge verschärft wurden, dann nämlich, wenn jeder versuchte, in den Streitereien einen neuen Bundesgenossen zu finden.[246]

VII. Der Handwerkerhaushalt als Variante der Sozialform des »ganzen Hauses«

Die von Riehl und Brunner benannten Kriterien der Sozialform des »ganzen Hauses« kennzeichnen also auch den Handwerkerhaushalt: räumliche Einheit bzw. Nähe von Produktion und Haushalt, unentgeltliche Mitarbeit der Familienangehörigen, Einbeziehung von Gesellen und Lehrlingen sowie die Herrschaft des Hausvaters über alle Mitglieder des Hauses.[247] Der Einbeziehung weiterer Arbeitskräfte kam im Handwerkerhaushalt allerdings nicht jene große Bedeutung zu wie im bäuerlichen Haushalt. Weiterhin wies der Handwerkerhaushalt im Gegensatz zum bäuerlichen Haushalt einige, nicht unwesentliche Besonderheiten auf:

- einen geringeren Grad der Selbstversorgung und dem entsprechend größere Abhängigkeit vom Einkommen aus dem Erwerb;
- damit zusammenhängend Abhängigkeit von konjunkturellen Schwankungen;
- einen höheren Grad der Verflechtung in Marktbeziehungen;
- vielfältige Kontakte, Kontaktmöglichkeiten und Kontrollen durch das städtische Leben und die Zunft.

Der Handwerkerhaushalt erweist sich somit als eine Variante der Sozialform des ganzen Hauses.

Die Einheit von Wohnung und Arbeitsstätte strukturierte auch im Handwerk das Muster des Zusammenlebens. Es gab keine strikte Trennung zwischen Arbeitssphäre und Freizeit. Die Arbeitszeit war nicht festgelegt und begrenzt. Normalerweise wurde vom frühen Morgen bis zum Abend gearbeitet. Arbeitszeiten von 13 Stunden und mehr waren keine Seltenheit. Bei guter Auftragslage wurde wohl auch der Sonntag hinzugenommen.[248] Die Ungeschiedenheit von Wohnung und Werkstatt führte dazu, daß die Erfordernisse der Erwerbsarbeit nicht nur die Zeit, sondern auch die Beziehungen im Hause strukturierten. Eine arbeitsfreie Privatsphäre konnte sich in diesen Haushalten nicht entwickeln. Der Handwerkerhaushalt war im Gegenteil charakterisiert durch eine (relative) »Offenheit« nach außen und für außen. Zwar waren im Untersuchungszeitraum die Zeiten weitgehend vorbei, in denen viele Handwerker vor der Haustür, für alle sichtbar, ihrem Gewerbe nachgingen.[249] Aber nun kamen die Kunden in die Häuser und Wohnungen, um ihre Bestellungen aufzugeben und Ware abzuholen.

Es wurde schon darauf hingewiesen, daß die Einbeziehung der gewerblichen Arbeitskräfte in den Handwerkerhaushalt der Herausbildung einer nach außen abgekapselten familialen Privatsphäre ebenfalls entgegenstand. Auch wenn Lehrlinge und Gesellen ihr Bett auf dem Dachboden oder an einem anderen Ort außerhalb der Wohnung hatten, so verbrachten sie doch einen Teil des Tages mit dem Meister und der Meisterin zusammen. Der Geselle wird sicher nach der Arbeit ein Wirtshaus oder die Gesellenherberge aufgesucht oder sonstige Zerstreuung gesucht haben, der Lehrling zumindest war auf Grund seines Alters noch stark ans

Haus gebunden. Auch Klöden, der im Hause seines Onkels nicht als Verwandter, sondern als der Lehrling behandelt wurde, saß abends, wenn der Onkel vorlas oder gemeinsam Französisch gelernt wurde, mit in der kleinen Wohnung.[250]

Es wäre aber unzutreffend zu unterstellen, vor allem der in unseren Augen auffällige Mangel an Wohnraum hätte einer Intensivierung und Intimisierung der Familienbeziehungen entgegen gestanden. Denn offenbar ist das Bedürfnis nach mehr Räumen nicht sehr groß gewesen. Es wird berichtet, daß selbst wohlhabendere hausbesitzende Handwerker sich mit den kleinen, engen »Normalwohnungen« zufrieden gegeben hätten.[251] Das änderte sich erst in der ersten Hälfte des 19. Jahrhunderts.

Wie gering der Wunsch gewesen ist, das Familienleben nach außen abzukapseln, zeigt sich u. a. auch daran, daß Handwerkerhaushalte bevorzugte Treffpunkte für nachbarliche Geselligkeit gewesen sind. Denn der Handwerker war weit in der Welt herumgekommen und verfügte über überdurchschnittliche Kenntnisse und Einsichten in soziale und politische Zusammenhänge. Er war in der Regel des Lesens mächtig. Harnisch berichtet aus seinem Elternhaus, daß an den Winterabenden »Gevattersleute aus der Nachbarschaft, die des abends nicht arbeiteten«, ins Haus kamen, wobei er vorlesen mußte oder der Vater erzählte.[252]

Die Offenheit des Hauses für außen wurde ergänzt durch die außerhäuslichen Bindungen. An erster Stelle ist hier die Zunft zu nennen, die mit ihren Zusammenkünften und geselligen Veranstaltungen eine starke außerhäusliche Orientierung des Handwerkers bewirkte.[253] Soziale Kontrollmechanismen, die nicht nur auf äußerlich normgerechtes Verhalten gerichtet waren, nahmen Einfluß auch auf innerhäusliche Vorgänge und machten – wie beschrieben – selbst vor den Ehebeziehungen nicht halt. Nachbarschaft, Kirchengemeinde, insbesondere aber die Zunft mit ihren strengen Vorschriften über den »ehrbaren Lebenswandel« übten diese Kontrollfunktionen aus. Alle Angehörigen des Handwerkerhaushalts standen unter »sozialer Kontrolle dieses Ordnungsgefüges, d. h. sie alle mußten den Erwartungsansprüchen, den Verhaltensnormen und dem Leitbild der Handwerksredlichkeit bei ihrem Tun und Lassen Rechnung tragen; andernfalls trafen Sanktionen den Meister als Vorstand des Haushalts.«[254]

Innerhalb dieser Haushalte waren die Beziehungen zwischen

den Mitgliedern wenig emotionalisiert. Weder die beschriebene Offenheit noch die Ungeschiedenheit von Arbeitsstätte und Wohnung erlaubten die Ausbildung intimer, vornehmlich gefühlsbezogener Beziehungen. Auf diesen Sachverhalt hat Brunner hingewiesen, als er die Entstehung eines gefühlsbetonten Lebensbereichs »Familie« mit der Auflösung der Einheit von Haushalt und Betrieb begründete.[255] Die ausgeprägte Förmlichkeit der Beziehungen, zu der die patriarchalische Verfassung des Handwerkerhaushalts mit ihren starken Statusdifferenzen wesentlich beitrug, wird deutlich in dem – nicht nur auf Handwerker beschränkten – Gebrauch des »Sie« zwischen Ehegatten, aber auch der Kinder gegenüber den Eltern. Es verschwand erst allmählich im Zuge der Übernahme des von dem Bürgertum am Ende des 18. Jahrhunderts entwickelten neuen, intimisierten und gefühlvollen Familienleitbildes.

Insofern ist es m. E. eine Fehlinterpretation, wenn Laslett für die traditionelle häusliche Organisation der Produktion behauptet: »Everyone had his circle of affection: every relationship could be seen as a love-relationship.«[256] In dieser Schlußfolgerung über die Qualität der Beziehung im »ganzen Haus« übersieht Laslett, daß persönliche Beziehungen an sich nicht notwendig zugleich Zuneigung oder gar Liebe implizieren, sondern die Gesamtheit der Bedingungen, innerhalb derer sie existieren, über ihre Qualität entscheidet.

VIII. Wandlungen des Handwerks und des Handwerkerhaushalts im 19. Jahrhundert

Es wurde eingangs dargelegt, daß die Struktur des »alten« Handwerks bis ca. zum Ende des ersten Drittels des 19. Jahrhunderts bestand. Danach setzten im Bereich der Handwerksproduktion grundlegende Wandlungsprozesse ein, die sich im Laufe der zweiten Hälfte des 19. Jahrhunderts beschleunigten und die Sozialform des »ganzen Hauses« im Handwerk sprengten. Diese Entwicklung vollzog sich in Klein- und Großstädten und in den einzelnen Branchen in unterschiedlichem Tempo.

Die Wandlungsprozesse verliefen in zwei Richtungen: 1861 gab es in Preußen erstmals mehr Gesellen als Meister.[257] Im Zeitraum von 1849 bis 1895 stieg die Zahl der Handwerksmeister im ganzen Deutschen Reich um 46%, die der Gesellen um 231%.[258] Die sich in diesen Zahlen ausdrückende *Tendenz zu wachsender Betriebsgröße* verlief aber nicht einheitlich. Vielmehr verbarg sich dahinter eine zunehmende Differenzierung in arme und reiche Betriebe. Sie hatte sich schon im Laufe des 18. Jahrhunderts abgezeichnet, gewann aber nun an Schärfe.[259] Es wurde zunehmend schwieriger, von *dem* Handwerk zu sprechen.

Wenn man von den wenigen Fällen absieht, in denen sich, begünstigt durch die Konjunktur und das Geschick und geschäftliche Gespür des Meisters, ein Handwerksbetrieb zu einem kapitalistischen Unternehmen auswuchs, kann man zwei Haupttendenzen unterscheiden. Auf der einen Seite entwickelten sich größere Handwerksbetriebe mit mehreren Gesellen und Lehrlingen, auf der anderen Seite aber stand die wachsende Zahl der Alleinmeisterbetriebe, die, wie Schmoller es ausdrückt, »Hauptmasse der kleinen Meister, die über die herkömmlichen Anschauungen, wie über die Noth des Tages nicht hinauskommen« und sich durch ein »gewisses spießbürgerliches Festhalten an althergebrachter Zucht und Sitte auszeichnen.«[260] Diese Veränderungen der Betriebsgröße hingen zusammen mit anderen strukturellen Änderungen der Handwerksproduktion. Neben der Verlagerung von der Produktion zur Reparatur in jenen Gewerben, die starker Konkurrenz durch die Massenproduktion in Verlag und Fabrik ausgesetzt waren (Schuhmacher, Schneider), sind hier hauptsächlich zu nennen: Vergrößerung und Verfeinerung des Angebots sowie der Übergang zum bzw. Ausbau des Ladengeschäfts. Die Reduzierung der Eigenproduktion der Haushalte bedeutete, daß viele Arbeitsvorgänge, die zuvor in den Häusern stattgefunden hatten, nun in die Handwerksbetriebe verlagert wurden. Der Absatz in kleinen Mengen, auch für den täglichen Bedarf, wuchs rapide. Hierzu trug besonders die wachsende Zahl der Fabrikarbeiter bei, die morgens für einen Zehner Wurst und Brot kauften.[261]

Wichtig an diesen Veränderungen ist, daß viele Handwerker aufgrund ihrer einseitig auf die technische Qualifikation ausgerichteten Ausbildung nicht über die kaufmännischen Kenntnisse verfügten,[262] die notwendig waren, um Betriebe mit einer derart veränderten Struktur zu führen. Auch die traditionelle Handwerkermentalität stand der Anpassung an die neuen Bedingungen im

Wege. Erschwerend kam hinzu, daß das Ladengeschäft wegen der damit verbundenen Lagerhaltung ein größeres Betriebskapital erforderte, was es dem Gesellen zunehmend erschwerte, sich mit einiger Aussicht auf Erfolg selbständig zu machen. Der Kapitalbedarf für die Einrichtung eines konkurrenzfähigen Gewerbebetriebes wurde in der zweiten Hälfte des 19. Jahrhunderts auch durch die technische Entwicklung vergrößert. Schmoller führt auf den Kapitalmangel das schnelle Scheitern vieler Gesellen bei der Etablierung eines eigenen Betriebs zurück.[263]

Die Polarisierung der Betriebsgrößen und die Schwierigkeiten für die Gesellen, sich selbständig zu machen, hatten verschiedene Effekte. Bei den großen Betrieben zog der Umfang der Produktion und der Mitarbeiterzahlen eine Ausdifferenzierung des Produktionsbereichs aus dem Wohnbereich nach sich. Allein die große Zahl der Gesellen und Lehrlinge machte es unmöglich, sie noch in den Meisterhaushalt aufzunehmen. In diesen Betrieben zerbrach die Sozialform des »ganzen Hauses«. Aber nicht nur aus diesem Grunde. Die beschriebenen Entwicklungen waren weiter die Ursache dafür, daß der Gesellenstatus, der in der traditionellen Handwerkerausbildung als eine mehr oder weniger lange Durchgangsphase auf dem Weg zur Selbständigkeit konzipiert war, nun normalerweise lebenslang beibehalten werden mußte. Das veränderte auch die Beziehung Meister – Geselle. Solange die Gesellenzeit noch tendenziell eine Durchgangsphase war, die durch Meisterschaft und Selbständigkeit abgelöst wurde, ließen sich Unterordnung des Gesellen unter die hausherrliche Gewalt des Meisters, geringer Lohn, schlechte Unterbringung und Verpflegung innerhalb bestimmter Grenzen ertragen. In dem Augenblick, in dem der lebenslange Gesellenstatus zum Normalfall wurde, verschärften sich die Interessengegensätze zwischen Meister und Gesellen, wurden zu Klassengegensätzen. Auch die Position des Lehrlings wurde dadurch bereits tangiert. Die Polarisierung der Interessen entzog der Sozialform des ganzen Hauses den Boden.

Zu diesen, aus den Strukturwandlungen des Handwerks folgenden Ursachen für die Auflösung der Sozialform des »ganzen Hauses« gesellten sich weitere, deren Ursprung in anderen gesellschaftlichen Bereichen lag und die schon seit längerer Zeit wirksam waren. Sie konnten sich im Handwerk allmählich, wenn auch modifiziert durchsetzen, weil mit den beschriebenen Entwicklungsprozessen eine zunehmende Vergesellschaftung einherging. Diese zog nicht nur eine größere Interdependenz im Produktionsbereich, sondern auch in anderen Lebensbereichen nach sich. Ausbau der Verkehrswege, der Nachrichtenübermittlung, Abbau der ständischen Schranken ließen die Menschen näher zusammenrücken, Ideen und Ideologien auch in gesellschaftlichen Klassen und Schichten wirken, wo sie ursprünglich nicht angesiedelt waren.

Von großer Bedeutung für die Gestaltung des Familienlebens weiter Teile der Bevölkerung wurde das am Ausgang des 18. Jahrhunderts vom Bildungsbürgertum entwickelte, teils vorgelebte, vor allem aber literarisch propagierte (bürgerliche) Familienideal, das mit seiner Betonung der gemüthaften Häuslichkeit, der engen emotionalen Bindung zwischen Mann und Frau sowie Eltern und Kindern besondere Attraktivität auf die ihm sozial nahen Bevölkerungsklassen und -schichten ausübte. Das sozial benachbarte Kleinbürgertum, zu dem der größte Teil der Handwerker gehörte, geriet auf Grund des engen städtischen Zusammenlebens vermutlich schon sehr früh unter den Einfluß des neuen Familienleitbildes. Indiz dafür ist die Veränderung der Ansprüche an den Wohnraum in Handwerkerkreisen, der schon Zeitgenossen auffiel: »In der Literatur des dritten und vierten Jahrzehnts des 19. Jahrhunderts kehrt oft die Klage wieder, daß die selbständigen Handwerker und Kaufleute mehr Wohnraum als früher beanspruchen und daher bei Umbauten, die bisher für das Personal bestimmten Räume ein(be)ziehen, so daß dieses gezwungen wird, sich irgendwo teure und ungesunde Schlafmöglichkeiten zu beschaffen.«[264] Die in diesem Vorgang zum Ausdruck kommende soziale Distanzierung der Meisterfamilie von Gesellen und Lehrlingen war sowohl Folge der oben beschriebenen Veränderungen im Status der gewerblichen Arbeitskräfte auf Grund der Strukturveränderungen des Handwerks, als auch der Verbreitung des Ideals der gemüthaften Häuslichkeit, der Besonderheit der Familienbeziehung. Zwei Entwicklungen trafen sich hier und verstärkten einander. Die aus Eltern und Kindern bestehende Familie grenzte sich auch im Handwerk zunehmend ab: gegenüber den gewerblichen Arbeitskräften, aber durch die Trennung von Produktion und Wohnung auch gegenüber außen, d. h. gegenüber Nachbarschaft, Kirchengemeinde etc. Tendenziell setzte sich damit das Ideal bürgerlichen Familienlebens im

Handwerk durch, erfuhr allerdings auf Grund der teilweise andersgearteten Lebensumstände (materielle Bedingungen, Bildung . . .) vielfache Brechungen.

Den Gegenpol zu dieser Entwicklung stellten die Familien der Gesellen dar. So wie im »alten« Handwerk mit der begrenzten Dauer der Gesellenzeit Ehelosigkeit und Integration in den patriarchalisch verfaßten Meisterhaushalt verbunden waren, so gehörten zur Position des lebenslangen, lohnabhängigen Gesellen in der zweiten Hälfte des 19. Jahrhunderts notwendig Ausgliederung aus dem Meisterhaushalt, eigene Wohnung und – normalerweise – Heirat. Ebenso wie sich der Handwerksgeselle in Status und Lebensweise dem Fabrikarbeiter anglich, befand sich seine Familie in der Nähe der proletarischen Familie.

Bei der Vielzahl der Alleinmeisterbetriebe andererseits war die Einheit von Wohnung und (handwerklicher) Arbeitsstätte noch gewahrt. Sie blieben im günstigen Falle lebenslang Alleinmeisterbetriebe, immer hart an der Grenze der Vernichtung der selbständigen Existenz. Für die traditionelle handwerkliche Lebensweise und Familienform fehlten ihnen die materiellen Voraussetzungen, einschließlich der Möglichkeit, Lehrlinge und Gesellen zu beschäftigen. Aber auch die Verankerung in der Zunft, die ihnen zugleich sozialen Rückhalt und Anerkennung verschuf, war verloren gegangen. Diese Handwerksmeister gehörten bereits in die Gruppe der Proletaroiden. Unter diesen Begriff fällt jeder, der »zwar rechtlich und arbeitsorganisatorisch ›Herr seines Arbeitslebens‹ . . . (und) nicht den Arbeitsanweisungen eines Patrons unterworfen (ist). Das unterscheidet ihn vom Lohnproletariat. Aber der Proletaroide teilt mit dem Lohnproletariat das Schicksal, daß er ›unter Angebot-Druck steht‹, d. h. von Tag zu Tag zur Reproduktion seiner Arbeitsleistung gezwungen, von der Hand in den Mund lebt. Der Betrieb steht auf seinen zwei Augen und liegt brach, wenn der Inhaber auch nur für Tage seine Tätigkeit unterbricht. Er arbeitet zwar für eigene Rechnung, aber auch er lebt, wie der Lohnarbeiter wesentlich von der Veräußerung seiner Arbeitskraft.«[265]

Die Familie dieser proletaroiden Handwerker kann nicht als ein eigenständiger Typus angesehen werden. Ihre ökonomische und soziale Basis war zu anfällig. Der Alleinmeister und seine Familie war stets vom Absinken in das Proletariat bedroht. Sehr oft reichten die Einkünfte aus dem Gewerbe nicht für den Lebensunterhalt aus, und es mußte nach zusätzlichem Erwerb Ausschau gehalten werden. Wenn dann die Frau außer Haus arbeiten ging, die Kinder in die Bewahranstalt gebracht werden mußten, wie in der Enquête des Vereins für Socialpolitik am Beispiel eines Leipziger Kundenschuhmachers berichtet wird, haben diese Lebens- und Arbeitsverhältnisse mit Handwerk wenig, mit proletarischem Schicksal dagegen viel zu tun.[266]

Zusammenfassend läßt sich festhalten: Die Auflösung der Sozialform des »ganzen Hauses« im Handwerk führte somit zu zwei verschiedenen Familienformen. Einerseits entwickelten sich bei den wohlhabenderen, mittleren Handwerksbetrieben die Voraussetzungen für die Übernahme des bürgerlichen Familienleitbildes (materielle Sicherheit, Trennung von Haushalt und Betrieb, Freistellung der Frau und der Kinder von der Erwerbsarbeit . . .). Der Wegfall der Zunftorganisation bedeutete zugleich die Befreiung von den alten kollektiven Bindungen und machte den Weg frei für die Ausbildung privaten, intimisierten Familienlebens.

Auf der anderen Seite befanden sich die Familien der Gesellen, bei denen Arbeit und Wohnung gleichfalls getrennte Bereiche waren. Die sonstige Lebenssituation unterschied sich aber diametral von der der wohlhabenderen Handwerksmeister: Unsicherheit des Arbeitsplatzes und des -entgelts, geringer materieller Spielraum, Angewiesenheit auf die Mitarbeit von Frau und Kinder. Die Familie der Gesellen stand dadurch in der Nähe der proletarischen Familie. Tendenziell galt das auch für die Familie der proletaroiden Alleinmeister.

Kapitel 3

Die Familie in der Hausindustrie

Die Familie in der Hausindustrie ist ebenso wie die bisher untersuchten Familienformen von Bauern und Handwerkern charakterisiert durch die räumliche Einheit von Arbeitsplatz und Wohnung. Insofern prägen auch in diesem Fall die Besonderheiten der Produktion unmittelbar das Zusammenleben: sie strukturieren den Tagesablauf und die Beziehungen der Familienangehörigen durchgreifend.

Wie in den vorangegangenen Kapiteln steht auch bei der folgenden Untersuchung der Heimarbeiterfamilie die Frage nach der »modernen« Familie im Vordergrund. Darüber hinaus handelt es sich um einen Vergleich mit bäuerlichen und handwerklichen Familienverhältnissen. Aufgrund der diesen drei Familienformen gemeinsamen Einheit von Produktion und Familienleben geht es darum, die aus den spezifischen Produktionsbedingungen resultierenden Besonderheiten der hausindustriellen Familienform herauszuarbeiten.

Der Bezug einerseits auf die »moderne« Familie und andererseits auf die traditionellen Familienformen von Bauern und Handwerkern ist auch insofern sinnvoll, als die Heimarbeiterfamilie ebenso wie die ihr zugrundeliegende Produktionsweise eine Übergangsstufe zwischen traditionellen, vorkapitalistischen und »modernen«, kapitalistischen Verhältnissen darstellt. »Alte« und »neue« Elemente des Familienlebens verbinden sich in ihr in besonderer Weise miteinander und geben der Heimarbeiterfamilie ihr spezifisches Gepräge.

Wegen der Einheit von Arbeitsstätte und Wohnung liegt es nahe, die Heimarbeiterfamilie, ebenso wie die Familienformen von Bauern und Handwerkern, als eine Ausprägung der Sozialform des »ganzen Hauses« aufzufassen. Ob diese auf den ersten Blick einleuchtende Klassifizierung sinnvoll ist, bleibt im folgenden zu bestimmen.

Untersucht wird der Typus der hausindustriellen Familie in Deutschland in der Zeit vom Ende des 18. bis zur Mitte des 19. Jahrhunderts. In diesem Zeitraum, den man als Blütezeit der

Hausindustrie bezeichnen kann, hatte sie ihre größte Ausdehnung. Gleichzeitig wurde sie jedoch bereits von Krisen geschüttelt, von denen die Revolten in Schlesien, um nur die bekanntesten zu nennen, Zeugnis geben.

In jüngster Zeit hat die Hausindustrie als eine Produktionsorganisation im Übergang vom Feudalismus zum Kapitalismus zunehmendes Interesse erweckt. Im Mittelpunkt neuerer Arbeiten steht die Frage nach der Relevanz der Hausindustrie für die primäre Akkumulation und die Durchsetzung des Kapitalismus. Dieser Aspekt ist in unserem Zusammenhang nicht zentral. Hier interessieren in erster Linie die Auswirkungen der Hausindustrie auf die Lebensverhältnisse, in Sonderheit die Familienstrukturen und -beziehungen. Im deutschsprachigen Raum hat die Familie in der Hausindustrie bislang, wenn man von der bereits »klassischen« Studie R. Brauns absieht[1], wenig Aufmerksamkeit erregt. Erst in der neueren Literaturstudie von Kriedte/Medick/Schlumbohm[2] sind den familienwirtschaftlichen Bedingungen der Hausindustrie zwei Kapitel gewidmet. Günstiger ist die Forschungssituation in anderen europäischen Ländern. In Frankreich hatte sich schon Le Play frühzeitig mit der hausindustriellen Familie beschäftigt.[3] In den letzten Jahren sind dort einige sehr gründliche, mit Familienrekonstitutionen arbeitende Studien zur Heimarbeiterfamilie, ihrer Größe, Zusammensetzung, der familialen Arbeitsteilung, Partnerwahl u. a. m. entstanden. Ähnliches gilt für England. Diese Untersuchungen werden herangezogen, soweit ihre Ergebnisse für die deutschen Verhältnisse aussagekräftig sind.

Ein erheblicher Teil der Informationen für die deutsche Situation konnte älteren wirtschafts- und sozialpolitischen Studien entnommen werden, so den bekannten Untersuchungen von Sax über die Hausindustrie Thüringens, von Troeltsch über die Calwer Zeughandelskompagnie und der Thuns über die Industrie am Niederrhein.[4] Auch die Enquêten des Vereins für Socialpolitik müssen in diesem Zusammenhang erwähnt werden.[5] Wegen der Einheit von Arbeitsstätte und Familienleben in der Hausindustrie enthalten diese Studien auch Informationen über die Lebensweise, Wohnverhältnisse, familiale Arbeitsteilung, Kinderarbeit u. a. m. Diese Untersuchungen beschäftigen sich allerdings teilweise erst mit den hausindustriellen Verhältnissen nach 1850. Da die Probleme sich gegenüber dem Anfang des Jahrhunderts wenig

geändert haben, können einige Ergebnisse dieser Studien herangezogen werden. Für den Zeitraum vom Ende des 18. bis Anfang
des 19. Jahrhunderts liegen neben der erwähnten Untersuchung
Brauns Reisebeschreibungen, Autobiographien und dienstliche
Berichte von Beamten vor.

Die Materialbasis dieses Kapitels ist folglich sehr vielgestaltig.
Leider fehlen jedoch gründliche Untersuchungen speziell für die
Familienproblematik, so daß auch hier viele Aussagen hypothe-
senhaft bleiben müssen.

I. Die Hausindustrie
vom Ende des 18. bis zur Mitte des 19. Jahrhunderts

1. Entwicklung der Hausindustrie[6]

Mit dem Begriff »Hausindustrie« wird eine bestimmte Form der
gewerblichen Produktion bezeichnet, die neben dem Handwerk
ent- und besteht. Die Produktion findet, wie der Name sagt, im
Hause oder der Wohnung der Produzenten statt. Oft arbeiten alle
Familienangehörigen zusammen. Den verschiedenen Formen und
Vorformen der Hausindustrie ist darüber hinaus u. a. gemeinsam,
daß nicht mehr unmittelbar, wie normalerweise im Handwerk,
für den Konsumenten produziert wird, sondern der Vertrieb der
Produkte einem Händler oder Kaufmann obliegt. Es wäre jedoch
verfehlt, die Besonderheit der Hausindustrie in der Art des
Vertriebs zu suchen.[7] Entscheidend ist vielmehr, daß sich im Zuge
der Entwicklung fast überall die Händler zu Verlegern auf-
schwingen.[8] Das heißt, sie schießen den Heimarbeitern Geld für
den Kauf der Rohmaterialien vor[9] bzw. liefern diese selbst, oft
gehört ihnen auch das Arbeitsgerät. Auf Grund dessen unterwerfen sie sowohl den hausindustriellen Produzenten als auch seine
Arbeit ihrem Diktat: sie können den Grad der Arbeitszerlegung
ebenso bestimmen wie Art und Qualität der Erzeugnisse. Von
Hausindustrie in einem engeren Sinne spricht man erst dann,
wenn der Kaufmann zum Verleger geworden ist und selbst
Einfluß auf den Produktionsprozeß nimmt.[10]

Die Hausindustrie konnte sich nur dort ausbreiten, wo auf ein
großes Angebot an Arbeitskräften zurückgegriffen werden konn-

te. Das war in vielen ländlichen Gebieten der Fall. In der Landwirtschaft waren traditionell auf Grund des schwankenden Arbeitskräftebedarfs außerhalb der Arbeitsspitzen viele Arbeitskräfte nicht voll ausgelastet. Das allein reichte jedoch nicht aus. Hinzu kam, daß das im 18. Jahrhundert rapide Bevölkerungswachstum in den Realteilungsgebieten zu einer starken Besitzersplitterung, allgemein zu einer enormen Zunahme der unterbäuerlichen Bevölkerung geführt hatte.[11] Die Kombination von Bevölkerungswachstum und Landknappheit war ein günstiger Nährboden für die Entwicklung von Hausindustrie. Unterbäuerliche Bevölkerungsschichten, vom landwirtschaftlichen Kleinstbesitzer bis zum Tagelöhner waren auf zusätzlichen Erwerb angewiesen. Das Bevölkerungswachstum war somit eine zentrale Voraussetzung für die Ansiedlung der Hausindustrie.

Wachstum und soziale Differenzierung der ländlichen Bevölkerung setzten jedoch nur dort in nennenswertem Umfang ein, wo von seiten der Grundherrschaften und der Dorfgemeinden restriktive Eingriffe in bezug auf Vererbungsgepflogenheiten, Erteilung des Ehekonsenses, Zuzugsmöglichkeiten etc. fehlten.[12] »Die Entstehung von gewerblichen Verdichtungszonen auf dem Lande ... war daran gebunden, daß der durch Grundherrschaft und Dorfgemeinde gegebene Zusammenhang nur schwach ausgebildet war.«[13]

Begünstigt wurde die Ansiedlung von Hausindustrie auf dem Lande durch das Handelskapital zweifellos dadurch, daß einige Gewerbe, insbesondere die für die weitere Entwicklung zentrale Textilproduktion an traditionelle Nebenbeschäftigungen der ländlichen Bevölkerung anknüpfen konnten. Allerdings darf man dieses Moment nicht überschätzen.[14] Wesentlich entscheidender dürften neben den bereits genannten Faktoren aus der Perspektive des Handelskapitals die Vorteile gewesen sein, die aus dem auf dem Lande fehlenden Zunftzwang resultierten. Die gewerbliche Produktion unterlag nicht, wie in den Städten, den Beschränkungen durch die vielfältigen zünftigen Bestimmungen.[15] Insbesondere bestand kein Verbot von Frauen- und Kinderarbeit. Damit war ein weiteres großes Arbeitskräftepotential erschlossen. Darüber hinaus aber waren die ländlichen Arbeitskräfte wegen des Fehlens zünftiger Lohngarantien wesentlich billiger als die städtischen Handwerker. Sie konnten dies sein, weil zumindest in den Anfangsphasen der Hausindustrie die Heimarbeiter überwiegend, wenn auch in kümmerlichem Ausmaß, Landbesitz hatten und einen Teil ihrer Nahrungsmittel selbst produzierten. Der Kostenvorteil billiger Arbeitskräfte wog bei einer arbeitsintensiven Produktion wie der Hausindustrie sicher besonders schwer, zumal dann, wenn die Arbeit selbst keine oder nur geringe Qualifikation verlangte. Weitere Kostenvorteile für den Kaufmann oder Verleger ergaben sich dadurch, daß viele Rohstoffe auf dem Lande günstiger bezogen werden konnten und die Produktion dort nicht in dem Maße steuerlich belastet war wie in der Stadt.[16]

Tatsächlich breitete sich die Hausindustrie vorwiegend in den ländlichen Gebieten aus. Noch um 1820 befanden sich im Bereich der Textilproduktion von den hauptgewerblich betriebenen Webstühlen die Hälfte auf dem platten Lande; von denen für Wolle zwei Drittel.[17] Die Erwerbs- und Verdienstmöglichkeit durch Hausindustrie wurde von der ärmeren Bevölkerung bereitwillig aufgenommen. Dieser Prozeß wurde nicht unwesentlich dadurch unterstützt, daß die Verdienste aus hausindustrieller Tätigkeit normalerweise nicht zehntenpflichtig[18] waren und auch außerhalb der feudalen Bindungen und Abhängigkeiten blieben.[19]

Entsprechend den geschilderten Entstehungsvoraussetzungen breitete sich die Hausindustrie nicht gleichmäßig aus. Bevorzugt war sie zu finden in gebirgigen Gegenden, wo bäuerlicher Klein- und Kleinstbesitz vorherrschte und die Landwirtschaft schlechte Erträge brachte. In Mittel- und Ostdeutschland waren die Mittelgebirgsgegenden mit ihren schlechten Böden Zentren der Hausindustrie.[20] Hinzu kamen im Westen Deutschlands der Düsseldorfer und Aachener Bezirk, Lothringen, das Unter-Elsaß, der Württembergische Schwarzwaldkreis und nur zwei Städte: Berlin und Bremen. Von den letzteren abgesehen sind »alle diese Gebiete«, so konstatiert ein Beobachter am Ende des 19. Jahrhunderts, ». . . dicht bevölkert und weisen eine starke Zersplitterung des ländlichen Grundeigentums auf. Die beiden untersten Größenklassen der Landwirtschaftsbetriebe, unter 1 ha und 1 bis 20 ha, sind in ihnen relativ stärker als durchschnittlich im Reich vertreten.«[21]

Die Arbeitskräfte in der Hausindustrie rekrutierten sich vornehmlich aus den Angehörigen der unterbäuerlichen Schichten: den Besitzern von landwirtschaftlichen Klein- und Kleinstbetrieben, den Häuslern und Gärtnern bis zu den landwirtschaftlichen

Tagelöhnern. Dabei spielte insbesondere die Arbeit von Frauen und Kindern eine große Rolle. Zwischen 1835 und 1850 hatte der Anteil der Heimarbeiter an der Gesamtzahl der Beschäftigten in Deutschland seinen höchsten Stand erreicht; er lag bei ca. 10%, das sind rund eineinhalb Millionen Beschäftigte.[22]

Die Hausindustrie blieb als Produktionsform über ihre Blütezeit am Ende des 18. und Beginn des 19. Jahrhunderts hinaus erhalten. Allgemein lag das Schwergewicht der Hausindustrie gegen Ende des 19. Jahrhunderts nicht mehr in den traditionellen hausindustriellen Gewerben (Textilindustrie). Die Arbeitskräfte rekrutierten sich auch zunehmend aus anderen, städtischen Bevölkerungsgruppen.[23] Um 1900 lag der Anteil der Heimarbeiter an der Gesamtzahl der Beschäftigten noch bei 2% (= 500 000).[24] Insbesondere in abgelegenen Gebieten haben sich Reste der Hausindustrie bis in die Gegenwart gehalten.

2. Charakteristika der hausindustriellen Produktion

Trotz älterer Vorformen handelte es sich bei der Hausindustrie um eine prinzipiell neuartige Organisation der Produktion. Der Produktionsort verblieb im Hause. Im Normalfall wirkten bei ihr die abhängige hausindustrielle Familie und der über das Kapital verfügende Verleger zusammen. Überall versuchten die Verleger, die anfänglich selbständigen und relativ unabhängigen Heimarbeiter von sich abhängig zu machen.[25] Der Verleger regelte die Organisation der Produktion, den Grad der Arbeitszerlegung sowie Art und Qualität der Produktion, diktierte die Preise und beutete so dank seiner überlegenen Position den Heimarbeiter und dessen Angehörige aus. Daran änderte auch die Zwischenschaltung eines Vermittlers (Faktors) nichts. In der entwickelteren Hausindustrie verfügte der Produzent, der Heimarbeiter, weder über die Rohmaterialien noch über das Endprodukt. Bestenfalls hatte er noch das Eigentum an den Produktionsmitteln, beispielsweise dem Webstuhl. Auch dort, wo die Heimarbeiter formell selbständig blieben, wie beim Kaufsystem in der schlesischen Leinwandweberei, änderte dies kaum etwas an der fundamentalen Abhängigkeit von den Kaufleuten, zu der sich in diesem Fall noch die von den Garnhändlern hinzugesellte.[26] In diesen verschiedenen Erscheinungsformen der Hausindustrie spiegeln sich Art und Grad der Subsumtion des Arbeitsprozesses unter das Kapital.[27] Bei der Hausindustrie standen sich also zwei soziale Klassen gegenüber, der kapitalistische Verleger und der abhängige Produzent.[28] Es handelt sich bei ihr demnach um eine, allerdings spezifische Form der *kapitalistischen* Produktion. Insofern ist es nicht zufällig, daß sich die Hausindustrie in Deutschland erst in der zweiten Hälfte des 18. Jahrhunderts entscheidend ausweitete. Auf die Hausindustrie als Vorform des modernen Industriekapitalismus zielt auch der inzwischen geradezu modische Begriff »Proto-Industrialisierung« (F. Mendels).[29] Er wird im folgenden nicht verwendet, weil das für den vorliegenden Zusammenhang zentrale Moment, die *Produktion im Hause* von ihm nicht aufgenommen wird.

Sombarts Definition, »Hausindustrie ist diejenige Form des privatkapitalistischen Betriebes, bei welcher die Arbeiter bei sich daheim beschäftigt werden«,[30] berücksichtigt m. E. zu wenig die Besonderheiten der Hausindustrie. Obwohl es sich zweifellos um eine Form der kapitalistischen Produktion handelt, vermischen sich in ihr Elemente der traditionellen und der neuen, kapitalistischen Produktionsweise. Das gab der Hausindustrie ihr besonderes Gepräge und weist sie zudem als eine Übergangsform aus.

Elemente, die die Hausindustrie mit den traditionellen Produktionsweisen von Bauern und Handwerkern verbanden, waren:
– die Produktion im Hause;
– Mitarbeit aller Familienmitglieder, auch der Kinder, je nach Fähigkeit;
– die Beibehaltung der handwerklichen Produktionstechnik;
– die relativ große Autonomie in der Gestaltung des Arbeitsablaufs sowie in der Entscheidung über die Arbeitszeit und das Arbeitstempo;
– die Vereinzelung der Produzenten; in vielen Gewerben arbeiteten die Familien isoliert voneinander.

Die neuen, kapitalistischen Elemente der Hausindustrie bestanden in:
– der fortgeschrittenen Arbeitszerlegung und der zunehmenden Eintönigkeit der Tätigkeit;
– der Trennung von Produzent und Händler;
– der Abhängigkeit des Produzenten vom Verleger bzw. dem Verlagskapital;
– der Aneignung des Mehrprodukts des Produzenten durch den Verleger;

– der Abhängigkeit des Produzenten von konjunkturellen Schwankungen im In- und Ausland.

Die Hausindustrie ist geradezu gekennzeichnet durch die Gleichzeitigkeit der alten handwerklichen Technik und der kapitalistischen Organisation der Produktion; anders ausgedrückt: durch den Widerspruch zwischen fortgeschrittener Produktionsorganisation (Kapitalverhältnis) und rückständigen Produktionsgrundlagen.[31] Wenngleich die Heimarbeiter viele Gemeinsamkeiten mit dem modernen Lohnarbeiter hatten (Abhängigkeit, existentielle Unsicherheiten), was einige Zeitgenossen dazu veranlaßt hat, sie als Lohnarbeiter zu bezeichnen[32], so fehlten doch wesentliche Momente moderner Lohnarbeit: Zusammenfassung in Betrieben, Unterordnung unter das direkte und unmittelbare Regiment des Kapitalisten in der Fabrik, d. h. die Fremdbestimmtheit der Arbeit.

II. Ökonomische Situation und Wohnverhältnisse

Die Wirtschaftslage der Hausindustriellen veränderte sich im Untersuchungszeitraum drastisch. Zu Beginn, als der gewerbliche Verdienst noch gut war, viele ein Haus und ein Stück Garten und Ackerland besaßen, war ihre Lage recht günstig. Ungeachtet konjktureller Einbrüche und Aufschwünge verschlechterte sich die ökonomische Situation der Hausindustriellen aber kontinuierlich. Da die Verleger und Kaufleute fast alle ökonomischen Risiken auf sie abwälzten und zudem auf Grund ihrer starken Position Produktionsbedingungen und Preise weitgehend diktieren konnten, wurden die Hausindustriellen in zunehmendem Umfang ihres Vermögens beraubt und in ihrer Lebenshaltung auf ein Niveau gedrückt, das vielfach unter dem Existenzminimum lag. Vollends unaufhaltsam war ihr Verelendungsprozeß, als die hausindustrielle Produktion im 19. Jahrhundert immer stärker unter den Konkurrenzdruck der maschinellen Massenproduktion geriet. Die zentralen Momente dieses säkularen Abstiegs- und Verelendungsprozesses sollen im folgenden kurz dargestellt werden.

Heimarbeit wurde, wie beschrieben, von den auf Zusatzverdienst angewiesenen Klein- und Kleinstbauern und ländlichen Tagelöhnern bereitwillig aufgenommen. Solange die Heimarbeiter ihr Gewerbe noch als Nebentätigkeit neben der kleinen Landwirtschaft betreiben konnten, wie dies anfangs vielerorts der Fall war, oder zumindest ein wenig Garten und Viehwirtschaft neben dem Gewerbe hatten, trafen Konjunktureinbrüche sie noch nicht existentiell. Sie produzierten ihre Grundnahrungsmittel bzw. einen Teil derselben selbst, waren also tendenziell autark. Auch gegenüber dem Verleger/Kaufmann waren sie in günstigerer Position, da er ihnen, solange die Heimarbeit noch nicht voll den Lebensunterhalt sicherte, Produktionsbedingungen und Preise nicht ohne weiteres diktieren konnte.

Diese günstige Situation änderte sich recht schnell. Überall kollidierte die Hausindustrie mit der Landwirtschaft, reduzierte sie zunächst auf eine Nebentätigkeit und verdrängte sie dann vollends.[33] Dieser Prozeß hatte vielfältige Ursachen.[34] Zunächst muß berücksichtigt werden, daß gerade dort, wo die Heimarbeit sich vornehmlich ausbreitete, in den ärmlichen Mittelgebirgsgegenden mit mageren Böden, sie eine angenehmere, leichtere, aber auch anfangs einträglichere Tätigkeit als landwirtschaftliche Arbeit, sei es nun auf eigenem Grund oder als Tagelohn, war. Bei einigen Gewerben, so bei der Exportweberei und der Spielzeugmacherei[35], kam hinzu, daß die Spitzenzeiten der Heimarbeit mit denen in der Landwirtschaft zusammenfielen, so daß die hausindustriellen Produzenten sich für das eine oder das andere entscheiden mußten.

Insofern kann man verallgemeinern, was Sax für die Sonneberger Spielwarenindustrie beschreibt: »Man kann hier (im Sonneberger Hinterland – H. R.) die Beobachtung machen, wie die Landwirtschaft von der Hausindustrie verdrängt wird. Sobald in einem Dorfe die Industrie Eingang gefunden hat, verbreitet sie sich anfangs unmerklich; aber mit der größeren Vertrautheit der Bevölkerung und geschwellt von günstiger Konjunktur gewinnt sie immer mehr an Boden, wird immer ausschließlicher zum Hauptgewerbe im Ort, bis zuletzt das Ackerdorf verschwunden und ein Industriedorf entstanden ist.«[36]

Diese von Bücher als »Fluch der Hausindustrie« bezeichnete Entwicklung bedeutete den Anfang vom Ende des wirtschaftlichen Wohlstandes der Hausindustriellen. Ohne die bescheidene wirtschaftliche Autarkie waren sie nun in um so größerem Maße auf ihren Verdienst in der Heimarbeit angewiesen. »Hatte vorher der Arbeiter, weil er im eigenen Hause wohnte und einen Teil seines Lebensunterhalts aus dem Landwirtschaftsbetrieb bezog, seine Industriearbeit unter den Selbstkosten anbieten können, steigt jetzt der Lohn nicht deshalb, weil er nun ausschließlich von demselben leben muß. Im Gegenteil er sinkt noch unter dem vermehrten Angebot von arbeitenden Händen unter der fortwährend verlängerten Arbeitszeit.«[37]

Die vollständige Angewiesenheit auf das Geldeinkommen aus Heimarbeit schwächte zudem die Position der Hausindustriellen gegenüber den Verlegern/Kaufleuten, die ihnen leicht ihre Bedingungen diktieren konnten. Das galt sowohl hinsichtlich der Art und Qualität der Erzeugnisse als auch des Preises, der dafür bezahlt wurde. Sax hat das Ausmaß der Ausbeutung der Hausindustriellen am Beispiel Thüringer Griffelmacher demonstriert. Tausend Griffel kosteten 4 Gulden und 10 Kreuzer (1 Gulden = 60 Kreuzer). Davon entfielen für Bruchzins, Brecherlohn, Anfertigung der Stifte und Verpackung in rohen Holzkästchen auf den Arbeiter, der zudem alle Gefahr und Mühe und Kosten (mit Ausnahme des Transports) trug, 30 Kreuzer. Auf den Zwischenhändler, Einzelverkäufer und die Fracht entfielen 3 Gulden, 40 Kreuzer.[38] Darüber hinaus versuchten die Verleger ihre Verdienste durch das Truck-System, die Anwendung falschen Maßes u. ä. zu erhöhen.[39] Darauf antworteten die Heimarbeiter mit »Selbsthilfe« in Form des Betruges gegenüber dem Verleger.[40]

Durch die Aufgabe der Landwirtschaft waren die Hausindustriellen den wirtschaftlichen Krisen schutzlos preisgegeben. Bei Absatzstockungen für die eigenen Erzeugnisse vergab der Verleger, der durch die hausindustrielle Organisation der Produktion wenig Kapitalien festgelegt hatte, keine Aufträge. Das Risiko eines Nachfragerückgangs trug also vornehmlich der Heimarbeiter. Auch bei stark saisongebundener Produktion, wie der Spielwarenindustrie, waren die Heimarbeiter die am stärksten Betroffenen. Sie wurden regelmäßig für die Zeit von Ende November bis Anfang März (= Zeit zwischen Weihnachts- und Ostergeschäft) arbeitslos.[41] Weil sie allein das Risiko trugen, waren die Heimarbeiter schlechter gestellt als Fabrikarbeiter. Denn ein industrieller Kapitalist, in dessen Produktionsbetrieb viel fixes Kapital steckt, kann es sich nicht leisten, die Produktion völlig einzustellen und Kapitalverluste zu riskieren.[42]

Die Hausindustriellen waren andererseits nicht in der Lage, sich gegen Krisen und Ausbeutung durch den Verleger zu sichern und zu wehren. Ihre Vereinzelung im Produktionsprozeß widerstand einer kollektiven Organisation zur Durchsetzung ihrer Interessen. Individuelle Aufmüpfigkeit aber zog empfindliche Sanktionen seitens des Verlegers nach sich.[43]

Über die Abhängigkeit vom Verleger und der Konjunktur der eigenen Produkte hinaus waren die Heimarbeiter wegen des Verlustes der agrarischen Eigenversorgung existentiell betroffen von Mißernten und Teuerungen der Nahrungsmittel. Wie unmittelbar und drastisch die Getreidepreise die Existenz der Hausindustriellen tangierten, wird deutlich aus einem Bericht Beckmanns aus dem Jahre 1779. Danach verhungerten in einem erzgebirgischen Dorf mit 320 Feuerstellen in zwei Teuerungsjahren 700 (!) Menschen.[44]

Verschlechtert wurde die ökonomische Situation vieler Hausindustrieller zusätzlich durch ihr stark ausgeprägtes Bestreben, ein Haus oder Hausteile zu erwerben, um, wie Troeltsch für die Weber der Calwer Zeughandelskompagnie feststellen konnte, »damit einen festen Mittelpunkt für Arbeit und Familienleben zu besitzen.«[45] Für den Hauserwerb wurden meist große, unter wirtschaftlichen Aspekten häufig »unvernünftige« Opfer gebracht[46]; nicht nur das Ersparte wurde investiert, viele Hausindustrielle belasteten sich deshalb langfristig mit hohen Schulden, die oft auch noch die nächste Generation drückten.[47] Bei Konjunktureinbrüchen trug die hohe Schuldenlast nicht selten zum endgültigen Ruin und Abstieg der Familie bei.

Der Wunsch nach Besitz eines Hauses, der sich in hausindustriellen Gebieten an der Zunahme des Anteils der Hausbesitzer bzw. selbständigen Stelleninhaber an der Gesamtbevölkerung ablesen läßt,[48] kann zweifellos z. T. aus den Spezifika der Produktion, deren Bindung an Haus oder Wohnung erklärt werden.[49] Ob sich darin zugleich Reste bäuerlichen Verhaltens dokumentierten, wie Peuckert unterstellt[50], ist m. E. auf Grund des vorliegenden Materials nicht eindeutig zu entscheiden. Zumindest müßte jedoch berücksichtigt werden, daß für viele Heimarbeiter, die sich vormals als Tagelöhner bei Bauern verdingt hatten, kein nennenswertes Eigentum besaßen und als Inwohner im Bauernhaus wenig Raum für sich hatten, das eigene Haus neben der damit möglicherweise verbundenen Erweiterung des Lebensraumes[51] auch Symbol ihrer Seßhaftigkeit und Solidität sowie eines verbesserten sozialen Status gewesen ist. Innerhalb einer dörflichen Gemeinschaft, in der das Eigentum den Platz in der sozialen Rangordnung bestimmte, bedeutete der Hausbesitz den ersten Schritt zu einem sozial geachteten Dasein. In der Redewendung der westlausitzer Lohnbandweber, »der Webstuhl muß das Haus bringen«[52], wird dieses Moment deutlich.

Aus der durch viele Abhängigkeiten und Unwägbarkeiten gekennzeichneten wirtschaftlichen Lage konnten sich die Hausindustriellen aus eigener Kraft nicht befreien. Auch die naheliegende Überlegung, bei schlechter Konjunktur die Kleinlandwirtschaft zu reaktivieren, war, selbst wenn der Grund und Boden noch vorhanden gewesen wäre, unrealistisch. Hatten die Menschen die Hausindustrie einmal zu ihrem Haupterwerb gemacht, so waren sie für die Landwirtschaft verdorben. Die extrem lange Arbeitszeit bei ungesunden ökonomischen und Wohnverhältnissen sowie unzureichender, einseitiger Kost führten schnell zu körperlicher Verkümmerung, häufig schon in der Kindheit zu physischen Defekten. An der Untauglichkeit zu schwerer körperlicher Arbeit scheiterten u. a. staatliche Versuche, die schlesischen Spinner und Weber beim Niedergang der Hausindustrie zu Parzellenbauern zu machen.[53] Neben der physischen trat aber auch eine psychische Entwöhnung von der Landarbeit ein; die Hausindustriellen wurden für sie, wie Braun feststellte, gleichermaßen »unwillig und untauglich.«[54]

Unter diesen Bedingungen gelang es nur wenigen hausindustriellen Familien, zu einigem Wohlstand zu kommen oder sich gar zum Verleger aufzuschwingen. Für die große Masse der Heimarbeiter war mit dem Verlust ihrer agrarischen Basis und dem Mangel an Alternativen zur Hausindustrie ihre »Karriere« vorprogrammiert. Von Anfang an unter ihren »Selbstkosten« produzierend, waren sie auf Grund der vielfältigen Abhängigkeiten in Krisenzeiten gezwungen, ihre Preise noch gegenseitig zu unterbieten, um überhaupt etwas Geld zu bekommen. Weitere Verlängerung des Arbeitstages und Heranziehung selbst ganz kleiner Kinder zu Hilfsarbeiten waren die Konsequenz.[55]

Die Hausindustrie siedelte sich vorzugsweise in bevölkerungsreichen Gebieten an, in denen der Wohnraum ohnehin knapp war. Der ursprünglich für die bäuerliche Wirtschaft typische Zusammenhang, ein Hof – ein Haus – eine Familie, bestand vielerorts schon nicht mehr. Die gewerbliche Tätigkeit unterminierte ihn vollends. Frühe Ehen und fehlende effektive Geburtenkontrolle, aber auch Zuwanderung führten in den hausindustriellen Gebieten zu einer überproportionalen Bevölkerungsvermehrung und damit zu außerordentlicher Wohnungsnot. Teilweise versuchten die in der rechtlich-politischen Dorfgemeinde dominierenden Bauern, den Zuzug der Heimarbeiter und die Ausbreitung ihres Gewerbes dadurch zu unterbinden, daß sie den Bau neuer Häuser untersagten. Diese von Braun aus dem Zürcher Oberland berichtete Methode[56] erwies sich allerdings als wenig tauglich. Die weitaus meisten Heimarbeiter lebten dann als Inwohner zur Miete. Allgemein stieg die Anzahl der in einem Haus lebenden Familien und Personen. Selbst dort, wo die Heimarbeiter ein eigenes Haus besaßen, bestanden nur selten günstige Wohnverhältnisse, da die nicht unbedingt benötigten Räume vermietet wurden, um die mit dem Hauserwerb verbundenen Schulden und Hypotheken bezahlen zu können.[57] Daß mehrere Familien in einem Raum zusammen leben mußten, wie dies aus der Zürcher Verlagsindustrie am Ende des 18. Jahrhunderts berichtet wird, war in Deutschland auch noch in der 2. Hälfte des 19. Jahrhunderts nicht ungewöhnlich.[58] Normalerweise verfügte die Heimarbeiterfamilie über zwei Räume. Die häufig gesundheitsschädliche gewerbliche Tätigkeit wurde in den meisten Fällen im Wohnraum ausgeübt. Die nachstehend beschriebene Behausung einer Heimarbeiterfamilie in der Sonneberger Spielwarenindustrie (um 1875) kann als typisch für die Mehrzahl der Heimarbeiterwohnungen genommen werden, die sich nur nach den jeweils besonderen Erfordernissen des Gewerbes in der Einrichtung unterschieden. Viele Berichte bestätigen solche Verhältnisse.[59] »Die Wohnungen bestehen gewöhnlich aus Stube und Kammer, die Räume sind niedrig und von Haus und Handwerksgeräthe vollgepfropft. In der Stube wird Sommer wie Winter ununterbrochen geheizt, damit die Waare schneller trocknet, die rings um den Herd auf Stangen und Brettern steht. Am Ofen ist eine Vorrichtung angebracht, um heißes Wasser zu halten; der aufsteigende Wasserdunst schlägt sich in der kälteren Schlafkammer nieder und vermehrt dort die natürliche Feuchtigkeit. Die Arbeitsstube, zugleich Küche und Wohnstube, wo sich die Kinder drängen und wo der Meister sein Werk verrichtet, ist gewöhnlich licht, ihre Fenster gehen auf die Gasse; dagegen die Kammer ist selten ventilirbar und noch seltener ventilirt. Sie enthält gerade Raum für 2 oder 3 Betten, die so nahe beisammen stehen, daß zwischen ihnen kein Durchgang frei bleibt; man steigt dann oder wälzt sich von einem Bett in das andere. Nachts dient jedes Bett zwei Personen zur Lagerstätte. Oft schlafen 3, nicht selten 4 Personen beisammen in einem Bett, 2 mit dem Kopf nach aufwärts und 2 nach abwärts. Man schaudert zurück vor dem Elend, das einem hier begegnet.«[60]

Günstigere Wohnverhältnisse, wie Schnapper-Arndt sie von einem Uhrschildmaler im Badischen Schwarzwald berichtet, und die er ausdrücklich als besondere kennzeichnet, waren bedingt durch eine außerordentliche Arbeitsanspannung, eine Mitgift der Frau sowie wenige Kinder als Folge einer überdurchschnittlich späten Heirat.[61] Auch Thun konnte feststellen, daß nur bei den sehr wenigen wohlhabenderen Webern im Krefelder Umland getrennte Schlafräume für Eltern und Kinder zu finden waren.[62]

III. Mentalität und sozialer Typus des Heimarbeiters

1. Wirtschaftsmentalität

Für die Heimarbeiter war ebenso wie für die meisten anderen Bevölkerungsgruppen ihrer Zeit die Arbeit eine notwendige, teilweise auch befriedigende Tätigkeit, die jedoch primär dazu diente, ein »standesgemäßes« Auskommen zu sichern.[63] Arbeit um der Arbeit willen war eine weitgehend unbekannte Maxime. Das »standesgemäße Auskommen« war zwar für die einzelnen Gruppen unterschiedlich bemessen, es handelte sich jedoch um traditionell festliegende, kollektive Normen.

Als neu entstehende Bevölkerungsschicht übernahmen die Heimarbeiter nicht unbesehen die Normen derjenigen Gruppen, aus denen sie sich rekrutierten, sondern entwickelten eigene Varianten. Aber auch sie arbeiteten nur so viel wie notwendig war, um ihr »Auskommen« zu sichern. War es erreicht, wurde die Arbeit beendet. Auch das Arbeitstempo wurde von dieser Einstellung bestimmt. Die Vorstellung, möglichst viel in möglichst kurzer Zeit zu produzieren, war noch weitgehend fremd. Auch bei den Hausindustriellen wurde daher in guten Zeiten viel gefeiert. Thun berichtet von einer im Krefelder Land üblichen Definition der Wochentage: »Montag: Liefertag; Dienstag: Liefertag-Schwager; Mittwoch: Stell-Justig (Ordnen des Webstuhls); Donnerstag: Prungel-Donnerstag (der Stuhl wird angesehen und an diesem herumgeprungelt); am Sonnabend ist es nicht mehr der Mühe wert, anzufangen und am Sonntag muß man hellen (sich vergnügen)«.[64] In schlechten Zeiten hingegen mußte dafür um so mehr gearbeitet werden. Arbeitstage von 12 bis 15 Stunden waren dann keine Seltenheit.[65] Diese Unregelmäßigkeit der Arbeit, d. h. der Wechsel von intensiver Arbeit und Nichtstun war üblich, wo immer die Menschen ihr Arbeitsleben selbst kontrollierten.[66] Diese traditionelle Arbeitsmentalität hielt sich noch bis weit ins 19. Jahrhundert hinein.[67]

Die Wirtschaftsmentalität der Heimarbeiter änderte sich zwangsläufig, wenn auch sehr allmählich, unter dem Druck ihrer sich unaufhaltsam verschlechternden Situation, die sie zu kontinuierlicher Arbeit zwang. Hinzu kam, daß die fortgeschrittene Arbeitszerlegung in der Hausindustrie dazu führte, daß nur Teilarbeiten gemacht wurden. Damit fiel es immer schwerer, aus der Tätigkeit selbst Befriedigung zu schöpfen. Die Bewertung der Arbeit nach quantitativen statt qualitativen Merkmalen wurde dadurch nahegelegt.[68] Beides, ökonomische Situation und tendenziell entfremdete Arbeitsbedingungen, waren ein erster Schritt zur Entwicklung einer neuen Wirtschaftsmentalität – aber auch nicht mehr.[69] Die bürgerlich-protestantische Haltung zur Arbeit: Arbeit um der Arbeit willen, Arbeit als Lebensinhalt, hatte sich noch nicht durchgesetzt. Die Geschichte der Industrialisierung zeigt, wie langwierig solche mentalen Umformungsprozesse waren. Mit der fortdauernden traditionellen Einstellung zur Arbeit hängt zusammen, daß die Heimarbeiter ihre Kosten und Erlöse nicht kalkulierten. Auch diese Unfähigkeit, eine Kosten-Nutzen-Bilanz aufzumachen, sich im heutigen Sinne ökonomisch »rational« zu verhalten, war nicht nur der bäuerlichen Wirtschaft, sondern, wie gezeigt worden ist, auch den Handwerkern eigen und erweist sich als integraler Bestandteil vorkapitalistischer Wirtschaftsmentalität.

Die Fortexistenz dieser Wirtschaftsgesinnung bei den Heimarbeitern dokumentiert sich auch in ihrer Unfähigkeit zur Vorsorge durch Sparen. Die Sonneberger Spielzeugmacher »lieferten alle Wochen ihre Täuflinge (= Babypuppen – H. R.), bekommen dafür ihre paar Pfennige und sind zufrieden; *weiter denkt keiner,* rauchen ihre Pfeife und lassen den lieben Herrgott einen guten

Mann sein.«[70] »Was man verdient hatte, wurde verjubelt, wenn man es nicht vorzog, überhaupt nicht zu arbeiten.«[71] Konjunkturelle Unsicherheiten hatten für die Heimarbeiter gleichsam den Stellenwert von Naturkatastrophen, gegen die man sich sowieso nicht schützen kann.[72]

2. Konsumverhalten

Im Gegensatz zu ihrer Arbeitsethik, die noch völlig in vorkapitalistischen Vorstellungen wurzelte, entwickelten die Heimarbeiter im Bereich des Konsums neue Verhaltensweisen. Sie gaben ihr Geld für Weißbrot, Kaffee, Branntwein etc. aus,[73] für Genüsse also, die in der Gesellschaft ihrer Zeit überwiegend den »höheren« Bevölkerungsklassen vorbehalten waren. Auch in der Kleidung wurde von ihnen, besonders den Frauen, großer Luxus getrieben.[74]

Die bürgerlichen Zeitgenossen vermerkten solches Verhalten übel. Die Heimarbeiter verhielten sich, wenn sie die Konsumgewohnheiten des Bürgertums übernahmen, nicht nur nicht »standesgemäß«, sie fielen zudem auf Grund ihrer Unfähigkeit zur Daseinsvorsorge durch Sparen bei Konjunktureinbrüchen schnell der gemeindlichen Armenpflege zur Last. Besonderes Ärgernis aber erregte, daß diese luxuriöse Lebensweise auch bei schlechter Konjunktur, solange es eben ging, aufrecht erhalten wurde. Der Luxuskonsum war allerdings wesentlich ein Merkmal der Frühphase der Hausindustrie, in der gute Verdienstmöglichkeiten bestanden. Von den erzgebirgischen Spitzenklöpplern wird am Ende der 70er Jahre des 18. Jahrhunderts berichtet, sie lebten von »Öl, Fleisch und Reiß«.[75] Aber ungefähr zur gleichen Zeit, konnten bereits die Weber der Calwer Zeughandelskompanie kein Vieh halten, weil ihre Lebenshaltung »keine Abfälle zuließ.«[76] Der rasch einsetzende Verelendungsprozeß reduzierte die Kost der meisten Heimarbeiter sehr schnell auf eine »Diät« aus Kartoffeln in allen Variationen. »Kartoffeln in der Früh, zum Mittag in der Brüh, des abends mitsamt dem Kleid, Kartoffeln in Ewigkeit« hieß es bei den Sonneberger Spielzeugmachern.[77]

Sobald aber ein wenig mehr Geld im Hause war, wurde es zum erheblichen Teil für Genußmittel ausgegeben. Für dieses, auf den ersten Blick unverständliche Verhalten bieten sich eine Reihe von Erklärungen an. Zum einen waren die Heimarbeiter auf das

Marktangebot angewiesen, das nicht von ihnen, sondern den Krämern bestimmt wurde. Dadurch wurden sie mit den neuen Produkten überhaupt erst bekannt.[78] Zum Teil machten sie bei der Ablieferung der Waren in der Stadt die Bekanntschaft der neuen Genußmittel. Bei vielen hausindustriellen Tätigkeiten handelte es sich um relativ leichte Arbeit, die sitzend im Hause verrichtet wurde. Dabei war die schwere bäuerliche Kost als Nahrung ungeeignet.[79] Der Kaffee- und Branntweinkonsum wird mit Hinweisen auf die Eintönigkeit vieler Arbeiten zu erklären versucht, bei denen der Körper öfter nach Pausen und Stimulierungen verlangte.[80] Die Phosphor-Zündhölzchenmacher im Thüringischen schrieben dem Branntwein eine vorbeugende Wirkung gegen die Phosphor-Krankheit zu, der sie alle früher oder später erlagen.[81] Der Glaube an die stärkende und nährende Wirkung des Branntweins war weit verbreitet. Gerade in schlechten Zeiten verdeckte sein Genuß, worauf Roberts hingewiesen hat, tatsächlich vorhandene »Lücken in der Ernährung der Armen und gab ihnen ein Gefühl von Wärme, Kraft und Vielfalt, wie ihre kargen und eintönigen Mahlzeiten dies sonst nicht vermochten.«[82] Troeltsch versucht, den beklagten »leichtsinnigen« Umgang mit Geld aus der Situation der Weber zu erklären: »Im ewigen Einerlei der Tage schwebte den meisten wie ein unabänderliches Fatum nur der Gedanke vor, was der nächste Kauftag in Calw bringen werde. Und wenn der Weber dann wirklich ein paar Gulden in der Hand hielt, welche Selbstbeherrschung gehörte dazu, den Versuchungen nicht zu unterliegen, die auf häufig weitem Heimweg oder im Heimatort in Gestalt von Wirtschaften, Festtagen und Freunden auf den Entlöhnten lauerten?«[83] Zum Teil wurde, wie Thun berichtet, den Heimarbeitern der Kauf von Luxusartikeln von den Verlegern nahegelegt. Sie unterhielten häufig Läden und nahmen die Heimarbeiter dadurch zusätzlich aus, daß sie ihnen bei der Ablieferung der Waren »bunte Zeuge, Kaffee, Zucker, Bibermützen« anstatt des Geldes aufzwangen.[84] Wer es nicht mit dem Verleger verderben wollte, dem blieb keine Wahl.

Diese Momente haben zweifellos alle eine Rolle gespielt. Dennoch erweist sich das Konsumverhalten der Heimarbeiter trotz aller neuen Formen bei genauem Hinsehen noch stark traditionellen Verhaltensweisen verhaftet. Geld war als Mittel der Vorratshaltung den Bauern wie auch anderen ländlichen Bevölkerungs-

schichten unbekannt. Geldeinkommen war stets als ein Über-
schuß über die reine Subsistenz hinaus betrachtet und traditionell
überwiegend in den Prestigekonsum gesteckt worden. Diese
Einstellung zum Geld war allerdings für die Heimarbeiter, die
großenteils keine naturale Existenzbasis mehr hatten, »unver-
nünftig« und »irrational«. Gleichwohl muß man sich vor Augen
halten, daß derartige Haltungen tief verankert waren und sich nur
sehr langsam änderten.

Ein weiteres Moment kommt hinzu. Sowohl der Verzehr zuvor
auf dem Lande weitgehend unbekannter Genußmittel als auch
der beklagte Kleiderluxus, dem vornehmlich die Frauen frönten,
waren für die Heimarbeiter Mittel, sich innerhalb einer bäuerlich
geprägten Umwelt soziale Geltung zu verschaffen.[85] Welche
Opfer dafür gebracht wurden, geht aus dem Bericht Beckmanns
von einer Klöpplerin hervor, die sich (1779) vorwiegend von
Kartoffeln mit Salz und Brot ernährte, soviel arbeitete, daß sie
keine Essenspausen einlegte, aber an den Feiertagen auftrumpfte.
»So fleißig und sparsam diese Schöne ... am Werkeltage ist, so
geputzt und verschwenderisch ist sie an Feiertagen.«[86] Dieses
Verhalten wird verständlich, wenn man sich vergegenwärtigt, daß
die Heimarbeiter sich vornehmlich aus der Gruppe der Klein-
und Kleinstlandwirte sowie der landlosen Tagelöhner, Inwohner
etc. rekrutierten. Auf alle diese Habenichtse hatten die Bauern
stets herabgesehen. Der Besitz von Grund und Boden war über
Jahrhunderte der einzige und unangefochtene Maßstab für den
Rang in der sozialen Hierarchie und für den politischen und
rechtlichen Status innerhalb der Dorfgemeinde gewesen. Nur
durch dies neue Konsumverhalten konnten die Hausindustriellen
ein eigenständiges Selbstbewußtsein entwickeln und der bäuerlichen, aber auch der bürgerlichen Umwelt demonstrieren, daß sie,
die Habenichtse, nun auch etwas waren. Das Konsumverhalten
der Hausindustriellen war Teil jener symbolischen Handlungen,
die auf der Ebene persönlicher Beziehungen die Lage und
Stellung der gesellschaftlichen Klasse oder Schicht, der man
zugehörte, im Gesellschaftssystem demonstrierten.[87] Diese
Außenwirkung ist ein wesentlicher Bestandteil des Konsumver-
haltens.

Überwiegend wird die Auffassung vertreten, daß trotz der Lösung von der agrarischen Basis im Denken und Handeln des Heimarbeiters bäuerische Einflüsse dominierten. Peuckert hat diese Vorstellung auf die knappe und einprägsame Formulierung gebracht: »Der Weber ist ein Bauer.«[88]

Diese Position ist m. E. sehr problematisch. Gegen sie sprechen folgende Gründe:

– Ein großer Teil der Heimarbeiter rekrutierte sich aus der unterbäuerlichen Bevölkerung. Ob man dieser, die nicht nur und noch nicht einmal vorwiegend aus nicht-erbenden Bauernkindern bestand, ohne weiteres bäuerliche Denk- und Verhaltensweisen unterstellen kann, ist sehr fraglich. Vermutlich handelt es sich doch um eine durchaus eigenständige Lebensform.

– Zwar knüpft Hausindustrie an traditionelle ländliche, auch bäuerliche Nebentätigkeit an, wird auch zunächst von vielen vorwiegend als Nebenbeschäftigung neben der Klein- und Kleinstlandwirtschaft, auch neben Tagelöhnerarbeit, betrieben; dies war jedoch – wie gezeigt wurde – eine vorübergehende Erscheinung, wenn auch sicher nicht, wie Sombart meint, eine zufällige.[89]

Gerade die beschriebene Unfähigkeit der Heimarbeiter, in Krisenzeiten zur Landwirtschaft wieder zurückzukehren, zeigt sehr deutlich die Entfremdung vom bäuerlichen Dasein.

– Der Versuch, die Wirtschaftsmentalität der Heimarbeiter durch Rückgriff auf die der Bauern zu erklären, überzeugt auch deshalb nicht, weil diese keine spezifisch bäuerlichen Elemente enthält. Es handelt sich vielmehr um eine vorkapitalistische Wirtschaftsmentalität, der rationale Kalkulation von Kosten und Ertrag ebenso fremd war wie die Arbeit um der Arbeit willen.

Diese Überlegungen werden durch Hinweise in der Literatur, auch der zeitgenössischen, gestützt, denen zufolge sich die Heimarbeiter in Verhalten und Denkweise sehr wohl von der bäuerlichen Bevölkerung unterschieden. Für die Frühzeit der Hausindustrie werden ein relativ hoher Bildungsstand und literarische Interessen der Hausindustriellen bezeugt. Für Schweizer Verhältnisse wird stets auf Uli Bräker verwiesen, der sogar einer Büchergesellschaft beitrat und schließlich selbst zu schreiben begonnen hat.[90] Inwieweit er, dem Lesen und Schreiben »zum

unentbehrlichen Bedürfnis«[91] geworden war, allerdings *den*
Typus des Hausindustriellen verkörpert, ist fraglich. Bräker
selbst betrachtet sich jedenfalls als Ausnahme. Aber am Ende des
18. Jahrhunderts berichtet Schummel in seiner Reisebeschreibung
Schlesiens von Leinewebern, die Lieder machten und diese
drucken ließen. Schummel hebt die Liberalität und das Selbstbewußtsein dieser Weber hervor, wenn er schreibt: »Dies *drucken
lassen* ist für ein *Dorf* durchaus einzig; hier sieht man junges
Volk, das allerdings mehr kann als das ABC, das aber auch vor
Muthwillen, den die Canton-Freiheit des Gebirges noch mehr
nährt, sich nicht zu lassen weiß. Hierin hat Bielau viel ähnliches
mit dem Geiste, den man unter der *Handwerkswelt in Reichs-
städten* antrifft.«[92] Wenn man auch davon ausgehen muß, daß
diese Verhältnisse und Verhaltensweisen unter dem Druck der
materiellen Not schnell verschwinden werden, so bleiben doch
eine im Vergleich zur sonstigen Dorfbevölkerung auffällige größere Wendigkeit im sozialen Kontakt, »äußerer Schliff« und
geistige Regsamkeit für die Hausindustriellen typisch.[93]

Diese sozialen Fähigkeiten erwarb der Heimarbeiter im
Umgang mit Kaufleuten und Verlegern sowie durch u. U. anfallenden Marktbesuch. Gerade auch wegen der notwendigen regionalen Mobilität bekamen die Heimarbeiter Einblick in städtische
Lebensverhältnisse und städtische Kultur, die für viele Vorbildfunktion erhielt. Schöne gelangt bei seiner Untersuchung westlausitzer Bandweber zu dem Schluß: »Vorbild für das Verhalten,
die Gestaltung des Alltagslebens, die Ansprüche, Handlungswei-
sen und Einstellungen der Weber konnten nicht mehr die in den
gleichen dörflichen Wohnverband integrierten Bauern sein. Neues Leitbild wurde das Manufakturbürgertum in den Städten, mit
dem die Weber durch die Textilproduktion vielfältig verbunden
waren.«[94] Daß die Weber darüber hinaus, wie Thun hervorhebt,
»furchtsam vorsichtige Männer«[95] waren, hängt vermutlich mit
der Verstreutheit der hausindustriellen Arbeitsplätze und der
Vereinzelung in Auseinandersetzungen mit dem Verleger/Kauf-
mann zusammen. Kollektive Interessenvertretung, außer in Form
der Revolte, gar gewerkschaftliche Organisation waren dem
Heimarbeiter fremd.

IV. Familiengröße und -zusammensetzung

1. Zusammensetzung der hausindustriellen Familie

Die wenigen vorliegenden Untersuchungen zur Struktur der hausindustriellen Familie, aber auch die sporadischen Bemerkungen in der sonstigen Literatur, lassen erkennen, daß im *Normalfall* der hausindustrielle Haushalt mit der Kernfamilie identisch gewesen ist, also aus den Eltern und ihren unverheirateten Kindern bestand. Lediglich bei wohlhabenderen Kleinmeistern arbeitete und wohnte häufiger eine »Spulmagd« oder ein Bandwebergeselle.[96]

Durch die Reduzierung der ökonomischen Basis auf einige wenige Produktionsmittel (Spulrad, Webstuhl) und auf einen eigenen oder gemieteten Raum konnten Erbgepflogenheiten, wie sie bei den Bauern bestanden, den Zeitpunkt der Gründung einer neuen Familie und ihre generative Zusammensetzung kaum beeinflussen. Im Gegensatz zur bäuerlichen Familie, in der das Heiratsverhalten stark dinglich-sachlich bestimmt war, in Anerbengebieten der Erbe mit der Eheschließung bis zur Hofübergabe warten und auch die Altenteiler versorgen mußte, entfielen solche Rücksichten in der hausindustriellen Familie. Die Kinder konnten sich relativ früh selbständig und unabhängig machen. Drei-Generationen-Familien waren daher nicht in signifikantem Umfang vorhanden. Wie stark die hausindustriellen Produktionsbedingungen das Zusammenleben in Zwei-Generationen-Familien begünstigten, wird aus Schönes Untersuchung der westlausitzer Bandweber deutlich. Bei den Webern kleinbäuerlicher Abstammung, die ein eigenes Haus und etwas Land besaßen und als selbständige Kleinmeister produzierten, war ursprünglich das Zusammenleben und -arbeiten von drei Generationen verbreitet gewesen. Aber bereits »in der zweiten Hälfte des 18. Jahrhunderts begann sich die Drei-Generationen-Familie durch die Produktionsverhältnisse in der heimgewerblich betriebenen Bandweberei aufzulösen.«[97] Die Großelterngeneration wurde nicht mehr in Haushalt und Arbeitsstätte des Erben integriert, sondern blieb selbständig. Einzig das Wohnen unter einem Dach, u. U. auch die gemeinsame Bewirtschaftung des Gartenlandes, verband die Generationen über die psychischen Bindungen hinaus miteinander.[98]

Wie sich die Generationen in der Hausindustrie voneinander separierten, demonstriert auch das im Zürcher Oberland verbreitete Flarzhaus.[99] Es besteht aus einer Reihe aneinandergebauter kleiner Häuser, deren Eigentümer miteinander verwandt waren. Die Generationen lebten und arbeiteten nicht in einem großen Haushaltsverband, sondern jede baute für sich ein neues Häuschen an die bereits bestehenden an. Zwar bedeutete dieses enge Nebeneinanderwohnen noch eine Vielzahl sozialer Kontakte, schloß auch vermutlich gegenseitige Hilfeleistungen ein; jede Familie war und blieb gleichwohl eine separate soziale und ökonomische Einheit.

Eine vergleichende Studie zweier englischer Dörfer wies hingegen bei hausindustriellen Familien ein anderes Wohnverhalten nach.[100] Zwar gab es auch hier kaum Drei-Generationen-Familien. Es kam jedoch häufiger vor (bei 10,2% gegenüber 4 bis 5% der nicht-gewerblich arbeitenden Bevölkerung[101]), daß ein kinderloses Ehepaar – Verwandte oder auch zahlende bzw. mitarbeitende Inwohner – in den Haushalt aufgenommen wurde. Die Bildung derartig komplexer Haushalte scheint in erster Linie zur Absicherung gegen existentielle Not gedient zu haben.[102] Die Lasten des Unterhalts waren umso leichter zu tragen, je mehr arbeitsfähige Personen zusammen lebten. Aus dieser Begründung für das Zusammenleben (sharing) ergab sich, daß das inwohnende Ehepaar normalerweise aus dem Haushalt ausschied, sobald es eigene Kinder bekam:[103] die dadurch bedingte Schmälerung der Arbeitsleistung und die Verschlechterung der Wohnverhältnisse verlangten, einen eigenen Hausstand zu gründen. Insofern handelte es sich bei dem Zusammenwohnen um eine relativ kurze Phase im Familienzyklus des inwohnenden Ehepaares.

Da es für die deutsche Hausindustrie bislang an detaillierten Untersuchungen mangelt, insbesondere solchen, die mit Familienrekonstitutionen arbeiten, kann nicht gesagt werden, ob es sich bei diesem für englische Verhältnisse nachgewiesenen Muster des Zusammenlebens und -arbeitens um eine allgemeine Reaktionsweise auf akute oder langfristige Notlagen handelt oder um einen Sonderfall. Fest steht jedoch, daß die Bildung solcher komplexen Haushaltsverbände bei den englischen Heimarbeitern prinzipiell etwas anderes bedeutete als bei Bauern. Erweiterte sich bei diesen der Haushalt durch die Aufnahme zusätzlicher Arbeitskräfte (Gesinde, Inwohner) parallel zu Größe und Reichtum des Bauernhofes, so war bei den Hausindustriellen die komplexe Haushaltsstruktur durch die unsicheren Existenzgrundlagen und die Armut verursacht. Dieser Vergleich zeigt im übrigen, wie wenig aufschlußreich, über eine erste Annäherung hinaus, aggregierte Daten zur durchschnittlichen Haushaltsgröße sind.[104] Erst die qualitative Analyse der einzelnen Familienformen im gesellschaftlichen Kontext offenbart die zwischen ähnlich großen Haushalten bestehenden Differenzen der Lebensumstände.

2. Familiengröße

Wenn im *Normalfall* der hausindustrielle Haushalt aus der Kernfamilie bestand, so war für seine Größe die Zahl der im Haushalt lebenden Kinder des Ehepaares entscheidend. Der schon mehrfach erwähnte Mangel an Untersuchungen erlaubt es nicht, eine verallgemeinernde Aussage über die durchschnittliche Kinderzahl in hausindustriellen Familien zu machen. Einzelbeispiele, die in der Literatur immer wieder herangezogen werden, sind nicht aussagekräftig.

Auf die auffällige Parallele zwischen der Bevölkerungsdichte und der Konzentration ländlicher Gewerbe wurde bereits verwiesen. Sax hat in seiner Untersuchung der Sonneberger Spielwarenindustrie die Bevölkerungszunahme aus den Spezifika hausindustrieller Produktion erklärt. Die Heimarbeiter brauchten wegen des hausindustriellen Erwerbs nicht mehr, wie die Bauern, ihre Kinderzahl auf die Größe ihres Grundbesitzes abzustimmen. Folglich hätten sie mehr Kinder. In der Konsequenz führe das zu zunehmender Zersplitterung des Grundbesitzes, wodurch die Tendenz, die Hausindustrie zum Haupterwerb zu machen, verstärkt würde.[105] Hinter dieser Beobachtung von Sax verbirgt sich, daß die höhere Kinderzahl der Heimarbeiter ganz wesentlich dem sinkenden Heiratsalter verdankt war. Die Heimarbeiter waren früh wirtschaftlich selbständig und konnten deshalb eher heiraten, als dies der ländlichen Bevölkerung, sowohl den Bauern als auch den unterbäuerlichen Schichten, sonst möglich war. Sinkendes Heiratsalter bedeutet eine Verlängerung der ehelichen Fruchtbarkeitsperiode der Frau. Dies, sowie die Unfähigkeit zu effektiver Geburtenkontrolle führte zu höherer Kinderzahl pro Ehe.[106] Auch der Abstand zwischen den Generationen wurde geringer.

Aus den bisherigen Überlegungen ergibt sich allerdings nur, daß in einer durchschnittlichen Heimarbeiterehe mehr Kinder geboren wurden als bei den vergleichbaren Sozialgruppen von Bauern und unterbäuerlicher Bevölkerung. Für die effektive Kinderzahl spielt aber die Säuglings- und Kindersterblichkeit eine zentrale Rolle, für die Familiengröße nur die Zahl der im Hause lebenden Kinder. Beide Fragen werden im folgenden gestellt.

a. Bedeutung der Säuglingssterblichkeit

Die Geschichte der Hausindustrie ist mit einer stark ansteigenden Säuglings- und Kindersterblichkeit verbunden gewesen. Noch in der 2. Hälfte des 19. Jahrhunderts lag die Säuglingssterblichkeit in allen schlesischen Weber-Distrikten deutlich höher als im Durchschnitt des preußischen Staates, in den traditionellen Weberorten Landeshut, Hirschberg, Löwenberg, Waldenberg und Lauban aber weitaus am höchsten.

Von 1000 im Mittel der Jahre 1875-1882 überhaupt Geborenen sind durchschnittlich jährlich

in	totgeboren (ehelich u. unehelich)	gestorben bis zum Ende des 1. Lebensjahres (einschl. Totgeburten)	
		ehelich	unehelich
Preußen	40,8	224,7	385,3
Waldenberg	53,9	382,2	486,1
Landeshut	48,0	444,7	544,1
Hirschberg	65,6	407,0	496,8
Löwenberg	67,7	392,2	458,2
Lauban	62,6	380,8	463,7

Quelle: G. Lange, Die Hausindustrie Schlesiens, in: Schriften des Vereins für Socialpolitik, Bd. 42, Berlin 1890, S. 130.[107]

Wie aus diesen Zahlen hervorgeht, traf die mit dem langsamen Niedergang der Hausindustrie verbundene Verschlechterung der Lebensbedingungen, insbesondere der Ernährungs- und Wohnverhältnisse, die Kleinkinder am stärksten. Ursächlich dafür waren weiterhin

- die häufig hausindustriell-gewerbliche Beschäftigung der Frau, die keine Schonung während und nach der Schwangerschaft erlaubte;
- die häufig für die Schwangere und den Fötus gesundheitsschädliche Art der hausindustriellen Tätigkeit;
- der Mangel an Sorgfalt und Pflege für das Neugeborene.[108]

Oft wurde der Säugling frühzeitig entwöhnt, was ihn angesichts unzureichender anderer Ernährung extrem gefährden mußte.[109] Dies scheint aber kein generelles Muster gewesen zu sein. Schnapper-Arndt hat in einer Untersuchung von fünf Dörfern im hohen Taunus keine überdurchschnittliche Säuglingssterblichkeit registriert und dies auf die lange Stillzeit von einem bis eineinviertel Jahren zurückgeführt.[110]

Wenn trotz hoher Säuglingssterblichkeit die Bevölkerung in den hausindustriellen Gegenden wuchs, so einmal auf Grund der sinkenden Erwachsenensterblichkeit,[111] zum anderen, weil offenbar trotz der hohen Säuglings- und Kindersterblichkeit ausreichend viele Kinder überlebten. Adelheid Popp, die aus einer Weberfamilie stammt, berichtet, ihre Mutter habe dreißig Jahre lang alle zwei Jahre ein Kind geboren. Sie selbst war das fünfzehnte, das die Mutter im Alter von siebenundvierzig Jahren zur Welt brachte. Von diesem Kinder-»Segen« hatten, obwohl die Mutter die Säuglinge 16 bis 18 Monate stillte, außer ihr nur drei Brüder überlebt.[112]

Ohne damit die Bedeutsamkeit der Lebensverhältnisse (Wohnung, Arbeit, Ernährung) für die hohe Säuglings- und Kindersterblichkeit leugnen zu wollen, möchte ich in diesem Zusammenhang auf eine Überlegung Flandrins hinweisen. Sie ist nicht nur für die Heimarbeiterfamilie, sondern für alle jene Familienformen relevant, in denen die traditionelle Gleichgültigkeit gegenüber dem Wohl des ganz kleinen Kindes dominierte. Flandrin hat angesichts der sehr hohen Säuglings- und Kindersterblichkeit im Frankreich des 17. und 18. Jahrhunderts die Frage aufgeworfen, ob sie nicht eine Art »Ersatzlösung« für die von der christlichen Kirche verbotene, im frühen Griechenland und Rom üblich gewesene Kindestötung und -aussetzung gewesen sei, mit der die Familiengröße auf den Nahrungsspielraum abgestimmt wurde – also eine Art post-natale Familienplanung. Die christliche Lehre habe nämlich dazu beigetragen, in den Ehepaaren ein Gefühl der Unverantwortlichkeit für die Zeugung

und ihre Folgen entstehen zu lassen, und andererseits die Kindes-
interessen denen seiner Erzeuger untergeordnet. Insofern sei
möglicherweise in den stark bevölkerten Ländern die traditionelle
Kindestötung durch eine Art Kindesmord aus Unbekümmertheit
und Unwissenheit ersetzt worden.[113] Die christliche Vorstellung,
daß die Kinder als Engel im Himmel ein besseres Leben führten
als sie es auf Erden gehabt hätten, mag als Entschuldigung für die
geringe Sorgfalt, die auf sie verwendet werden *konnte*, gedient
haben. Für diese nicht unplausible Hypothese Flandrins sprechen
auch jene häufiger in der Literatur zitierten elterlichen Äußerungen, aus denen drastisch hervorgeht, wie sehr die Kinder in vielen
Fällen als Belastung empfunden wurden.[114]

b. Die Bedeutung der familialen Arbeitsorganisation

Für die Frage nach der Familiengröße ist jedoch nicht die Zahl
der überlebenden, sondern nur die der mit den Eltern zusammenlebenden Kinder zentral. Die mögliche Diskrepanz zwischen
beiden Ziffern wird wesentlich von der ökonomischen Situation
und der Arbeitsorganisation bestimmt.

Aus den wenigen Quellen geht hervor, daß nicht nur die
Geburtenzahl, sondern auch die Zahl der im Haus lebenden
Kinder bei den Hausindustriellen groß gewesen ist. Levine
hat in seiner Untersuchung bei den Heimarbeitern nicht nur eine
größere durchschnittliche Haushaltsgröße, sondern auch eine
durchschnittlich größere Familie als bei den Landarbeitern, mit
denen man sie wegen der sozialen Nähe am ehesten vergleichen
kann, nachgewiesen. Diese Differenz ist auf die höhere Zahl der
bei den Eltern lebenden Kinder von Hausindustriellen zurückzuführen.[115] Im Gegensatz zu den Kindern der unterbäuerlichen
Bevölkerung, die frühzeitig das Elternhaus verlassen und in den
Gesindedienst gehen mußten, bestand für die Kinder von Hausindustriellen vielfach in der Beteiligung am häuslichen Gewerbe
eine Alternative zum Gesindedienst.[116] Sie verblieben infolgedessen länger im Elternhaus, häufig bis zur Eheschließung.[117]

Von Levines Studie abgesehen gibt es m. W. keine Angaben
über die durchschnittliche Zahl der mit den Eltern zusammenlebenden Kinder. Das ist kein gravierender Mangel. Entscheidender als derartige Zahlenangaben und die Differenzen gegenüber
anderen Bevölkerungsklassen und -schichten scheinen mir für die

Struktur des Familienlebens und die Art und Intensität der Familienbeziehungen die Gesamtheit der Lebensbedingungen einschließlich der Arbeitsorganisation zu sein. Auf sie wird im folgenden das stärkere Gewicht gelegt.

Wenngleich die hausindustrielle Familie ebenso wie die bereits behandelten Familienformen von Bauern und Handwerkern durch die Einheit von Wohnen und Arbeit charakterisiert werden kann, so unterscheidet sie sich von diesen Sozialformen des »ganzen Hauses« in einem wichtigen Punkt: *typischerweise* sind in sie keine weiteren Arbeitskräfte außer den Familienangehörigen einbezogen. Die Erweiterung des engeren Familienverbandes durch Gesinde und gewerbliche Arbeitskräfte gab jedoch ebenso wie die Einheit von Wohnen und Arbeiten dem Leben im »ganzen Haus« ein spezifisches Gepräge und ist daher auch zentraler Bestandteil des von Riehl geprägten Begriffs. Die Heimarbeiterfamilie war insofern ein Übergangstypus zwischen den Sozialformen des »ganzen Hauses« und den »modernen« Familienformen. Mit diesen verbindet sie die Konzentration des personellen Bestandes auf die engsten Familienangehörigen, mit jenen die familienwirtschaftliche Organisation der Produktion. Auf Grund dessen kann man sie als einen Sonderfall des »ganzen Hauses« klassifizieren, der bereits im personellen Bestand reduziert ist und durch dieses Merkmal auf die »modernen« Familienformen verweist.

V. Heirat und Ehe bei Hausindustriellen

In einem Heimarbeiterhaushalt lebte normalerweise immer ein Ehepaar zusammen. Unverheiratete Haushaltsvorstände waren selten.[118] Wenn auch bei den Heimarbeitern die Eheschließung und der Status von Ehemann bzw. Ehefrau nicht so stark durch berufsinstitutionelle Zwänge bestimmt waren wie bei den Handwerkern, so drängten doch ähnlich wie dort, aber auch wie bei Bauern, neben den gewichtigen Faktoren Gewohnheit, Sitte und Moral ökonomische und arbeitsorganisatorische Zwänge ebenfalls zu einer Eheschließung. Besonders ausgeprägt lassen sich diese Zwänge dort nachvollziehen, wo das Ehepaar als Team arbeitete, die Arbeitsleistung des einen unmittelbar auf die des anderen bezogen war. Ein einzelner Produzent war unter solchen

Bedingungen nicht existenzfähig. Diese Verhältnisse herrschten in vielen Weberdistrikten, wo die Menge Tuch oder Band, die der Mann produzieren konnte, u. a. von dem Quantum Garn abhing, das die Frau (und die Kinder) spann und spulte.

In anderen Gewerben, in denen die Familienmitglieder einander nicht zuarbeiteten, sondern entweder dieselbe Tätigkeit oder gänzlich verschiedene ausübten, entfielen diese arbeitsorganisatorischen Zwänge. Weiterhin muß bedacht werden, daß die Arbeitskraft der nächsten Angehörigen im Falle von Krankheit und Not die einzige Form der Absicherung war.[119]

1. Heiratsalter

Vergegenwärtigt man sich die Faktoren, die bei Bauern und Handwerkern ein relativ hohes Heiratsalter bedingt hatten, nämlich Bindung der Eheschließung und Familiengründung an den Besitz eines Hofes bzw. an Meisterprüfung und Einrichtung einer Werkstatt, so kann man bei den Hausindustriellen, wo weder Besitz noch Berufsausbildung eine gewichtige Rolle spielten und mit einem regelmäßigen Einkommen aus der Heimarbeit gerechnet werden konnte, ein niedrigeres Heiratsalter erwarten.

Und in der Tat bestätigten viele Untersuchungen diese naheliegende Vermutung. Mit der Verbreitung der Hausindustrie sank auch das Heiratsalter der Heimarbeiter. Besonders auffällige Differenzen ergaben sich bei den Männern. Segalens Untersuchung eines französischen Weberdorfes läßt erkennen, daß das Heiratsalter der Weber beträchtlich niedriger lag als das der Tagelöhner, mit denen man sie am ehesten vergleichen kann. (Vgl. Tab. S. 217)

Aber auch das Heiratsalter der Frauen sank. Levine hat beim Vergleich eines agrarisch bestimmten und eines hausindustriell geprägten Dorfes feststellen können, daß (1851) von den Frauen unter 20 Jahren in dem ersten 1,6%, in dem zweiten 3,8% verheiratet waren. Bei den unter 25 Jahre alten Frauen lagen die Prozentsätze bei 15,9 und 21,7%.[120]

Medick benennt die Bedingungen, unter denen sich frühe Ehen bei Hausindustriellen durchsetzten, wenn er schreibt: »Niedriges Heiratsalter scheint ... besonders unter Verhältnissen ausgeprägt, in denen Männer und Frauen als landarme und landlose hausindustrielle Arbeiter in gleichem Maße in den gewerblichen

Heiratsalter verschiedener Berufsgruppen in Vraiville

Jahr	Tagelöhner		Bauern		Weber		Handwerker		Kaufleute		Arbeiter		Andere		Unbestimmt	
	m	w	m	w	m	w	m	w	m	w	m	w	m	w	m	w
1743–1802	31,8	27,8	29,0	24,6	25,5	27,2	26,0	27,9	29,0	29,5	–	–	32,0	24,3	29,4	28,0
1803–1902	28,3	27,5	26,8	23,5	25,2	23,2	26,2	23,4	25,0	28,6	26,5	22,0	24,8	20,2	–	–
1903–1962	23,7	20,6	26,8	22,6	–	–	23,6	22,6	25,0	22,5	23,0	21,0	24,7	21,2	–	–

Quelle: M. Segalen, Nuptialité et alliance. Le choix du conjoint dans une commune de l'Eure, Paris 1972, S. 60, Tableau No. 20.

Produktionsprozeß integriert waren und die gewerbliche Produktion sich weitgehend aus dem herrschaftlich-institutionellen wie ökonomischen Kontext des bäuerlichen Dorfes gelöst hatte.«[121]

Dabei dürfen regionale Differenzen nicht unerwähnt bleiben. Die allgemeine Regel eines niedrigen Heiratsalters von Hausindustriellen galt nur unter der Bedingung, daß jene Hemmnisse für sie entfallen waren, die das Heiratsalter von Bauern, aber auch Tagelöhnern hochgedrückt hatten. Wo neue Barrieren entstanden, wie Schöne es von den westlausitzer Bandwebern berichtet, lag das Heiratsalter höher. Schöne gibt in seiner (leider in vielen interessanten Punkten sehr allgemein bleibenden) Studie das Heiratsalter der Bandweber (Frauen und Männer) zwischen 1770 und 1820 mit 24 bis 30 Jahren an.[122] Er führt dies auf ein sehr spezifisches Vererbungsmuster bei den mit Kleinbesitz ausgestatteten Bandwebern zurück, das den Erben oft schon als Minderjährigen mit hohen Schulden belastete. Bevor er heiraten konnte, mußte er diese abarbeiten und zudem noch Arbeitsgeräte anschaffen. Daß auch die Frauen erst einige Jahre sparten, um eine Mitgift in die Ehe einbringen zu können,[123] zeigt, daß hier offenbar noch stärker traditionelle Orientierungen eine Rolle spielten.[124]

Die enge Verknüpfung von Heirats- und Fortpflanzungsfähigkeit mit den ökonomischen Ressourcen der vorkapitalistischen Gesellschaft sowie die dadurch bedingten, teilweise sehr repressiven Lebensverhältnisse, insbesondere im sexuellen Bereich, legten den Übergang zu einem frühen Heiratsalter in dem Moment nahe, in dem die soziale Verklammerung von Familiengründung und Besitz aufgelöst wurde.[125] Ohne damit zugleich eine starre Triebstruktur des Menschen zu unterstellen, kann m. E. doch davon ausgegangen werden, daß sexuelle Bedürfnisse und sexuelle Attraktion stets eine sehr starke Kraft gewesen sind. Es ist in dieser Arbeit schon verschiedentlich darauf hingewiesen worden, welche Vorkehrungen in der vorkapitalistischen dörflichen und städtischen Gesellschaft getroffen worden waren, um die Sexualität in die sozial erwünschten Bahnen zu lenken. Da die Ehe die einzige sozial gebilligte Form des Zusammenlebens war, erklärt sich aus dem Wegfall dieser Barrieren der frühe Zeitpunkt der Eheschließung bei den Hausindustriellen. Zudem muß berücksichtigt werden, daß die gesamte familiale Situation, die beengten

Wohn- und Arbeitsverhältnisse, die Abhängigkeit von den Eltern, die beim täglichen Zusammenleben unvermeidbaren Reibereien etc. frühe Heiraten sicher begünstigten. Zumindest für kurze Zeit, nämlich bis das erste Kind geboren wurde, bestand die Aussicht auf ein besseres und ungebundeneres Leben.

Medick führt dagegen die frühen Ehen bei den Heimarbeitern primär auf ökonomische Ursachen zurück. Die Heimarbeiter erreichten das Maximum ihrer Arbeitskapazität schon in relativ jungem Alter. Frühe Eheschließung bedeute daher außer der Maximierung des Einkommens beider Ehepartner zugleich die Möglichkeit, die mit der Geburt von Kindern einsetzende »kritische Armutsphase des Familienzyklus« unter den günstigsten Bedingungen bewältigen zu können.[126] Diese Interpretation des frühen Zeitpunkts der Eheschließungen bei Hausindustriellen ist m. E. überzogen. Möglicherweise liegt das Maximum der Arbeitsfähigkeit tatsächlich sehr früh, obwohl zu prüfen wäre, ob dies für alle hausindustriellen Tätigkeiten gleichermaßen gilt. Möglicherweise wird auch die Belastung durch Geburt und Aufzucht von Kindern bei einer frühen Eheschließung am besten bewältigt. Außerordentlich problematisch ist aber m. E. die in Medicks These enthaltene Unterstellung, die Hausindustriellen hätten diese Zusammenhänge reflektiert und ihr Handeln danach ausgerichtet. Medick beschreibt verschiedene Male, wie sehr die Heimarbeiter traditionellen Denk- und Verhaltensmustern verhaftet und zu rationaler Kosten-Nutzen-Kalkulation unfähig waren.[127] Daß sie dann ausgerechnet in Fragen des Privatlebens, das sich weitgehend gegen eine ausschließlich rationale Organisation sperrt, diesen kalkulatorischen Sinn entwickelt haben sollen, ist zumindest sehr widersprüchlich. Aus der Tatsache, daß bestimmte Verhaltensweisen sich letztlich als sinnvoll und funktional erweisen, darf nicht gefolgert werden, diese Funktionalität sei zugleich die *Ursache* des Verhaltens.

Bei der Interpretation sozialen Verhaltens müssen verschiedene Ebenen: Funktionalität, ursprüngliches Motiv und die nachträgliche Selbstinterpretation deutlich unterschieden werden. Sie stimmen nicht notwendig miteinander überein, divergieren vermutlich sogar in der Mehrzahl der Fälle. Selbst wenn die Funktionalität des Verhaltens und auch die nachträgliche Interpretation durch den Handelnden übereinstimmen, kann das ursprüngliche Motiv dennoch davon abgewichen sein. Es ist durchaus denkbar,

m. E. sogar wahrscheinlich, daß ausschlaggebend für die frühe Heirat der Wunsch nach sozial gebilligtem Zusammenleben und sexuellen Beziehungen war. Die nachträgliche Interpretation der frühen Eheschließung muß dieses sehr »private« Motiv nicht unbedingt aufnehmen. Es kann verdrängt worden sein.[128]

2. Voraussetzungen der Eheschließung

a. Die wirtschaftliche Grundlage der Heimarbeiterehe

Wo sich die Hausindustrie bei der klein- und kleinstbäuerlichen Bevölkerung einnistete, führte sie, wie Braun für das Zürcher Oberland nachgewiesen hat, zu einer Veränderung der Erbgepflogenheiten. Der kleine Bauer oder Häusler mußte nicht mehr strikt darauf achten, daß das Besitztum möglichst ungeschmälert dem Erben zufiel, sondern konnte seine Stücke Acker und Wiese unter alle Kinder aufteilen. Zusammen mit dem Verdienst aus der Hausindustrie reichte nunmehr auch weniger Land für den Unterhalt einer Familie aus.[129]

Ebenso wie für die landlosen Heimarbeiter bedeutete diese Entwicklung auch für die Hausindustriellen mit kleiner Landwirtschaft, daß bei einer Eheschließung kaum mehr Rücksicht genommen werden mußte auf die Anforderungen des Hofes. Die Ehe diente bei den Hausindustriellen nicht wie im bäuerlichen Bereich in erster Linie der Transmission des Besitzes. Die zunehmende Lösung der hausindustriellen Existenz von der Landwirtschaft, die eingangs beschrieben worden ist, bedeutete zugleich, daß das ökonomische Fundament der Heimarbeiterehe nicht mehr oder nur noch wenig dinglich-sachhaft geprägt war. In besonderem Maße galt dies für die landlosen Hausindustriellen.

Weitaus zentralere Bedeutung als bewegliche und unbewegliche Habe hatte für die Etablierung einer neuen Familie *und* hausindustriellen Produktionsstätte die Arbeitskraft, -geschicklichkeit und -fähigkeit der beiden Ehepartner. Darüber hinaus war der Besitz von Arbeitsinstrumenten zwar nicht unumgänglich, aber doch von Vorteil. Ihr Entwicklungsstand war wegen der noch dominierenden handwerklichen Technik niedrig. Häufig waren nur geringe Anstrengungen vonnöten, sie anzuschaffen. Von den thüringischen Korbflechtern berichtet Sax: »»Wenn wir Schnitzer und Hobel haben‹, heißt es bei den jungen Leuten, ›so können wir gleich unsere Haushaltung gründen.‹«[130] Bei den hausindustriellen Webern allerdings verbesserte sich die wirtschaftliche Lage erheblich, wenn das Arbeitsgerät, insbesondere der wertvolle Webstuhl, schon in die Ehe eingebracht werden konnte.[131] Wenn Segalen bei der Analyse eines Ehekontrakts zwischen einem Weber und einer Weberin aus dem Jahre 1857 feststellt, daß das materiell bedeutsamste Objekt des von der Frau eingebrachten Heiratsguts der Webstuhl war,[132] so spiegelt sich darin sehr deutlich die spezifische wirtschaftliche Situation der Heimarbeiterehe: zusammen mit der Arbeitskraft der beiden Eheleute war das Arbeitsgerät, in diesem Fall der Webstuhl, die entscheidende Existenzgrundlage. Hausindustrielle, die Eigentümer ihrer Produktionsmittel waren, befanden sich in einer gesicherteren ökonomischen Lage als solche, denen der Verleger auch noch die Arbeitsgeräte stellte.[133] Allerdings heirateten nicht wenige der landlosen Heimarbeiter, ohne selbst mit dem notwendigsten Hausrat versehen zu sein. Im Zürcher Oberland sprachen die Zeitgenossen von »Bettelhochzeiten«.[134] Sie dokumentierten am ausgeprägtesten die ausschlaggebende Bedeutung der Arbeitskraft für die hausindustrielle Existenz.

b. Bestimmungsgründe der Partnerwahl

Diese neuen ökonomischen Voraussetzungen erlaubten es, den Ehepartner weitgehend ohne die traditionelle Rücksicht auf die jeweiligen Familien und ihr Vermögen auszuwählen. Die Eheschließung war nicht wie bei den Bauern primär ein Verbund zweier Familien und ihrer Besitztümer. Persönliche Motive wie Sympathie und sexuelle Attraktion dürften deshalb zentraler geworden sein.

Braun meint, bei den Hausindustriellen des Zürcher Oberlandes eine Individualisierung und Intimisierung der Partnerwahl, eine neue Einstellung zur Ehe festgestellt zu haben. Bereits bei den heiratsfähigen Kleinbauernsöhnen und -töchtern, die hausindustriellen Nebenerwerb betreiben, werde der Ehekontrakt »ein Versprechen zweier Menschen, die mit ihm die Verwirklichung ihrer individuellen Glücksansprüche erhoffen. Eine Individualisierung der Eheeinleitung und Eheschließung vollzieht sich.«[135] Besonders gelte dies jedoch für die Angehörigen der unterbäuerlichen Schichten: »In noch viel stärkerem Maße wird der Ehekontrakt eine intime, persönliche Übereinkunft, wenn die Partner ihre Ehe ausschließlich auf der Verlagsindustrie aufbauen. Solange die industrielle Erwerbsquelle fließt, *treten die materiellen Gesichtspunkte ganz in den Hintergrund.*«[136]

Die tendenzielle Lösung der Wahl des Ehepartners aus den alten Bindungen zeigt sich am deutlichsten daran, daß bei den hausindustriellen Webern Verwandtschaftsehen, die bei den Bauern wegen des Zusammenhalts des Besitzes häufig waren, keine große Rolle spielten.[137] Dennoch scheint mir Brauns Interpretation, ausschließlich persönliche Glücksansprüche bestimmten die Wahl des Ehepartners, überzogen. Diese Skepsis wird gestützt durch Segalens Untersuchungsergebnisse. Sie konnte feststellen, daß die Weber, vorausgesetzt ihre Zahl war groß genug, ebenso wie Bauern und Tagelöhner bei der Wahl ihres Ehepartners berufliche Endogamie praktizierten. Im Zeitraum von 1823 bis 1852 heirateten 57,5% der Weber eine Weberin, zwischen 1853 und 1902 sogar 81,8%.[138] Auch die Untersuchung der sozialen Herkunft bestätigt die berufliche Endogamie. In dem Maße, in dem sich die Hausindustrie im Dorf durchsetzte, verstärkte sich die Abschottung der verschiedenen sozialen Gruppen. Ehen zwischen Webern und Bauerntöchtern spielten praktisch keine Rolle mehr.[139] Berufliche Endogamie bezeugt Köllmann auch aus Bochum, wo am Anfang des 19. Jahrhunderts »der junge Bandwirker eine Bandwirkerstochter zu heiraten«[140] pflegte, d. h. eine mit seiner Arbeit vertraute Frau nahm.

Dies auf den ersten Blick erstaunliche Verhalten bei der Partnerwahl läßt sich sehr schlüssig aus der spezifischen wirtschaftlichen Lage der Heimarbeiter erklären. Von den Produktionsmitteln abgesehen, spielte bewegliches und unbewegliches Vermögen für die Begründung einer Ehe und wirtschaftlichen Existenz keine herausragende Rolle. Da die Produktion jedoch im Hause und unter Mitarbeit *aller* Familienangehöriger stattfand, erhielten Arbeitsfähigkeit und Arbeitserfahrung zentrale Bedeutung. In besonderem Maße zeigt sich dies bei den Weberfamilien. Bei ihnen hat die berufliche Endogamie prinzipiell einen anderen Stellenwert als bei den Bauern, wo sie mit der Lösung des Problems der Besitztransmission eng verknüpft war. Bei den hausindustriellen Webern hingegen war die Eheschließung identisch mit der Konstituierung einer Arbeitsgemeinschaft, eines

Teams. Dieses Team konnte durch Kinder noch erweitert werden. Die Vermehrung der Arbeitskräfte garantierte eine größere Elastizität (des Warenangebots) bei Markt- und Modeschwankungen. Daher war die beste Verbindung, die ein Weber eingehen konnte, die mit einer Weberin. »Le mariage réalise ici l'association de deux capacités de travail, avec les instruments de mise en œuvre de ces capacités.«[141]

Braun hat mit seinen oben referierten Äußerungen insofern recht, als unter den neuen ökonomischen und sozialen Bedingungen der Hausindustrie mehr Raum frei wird für persönliche Bedürfnisse und Ansprüche, wovon auch die Wahl des Ehepartners tangiert wird. Die Analyse Segalens hat jedoch deutlich gemacht, daß ökonomische Zwänge, wenn auch anderer Art als bei Bauern, gleichwohl vorhanden waren und den Kreis der Ehepartner einschränkten. Auch die Ehe in der Hausindustrie ist ebenso wie bei Bauern wesentlich eine Arbeitsbeziehung gewesen, in der sich die Arbeitskapazitäten und -fähigkeiten beider Partner ergänzen mußten.

Die Heimarbeiterehe war wegen der familienwirtschaftlichen Produktion in einem anderen und viel intensiveren Sinne Arbeitsgemeinschaft als die Ehe von Fabrikarbeitern, wo beide an getrennten Arbeitsplätzen arbeiteten und ihren je separaten Beitrag zum Familieneinkommen leisteten. Insofern kann Segalen folgern, das Heiratsverhalten der hausindustriellen Weber nehme eine Zwischenstellung zwischen alten und neuen Verhaltensmustern ein.[142]

Wenngleich berücksichtigt werden muß, daß die Heimarbeit nicht überall Teamarbeit gewesen ist, so war auch unter anderen Bedingungen die Arbeitskapazität der Frau sehr wichtig – unabhängig davon, ob sie die Kleinstlandwirtschaft versorgte oder eine ganz andere hausindustrielle Tätigkeit ausführte als der Mann. Die berufliche Endogamie war aber in solchen Fällen vermutlich nicht so ausgeprägt wie bei den französischen Webern in Vraiville.

3. Bedeutung der Sexualität

Wo immer sich die Hausindustrie ausgebreitet hat, häuften sich die Klagen der Zeitgenossen über Unmoral und Unkeuschheit der Heimarbeiter, über die Zunahme der Zahl der Brautschwangerschaften und der unehelichen Geburten.[143] Die meisten Berichte darüber sind wenig belegt und es ist schwierig, ihren Realitätsgehalt abzuschätzen. Denn bei denjenigen, die sich da empört entrüsteten, handelte es sich meist um gebildete Bürger, teilweise Pfarrherren, also Personen, die zweifellos nicht gerade die objektivsten Beobachter waren. Immerhin scheinen sie, wie aus neueren quantifizierenden Untersuchungen hervorgeht, mit ihren Verweisen auf die zunehmende Zahl geschwängerter Bräute und illegitimer Geburten einen Entwicklungstrend beschrieben zu haben.

So zeigt eine Regionalstudie aus der romanischen Schweiz einen enormen Anstieg des Anteils der Brautschwangerschaften nach Einführung des hausindustriellen Gewerbes am Neuenburger See (Lac du Neuchâtel).[144] Aber auch in dem von Levine untersuchten englischen Dorf Shepsed vollzog sich eine entsprechende Entwicklung. Vor 1750 war dort nur eine von acht Bräuten (= 12,5%) schwanger und ca. 1,5% der Kinder waren unehelich. Nach der Ausbreitung der Hausindustrie stieg die Illegitimitätsquote auf 7,5%. Von den Bräuten waren am Ende des 18. Jahrhunderts 33% schwanger, im frühen 19. Jahrhundert 36%.[145]

Die Frage nach den Ursachen läßt sich nur ansatzweise beantworten. Übereinstimmend mit den Beobachtungen kritischer Zeitgenossen wird auf den hausindustriellen Arbeitsprozeß verwiesen, bei dem Angehörige beider Geschlechter auf engstem Raume den ganzen Tag beisammen waren, »unzüchtige« Gespräche führten und »unzüchtige« Gedanken hatten.[146] Diese Erklärung gilt selbstverständlich nur für Verhältnisse, in denen, wie im Zürcher Oberland, die Spinner in Spinnstuben oder im Sommer im Freien an einem schattigen Platz kollektiv zusammenarbeiteten oder in einen Haushalt noch weitere Personen als Arbeitskräfte aufgenommen worden waren, es sich also gerade nicht um eine *rein* familienwirtschaftliche Produktionsorganisation handelte! Eine weitere Ursache der sexuellen Libertinage wird in einem veränderten Rollenverhalten der Frau gesehen, die zunehmend auf sexuellem Gebiet initiativ würde.[147] Gewichtiger ist m. E. der Hinweis auf die Übernahme der bäuerlichen eheeinleitenden Bräuche des Kiltgangs oder der Nachtfreierei.[148] Ohne daß die hausindustriellen Jugendlichen noch in die traditionellen Bindungen und Kontrollen der bäuerlichen Dorfgemeinde eingebunden waren, wurden diese Bräuche von ihnen adaptiert und führten zu häufigerer sexueller Antizipation der Ehe.[149]

Auch Levine kommt bei seiner Untersuchung zu dem Ergebnis, bei der hausindustriellen Bevölkerung in Shepsed verlaufe die Eheanbahnung in durchaus traditioneller Weise. Sexuelle Beziehungen würden mit der Perspektive einer künftigen Heirat aufgenommen. Allerdings seien unter den Bedingungen hausindustrieller Existenz Eheeinleitung und Eheschließung nicht mehr wie in der bäuerlichen Gemeinde fest miteinander gekoppelt gewesen. Zum Teil mag das an der verminderten sozialen Kontrolle gelegen haben, zu einem erheblichen Teil aber – das macht Levine plausibel – daran, daß für die Heimarbeiter in bestimmten Zeiten, insbesondere bei ungewissen Zukunftsaussichten, eine Heirat nicht möglich war oder aufgeschoben werden mußte. Hinter den globalen Illegitimitätsziffern für Shepsed beispielsweise verberge sich eine sehr diskontinuierliche Entwicklung, die mit den durch Krieg, Blockade, Depression etc. verursachten Konjunkturaufschwüngen und -abschwüngen des Strumpfwirkergewerbes korrespondiere.[150] Allerdings bestehe keine unmittelbare Beziehung zwischen Illegitimitätsrate und guter bzw. schlechter Konjunktur. »The critical factor ... may have been uncertainty – uncertainty intervening between the initiation of sexual intercourse and marriage.«[151] Insofern ist, Levines Ergebnissen zufolge, Illegitimität bei Heimarbeitern die Folge vereitelter Heiratspläne und nicht zügelloser Promiskuität,[152] wie die zeitgenössischen Berichte annehmen, aber auch nicht emanzipatorischer Tendenzen, wie uns Shorter glauben machen möchte.

Exkurs

Die angesprochene These Shorters: ebenso wie der seit dem Ende des 18. Jahrhunderts zu registrierende Anstieg der ehelichen, sei auch der Anstieg der unehelichen Fruchtbarkeit eine Folge emanzipatorischer Prozesse bei den Frauen der Unterklassen, soll im folgenden kurz diskutiert werden. Diese These hat er nicht nur in mehreren Aufsätzen, sondern in nahezu unveränderter Form auch in seinem Buch »Die Geburt der modernen Familie« wiederholt.[153]

Shorter argumentiert folgendermaßen: durch die Einbeziehung der Frauen der Unterklassen in die freie Marktwirtschaft (als Dienstboten in den Städten, in der Hausindustrie etc.) hätten sie sehr schnell die dort geltenden neuen Werte erlernt, nämlich: Selbstinteresse, Wettbewerb etc., und diese auf andere Lebensbereiche übertragen. Ein neues Gefühl persönlicher Autonomie und der Anspruch auf Selbstverwirklichung seien dadurch entstanden. Infolgedessen hätten diese Frauen die traditionellen sozialen Kontrollmechanismen von Elternhaus und Gemeinden ignoriert und eine freiere und unbekümmertere Haltung zu ihrer Sexualität entwickelt. Ein befriedigendes Sexualleben sei von ihnen als Teil der individuellen Selbsterfüllung angesehen und akzeptiert worden. Aus Zuneigung, »romantic love«, hätten diese Frauen sexuelle Beziehungen zu Männern angeknüpft. Entweder seien daher illegitime Geburten die unvermeidbare Folge gewesen, bzw. dort, wo der Mann zur Ehe gezwungen werden konnte, was in einigen Regionen der Fall war,[154] Brautschwangerschaften.

Auf jeden Fall sei bei der Eheschließung dieser heiratenden, »emanzipierten« Frauen »Liebe« das ausschlaggebende Motiv gewesen. In diesen Ehen hätten, weil die Frauen – wie eingangs unterstellt – Sexualität als Teil eines befriedigenden und erfüllten Daseins akzeptierten, mehr sexuelle Kontakte stattgefunden. Auf Grund fehlender effektiver Geburtenkontrolle sei deshalb auch die eheliche Fruchtbarkeit gestiegen.

An dieser Position Shorters, die er selbst als wenig abgesichert bezeichnet,[155] ist neben anderem zweifellos der von ihm verwendete Emanzipationsbegriff am problematischsten. Die schlichte Gleichsetzung von Berufstätigkeit und Emanzipation geht selbst unter gegenwärtigen Bedingungen fehl, ist im 18. und frühen 19. Jahrhundert, wo Berufstätigkeit von Frauen weitgehend identisch war mit der Ein- und Unterordnung in patriarchalisch strukturierte Haushalte (als Dienstmädchen, als Spinnerinnen, als Spulmagd etc.) aber vollständig unangebracht. Scott/Tilly erheben einen weiteren gewichtigen Einwand. Sie beschäftigen sich zwar vornehmlich mit der hohen Quote städtischer Illegitimität, zu der die vom Land zugewanderten Dienstmädchen erheblich beigetragen haben. Ihre Argumentation trifft in ihrem Kern jedoch auch auf die Verhältnisse in der Hausindustrie zu.[156] Sie weisen darauf hin, daß die Zunahme der Frauenerwerbstätigkeit seit Ende des 18. Jahrhunderts mit der Fortexistenz traditioneller, aus bäuerlicher und kleinhandwerklicher Wirtschaft stammenden Vorstellungen über die Rolle der Frau einhergegangen ist. Weibliche Mitarbeit sei hier stets absolute Notwendigkeit und Selbstverständlichkeit gewesen. Selbst dort, wo die Verschlechterung der ökonomischen Position dieser kleinen Produzenten einerseits und die neuen Arbeitsmöglichkeiten in den Städten (und der Hausindustrie) andererseits diese Familien dazu bewegt hätten, ihre Töchter als Dienstmädchen in die Städte zu schicken, könne nicht von einer Emanzipation gesprochen werden. Diese Mädchen gaben ihren Lohn zu Hause ab, definierten also, wenn sie woanders beschäftigt waren, ihre Arbeit als Beitrag zum Familieneinkommen. Das gelte in gleichem Maße für die Arbeit verheirateter Frauen, die ebenfalls nur im familialen Bezugsrahmen interpretiert werden könne. Dieses wichtige Argument von Scott/Tilly wird durch Hufton gestützt, die darauf hinweist, daß im 18. Jahrhundert die Arbeit der Frau als zusätzliche Ressource (ressource d'appoint), ohne die die Familie nicht existieren konnte, aufgefaßt wurde.[157] Erst sehr langsam und allmählich hätten sich diese traditionellen Werte und Verhaltensweisen geändert.

Insofern liege Shorter falsch, argumentieren Scott/Tilly, wenn er die Zunahme der illegitimen Geburten mit Protest gegen elterliche Autorität und Übernahme der Werte der freien Marktwirtschaft erkläre.[158] Den Anstieg der Illegitimität[159] begründen sie mit den Arbeitsbedingungen (hier: der Dienstboten) sowie mit dem in vielen bäuerlichen Gebieten üblichen Verhalten, mit dem Mann zu schlafen, den man heiraten wolle. Die Heirat scheitere aber oft an der in der Stadt – und wir können hinzufügen: auch in vielen hausindustriellen Gebieten – verminderten sozialen Kontrolle, die den Schwängerer auf dem Land zur Eheschließung drängte. In wichtigen Punkten stimmen also die Ergebnisse von Scott/Tilly mit oben bereits referierten Einwänden bzw. Untersuchungsergebnissen überein. Obwohl, wie noch zu zeigen sein wird, Veränderungen der Arbeitsteilung zwischen den Geschlechtern (in einigen Zweigen der Hausindustrie gar eine Rollenumkehrung), einschließlich einer Veränderung der Positionen von Mann und Frau in der Ehe, beobachtet werden konnten, so handelt es sich doch nur um – allerdings wichtige – *Tendenzen,* keinesfalls um einen allgemeinen Emanzipationsprozeß der Frauen.

VI. Beziehungen zwischen den Ehegatten

Bei der Analyse der Motive der Partnerwahl hat sich gezeigt, daß aufgrund der Lösung der Heimarbeiterehe aus sachlich-dinglichen Bindungen persönliche Gefühle und Zuneigung, sexuelle Attraktion etc. eher berücksichtigt werden konnten. Andererseits aber unterlag auch bei den Heimarbeitern die Partnerwahl ökonomischen Imperativen. Vielfach war es sinnvoll, wenn nicht sogar notwendig, eine mit der Profession vertraute Frau zu heiraten. Denn gerade wegen des fehlenden sachlichen Fundaments der Ehe wurde die Arbeitsleistung und -fähigkeit zentral. Die Ehe blieb, auch unter hausindustriellen Bedingungen, ganz wesentlich eine Arbeitsbeziehung.

Durch diese eigentümliche Kombination von tendenzieller Individualisierung der Partnerwahl und dem Zwang, zugleich ökonomischen Überlegungen zu folgen, nahm die Eheanbahnung bei den Hausindustriellen eine Zwischenstellung zwischen traditionellen und »modernen« Verhältnissen ein. Es ist von vornherein auf Grund der selten günstigen, im Untersuchungszeitraum sich langfristig verschlechternden wirtschaftlichen Lage der Heimarbeiter zu vermuten, daß die Arbeit und ihre Anforderungen das tägliche Zusammenleben dominierten und dabei wenig Raum für die Pflege und Kultivierung der persönlichen Beziehungen gelassen haben.

Im folgenden soll zunächst untersucht werden, wie die Arbeitsbeziehungen von Mann und Frau in der Heimarbeiterfamilie aussahen und wie sich der besondere Charakter der hausindustriellen Arbeitsgemeinschaft auf die Positionen von Frau und Mann in Ehe und Familie auswirkte.

1. Arbeitsteilung in der hausindustriellen Familienwirtschaft

Bei der Analyse der beiden bisher behandelten Familienformen von Bauern und Handwerkern hatte sich gezeigt, daß Frau und Mann für die jeweilige Familienwirtschaft unverzichtbare Arbeitsleistungen erbrachten, damit jedoch eine strikte Trennung der Arbeitsbereiche verbunden war. Im Handwerkerhaushalt oblag die gewerbliche Tätigkeit nahezu ausschließlich dem Mann, die Frau war für Haushalt, Kinderaufzucht und – soweit vorhanden – Garten- und Kleinstwirtschaft zuständig. Auch in der

Landwirtschaft hatten beide Geschlechter getrennte Arbeitsbereiche. Der Schwerpunkt der Aktivität des Bauern lag bei der Arbeit in Feld und Flur, der der Frau im und ums Haus herum. Beide waren in der landwirtschaftlichen Produktion tätig; der Mann ausschließlich, die Frau neben ihrer Arbeit im Haushalt.

Diese traditionelle, strikt geschlechtsspezifische Arbeitsteilung wurde nun in der Hausindustrie tendenziell aufgehoben.

– Im Vergleich zum bäuerlichen, aber auch ländlichen Tagelöhnerhaushalt, wo der Mann außerhäuslich arbeitete, wurde der Mann nun ins Haus zurückgeholt.[160] Das Haus bzw. die Wohnung wurde zum gemeinsamen Arbeitsplatz für Mann und Frau und im allgemeinen auch für die Kinder.

– Der Verdrängungsprozeß, dem die ursprünglich oft mit der Heimarbeit verbundene Klein- und Kleinstlandwirtschaft ausgesetzt war, führte tendenziell dazu, daß *alle* Familienangehörigen gewerblich arbeiteten. Wo noch Reste einer agrarischen Existenz vorhanden waren, oblag diese Arbeit teilweise der Frau[161], teilweise dem Mann[162], teils beiden gemeinsam. Gelegentlich wurde, wie Schöne aus der Westlausitz berichtet, aber auch ein Tagelöhner für diese Arbeit gemietet.[163]

Die Beschäftigung von Mann und Frau mit gewerblicher Arbeit schloß eine Arbeitsteilung bei dieser neuen Tätigkeit nicht aus. Dies war besonders dann der Fall, wenn beide, u. U. bei Mithilfe der Kinder, als Team arbeiteten. So war es in Weberfamilien häufig, daß der Mann webte, die Frau die Ketten säuberte und die Kinder spulten.[164] Aus der Sonneberger-Spielwarenindustrie schilderte Sax ähnliches: ». . . es bildet sich innerhalb der Familie eine peinlich genaue Arbeitsteilung aus und alles geht flink von der Hand. Der Vater z. B. lackiert und malt den Kopf, die Mutter schneidet Kleidchen zu, die Töchter nähen die Kleidchen und ziehen sie über das Gestell, ein Knabe streicht die Beine an, der jüngte schlägt die Tschinellen auf; und der Stürzenschläger ist fertig.«[165]

Bei dieser Art der familialen Kooperation, bei der die Arbeit aller Familienmitglieder arbeitsteilig aufeinander bezogen war, konnte der Beitrag der einzelnen Arbeit zum Gesamtertrag nicht quantifiziert werden. Das war anders, wenn die Familienangehörigen voneinander unabhängige Tätigkeiten ausführten oder alle die gleiche Arbeit machten. In solchen Fällen konnte das Einkommen jedes Produzenten und somit der individuelle Beitrag zur familialen Subsistenz veranschlagt werden. Gleiche Arbeit von Mann und Frau kam häufig vor, insbesondere dann, wenn Tätigkeiten, die zuvor reine Frauenarbeiten gewesen waren, nun den Männern ebenfalls lukrativ erschienen. Dann klöppelten und spannen auch sie.[166]

Es richtete sich teilweise nach der Art des Gewerbes, teilweise nach dessen Einträglichkeit, ob Mann und Frau die gleiche Arbeit verrichteten. Voneinander unabhängige Arbeitsvorgänge waren in entwickelteren Stadien des Verlags häufiger, dann nämlich, wenn »die Spezialisierung der einzelnen Arbeitskräfte so weit fortgeschritten war, daß die Abstimmung des Bedarfs an Arbeitskraft für die einzelnen Teilarbeiten nicht mehr im Rahmen eines Haushalts, sondern rationeller unter der Gesamtheit der von einem Verleger beschäftigten Arbeiter vorzunehmen war.«[167]

Die Konzentration auf die gewerbliche Tätigkeit ließ nur noch wenig Zeit für die Hausarbeit. Diese normalerweise der Frau obliegende Arbeit hatte auch im Bauern- und Handwerkerhaushalt nie den Stellenwert gehabt, den wir ihr allzu leicht aus heutiger Perspektive zuschreiben.[168] Auf die Säuberung und Pflege der Behausung wurde sinnvollerweise nicht viel Zeit verwendet. Die Klagen der zeitgenössischen Beobachter über die Vernachlässigung des Haushalts in den Heimarbeiterfamilien[169] hängen zum Teil wohl damit zusammen, daß sie ihre bürgerlichen Maßstäbe einer geordneten Haushaltsführung anlegten. Zum Teil aber wurde die wenige Zeit, die traditionell auf die Hausarbeit verwendet werden konnte, in den Heimarbeiterfamilien auf Grund des Zwanges zum Geldverdienen noch weiter reduziert. Es gab in der Hausindustrie sogar Frauen, die nie in ihrem Leben Hausarbeit gemacht, sondern stets nur gewerblich gearbeitet hatten. So berichtete eine von Brauns Gewährsfrauen (geboren 1878), ihre Großmutter habe ihr Leben lang nichts anderes gemacht als gewebt. »Um den Haushalt nahm sie sich nicht an. Es war uns Kindern ganz gespässig, wenn sie einmal bei einer Wäsche half.«[170] Notwendig mußten in Fällen wie diesen andere Personen die Hausarbeit machen; infrage kamen die Kinder, gemietete Personen, oder – der Mann!

Generell läßt sich feststellen, daß die übliche rigide Trennung der Arbeitsbereiche von Mann und Frau in der Hausindustrie aufgehoben worden ist. Die *Angleichung* der Arbeitsbereiche, die gelegentlich bis zu einer Verkehrung der traditionellen Rollenzu-

ständigkeit gehen konnte, ist grundlegend neu. Bei einigen
Gewerben, in denen die Frau geschickter und schneller arbeitete,
oblagen dem Mann Handreichungen und Hausarbeit. Die Bevölkerung der französischen Diözese Le Puy lebte im 18. Jahrhundert überwiegend von der Klöppelindustrie, die nur auf Frauenarbeit basierte. Viele Männer waren wegen der größeren
Geschicklichkeit der Frauen arbeitslos.[171]

Sax berichtet aus der Phosphor-Zündhölzchen-Industrie, wo
der Eigenvertrieb vorherrschte, daß sich die Frauen häufig um
den Vertrieb kümmerten und selbst mehrere Tage bis Wochen
reisten, während der Mann zuhause blieb. »... das geschieht
besonders dann, wenn der Mann nicht recht ›fähig‹ ist, alles
vertrinkt und nichts heimbringt. Dann kocht der Mann oder geht
mit den Kindern in die Schänke ...«[172] Weil sie nicht so viel wie
die Männer in den Gasthöfen und Wirtshäusern blieben und
deshalb leichter den Gendarmen entgingen, übernahmen bei
Niedergang der westlausitzer Bandweberei auch dort die Frauen
häufig den (verbotenen) Hausierhandel.[173] Wenn man auch die
Fälle einer regelrechten Umkehrung der traditionellen Geschlechtsrollen nicht überschätzen sollte, so zeichnete sich die
Heimarbeiterfamilie doch insgesamt durch große Flexibilität aus.
Je nach Gewerbe, aber auch je nach Konjunktur konnte sich die
binnenfamiliale Arbeitsteilung ändern. Das ist sicher nicht ohne
Reibungen vor sich gegangen, aber in dieser internen Flexibilität
bestand eine der Überlebensstrategien der Heimarbeiterfamilie in
Notlagen und insbesondere beim Niedergang des hausindustriellen Gewerbes.[174]

2. Innerfamiliale Statusveränderungen und
Autoritätsverhältnisse

Angesichts der gewandelten Arbeitsbeziehungen und Verdienstmöglichkeiten von Frau und Mann in der hausindustriellen
Familienwirtschaft erhebt sich die Frage, wie sich diese Veränderungen auf den jeweiligen innerfamilialen Status auswirkten.
Auch im Bauern- und Handwerkerhaushalt ist der wirtschaftliche
Beitrag der Frau für die häusliche Ökonomie beträchtlich gewesen. Dennoch war der Status der Frauen innerhalb des Hauses
gering, die dominierende Position hatte der Mann und Hausvater
inne. Daraus konnte geschlossen werden, daß die Arbeitsleistung

allein nicht entscheidend für die Machtverteilung war, sondern daß hierfür die soziale Bewertung der Tätigkeiten, also gesamtgesellschaftliche Strukturen eine zentrale Rolle spielten.

In der Hausindustrie ergab sich nun als Novum, daß der Beitrag der Frau für die familiale Reproduktion nicht mehr auf die traditionellen und gering bewerteten weiblichen Arbeiten (Haus, Kinder, Garten, Vieh) beschränkt blieb. Ihre Tätigkeiten konnten deshalb nur geringfügig, bzw. dort, wo sie dieselbe Arbeit wie der Mann machte, gar nicht abgewertet werden. Deshalb kann in den Heimarbeiterfamilien eine stärkere innerfamiliale Position der Frau vermutet werden. Besonders ausgeprägt dürfte sich ihr Status dort verbessert haben, wo die Eheleute individuell zurechenbare Geldeinkommen erzielten, der quantitative Beitrag des einzelnen also sichtbar wurde. In Sonderheit dort, wo die Frauen die Hauptlast für die familiale Subsistenz trugen, läßt sich ablesen, wie relevant *Art und Umfang* der Frauenarbeit für die innerfamilialen Entscheidungsprozesse sind. In der französischen Diözese Le Puy, in der viele Männer arbeitslos waren und die Familien überwiegend von dem Einkommen lebten, das die Frauen mit Klöppeln verdienten, entwickelte sich eine Situation, »in which women not only demonstrated greater business acumen and propensity for hard labour but were the principal decisionmakers within the family while their husbands, who had too much times on their hand, loafed about the *cabaret* and picked up quarrels with each other.«[175]

Aber nicht nur durch die Angleichung der Tätigkeitsbereiche wurde die innerfamiliale Position der Frau verbessert. Unterstützend kam hinzu, daß durch die mit der Hausindustrie verbundenen Veränderungen der Erbgepflogenheiten der Frau zunehmend auch Arbeitsgerät, beispielsweise der Webstuhl, vererbt wurde. Daß sie das für die materielle Situation der Familie entscheidende Arbeitsmittel in den häuslichen Produktionsverband einbrachte, blieb für ihren Status nicht folgenlos. Generell nahm der Wert der von der Frau in die Ehe eingebrachten Mitgift zu, wie Schöne für die westlausitzer Bandweber feststellen konnte.[176] Der größere Anteil am Erbgut, der Frauen und Mädchen nun eingeräumt wurde, drückt die Höherbewertung der weiblichen Familienangehörigen aus. Sie ist eine Folge des qualitativ neuen Beitrags der Frau zur familialen Subsistenz, möglicherweise auch der Vertrautheit durch die für die hausindustrielle Produktion typische

Zusammenarbeit. Insofern kann man die neuen Erbgepflogenheiten sowohl als Folge wie auch als Ursache einer besseren Position der Frauen in der Hausindustrie betrachten.

Darüber hinaus verbesserte es den Status der Frau, daß sie stärker in die Öffentlichkeit einbezogen wurde. Frauen übernahmen den Vertrieb der Waren[177], reisten zu Messen.[178] Wo kollektive Formen der Zusammenarbeit üblich waren, wie bei den Spinnern, nahmen auch die Frauen daran teil. Generell traten viele Frauen aus dem ihnen angestammten Bezirk des Hauses oder der Wohnung heraus.[179] Diese Momente wirkten zweifellos alle zugunsten einer Statusverbesserung der Frau in der Familie.

Dem entsprach eine Statusminderung des Mannes. Der strukturelle Statusvorsprung des Mannes in den patriarchalisch strukturierten europäischen Gesellschaften war im bäuerlichen und Handwerker-Haushalt zusätzlich durch die Eigentumsverhältnisse und die Position des Mannes in der Öffentlichkeit verstärkt und legitimiert worden. Diese Momente fehlten in Heimarbeiterfamilien weitgehend.

– Der Mann verfügte nicht mehr allein über die entscheidende Grundlage der Subsistenz. Diese bestand vielmehr zunehmend aus dem Arbeitsvermögen beider Ehepartner. Auch Produktionsmittel gehörten in wachsendem Umfang Frauen.

– Die Heimarbeiter rangierten in der sozialen Hierarchie von Stadt und Land weit unten. Die Mitgliedschaft in der politisch-rechtlichen Gemeinde war an Eigentum (Landbesitz, Hausbesitz) gebunden, so daß viele Heimarbeiter keinen vollen politischen Status hatten. Auch hieraus konnte der Mann keine Bekräftigung seiner Position ziehen.

– Er war zudem nicht mehr allein in außerhäusliche Bereiche integriert. Zunehmend trat die Frau, wie beschrieben, aus dem Bezirk des Hauses heraus. Der Wissens- und Erfahrungsvorsprung des Mannes schrumpfte zusammen.

– Auch die Rollenvielfalt, die bei Bauern und Handwerkern deren innerfamiliales Gewicht verstärkt hatte, war beim Heimarbeiter reduziert. Seine Position als »Betriebsleiter« konnte bei der insgesamt schlechten wirtschaftlichen Situation seine Rollen als Vater und Ehemann nicht stützen. Seine Unfähigkeit, für den wirtschaftlichen Unterhalt der Familie ausreichend zu sorgen, unterminierte vermutlich sogar den Anspruch auf Autorität und Gehorsam.

Aus diesen Entwicklungen darf nicht sogleich auf eine Gleichberechtigung oder gar Dominanz der Frauen geschlossen werden, wie dies bei einigen Autoren anklingt[180], obwohl beides vorgekommen zu sein scheint. Es darf nämlich nicht übersehen werden, daß die Arbeitsleistung der Frau durch häufige Schwangerschaften und die ihr verbliebene restliche Hausarbeit unstetiger war als die des Mannes. In einigen Gewerben war ihre Arbeitsleistung zudem auf Hilfsarbeiten beschränkt, die leicht minder bewertet werden konnten. Weiter muß berücksichtigt werden, daß die Frauen – wie oben bereits betont – oft selbst ihre Arbeitsleistung und ihren Verdienst in traditioneller Weise nur als zusätzlichen Beitrag zum Familieneinkommen interpretierten, emanzipatorische Einstellungen also nicht notwendig mit der Heimarbeit verbunden waren.

Bei der gleichwohl zu beobachtenden Statusverbesserung der Frau handelt es sich um tendenzielle Verschiebungen innerhalb des häuslichen Statusgefüges, und zwar in Haushalten, die in eine durch und durch patriarchalisch strukturierte Gesellschaft eingebettet waren. Der strukturelle Statusvorsprung, den der Mann in dieser Gesellschaft innehatte, wurde allerdings in den Heimarbeiterfamilien nicht mehr überhöht und zusätzlich abgestützt, wie das in der bäuerlichen und Handwerker-Ökonomie der Fall war. Nur insofern scheint mir die Folgerung Helds zutreffend, der »eine *annähernde* Gleichstellung der Geschlechter bzw. *relativ* egalitäre eheliche Machtverhältnisse«[181] in der Heimarbeiterfamilie konstatiert.

Die neuen Arbeits- und Verdienstmöglichkeiten, die die Hausindustrie den Frauen bot, führten deshalb zwar zu einer Verbesserung ihres familialen Status, jedoch nicht zur völligen Beseitigung der patriarchalisch strukturierten Familienverfassung. Bei dieser handelte es sich um ein zentrales *gesellschaftliches* Strukturprinzip, das, wenn auch in abgeschwächter Form, heute noch existiert. Derartig tief und fest verwurzelte Strukturen ändern sich ebensowenig wie das ihnen zugehörige Verhalten innerhalb weniger Generationen. Meines Erachtens läßt sich auf Grund der gewerblichen Arbeit der Frau nur eine *tendenzielle* Annäherung der innerfamilialen Positionen von Frau und Mann in der Heimarbeiterehe registrieren, keinesfalls »Gleichberechtigung« und »Partnerschaft«. Größere Möglichkeiten der Mitsprache und vergrößerter Entscheidungsspielraum von Frauen heben die patriarchalische Familienverfassung nicht auf, modifizieren sie lediglich.

Die bisherigen Überlegungen klingen gleichwohl recht optimistisch. So wichtig die Angleichung der Arbeitsbereiche der Geschlechter für eine Statusverbesserung der Frau auch war, so darf nicht übersehen werden, daß ihr normalerweise neben der gewerblichen Arbeit die restliche Hausarbeit verblieb und sie durch Schwangerschaften zusätzlich beansprucht wurde. Daß sie, insgesamt gesehen, die größeren Lasten zu tragen hatte, klingt in Schnapper-Arndts Bemerkung an, die für kleinbäuerliche und hausindustrielle Verhältnisse gleichermaßen gilt: »Überhaupt habe ich in Beobachtung ärmerer ländlicher Gegenden noch immer gefunden, daß dem Weibe das beklagenswertere Los zugefallen ist. Einige wenige fröhliche Momente in einer sonst von anstrengender Arbeit erfüllten Jugend: dann fällt auch über jene der Vorhang. Mag die Arbeit des Mannes auch eine physisch intensivere sein, diejenige der Frau ist um so unablässiger und man kann kaum mehr von einer Arbeitszeit bei ihr reden, weil ihr ganzes Leben nichts anderes ist.«[182]

3. Stabilität der Ehen

Die Frage nach der Stabilität der Heimarbeiterehe kann nur auf den äußeren, formalen Zusammenhalt zielen. Inwieweit bestehende Ehen in sich stabil waren, d. h. ohne umfassendere Krisen in den Beziehungen, läßt sich nach den Quellen nicht erschließen. Diese deuten jedoch an, daß die Heimarbeiterehe nicht mehr fraglos der »Bund fürs Leben« gewesen ist. Braun berichtet von Klagen der (bürgerlichen) Zeitgenossen über Unkeuschheit, Ehebruch und die vielen zerbrochenen Ehen bei den hausindustriellen Textilproduzenten des Zürcher Oberlandes.[183] Ähnliche Kritik an den schlesischen Leinewebern ist bei Minutoli zu finden.[184]

Braun führt die Brüchigkeit der Ehen auf die neuen moralischen Maßstäbe der Heimarbeiter zurück. Sie stellten, weil Zuneigung ein wichtiger Faktor bei der Eheschließung geworden sei, mehr persönliche Ansprüche an den Partner, beispielsweise auch hinsichtlich der ehelichen Treue. Sobald die Ehe weniger auf dinglichen Bindungen als auf persönlichen beruhe, bekämen außereheliche Beziehungen eines Ehegatten ein stärkeres Gewicht.[185] Auch persönliche Unzulänglichkeiten hätten gravierende Folgen.

Ebenso dürfte die veränderte Position der Frauen in vielen Ehen Probleme geschaffen haben, dann nämlich, wenn der traditionelle patriarchalische Anspruch des Mannes und die reale Situation zu stark auseinanderklafften. Im Ausleben körperlicher Kraft und Überlegenheit gegenüber Frauen und Kindern *kann* eine Kompensation für die sozial und ökonomisch schwache Position des Mannes gefunden werden. Die Ehe als Unterdrückungszusammenhang, wie Adelheid Popp sie am Beispiel ihrer Eltern beschreibt, gehörte vermutlich zum Alltag nicht weniger hausindustrieller Existenzen.

Andererseits darf nicht übersehen werden, daß bei der ausgedehnten täglichen Arbeitszeit von bis zu zwölf und sechzehn Stunden sowie den elenden Existenzbedingungen (Wohnung, Ernährung), die sich im 19. Jahrhundert verallgemeinerten, von vornherein jede Ehe extrem gefährdet sein mußte. Die Demoralisierung der Familienbeziehungen durch die miserable wirtschaftliche Lage illustriert Sax am Beispiel Thüringischer Griffelmacher: »Der Mann tauscht hinter dem Rücken der Frau Schnaps und Tabak gegen Griffel ein; die Frau ohne Wissen des Mannes, Zucker und Kaffee, und die Kinder betrügen Vater und Mutter, um sich Näschereien einzutauschen.«[186]

Also nicht nur die veränderten persönlichen Ansprüche an eine Ehe, auch die strukturellen Veränderungen sowie die vielfach klägliche ökonomische Existenz, die schlechten Wohnverhältnisse und die tagtägliche Zusammenarbeit ohne Möglichkeit, sich auszuweichen, waren Grundlage vielfältiger Konflikte. Gegenüber den bisher behandelten Familienformen von Bauern und Handwerkern, in denen die Identifikation mit dem »Betrieb« die Ehebeziehung stützen konnte, erscheint die Heimarbeiterehe, die ein solches Fundament entbehrte, anfälliger. Andererseits kann man davon ausgehen, daß trotz der erwähnten Klagen der Zeitgenossen über zerbrochene Ehen, die meisten Ehen formal aufrecht erhalten blieben. Mangels Alternativen in bezug auf Wohnraum, Verdienstmöglichkeiten, aber auch wegen der Kinder blieb den meisten Ehepaaren nichts anderes übrig, als recht und schlecht weiterhin, wenn wohl auch häufig zerstritten, zusammenzuleben. Die beschriebene Demoralisierung der Ehebeziehung wirkte sich zweifellos mehr auf den Inhalt und die Qualität des Familienlebens als auf den formalen Bestand einer Ehe aus.

VII. Die Situation des Kindes in der Heimarbeiterfamilie

Man kann von vornherein davon ausgehen, daß der Verlauf der Kindheit in der Heimarbeiterfamilie, aber auch die Beziehung der Eltern zu den Kindern grundlegend durch die Bedingungen der hausindustriellen Tätigkeit geprägt worden ist. Insofern wird die Situation der Kinder durch die Spezifika des jeweiligen Gewerbes tangiert; darüber hinaus selbstverständlich von der wirtschaftlichen Lage der Familie. Andererseits gab es aber doch *typische* Verhaltensweisen und Beziehungsmuster, die im folgenden erörtert werden sollen, soweit dies auf Grund der schlechten Literaturlage möglich ist.

1. Einstellung der Eltern zu den Kindern

Die Heimarbeiter hatten, das ist bereits dargestellt worden, auf Grund des niedrigen Heiratsalters und fehlender Geburtenkontrolle mehr Kinder als vergleichbare Bevölkerungsgruppen. Darüber hinaus war, wie Levines Ergebnisse für Shepshed gezeigt haben, die Familie im Durchschnitt größer, weil mehr ältere Kinder bei den Eltern lebten als bei der Vergleichsgruppe der Landarbeiter. Während bei diesen die Kinder frühzeitig aus dem Hause mußten, um sich ihren Lebensunterhalt im Gesindedienst zu erarbeiten, fanden die Kinder vieler Heimarbeiter-Familien Verdienstmöglichkeiten in der hausindustriellen Arbeit zusammen mit den Eltern. Gegen diese, vornehmlich auf Levines Ergebnisse aus Shepshed sich stützende Folgerung ist eingewendet worden, daß nicht immer alle Kinder Arbeit in der familienwirtschaftlichen Produktion finden konnten. Grenzen wurden durch den Umfang der zur Verfügung stehenden Rohstoffe[187], die Auftragslage, teilweise auch durch die Wohnverhältnisse gezogen.[188]

Es ist naheliegend, daß unter derartigen Bedingungen viele Kinder kaum als ein Segen empfunden worden sind. Kann aber dort, wo die Kinder als Arbeitskräfte in der familienwirtschaftlichen Produktion sinnvoll eingesetzt werden konnten, davon ausgegangen werden, sie seien den Eltern willkommen gewesen? Wenn im folgenden dieser Frage nachgegangen wird, so wird dabei durchaus bedacht, daß die *Einstellung* zum Kind sich nicht nur aus seiner Nützlichkeit für die häusliche Ökonomie ergibt.

Bei der Untersuchung der Familienformen von Bauern und Handwerkern ist bereits betont worden, daß traditionelle Haltungen gegenüber Kindern, der Umfang der Säuglings- und Kindersterblichkeit, die Möglichkeiten der Geburtenkontrolle sowie Wohnverhältnisse, wirtschaftliche Lage und Arbeitsbelastungen insgesamt die Einstellung zu Kindern prägten. Aus den bisherigen Informationen über die Lage der Heimarbeiter kann geschlossen werden, daß ihre Lebensbedingungen wenig Anlaß boten, spezifisch neue, positive Haltungen gegenüber Kindern zu entwickeln. Sie verfügten nicht über die zur Pflege intensiver persönlicher Beziehungen notwendige Zeit und Energie. Auch die Kontinuität des »Blutes« durch Kinder zu sichern, spielte für die Mehrzahl der Heimarbeiter kaum eine Rolle. Gleichwohl haben Nützlichkeitserwägungen im Verhältnis zu Kindern durchaus ihre Bedeutung gehabt, wenn man sie auch nicht überschätzen darf.

In seiner schon mehrfach zitierten Untersuchung über die Heimarbeiter im Zürcher Oberland hat Braun je nach der ökonomischen Lage der Heimarbeiter unterschiedliche Einstellungen zum Kind konstatieren können. Wo noch ein kleiner Landbesitz vorhanden gewesen sei, so Braun, seien viele Kinder, insbesondere Töchter, erwünscht gewesen, weil sie in ganz traditioneller Weise ihren hausindustriellen Verdienst in das »Gütchen« der Eltern gesteckt hätten. Diese Erwartung sei früh an sie herangetragen und von ihnen akzeptiert worden.[189] Bei den landlosen Heimarbeitern hingegen habe sich sehr schnell eine andere Einstellung zu den Kindern herausgebildet. Obwohl sie schon in jungen Jahren mitarbeiteten, hätten die Eltern es gern gesehen, wenn die Kinder früh aus dem Hause gingen und bei Fremden Arbeit und Unterkunft fanden. Dies sei die Folge einer negativen Einstellung zu Kindern. Sie reduzierten die gewerbliche Arbeitsleistung der Frau. An dem geringeren Geldeinkommen lasse sich ihre zeitliche und körperliche Belastung durch Schwangerschaft, Geburt, Kleinkinderaufzucht und Vermehrung der Hausarbeit unmittelbar ablesen. Ein weiteres gewichtiges Moment seien die beengten Wohnverhältnisse gewesen, die durch jedes neue Kind verschlechtert wurden. Die Enge war aber, da den ganzen Tag zu Hause gearbeitet wurde, besonders störend. Kinder waren deshalb bei den landlosen Heimarbeitern des Zürcher Oberlandes nicht erwünscht. In extremen Fällen wünschten die Eltern geradezu deren Tod herbei, wie die von Braun berichteten drastischen Aussagen zeigen.[190] Generell dominierte eine distanzierte Einstellung zum Kind, die in der Institution des »Rast«-Gebens zum Ausdruck kam. Die Kinder »bezahlten« mit einem festgelegten wöchentlichen Arbeitspensum (= Rast) für ihren Unterhalt.

Inwieweit diese Verhältnisse des Zürcher Oberlandes verallgemeinerbar sind, kann nicht beurteilt werden. Vergleichbare elterliche Äußerungen über die Kinder, wie die von Braun berichteten, konnten nicht gefunden werden.

Eine ganz andere Position als Braun vertritt Medick.[191] Die höhere Zahl von Kindern in den Heimarbeiterfamilien ist seiner Ansicht nach dadurch bedingt, daß der individuelle häusliche Produzent allein nicht existenzfähig war. Daraus resultierte nicht nur die *Notwendigkeit* früher Heiraten, sondern auch der »(Er-)Zeugung‹ einer möglichst hohen Zahl von kindlichen Arbeitskräften, (durch die) die Produktionsfähigkeit und damit auch die Überlebensmöglichkeit der Familie über jene Armutsschwelle hinausgeschoben wurde, an deren Rand sie von Anfang an existierte.«[192] Insbesondere im Hinblick auf das Nachlassen der elterlichen Arbeitsfähigkeit im Alter zähle der positive Effekt einer großen Zahl familialer Arbeitskräfte.[193] Aus dem postulierten Zusammenhang von Arbeitsanforderungen und Kinderzahl zieht Medick den Schluß, daß viele Kinder den Eltern äußerst willkommen sein mußten. Andererseits weist er selbst darauf hin, daß das Gleichgewicht von Konsumenten und Produzenten in der hausindustriellen Produktion mit der Geburt des ersten Kindes zerstört werde.[194] Kinder belasteten, bevor sie als Arbeitskräfte überhaupt verwendet werden konnten, die häusliche Ökonomie sowohl durch die direkten wie die indirekten Kosten, die sie verursachten.[195] Dennoch, so Medick, sei »der positive Einkommenseffekt erhöhter Fertilität wichtiger als der negative Effekt vermehrter Reproduktionskosten« gewesen.[196]

Gegen diese Argumentation gibt es m. E. gewichtige Einwände. Zunächst scheint mir, wie auch schon bei der Frage des Heiratsalters, eine Verwechslung zwischen Ursache und Funktionalität eines bestimmten Verhaltens vorzuliegen. Selbst wenn man der Ansicht Medicks zustimmt, daß eine große Zahl von Kindern positive Auswirkungen auf die hausindustrielle Familienwirtschaft besaß, so ist es außerordentlich zweifelhaft, ob eine entsprechende rationale Kalkulation tatsächlich bestimmendes Moment für die Zeugung der Kinder gewesen ist. Dieser Einwand wiegt deshalb schwer, weil immer wieder, auch von Medick, darauf hingewiesen wird, daß eine effektive Geburtenkontrolle kaum möglich war, die Steuerung der Kinderzahl mithin *außerhalb der Möglichkeiten* der meisten Ehepaare in der Hausindustrie lag. Medicks Argumentation unterstellt zudem auch hier ein langfristig kalkulierendes Verhalten, das die Hausindustriellen in anderen Bereichen ihres Lebens nicht an den Tag legten. Die Heimarbeiterfamilien hatten m. E. mehr Kinder, nicht *weil* das für sie langfristig ökonomisch vorteilhaft ist, sondern *weil* sie früh heirateten und keine effektive Geburtenkontrolle ausüben konnten.

Auch Medicks These vom ökonomischen Vorteil, den Kinder langfristig bringen sollten, scheint mir zweifelhaft. Die Störung des Gleichgewichts von Konsumenten und Produzenten durch die Geburt von Kindern währte wegen der fehlenden Geburtenkontrolle die *gesamte* eheliche Fruchtbarkeitsperiode, d. h. ca. 20 Jahre. Infolge der dadurch bedingten Anstrengung und Überanstrengung waren beide Eltern *vorzeitig* verbraucht und in ihrer Arbeitskapazität gemindert. Da die älteren Kinder schon aus dem Hause gingen, wenn die jüngsten erst geboren wurden bzw. noch recht klein waren, war ein positiver langfristiger Einkommenseffekt nicht erkennbar, zumal, wie auch Medick eingehend nachgewiesen hat, Daseinsvorsorge durch Sparen in guten Jahren nicht des Heimarbeiters Art war. Selbst wenn, entgegen den bisherigen Annahmen, eine hohe Kinderzahl langfristig positive Auswirkungen auf die ökonomische Lage der Heimarbeiter gehabt hätte, so kann dies ohnehin nur dort der Fall gewesen sein, wo erstens der häuslichen Produktion keine anderen Grenzen gesetzt waren als die durch die Zahl der Arbeitskräfte gezogenen, und wo zweitens die Familie als Team arbeitete, weitreichendere Arbeitszerlegung innerhalb der häuslichen Produktion mithin eine Steigerung des Ausstoßes zur Folge hatte. Das war durchaus nicht überall der Fall.[197]

Wahrscheinlich wird man davon ausgehen können, daß ein bis zwei Kinder auch unter durchschnittlichen hausindustriellen Existenzbedingungen als wünschenswert angesehen wurden, da Kinder traditionell zu einer Ehe »dazu« gehörten. Angesichts der gesamten Lebensverhältnisse in der Hausindustrie spricht vieles –

und m. E. mehr – dafür, daß weitere Kinder jedoch als eine große Belastung empfunden worden sind, und zwar sowohl auf Grund der schlechten Wohnverhältnisse als auch des Arbeitsaufwandes, den ihre Aufzucht erforderte.

2. Verlauf der Kindheit im Heimarbeiterhaushalt

Die wenigen Informationen, die über die Kleinkindphase vorliegen, sind nicht konsistent. Teilweise wird, wie von Schnapper-Arndt, von langen Stillzeiten der Säuglinge berichtet.[198] Typischer als diese Verhältnisse auf dem hohen Taunus scheinen die Schilderungen Sax' aus dem Thüringischen zu sein. Die Säuglinge wurden nur kurze Zeit gestillt, da das Stillen zu viel Zeit kostete.[199] Dadurch wurden allerdings ihre Überlebenschancen vermindert und eine schnelle neue Empfängnis begünstigt. Die Geburt des nächsten Kindes belastete das Zeitbudget der Frau noch mehr.

Mit »Zulp« und Wiege wurde der Säugling ruhig gehalten. Die Beschwichtigung war bei der Enge des Zusammenwohnens und -arbeitens ähnlich wichtig, wie dies schon für die Verhältnisse im Handwerkerhaushalt beschrieben worden ist. Der Kreis der Bezugspersonen war auf Eltern und Geschwister beschränkt. Wo die Frauen voll in die gewerbliche Arbeit integriert waren, mußten ältere Geschwister die Kleinkinder pflegen und beaufsichtigen. Den Müttern fraß »die Heimarbeit . . . alle Zeit auf«.[200] Sie konnten sich nicht um die Kinder kümmern.[201] Deren Erziehung erfolgte weitgehend unreflektiert »nebenbei«.

Die materielle Situation der Familien erforderte die frühe Hilfe und Mitarbeit der Kinder. Je nach Gewerbe mußten sie vom dritten bis sechsten Lebensjahr an ihren Beitrag zum Lebensunterhalt leisten.[202] Wenn die Familie noch etwas Land und Vieh besaß, mußte auch bei den dabei anfallenden Arbeiten geholfen werden.[203] In der Hausindustrie ist die Kinderarbeit am weitesten verbreitet gewesen. Zwar hatten auch im Bauern- und Handwerkerhaushalt die Kinder arbeiten müssen. Im allgemeinen lebten sie jedoch unter günstigeren Bedingungen, an frischer Luft, und wurden besser ernährt. Von Ausnahmen abgesehen, wurden die Bauern- und Handwerkerkinder auch nicht so stetig zur Arbeit herangezogen. Insbesondere hierin, in der *Stetigkeit* der kindlichen Arbeitsleistung, bestand ein Charakteristikum der hausindustriellen Kinderarbeit. In ihrer Dauerhaftigkeit, so hat Schnapper-Arndt betont, liege aber gerade das Schädliche der an sich meist nicht schweren Tätigkeit.[204] Die Gefahr der Überanstrengung von Kindern mit scheinbar nicht anstrengender Tätigkeit sei gerade dadurch gegeben, daß diese Arbeiten auch im Zustand körperlicher Ermüdung noch ausgeführt werden konnten[205], die Überforderung des Kindes also nicht unmittelbar zu erkennen sei.

Aus der Perspektive des Kindes bestätigt Zietz diese Einschätzung: »Das Spulen war für uns Kinder eine schreckliche Marter. Da hockten wir Stunde um Stunde auf dem niedrigen Stühlchen hinter dem Spulrad bei der entsetzlich eintönigen und ermüdenden Arbeit, immer nur spulen, spulen, spulen. Der Rücken schmerzte, der rechte Arm, der das Rad drehen mußte, drohte zu erlahmen, die Finger der linken Hand wurden von den scharf gesponnenen Fäden, die zur gleichmäßigen Verteilung auf die Spule geleitet werden mußten, blutig gerissen.«[206]

Die Arbeit wurde von den Eltern unter dem Zwang, sie optimal zu organisieren, nur nach technisch-sachlichen Gesichtspunkten verteilt. Ob bestimmte Tätigkeiten der kindlichen Gesundheit abträglich waren, konnte nicht berücksichtigt werden.[207] In der Literatur finden sich erschütternde Beispiele für die negativen gesundheitlichen Folgen. Kinder, die schon drei- bis vierjährig zur Korbflechterei herangezogen wurden, bekamen wegen der damit verbundenen schiefen Körperhaltung oft einen Buckel.[208] Bruhns, der als Kind eines Zigarettenmachers vom 5. Lebensjahr an mitarbeiten mußte, wurde skrofulös und erkrankte an den Augen.[209] Ludwig weist darauf hin, daß Kinder, die zu früh weben mußten, zu Krüppeln wurden.[210]

Die Arbeit des Heimarbeiterkindes ging völlig zu Lasten der Schulausbildung. Soweit die allgemeine Schulpflicht eingeführt und durchgesetzt worden war, boten die Unterrichtsstunden für viele Kinder, die *vor und nach* der Schule arbeiten mußten, die einzige Ruhepause des Tages.[211] Angesichts dessen und der ohnehin schlechten Schulverhältnisse (große Klassen, wenig Lehrer, unzureichende Räumlichkeiten)[212] kann man sich den Lerneffekt des Unterrichts ausmalen. Im Gegensatz zum Bauernkind, für das im Winter weniger Arbeit anfiel und das sich dann verstärkt der Schule widmen konnte, waren für viele Heimarbeiterkinder, insbesondere in der Zeit des Niedergangs der Hausindustrie, derartige regelmäßige und relativ langdauernde »arbeitslose« Zeiten nicht vorhanden.[213] Ebenso wie viele frühe Fabrikarbeiter wandten sich auch die Heimarbeiter gegen den Zugriff des Staates auf ihre Kinder, wie er sich in der Schulpflicht manifestierte. Angesichts ihrer ärmlichen und dürftigen Existenz, die nur unter Mitarbeit *aller* verfügbaren Kräfte zu meistern war[214], mußte ihnen der behördlich verordnete und erzwungene Schulbesuch ihrer Kinder als eine Zumutung und besondere Schikane erscheinen, der sie sich möglichst entzogen.[215]

Gleichsam als Spiegelbild der beschriebenen Arbeitssituation ergibt sich, daß es zumindest in der Zeit des Niedergangs der Hausindustrie für das Heimarbeiterkind kaum freie Zeit gegeben hat. In der Frühphase der Hausindustrie, wo bei günstigerer Konjunktur weniger gearbeitet wurde, ist das wahrscheinlich anders gewesen. Die Kinder konnten sich *außerhalb* des Hauses bzw. der Wohnung im Spiel mit anderen von der Arbeit erholen. Wie wenig das in schlechten Zeiten möglich war, wird aus der Schilderung von Zietz deutlich, der die Arbeit besonders dann schwer wurde, wenn »der fröhliche Lärm und das Jauchzen der Nachbarskinder in die Werkstatt«[216] drang.

Soweit die Kinder und Jugendlichen freie Zeit hatten, wurden sie kaum von den Eltern kontrolliert. Insbesondere die Heranwachsenden konnten die Eltern – im Gegensatz zu Bauern, die mit der Enterbungsdrohung über ein wirksames Instrument verfügten – wenig beeinflussen. Die peer-group der Jugendlichen, die an traditionelle bäuerliche Verhaltensweisen anknüpfte, war deshalb im Leben des Heranwachsenden sehr wichtig.[217]

Die Produktion im Familien- bzw. Haushaltsverband oder – wie bei den Spinnern des Zürcher Oberlandes – auch im größeren Kreise, die wenige arbeitsfreie Zeit sowie die räumliche Enge ermöglichten dem einzelnen kaum Rückzug und Besinnung. Alleinsein war selten. Die Dominanz der Arbeit im Leben schon des kleinen Kindes verwehrte ihm die Chance, individuelle Fähigkeiten und Anlagen zu entwickeln, die jenseits der für die Arbeit erforderlichen lagen.

3. Erziehungsklima

Das Zusammenleben im Heimarbeiterhaushalt war von der Arbeit und dem Zwang, die einfache Reproduktion zu sichern, durchgreifend geprägt. Diese Notwendigkeiten bestimmten in hohem Maße auch das Erziehungsklima. Selinger beschreibt in ihrer autobiographischen Erzählung, daß die Mütter sich nicht um die Kinder kümmern konnten, weil die Heimarbeit ihnen die Zeit auffraß.[218] Auch Adelheid Popps Erinnerungen bezeugen einen Mangel an Zuwendung und Zärtlichkeit seitens der Eltern.[219] Wenn man sich vor Augen hält, daß die Pflege persönlicher Beziehungen, daß Zärtlichkeit und liebevolle Zuneigung nicht nur Zeit, sondern insbesondere Energie und das Fehlen drückender existentieller Sorgen voraussetzen, dann erscheint die aus diesen Berichten hervorgehende geringe Intensität der Beziehungen nicht verwunderlich.

Zeitgenossen haben gleichwohl die hausindustrielle Produktionsform im Vergleich mit der Fabrikarbeit als vorteilhaft für das Familienleben empfunden. Davon abgesehen, daß sie die Kinderarbeit in ihren Wirkungen unterschätzten, sahen sie einen großen Vorteil in dem Zusammensein der Familienangehörigen bei der Arbeit. Dadurch würden die Eltern in die Lage versetzt, die Kinder kontinuierlich erziehen zu können. In besonderer Weise wurde die Erziehung durch den Vater hervorgehoben, die bei einer außerhäuslichen Tätigkeit nur sehr beschränkt möglich war. So beschreibt am Ende des 19. Jahrhunderts, als der Verelendungsprozeß der Heimarbeiter schon allgemein geworden war, ein Berichterstatter des Vereins für Socialpolitik, obschon auch seiner Ansicht nach einige Abstriche an diesem Ideal gemacht werden mußten, die Vorteile der Hausindustrie folgendermaßen: »Das gegenseitige Verhältnis der Ehegatten kann sich durch die Möglichkeit des fortwährenden Gedankenaustausches zu einem engeren gestalten; auch die Beaufsichtigung der Kinder, soweit sie zur gewerblichen Thätigkeit herangezogen werden, ist eine fortwährende, und bei richtiger Erziehung kann schon von früh auf eine wohlthätige Einwirkung auf den Charakter des Kindes ausgeübt werden.«[220]

Gegen diese Glorifizierung hat sich Sombart mit scharfen Worten gewandt: »Ist Erziehung Anleitung zu beruflicher Arbeit? Aber auch dann erzieht der hausindustrielle Vater seine Kinder nicht: denn weit entfernt ihnen die lehrlingsmäßige Ausbildung zu geben, nützt er ihre Kräfte nur ungebührlich aus. Anders aber als arbeitend, bei der Arbeit helfend, kommen die Hausindustriekinder gewiß nicht mit ihrem Vater tagsüber zusammen, der doch, wie wir wissen, 12, 14, 18 Stunden täglich arbeitet. Fluchen und arbeiten, das wird in den meisten Fällen das einzige sein, was die Heimarbeiterkinder von der väterlichen Erziehung profitieren.«[221]

Wenn diese Faktoren berücksichtigt werden, kann man aus der Tatsache, daß in der Heimindustrie die Jugendlichen länger – oft bis zur Eheschließung – bei den Eltern lebten und arbeiteten als beispielsweise Landarbeiterkinder, nicht auf einen festeren Familienzusammenhalt schließen. Der erzieherische Einfluß der Eltern wurde zudem dadurch begrenzt, daß in Konfliktfällen die Jugendlichen leicht das Elternhaus verlassen und bei Fremden Arbeit suchen konnten. Dem elterlichen Anspruch auf Gehorsam fehlte der Nachdruck, der in anderen Bevölkerungsklassen und -schichten von der Enterbungsdrohung ausging. Die Eltern-Kind-Beziehung wurde durch die frühe ökonomische Unabhängigkeit der Kinder fragiler und nicht durch intensivere persönliche Bindungen gestützt. In erster Linie scheint sie ebenso wie die zwischen den Ehegatten eine Arbeitsbeziehung gewesen zu sein, ohne daß darüber hinaus eine gemeinsame Interessenlage bestand, wie sie beispielsweise bei den Bauern in der Bindung aller Angehörigen an den Familienbesitz existierte. Das tägliche enge Zusammenwohnen und -arbeiten sowie die ärmlichen Lebensumstände boten vielfältige Anlässe für Reibereien und Konflikte. Wie brüchig der Familienzusammenhalt vielfach gewesen sein dürfte, läßt sich daraus ersehen, daß am Ende des 19. Jahrhunderts, als die Alternative der Fabrikarbeit in großem Umfang bestand, viele Kinder »bald nach der Konfirmation in auswärtigen Fabriken Arbeit suchten und selbständig zu leben trachteten.«[222]

VIII. Formen der Geselligkeit

Wegen der Ungeschiedenheit von Arbeitsprozeß und Familienleben existierte keine scharf von der Arbeitszeit abgesetzte arbeitsfreie Zeit. Sowohl die Struktur als auch der Umfang der Zeitunterlagen den Bedingungen hausindustrieller Produktion. Der Rhythmus des Arbeitsprozesses und des Lebens wurde nicht mehr, wie bei den Bauern, von der Natur und ihrem Zyklus bestimmt, sondern vom Entlohnungssystem. Die Liefer- und

Zahltage strukturierten das Jahr des Heimarbeiters.[223] Der Umfang der Zeit wiederum war stark von der Konjunktur abhängig. Da den Heimarbeitern die Maxime »Arbeit um der Arbeit willen« fern lag, reagierten sie – wie beschrieben – auf gute Verdienstmöglichkeiten mit einer Reduzierung ihrer Arbeitsleistung und verbrachten die so gewonnene Zeit bei Festen und Geselligkeit. Andererseits verlängerten sie bei schlechter Konjunktur ihren Arbeitsalltag.

Generell war das Bedürfnis nach Geselligkeit und sozialem Kontakt infolge der Eintönigkeit und Isolation bei der Arbeit groß. Es ist schon darauf hingewiesen worden, daß jene gewerblichen Tätigkeiten, die keine großen und schweren Produktionsinstrumente erforderten, wie beispielsweise das Spinnen und Klöppeln, des Sommers im Freien, vor der Haustür oder an einem schattigen Platz ausgeübt wurden, des Winters gemeinsam in der Spinnstube. Die Weber, die den ganzen Tag an den Webstuhl gebunden waren, suchten bewußt den sozialen Kontakt als Ausgleich für die Isolation bei der Arbeit. Mit einsetzender Dämmerung gingen sie »auf Nachbarschaft«.[224]

Traditionell hatte Geselligkeit in Stadt und Land öffentlichen Charakter gehabt. Die Pflege häuslicher Geselligkeit wurde erst durch das entstehende Bürgertum kultiviert. Die Wohnverhältnisse der Heimarbeiter waren allerdings auch nicht dazu geeignet, als Ort geselligen Beisammenseins zu dienen. Vermutlich trieb gerade das enge und mit viel Reibereien verbundene tagtägliche Zusammenarbeiten und -leben die Menschen auf der Suche nach Kontakt und Anregung aus den Häusern und Wohnungen. Die Verbindung von Wohnen und Arbeiten führte wahrscheinlich sehr schnell dazu, die Familienangehörigen primär oder zumindest sehr stark unter ihrem Aspekt als Arbeitskräfte wahrzunehmen und zu beurteilen. Individuelle menschliche Qualitäten traten dahinter zurück. Die persönlichen Beziehungen waren deshalb nicht sehr intensiv. Zuneigung und Liebe, die bei der Wahl des Ehepartners zunehmend wichtig waren, hatten keine Chance, sich zu neuer Qualität der Ehebeziehung zu entwickeln.

Alle diese Faktoren trugen dazu bei, die Befriedigung der sozialen und ges+lligen Bedürfnisse in die Öffentlichkeit zu verlagern. Im Zürcher Oberland, aber auch in vielen anderen Gegenden wurden die Spinnstuben, in denen Arbeit und Geselligkeit eng miteinander verwoben waren, zu Zentren geselligen Alltagslebens. Die Grenzen zwischen Familie und Öffentlichkeit waren nicht scharf gezogen. Ebensowenig wie sich die Familie als eine abgekapselte »private« Lebenssphäre entwickeln konnte, war die Öffentlichkeit eine Sphäre formalisierten und distanzierten Kontakts.[225] Die Formen dieser Geselligkeit lassen erkennen, daß die Heimarbeiterfamilie sehr schnell jene von Bauern- und Handwerkerfamilien bekannten, traditionellen Verhaltensmuster übernahm.

Die öffentliche Geselligkeit, die sich in Spinnstuben, Festen und Wirtshausbesuchen dokumentierte, hatte zugleich – ebenso wie das Konsumverhalten – demonstrativen Charakter gegenüber Bauern, Landarbeitern, aber auch Bürgern. Zumindest in Zeiten guter Konjunktur und guten Verdienstes waren diese Formen der Geselligkeit Ausdruck hausindustriellen Selbstbewußtseins und Abgrenzungsverlangens, und insofern symbolische Repräsentation der sozialen Stellung der Heimarbeiter im Gesellschaftssystem.[226]

IX. Zusammenfassende Bemerkungen

In der Hausindustrie hat sich eine eigene Familienform ausgebildet, deren Züge den spezifischen Bedingungen hausindustrieller Produktion korrespondierten. Die prägende Bedeutung der Produktion und ihrer Anforderungen war, ebenso wie bei Bauern und Handwerkern, auf Grund der Ungeschiedenheit von Arbeiten und Wohnen besonders deutlich und durchgreifend. Wenn auch viele Handwerkerhaushalte, insbesondere in der Phase des Niedergangs des »alten« Handwerks, unter schwierigen wirtschaftlichen Bedingungen existierten, so zeichnete sich das Dasein der Heimarbeiterfamilie durch noch größere materielle Not und Unsicherheit, drückende Abhängigkeit vom Verleger sowie größere Monotonie der Arbeit aus. Der für das Handwerk ehedem charakteristische ganzheitliche Arbeitsprozeß war hier auf wenige Handgriffe reduziert. Obschon in manchen ihrer Züge der Bauern- und Handwerkerfamilie ähnlich, hat sich die Heimarbeiterfamilie als eine Familienform herausgestellt, in der alte und neue Elemente des Familienlebens eine nur für sie charakteristische Kombination eingegangen sind.

Besonders deutlich läßt sich dieser Übergangscharakter der Heimarbeiterfamilie an dem Komplex der Partnerwahl und Ehebeziehung ablesen. Ermöglichte die Besitzlosigkeit einerseits eine individualisierte Partnerwahl, ohne Rücksicht auf Familien- und Vermögensinteressen, so schränkten andererseits arbeitsorganisatorische Zwänge den Kreis der potentiellen Partner auf jene ein, mit deren Arbeitsfähigkeit, -geschick und -erfahrung die familiale Subsistenz überhaupt nur gesichert werden konnte. Die durchschnittlichen Existenzbedingungen der Heimarbeiter ließen jedoch nicht zu, daß die möglicherweise zu Beginn der Ehe vorhandenen Momente und Ansprüche von Zuneigung und persönlichem Glück sich zu jener intensiven und intimisierten Ehebeziehung ausbildete, die für die »moderne Familie« als typisch angesehen werden.

Die Aufzucht der Kinder verlief hingegen ganz ungebrochen in den traditionellen Bahnen. Von bewußter Erziehung und Kindzentrierung konnte bei den Heimarbeitern keine Rede sein. Allerdings blieben in vielen Familien die Kinder, im Gegensatz zur Bauern- und Handwerkerfamilie, länger, oft bis zur Eheschließung bei den Eltern. Darin drückte sich jedoch nicht ein engerer und intensiverer Familienzusammenhalt aus, sondern nur ein größerer Arbeitskräftebedarf. Die Stellung der Kinder innerhalb der Heimarbeiterfamilie war auf Grund ihrer frühen ökonomischen Selbständigkeit prinzipiell anders als in den bisher behandelten Haushalten.[227] Die elterliche Autorität konnte sich nicht mehr auf die wirtschaftliche Abhängigkeit der Kinder stützen. Die für Kindheit und Jugend im Bauern- und Handwerkerhaus charakteristische langandauernde elterliche Kontrolle war verlorengegangen.

Generell läßt sich also sagen, daß in der Heimarbeiterfamilie wegen des Fehlens der traditionellen ökonomischen Barrieren und des damit verbundenen Einflusses der Eltern auf die Eheschließung einige Ansätze zu »modernem Familienleben« vorhanden waren. Die schlechte wirtschaftliche Lage jedoch sowie die Kombination von Arbeitsstätte und (sehr wenig) Wohnraum, durch die die Häuslichkeit den Charakter einer Werkstatt (Sombart) bekam – diese Lebensbedingungen waren so prägend, daß jene Ansätze nicht weiter getrieben werden konnten. Für die Entwicklung von Häuslichkeit und Familienleben bestand keine Chance. Ganz im Gegenteil wird vermutlich in vielen Fällen die wirtschaftliche Not eine Demoralisierung der Familienbeziehungen zur Folge gehabt haben. Jeder versuchte auf Kosten des anderen aus der Situation für sich das Beste zu machen. Solidarische Reaktionen sind zwar prinzipiell denkbar, unter den hausindustriellen Existenzbedingungen jedoch schwer zu leisten.

Im Gegensatz zu den beiden bisher behandelten Varianten des »ganzen Hauses«, den Bauern- und Handwerkerhaushalten, handelt es sich bei der Heimarbeiterfamilie um eine Übergangsform, die nicht sehr lange bestanden hat und nur wenige eigenständige kulturelle Formen ausbilden konnte. Dadurch behielten Verhaltensweisen aus den sozialen Herkunftsmilieus eine größere Bedeutung. Andererseits aber erlaubte gerade die nicht verfestigte soziale Zwischenlage den Hausindustriellen auch, Verhaltensweisen zu praktizieren, die von den üblichen Mustern abwichen. Die beschriebenen Varianten in der Arbeitsteilung zwischen den Geschlechtern sind dafür ein Beispiel.

Trotz der dauerhaft wenig erfreulichen Lebens- und Arbeitsbedingungen hielten die Heimarbeiter zäh an ihrer Existenzform fest. Und dies auch dann noch, als die Heimarbeit aus der Perspektive des Produzenten ökonomisch bereits völlig unrentabel geworden und die Fabrikarbeit sowohl wegen ihres Umfanges als auch auf Grund des Verdienstes eine ernstzunehmende Alternative war. Diesem auf den ersten Blick unverständlichen Festhalten an Lebensbedingungen, die in der Spätphase der Hausindustrie alles andere als günstig waren, lagen verschiedene Motive zugrunde.

Die familienwirtschaftliche Produktion, gleich welcher Art, war eine über Jahrtausende übliche Arbeits- und Lebensweise des größten Teils der Bevölkerung, von der stets nur wenige Ausnahmen existiert haben, wie im Bergbau, Transportgewerbe, Baugewerbe usw. Die mit der Fabrikarbeit verbundene Trennung von Arbeitsplatz und Wohnung bedeutete daher nicht nur einen Bruch mit der bisherigen Lebensweise des einzelnen, sondern zugleich einen Bruch mit dem für die Mehrheit der Bevölkerung gewohnten Dasein. Für die neue Existenzform der Fabrikarbeiter standen keine erprobten und bewährten Verhaltensweisen und Verhaltensmuster zur Verfügung, auf die hätte zurückgegriffen werden können. Für die durch die normalerweise getrennten Arbeitsplätze von Mann und Frau, u. U. auch der Kinder, in der Fabrikindustrie hervorgerufenen Probleme bei der Kinderaufzucht und -beaufsichtigung und -erziehung, bei der Haushaltsversorgung, den Mahlzeiten etc. mußten erst neue Lösungen gefunden werden. Praktisch bedeutete deshalb die Trennung von Wohnung und Arbeitsplatz eine totale Umorientierung der gewohnten Lebens- und Arbeitsweisen. Hinzu kam, daß die Arbeit in der Fabrik starke Beschränkungen für den einzelnen mit sich brachte. Hierin, in der Furcht vor dem Verlust »of independence and the disintegration of the family«[228], lagen die tieferen Ursachen des Widerstandes der Heimarbeiter. Infolgedessen und weil sie für die Verleger immer noch profitabel blieb, hielt sich die Hausindustrie in noch größerem Umfang bis in eine Zeit, als sie für die Produzenten unter rein wirtschaftlichen Aspekten bereits unsinnig war.

Gleichwohl kann die hausindustrielle Familie als eine Vorläuferin der proletarischen Familie betrachtet werden. Nicht nur weil viele Heimarbeiter bzw. ihre Kinder schließlich doch unter dem Druck der ökonomischen Verhältnisse zu Fabrikarbeitern wurden. Die tendenzielle Individualisierung der Partnerwahl, die Annäherung der Arbeitsbereiche beider Geschlechter, die kleinfamiliale Lebensform, die lebenslange ökonomische Abhängigkeit von unbeeinflußbaren Instanzen, die Monotonie der Arbeit, sowie die insgesamt erbärmlichen Wohn- und Lebensbedingungen verbanden die Familienform der Heimarbeiter mit der proletarischen Familie.

Kapitel 4

Die Familie im Bürgertum

Während Bauern und auch Handwerker noch *relativ* ungebrochen in der traditionellen Lebensform des »ganzen Hauses« lebten, wurde innerhalb der weitgehend ständisch geprägten Gesellschaft des 18. Jahrhunderts vom frühen Bürgertum ein neues Leitbild oder Ideal der Familie entworfen. Es war eng an spezifische Existenzbedingungen des Bürgertums gebunden, an seine soziale Lage innerhalb der Gesellschaft und die zunehmende Distanzierung der Sphäre des Erwerbs von der des Wohnens. Vom Bürgertum »erfunden« und ursprünglich auch aufs Bürgertum beschränkt, wurde das Familienideal im Laufe der Entwicklung des 19. und 20. Jahrhunderts für andere Bevölkerungsklassen und -schichten zunehmend attraktiver.

Für die Ausbildung der »modernen« Familie war dies von entscheidender Bedeutung. Das neue Leitbild enthielt bereits im Kern alle wesentlichen Momente, die auch als charakteristische Merkmale des gegenwärtigen Familienlebens hervorgehoben werden und durch die es sich grundlegend von den traditionellen Familienformen unterschied:

- Intensivierung und Intimisierung der Ehebeziehung; »Liebe« wird zum ehestiftenden Motiv;
- Zentrale Bedeutung der Kinder und ihrer Erziehung; »Kindheit« als ein besonderes Lebensalter grenzt sich aus;
- Abschottung der Familie als privater Sphäre von den anderen Lebensbereichen, besonders denen des Berufs und Erwerbs, aber auch gegen Eingriffe von außen.

Dies neue Familienideal wurde in Deutschland in der zweiten Hälfte des 18. Jahrhunderts von den Angehörigen des sich allmählich herausbildenden Bürgertums entwickelt, das sich zusammensetzte aus wenigen Großkaufleuten und Unternehmern, höheren Beamten sowie Vertretern der freien Berufe. Allen diesen Angehörigen des Bürgertums, oder in der Sprache der Zeit: des mittleren Standes, hatten bestimmte gemeinsame Existenzbedingungen. Arbeits- und Wohnbereich fielen zunehmend auseinander. Nur wenige waren sehr reich; viele, besonders

Beamte und die Angehörigen der freien Berufe, lebten recht bescheiden, wenn auch in *relativ* gesicherten materiellen Verhältnissen.[1] Frauen und Kinder hatten mit Erwerbsarbeit nichts mehr zu tun. Den Frauen verblieb allerdings – wenn man von den Verhältnissen in den wenigen, sehr reichen bürgerlichen Familien absieht – die teilweise recht umfängliche Haus- und Gartenarbeit.

Neben der Darstellung des neuen Familienleitbildes will die folgende Analyse die Entstehungsbedingungen des neuen Familienideals klären. Das heißt, es soll die Frage beantwortet werden, wieso *dies* Leitbild zu *dieser* Zeit und bei den Angehörigen *dieser* sozialen Klasse entworfen wurde. Dabei wird sich herausstellen, daß die Entstehung und die Struktur dieses neuen Familienideals gebunden sind an spezifische soziale und ökonomische Lebensbedingungen des Bürgertums.

Im Gegensatz zu den anderen Kapiteln besteht dieses aus zwei Teilen. Zwei Zeiträume werden untersucht: einmal das ausgehende 18. Jahrhundert, dann die Zeit des deutschen Kaiserreichs (1870-1914). Für diese Zweiteilung sind folgende Überlegungen ausschlaggebend gewesen:

Das bürgerliche Familienideal entstand in der zweiten Hälfte des 18. Jahrhunderts. Will man, wie beabsichtigt, die Strukturen dieses Ideals und seine Entstehungsbedingungen untersuchen, so muß man notwendig die soziale und ökonomische Situation des Bürgertums dieser Zeit ins Zentrum rücken. Dabei zeigt sich sehr schnell, daß das Bürgertum sich als soziale Klasse erst konstituiert. Auch das Familienleitbild wurde zunächst nur teilweise und von wenigen Angehörigen des Bürgertums zu realisieren versucht. Daneben hielten sich traditionelle Verhaltensweisen, wie beispielsweise die Prügelrituale bei der Kindererziehung, noch lange weiter. Das ausgehende 18. Jahrhundert ist also eine Umbruchssituation gewesen, in der sich Neues ankündigte, aber nur zögernd durchsetzen konnte. Erst in der Folgezeit breitete sich das bürgerliche Familienideal als prägende Kraft innerhalb des Bürgertums aus. Einen ersten Höhepunkt erreichte es in der Biedermeierzeit, in der im politisch resignierten Bürgertum ein wahrer Familienkult entstand.

Durchgesetzt und als soziale Klasse voll ausgebildet hat sich das deutsche Bürgertum erst im deutschen Kaiserreich. Für die meisten seiner Angehörigen war die Entwicklung mit einer erheblichen Verbesserung ihrer materiellen Situation verbunden. Die Konzentration auf diesen Zeitraum im zweiten Teil des Kapitels hat den Vorzug, daß sich in ihm die Familienform des Bürgertums voll durchgesetzt und entfaltet hat. Sowohl Modifikationen als auch die Weiterführung dessen, was sich am Ende des 18. Jahrhunderts bereits abgezeichnet hatte, lassen sich daher herausarbeiten.

Das Ergänzungsverhältnis, in dem die beiden Teile dieses Kapitels zueinander stehen, wird dadurch verstärkt, daß für die Untersuchung der bürgerlichen Familie nur sehr wenig bereits aufgearbeitetes Material vorliegt. So müssen für Einzelfragen teilweise Belege aus beiden Zeiträumen herangezogen werden. Es fehlen gründliche Untersuchungen zur Familiengröße und Generationstiefe. Zur Frage nach der Kinderzahl gibt es außer der Untersuchung von Nells (auf der Basis des niedersächsischen Geschlechterbuches) und einigen verstreuten Hinweisen in Autobiographien und gesellschaftskritischen Betrachtungen von Zeitgenossen keine Angaben.

Während es über das neue, im Medium der Literatur diskutierte und propagierte Ehe- und Familienleitbild in ausreichendem Umfang Quellen und einige, vornehmlich literaturwissenschaftlich orientierte Sekundärliteratur gibt, u. a. die bekannten Studien von Kluckhohn und Schücking,[2] kann sich die Untersuchung in anderen Aspekten teilweise nur auf eine sehr schwache Materialbasis stützen. Zum Teil liegt das daran, daß eine für andere Familienformen ergiebige Quelle, ökonomische Darstellungen und Analysen, für die bürgerliche Familie kaum mehr Informationen enthält. Abhandlungen über bäuerliche Wirtschaftsweise, das Handwerk oder die Hausindustrie enthalten wegen der dort engen und untrennbaren Verbindung von Haushalt und Produktion viele Hinweise auf das tägliche Leben der Familienangehörigen und ihre durch die Erfordernisse der Produktion geprägten Beziehungen zueinander. Zwar gibt es zahlreiche Untersuchungen über die bürgerliche Wirtschaftsweise, den Industriebetrieb etc.; wegen der für das Bürgertum charakteristischen Trennung von Familie und Erwerb enthalten diese Analysen aber kaum mehr Informationen über das »Privat«-leben. Andererseits ist die bürgerliche Familie sich selbst und den (meist bürgerlichen) Wissenschaftlern so unproblematisch gewesen, daß sie nicht Gegenstand eingehender Untersuchungen geworden ist wie beispielsweise die proletarische Familie im Zusammenhang mit der sozialen Frage. Neben der bereits erwähnten Literatur stützt sich dieses Kapitel auf gesellschaftskritische Betrachtungen von Zeitgenossen, auf Familienchroniken und auf autobiographisches Material. Für den zweiten Teil konnten zusätzlich einige Budgetstudien sowie Analysen der ökonomischen und sozialen Situation einzelner Fraktionen des Bürgertums herangezogen werden. Die einzige Untersuchung, in der die Realität der bürgerlichen Familie, unter besonderer Berücksichtigung der Situation der Frau, im Zentrum steht, ist die Dissertation Freudenthals. Auf Grund der insgesamt unzureichenden Materialbasis ist der vorliegende Versuch einer Rekonstruktion der bürgerlichen Familie nicht in allen Punkten in befriedigender Weise abgesichert.

Die bürgerliche Familie entwickelte sich ebenfalls in anderen Ländern mit vergleichbarer Gesellschaftsstruktur, so auch in England und Frankreich. Prinzipiell handelt es sich bei der Konstituierung des Bürgertums und der Entstehung des Leitbilds der bürgerlichen Familie hier wie dort um identische Vorgänge. Nationale Besonderheiten und Sonderentwicklungen bedingen allerdings einige Modifikationen. In Deutschland bildete sich auf Grund seiner verzögerten ökonomischen Entwicklung eine bürgerliche Klasse erst später heraus als in England oder auch Frankreich. Damit zusammenhängend dominierten im frühen deutschen Bürgertum zunächst nicht die kapitalistischen Elemente, Großkaufleute und Unternehmer, sondern die literarische Intelligenz, Gelehrte und Beamte. Diese strukturellen Besonderheiten der deutschen Entwicklung und des deutschen Bürgertums bedingten spezifische Züge des Leitbilds und der Realität bürgerlicher Familie. Wenn gelegentlich auf englische und französische Untersuchungen Bezug genommen wird, so nur in jenen Aspekten, in denen die Ergebnisse übertragbar erscheinen.

1. Teil

Die Entstehung der bürgerlichen Familie
in der zweiten Hälfte des 18. Jahrhunderts

I. Die Situation des Bürgertums

1. Zum Begriff des Bürgertums

Vorab muß geklärt werden, welche Bevölkerungsgruppen in dieser Arbeit mit dem Begriff »Bürgertum« angesprochen werden. Das Wort wird im deutschen Sprachgebrauch in verschiedenen Bedeutungen verwendet. Teilweise wird mit dem Begriff »Bürger« der Stadtbürger bezeichnet, der Inhaber des Bürgerrechts ist. Mit dem Begriff werden also Personen in gleicher Rechtsposition belegt, solche, die mit einem gewissen Vermögen ausgestattet waren, das es ihnen erlaubte, das Bürgerrecht zu kaufen bzw. solche, die es »geerbt« hatten. Insofern handelt es sich um einen sehr formalen Begriff, hinter dem sich, wie noch zu zeigen sein wird, wichtige Differenzierungen verbergen.

Teilweise wird der Begriff auch als Residual-Kategorie verwendet, unter die alle diejenigen fallen, die weder zu Adel und Geistlichkeit, noch zu den Bauern zählen. In der Regel waren dies allerdings städtische Bevölkerungsgruppen.[3] Bürger im Sinne von Bourgeois wurde erst im Laufe des 19. Jahrhunderts ein für deutsche Verhältnisse angemessener Begriff. Später als in England und auch Frankreich, setzte die kapitalistische Entwicklung in Deutschland ein und brachte erst in der zweiten Hälfte des 19. Jahrhunderts eine nennenswerte Gruppe kapitalistischer Unternehmer hervor. Bürger im Sinne von Bourgeois war der Gegenbegriff zu Proletariat. Alle diese Begriffe sind für unseren Zweck wenig geeignet. Der Begriff des Bürgers im Sinne von Stadtbürger erfuhr im ausgehenden 18. Jahrhundert eine wichtige Differenzierung, die für unseren Zusammenhang relevant ist. Es setzte sich die Unterscheidung von Kleinbürger und Großbürger durch. Bereits das Allgemeine Preußische Landrecht (ALR) unterschied zwischen höherem und niederem Bürgerstand. Zum höheren Bürgerstand gehörten laut § 31, Abs. 2, Satz 1 »alle öffentlichen Beamten, ... Gelehrte, Künstler, Kaufleute, Unternehmer erheblicher (!) Fabriken und diejenigen, welche gleiche Achtung mit diesen in der bürgerlichen Gesellschaft genießen«.[4] Zum niederen Bürgerstande oder dem Kleinbürgertum zählten die mittleren und kleinen Gewerbetreibenden sowie die Handwerker.

Diese Differenzierung zwischen höherem und niederem Bürgerstand war Ausdruck der im 18. Jahrhundert bedeutender gewordenen Vermögensunterschiede innerhalb des Bürgertums.[5] In diese Definition des Allgemeinen Landrechts ist neben dem Vermögen noch ein weiteres Kriterium für die Zugehörigkeit zum höheren Bürgerstande eingegangen: Bildung bzw. das durch Bildung erreichte Amt. Bildung war dabei gleichbedeutend mit Universitätsbildung. Sie war Voraussetzung für bestimmte Positionen im Staatsdienst, dessen Umfang im absolutistischen Staat ausgeweitet wurde und der verstärktes Ansehen genoß. Daneben aber resultierte die Betonung der Bildung als Abgrenzungskriterium aus der spezifischen Situation des deutschen Bürgertums.

Diese Grenzziehung des Allgemeinen Landrechts zwischen niederem und höherem Bürgerstand entsprach den gesellschaftlichen Realitäten der zweiten Hälfte des 18. Jahrhunderts. Das wird deutlich, wenn die 1766 geborene Johanna Schopenhauer (geb. Trosiener) beispielsweise aus Danzig berichtet, daß die öffentliche Konfirmation nur für den *niederen* Bürgerstand als schicklich empfunden wurde. Und weil das Tanzen bei vornehmen Hochzeiten nicht üblich gewesen sei, langweilte sie sich auf ihrer.[6]

Die Abgrenzung des niederen vom höheren Bürgerstand vollzog sich auch auf der literarischen Ebene. Martens stellt fest, Zielgruppe der Moralischen Wochenschriften sei das gehobene Bürgertum gewesen, Handwerker und Bauern waren ausgeschlossen. Tauchten sie in den Moralischen Wochenschriften als Typus dennoch einmal auf, dienten sie lediglich zur Belustigung der Leser.[7]

Besitz und Bildung waren also die beiden Kriterien, die über die Zugehörigkeit zum höheren Bürgerstand im Deutschland des ausgehenden 18. Jahrhunderts entschieden. Auf Grund der spezifischen Lage des deutschen Bürgertums dieses Zeitraums traten beide Kriterien nicht notwendig miteinander gekoppelt auf. Besondere Bedeutung kam der Bildung zu. Sie wurde zum zentralen Abgrenzungskriterium des Bürgertums: nach »oben«

gegenüber dem Adel, nach »unten« gegenüber dem Kleinbürgertum.

Diese Gruppe von – in dieser Zeit noch relativ wenigen – vermögenden Kaufleuten und Unternehmern sowie der akademisch und literarisch gebildeten Intelligenz, die sich selbst meist als »Mittelstand« begriff, wird hier als »Bürgertum« bezeichnet. Von seinen Angehörigen wurde das neue Familienleitbild entwickelt und propagiert sowie zu realisieren versucht.

2. Soziale Zusammensetzung des Bürgertums

In Deutschland fehlte es auch am Ende des 18. Jahrhunderts noch an einer breiteren Unternehmerschicht, wie sie sich beispielsweise in England bereits ausgebildet hatte. Das war Ausdruck der verspäteten kapitalistischen Entwicklung. Innerhalb der gewerblichen Produktion dominierte weiterhin der handwerkliche Kleinbetrieb. Fabrik-Industrie im engeren Sinne existierte noch nicht. Gewerbliche Unternehmer gab es in größerer Zahl nur in der Hausindustrie. Auch die Metropolen des Handels, wie Hamburg, Bremen, aber auch Frankfurt/Main waren lediglich großbürgerliche Brückenköpfe innerhalb einer kleinbürgerlichen Umwelt.[8]

Aber selbst die akademische Intelligenz, die erstmals bürgerliches Selbstbewußtsein artikulierte, war, wie Elias betont, »zunächst eine Art von bürgerlicher Vorhut ... nämlich viele, über das Land verstreute Einzelne, in gleicher Lage und von verwandter sozialer Herkunft, die sich verstanden, weil sie in der gleichen Lage waren«.[9] Diese Schicht der akademischen Intelligenz innerhalb des Bürgertums nahm rasch zu, da das Universitätsstudium zum bedeutsamsten Mittel des sozialen Aufstiegs wurde.[10] Dagegen war in der sozialen und politischen Situation, in der sich Deutschland am Ausgang des 18. Jahrhunderts befand, der individuelle wirtschaftliche Aufstieg durch die weiterexistierenden zünftigen Hemmnisse und die auf Privilegienverleihung beruhende Wirtschaftspolitik des absoluten Staates enorm erschwert. Hingegen war der Universitätsbesuch auf Grund eines ausgedehnten Stipendien- und Bursenwesens sowie der Möglichkeit, durch Hauslehrertätigkeit das Studium zu finanzieren, auch den wenig Besitzenden möglich.[11] Der soziale Aufstieg in Klerus und Bürokratie wurde dadurch begünstigt. Hinzu kam, daß Umfang und Ansehen des Verwaltungsdienstes im absoluten Staat rasch gestiegen waren.

Besitz und Bildung waren in diesem Zeitraum, am Ende des 18. Jahrhunderts, häufig nicht miteinander gekoppelt. Ihre Verbindung fand sich allerdings auch. Insbesondere in den reichen Hansestädten, wo ein wohlhabendes Bürgertum existierte und einzelne Familien schon seit Generationen zu Reichtum gelangt waren, waren Besitz und Bildung keine Gegensätze.[12] Nicht umsonst sind viele Gelehrte und Literaten von dem weltoffenen und wohlhabenden »Klima« Hamburgs angezogen worden, dessen reiches Bürgertum es sich leisten konnte, die »Schönen Künste« zu finanzieren. Das waren aber Ausnahmen.

Die Führung im geistigen und kulturellen Leben fiel eindeutig der akademischen, literarischen Intelligenz zu.[13] Nur als Bildungsschicht hat das deutsche Bürgertum in der zweiten Hälfte des 18. Jahrhunderts einen gewissen Einfluß auf das öffentliche Leben gewinnen können: durch die Ausbildung eines eigenständigen bürgerlichen Selbstbewußtseins in Philosophie und Dichtung.[14] Und selbst im politischen Leben dominierte innerhalb des Bürgertums der Bildungsbürger noch während der ersten Hälfte des 19. Jahrhunderts. Eindrucksvoll wird seine Vorherrschaft durch die soziale Zusammensetzung der Abgeordneten der Paulskirche belegt: von 850 Abgeordneten waren 551 Akademiker.[15]

3. Bürgerliche Mentalität

Von zentraler Bedeutung für das Bewußtsein des Bürgertums war der Umstand, daß es in einer noch weitgehend ständisch geprägten Gesellschaft sozial nicht fest verortet war. Das Bürgertum gehörte weder zu den Geburtsständen wie der Adel, noch zu den Berufsständen wie Bauer und Handwerker. Es wurde deshalb auch häufig als »persönlicher« Stand bezeichnet,[16] um auszudrükken, daß die erreichte soziale Position auf *eigenen* wirtschaftlichen oder intellektuellen Leistungen basierte. Das Bewußtsein von und das Vertrauen auf die eigene Leistungsfähigkeit waren Grundlagen des bürgerlichen Selbstbewußtseins. Hierin lagen zugleich die Fundamente des für die bürgerliche Mentalität konstitutiven Individualismus.

In Deutschland war das Bürgertum aus dem Dreißigjährigen Krieg sehr geschwächt hervorgegangen. Der Adel hatte die soziale und politische Vormachtstellung behalten, teilweise sogar ausgebaut. Er besetzte alle wesentlichen politischen Positionen. Das Bürgertum war von der politischen Betätigung weitgehend ausgeschlossen. Der Bürger wurde vom Adel sozial nicht akzeptiert. Der hohe Grad sozialer Distanzierung veranlaßte einen zeitgenössischen Beobachter am Ende des 18. Jahrhunderts zu der Feststellung, auffallender als die Unterschiede zwischen Nationen und Stämmen seien die Grenzen zwischen den einzelnen Ständen.[17]

Während die reichen Bürger, vornehmlich Unternehmer, die adelige Lebensführung bewunderten und nachzuahmen suchten, setzte sich der größte Teil des Bürgertums, der weder politisch noch ökonomisch noch sozial mit dem Adel konkurrieren konnte, dezidiert von ihm ab. Aus dieser Frontstellung erklären sich viele Züge des neuen Lebensideals, das vom Bürgertum entworfen wurde. An seiner Ausgestaltung und Verbreitung hatte die literarische Intelligenz großen Anteil. In den stark am englischen Vorbild orientierten Moralischen Wochenschriften wurde das höfisch-adelige Lebensideal, das schon auf Teile des Bürgertums abgefärbt hatte, explizit verworfen und ein neues, bürgerliches dagegen gesetzt.

So sollte der rechte Bürger verzichten »auf Kutsche und Lakaien, Hofmeister und Kunstsammlungen, kostspielige Gebäude und das Traktieren vornehmer Personen. Er verkehrt mit seinesgleichen und gelangt auf diese bescheidene Weise zu Reichtum und Glück«.[18] Der Bürger sollte in allem die Mitte halten und daher Verschwendung vermeiden. Das Haushalten, die ökonomische Lebensführung bekam besonderes Gewicht.[19] Gegen die Oberflächlichkeit des Adels, seine Fixierung auf äußere und starre Formen, Konventionen und Zeremoniell, entwickelte das Bürgertum den Kult der »inneren Werte«. Nicht Geburt oder Herkunft waren die entscheidenden Faktoren für den Wert des Menschen, sondern »Tiefe des Gefühls, Versenkung ins Buch, Bildung der einzelnen Persönlichkeit«.[20]

Dabei wurde auf die Antike zurückgegriffen. Mit neuhumanistischer Bildung grenzte sich das Bürgertum einmal von der zweckbestimmten Berufsausbildung des Kleinbürgertums ab,[21] sodann bot sie die Möglichkeit, die Achtung des Adels zu erringen, wozu technisch-gewerbliche Kenntnisse zu profan und zu eng mit dem vom Adel verachteten Erwerb verbunden waren. Die Orientierung an den historisch fernliegenden und zudem durch Ausklammerung ihrer sozialökonomischen Grundlagen idealisierten griechischen Verhältnissen bot für die sozial obdachlose Intelligenz die Möglichkeit, sich an der »normativen Utopie eines hellenischen Menschentums« (aufzurichten). ». . . indem man die Sklaverei nicht als Frage aufwarf, konzipierte man eine geschichtlicher Gefährdung enthobene Existenz, der ›edle Einfalt und stille Größe‹ zur Signatur harmonisch maßvoller und sittlich vollendeter ›Natur‹ wurde.«[22]

Bildung war das einzige Gebiet, auf dem das Bürgertum nicht nur mit dem Adel gleichziehen konnte, sondern ihm sogar überlegen war. Literatur, Theater und Bildung wurden für das deutsche Bürgertum zu einem »Bereich kultureller Selbstbestätigung«.[23] Die Konzentration auf die »inneren Werte«, der Kult der Innerlichkeit traten für das deutsche Bürgertum als Kompensationen an die Stelle der politischen Auseinandersetzung mit dem Adel, für die es zu schwach war.[24] Die Bildung wurde zum Mittel des verdeckten politischen Kampfes. Sehr deutlich wird dies in Riehls idealisierender Rückschau: »Die Franzosen haben sich die Anerkennung des Dritten Standes mit dem Schwerte des Bürgerkrieges und der Revolution erfochten, wir haben uns dieselbe erdacht, erschrieben und ersungen.«[25] Dementsprechend wurde auch in den Moralischen Wochenschriften lediglich »unpolitischer Gemeinsinn« propagiert, generell Abstinenz von politischen Problemen empfohlen.[26]

Die große Bedeutung, die die Familie im Bürgertum erhielt, hing, wie noch eingehender gezeigt wird, unmittelbar mit der sozialen Situation und der daraus resultierenden Mentalität des Bürgers zusammen:

– Die mangelnde Integration des Bürgertums in umfassende Sozialbeziehungen legte die Konzentration auf den sozialen Ort »Familie« nahe. Aus der Pflege dieser privaten Beziehungen wurde Verhaltenssicherheit gewonnen.

– Die große Bedeutung individueller Leistung und individuellen Erwerbs zog eine Intensivierung und Rationalisierung der männlichen Arbeitstätigkeit nach sich. Erwerbsarbeit sowie Hausarbeit und Wohnen trennten sich zunehmend voneinander. Das Heim bekam dadurch den Charakter eines Refugiums, in dem sich der Bürger von den Anstrengungen der Arbeit erholte.

– Der bürgerliche Individualismus erstreckte sich bald auch auf die Ehebeziehungen. Die Wahl des Ehepartners wurde individualisiert und die Ehe zu einer exklusiven Beziehung zwischen *diesem* Mann und *dieser* Frau.

Die vorstehenden Ausführungen beschränken sich auf das deutsche Bürgertum. In ihren Grundzügen ist die Entwicklung in anderen Ländern vergleichbarer Gesellschaftsstruktur ähnlich verlaufen. Eine Besonderheit der deutschen Entwicklung ergab sich aus der langanhaltenden ökonomischen und politischen Schwäche des Bürgertums und der dadurch bedingten strikten Trennung von Adel und Bürgertum, die in England und Frankreich nicht so ausgeprägt war und auch nicht so lange anhielt. Eine Folge dessen waren die erwähnte Abstinenz vom Politischen und die große Bedeutung der Bildung. Ohne dies im einzelnen nachweisen zu können, läßt sich vermuten, daß durch den Verzicht auf politische Betätigung die Familie für den deutschen Bürger einen besonderen, noch größeren Stellenwert erhielt, als es generell für das Bürgertum der Fall war.

II. Die Entstehung des Leitbilds der bürgerlichen Familie

Kernstück des neuen bürgerlichen, gegen den Adel gewendeten Lebensideals war eine veränderte Auffassung von Liebe und Ehe. Sie wurde intensiv diskutiert und propagiert in den Moralischen Wochenschriften und ähnlicher Literatur, wie beispielsweise Christian Felix Weißes Familienzeitschriften »Der Kinderfreund« (1775-1782) und »Briefwechsel der Familie des Kinderfreundes« (1784-1792).

Die alte »Hausväterliteratur« hatte die Gesamtheit der menschlichen Beziehungen im Hause behandelt *und* zugleich Anleitungen für die Erfüllung der in Haus und Landwirtschaft gestellten Aufgaben geliefert. Die enge Verbindung menschlicher Beziehungen und ökonomischer Funktionen, die, wie gezeigt wurde, charakteristisch für das »ganze Haus« gewesen ist, fand sich auch in der auf das Haus zugeschnittenen Literatur.[27] Die neue Literaturgattung der Moralischen Wochenschriften und Familienzeitschriften behandelte alle Aspekte des bürgerlichen Lebens. Allerdings wurde, da es diesen Publikationen wesentlich um eine

Sittenreform ging, Ehe und Familie ein großer Raum gewährt.[28] Die Sphäre des Erwerbs blieb hingegen merkwürdig blaß.[29] Aus Weißes »Kinderfreund« geht beispielsweise nicht hervor, auf welche Art und Weise die Familie des Kinderfreundes das Einkommen erhält, das zu ihrem Unterhalt notwendig ist.[30] Insofern spiegelte diese Literatur adäquat gesellschaftliche Realität wider: die großer Teile des Bürgertums, für die die Familie zunehmend zur vom Erwerb abgeschotteten Privatsphäre wurde.

Diese Literaturgattung ist nicht nur für das Bürgertum konzipiert und von Angehörigen des Bürgertums geschrieben worden. Sie wurde auch hauptsächlich von ihm gelesen. Die Auswertung der Abonnenten des »Kinderfreundes«, die im Anhang der Zeitschrift publiziert wurde, ergibt ein eindeutiges Übergewicht des Bürgertums und bei diesem wiederum des Bildungsbürgertums.[31]

Im folgenden werden zunächst der Wandel der normativen Vorstellungen und seine Ursachen untersucht; anschließend daran dann das Ausmaß der Realisierung dieser Normen. Diese Reihenfolge wurde aus folgendem Grund gewählt: In der Darstellung der bürgerlichen Ideen über Ehe und Familie wird die neue Qualität der Beziehungen gegenüber den bisher behandelten Familienformen stärker sichtbar als in der der Realität bürgerlicher Familien dieses Zeitraums, bei denen alte und neue Strukturelemente noch eng miteinander verflochten waren. Es kommt jedoch darauf an, die Aufmerksamkeit auf die vielfach noch verdeckten und nur undeutlich erkennbaren neuen Elemente zu lenken. Das erlaubt die gewählte Reihenfolge der Argumentation.

Durch sie darf jedoch nicht der Eindruck entstehen, die Ideen seien die die gesellschaftliche Wirklichkeit und ihre Entwicklung entscheidend bestimmenden Faktoren. Diese knüpfen vielmehr an spezifischen Aspekten der Realität an. Indem Ideen und Ideologien einzelne Momente der gesellschaftlichen Wirklichkeit besonders hervorheben und thematisieren (und damit andere relativieren oder vernachlässigen), lenken sie die von ihnen beeinflußten Menschen in der Wahrnehmung und Interpretation ihrer eigenen gesellschaftlichen Situation. Die Verbreitung eines neuen Familienleitbildes (durch Zeitschriften, Romane etc.) setzt sicherlich voraus, daß diejenigen, die es aufnehmen, darin Elemente eigener Erfahrungen wiederfinden. Dadurch daß dieses neue Leitbild neuartige Situationsmerkmale erst voll bewußt und klar erfaßbar macht, beeinflußt es soziales Handeln. Darin liegt seine Chance, auf die gesellschaftliche Realität gestaltend einzuwirken bzw. Entwicklungen zu beschleunigen.

Am Beispiel des bürgerlichen Familienleitbildes zeigt sich das ganz deutlich. Die breitere literarische Diskussion begann in den Moralischen Wochenschriften, anknüpfend an englische Vorbilder, bereits in der ersten Hälfte des 18. Jahrhunderts,[32] zu einem Zeitpunkt also, als das deutsche Bürgertum dieser Selbstverständigung und Selbstinterpretation vermutlich noch nicht bedurfte. Parallel zu den sozialen Veränderungen intensivierte sich die Debatte und gestaltete zu einem gewissen Grad auch die Realität mit.[33]

1. Das neue Familienleitbild

a. Die Veränderung der Liebes- und Eheauffassung

Im Zentrum des neuen Eheideals stand eine veränderte Einstellung zur ehelichen Liebe. Erst der Wandel in den Beziehungen zwischen den Eheleuten tangierte allmählich auch die anderen Familienbeziehungen. In besonderem Maße galt dies für das Verhältnis der Eltern zu den Kindern.

Bis ca. zur Mitte des 18. Jahrhunderts dominierte im deutschen Bürgertum, ebenso wie bei Handwerkern, Bauern, aber auch dem Adel, die traditionelle, sehr sachliche Einstellung zur Ehe. »Man trat in den Bund fürs Leben mit einer nach heutigen Begriffen unbeschreiblichen Nüchternheit und Gleichgültigkeit.«[34] Dem entsprachen die Werbung durch einen Brautwerber oder eine, wie Biedermann es ausdrückt, »geschäftsmäßige Behandlung der Ehe«.[35] In der Art der Eheanbahnung zeigt sich deutlich die Nähe zur traditionellen Form der Ehe. Aus der Perspektive der Eltern – und diese gab den Ausschlag – war die Versorgung der Tochter und ihrer potentiellen Kinder der zentrale Gesichtspunkt bei einer Eheschließung.[36]

Wollte man eine Ehe eingehen, so waren weitaus wichtiger als Liebesbeteuerungen ein einträgliches Amt oder eine gesegnete Nahrung oder ein reiches Erbteil. Wirtschaftliche Überlegungen waren ausschlaggebend.[37] Das Gefühl wurde eindeutig der *Ver-*

nunft und der *Ehrbarkeit* untergeordnet,[38] wobei Vernunft sich insbesondere im Hinblick auf die materiellen Aspekte der geplanten Verbindung zeigte. Beispielhaft für diese Liebes- und Eheauffassung war die Beziehung von Strombecks Eltern, über die dieser schreibt: »Was die nähere Veranlassung zu der Verheirathung meines Vaters mit meiner Mutter (im Jahre 1769) gegeben hatte, davon ist mir nichts bekannt. Mein Vater – dessen Ältern zu der Zeit noch lebten – war dahmals schon 40 Jahre alt, und so wird es weniger eine leidenschaftliche Liebe, deren sein kalter Ernst auch wohl überhaupt nicht empfänglich war, als die Aussicht auf die Verbindung mit einer sehr angesehenen Familie, einer tugendhaften, zur Häuslichkeit erzogenen Gattin, auf eine zu hoffende lehnsfolgende Nachkommenschaft und wohl auch die reiche Aussteuer gewesen sein, die ihn bestimmte, um die schöne dreiundzwanzigjährige Nachbarin zu werben.«[39]

Gegen diese uneingeschränkte Dominanz sachlicher Überlegungen fand im 18. Jahrhundert ein literarischer Feldzug statt. Bei der Lektüre der Moralischen Wochenschriften und anderer Publikationen gewinnt man den Eindruck, daß es sich hierbei für das gebildete Bürgertum um ein zentrales, leidenschaftlich erörtertes Thema handelte.

Zunehmend wurde die »Liebe« als zentrales ehestiftendes Motiv herausgestellt. Die genauere Betrachtung zeigt jedoch, daß der Begriff »Liebe« noch nicht im heutigen Sinne gebraucht wurde, es sich nicht um »romantic love« handelte. Vielmehr erweist sich die »Liebe« im Sinne des 18. Jahrhunderts als von der Aufklärung beeinflußte »vernünftige Liebe«.[40] »Vernünftig« ist die Liebe zu dem Menschen, »an dem man Vollkommenheit erkannt hat oder erkannt zu haben glaubt«.[41] Das heißt, es handelte sich um eine Liebe, die auf der Tugendhaftigkeit des geliebten Menschen gründete. Liebe als ein spontanes, leidenschaftliches, auf Erfüllung drängendes Gefühl wurde hingegen abgelehnt, da sie nicht durch den Filter der Vernunft gelaufen war.[42] Denn Leidenschaft sperrt sich prinzipiell gegen die Vernunft, ist unbeherrschbar, irrational. »Liebe« im Sinne der Moralischen Wochenschriften und vergleichbarer Literatur ist Zuneigung aus Freundschaft, Einsicht in die Vorzüge und Verständnis für die Fehler des anderen. In diesem Liebesbegriff zeigt sich sehr deutlich der Einfluß der Aufklärung.

Immerhin aber wurde ein Minimum an Gefühl nicht nur

gebilligt, sondern als notwendig für eine glückliche Ehe angesehen. Das kam zum Ausdruck einmal in der Ablehnung der Ehe, die ausschließlich aus sachlichen Erwägungen geschlossen wurde. Daher wurde auch vor der Überschätzung äußerer materieller Werte gewarnt.[43] Zum anderen verlangte man Gegenliebe in der Ehe. Praktisch lief diese Forderung auf ein Vetorecht der Kinder gegen eine vorgeschlagene Eheverbindung hinaus. Sie sollten nicht mehr gegen ihren Willen verheiratet werden. Andererseits aber bestand, wenn der Bewerber nicht gerade körperlich entstellt war, sowie über eine gesicherte Position, einen guten Charakter und das Wohlwollen der Eltern verfügte, auch kein *vernünftiger* Grund, die Bewerbung abzulehnen.[44] Diesen Forderungen entsprach ein Eheideal, das die Kommunikation der Ehegatten über häusliche Angelegenheiten, sich selbst, aber auch über Dinge außerhalb des beschränkten häuslichen Horizonts verlangte, beispielsweise über Literatur. Die geistige Beziehung der Ehegatten rückte in den Mittelpunkt. Daß dies auch eine andere Bildung und Stellung der Frau in der Ehe implizierte, liegt auf der Hand. Gegenüber den traditionellen Familienformen von Bauern und Handwerkern, aber auch der hausindustriellen Familie und der des Adels, war diese Betonung der *geistigen* Gemeinschaft der Eheleute ein Novum.

Eine weitere, zumindest normative Neuerung gegenüber dem Anfang des 18. Jahrhunderts bestand in der Versöhnung der geistigen und der sinnlichen Komponenten der Ehebeziehung, die die Eheauffassung der Aufklärung für unvereinbar miteinander gehalten hatten.[45] Beispielhaft deutlich wird diese neue Entwicklung in Weißes »Briefwechsel der Familie des Kinderfreundes«, wenn es heißt: »Bloß geistige Liebe ist nicht für Geister, die in solchen Körpern wohnen, wie die unsrigen.«[46] Auch im »Hannöverschen Magazin« von 1786 klang dieser neue Trend an, wenn als gegenseitige Pflichten der Ehegatten genannt wurden: »Gemeinsamkeit der Freuden des ehelichen Lebens, gegenseitige Rücksichtnahme, Anstand, Interesse für einander, Teilnahme, Duldsamkeit, Selbstbeherrschung, kurz die Aufgabe, sich gemeinschaftlich und wechselseitig beständig zu veredeln und vervollkommnen.«[47]

Die Ehe als Gefühls- und geistige Gemeinschaft war damit entworfen. Dazu konnte sie aber erst werden, als Zuneigung und gegenseitige Achtung als Fundament einer Ehe angesehen und ein

Frauenbild entwickelt wurde, das über die in ihrer Tätigkeit und ihrem Interesse auf Haushalt und Kinder beschränkte Frau hinauswies auf die, wenn auch primär über Lektüre vermittelte, Teilnahme von Frauen an gewissen Bereichen des öffentlichen Lebens, beispielsweise der literarischen Diskussion. Daraus resultierte das gemütvolle Familienleben, die schlichte Häuslichkeit, das innige Zusammenleben als Quelle von Zufriedenheit und Glückseligkeit.

Dieses neue Leitbild der Ehe war Ausdruck des mit dem bürgerlichen Leben untrennbar verbundenen Individualismus. Er setzte sich nicht nur im ökonomischen und philosophischen Bereich durch. Das Ideal der Liebesbindung implizierte »das Verlangen dieses Mannes nach dieser Frau und keiner anderen und umgekehrt dieser Frau nach diesem Mann«.[48] Es basierte insofern auf einem hohen Maß an Individualisierung. Im bürgerlichen Ehe- und Familienideal gewannen infolgedessen die Personen individuelle Züge. Sie waren nicht bloß oder überwiegend – wie in den traditionellen Familienformen – Rollenträger und als solche leicht zu ersetzen.

Vorläufer dieses neuen Ehe- und Familienleitbildes war in England die *puritanische Familie*, in der allerdings das Zusammenleben durch deren Charakter als religiöse Gemeinschaft entscheidend bestimmt wurde. Schücking hat nachgewiesen, daß in der puritanischen Familie zwar Ansätze zu einem innigeren Familienleben und zur Auffassung von der Ehe als einer höchst persönlichen Beziehung vorhanden waren, diese sich aber nicht weiter entwickeln konnten, solange die Familientheokratie bestand und die Frauen völlig ungebildet und untergeordnet waren.[49] Die richtige Veredlung des häuslichen Lebens, dessen Seele die Frau ist, habe in der puritanischen Familie noch nicht stattgefunden.[50] Das neue bürgerliche Familienideal hingegen unterscheide sich durch größere Weitherzigkeit und Wärme im Zusammenleben von der puritanischen Familientheokratie.[51]

Die Betonung der Zuneigung als Fundament der Ehe wurde in der deutschen Romantik weitergeführt, bei der nicht mehr die »vernünftige Liebe«, sondern die individuelle Geschlechtsliebe und -erotik, die psychische Verschmelzung der beiden Partner im Zentrum stand. Wurde schon, wie Schwab betont, in der bürgerlichen Eheauffassung tendenziell »eine die gesamte Person engagierende psychische Disposition zum Wesen der Ehe selbst,«[52] so wurde diese Tendenz in der Romantik auf die Spitze getrieben. Das empfindsam erotische Verhältnis der Geschlechter wurde für die Ehe zentral. Liebe *ist* Ehe, auch ohne Trauung.[53] Die Ehe hatte nun ihren Zweck in sich selbst. Präzise ausgedrückt heißt das: unbedingte gegenseitige Liebe und Zuneigung verträgt sich vielleicht noch mit der Form der Ehe (wenn wohl auch kaum der lebenslangen), nicht aber mit Familie, die Verantwortung einschließt, beispielsweise für Kinder.

Die Rechtsphilosophen und -theoretiker des frühen 19. Jahrhunderts haben dieses Problem sehr schnell erkannt und in ihrem Sinne zu lösen versucht. So lehnte Hegel konsequent die Auffassung ab, »welche die Ehe nur in die Liebe setzt, denn die Liebe, welche *Empfindung* ist, läßt die Zufälligkeit in jeder Richtung zu, eine Gestalt, welche das Sittliche nicht haben darf«.[54] Die Liebe wurde von Hegel mit Hilfe des Sittlichen objektiviert; sie erhielt dadurch verpflichtenden Charakter, daß das Aufgehen des einzelnen in der *Person der Familie* verlangt wurde. Diese Position entwickelte Savigny zur institutionellen Eheauffassung weiter. Da die unbedingte leidenschaftliche Liebe als ehestiftendes Motiv so schnell wieder zurückgenommen wurde, ist fraglich, ob die romantische Eheauffassung am Anfang des 19. Jahrhunderts über den kleinen Kreis bekannter Literaten hinaus *verhaltens*prägend gewesen ist. Daß sie die Vorstellungen über die Liebe und Ehe bis heute nachhaltig beeinflußt hat, ist unstrittig und zeigt sich noch in dem familiensoziologischen Begriff der »romantic love«.

b. Kindererziehung

Diese neue Liebes- und Eheauffassung, die mit einer Intensivierung der Gefühlsbedingungen einherging, verband sich weiter mit einem Umdenken im Bereich der Kinderaufzucht und -erziehung. Dabei waren zwei Punkte zentral:

– Die Erziehungsdiskussion griff die im Adel und auch im Bürgertum verbreitete Praxis an, die Kinder unbekümmert den Domestiken zu überlassen (Ammen, Kindermädchen, Hauspersonal). Nunmehr wurde die Forderung erhoben, die Eltern sollten ihre Kinder selbst erziehen.[55]

– Die zweite Stoßrichtung wendete sich gegen grausame Prügelei und sonstige drakonische Strafmaßnahmen als Hauptmittel der Kindererziehung.[56] Gleichermaßen wurde allerdings die übermäßige Verwöhnung angeprangert. In dem Rahmen, in dem die Eltern sich überhaupt um die Kindererziehung kümmerten, hatte sich offenbar eine Arbeitsteilung eingespielt: der Vater strafte, die Mutter verwöhnte.[57]

Die Betonung der Verantwortung der Eltern für die Kinder war ein Novum. Sie ging einher mit der Forderung an die Mütter, ihre Kinder selbst zu stillen, statt sie einer Amme zu übergeben. Die neuen Maximen der Kindererziehung knüpften unmittelbar an das natürliche Band zwischen Eltern und Kindern an, verstärkten und überhöhten es. Dieser Rückgriff auf die Natur wird vollends deutlich, wenn Knigge schreibt: »Das erste und natürlichste Band unter den Menschen, nächst der Vereinigung zwischen Mann und Weib, ist von jeher das Band unter Eltern und Kindern gewesen.«[58] Diese Position entspricht voll dem Aufklärungsmotto: »Was natürlich ist, ist auch vernünftig.«

Zugleich war diese Betonung des Bandes zwischen Eltern und Kindern Ausfluß der gewandelten Beziehungen zwischen den Ehegatten. Die Individualisierung, die sich mit dem neuen Eheideal verband, hatte zur Folge, daß die dieser Verbindung zwischen zwei einmaligen Individuen entsprossenen Kinder auch als etwas Besonderes angesehen wurden. Die Eltern-Kind-Beziehung bekam dadurch eine neue Qualität. Die Blutsverwandtschaft wurde aufgewertet. Es wäre verfehlt, aus dieser neuen Betonung der Verantwortung der Eltern für die Kindererziehung die Folgerung zu ziehen, sie müßten unbedingt auch die Erziehungspersonen sein. Beschäftigung mit den Kindern, besonders den kleinen, sowie sorgfältige Beobachtung und Förderung ihrer Fortschritte und Entwicklung wurden zwar als wünschenswert angesehen. Da aber auch den Reformern klar gewesen sein dürfte, daß solche einschneidenden Veränderungen nicht von heute auf morgen stattfinden konnten, verlangten sie von verantwortungsbewußten Eltern *mindestens* die Auswahl geeigneten professionellen Erziehungspersonals, anstatt die Kinder »unverständigen Weibern« zu überlassen.[59]

Hinter diesem Kampf für Erziehung durch die Eltern und gegen jene durch Dienstboten standen mehrere Motive. Sie werden deutlich, wenn man berücksichtigt, daß die bürgerliche Erziehungstheorie eng zusammenhängt mit bürgerlicher Gesellschaftstheorie und -kritik. Der Kampf des Bürgertums gegen den sozialen und politischen Vorrang des Adels, den dieser auf seine

Herkunft gründete, führte sehr schnell zu der »Frage nach dem Menschen ›an sich‹, nach seiner ursprünglichen Ausrüstung und seiner eigentümlichen gesellschaftsfreien Entwicklung. . . .«[60] Es wurde also danach geforscht, was der Mensch von Natur aus und was an ihm gesellschaftliche Zutat ist. Das Kleinkind wurde als ein unbeschriebenes Blatt angesehen, auf das vorsichtig und mit Überlegung die ersten Zeichen gesetzt werden müssen. Das Kind ist ungebildet, aber bildungsfähig. Diese auf Rousseau basierende Position wurde auch in Weißes »Kinderfreund« vertreten.[61]

Die frühe Kindheit war damit als ein weitgehend gesellschafts-freier Raum konzipiert worden, in dem sich die natürlichen Anlagen am deutlichsten zeigen. Um diese ursprünglichen Anlagen möglichst unbeeinflußt von störenden gesellschaftlichen Wirkungen entfalten zu können,[62] braucht das Kind zu seiner Entwicklung die Wärme der sich nach außen abschließenden Kleinfamilie. Die a-gesellschaftliche Familie wurde hier also schon gedacht!

Sodann müssen die Eltern den Eigenheiten und Begabungen des Kindes auf die Spur kommen. Insbesondere die Mütter wurden aufgefordert, die individuellen Anlagen, die »Gemüthsart« des Kindes zu erforschen und sie bei der Erziehung zu berücksichtigen. Des weiteren wurde empfohlen: »Leide nicht, daß das Gesinde ihm allerley abergläubisches Zeug vorsage. Bringe ihm einen angenehmen Begriff vom Guten und einen abscheulichen vom Bösen bei. Gib wohl auch acht auf die kleinsten Anzeigen der Vernunft, die sich in demselben zu zeigen anfängt und stärke dieselben, so viel möglich ist. Gewöhne es an, allerley zu fragen . . .«[63]

Neben der Vorstellung von der Unschuld und Bildungsfähigkeit des Kindes, die spezifische Aufmerksamkeit und Sorgfalt notwendig machte, hatte die Forderung nach Trennung der Kinder und Dienstboten, die in den traditionellen Familien stets zusammengelebt hatten noch weitere Ursachen. Zu nennen ist zunächst der aufklärerische Kampf gegen Unwissenheit und Aberglauben, die man besonders bei den sozialen Klassen, aus denen sich die meisten Dienstboten rekrutierten, vermutete. Zweitens sollten die sexuell unschuldigen Kinder vor den Verführungskünsten und dem schlechten Beispiel des Gesindes bewahrt werden. Drittens zog die soziale Distanzierung des Bürgertums gegenüber den nicht-bürgerlichen Elementen der Gesellschaft die Distanzierung gegenüber dem Gesinde in der Familie nach sich. Verstärkt wurde diese Tendenz noch durch eine veränderte soziale Rekrutierung des städtischen Dienstpersonals. Statt wie ursprünglich aus Mitgliedern des Kleinbürgertums, bestand es nun überwiegend aus Angehörigen der ländlichen Unterschicht.[64]

Ziel aller Erziehungsbestrebungen war eine Erziehung der Kinder zu *vernünftigen* Menschen, d. h. solchen, die ihre Anlagen entwickeln und ihren Verstand gebrauchen können. Das setzte die Verinnerlichung handlungsleitender abstrakter Normen voraus, die in den verschiedenen Lebenssituationen konkretisiert werden können. In der Tat wurden auch überwiegend abstrakte Erziehungsziele wie Wahrheitsliebe, Tugendhaftigkeit etc. genannt.

Eltern und Kinder sollten gegenseitiges Vertrauen und Zuneigung zueinander entwickeln. Die Kinder wurden also in die innige Gefühlsgemeinschaft zwischen den Eltern einbezogen. Das implizierte eine Verringerung der Distanz zwischen den Positionen in der bürgerlichen Familie, insbesondere eine Reduktion der Vater-Autorität. Der Vater blieb zwar oberste Autoritätsposition, er war jedoch nicht mehr wie im »ganzen Haus« primär befehlender und züchtigender Hausvater, sondern wurde – der Idee nach – zum Ratgeber und Freund. Aus diesen Veränderungen der Positionen im bürgerlichen Familienideal resultierten verschiedene Reformbestrebungen:

– Alle Erziehungsvorstellungen und -methoden, die darauf abzielten, den kindlichen Eigenwillen zu brechen und die Kinder den Eltern untertan zu machen, wurden verworfen. Das galt besonders für die grausamen Erziehungsmethoden wie die Prügelstrafe. Aber auch das übermäßige Verwöhnen der Kinder wurde als schädlich angesehen. Lob und Tadel sollten stattdessen die elterlichen Gebote durchsetzen helfen.

– Die Verbesserung der Erziehung erstreckte sich auch auf die Lerninhalte. Davon war besonders die Mädchenbildung betroffen. Durch deren Reform sollten die späteren Mütter nicht nur in die Lage versetzt werden, ihre Kinder gut und verständig zu erziehen, sondern ihnen auch den ersten Unterricht zu erteilen.

– Insgesamt wurden Liebe und Zuneigung zwischen Eltern und Kindern betont. Den emotionalen Beziehungen innerhalb der bürgerlichen Familie kam zentrale Bedeutung zu. Die innige Verbundenheit wird deutlich, wenn der »Kinderfreund« von seinen Kindern sagt: »Alle vom großen bis zum kleinsten halten es für das größte Unglück uns (Eltern – H. R.) zu beleidigen, und diese ihre Furcht ist unser höchstes Glück. Da sie wissen, daß sie unsere höchste Freude auf Erden sind, so hüten sie sich sehr, dieselbe zu unterbrechen . . .«[65]

Zusammenfassend läßt sich feststellen, daß dies Ehe- und Familienideal die Familie als eine »Erziehungs- und Gemütergemeinschaft« entworfen hat, in der sich die Eltern intensiv mit den Kindern beschäftigen. Voraussetzung dafür war eine starke Konzentration der Interessen auf Häuslichkeit, Familie, Gemütlichkeit.

Hurrelmann hat darauf hingewiesen, daß dieses Familienleitbild, wie es in sehr konsistenter Form in Weißes »Kinderfreund« entworfen worden ist, dem Ideal »moderner« Familienbeziehungen sehr nahe kommt. »Die sozialen Beziehungen innerhalb der fiktiven Familie dieser Kinderschrift sind bereits grundsätzlich die gleichen, die die Familiensoziologie bei der Analyse der Kleinfamilie unserer Zeit herausstellte.«[66] Denn »Familie« ist hier, am Ende des 18. Jahrhunderts, schon *entworfen* als »eine kleine Gruppe mit dem Kennzeichen besonders einfacher Beziehungsstruktur, gleichwohl großer innerer Differenziertheit, hoher Intensität der Beziehungen, großer Intimität und hohem Vertrauens- und Solidaritätsniveau, d. h. großer Prägekraft und innerer Konsistenz.«[67]

2. Entstehungsvoraussetzungen des neuen Familienleitbilds

Das neue Ehe- und Familienmodell wurde in England und Frankreich, wenn auch zeitlich früher, ebenso entwickelt und propagiert wie in Deutschland. Träger der Reformbestrebungen war das aufsteigende, gebildete und wohlhabende Bürgertum, d. h. eine gesellschaftliche Gruppierung, die sich in dieser Zeit erst formierte und ihren sozialen und politischen Anspruch angekündigt hatte. Die deutsche Situation unterschied sich von den Verhältnissen in England und Frankreich dadurch, daß dort die Gruppe der Kaufleute und Unternehmer innerhalb des Bürgertums auf Grund der früher einsetzenden kapitalistischen Entwicklung zahlreicher war und größeres Gewicht hatte.[68] Innerhalb des deutschen Bürgertums hatten dagegen die literarisch gebildeten und interessierten Bürger, und das waren vornehmlich die Gelehrten, Pfarrer, Literaten, höheren Beamten, eine herausragende Bedeutung.[69] Die Diskussion über Ehe, Familie, Kindererziehung fand vorwiegend im Medium der Literatur statt. Typisch für die Konzentration dieser Reformdiskussion auf die Gebildeten, das Bildungsbürgertum, war, daß die schon mehrfach zitierte Wochenschrift »Die vernünftigen Tadlerinnen« (1725/26) ebenso wie »Der Biedermann« (1727/29) von Johann Christoph Gottsched, einem frühen Reformer der deutschen Sprache und Literatur, herausgegeben worden ist.

Weshalb das neue Familienideal bei dieser Gruppe des gebildeten Bürgertums entstand und von ihm mit Verve propagiert wurde, ergibt sich aus Überlegungen über die soziale Situation und die Gemeinsamkeiten dieser Gruppe.[70]

a. Individualisierung

Das wohlhabende und das literarisch gebildete Bürgertum des ausgehenden 18. Jahrhunderts hatte nur wenig mit dem alten Kleinbürgertum gemeinsam, das, wie am Beispiel des zünftig organisierten Handwerks gezeigt worden ist, in der zweiten Hälfte des 18. Jahrhunderts noch fest in seiner ständischen Welt verankert war. Für die neue bürgerliche Gruppierung waren hingegen Individualisierung und Aufstiegsorientierung charakteristisch, Merkmale, die eng mit der sozialen Situation des Bürgertums zusammenhingen. Die fehlende soziale Verortung zwang den Bürger, sich seine gesellschaftliche Position selbst zu erarbeiten. Leistung, und zwar individuelle Leistung, Studienerfolg und Tüchtigkeit waren die entscheidenden Voraussetzungen für den Eintritt ins Amt oder den Aufstieg und Erfolg in Beruf und Geschäft. Dagegen zählten gar nicht beziehungsweise sehr wenig Privilegien oder eine edle Geburt. Diese objektiven Notwendigkeiten wurden vom Bürgertum zur Tugend erhoben, Arbeit und Leistung zum Inbegriff bürgerlichen Wesens.[71] Daraus erklärt sich auch die Gegnerschaft des Bürgertums gegenüber dem Adel, dem ausschließlich auf Grund seiner Geburt der Zugang zu den höheren Ämtern offenstand, dessen »Karrieren« sich gerade unter weitgehender Ausschaltung des (bürgerlichen) Leistungsprinzips vollzogen.

Die Entwicklung des (männlichen) Angehörigen des Bürgertums war also, verglichen mit der der Mitglieder anderer gesellschaftlicher Gruppen, relativ offen und in hohem Maße abhängig von dem, was er aus sich und seinen Anlagen machte. Der Startvorteil, den ein gebildetes Elternhaus und eine gute Erziehung und Ausbildung ihm verschafften, darf dabei allerdings nicht übersehen werden. Diese relativ offene soziale Situation zwang den Bürger dazu, seine persönlichen Anlagen und Neigungen zu entwickeln und zu pflegen. Daß darin auch eine Chance lag, braucht nicht besonders hervorgehoben zu werden. Gerade die Betonung und Förderung der individuellen Besonderheiten hatte die ständische Gesellschaftsordnung nicht zugelassen. Das Leben im »ganzen Haus« verband sich – wie gezeigt wurde – mit einem hohen Grad der Determination des einzelnen und seines zukünftigen Schicksals. Das galt prinzipiell für Bauern und Handwerker ebenso wie für den Adel. Die Lockerung der ständischen Geschlossenheit der deutschen Gesellschaft im Laufe des 18. Jahrhunderts, und hier besonders in der zweiten Hälfte, implizierte eine höhere Differenzierung ihrer Struktur. Für immer mehr Menschen wurde es möglich, »die bisherige Geschlossenheit ihrer sozialen Horizonte und Gruppen (zu) durchbrechen, mit anderen Menschen jenseits ihrer nächsten nachbarschaftlichen, beruflichen, standesmäßigen, gemeindlichen Gruppen in Verbindung (zu) kommen, und damit nun direkt mit einer Vielfalt von differenzierten Lebensformen und Daseinsmöglichkeiten konfrontiert (zu) werden . . .«.[72]

Für den Mann aus dem gehobenen Bürgertum bedeutete die Differenzierung der Sozialstruktur eine Vermehrung der sozialen Kontakte und Rollen, zugleich aber auch den Verlust der haltgebenden Einbindung in »althergebrachte« soziale Gruppen und Gemeinschaften«. ». . . so muß er der Unterschiede innewerden, die ihn nun bald in diesen, bald in jenen äußeren Daseinsformen von allen anderen hinlänglich und stetig trennen. Er beginnt sich als Individuum zu erleben.«[73] Riesman hat darauf aufmerksam gemacht, daß erst in einer derart differenzierten, vielgestaltigen sozialen Situation die Ausbildung jenes »inneren Kreiselkompaß« notwendig wurde, die es dem einzelnen erlaubt, alle Rollen unter einen Hut zu bringen, sich auch in wechselnden sozialen Bezügen als Einheit zu empfinden und Identität zu bewahren.[74] Der Bürger verkörperte als erster den Typus des »innengeleiteten Menschen« (Riesman).[75]

Unter den »alten« Verhältnissen war der einzelne Teil einer

relativ festgefügten und eindeutigen Umwelt, in der sein Platz bereits mit der Geburt festgelegt war und in die er sich einzufügen hatte. Die Einhaltung der vorgeschriebenen Verhaltensregeln war dadurch weitgehend gewährleistet. Ergänzend griff der Mechanismus der sozialen Kontrolle ein. Diese Verhältnisse setzten einen Sozialcharakter voraus, der »der ständigen Beachtung der äußeren Verhaltensregeln und einer gewissen Abhängigkeit von diesen fähig war«.[76] Solche starren, äußerlichen Verhaltensregeln entfielen für das sozial nicht fest verortete Bürgertum, für das die Welt ihre Eindeutigkeit verloren hatte. Es mußte notwendig jenen Persönlichkeitstypus ausbilden, dessen psychische Struktur Freud eingehend beschrieben hat.[77]

b. Soziale Isolierung

Ein weiteres Merkmal des Bürgertums war neben der Individualisierung die schon beschriebene soziale Isolierung. Das Bürgertum entstand in einer noch überwiegend ständisch organisierten Gesellschaft, ohne selbst ständisch verortet zu sein. Hinzu kam, daß dieser Gruppe nur wenige Personen angehörten, die zudem vorwiegend vereinzelt lebten. »Vereinzelung« als Merkmal der Angehörigen des frühen Bürgertums hat zwei Aspekte. Einmal den gerade beschriebenen der sozialen Lage außerhalb oder neben der ständischen Ordnung, die soziale Vereinzelung oder die unvollständige Integration,[78] zum anderen den der räumlichen Vereinzelung. Wie eingangs ausgeführt, lebte das Bürgertum im 18. Jahrhundert zwar vorwiegend in den Städten, diese waren aber mit wenigen Ausnahmen nicht groß, und so lebte hier ein wohlhabender literarisch gebildeter Kaufmann und dort ein gelehrter »Obersteuer-Secretair«, hier ein Hofmeister mit Aufstiegsaspirationen, und dort ein literarisch interessierter Jurist. Dazu trug auch die räumliche Mobilität der Angehörigen des Bürgertums bei. Ausbildung und Studium entfernten sie früh dem Elternhaus. Der Ort, an dem die berufliche Karriere begann oder fortgesetzt wurde, war selten mit dem Heimatort identisch. Oft erzwangen, wie bei den Beamten, berufliche Notwendigkeiten den Wechsel des Wohnortes. Das heißt, der Bürger war sowohl in diesen Hinsichten als auch in bezug auf eine fehlende Organisation seiner Bedürfnisse und Interessen »vereinzelter Untertan des absolutistischen Staates«.[79] Ausgenommen von die-

ser Vereinzelung war lediglich das Bürgertum der wenigen
großen Städte, wie Hamburg, Bremen, Frankfurt/Main. Es war
über einen längeren Zeitraum zur ökonomisch, sozial und politisch tonangebenden Gruppierung aufgestiegen und keiner Konkurrenz durch den Adel ausgesetzt.

Da das entstehende Bürgertum nicht mehr in die ständische
Ordnung eingebunden war, fehlte ihm der soziale Rückhalt in
den althergebrachten überschaubaren und einheitlichen Gruppen.
Erst diese »unvollständige Integration (ließ) das Bedürfnis nach
Privatisierung« entstehen, d. h. nach Abschirmung bestimmter
Lebensbereiche gegen die soziale Umwelt, und war zugleich die
Voraussetzung dafür, daß sie praktiziert werden konnte.[80] Insofern bedingte die spezifische soziale Situation des Bürgertums die
Aufwertung der familialen Beziehungen.[81] Der enge Familienkreis
wurde infolgedessen zu *dem* sozialen Ort für das Bürgertum. Die
Konzentration auf die Familie und ihre Stilisierung zur gefühlvollen und wahrhaft menschlichen Lebensform wurden also durch
die sozialstrukturelle Situation des Bürgertums im 18. Jahrhundert zumindest nahegelegt, aus der sozialen Not eine Tugend
gemacht.

Die mangelnde soziale Verortung bedeutete in dieser historischen Situation zwar die Reduzierung institutionalisierter sozialer Kontrolle und damit auch von Eingriffen und Reglementierungen des Familienlebens, wie sie für die ständische Gesellschaft
typisch gewesen ist. Daneben zog die fehlende Einbindung des
Bürgertums in traditionelle Gruppenbindungen aber auch einen
Mangel an sozialer Bestätigung nach sich. Ersatz dafür wurde, da
sie institutionell nicht gesichert war, in der Pflege und Kultivierung der persönlichen Beziehungen gesucht. Tenbruck hat darauf
hingewiesen, daß in Deutschland die Zeit von 1750 bis 1850 für
die bürgerlichen Menschen auch das Zeitalter der persönlichen
Beziehungen, der Freundschaft und der innigen Liebesbeziehungen gewesen ist.[82] Da »Freundschaft und Liebe nur die am
höchsten individualisierten Formen der persönlichen Beziehungen sind«, erfüllen sie »in unterschiedlichem Grade und verschiedener Weise die Funktion, dem Individuum durch die Gruppen-
identifikation ein Selbstbild und damit Verhaltenssicherheit zu
geben«.[83] Liebe und Freundschaft können somit identifiziert
werden als Reaktion auf und Ergänzung von einer »inkompletten
sozialen Struktur«.[84] Sowohl der Freundschaftskult des ausgehen-

den 18. und beginnenden 19. Jahrhunderts als auch der im vorliegenden Zusammenhang zentrale Familienkult waren unmittelbar der sozialen Situation dieses Bürgertums verdankt.

Wenn einerseits der Mangel an Einbindung in umfassende soziale Gruppen die Konzentration der sozialen Kontakte, Gefühle und Bedürfnisse auf den »sozialen Ort« Familie nahelegte, so setzte andererseits die Entstehung des modernen Familiengefühls einen gewissen Grad der Abschottung der Familie nach außen voraus. Ariès hat wohl als einer der ersten darauf aufmerksam gemacht, daß Familiensinn und Offenheit der Familie nach außen nur zu einem bestimmten Grade miteinander vereinbar sind. Denn »je mehr der Mensch auf der Straße lebt und mit gemeinschaftlicher Arbeit, gemeinschaftlichen Vergnügungen und Andachten beschäftigt ist, desto mehr belegen diese gemeinschaftlichen Tätigkeiten nicht nur seine Zeit, sondern auch seinen Geist in Beschlag, muß die Familie in seinem Empfinden zurückstehen«.[85]

Es ist gezeigt worden, daß die traditionellen Familienformen von Bauern und Handwerkern in hohem Maße offen nach und für außen waren. Zentrale Bedeutung kam dabei der Einbeziehung von Gesinde bzw. gewerblichen Arbeitskräften in diese Haushalte sowie den institutionalisierten Mechanismen sozialer Kontrolle zu, die bis in die Ehebeziehungen hinein wirkten. Eine Aussonderung eines ganzen Lebensbereichs, wie der Familie, aus dem übergreifenden sozialen Zusammenhang, in den diese Haushalte eingebunden waren, war nicht möglich.

Für das Bürgertum hingegen existierten auf Grund seiner herausgelösten sozialen Situation keine derartigen Kontrollinstitutionen und -bindungen wie es Zunft, Dorfgemeinde, Nachbarschaft waren. Damit war jene »unvollständige Integration« erreicht, die die Voraussetzung für Privatisierung, d. h. die Abschließung bestimmter Lebensvollzüge nach außen, bildet.[86] Die schon erwähnte Distanzierung zu den Dienstboten innerhalb der bürgerlichen Haushalte war Ausdruck dieser Entwicklung und verstärkte sie zugleich. Die gefühlsintensive familiale Privatsphäre konnte sich ausbilden.

c. Die Auflösung der traditionellen Hauswirtschaft

Ein weiteres, den Angehörigen des Bürgertums gemeinsames Merkmal bestand darin, daß bei ihnen berufliche und häusliche Sphäre getrennte Bereiche waren. Auch diese Bedingung begünstigte die Ausbildung der Privatsphäre »Familie« und die Konzentration von Gefühl und Empfindung auf sie. Diese Trennung von Arbeitsplatz und Wohnung wurde zunehmend üblich. Bei den Beamten war sie meist von vornherein mit der spezifischen Art der Tätigkeit verbunden. Der Ausbau des Beamtenapparats im absolutistischen Staat vergrößerte die Zahl des hiervon betroffenen Personenkreises. Teilweise bedingten arbeitsorganisatorische Erfordernisse, wie der wachsende Umfang der Geschäfte, die Trennung von Geschäftsräumen und Privatwohnung. Dadurch und durch die *relative* materielle Sicherheit war die häusliche Sphäre nicht mehr bzw. nur noch sehr vermittelt mit der »Erdenschwere« der Berufsarbeit belastet.

Der Trend zur räumlichen Distanz von Erwerbsarbeit einerseits sowie Hausarbeit und Wohnen andererseits wurde durch eine weitere Entwicklung verstärkt. Im ausgehenden 18. Jahrhundert setzte bereits eine Intensivierung der Erwerbsarbeit ein, die eine striktere Trennung zwischen dieser Arbeit und Freizeit bei jenen Bevölkerungsgruppen begünstigte, deren materielle Situation ihnen das auch erlaubte. Die damit einhergehende Rationalisierung der Arbeitstätigkeit bedeutete, daß es Stunden gab, die ausschließlich für die Arbeit reserviert waren, ohne durch andere Beziehungen tangiert zu werden. Je anstrengender und belastender die Arbeit, um so stärker wurde das Bedürfnis, diese Beschäftigung in der anderen Zeit völlig aus den Gedanken zu verbannen. Ein wesentlicher Schritt, dieses Ziel zu erreichen, bestand in der räumlichen Sonderung von (Erwerbs-)Arbeitsbereich und Wohnbereich. Zugleich konnte sich damit die Dichotomie von Arbeitszeit und Freizeit herausbilden.[87]

Das Heim bekam auf Grund dieser Entwicklungen zunehmend den Charakter eines Refugiums, das die »Beschädigungen« durch die Arbeit, sei es im Amt oder Kontor, kompensieren mußte. Die Abschottung des Familienlebens und seine Verinnerlichung erhielten hierin ihren tieferen Sinn. » . . . die Sphäre des Familienkreises (konnte) sich selbst als unabhängig, als von allen gesellschaftlichen Bezügen losgelöst, als Bereich der reinen Menschlichkeit wahrhaben . . .«[88]

Diese Trennung von häuslicher und beruflicher Sphäre hatte verschiedene Konsequenzen:

– Die damit verbundene Zuweisung allein des Mannes an das Erwerbsleben und die der Frau an das Haus implizierte, daß jenseits von Haushaltsführung und Konsum eine sachliche Fundierung der Ehebeziehung durch gemeinsame Arbeiten und Aufgaben wie im »ganzen Haus« entfiel. Einzig die Erziehung der Kinder verblieb, besser: wurde nun erst *bewußt* zu einer gemeinsamen Aufgabe. Teilweise verbanden literarische oder künstlerische Interessen die Ehepartner. Die Familie wurde infolgedessen tendenziell zu einer Erziehungs- und Bildungsveranstaltung.

– Bedingt dadurch bekamen die ganz persönlichen Gefühle, Zuneigung und Gemüt, einen größeren Stellenwert. Es ist einleuchtend, daß eine derartige Beziehung sich schlecht mit einer reinen Konvenienzehe vertrug. Daraus resultierte die normative Forderung, daß die Ehepartner zumindest keine Abneigung gegeneinander verspüren dürfen.

– Diese Veränderungen bewirkten eine andere Auffassung von der Rolle der Frau als im »ganzen Haus«. Die Tätigkeit der bürgerlichen Frau bestand nunmehr in der Organisierung des wegen der Vorratswirtschaft umfangreichen Haushalts, dort, wo die Mittel knapp waren auch in Haus- und Gartenarbeit sowie in der Kinderaufzucht und -erziehung. Erst jetzt, wo sie von der Tätigkeit des Mannes gänzlich, sowohl räumlich als auch inhaltlich, abgeschnitten war, *konnte* die Pflege des Haushalts, aber auch der Wohnung zu einem zentralen Wert werden. Die »Häuslichkeit« wurde zum eigenständigen Daseinsbereich der Frau.

Von dem Nonnen- und Stiftsdamendasein abgesehen, das nicht als allgemeines Verhaltensmuster taugte, blieb die Ehe weiterhin die einzig akzeptable ökonomische Versorgung für die Frau. Da sie bzw. ihr Gelingen nun zunehmend auf den persönlichen Eigenschaften der Ehepartner basierte, wurde eine bessere Bildung der Frau, die sich zuvor auf ein bißchen Lesen, Schreiben und Rechnen für den Hausgebrauch beschränkt hatte, dringend.

Die Frau sollte nicht nur besser als zuvor befähigt werden, die

Kinder zu erziehen und sie zumindest die Anfangsgründe des Lesens und Schreibens zu lehren. Sie mußte darüber hinaus auch in die Lage versetzt werden, adäquate Gesprächspartnerin für den Mann zu sein, insbesondere seine literarischen Interessen mit ihm zu teilen. Unter dieser doppelten Perspektive standen denn auch explizit alle Plädoyers für eine Verbesserung der Mädchenbildung im 18. Jahrhundert. Früh schwang in ihnen die Sorge mit, ob nicht zuviel Bildung den gegenteiligen Effekt, eine Zerstörung der Familie, nach sich ziehen würde. Mädchenbildung sollte daher inhaltlich streng an dem späteren Leben der Frau in der Familie orientiert sein. Den meisten Reformbestrebungen haftete in ihrer Intention nur wenig Emanzipatorisches an.[89]
 – Als Folge der Intensivierung und Intimisierung der Ehegattenbeziehung wurden allmählich auch die Kinder in diesen gemüthaften Binnenraum der Familie einbezogen. Sie erhielten eine neue Bedeutung für die Eltern und rückten in das Zentrum ihres Interesses.[90]

d. Die Entstehung der Kindheit

Ebenso wie ein neues Modell der Ehe hat das Bürgertum auch ein anderes Verhältnis der Eltern zu den Kindern propagiert und damit jenen Prozeß initiiert, der als »Entstehung der Kindheit« bezeichnet wird.[91] Die breite Diskussion, die sich in den letzten Jahren, anknüpfend an das Buch von Ariès, entwickelt hat, soll hier nicht eingehend behandelt, sondern nur einige Zusammenhänge aufgezeigt werden.
In den traditionellen Lebens- und Arbeitsverhältnissen, die am Beispiel von Bauern und Handwerkern dargestellt worden sind, war das Leben von Erwachsenen und Kindern weitgehend ungeschieden. Alle arbeiteten und lebten zusammen und auch in die geselligen Zusammenkünfte waren die Kinder selbstverständlich einbezogen. Kinder wurden von allen Mitgliedern der Sozialform des »ganzen Hauses« primär als Arbeitskräfte angesehen und hatten auch nicht für die Eltern eine besondere, hervorragende emotionale Bedeutung. Das entsprach dem insgesamt niedrigen Niveau der emotionalen Beziehungen.
Die »Entstehung der Kindheit« war nun gekennzeichnet durch:
– einen Sinn für die Eigentümlichkeiten des »Kindlichen«; d. h.

eine »bewußte Wahrnehmung der kindlichen Besonderheit, jener Besonderheit, die das Kind vom Erwachsenen, selbst dem jungen Erwachsenen, kategorial unterscheidet.«[92]

- eine räumliche Separierung von Erwachsenen und Kindern. Es gab nun gesonderte Kinderzimmer, Schlafzimmer etc.
- eine intensive emotionale Beziehung zwischen Eltern und Kindern, besonders der Mutter zu den Kindern. Die *bewußte* Erziehung des Kindes erhielt einen großen Stellenwert.

Diese zunächst in der bürgerlichen Familie beobachtbaren Entwicklungstendenzen waren auch dort nicht gleichmäßig ausgebildet. Beispielsweise blieb in der Mädchenerziehung das traditionelle Erziehungsprinzip von Nachahmung und Mitahmung noch lange, wenn auch nicht uneingeschränkt, erhalten. In allen anderen Bevölkerungsgruppen, die noch der alten Lebensweise verhaftet waren, wurde das Eltern-Kind-Verhältnis weder sentimentalisiert, noch bekamen Kinder jene Sonderstellung als zu beschützende und zu hegende Pflänzchen eingeräumt, deren Wachstum äußerst behutsam gelenkt und überwacht werden mußte. Es dominierten weiterhin die traditionellen Einstellungen gegenüber den Kindern, bei denen höchstwahrscheinlich Gleichgültigkeit und Desinteresse vorherrschten.[93] Sie wuchsen »nebenbei« auf, ihre Erziehung und Ausbildung vollzog sich überwiegend durch Nachahmung und Mitahmung der erlebten Verhaltensweisen. Auf die Entwicklung persönlicher Eigenheiten und Begabungen wurde unter diesen Bedingungen kein Wert gelegt. Im Gegenteil verlangte die Notwendigkeit, sich in die vorgegebene Ordnung ein- und unterordnen zu können, geradezu eine Erziehung, bei der jeder persönliche Zug möglichst unterdrückt werden mußte.[94]

Für die Ausgrenzung der Kindheit und die – damit einhergehende – Sentimentalisierung der Eltern-Kind-Beziehung im Bürgertum waren mehrere Entwicklungen maßgebend:

(*1*) Hilfreich ist der Hinweis van den Bergs, daß die Suche nach den Ursachen anzusetzen habe bei den Veränderungen der Erwachsenenwelt.[95] Die für die traditionelle ständische Gesellschaft charakteristische grundlegende Kontinuität des Daseins ging im Zuge der gesellschaftlichen Entwicklungen des 18. Jahrhunderts allmählich – und zuerst im Bürgertum – verloren. Es zeichnete sich geradezu dadurch aus, daß es außerhalb der traditionellen Strukturen, der ständischen Bindungen und Orientierungen angesiedelt war. Die sich im Bürgertum durchsetzende Trennung von Erwerbsarbeit sowie häuslicher Arbeit und häuslichem Leben hatte zur Folge, daß die Kinder nicht mehr kontinuierlich in ihre spätere Arbeit hineinwuchsen. Ein wichtiger Teil der Erwachsenenwelt, das außerhäusliche Leben des Mannes, besonders dessen Arbeit, war unsichtbar geworden.

(2) Wenn nicht mehr, wie weitgehend unter den traditionalen Verhältnissen, mit der Geburt bereits über den weiteren Lebensweg entschieden war, sondern sich der bürgerliche Mensch seine Position in Beruf und Gesellschaft durch individuelle Leistung erst erkämpfen mußte, dann setzte das voraus, daß er die dafür notwendigen Einstellungen und Motivationen entwickelte. Ein neuer, diesen Anforderungen gewachsener Sozialcharakter bildete sich aus: ein Mensch, der fest in sich ruht, keiner oder zumindest nur wenig Stabilisierung durch die Außenwelt bedarf und sich von dieser gesicherten Basis aus in der Welt orientieren kann, neuen Situationen nicht mit starren Verhaltensmustern begegnet, sondern in der Lage ist, auf unterschiedliche Gelegenheiten flexibel zu reagieren. Zur Bewältigung der für sein Leben bezeichnenden Herausforderungen mußte der Bürger eine Ichstarke Persönlichkeit ausbilden, ein, in der Riesmanschen Terminologie, »innengeleiteter« Mensch sein.

Dazu bedurfte es ganz wesentlich des Erlernens von Selbstkontrolle und -beherrschung, des Aufschubs von Bedürfnisbefriedigung oder, anders ausgedrückt, der Unterdrückung spontaner Regungen und Triebwünsche. Beispielhaft deutlich wird die für die Ausbildung des bürgerlichen Sozialcharakters notwendige Verdrängungsleistung in dem im 18. Jahrhundert stattfindenden Kampf von Eltern und Pädagogen gegen die Äußerungen der kindlichen Sexualität. Gegen die Onanie wurde regelrecht ein Feldzug geführt und barbarische Apparate erfunden.[96] Die bereits erwähnte Trennung der Kindern von den Dienstboten sollte der sexuellen Verführung vorbeugen.

Diese Umstrukturierung der Persönlichkeit, der Übergang vom »traditionsgeleiteten« zum »innengeleiteten« Menschen fand zuerst beim Bürgertum statt. Die Ausgrenzung von Kindheit und Jugend aus der Erwachsenenwelt hatte in diesem Zusammenhang die Funktion der Selbstfindung, »die in einer neuen Weise zur Aufgabe wird, wenn sich der junge Mensch nicht an den unmittelbar vorliegenden Lebensmustern orientieren soll, sondern an einer Instanz in der eigenen Brust«.[97]

(3) Die Bürgersöhne, die nicht automatisch in die berufliche Position des Vaters nachrückten, benötigten eine gründliche Ausbildung, um ihren eigenen Platz erobern zu können. Ihre Berufskarriere bedurfte gezielter Vorbereitung und Planung. Auch die Entfaltung der individuellen Fähigkeiten und Begabungen war für das Vorwärtskommen wichtig. Daher wurden in der Reformliteratur die Eltern immer wieder dazu angehalten, sich auf die persönliche Besonderheit ihrer Kinder zu konzentrieren und ihnen eine individuelle, auf das einzelne Kind und seine spezifischen Anlagen abgestimmte Erziehung zukommen zu lassen.[98] Mit der Ausbildung der Söhne (nur für sie gab es ja eine Berufskarriere) verband sich zudem nicht selten die Hoffnung auf sozialen Aufstieg. Aber auch dann, wenn lediglich der erreichte soziale Status gehalten werden sollte, kam der beruflichen Vorbereitung und Qualifikation große Bedeutung zu. Die Erziehung und Ausbildung der Kinder rückte so in den Mittelpunkt des elterlichen Interesses.

(4) Ein weiteres Moment für die Entwicklung der Kindheit bestand in der Intimisierung der Ehebeziehung, die allmählich auch auf das Verhältnis von Eltern zu Kindern ausstrahlte. Die Kinder wurden als das Ergebnis dieser affektiv aufgeladenen Beziehung erkannt und geschätzt.[99] Mit dieser neuen Wertschätzung der Kinder ging ein Rückgang der Kindersterblichkeit[100] einher – ein Vorgang, der den Prozeß der Zuwendung zu den Kindern vermutlich förderte und unterstützte. Eine Reihe von Faktoren wirkten bei der Veränderung der Sterblichkeit mit, u. a. wohl auch die Verbesserung medizinischer Kenntnisse und der Hygiene. Die Angehörigen des gebildeten und aufgeklärten Bürgertums übernahmen diese Fortschritte relativ schnell. Schopenhauer berichtet, daß ihr Vater als erster Danziger seine Kinder gegen die Pocken impfen ließ. Zu diesem Zweck mußte eigens ein auswärtiger Arzt geholt werden.

Der Rückgang der hohen Kindersterblichkeit war aber nur *eine* wesentliche Voraussetzung, um zu den Kindern eine stabile emotionale Beziehung aufbauen zu können.

(5) Eine andere bestand in der sich im Bürgertum durchsetzenden Trennung der Sphären von männlicher Berufstätigkeit und häuslicher Arbeit. Die damit verbundene Freistellung der Frau von Erwerbsarbeit, nicht selten auch von Hausarbeit, sowie die

mit diesem Prozeß einhergehende Entsachlichung der Familien-
beziehungen bildeten notwendige Bedingungen für die Intensi-
vierung der Mutter-Kind-Beziehung. Erst in dem von sonstigen
Aufgaben, insbesondere der Erwerbsarbeit, weitgehend freien
bürgerlichen Familienleben konnte die Frau in die Rolle der
»Spezialistin« für Erziehung rücken bzw. gerückt werden.
Begünstigt wurde diese Entwicklung durch ihre verbesserte
Bildung.

Oft nicht explizierte Voraussetzung dieser geschilderten Entwicklung ist aber, neben dem bereits Genannten, ein gewisses
Niveau der materiellen Sicherheit gewesen. Ohne zu verkennen,
daß gerade in Deutschland das frühe Bürgertum wegen des hohen
Anteils der Beamten- und Gelehrtenfamilien weit von der Realisierung eines üppigen Lebensstils entfernt war, muß doch darauf
hingewiesen werden, daß auf Grund der beruflichen Position die
Sorge um den Lebensunterhalt für diese Familien nicht jene
zentrale, die Beziehungen entscheidend tangierende Bedeutung
erhielt, wie das für die überwiegende Mehrzahl der bisher
behandelten Familien der Fall war.

e. Absetzung gegen den Adel

Die besondere Stoßrichtung bekam das neue Ehe- und Familienmodell des Bürgertums dadurch, daß es explizit gegen den
adeligen Lebensstil und das adelige Familienmodell gerichtet war.
Immer wieder wiesen die Verfechter des neuen Ehe- und Familienideals darauf hin, daß dies keinesfalls Verhaltensmuster oder
gar Lebensweisen des Adels seien. Im Adel dominierte noch sehr
lange die »galante« Auffassung der Ehe. Diese wurde als ein
notwendiges, durch die gesellschaftliche Position und die Notwendigkeit, einen Nachfolger zu haben, bedingtes Übel empfunden. Innerhalb der Ehebeziehung waren beiden Partnern, insbesondere aber dem Mann, weitgehende Freiheiten eingeräumt. Die
Maitresse war Institution.[101] Andererseits war der Adel aber
durch seine gesamte Lebensweise in viel umfassendere soziale
Beziehungen eingebunden und damit auch sozialer Kontrolle
unterworfen. Unter diesen Bedingungen war eine Privatisierung
des Ehe- und Familienlebens weder denkbar noch realisierbar.
Die adelige Ehe war eine stark ritualisierte Form des Zusammenlebens, die sich mit »Ehebruch« durchaus vertrug.

Die Absetzung des Bürgertums gegen den Adel zeigte sich auch im Bereich der Erziehung. Die adeligen Kinder verblieben weiterhin standesgemäß in der Obhut von professionellen Erziehern, ohne daß die Eltern sich viel um sie kümmerten. Das Bewußtsein des Bürgertums von dieser Differenz wird sehr deutlich, wenn Knigge am Ende des Kapitels über den Umgang unter Eheleuten schreibt: »Allein diese Vorschriften sind wohl nur besonders anwendbar auf Personen im mittleren Stande. Die sehr vornehmen und sehr reichen Leute haben selten Sinn für häusliche Glückseligkeit, fühlen keine Seelenbedürfnisse, leben mehrenteils auf einem sehr fremden Fuß mit ihrem Ehegatten und bedürfen also keiner anderen Regeln als solcher, die eine feine Erziehung vorschreibt. Und da sie auch eine eigene Moral zu haben pflegen, so werden sie in diesem Kapitel wenig finden, das für sie tauglich wäre.«[102]

Das neue Ehe- und Familienideal wurde zu einer Waffe im Kampf des sich konstituierenden Bürgertums gegen die politische, ökonomische und soziale Vorherrschaft des Adels. Innigkeit und Empfindsamkeit, die »inneren Werte«, wurden gegen den an äußeren Formen haftenden Adel gewendet. Auf den Menschen, allerdings den durch Bildung sittlich vervollkommneten und kultivierten Menschen, kam es nun an, nicht auf Geburt und Herkunft. Damit grenzte sich das Bürgertum gleichermaßen ab gegen den Adel, für den erst die Ahnenprobe den Menschen ausmachte, wie gegen das Kleinbürgertum, die Bauern sowie städtische und ländliche Unterschichten, denen es an der sittlichen Vervollkommnung mangelte. Insofern hatte das vom Bürgertum entworfene und propagierte Ehe- und Familienideal mit seiner Betonung von Zuneigung, Gemüt und Innigkeit zugleich eine politische Dimension.[103]

Im Laufe der weiteren Entwicklung wurden Bürgerlich-Sein und Familienleben zunehmend identisch. Rund einhundert Jahre später, am Ende des zweiten Drittels des 19. Jahrhunderts, schreibt Faber dann selbstverständlich über ». . . die Anschauungen von Ehe- und Familienleben *und damit über die ganze bürgerliche Existenz*, alle tieferen und gemütlichen Bindungen . . .«[104] Und in der Rückschau konnte Schücking feststellen: »Eine der größten Leistungen des Bürgertums ist eben die Familie als wirkliche Gemeinschaft.«[105]

III. Bürgerliches Familienleben am Ende
des 18. Jahrhunderts

Bislang wurde das neue, vom Bürgertum entworfene Leitbild von Ehe und Familie dargestellt. Es kann nur verstanden werden aus der beschriebenen neuartigen sozialen Situation des Bürgertums. Das Leitbild hat die Funktion, diese in vieler Hinsicht ungesicherte und das Bürgertum verunsichernde Situation durch den Entwurf einer neuen Lebensweise zu bewältigen. Die Entwicklung eigener und die dezidierte Abgrenzung gegenüber traditionellen Lebensformen beinhalteten somit ein Moment der Selbstverständigung des Bürgertums, aber auch der Legitimation.

Im folgenden wird der Versuch unternommen, die Realität des bürgerlichen Familienlebens am Ausgang des 18. Jahrhunderts zu untersuchen. Dabei kann von vornherein davon ausgegangen werden, daß sowohl gesellschaftliche Tradition als auch materielle Zwänge eine Umsetzung der Leitvorstellungen in die Realität nicht ohne weiteres erlaubten. Es soll im folgenden aufgespürt werden, welche Aspekte der neuen Vorstellungen bereits Realität waren und in welchen Punkten tradierte Verhaltensweisen oder die Realsituation des Bürgertums der Verwirklichung des Familienideals entgegenstanden.

1. Liebesheirat

Es ist gezeigt worden, daß die Liebesheirat eines der zentralen neuen Verhaltensmuster ist, die das Bürgertum entworfen hat. Allerdings, und auch darauf wurde schon verwiesen, implizierte der Begriff der »vernünftigen Liebe« durchaus eine genaue Abwägung der mit einer Eheschließung verbundenen, auch materiellen Vor- und Nachteile. Statt des reinen Individualismus waren also reale Notwendigkeiten, aber auch aus der sozialen Institution »Ehe« resultierende Erfordernisse in den Entwurf des Leitbildes eingeflossen.

In welchem Maße solche Notwendigkeiten berücksichtigt und reflektiert wurden, zeigt deutlich ein Blick in die Familienzeitschrift »Briefwechsel der Familie des Kinderfreundes«. Sie gehört zur normativen Literatur, hat aber einen hohen Realitätsbezug, da sie voll von Anweisungen für das praktische Verhalten und gleichsam ein Moralbüchlein für die heranwachsende Jugend ist.

Typisch ist eine Szene, in der die Mutter der ältesten Tochter von dem Heiratsantrag eines langjährigen Freundes der Familie berichtet. Alle Aspekte einer Eheschließung werden ausgiebig an diesem Falle erörtert. Als die Tochter gegenüber der Mutter einzuwenden wagt, sie fühle aber nichts »von der brennenden, heftigen Leidenschaft«, von der Dichter und Romanschreiber berichten[106], fällt ihr die Mutter ins Wort und warnt vor den verzehrenden Leidenschaften, die zum Fundament einer Ehe nicht taugen. Hingegen findet »eine Liebe, die sich auf Vernunft und Tugend, und auf gegenseitige Hochachtung gründet, ... immer neue Nahrung und brennt durch die Zeit heller und reiner.«[107] Das war im Jahre 1791 eine deutliche Abwehr des »vernünftigen« Bürgers gegen die neue literarische Welle der empfindsamen, sentimentalen Liebesleidenschaft, die mit Goethes »Werther« (1774) eingeleitet wurde und die zwar vielleicht für brotlose, freischwebende Literaten, aber nicht für den verantwortungsbewußten Bürger taugte. Ausgiebig werden in diesem Gespräch zwischen Mutter und Tochter deshalb die beruflichen und ökonomischen Verhältnisse und Aussichten des Bewerbers erörtert, wobei deutlich wird, daß diese »geordnet« sein mußten, bevor der Bewerber es überhaupt wagen konnte, mit einiger Aussicht auf Erfolg einen Antrag zu machen. Unabdingbare Voraussetzung für eine bürgerliche Ehe war ein sicheres materielles Fundament, sei es in Form von erworbenem oder ererbtem Vermögen oder einer gesicherten Position im Staatsdienst. Wer diesen Nachweis nicht führen konnte, mußte auf Ehe und Familie verzichten, auch wenn es an Zuneigung nicht mangelte.[108] Die materielle Sicherung der Frau und der potentiellen Kinder war und blieb die Grundlage der bürgerlichen Ehe, wenngleich sie durch die stärkere Betonung der Gefühlsebene überhöht wurde. Hierin liegt denn auch die zentrale Differenz zu der fast ausschließlich sachlich orientierten Ehebeziehung bei Bauern und Handwerkern.

Prototypisch für die im Rahmen »passender« finanzieller Verhältnisse neue Gefühlsbetontheit ist der Bericht Johanna Schopenhauers über ihre Eheschließung im Jahre 1784. Ihr späterer Mann fragte entgegen dem allgemeinen Brauch zuerst sie, bevor er bei ihren Eltern um ihre Hand anhielt.[109] Sie hatte völlig freie

Entscheidung. Die Eltern übten keinen Zwang auf sie aus. Andererseits stimmten aber die Voraussetzungen. Der Bewerber war ein angesehener und wohlhabender Kaufmann aus Johanna Schopenhauers Heimatstadt Danzig, wenn auch erheblich älter als die Auserwählte (38 Jahre gegenüber 18 Jahren). Diese Altersdifferenz war aber nicht unüblich. Auch die Brautmutter war fünfzehn Jahre jünger als ihr Mann. Die Bewerbung wurde angenommen, und Johanna Schopenhauer sagt über die beiderseitige Beziehung: »Glühende Liebe heuchelte ich ihm ebenso wenig, als er Anspruch darauf machte, aber wir fühlten beide, wie er mit jedem Tag mir werther wurde.«[110] Das ist die »vernünftige« Liebe. Weder Abneigung noch heftige Zuneigung existierten zwischen den Ehepartnern, sondern vielmehr wohltemperierte Gefühle füreinander. Aus der Perspektive der Frau war diese Eheverbindung eine weitaus glänzendere Partie als sie hätte erwarten können. Inwieweit die Vermögensverhältnisse des Bewerbers tatsächlich den Ausschlag gegeben haben, wie vermutet wird[111], kann nicht entschieden werden. Die materiellen Aspekte einer Eheschließung waren für die Frauen allerdings auch von existenzieller Bedeutung. Die Ehe war für sie die einzig angemessene, sozial akzeptierte Versorgungs- und Lebensperspektive. Als ledige Frau blieb sie in finanzieller Abhängigkeit von Eltern oder Geschwistern, wurde zu einer zur Last fallenden alten Jungfer und Tante. Aber auch für die Männer waren die materiellen Verhältnisse der »Zukünftigen« von großer Bedeutung. Für manchen Beamten, dessen Salär zwar gesichert, aber bescheiden war, ließen sich die Vorteile einer stattlichen Mitgift nicht von der Hand weisen. Auch für Kaufleute oder Unternehmer konnte sie erwünschte und notwendige Liquidität, auch Kreditwürdigkeit bedeuten. Insofern ergänzten sich die Interessen beider Partner in vielen Fällen vorzüglich. Diese Tendenz, bei Planung einer Ehe zuerst auf den Geldbeutel zu achten, hielt sich – wie noch zu zeigen sein wird – bis weit bis ins 19. Jahrhundert hinein. Aus der Perspektive des Mannes sprachen für eine Eheschließung außerdem die anfallenden häuslichen Arbeiten, die erledigt werden mußten, u. U. auch der Wunsch nach einem Erben.

Angesichts der geschilderten Bedingungen bürgerlicher Ehe und Familie gewannen die Gefühle der Partner bei der Eheschließung zwar an Bedeutung; es wäre aber verfehlt, die mit der Ehe im

Bürgertum verbundenen grundlegenden materiellen Interessen und Überlegungen außer acht zu lassen und – wie es häufig geschieht – das neue Familienideal ausschließlich auf der Gefühlsebene angesiedelt zu sehen.[112]

2. Struktur der Ehebeziehung

In dem neuen Leitbild war die Ehe außer als Gefühls- auch als geistige Gemeinschaft der Ehepartner entworfen worden. Die Verwirklichung dieses Anspruchs, geistige Gemeinschaft zu sein, setzt m. E. voraus, daß Mann und Frau in annähernd gleichem Maße an dieser Beziehung interessiert sind und zu ihrem Gelingen beitragen. Wie sah das Verhältnis von Mann und Frau in der bürgerlichen Ehe des ausgehenden 18. Jahrhunderts nun aus? Ein erster Hinweis auf die Beziehungsstruktur ergibt sich aus der Untersuchung des Heiratsalters, speziell des durchschnittlichen Altersabstandes der Ehepartner.

Aus der Notwendigkeit, für die Eheschließung gesicherte finanzielle Verhältnisse nachweisen zu müssen, resultierte ein hohes Heiratsalter der bürgerlichen Männer. Die Beamten mußten, sofern sie nicht über ein nennenswertes eigenes Vermögen verfügten, erst eine feste Anstellung erhalten, bevor sie an eine Ehe denken konnten. Vor Ende ihrer 20er Jahre waren sie dazu kaum in der Lage. Angehende Kaufleute machten nach ihrer Schulzeit eine Lehre durch, auf die häufig ein Auslandsaufenthalt folgte. Es schlossen sich einige Jahre praktischer Berufstätigkeit an, sei es im väterlichen Geschäft oder dem von Bekannten. Bei Unternehmern verlief der Werdegang ähnlich. Gelehrte und Literaten gingen nach der Schule auf die Universität und dann für einige Jahre als Hofmeister zu adeligen oder reichen bürgerlichen Familien.

Diese Überlegungen stimmen mit den Befunden von Nells für das niedersächsische Bürgertum überein: das durchschnittliche Heiratsalter der männlichen Angehörigen des Bildungsbürgertums lag in der zweiten Hälfte des 18. Jahrhunderts bei mehr als 30 Jahren. Die Frauen waren allerdings wesentlich jünger. Die durchschnittliche Altersdifferenz zwischen den Ehepartnern betrug im niedersächsischen Bildungsbürgertum in der zweiten Hälfte des 18. Jahrhunderts 10 Jahre, bei den Großkaufleuten und Unternehmern 10,6 Jahre.[113]

Die gelegentlichen Angaben in den Quellen bestätigen diese Altersangaben. Christian Felix Weiße heiratete im Alter von 37 Jahren, ein Jahr nachdem er »Obersteuer-Sekretair bey dem Collegio« (= städtischer Steuereinnehmer) geworden war. Der Vater Arthur Schopenhauers war – wie erwähnt – 38 Jahre, die Mutter 18 Jahre bei der Eheschließung. Der Vater Strombecks heiratete 1769 mit 40 Jahren eine 23jährige Frau. Strombeck selbst wirkte dagegen geradezu jugendlich, als er 1799 im Alter von 28 Jahren heiratete. Diese relativ frühe Eheschließung war ihm auch nur möglich, weil er väterliche und schwiegermütterliche Einwände, er sei noch ohne festes Einkommen, dadurch entkräften konnte, daß er dank herzoglicher Fürsprache und Protektion Abteirat in Gandersheim wurde.

Die hohe durchschnittliche Altersdifferenz von zehn Jahren zwischen den Ehepartnern läßt schon auf den ersten Blick ein deutliches Autoritätsgefälle vermuten. Da es sich um Durchschnittszahlen handelt, werden in manchen Ehen die Altersdifferenzen noch ausgeprägter gewesen sein, so daß die Ehepartner fast unterschiedlichen Generationen angehörten, wie das bei den Eltern Arthur Schopenhauers und Strombecks der Fall war. Die Autorität des Mannes wurde dadurch verstärkt. Er war nicht nur älter und erfahrener, er hatte durch Studium und Berufsausbildung die »Welt« kennengelernt, die der ans Haus gebundenen Frau weitgehend verschlossen blieb. Der Mann war nicht nur ihr Mittler zu dieser Welt, er war ihr Ernährer, der Eigentümer bzw. Verfügungsberechtigte über ihr Vermögen und vertrat sie und die gemeinsamen Kinder rechtlich wirksam nach außen.[114] Das war an sich kein Novum. Auch der Hausvater in den traditionellen Familienformen hatte diese Privilegien. Aber er war selbst noch vorwiegend dem Haus verhaftet. Neu ist nun, daß der bürgerliche Mann endgültig aus dem Kreis des Hauses heraustrat, und sich damit nicht nur die Tätigkeitsbereiche von Mann und Frau, sondern auch ihre Lebenswelten weitgehend voneinander schieden. Davon wurde auch der verbliebene gemeinsame Lebensbereich »Familie« tangiert. Für die Frau wurde das Familienleben zum zentralen Inhalt ihres Daseins, für den Mann war es ein Lebensinhalt unter mehreren und wurde zudem primär unter der Perspektive des Refugiums vor den Anforderungen im Beruf wahrgenommen. Hinter der Einbindung des Mannes in Berufswelt und Öffentlichkeit und der Konzentration der Frau aufs

Haus verbarg sich mithin nicht nur eine veränderte Arbeitsteilung zwischen den Geschlechtern, sondern darüberhinaus eine grundlegende Differenzierung ihrer Lebensperspektiven.

Der strukturelle Statusvorsprung, den der Mann in den europäischen Gesellschaften generell inne hat, wurde im Bürgertum nun auf neue Weise fundiert und legitimiert. Er gründete sich einmal auf die Verfügung über Eigentum, was besonders bei Kaufleuten und Unternehmern eine Rolle gespielt hat. Daneben wurde der Autoritätsanspruch des Mannes gerechtfertigt und ständig neu reproduziert durch seine beruflichen Fähigkeiten und sein Geschick, seine Leistung für die Subsistenz der Familie. Da diese zunehmend nicht mehr im Rahmen des Hauses erbracht wurde, kam als drittes Moment seine »Weltläufigkeit« hinzu, also sein Talent, sich in der bürgerlichen Gesellschaft zu bewegen und durchzusetzen.

In einer patriarchalischen Gesellschaft, in der traditionell die Arbeiten der Frauen gering bewertet wurden (*weil* sie Arbeiten von Frauen waren), implizierte die Trennung der Lebenswelten von Mann und Frau, daß nur die Arbeit außerhalb des Hauses, die männliche Erwerbsarbeit, hoch eingeschätzt wurde. Die Arbeit im Hause, die nun mit Frauenarbeit identisch geworden war, verblaßte dagegen in ihrer Bedeutung. Insofern konnte die Frau wenig Selbstbewußtsein aus der Erfüllung der ihr zugewiesenen Aufgaben ziehen. Sie erhielt zwar eine bessere Bildung, aber diese war in ihren Inhalten und ihrem Umfang orientiert an ihrer häuslichen Rolle; sie sollte die Frau nur dazu befähigen, diese perfekter auszuüben. Der traditionelle Abstand zwischen den Positionen von Frau und Mann blieb erhalten, vergrößerte sich vermutlich sogar. Denn die verbesserte Mädchen- und Frauenbildung wurde mehr als aufgewogen durch die Fortschritte in der Erziehung und Ausbildung der Knaben und Männer, ihre berufliche Qualifikation und Leistung sowie ihre feste Verankerung in der Welt außerhalb des Hauses. Selbstbewußtsein sollte die Frau auch nur durch Identifikation mit dem Mann, seiner Leistung und gesellschaftlichen Position gewinnen: »Das Weib wirkt in der Familie, für die Familie; es bringt ihr sein Bestes ganz zum Opfer dar; es erzieht die Kinder; *es lebt das Leben des Mannes mit*; die Gütergemeinschaft der Ehe erstreckt sich auch auf die geistigen Besitztümer . . .«[115] Durch den Mann erfüllt das Weib »einzig und allein seine Bestimmung.«[116]

Wie ausgeprägt die strukturelle Asymmetrie der Ehebeziehung auch dort war, wo die Frau eine überdurchschnittliche Erziehung und Bildung erfahren hatte, zeigt sich, wenn Johanna Schopenhauer über ihre Beziehung zu ihrem Mann schreibt: ». . . er konnte doch seine Zufriedenheit mit meinem Betragen mir nicht verbergen, und diese mir zu erhalten, konnte und mußte *vernünftigerweise das einzige Ziel sein*, das ich nie aus dem Auge verlor . . . Ich fühlte, daß unser beider jetziges und künftiges Glück nur von seiner fortgesetzten Zufriedenheit mit mir abhängig war, und ehrte und liebte ihn genug, um alles daran zu setzen, mir diese zu erhalten . . .«[117]

Nun ist dieses Beispiel Johanna Schopenhauers noch nicht einmal besonders typisch für die durchschnittliche bürgerliche Ehe des ausgehenden 18. Jahrhunderts, weil hier die Frau ungewöhnlich klug und gebildet war. Wenn sie dennoch ganz selbstverständlich den Vorrang ihres Mannes reflektiert und anerkennt, kann man daraus Schlußfolgerungen für die große Masse der Ehen ziehen.

Ganz zweifellos ist die Situation der meisten bürgerlichen Frauen in ihrer Ehe sehr untergeordnet gewesen, zumal man berücksichtigen muß, daß die Propagierung einer verbesserten Mädchen- und Frauenbildung nicht sogleich auf fruchtbaren Boden gefallen sein dürfte. Überkommene Strukturen verändern sich nicht von heute auf morgen, sondern zeigen ein mitunter beachtliches Beharrungsvermögen. Wie stark die normativen Vorstellungen über die Realisierung hinauswiesen, zeigt sich daran, daß selbst in Teilen der normativen Literatur, so in Weißes »Kinderfreund«, in dem für das neue Familienmodell geworben wurde, die Mutter kaum eine Rolle spielte.[118] In der ersten Nummer der Zeitschrift, als die Familie des Kindesfreundes und deren Freunde vorgestellt werden, wird sie überhaupt nicht erwähnt![119]

Von der puritanischen Familie in England hatte Schücking festgestellt, der so häufig gebrauchte Vergleich von Mann und Frau mit Sonne und Mond sei für die Beziehung typisch gewesen. Denn: »Wie der Mond sein Licht im Weltraum von der Sonne, so erhält die Mutter in der Familie ihre Autorität vom Vater.«[120] Diese Charakterisierung läßt sich auch noch auf die bürgerliche Familie am Ende des 18. Jahrhunderts beziehen.

Die hohe Altersdifferenz, die Unterschiede an sozialer Erfahrung und Kenntnissen sowie die umfassende »vaterähnliche« Rolle des Mannes als Ernährer und Vormund, der die Frau keine fundierte eigenständige Position entgegensetzen konnte, bedingten eine grundlegende Asymmetrie der Beziehungen von Frau und Mann. Sie steht m. E. der geforderten »geistigen Gemeinschaft« der Ehegatten im Wege. Bestenfalls konnte die Frau in einer solchen Ehe auf Grund ihrer verbesserten Kenntnisse in der literarischen Diskussion mitreden. Entscheidende Impulse waren von ihr normalerweise nicht zu erwarten, so lange sie, wie Weiße empfiehlt, »sich nach seiner (des Mannes – H. R.) Neigung zu bilden . . . (sucht) und in seiner Zufriedenheit die ihrige findet.«[121] Bei den berühmten Frauen des deutschen Geisteslebens, deren Salons zu Beginn des 19. Jahrhunderts Treffpunkte der literarisch gebildeten Welt waren[122], handelte es sich um herausragende Ausnahmen aus dem kleinen Zirkel bekannter Literaten. Obleich ihre Wirkung auf das allgemeine Frauenbild und die Mädchenbildung gering war[123], wird an ihnen doch deutlich, welche Potentiale in dem neuen Modell der Ehebeziehungen und den Forderungen nach Verbesserung der Mädchenbildung steckten und unter besonders günstigen Bedingungen auch entfaltet werden konnten. Insgesamt aber scheint mir für die durchschnittliche Ehe die Charakterisierung Dudens treffend zu sein, die schreibt: »Die neue Form der Ehe läßt sich nicht als historische Gestalt in der Abfolge vom Patriarchat zur Partnerschaft begreifen: für den Mann mag zwar die Ehe als herrschaftsfreier Raum gegenüber der von Zwängen beherrschten Sphäre der »Berufswelt« erscheinen, für die Frau bedeutet die Zuschreibung ans Haus als naturgegebene Aufgabe eine neue Form gesellschaftlichen Zwanges, wobei es jetzt zu ihrem ›Kulturcharakter‹ gehört, nicht mehr zurückzuschlagen.«[124]

Exkurs
Veränderungen im Bereich der Geschlechtscharaktere[125]

Die sozialen Veränderungen in den Positionen von Mann und Frau führten zu einem Wandel der Vorstellungen über das Wesen der Geschlechter. Ursprünglich war die soziale Position von Frau und Mann vom Haus her, das für beide den Mittelpunkt ihrer Arbeit und ihres Lebens bildete, bestimmt und definiert. Das kommt schon in den Begriffen »Hausvater« und »Hausmutter«

zum Ausdruck.[126] Seit dem Ende des 18. Jahrhunderts setzten sich neue Definitionen durch, die sich nicht mehr an den sozialen Funktionen der Geschlechter orientierten, sondern allgemeine, abstrakte Eigenschaften als für Männer und Frauen jeweils typische ausgaben. Diese Eigenschaften erschienen als im Innern des männlichen oder weiblichen Menschen angelegt. Dabei wurden biologische Ausstattung und gesellschaftliche Überformung miteinander vermengt. Die typisch weiblichen oder männlichen Eigenschaften wurden auf diese Weise leicht zu natürlichen. Die Vorstellung von je verschiedenen typischen Wesensmerkmalen der Geschlechter wurde dadurch begünstigt, »daß die Arbeit des Mannes völlig anderen Regeln und Zielen unterworfen ist als die weiterhin im Haushalt konzentrierte, mehr denn je direkt an den Bedürfnissen der Haushaltsmitglieder orientierte Arbeit der Ehefrau.«[127] Dem aus dem Haus herausgetretenen Mann wurden jene Wesensmerkmale zugeschrieben, die exakt den von ihm im Beruf verlangten Fähigkeiten entsprachen: Aktivität und Rationalität. Zum »Wesen« der Frau wurde hingegen die für ihre Arbeit als Erzieherin notwendige und wünschenswerte Emotionalität stilisiert, zusätzlich noch Passivität. Dieses Wesensmerkmal, das zu dem Bild der rührigen Hausfrau nicht so recht passen will, erklärt sich vermutlich aus dem Bedarf an einem »Gegenbild«. Es bot zugleich eine Begründung für den Ausschluß der Frau von Betätigung in der Öffentlichkeit, wozu Aktivität vonnöten war.

Hausen weist darauf hin, daß diese Polarisierung der Geschlechtscharaktere dadurch besonders ideologisch überhöht wurde, daß weder Mann noch Frau den Menschen an sich verkörperten, sondern *erst beide zusammen* alle Möglichkeiten des Menschseins ausmachten.[128] Mit dieser Position vertrug sich, wie Schwab bemerkt, durchaus die wenig konsequente Vorstellung, daß nur der Mann diesen ganzen Menschen repräsentierte.[129] Das Positionsgefälle zwischen den Geschlechtern in der bürgerlichen Familie erhielt dadurch eine zusätzliche Legitimation. Generell kann daher Hausens Schlußfolgerung zugestimmt werden, daß es durch die Komplementarität der Geschlechtsrollen möglich wurde, »die Dissoziation von Erwerbs- und Familienleben als gleichsam natürlich zu deklarieren und damit deren Gegensätzlichkeit nicht nur für notwendig, sondern für ideal zu erachten und zu harmonisieren.«[130]

Es wäre allerdings unzutreffend, diese neuen Bestimmungen der

»Geschlechtscharaktere« lediglich als reine Ideologie aufzufassen. In der Tat wird man davon ausgehen müssen, daß infolge der unterschiedlichen Stellung und Ausbildung der Geschlechter von Kindesbeinen an im Bürgertum des 18. Jahrhunderts tatsächlich tiefgreifende, allerdings anerzogene Wesensverschiedenheiten bestanden.[131] Zentral ist jedoch, daß diese Unterschiede nun zu natürlichen erklärt wurden und dadurch das bürgerliche Familienideal tiefgreifend abgesichert wurde.[132] Die »natürliche« Bestimmung der Frau für Familie und Kinder gehört selbst in der Gegenwart noch zu einem beliebten Argument in den Debatten über Veränderungen der Rollen von Mann und Frau in Familie und Gesellschaft.

3. Kindererziehung[133]

Aus den Quellen ergibt sich der Eindruck, daß das 18. Jahrhundert für das Bürgertum, wie in anderen Bereichen, so auch in dem der Kindererziehung, weitgehend eine Übergangsepoche gewesen ist.[134] Das Ammenwesen, das Süßmilch bereits um die Jahrhundertmitte unter anderem für die hohe Säuglingssterblichkeit verantwortlich gemacht hatte, existierte trotz der literarischen Ermahnungen noch lange weiter. Selbst in Teilen der »Reformliteratur«, so in Weißes »Kinderfreund«, wurden Ammen gleichsam selbstverständlich erwähnt.[135] Auch Schramm berichtet von Ammen und Kindermädchen in den wohlhabenden Hamburger Kaufmannsfamilien.[136]

Ebenso behaupteten die brutalen körperlichen Züchtigungen noch ihren Platz. Daß diese Formen der Bestrafung nicht nur bei den »unaufgeklärten« Eltern üblich waren, wird deutlich in der Schilderung einer Szene, die ein Besucher im Hause Basedows, des großen Erziehungstheoretikers und -praktikers des ausgehenden 18. Jahrhunderts erlebte. »Es besuchte einmal jemand den bekannten Pädagogen Basedow und wünschte seine Tochter Emilie (das Wunderkind) zu sehen. Basedow sagte ihm, sie hätte noch wegen einer Ungezogenheit gegen ihre Mutter zu büßen, und dürfte die Gesellschaft nicht genießen. Der Fremde dringt in ihn, weil er sich nicht lange aufhalten könne. Nun läßt er Emilie kommen, und mit dem ersten Schritt ins Zimmer reicht er ihr eine Maulschelle, daß das Mädchen taumelnd aus dem Zimmer gebracht werden muß.«[137] Stephan knüpft an diese Episode die naheliegende Frage: »Wenn Erzieher von Beruf so unsinnig straften, konnte da mildere Zucht von dem ungebildeten Manne gefordert werden?«

Besonders die Väter waren wegen der Härte ihrer Strafen und der Forderung nach Gehorsam gefürchtet. Auch Johanna Schopenhauer berichtet aus ihrem Elternhaus, daß die Kinder gewöhnt waren, sich stets still zu verhalten, wenn es hieß: »Der Vater kommt.«[138] Diese Schilderungen unterscheiden sich erheblich von dem verständnisvollen, mit seinen Kindern innig vertrauten Vater, den Weiße im »Kinderfreund« entworfen hat und der der Ratgeber und Freund der Kinder war. Das ideale Bild der häuslichen Erziehung, das Weiße dort zeichnete, war am Ende des 18. Jahrhunderts noch neu.

Auch hinsichtlich der in der Literatur für eine Reform der Kindererziehung immer wieder erhobenen Forderung, die Eltern sollten ihre Kinder selbst erziehen, klafften Norm und Realität stark auseinander. Im frühen Bürgertum des ausgehenden 18. Jahrhunderts hatte sich teilweise schon eine räumliche Distanzierung der Kinder von den Eltern eingebürgert. Diese verfolgte aber einzig den Zweck, sich diese unruhigen Geister vom Halse zu halten und mit ihrer Erziehung nicht belästigt zu werden. Zum Teil handelte es sich dabei zweifellos um die Nachahmung adeliger Verhaltensweisen. Auch am Ende des 18. Jahrhunderts führte Knigge noch beredte Klage über Eltern, die sich nicht um ihre Kinder kümmerten, sondern sie »Miethlingen« überließen.[139] Brandes beklagte in seinen »Betrachtungen über den Zeitgeist«, daß die Kinder früh aus dem Hause angesehener Eltern entfernt würden.[140] Weiße machte deutlich, daß wenig Umgang zwischen Kindern und Eltern zu seiner Zeit durchaus üblich gewesen ist. Die Kinder seien im allgemeinen auf die Schul- und Kinderzimmer verbannt worden. »Eltern und Lehrer waren froh, wenn sie die Kinder nicht nur aus ihren Gesellschaften und Zusammenkünften entfernt halten konnten, – das ist in der Tat immer zu wünschen (!) – sondern wenn sie auch außer der Tisch- und Unterrichtszeit nicht von ihnen beschwert wurden.«[141]

Zugleich finden sich in den Quellen aber auch Hinweise darauf, daß einige der vielen guten Empfehlungen der Erziehungsreformer doch auf fruchtbaren Boden gefallen sind. So wurde die 1766 geborene Johanna Schopenhauer entgegen dem Rat des Hausarztes (!) und dem allgemeinen Usus von ihrer Mutter gestillt.[142] Schramm berichtet aus der zweiten Hälfte des 18. Jahrhunderts von einem Hamburger Ehepaar, das aus Sorge, der rasch anwachsende Bekanntenkreis und die daraus resultierende Zunahme gesellschaftlicher Verpflichtungen würden seine Pflichten gegenüber den Kindern zu sehr beschneiden, Einladungen ablehnte, sich in ein stilles Wohnquartier zurückzog und sich voll dem Familienleben widmete.[143] In bürgerlichen Familien wurde es zunehmend üblich, daß die Kinder die Eltern duzten. M. E. ist diese Veränderung nicht nur eine der Konvention; sie drückt auch eine Verringerung der Distanz zwischen Eltern und Kindern aus.[144] Deren Kontakt wurde vertrauter und intimer.

Aber, und dies soll nochmals betont werden, man muß sich davor hüten, die Aussagen der einschlägigen Literatur schon für die ganze Realität zu nehmen. Weiße war sich beispielsweise voll darüber im klaren, daß »die Familie des Kinderfreundes« ein Idealbild war, das am Ende des 18. Jahrhunderts bestenfalls partielle Entsprechungen in der Realität hatte. Er erklärt sich den großen Erfolg seiner Zeitschrift geradezu damit, daß »eine liberale Erziehung, wie sie im Kinderfreund dargestellt ward, . . . den Reiz der Neuheit für Eltern, Erzieher und Kinder« (hatte).[145]

Aus den Quellen läßt sich folgender formaler *Verlauf des Erziehungsprozesses* im gehobenen Bürgertum rekonstruieren:

Im Alter von drei oder vier Jahren kamen die Kinder in die sogenannte ABC-Schule, die eher eine Art Kindergarten war und wichtige Disziplinierungsfunktionen hatte. Denn hier wurde nicht nur, wie der Name besagt, das ABC gelehrt, sondern vor allem das Stillsitzen eingeübt. Johanna Schopenhauer erzählt in ihren Erinnerungen, daß sie vom dritten Lebensjahr an zweimal täglich bei Frau Chodowiecki, der Mutter des berühmten Malers, in die ABC-Schule gegangen ist.[146] Schramm berichtet entsprechende Altersangaben aus den wohlhabenden Hamburger Kaufmannsfamilien.[147] Auch Strombeck war vor seinem sechsten Lebensjahr zuerst in eine ABC-Schule gegangen. Andere Kinder erhielten Privatunterricht im elterlichen Hause. Auffällig ist, daß im Unterschied zu den Kindern aus der Bauern- und Handwerkerschaft, aber auch aus der Hausindustrie, diese Kinder nicht auf der Straße spielen durften. Dort möglicherweise vorhandene schädliche Einflüsse sollten von ihnen ebenso fern gehalten werden wie die von Dienstboten ausgehenden. Nach Beendigung des Vorbereitungsunterrichts trennten sich die Wege von Mädchen und Knaben.

Für die Erziehung und Ausbildung der *Mädchen* sei hier die Johanna Schopenhauers angeführt, die aus der angesehenen Danziger Kaufmannsfamilie Trosiener stammte. Sie wurde 1766 geboren. Ihre Erziehung war sicher nicht typisch für den Durchschnitt, aber sie ist ein Beispiel dafür, daß die Forderungen nach Verbesserung der Mädchenbildung schon teilweise auf fruchtbaren Boden gefallen waren.

Im Gegensatz zu ihrer Mutter, von der Johanna Schopenhauer sagt: »Ein paar Polonaisen, ein paar Murkis auf dem Klavier, ein paar Lieder, bei denen sie sich selbst zu accompagnieren wußte, Lesen und Schreiben für den Hausbedarf, das war so ziemlich alles, was man sie gelehrt hatte«[148], erhielt sie eine fundiertere Ausbildung. Im Anschluß an die Absolvierung der schon erwähnten ABC-Schule bekam sie, im Alter von sechs Jahren, einen Kandidaten der Theologie als Lehrer zugewiesen, der jeden Vormittag eine Unterrichtsstunde im Hause erteilte.[149] Außerdem lehrte sie der Prediger der englischen Kolonie in Danzig, der im Nachbarhause wohnte und mit den Eltern befreundet war, Englisch und Geographie. Zusätzlich erteilte ihr ein Tanzmeister Unterricht. Als Johanna Schopenhauer neun Jahre alt war, wurde ihre Erziehung neu geregelt. Die Mutter wollte keine Gouvernante im Hause haben, »weil sie weder die Liebe noch die Leitung ihrer Kinder mit einer Fremden teilen will«(!).[150] Die Lösung des Problems ergab sich dadurch, daß in Danzig ein ehemaliges Hoffräulein eine »société des jeunes dames« etabliert hatte, zu der mehrere angesehene Familien ihre Töchter schickten, die dort in »Anstand«, modischen Handarbeiten etc. unterrichtet wurden.

Ungefähr seit ihrem zehnten Lebensjahr sah der Tageslauf Johanna Schopenhauers folgendermaßen aus:

vormittags:	1 Stunde – Kandidat der Theologie
	1 Stunde – Tanzmeister
	Unterricht im Wäschenähen und Stopfen durch eine alte Frau
	Unterricht durch den englichen Prediger
nachmittags:	»société des jeunes dames«
abends:	Unterricht durch den Prediger.[151]

Interessant an dieser Ausbildung scheinen mir zu sein: der frühe

Beginn, das weitgehende Fehlen von Naturwissenschaften, Mathematik und Technik, die Kombination von Einführung in Hauswirtschaft und Vermittlung von Allgemeinwissen. Dabei handelte es sich um eine bessere Ausbildung als sie Frauen früher zukam. Es war keine »häusliche Erziehung« im Sinne der Erziehung durch die Eltern. Noch nicht einmal die Einweisung in hausfrauliche Tätigkeiten erfolgte durch die Mutter. Es handelte sich um *Erziehung im Hause*.

Die Mädchen wurden durch Privatlehrer[152] unter Oberaufsicht der Eltern unterrichtet. Die Danziger »société des jeunes dames« war eine Ausnahme. Internate und Schulen für Mädchen aus »besseren« Familien entstanden erst später.

Allerdings lag gerade bei der Mädchenbildung noch lange vieles im Argen. Fanny Lewald erzählt von ihrer ca. fünfundzwanzig Jahre später als Johanna Schopenhauer geborenen Mutter, diese habe als weibliche Angehörige einer wohlhabenden jüdischen Familie kaum etwas lernen können, »weil der Großvater die Bildung der Frauen als etwas Überflüssiges betrachtete.«[153] Die Söhne hingegen erhielten eine gute Ausbildung. Die Mädchenerziehung war primär auf ein Leben in Haus und Familie ausgerichtet, sie vollzog sich auch in diesem Milieu. Dadurch hatte das Mädchen kaum eine Chance, das Leben außerhalb dieser engen Welt kennenzulernen, *praktisch* ihren Horizont zu erweitern. Es blieb aufs Haus verwiesen und wechselte bei der Eheschließung von der Abhängigkeit des Vaters in die des Mannes über.[154]

Der Erziehungsprozeß der *Knaben* verlief spätestens nach der Primärsozialisation grundlegend anders: sie besuchten nach der ABC-Schule meist exklusive öffentliche Schulen oder Internate. Beispielhaft dafür waren das Johanneum in Hamburg und das Collegium Carolinum in Braunschweig.[155] Knaben, deren Eltern weit von einer Stadt entfernt lebten, kamen häufig schon mit sieben Jahren in ein Internat.[156] Gelegentlich erfolgte die Ausbildung noch durch Privatlehrer. Der Besuch der öffentlichen Schulen wurde von den Philanthropen propagiert. An dem Schul- bzw. Internatsbesuch wird deutlich, daß die geforderte »Erziehung durch die Eltern« primär für die kleinen Kinder galt, zumindest so aufgefaßt wurde. Die Verantwortung für die Auswahl geeigneter Lehrer bzw. Schulen oblag den Eltern allerdings ungeschmälert.

Die Auseinanderentwicklung der Ausbildung von Mädchen und

Knaben nahm die ihrer späteren Lebensbereiche vorweg: die Mädchen blieben weitgehend dem Haus verhaftet, die Knaben traten frühzeitig aus ihm heraus. Die frühe Selbständigkeit der Knaben wurde gezielt gefördert. Eberty berichtet, er sei 1819 im Alter von sieben Jahren in ein Internat in seiner Heimatstadt (!) Berlin gekommen, weil sein Vater befürchtete, die Mutter würde den einzigen Sohn zu sehr verzärteln und verziehen. Er kam nur jeden zweiten Sonntag nach Hause.[157] In diesen Zusammenhang gehört auch die von Schramm berichtete Praxis Hamburger Kaufmannsfamilien, die angehenden jungen Kaufleute nach der Quinta, also der zweiten Klasse des Gymnasiums, im Alter von zwölf bis dreizehn Jahren, als »Pensionäre« zu einem Pfarrer in der Nähe Hamburgs zu geben. Daran schloß sich die Zeit als Lehrling bei Geschäftsfreunden an.[158] Anschließend machte der junge Kaufmann dann eine mehrjährige Ausbildung im Ausland durch, die neben der Absicht, Sprachkenntnisse zu erwerben oder zu vervollkommnen, den weiteren Zweck verfolgte, Geschäftsverbindungen zu knüpfen und zu pflegen, sich Lebensformen und Bildung anzueignen. Möglicherweise handelte es sich hierbei um die Übernahme der adeligen Verhaltensweise der »Grand Tour«, die allerdings zu einer unmittelbaren Berufsvorbereitung modifiziert wurde.

Aber auch außerhalb der Kaufmannsfamilie wurde im Bürgertum dafür gesorgt, daß die Söhne nicht zu spät unter fremde Menschen kamen und lernten, sich in verschiedene Lebensbedingungen zu schicken. Dies wird deutlich in Weißes Beschreibung: »Gemeiniglich kommen die Söhne von Personen des Mittelstandes, wie die meinigen, in den Jahren, die zwischen der Kindheit und dem jugendlichen Alter liegen, das ist zwischen einem Alter von 10-12 Jahren bis an das 18te oder 20ste, in fremde Zucht und Aufsichten, wo sie sich zu ihrer künftigen Bestimmung vorbereiten sollen ... Jene sind Erziehungsinstitute, Gymnasien und Schulen, oder wenn sie zur Handlung, einer Kunst, oder anderen Geschäften bestimmt sind, angesehene Kaufleute, Künstler oder dazu bestimmte Institute.«[159]

Was oben schon bei der Schilderung der Geschlechtscharaktere festgestellt wurde, die tatsächlich vorhandene Differenz in den Wesenszügen von Frauen und Männern im 18. Jahrhundert, hatte in dieser völlig unterschiedlichen Erziehungs- und Lebenssituation zweifellos seine entscheidenden Ursachen. Ausbildung und

persönliche Entwicklungs- und Entfaltungsmöglichkeiten von
Männern und Frauen entfernten sich immer mehr voneinander.
Diese Tendenz wurde durch die Verbesserung der Mädchenbildung auch im 19. Jahrhundert nicht verringert, da es dabei primär
darum ging, das spezifisch »Weibliche«, also gerade das Trennen-
de, besser auszubilden.[160]

Zusammenfassende Beurteilung

Die Erziehung vollzog sich der Theorie nach und zunehmend
auch in der Praxis im gefühlsintensiven Binnenraum der Familie.
Die geforderte »Erziehung durch die Eltern« hieß praktisch:
verstärkte Verantwortung der Eltern für den Erziehungsprozeß,
insbesondere für die Auswahl geeigneten Lehrpersonals, verstärktes Sich-Kümmern um die Kinder und Teilnahme an ihrer
Entwicklung. Die Eltern waren zur primär verantwortlichen
Erziehungsinstanz geworden. Zwar waren noch andere Erziehungspersonen vorhanden, aber die Eltern dominierten zumindest in der Primärsozialisation. Unterstützt wurde diese Entwicklung durch die Abschließung der Familie nach außen.

Damit wurden die Eltern »zum primären Züchtigungsorgan der
gesellschaftlich geforderten Triebgewohnheiten und Verhaltensweisen für den Heranwachsenden.«[161] Väter und Mütter leisteten
dazu verschiedene Beiträge. Im Verhältnis zu traditionellen Familienformen wurde in der Familie des »gehobenen« Bürgertums
zwar tendenziell die väterliche Autorität anders legitimiert und
ausgeübt, gleichwohl blieb sie patriarchalisch strukturiert. Der
Vater stand auch in der bürgerlichen Familie an der Spitze der
Hierarchie. Er war derjenige, dem mit Achtung und Respekt
begegnet werden mußte, vor dem unter Umständen auch gezittert
wurde. Die liebevolle Mutter dagegen wurde meist zärtlich
geliebt. Lob und Tadel lösten allmählich die körperliche Züchtigung als zentrales Erziehungsmittel ab.

Die unterschiedliche Erziehung von Knaben und Mädchen,
verbunden mit einer stärkeren Bedeutung der Eltern während des
Erziehungsprozesses im emotionalisierten familialen Binnenraum
sowie der räumlichen Distanzierung von Eltern und Kindern
innerhalb der Wohnung, entspricht genau jener Konstellation, die
Freuds Strukturmodell der Psyche zugrundeliegt. Die immer
wieder als Erziehungsziel hervorgehobenen abstrakten Normen

wie »Tugend«, »Wahrheitsliebe«, »Gebrauch der Vernunft«[162] werden im Prozeß von frühkindlicher Objektwahl, Identifizierung und Bewältigung der ödipalen Situation verinnerlicht und bewirken jene Ich-Veränderung, die Freud als Ich-Ideal oder Über-Ich bezeichnet hat.[163] Hier, in der bürgerlichen Familie entstanden zuerst das Erziehungsmilieu und die Erziehungsziele, deren Ergebnis der »innengeleitete« Mensch der bürgerlichen Gesellschaft war.[164]

4. Abkapselung der Familie und Veränderung der Wohnverhältnisse

Die Konzentration auf die Familie, die Intensivierung und Intimisierung der Kontakte mit den nächsten Angehörigen war an den Prozeß des Sich-Abschließens der Familie nach außen gebunden. Die Kultivierung des Familienlebens verträgt sich nur mit einem geringen Grad der Offenheit nach außen.

Diese notwendige Abschottung des engeren, aus Eltern und Kindern bestehenden Familienkreises wird in der normativen Familienliteratur der Zeit sehr deutlich. Dienstboten wurden kaum erwähnt, und wenn, so ist klar, daß sie nicht in die Familien integriert waren und auf Distanz gehalten wurden. Auch weitere Verwandte spielten als Familienangehörige keine Rolle. Das galt selbst für Großeltern. Beziehungen zur Nachbarschaft existierten kaum. Statt dessen traten nun die »Freunde des Hauses« auf. An die Stelle eines durch verwandtschaftliche oder räumliche Nähe nahegelegten Kontaktes war der selbst gewählte getreten. Typisch für diese Veränderung war der Stellenwert, der in Weißes »Kinderfreund« den vier Freunden des Hauses zukam. Sie wurden nach Bedarf und Neigung ausgewählt. Zweifellos wird man davon ausgehen können, daß in der bürgerlichen Familie auch Verwandte gelebt haben, auf jeden Fall geselliger Kontakt mit den in der Nähe lebenden näheren Angehörigen gepflegt wurde. Aber das entsprach nicht dem (literarischen) Selbstbild der bürgerlichen Familie.

Die der Intimisierung des Familienzusammenhangs entsprechende Abschließung der Familie nach außen drückte sich auch in einer Veränderung der Wohnformen aus: Ähnlich wie das »ganze Haus« bei Bauern und Handwerkern ist auch das Haus des frühbürgerlichen (Groß-)Kaufmanns ein ganzes Haus gewesen, in dem sich Arbeitssphäre und Wohnbereich zumindest berührten. Schramm beschreibt ein solches Haus und seine Einwohner sehr eindrucksvoll: »Das Haus des 18. Jahrhunderts war normalerweise Wohn- und Geschäftshaus zugleich gewesen. Diele und Comptoir, die Wohn-, Eß- und Schlafzimmer, ein Lagerraum auf dem Boden, erreichbar durch eine Winde, ein Keller, womöglich noch ein zweiter darunter, und dazu oft auch ein Hinterhaus hatten eine Einheit mit Treppen, Stiegen, Leitern und vielen Kammern, Kämmerchen und dunklen Winkeln gebildet und zu der Familie mit der verwitweten Großmutter, unverheirateten Tanten und sonstigen Verwandten, mit Commis und Lehrlingen, die in die Eßgemeinschaft eingeschlossen waren, hatten auch Mieter gehört, die einzelne Zimmer oder ein ganzes Stockwerk des Hauses bewohnten. Ein solches Haus – im Schrammschen Falle hat es sich sogar um zwei Nachbarhäuser gehandelt – war wie ein Bienenstock gewesen, mit zahlreichen Bewohnern, die zwar ein sehr unterschiedliches Verhältnis aneinander band, die aber alle irgendeine Beziehung zueinander gehabt hatten: solche der Verwandtschaft, der ›Handlung‹ oder doch engster Nachbarschaft, die den einen auf den anderen angewiesen gemacht hatten. War einer krank geworden, hatte jeder Hausbewohner das erfahren und in seiner Weise daran teilgenommen; war eine Frau ins Kindbett gekommen, hatten die anderen Frauen, je nach ihrer Art, Hilfe geleistet; hatte der Sohn aus der Fremde geschrieben, sprach sich das von der Diele bis in das Hinterhaus herum. Alle aber, ob alt oder jung, männlichen oder weiblichen Geschlechtes, waren ausgerichtet gewesen auf den ›Hausvater‹, der als Familienoberhaupt, als Chef der Handlung, als Besitzer des Hauses das letzte Wort zu sagen gehabt hatte.«[165]

Innerhalb eines solchen »Bienenstocks« lebten die Bewohner überwiegend in Mehrzweckzimmern, die etlichen Bedürfnissen zugleich dienten. Auf bildlichen Darstellungen jener Zeit dokumentiert das große, von Vorhängen umgebene Himmelbett in der Bürgerstube die Einheit von Wohn- und Schlafraum.[166]

Ebenso wie im bäuerlichen »ganzen Haus« lebten und arbeiteten auch im alten Bürgerhaus ursprünglich Frau und Mann, Kinder und Gesinde eng zusammen. Strombecks Vater hielt offenbar besonders beharrlich an der alten Lebensweise fest. Obwohl die Familie sehr wohlhabend war und ein Haus mit vierzig Zimmern bewohnte, spielte sich am Ende des 18. Jahrhunderts das ganze Leben, einschließlich der Geschäfte des Vaters, im gemeinsamen Wohnzimmer ab.[167] Strombeck schreibt dazu: »Auch dieses war noch ein Überrest aus der alten Zeit, in welcher ein braunschweigischer Kanzler in demselben Zimmer schrieb, in dem seine Mägde spannen.«[168]

Seit der Mitte des 18. Jahrhunderts entwickelte sich als Ausdruck neuer Bedürfnisse und veränderter Realitäten des bürgerlichen Daseins ein neuer Wohn- und Lebensstil:

– Innerhalb eines Hauses mit mehreren Wohnparteien, wie Schramm es so anschaulich geschildert hat, entstand das Verlangen nach einer Tür, durch die man sich von den anderen Bewohnern des Hauses abschließen konnte.[169] Dadurch wurde das Haus zum Etagenhaus, in dem die Bewohner nunmehr mit einem Minimum an Kontakt miteinander wohnen konnten. »Ob die Bewohner eines solchen Etagenhauses noch voneinander Notiz nahmen, ob sie sich befreundeten oder verfeindeten, ob sie wechselseitig auf sich herabsahen oder im Zustand rein passiver Neutralität verharrten, blieb dem Zufall überlassen.«[170]

– Es entstanden gesonderte Zimmer für die einzelnen Personen bzw. Zwecke: Arbeitszimmer, Kinderzimmer, Schlafzimmer, Wohnräume. Die Abschließung der einzelnen Personen *innerhalb* der Familie gegeneinander zeigte sich jedoch nicht nur in dem Vorhandensein solcher Spezialzimmer, sondern auch darin, daß die Wohnungen oder Häuser nun Korridore bekamen. Über sie konnte man die Zimmer erreichen, ohne durch andere Zimmer gehen und dabei jemanden stören zu müssen.[171] Das in alldem sich ausdrückende Bedürfnis nach einer Rückzugmöglichkeit, nach Alleinsein mit sich selbst, nach ungestörter Reflexion war ein Teil jenes schon beschriebenen, im Bürgertum ablaufenden Prozesses der Individuierung.[172]

– Die Abschließung der Familiensphäre nach außen bedeutete zugleich eine Ausgrenzung des Bereichs von Beruf und Arbeit dort, wo dies nicht sowieso, wie bei vielen Beamten, von vornherein der Fall war. Die Verdrängung der Berufsrealität findet sich auch in Weißes »Kinderfreund«, wo unklar bleibt, ob der Vater überhaupt berufstätig ist, was er macht, wovon die Familie lebt. Indiz für das neue Bedürfnis nach Trennung von Berufs- und Wohnbereich war, daß wohlhabende Bürger, bei denen ursprünglich, wie im Kaufmannshaus – durch Kontor und Lagerräume im Erdgeschoß – Erwerb und Wohnen unter einem

Dach vereint gewesen waren, neue Häuser bauten. Nachdem mehrere Generationen nacheinander immer dasselbe, nur geringfügig veränderte Haus bewohnt hatten[173], genügte es den gewandelten Ansprüchen nun nicht mehr. Es wurden reine *Wohnhäuser* gebaut. Der Bereich der Erwerbsarbeit wurde dadurch für Frau und Kinder weitgehend unsichtbar. Als Vorform dieser Separierung kann man die wachsende Zahl von Sommer- oder Landhäusern betrachten, die Ende des 18. Jahrhunderts in Mode kommen und in denen die Sommermonate und die Wochenenden verbracht wurden.

Einerseits kann man diesen Trend, den Schramm für die Hamburger Kaufleute beschreibt[174], als Flucht aus der Enge der alten Innenstädte interpretieren. Teilweise drückte sich in dieser Entwicklung aber auch die Flucht vor der Berufssphäre aus. So schreibt der Kaufmann Sieveking: »Die Landsitze sollten . . . ›aus dem niedrigen Erdgewühle, aus dem Kaufmanns- und Geldgetriebe herausreißen und in eine menschlichere, menschenwürdigere Region versetzen‹.«[175] In einigen dieser Landhäuser war es verpönt, von Geschäften zu reden. Teilweise mußte ein Verstoß gegen diese Regeln mit einem »Strafgeld« gebüßt werden.[176]

Die Trennung von Erwerbsbereich und Wohnbereich wurde von den Hamburger Kaufleuten endgültig vollzogen, als die Sommerhäuser winterfest gemacht wurden und die Familie nun ständig außerhalb der Stadt lebte, während der »Ernährer« jeden Tag in die Stadt fuhr. Auch Johanna Schopenhauer lebte nach ihrer Eheschließung in einem Landhaus vor den Toren Danzigs. Ihr Mann kam nur am Wochenende.[177] Diese Entwicklung, die vollständige Trennung von Berufsarbeit und Wohnen, vollzog sich in Hamburg erst seit der Mitte des 19. Jahrhunderts. Damit wurde ein spezifisches Element der modernen Familie ausgebildet, die verschiedene Aggregatzustände kennt: vollständig ist die Familie, d. h. mit dem Vater zusammen, nur abends und am Wochenende. Tagsüber – und das ist die meiste Zeit – leben nur Mutter und Kinder zusammen. Diese Situation war bei vielen Beamtenfamilien schon früh gegeben. Nur war es in den kleinen Städten dem Mann meist noch möglich, zu den Mahlzeiten nach Hause zu kommen, so daß er nicht kontinuierlich über einen langen Zeitraum abwesend war.

In der Ausklammerung der Erwerbsarbeit aus dem täglichen Leben trafen sich die Interessen von Männern und Frauen.

Erwerbsarbeit war zwar notwendig und unumgänglich, aber man vermied es häufig, im Familienkreis über Arbeit und Geldangelegenheiten zu reden. Das kam dem Interesse der Männer entgegen, nach der Arbeit abschalten zu können und den Kopf frei für andere Dinge zu bekommen. Die Frauen hatten gleichfalls das Bedürfnis, diese Sphäre, an der sie nicht teilhatten und von der sie nichts verstanden, außerhalb der Familie, ihres zentralen Lebensbereiches, zu halten. In der bürgerlichen Ehe wurde somit jeder mit seinem Tätigkeitsbereich allein gelassen: das galt sowohl in räumlicher Hinsicht als auch für die Kommunikation. Das einzige Gemeinsame waren die Kinder und ihre Erziehung. Darüber hinaus verbanden die Ehepartner möglicherweise noch literarische Interessen, religiöse Bindungen und die Pflege der »Häuslichkeit«. Erst in der derart gegen den Bereich des Erwerbs und der Öffentlichkeit abgeschotteten häuslichen Sphäre konnte jene Vorstellung einer von gesellschaftlichen Bezügen losgelösten Familie heimisch werden, die mit dem bürgerlichen Familienideal untrennbar verbunden ist und sich mit seiner Ausbreitung verallgemeinert hat.

Mit der Entstehung der Privatsphäre »Familie«, der Verinnerlichung und Sentimentalisierung ihrer Beziehungen war die Entwicklung von Wohnkultur, die »bewußte Gestaltung der engsten dinglichen Umwelt«[178] verbunden. Gegenüber den ausgesprochen leer erscheinenden Zimmern des Bürgerhauses des 17. und noch des 18. Jahrhunderts gewann dann im 19. Jahrhundert seit dem Biedermeier das Interieur »selbständige Bedeutung als Ausdruck geheimen Bürgerstolzes auf das von ihm gestaltete Heim.«[179] Diese Entwicklung ist Ausdruck des neu entstandenen Sinns für Familie und gepflegte Häuslichkeit. Der Begriff der »Häuslichkeit« ist ein Schlüsselbegriff für die Charakterisierung bürgerlichen Familienlebens geworden. So beschreibt Johanna Schopenhauer die Wochenenden, an denen ihr Mann zu ihr ins Landhaus vor den Toren Danzigs kam und dabei einige Freunde (!) mitbrachte: »Mit diesen verlebten wir den Tag in friedlichster, ruhigster Häuslichkeit . . .«[180]

Dieses neue Familiengefühl, das Auf-Sich-Selbst-Zurückgezogensein und die Zufriedenheit mit sich selbst, kommt auch in einer Beschreibung zum Ausdruck, die ein wohlhabender Hamburger von seinem Familienleben gibt: »Mit der größten, durch die Erfahrung immer mehr bewährten Zufriedenheit beschränkten wir uns fast gänzlich auf das nicht sehr allgemein erkannte wahre Vergnügen ein, welches der herzlich willkommene Besuch einiger lieber Freunde und ein ohne viel Zurüstung bereitetes, fröhlich mit ihnen genossenes Mahl uns gewährte.«[181] Der entscheidende Grund dieses zurückgezogenen Lebens war die Sorge der Eltern, sonst ihre Verpflichtungen gegenüber den Kindern nicht mehr erfüllen zu können.[182]

Die Pflege der Häuslichkeit als Inbegriff des neuen, sentimentalisierten und von der Sphäre der Erwerbsarbeit abgehobenen Familienlebens wird in besonderer Weise deutlich in der Zelebrierung *der Familienfeiern*. Vermutlich bekamen nun erst in diesem intimen, persönlichen Zusammenhang die Familienfeiern, besonders die Geburtstage, jenen uns bekannten Stellenwert.[183] Was Weber-Kellermann über das bürgerliche Weihnachtsfest des späten 19. Jahrhunderts schreibt, daß nämlich als Frucht langer Vorbereitungen ein Abend familiärer, verinnerlichter Harmonie gestaltet wurde[184], galt in gleicher Weise schon für die von einem Freund (!) ausgestaltete Geburtstagsfeier eines Hamburger Bürgers um 1794: »In einem Zimmer stellte Perthes einen kleinen Tempel auf mit einem blumengezierten Altar und der Umschrift: ›Heil dem Tage!‹ Auf der einen Stufe des Altars stand Hoffmanns siebenjährige Tochter und auf dem Altar die einjährige, die vermittels eines Vorhanges von ihrer Wärterin ungesehen gehalten werden konnte. Die Inschriften des Tempels lauteten: ›Dem lieben Gatten, dem zärtlichen Vater, dem treuen Bürger B. G. H.‹, auf der einen Seite stand ferner: ›Opfer der zärtlichen Gattin, der kindlichen Liebe‹. Es versammelten sich sechzehn Freunde und Freundinnen, die bei Hoffmanns Eintritt eine Hymne sangen; bei Endigung derselben setzte die siebenjährige Elise ihrem Vater einen Blumenkranz auf und das süße Lallen des kleinen Kindes, die Wünsche für das Glück des guten Mannes, die aus unser aller Augen hervorleuchteten, machten diese Stunde zu einer wahrhaft menschlichen! Schink, ein Hausfreund Hoffmanns, hatte durch seine schönen dazu verfertigten Gedichte vieles zur Erhöhung der Freude beigetragen. Hoffmann lohnte mir durch eine innige Umarmung.«[185]

Neben dieser sehr intimisierten und sentimentalisierten familialen Geselligkeit existierten andere Formen, die sich außerhalb des Hauses abspielten, in Clubs, Kaffeehäusern und Vereinen.[186] Hier fand die zwanglose Kommunikation der Männer statt, bei der auch geschäftliche Angelegenheiten erörtert werden konnten.[187]

Mit der geschilderten Tendenz zur Abkapselung der Familie stimmt anscheinend die Schilderung Schramms nicht überein, der von einer vergleichweisen »Offenheit« der wohlhabenden Kaufmannsfamilien berichtet. So sei bei der Familie Schramm in Hamburg zur Teestunde jederzeit Besuch willkommen gewesen. Andere Familien hätten einen »Tag der offenen Tür« eingerichtet, an dem jeder kommen konnte. Diese Berichte widersprechen m. E. den geschilderten Abkapselungstendenzen der bürgerlichen Familie nicht, bestätigen sie sogar. Man muß berücksichtigen, daß es sich in den genannten Fällen um Kaufmannsfamilien handelt, deren Lebensverhältnisse stets viel Kontakt mit anderen Personen beinhaltet haben. Der Umgang mit ihnen und auswärtigen Geschäftsfreunden war ein unabweisbares Erfordernis dieses Berufsstandes. Die nicht intime Geselligkeit wurde aber limitiert, eingegrenzt auf einen bestimmten Tag oder bestimmte Stunden des Tages. Außerhalb dieser Zeit war die Familie ungestört. Diese Trennung von Familiengeselligkeit und geschäftlich-formaler Geselligkeit wurde ausgeprägter, als die eine im Landhaus, dem privaten Refugium, die andere im Stadthaus der Familie abgehalten wurde.[188] Eine ähnliche Differenzierung lag der Etablierung des Salons im Bürgerhaus zugrunde. Während in ihm der distanziertere soziale Kontakt stattfand, hatten die engen Freunde Zutritt zum Wohnzimmer der Familie. Infolgedessen verlief »die Linie zwischen Privatsphäre und Öffentlichkeit ... mitten durchs Haus. Die Privatleute treten aus der Intimität ihres Wohnzimmers in die Öffentlichkeit des Salons hinaus; ...«[189]

5. Zusammenfassende Bemerkungen

Die Untersuchung hat ergeben, daß am Ende des 18. Jahrhunderts in vielen Aspekten ein nicht unerheblicher Abstand zwischen dem neuen bürgerlichen Familienideal und der bürgerlichen Familienrealität bestanden hat. Damit stellt sich die Frage nach den Ursachen dieser Unstimmigkeit. Waren sie lediglich die Folge einer Entwicklungsverzögerung, eines time-lag, der dadurch zustande kommt, daß die Propagierung neuer Ideen zunächst bestenfalls Einstellungsänderungen bewirkt, aber erst in einem zweiten Schritt, häufig mit großem zeitlichen Abstand, das Verhalten tangiert? Oder erklären sich die Diskrepanzen daraus, daß der Versuch, das neue Leitbild zu praktizieren, reale Gegebenheiten und Zwänge berücksichtigen mußte, die Modifikationen nach sich zogen?

Um diese Frage beantworten zu können, muß man sich zunächst einmal über den Charakter dieser neuen Ideen von Ehe- und Familienleben klar werden. Sie wurden vom Bürgertum in einer Zeit entwickelt, als es sich in einer prekären sozialen Situation befand. Die Ideen hatten für das Bürgertum die Funktion, neue Stützen des Daseins zu schaffen, die seine Lage erträglich machten. Zugleich war der Prozeß der Diskussion und Propagierung des neuen Leitbildes ein Prozeß der Selbstverständigung des Bürgertums über sich und seine Situation und damit Teil des Prozesses der Konstituierung als sozialer Klasse. Insofern war der Entwurf des neuen Familienleitbilds Bestandteil der Legitimierung des sozialen und politischen Führungsanspruchs, insbesondere auch gegenüber dem Adel.

Es ist einleuchtend, daß die verschiedenen Funktionen es notwendig machten, die zentralen Punkte des Leitbilds möglichst klar und eindeutig zu formulieren. Es ist daher kein völlig in sich konsistentes Handlungsmuster. Ideologische Konstrukte nehmen stets nur bestimmte Elemente der Realität auf und überhöhen sie interpretativ, andere werden vernachlässigt. Wenn man dies berücksichtigt, ist von vornherein klar, daß es notwendig Diskrepanzen zwischen dem Leitbild und der an ihm orientierten Realität der Familienverhältnisse geben muß. Hinzu kommen jene Modifikationen, die auf dem Beharrungsvermögen tradierten Verhaltens beruhen, sowie jene, die sich aus der notwendigen Anpassung der Ideale an die gesellschaftlichen Realitäten ergeben.

Insbesondere das zuletzt genannte Problem war den Zeitgenossen durchaus bewußt. Hinter der Umdeutung des Postulats von Liebe als ehestiftendem Motiv in die Forderung nach »vernünftiger Liebe« stand der Zwang zu geregelten, »passenden« finanziellen Verhältnissen, weshalb nur noch ein sehr reduzierter Anspruch auf ein Minimum an Zuneigung verblieb. Schon den Zeitgenossen war also klar, daß das neue Familienideal nicht ohne Abstriche und Modifikationen verwirklicht werden konnte. Insofern zeigten sie mehr Wirklichkeitsnähe als jene späteren Interpreten, die das Leitbild schon für die ganze Realität der bürgerlichen Familie nahmen und nehmen.

Ein Teil der Unvollständigkeiten und Ambivalenzen war darüber hinaus bereits in dem Familienideal angelegt. Am Beispiel des Postulats der »geistigen Gemeinschaft« der Ehegatten konnte gezeigt werden, daß es mit der im Leitbild selbst verankerten Rollendifferenzierung nicht vereinbar war. Gerade weil die Forderungen des neuen Leitbilds so relativ abgehoben von der Wirklichkeit und ohne Rücksicht auf durchgängige Konsistenz formuliert worden sind, weisen sie weit über die Realität des 18. Jahrhunderts hinaus bis in die Gegenwart.

Trotz aller aufgezeigten und teilweise unvermeidlichen Diskrepanzen zwischen Leitbild und Realität war dem Selbstverständnis von Familie als dem Zusammenleben gebildeter, sittlich vervollkommneter, einander in Zuneigung verbundener Menschen, speziell im Vergleich mit den traditionellen Familienformen, in denen die Personen weitgehend als Funktionsträger betrachtet wurden, durchaus ein emanzipatorischer Zug eigen.

Das Selbstbild, das die bürgerliche Familie von sich entwarf und das man durch die drei Momente von Freiwilligkeit, Liebe und Bildung kennzeichnen kann[190], ist eben auch nicht nur schlichte Ideologie. Im Gegensatz zum nahezu durchgängig kapitalistischer und bürokratischer Rationalität unterworfenen Berufs- und Erwerbsleben bot der davon weitgehend ausgenommene Familienbereich dem einzelnen Mitglied – wenn auch in unterschiedlichem Maße[191] – tatsächlich einzelne Ansätze von Selbstbestimmung und freier Entscheidung. Gerade die Diffusität der Zwecke in der Familie erlaubte – wenn auch begrenzt – individuellen Spielraum. Insofern konnte in der Tat der Anschein einer von gesellschaftlichen Einflüssen gelösten Familiensphäre entstehen, wobei leicht übersehen wird, daß selbst das Bedürfnis nach einer gegen außen abgeschotteten Privatsphäre Folge spezifischer gesellschaftlicher Strukturen ist.

2. Teil

Die bürgerliche Familie in der zweiten Hälfte des 19. Jahrhunderts

I. Das Bürgertum in der zweiten Hälfte des 19. Jahrhunderts

Wie eingangs erläutert, soll im folgenden zweiten Teil dieses Kapitels die bürgerliche Familie am Ende des 19. Jahrhunderts behandelt werden. Zu dieser Zeit hatte sich das Bürgertum als soziale Klasse konstituiert und innerhalb der Gesellschaft als ökonomisch dominierende Kraft durchgesetzt, die auch an der politischen Herrschaft partizipierte. Die politische und soziale Führungsrolle lag jedoch noch weitgehend beim Adel.

Im Laufe dieser Entwicklung hatte sich die bürgerliche Familienform innerhalb des Bürgertums durchgesetzt und konsolidiert. Was am Ende des 18. Jahrhunderts noch an tradiertem Verhalten der Realisierung des neuen Familienleitbildes entgegenstand, war inzwischen weitgehend verschwunden. Insofern kann am Ende des 19. Jahrhunderts die bürgerliche Familie in ihrer entfalteten Form untersucht werden. Der Vergleich mit der Situation am Ende des 18. Jahrhunderts erlaubt, sowohl Kontinuitäten als auch Modifikationen der Familienverhältnisse herauszuarbeiten, die aus der veränderten Situation des Bürgertums selbst resultierten. Dazu zählt insbesondere eine Verschiebung der Gewichte zwischen den verschiedenen Gruppierungen des Bürgertums.

Waren für das frühe Bürgertum am Ende des 18. Jahrhunderts die Beamten, Gelehrten und Literaten prägend gewesen, so waren es nun, rund einhundert Jahre später, die Unternehmer oder das Wirtschaftsbürgertum. Ausschlaggebend dafür war nicht nur die Vergrößerung ihrer ökonomischen Macht und ihres Reichtums. Auch durch ihre Zahl hatte sich ihr Gewicht innerhalb des Bürgertums beträchtlich erhöht. Im Bewußtsein der Zeitgenossen verkörperten am Ende des 19. Jahrhunderts die Unternehmer einen zentralen Wesenszug des Bürgertums am prägnantesten: den durch Leistung errungenen sozialen und ökonomischen Aufstieg.

Diese Verschiebung innerhalb des Bürgertums blieb nicht ohne Auswirkungen auf die bürgerliche Familie. Sowohl das Leitbild selbst als auch die realen Familienverhältnisse wurden tangiert. Alle Gruppierungen des Bürgertums orientierten sich zunehmend am, den des Adels nachahmenden, Lebensstil der Unternehmer, obwohl sie mit deren Reichtum nicht Schritt halten konnten. Nicht mehr das frühbürgerliche Ideal der bescheidenen, maßvollen, dem äußeren Glanze abholden Lebensführung und der Konzentration auf die inneren Werte dominierte. Statt dessen wurden Normen einer »standesgemäßen Lebensführung« entwickelt, die auf Repräsentation des sozialen Status und Prachtentfaltung abzielten. Etwas salopp ausgedrückt könnte man sagen, die frühbürgerliche Maxime: »Mehr sein als scheinen!« verkehrte sich in ihr Gegenteil.

Hatte sich das frühe Bürgertum dezidiert vom Adel abgesetzt und das bürgerliche Lebensideal, dessen Kernstück das neue Familienleitbild darstellte, gerade in Ablehnung und Auseinandersetzung mit der traditionellen adeligen Lebensführung entwickelt, so gab das Bürgertum im Kaiserreich diese Haltung auf. Die mit dem Begriff der »Feudalisierung« (oder besser: »Aristokratisierung«) bezeichnete Anpassung des größten Teils des Bürgertums an Einstellungen und Verhaltensnormen des Adels wirkte sich am stärksten auf der politischen Ebene aus. Sie tangierte aber auch das private Leben der Bürger. Die Ausbildung der Söhne wurde beispielsweise so geplant und gestaltet, daß sie den begehrten Titel eines Reserveoffiziers und damit die (adelige) Satisfaktionsfähigkeit erlangen konnten.

Im folgenden werden teilweise Strukturen der bürgerlichen Familie veranschaulicht und konkretisiert, die sich schon in der zweiten Hälfte des 18. Jahrhunderts andeuteten bzw. herausgebildet hatten, wie die Abkapselung der Familie gegen die weitere soziale Umwelt, die Auseinanderentwicklung der Lebensbereiche der Ehepartner, die hervorragende Bedeutung der Kinder und ihrer Ausbildung. Diese Züge des bürgerlichen Familienlebens, die bereits im ersten Teil behandelt wurden, werden hier nochmals aufgenommen und durch Belege aus dem späteren Zeitraum bekräftigt. Teilweise können durch den Vergleich beider Zeiträume Veränderungen in Leitbild und Realität der bürgerlichen Familie dargestellt werden, auf die vorstehend schon einige Hinweise gegeben worden sind.

Bis zur Mitte des 19. Jahrhunderts veränderte sich an den beschriebenen ökonomischen und sozialen Verhältnissen nur wenig. Deutschland blieb in diesem Zeitraum noch überwiegend Agrarland. Zwar vollzogen sich Wandlungen in allen gesellschaftlichen Bereichen, aber abgesehen von der grundlegenden Umgestaltung der Agrarverfassung in den Gebieten der Gutsherrschaft war das Tempo der Veränderungen so langsam, daß sie kaum ins Auge fielen. Gegenüber den in der zweiten Hälfte des Jahrhunderts stattfindenden tiefgreifenden Wandlungen der sozialen, ökonomischen und politischen Strukturen glichen die gesellschaftlichen Verhältnisse in der ersten Hälfte des 19. Jahrhunderts denen des ausgehenden 18. Jahrhunderts in hohem Maße.

Von der damit verbundenen Enge des Lebens selbst in einer so großen Handelsstadt wie Bremen vermittelt die Schilderung Kießelbachs einen lebhaften Eindruck: »In den zwanziger Jahren unseres Jahrhunderts (des 19. – H. R.) hatte Bremen noch einen entschieden kleinbürgerlichen Charakter, sowohl in betreff seiner äußeren städtischen Erscheinung als auch hinsichtlich der Gestaltung des öffentlichen und des Familienlebens ... Die eigentliche Stadt blieb doch noch vollständig auf den einstigen Festungskreis eingegrenzt. Innerhalb der Gräben befanden sich allein die Wohnungen. Außer den Toren bloß die Privatgärten und ein Kranz von Gemüseländereien, mit den dazugehörigen, noch mit Stroh bedeckten niedersächsischen Bauernhäusern ...«[192] In den meisten, zahlenmäßig dominierenden, kleinen Ackerbauerstädten war die strukturelle Nähe zur Situation am Ende des 18. Jahrhunderts noch ausgeprägter. Je geringer die Einwohnerzahl, desto stärker war die Lebensweise ländlich geprägt und umso weniger von Veränderungen tangiert. Von Korbach berichtet ein Zeitgenosse, daß dort selbst um 1850 zum Haushalt eines mittleren Beamten noch selbstverständlich Garten, Ackerland und einige Stücke Vieh gehörten. In einem strengen Winter sei sogar das kostbare Schwein mit der Magd (!) in die Stube geholt und ihm ein Lager hinter dem Ofen bereitet worden, damit es im Stall nicht erfriere.[193]

Auch im Wirtschaftsleben hielten sich in der ersten Jahrhunderthälfte Geschäftsprinzipien und eine Wirtschaftsethik, die noch nicht vom »kapitalistischen Geist« durchdrungen waren.

Viele der frühkapitalistischen Unternehmer, die an der wirtschaftlichen Entwicklung maßgeblichen Anteil hatten, waren stark religiös gebunden. Besonders ausgeprägte Formen nahm dies beispielsweise im Bergischen Land an, wo eine religiöse Erweckungsbewegung Fuß gefaßt hatte.[194] In diesen Unternehmerkreisen dominierte eine christliche Auffassung der Arbeit. Die Berufstätigkeit wurde von ihnen als Gottesdienst aufgefaßt[195], und das »soli deo gloria«, das auf ihren Geschäftsbüchern stand, war mehr als nur eine äußerliche Floskel.[196] Der »christliche(n) Selbstrechtfertigung der industriellen ›Ausbeuter‹«[197] entsprach andererseits ein ausgeprägtes patriarchalisches Verhältnis von Fürsorge und Verantwortung gegenüber den Arbeitern.

Die spezifische Wirtschaftsethik dieser frühkapitalistischen Zeit, die noch viel Ähnlichkeit mit der Handwerkermentalität hatte, läßt sich im Anschluß an Sombart folgendermaßen charakterisieren[198]:

– Im Mittelpunkt der Arbeit und des Wirtschaftens stand der Mensch. Arbeit und Reichtum waren noch nicht Selbstzweck.

– Die Konkurrenz zwischen den Unternehmern war nur schwach ausgeprägt. Sowohl Kundenfang wie Preisunterbietung galten als Ausdruck unsoliden Geschäftsgebarens.[199]

– Die Intensität der Wirtschaftstätigkeit war trotz der schon seit dem Ende des 18. Jahrhunderts einsetzenden Intensivierung der Arbeit immer noch relativ gering.

– Das Tempo der Geschäftstätigkeit war gemächlich. »... glaubwürdige Zeitgenossen schildern uns dann auch den Geschäftsmann als einen bedächtig dahinschreitenden Mann, der niemals Eile hat, gerade *weil* er etwas tut.«[200]

Diese weitgehend vorkapitalistische Lebens- und Wirtschaftsweise, die Max Weber noch in späterer Zeit im Hause seines Großvaters kennenlernte, beschreibt er anschaulich: »Mäßiger Umfang der Kontorstunden – vielleicht fünf bis sechs am Tage, zeitweise erheblich weniger, in der Kampagnezeit, wo es eine solche gab, mehr – leidlicher, zur anständigen Lebensführung und in guten Zeiten zur Rücklage eines kleinen Vermögens ausreichender Verdienst, im ganzen relativ große Verträglichkeit der Konkurrenten untereinander bei großer Übereinstimmung der Geschäftsgrundsätze, ausgiebiger täglicher Besuch der ›Ressource‹, daneben je nachdem noch Dämmerschoppen, Kränzchen und gemächliches Lebenstempo überhaupt.«[201]

Dieser Beschaulichkeit und dem ruhigen, gewohnten Gang der Dinge korrespondierte die Biedermeierkultur mit ihrer Betonung der privaten Häuslichkeit. In sie zog sich der nach den Freiheitskriegen und durch die Reaktion resignierte Bürger zurück. Eine intensive Pflege des Familienlebens und der Familienkultur kennzeichnete diesen Zeitraum.[202] Dabei wurden im bürgerlichen Familienmodell vorhandene, von der Romantik übersteigerte Elemente zurückgenommen. Die Biedermeierzeit wandte sich ausdrücklich gegen die Emanzipation der Frau und betonte die patriarchalische Verfassung der Familie. Die Familie wurde zum Refugium und zur wahren Heimstatt des Bürgers. In ihr könne, so betont später Riehl, der Mann mehr leisten als der Staatsmann in der Regierung.[203] In diesen Worten wird deutlich, daß in Deutschland der Kult der Familie stets Ausdruck der politischen Schwäche oder Resignation des Bürgertums gewesen ist.

Den »Durchbruch der industriellen Revolution in Deutschland« kann man auf den Beginn der fünfziger Jahre des 19. Jahrhunderts datieren.[204] Bis zu diesem Zeitpunkt waren durch verschiedene Maßnahmen, wie der Schaffung eines einheitlichen Wirtschafts- und Zollgebietes, Einführung der Gewerbefreiheit, Ausbau der Infrastruktur durch Eisenbahn- und Straßenbau, günstige Ausgangsbedingungen geschaffen worden. In der zweiten Hälfte des Jahrhunderts fand nun eine rasante ökonomische Entwicklung statt, die alles bisher Dagewesene in den Schatten stellte. Sie bewirkte eine ungeheure Ballung der ökonomischen Macht bei gewerblichen Unternehmern, Kaufleuten und Bankiers, die sich in den Städten zur ökonomischen und sozialen Spitzengruppe ausbildeten, ohne daß dies bei der Teilhabe an der gesamtstaatlichen politischen Macht eine Entsprechung gefunden hätte.

Dieser Entwicklung korrespondierte – zunächst auf der Unternehmerseite – eine Veränderung der Arbeits- und Wirtschaftsmentalität.[205] Die eingangs beschriebene gemächliche und maßvolle Lebens- und Arbeitsweise der frühkapitalistischen Zeit verschwand mehr und mehr. Die »Arbeit an sich« wurde wichtig. Nicht mehr der Mensch, sondern die Arbeit rückte in den Mittelpunkt. Damit einher ging die Auflösung der Verbindung von Christentum und Arbeit.[206] Nun erst konnte der Typus des Arbeitsfanatikers entstehen. Die »rastlose« Tätigkeit breitete sich aus, die keiner ethischen oder religiösen Rechtfertigung mehr bedurfte.[207]

Infolge dieser Veränderungen bildete sich ein neuer Typus des Unternehmers aus, dessen Hauptinteresse dem Geschäft, dessen Vergrößerung und dem größtmöglichen Profit galten. Er war der Verfechter der »Idee des rücksichtslosen Erwerbs«.[208] Hobsbawm hat darauf aufmerksam gemacht, daß der Darwinismus für diesen Typus des modernen, aufsteigenden Unternehmers zur sein Verhalten legitimierenden Ideologie wurde. Im Grunde seien aber die Theoreme des Darwinismus schon vorhanden gewesen, bevor sie als gesellschaftliche Ideologie formuliert worden seien. Die Maxime des »survival of the fittest« wurde nämlich dem Bürger durch seinen eigenen Werdegang bestätigt. Daraus resultierte sein Überlegenheitsgefühl den anderen Menschen gegenüber. Er war unabhängig, nur Gott und dem Staate Gehorsam schuldig, aber Befehlshaber gegenüber anderen: der Unternehmer gegenüber den Arbeitern, der Professor gegenüber den Studenten, der Beamte gegenüber den Untertanen etc. Das Autoritätsprinzip wurde vom Bürgertum verkörpert und hochgehalten.[209]

Der ökonomisch-industrielle Aufschwung, Veränderungen der Agrarverfassung und die Agrarkrise sowie die politische Einigung waren die Ursachen für die seit Ende der sechziger Jahre einsetzende große Ost-West-Binnenwanderung, die zur Veränderung der deutschen Gesellschaft entscheidend mit beitrug.[210] Ziel der Wanderungsbewegung der ländlichen Bevölkerung des Ostens waren die Industriezentren, die nunmehr auch zu städtischen Ballungszentren wurden. Der Wandel des deutschen Reichs vom Agrarland zum Industriestaat spiegelte sich in dem rapiden Rückgang der Agrarbevölkerung und in der Urbanisierung. »Während 1871 noch zwei Drittel des deutschen Volkes in *ländlichen* Gemeinden wohnten, machte am Vorabend des Ersten Weltkriegs die städtische Bevölkerung beinahe zwei Drittel des deutschen Volkes aus.«[211]

In diesen Veränderungen drückt sich aus, daß das Schwergewicht des seit 1850 einsetzenden wirtschaftlichen Aufschwungs in der Zeitspanne von 1870 bis 1914 lag. Auf diesen Zeitraum, das Kaiserreich, wird sich die folgende Darstellung hauptsächlich konzentrieren. Er war gekennzeichnet durch die Prozesse der Urbanisierung, rascher Vergesellschaftung durch den Ausbau der Verkehrswege und Verbindungen sowie des Nachrichtenwesens u. ä., die zunehmende Kapitalisierung großer Bereiche der Wirtschaft und ihr Wachstum sowie die politische Einigung. Diese Prozesse fanden in Deutschland später als in den beiden anderen großen kapitalistischen Ländern Europas, England und Frankreich, statt. Auf Grund dessen, aber auch bedingt durch spezifische Besonderheiten der deutschen Situation unterschied sich die Entwicklung Deutschlands in einigen Punkten von der seiner Nachbarländer.

2. Soziale Zusammensetzung des Bürgertums

Kern des Bürgertums waren im deutschen Kaiserreich nun die gewerblichen *Unternehmer, Großkaufleute und Bankiers*, oder, anders ausgedrückt: die Repräsentanten des Industrie-, Handels- und Finanzkapitals. Sie werden hier mit dem Begriff »Unternehmer« gekennzeichnet. Ihnen gemeinsam ist, daß sie einen eigenen Betrieb selbständig leiten, in dem eine größere Zahl von ihnen Abhängiger unter ihrer Leitung arbeitet.

Die rasante ökonomische Entwicklung, die eine ungeheure Steigerung der Produktion nach sich zog, wurde primär den Unternehmern zugerechnet, die mit ihrem Kapital und Erfindungsgeist sowie ihrer Risikobereitschaft auch tatsächlich wesentlich dazu beigetragen haben. Gleichsam als »Belohnung« wuchsen ihnen enorme wirtschaftliche Macht und soziales Ansehen zu. Für die Zeitgenossen verkörperten die Unternehmer den »bürgerlichen« Geist am reinsten, nämlich: Risikobereitschaft, Konkurrenz, Unternehmungsgeist, Erfolgsstreben, Leistungsbewußtsein. Der Unternehmer wurde zum Prototyp des Bürgers schlechthin.[212]

Die entscheidende Differenz des Bürgertums im Kaiserreich zu dem am Ausgang des 18. Jahrhunderts ist damit umrissen: prägte damals der Typus des literarisch gebildeten Beamten, des Gelehrten und Rentiers Bild und Selbstbild des deutschen Bürgertums, so dominierte rund hundert Jahre später eindeutig das kapitalistische Bürgertum. Dementsprechend galt für das Kaiserreich: »Wirtschaftliche Tätigkeit war bürgerliche Tätigkeit; wer sie selbständig betrieb, gehörte zum Bürgertum.«[213]

Von dieser Regel gab es allerdings eine sehr wesentliche Ausnahme: der selbständige Handwerker wurde nicht zum Bürgertum, sondern zum Kleinbürgertum gerechnet, wo er, wie gezeigt worden ist, auch schon hundert Jahre früher sozial verortet war.

Zwar galt das Kriterium der wirtschaftlich selbständigen Tätigkeit auch für den Handwerker. Allerdings war schon für die Zeitgenossen offenbar, daß das Handwerk, das wesentlich Kleinhandwerk war, auf andere Weise produzierte und in anderer materieller Situation lebte als der kapitalistische Teil des Bürgertums. Die zentrale Differenz lag jedoch darin, daß im Handwerk weiterhin die vorkapitalistische Wirtschaftsmentalität dominierte. Es verkörperte also gerade nicht die Prinzipien des modernen Wirtschaftslebens. Das Handwerk gehörte, in der Terminologie W. H. Riehls, zu den »Kräften des Beharrens«.[214] Aus den gleichen Gründen zählte auch der Kleinhändler nicht zum Bürgertum. Zum im engeren Sinne kapitalistischen Bürgertum gehörte die sich sehr allmählich ausbildende, gleichwohl noch nicht zahlreiche und prägende Gruppe der leitenden Angestellten bzw. angestellten Unternehmer, die zwar nicht das Eigentum an, aber die Dispositionsgewalt über die Produktionsmittel innehatten.[215] Sie zählten auf Grund ihrer Interessenlage und Wirtschaftsmentalität, aber auch ihrer materiellen Situation zum kapitalistischen Bürgertum und werden daher im folgenden nicht gesondert behandelt.

Neben diesen beiden unmittelbar die neue Wirtschaftsweise und -mentalität verkörpernden Fraktionen des Bürgertums umfaßte es noch zwei weitere Gruppen. Das waren einmal die *selbständigen Akademiker*, die Ärzte, Rechtsanwälte, Apotheker etc. Wenn sie auch im allgemeinen nicht jenen Reichtum erwirtschaften konnten, wie die erfolgreichen Unternehmer, so waren sie doch wohlhabend, wirtschaftlich selbständig und lebten zumindest zum Teil von der Arbeit unselbständig beschäftigter Personen. Sie gehörten zudem zu den Gebildeten der Gesellschaft. Zu einem erheblichen Teil handelte es sich bei den selbständigen Akademikern um Söhne oder Schwiegersöhne von Unternehmern. Auf Grund dieser Herkunft und Heiratsverbindungen, aber auch der ökonomischen Verflechtungen, sei es unmittelbar durch ihre Tätigkeit selbst (wie z. B. beim Wirtschaftsanwalt) oder durch Aktienbesitz, waren sie mit den Kapitaleigentümern eng verbunden.[216]

Zum Bürgertum im deutschen Kaiserreich zählten ebenfalls die *höheren, d. h. die akademisch gebildeten Beamten*.[217] Sie waren zwar nicht wirtschaftlich selbständig, arbeiteten aber – zumindest der Theorie nach – primär nicht für ihren Lebensunterhalt, sondern der Beamte diente dem Staat, dem Gemeinwohl, mithin einem höheren Ziel. Als Gegenleistung dafür wurde er vom Staat standesgemäß unterhalten. Die Lebenszeitlichkeit des Beamtenstatus sicherte ihn vor den Wechselfällen der Konjunktur, denen andere Unselbständige ausgesetzt waren. Beides, lebenszeitlicher Status und standesgemäßer Unterhalt, wirkte praktisch wie das bürgerliche Vermögen, ersetzte es.[218]

Auf Grund ihrer Position und Funktion in der Bürokratie hatten die hohen Beamten eine starke Affinität zu den Interessen der gesellschaftlich Herrschenden, somit auch zu denen der wirtschaftlich dominierenden Gruppe. Hinzu kam, daß im Kaiserreich die höhere Beamtenschaft in steigendem Maße mit den Unternehmern und den selbständigen Akademikern verschmolz.[219] Dies galt sowohl hinsichtlich der sozialen Herkunft als auch des Heiratsverhaltens und der geselligen Kontakte. Diese Verbindungen kamen zustande, weil alle Beteiligten in sie etwas einbringen konnten, was der andere nicht bzw. nicht im erwünschten Maße besaß: die einen, besonders die Unternehmer, hatten Vermögen, die anderen verfügten auf Grund ihrer Bildung und des Beamtenstatus über hohes soziales Ansehen.

Sein Ansehen bezog der Beamte im Kaiserreich daraus, daß er direkt, nämlich mittels des Diensteides, dem König und Kaiser verpflichtet war, von dessen Machtfülle und Glanz auch dem geringsten seiner Beamten ein kleines bißchen zustand und ihn für die – verglichen mit den Unternehmern – relative Bescheidenheit seines Lebenszuschnitts entschädigte. Der aus der heutigen Perspektive nur schwer nachzuvollziehende hohe soziale Status des Beamten im Kaiserreich kommt in den bitter-ironischen Worten Fontanes an seine Frau zum Ausdruck: »Die Kinder in der Schule lernen meine Gedichte, . . . in der Literaturgeschichte von Heinrich Kurz habe ich mein Kapitel; aber wenn ich heute noch Bote beim Kammergericht würde, mit dreißig Thaler Fixum Monatsgehalt und zehn Thaler zu Weihnachten, so würden manche sagen: nun, er ist jetzt in königlichem Dienst, er hat ein Fixum, kann sich Bewegung machen und seiner Frau eine jährliche Pension von vierzig Thalern hinterlassen.«[220]

In diesen Bemerkungen werden sehr präzise die beiden, sowohl im Selbstbewußtsein des Beamten, wie in der Auffassung Außenstehender relevanten Punkte benannt: »königlicher Dienst« und »gesicherte Existenz«. Keine andere Berufsgruppe war, wenn man die Offiziere außer acht läßt, sonst noch in der Lage, das aus dem »königlichen Dienst« herrührende Sozialprestige zu erlangen. Aber auch der zwar nicht üppige, so doch gesicherte wirtschaftliche Unterhalt war in einer Zeit, in der materielle Sicherheit nicht für sehr viele Unselbständige gegeben war, von nicht zu unterschätzender Bedeutung.[221]

Diese drei Gruppen, die Unternehmer, die selbständigen Akademiker und die akademisch gebildeten Beamten, stellten das Hauptkontingent des Bürgertums im Kaiserreich.[222] Auch Zeitgenossen teilten diese Einschätzung. Binding beispielsweise benennt Gelehrte, Beamte, (bürgerliche) Offiziere, reiche Kaufleute und Fabrikanten als Angehörige der Oberschicht.[223] Akademische Bildung und Reichtum erwiesen sich, wie schon hundert Jahre zuvor, als zentrale Kriterien für die Zugehörigkeit zum Bürgertum. Allerdings verbargen sich hinter dieser vordergründigen Kontinuität wichtige Differenzen. Auf die ungleich zentralere Rolle der Unternehmer innerhalb des Bürgertums im Kaiserreich ist schon verwiesen worden. Zum anderen muß berücksichtigt werden, daß am Ende des 19. Jahrhunderts Besitz und Bildung nicht mehr so unabhängig voneinander waren wie im 18. Jahrhundert. »Bildung« hieß: Besuch des humanistischen Gymnasiums, nach Möglichkeit Abitur und Studium. Bei den Aspiranten auf die höheren Beamtenstellen war der vierjährige unbesoldete Vorbereitungsdienst, währenddessen die Eltern den Referendar standesgemäß unterhalten mußten[224], eine weitere Etappe auf dem Weg zur festen Anstellung. Da Stipendien im Kaiserreich selten geworden waren, wurde durch die bei dieser langen Ausbildung entstehenden Kosten eine spezifische soziale Auswahl bei den Anwärtern für den höheren Beamtendienst gesichert.[225] Der Erwerb von Bildung im Sinne einer akademischen Ausbildung war ohne den Hintergrund eines relativ hohen und stetigen Einkommens aus Vermögen oder, wie bei den Beamten, aus unselbständiger Arbeit, nicht denkbar. Insofern war Bildung praktisch eine spezifische Verwertungsform von Besitz, die ein bestimmtes ökonomisches Resultat erbrachte: ein sicheres, wenn auch selten üppiges Einkommen für die Beamten, ein weniger krisenfestes, aber oft höheres bei den selbständigen Akademikern. Insofern ist es m. E. durchaus möglich, wie Henning dies tut, eine Gleichsetzung von Besitz und Bildung für die Begründung der bürgerlichen Existenz vorzunehmen.[226]

Letztlich führte dies dazu, daß auch für die Besitzenden der Erwerb von Bildung eine zentrale Bedingung dafür wurde, bestimmte soziale Positionen zu erreichen bzw. zu behaupten. Im Unterschied zur Bildungsabstinenz bis -feindlichkeit der frühkapitalistischen Unternehmer[227] versuchte nun der Unternehmer des Kaiserreichs, seinen Söhnen die das Sozialprestige steigernde akademische Bildung zukommen zu lassen. »Wer keine akademische Bildung hat, dem fehlt in Deutschland etwas, wofür Reichtum und vornehme Geburt keinen vollen Ersatz bieten. Dem Kaufmann, dem Bankier, dem reichen Fabrikanten oder auch dem Großgrundbesitzer, er mag in anderer Hinsicht noch so überlegen dastehen, wird gelegentlich der Mangel an akademischer Bildung empfindlich. Und die Folge ist, daß der Erwerb der akademischen Bildung zu einer Art gesellschaftlicher Notwendigkeit bei uns geworden ist.«[228] In dieser herausragenden Bedeutung der akademischen Bildung, die, wie gezeigt worden ist, in Deutschland Tradition hatte, unterschieden sich die deutschen Verhältnisse von denen Englands und auch Frankreichs, wo das Bürgertum sein Selbstbewußtsein und seinen Anspruch auf Teilhabe an der politischen Herrschaft primär auf seine ökonomische Potenz stützte.[229]

Am Ende des 19. Jahrhunderts hatte sich in Deutschland eine breite bürgerliche Klasse herausgebildet, die wohlhabend war, teilweise sogar sehr reich. Sie war sozial anerkannt. Nur noch Teile des Adels schauten geringschätzig auf die »Krämer und Händler«. Die Diskrepanz zwischen ökonomischer Potenz und politischem Einfluß des Bürgertums blieb aber bestehen. Trotzdem war es nicht vergleichbar mit den das frühe Bürgertum prägenden sozial obdachlosen Literaten, Gelehrten und Beamten.[230]

Exkurs
Aristokratisierung[231] des Bürgertums

Trotz des ungeheuren wirtschaftlichen Aufschwungs, der primär der Kerngruppe des Bürgertums, den Unternehmern, als Leistung angerechnet wurde, fand keine Verbürgerlichung der adeligen politischen Führungsschicht, sondern vielmehr eine »Aristokratisierung« des Bürgertums statt. Mit diesem Begriff wird die Übernahme von Denkformen, Verhaltensweisen und Aufwandsnormen des Adels durch das Bürgertum bezeichnet.[232] In erster Linie wurde davon das politische Denken und Handeln beeinflußt. Aber auch im Privatleben der Bürger hinterließ die Orientierung an adeligen Standards ihre Spuren. Die Entwicklung verlief damit in Deutschland deutlich anders als in der vergleichbaren englischen oder französischen Gesellschaft. In Frankreich war das das Bürgertum seit 1830 die ökonomisch, sozial und politisch herrschende Klasse.[233] In England vermochte der Adel seine Position weitgehend zu behaupten. Dies gelang ihm aber nur dadurch, daß er seinerseits schon früh den jüngeren Söhnen den Eintritt in das Geschäftsleben ermöglichte, d. h. selbst bürgerliche Verhaltensweisen übernahm, und andererseits der Aufnahme reich gewordener Bürger in seine Reihen keinen großen Widerstand entgegensetzte.[234] Enge Kontakte zwischen Adel und Bürgertum waren für England typisch und führten zu einer grundlegenden Einheit der englischen Eliten.[235]

Die Ursachen für die »Aristokratisierung« des deutschen Bürgertums lagen in seiner politischen Schwäche, die durch die mißglückte Revolution von 1848 und die Niederlage, zumindest des preußischen Bürgertums, im Verfassungskonflikt besiegelt worden war.[236] Dazu gesellte sich die Furcht vor der erstarkenden Arbeiterbewegung, die das Bürgertum an die Seite der alten politischen Elite, des Adels, trieb. Die originäre bürgerliche Klassenhaltung, der politische Liberalismus, wurde aufgegeben. Das Bürgertum schwenkte nach den Einigungskriegen auf konservative politische Positionen ein. Der monarchische Staat war kein Instrument der bürgerlichen Gesellschaft. Er stand über ihr und gestaltete sie kraft eigener Legitimität. Nicht die Volkssouveränität, sondern das monarchische Prinzip hatte sich durchgesetzt.

Der Prozeß der »Aristokratisierung« des Bürgertums vollzog sich auf verschiedenen Ebenen und auf verschiedene Weise.

(1) Der monarchische Staat unterwarf sich die Beamtenschaft durch gezielte Personalpolitik. Während der Ära Puttkammer (1881-1888) gelangte in Preußen kein Referendar in den Verwaltungsdienst, der nicht konservativ war. Wer in Amt und Würden gelangen wollte, mußte seine politische Überzeugung der herrschenden anpassen. Der politische Konservatismus beschränkte sich nicht auf die Beamtenschaft. In der Folge verschwand »das liberale Bürgertum ... in Preußen überraschend schnell«[237],

wovon die hohen Verluste der National-Liberalen und Freisinnigen bei den Reichstagswahlen ein deutliches Bild vermittelten.

(2) Das Institut des Reserveoffiziers war das zweite Instrument, mit dem es dem monarchischen Staat gelang, das Bürgertum auf seine Linie zu bringen. Da die Offizierslaufbahn eine traditionell adelige Karriere war, vermochte der Inhaber des Reserveoffizierstitels sich in der Nähe des Adels zu sehen. Fast ausnahmslos strebten die Angehörigen des Bürgertums nach diesem begehrten Titel und vollbrachten dafür enorme Anpassungsleistungen. Selbst die traditionell gegen den Militärdienst eingestellten rheinisch-westfälischen Unternehmer gaben ihren Widerstand auf; in steigender Zahl dienten ihre Söhne bei den angesehenen Kavallerie-Regimentern.[238] Für die Gruppe der höheren Beamten hat Henning festgestellt, daß zwischen 1860 und 1914 in Hannover fast alle akademisch gebildeten Beamten auch Reserveoffiziere waren. In den »fortschrittlicheren« preußischen Provinzen Rheinland und Westfalen war es immerhin noch gut jeder zweite.[239] »Wer nicht Reserveoffizier war, dem fehlte das entscheidende Stück des sozialen Ansehens. Der Akademiker, der es nur zum Reserveunteroffizier gebracht hatte, war im bürgerlichen Leben das, was in der Kaserne Soldat zweiter Klasse hieß.«[240]

Über das Institut des Reserveoffiziers vollzog sich eine weitgehende Militarisierung der Gesellschaft.[241] Adeliger Ehrbegriff und soldatischer Geist drangen in das Bürgertum ein, denn Reserveoffizier zu sein bedeutete Anpassung an die Normen und den Lebensstil der professionellen Militärs.[242] Ausdruck dieser »Unterwerfung unter die Gesetze des militärischen Ehrenkodex auch im zivilen Berufsleben und die hohe Bewertung der Reserveoffiziersqualität für das berufliche Fortkommen« war die Tatsache, daß auf den Visitenkarten der militärische Rang als erstes, vor dem Zivilberuf, genannt wurde.[243]

(3) Ergänzt wurden diese Instrumente der politischen Ausrichtung des Bürgertums durch die studentischen Korps, in denen Mitglied zu sein für sozialen Aufstieg und beruflichen Erfolg »in nicht-militärischen Ämtern, Pfründen und ›freien‹ gehobenen Berufsstellungen« eine wichtige Voraussetzung bildete.[244]

Auch sie vermittelten »mit ihrem besonderen Ehrenkodex feudale Gedankensubstrate, die vom Bürgertum gerne aufgenommen wurden.«[245] Die Korps breiteten sich immer mehr aus, »weil das *Konnexionswesen* der Couleure heute eine spezifische Form der *Auslese der Beamten* ist und weil die Reserveoffiziersqualität und die dazu erforderliche, durch das Couleurband sichtbar verbriefte ›Satisfaktionsfähigkeit‹ den Zutritt zur ›Gesellschaft‹ öffnet.«[246] Von daher ist Wehlers Hinweis verständlich, der Gipfel bürgerlicher Glückseligkeit im Kaiserreich habe in der Dreieinigkeit von promoviertem Akademiker, Korpsstudent und Reserveoffizier bestanden.[247]

Ebenso wirkte sich die »Sucht nach Titel, Orden und Auszeichnungen« aus, die sich im Bürgertum des Kaiserreichs geradezu epidemisch ausbreitete[248], denn der Titel- und Ordensverleihung ging eine Überprüfung des für die Ehre Vorgeschlagenen voraus. Selbst punktuelle Abweichungen der politischen Gesinnung vom Regierungskurs disqualifizierten.[249]

Die geschilderten Mechanismen, mit denen der monarchische Staat das Bürgertum auf seine Seite zog, konnten ihre Wirkung allerdings nur entfalten, weil auf Grund des schwachen Selbstbewußtseins und der fehlenden Geschlossenheit das Bedürfnis nach Anlehnung an den Adel und nach den spezifischen Formen der Ehrungen und Auszeichnungen bei großen Teilen des Bürgertums vorhanden war. Ein sozial und politisch selbstbewußteres Bürgertum hätte beispielsweise auf den Titel des Reserveoffiziers und die damit verbundene Anpassungsleistung dankend verzichtet.

Es darf nicht unerwähnt bleiben, daß es auch im Kaiserreich Bürger gegeben hat, die ein Gespür für die mit der Verleihung von Titeln, Orden etc. verbundene Unterwerfung hatten und sie deshalb ablehnten.[250] Besonders ausgeprägt war traditionell die Abwehr gegen den Adel und infolgedessen auch gegen Nobilitierungen beim Hamburger Bürgertum. Viele lehnten sie ab. Schramm berichtet folgende symptomatisch erscheinende Episode: »Als man dem Hamburger Bürgermeister Dr. Burchard berichtete, ein bekannter Hamburger Banquier sei in den Adelsstand erhoben worden, bemerkte er kurz, ein Hamburger könne überhaupt nicht erhoben werden.«[251] Diese Bemerkung ist Ausdruck eines schon seit Jahrhunderten erfolgreichen und selbstbewußten Bürgertums einer freien Hansestadt. Diese Tradition war sonst kaum vorhanden.

Die Assimilation des Bürgertums an den Adel zeigte sich noch auf anderen Ebenen. Entgegen seiner ursprünglichen Ideologie, daß wirtschaftliche Tätigkeit bürgerliche Tätigkeit sei, hatte das Bürgertum sehr schnell dezidierte Vorstellungen davon entwickelt, was für es selbst »standesgemäße« Tätigkeiten seien.[252] Da auch der Adel nur bestimmte Beschäftigungen (Gutsbesitzer, Offizier, Beamter) als »standesgemäß« ansah, hat Wallraf diese ähnliche Haltung des Bürgertums als Ausdruck seiner »Aristokratisierung« angesehen. Das ist in dieser allgemeinen Form nicht zutreffend. Bei der Disqualifizierung bestimmter wirtschaftlicher Tätigkeiten – Wallraf nennt das Beispiel eines Budikers – durch das Bürgertum als »nicht-standesgemäße« handelte es sich zunächst lediglich um eine mit der spezifischen Klassenlage verbundene Verhaltensweise, durch die die Angehörigen der bürgerlichen Klasse auch auf der Ebene der symbolischen Handlungen, des Lebensstils, ihre Klassenposition unterstrichen und sich nach oben und unten abgrenzten.[253] Max Weber hat diese Erscheinung – m. E. unzutreffend – als Ausdruck *ständischer* Gliederung angesehen.[254]

Also nicht die Definiton von dem Bürgertum standesgemäßen Tätigkeiten an sich war Ausdruck seiner Aristokratisierung, sondern vielmehr die Übernahme der *adeligen* Standards einer »standesgemäßen« Lebensführung. So zog sich beispielsweise das wohlhabende Bürgertum häufig in der zweiten Generation aus dem vom Adel immer noch verachteten Erwerbsleben zurück und lebte das Dasein eines Rentiers oder verwirklichte sich den geheimen Wunschtraum vieler Bürger: den Kauf eines Rittergutes.[255]

Die schon am Ende des 18. Jahrhunderts beginnende, sich aber nun, nach 1850 verallgemeinernde Verlagerung des Wohnsitzes des wohlhabenden Bürgertums aufs Land, mindestens aber an den Stadtrand, läßt sich m. E. nicht ohne weiteres als Ausdruck der Aristokratisierung des Bürgertums interpretieren, wie dies bei Zunkel anklingt.[256] Es handelt sich hierbei, wie schon gezeigt wurde, um eine sehr frühe Verhaltensweise des Bürgertums, in der sich Veränderungen seiner Lebenssituation ausdrückten. Wenn jedoch der Wohnsitz im Stile eines Schlößchens oder Herrenhauses, die Stadtrandvilla als Renaissance-Palais erbaut wurden, dann war dies eine sehr deutliche Imitation adeliger Wohnkultur.[257] In die gleiche Richtung gehört der mit dem Wohnsitz verbundene Erwerb von Ländereien oder – wenn es zum Rittergut nicht reichte – eines Landgutes.[258]

Die Übernahme von Verhaltensweisen und Aufwandsnormen des Adels durch große Teile des Bürgertums tangierte noch andere Bereiche des Privatlebens:

– Es wurde bereits angedeutet, daß das frühbürgerliche Ideal der bescheidenen, maßvollen Lebensführung aufgegeben wurde. Die bessere finanzielle Situation erlaubte es, daß sich statt dessen Vorstellungen von einem »standesgemäßen« Lebensstil durchsetzten, die die Repräsentation des sozialen Status durch Prachtentfaltung nach außen zentral werden ließen. Die erwähnte Imitation adeliger Wohnkultur gehört in diesen Zusammenhang.

– Das Ideal der Dame, die sich selbst mit Hausarbeiten die Hände nicht schmutzig machen darf, dürfte ebenfalls auf die Übernahme adeliger Standards zurückzuführen sein. Die Repräsentation wurde nun auch im Bürgertum zu einer Hauptaufgabe der Frau.

– Auch auf die *Erziehung der Kinder*, die im Bürgertum einen großen Stellenwert hatte, wirkte die Aristokratisierung zurück. Die Töchter des wohlhabenden Bürgertums wurden in teure ausländische Internate geschickt. Die Söhne mußten, da dies für den Erwerb des Reserveoffizierstitels unumgänglich war, das Gymnasium besuchen. Sofern sie anschließend studierten, verbrachten sie einige Semester an den renommierten und teuren ausländischen Universitäten.[259] Diese sich immer mehr einbürgernden Auslandssemester können als eine Variante der »Grand Tour« des jungen Adeligen interpretiert werden.[260]

Schließlich nahmen als Folge der politischen und sozialen Assimilation des Bürgertums an den Adel nach 1870 auch die Eheschließungen zwischen Angehörigen beider Klassen zu, die vorher sehr selten gewesen waren.[261]

Infolge dieser Anpassungen des Bürgertums an den politisch dominierenden und sozial tonangebenden Adel wurden die Ansätze zu einem eigenständigen bürgerlichen Lebensstil, die besonders in den Hansestädten mit ihrer langen bürgerlichen Tradition entwickelt worden waren, verschüttet.[262] Die Entwicklung einer deutschen bürgerlichen Konvention, so diagnostizierte Max Weber 1917, »liegt jedenfalls noch im Schoß der Zukunft.«[263]

Der ungeheure wirtschaftliche Aufschwung während des Kaiserreichs führte nicht zu einer gleichmäßigen Steigerung des Wohlstands aller Bevölkerungsgruppen, sondern ging mit einer zunehmend ungleicher werdenden Einkommensverteilung einher.[264] Hauptnutznießer dieser Entwicklung waren die Unternehmer und – seit Einführung der Schutzzölle – auch die Großgrundbesitzer.[265]

Für die reich gewordenen *Unternehmer* stellte sich im Kaiserreich nun nicht mehr wie rund hundert Jahre zuvor die Alternative zwischen feudaler Aufwandswirtschaft, die häufig ruinöse Folgen hatte, und bürgerlicher Sparwirtschaft. Die materielle Situation erlaubte den großen Kapitaleigentümern aufwendigen Lebensstil *und* Akkumulation zugleich.[266] Aber auch die wachsende Zahl der mittleren Unternehmer konnte sich einen, wenn auch zweifellos nicht so üppigen, so doch behaglichen Lebensstil leisten.

Bei den *selbständigen Akademikern* differierte die materielle Lage sehr stark. Henning hat darauf aufmerksam gemacht, daß sie vom Wohnort und damit dem Reichtum der Klientel abhing. In großen Städten mit wohlhabendem Bürgertum ansässige Anwälte und Ärzte verdienten mehr Geld als ein Landarzt in einer abgelegenen Region. Henning schwankt in seiner Einschätzung zwischen bescheidenem und mäßigem Wohlstand.[267] Damit nahmen die selbständigen Akademiker eine Mittelstellung zwischen den Unternehmern und den höheren Beamten ein. Mit wachsender Industrialisierung und Wohlstand der Klientel verbesserte sich die finanzielle Situation der selbständigen Akademiker. Dies dürfte etwa um die Jahrhundertwende der Fall gewesen sein. Auch vorher hatte das, wenn auch relativ begrenzte Einkommen für viele von ihnen zum Bau oder Kauf eines Hauses und zur Anschaffung von Pferd und Wagen ausgereicht.[268] Über diesen Lebenszuschnitt hinaus konnten nur jene selbständigen Akademiker gelangen, die über zusätzliches eigenes, ererbtes oder erheiratetes Vermögen verfügten. So bezeichnet Schramm, dessen Vater Anwalt war, aber ein »ansehnliches Vermögen« vom Großvater geerbt hatte, den Lebensstil seiner Eltern als »aufwendig« und »üppig«. Allerdings könne man aber sagen, daß der Hamburger Lebensstil hinter dem der westdeutschen Industriellen zurückgeblieben sei.[269]

Die höhere (= akademisch gebildete) Beamtenschaft stand in ihrer materiellen Situation den selbständigen Akademikern näher als der der Unternehmer. Die Beamten verfügten auf Grund ihrer Position über ein stetiges, gesichertes Einkommen. Aber die Beamtengehälter hielten ebenfalls wie die anderer Unselbständiger mit dem Wachstum des volkswirtschaftlichen Reichtums nicht Schritt. Aus Steuerlisten geht hervor, daß die höheren Beamten in der Einkommenspyramide stetig abrutschten. Die folgenden Zahlenangaben verdeutlichen diesen Sachverhalt:

In Preußen hatten ein höheres Einkommen als das Gehalt eines Regierungspräsidenten:

im Jahre 1855	4 700 Personen
im Jahre 1864	7 000 Personen
im Jahre 1885*	14 000 Personen
im Jahre 1895*	37 000 Personen
im Jahre 1905	49 000 Personen
im Jahre 1910	52 000 Personen
im Jahre 1912	63 000 Personen

* Der große Sprung zwischen 1885 und 1895 erklärt sich aus einer schärferen Erfassung der Einkommen auf Grund einer Änderung der Steuergesetzgebung.
(*Quelle:* O. Most, Zur Wirtschafts- und Sozialstatistik der höheren Beamten in Preußen, in: Schmollers Jahrbuch, 39 (1915), S. 193)

Allein in Düsseldorf stieg die Anzahl der Personen, die ein höheres steuerpflichtiges Einkommen als der höchste staatliche Verwaltungsbeamte am Platz hatten, zwischen 1880 und 1913 um das Elffache, von 135 auf 1 456. Die Bevölkerung hatte sich im gleichen Zeitraum nur vervierfacht.[270]

Die Gehälter der höheren Beamten waren, gemessen an den Einkommensverhältnissen der wohlhabenden Kapitalbesitzer, gering. Andererseits sicherte der lebenszeitliche Beamtenstatus und die Alimentationspflicht des Staates vor Not und größeren Schwankungen der materiellen Situation. Das soziale Ansehen, das der Staatsdienst im Kaiserreich verlieh, entschädigte die höheren Beamten zum Teil für die (relative) finanzielle Bescheidenheit. Ihre Situation war gleichwohl prekär. Einerseits rangierten sie traditionell in der sozialen Hierarchie an der Spitze.

Andererseits konnten sich immer mehr Nicht-Beamte einen aufwendigeren Lebensstil leisten. Die Beamtenschaft lief dadurch Gefahr, sozial abzusinken. Dieser Bedrohung versuchten die höheren Beamten durch Entwicklung präziser Vorstellungen über einen »standesgemäßen« Lebensstil zu begegnen. Was »standesgemäß« war, orientierte sich an der aufwendigen Lebensweise des reichen Bürgertums, das wiederum adelige Standards übernommen hatte. Wenn auch Luxus und üppige Wohlhabenheit des reichen Bürgertums von den höheren Beamten nicht erreicht werden konnten, so ergab sich infolge dieser Entwicklung für sie eine empfindliche Diskrepanz zwischen ihren Einnahmen und ihren Ausgaben. Die finanzielle Lücke konnte nur auf zwei Arten geschlossen werden: durch eigenes, ererbtes oder erheiratetes, Vermögen[271] oder durch Zusatzverdienste aus journalistischer oder literarischer Tätigkeit, Aufnahme von Pensionären, Erteilung von Privatunterricht etc.[272]

Beide Lösungen wurden ergänzt durch eine Lebensweise, die nach außen Aufwand demonstrierte und nach innen von äußerster Sparsamkeit gekennzeichnet war. »Bewußter Konsumverzicht im häuslichen Bereich sollte helfen, den Aufwand nach außen finanziell zu tragen. Für die akademisch gebildeten Beamten war die Repräsentation ihrer gesellschaftlichen Stellung eine konstante Größe, ein Muß, während die persönlichen Ansprüche variabel blieben.«[273] In dieser Zwangslage befand sich nicht nur die höhere Beamtenschaft. Auch für die anderen, in bescheideneren materiellen Verhältnissen lebenden Angehörigen des Bürgertums, wie die selbständigen Akademiker, stellte sich die Situation ähnlich dar.

Die »standesgemäße Lebensweise« mußte auf den verschiedensten Ebenen dokumentiert werden: So gab es hinsichtlich der *Wohnung* feste Vorstellungen darüber, mit wieviel Räumen das junge Ehepaar »anfing«. Die Beschäftigung mindestens eines *Dienstmädchens* war ein unbedingtes gesellschaftliches »Muß«, auch wenn dessen Lohn mühsam zusammengespart wurde. Die *Ausbildung der Söhne* war ebenfalls Indikator einer standesgemäßen Lebensführung. Die *Sommerreise* war obligatorisch, aber man suchte ein billiges Quartier und fuhr in der Eisenbahn dritter Klasse. Auch in der *Kleidung* dokumentierte sich die soziale Stellung. In erster Linie mußte die Frau durch gepflegte Kleidung den Rang der Familie zur Geltung bringen. Die Kleidung des

Mannes war bedeutend unwichtiger und zeichnete sich durch Unauffälligkeit, Gummikragen, Ärmelröllchen, festen Schlips und Chemisette aus. Bezeichnend für den bescheidenen Zuschnitt der männlichen Kleidung, deren Dürftigkeit dazu beitrug, in anderen Bereichen repräsentieren zu können, ist eine Anekdote Heilborns. Sie dürfte nicht nur für die Professoren als Teil der höheren Beamtenschaft, sondern auch für andere Angehörige des Bürgertums in vergleichbarer materieller Situation typisch gewesen sein. »In Göttingen hat es sich ereignet. Die Korpsstudenten hatten andere Studenten, weil sie ›Röllchen‹ trugen, angepöbelt. Der hervorragende Rechtslehrer Ludwig von Bar brachte die Angelegenheit im Senat zur Sprache, und hier erwies sich, daß sämtliche Professoren auch Röllchen trugen. ›Daraufhin‹ wurden die Korpsstudenten streng bestraft. Wie sagte doch Max Liebermann? ›Nichts ist untrüglicher als der Schein‹.«[274]

Diese Zweiteilung der Lebensweise in Repräsentation nach außen und äußerste Sparsamkeit im Familienkreis galt in dem geschilderten Umfang vorwiegend nur für die höheren Beamten. Für fast alle anderen Angehörigen des Bürgertums ist die Zeit des Kaiserreichs insbesondere der Zeitraum von 1890 bis 1914 mit rasch wachsendem Wohlstand verbunden gewesen. Dem entsprach ein verbreiteter Hang zur exzessiven Prachtentfaltung, der man selbst da, wo man sie sich leisten konnte, ambivalent gegenüberstand. Sie war, wie Rudolf Binding schreibt, »der Nachhall eines gemeinsamen Lebensgefühls, dem man sich, obgleich man ihm oft ahnungsvoll widerstrebte, doch nicht zu entziehen vermochte. Das Gefühl eines allgemeinen Aufstiegs, einer blinden Sicherheit, Unbesorgtheit, Gehobenheit überwog zu sehr.«[275] Ausdruck dessen war die Vorliebe für den Markartstil bei Möblierung und Dekoration der Wohnung sowie ein ausgeprägter Sinn für Kitsch.[276] Der aufwendige und teilweise geschmacklose Lebensstil des reichen Bürgertums war auch für Schramm ein Kennzeichen jener Zeit:

»Betrachtet man heute die Besitzungen, in denen die reichen Berliner um 1900 sich einrichteten, die schamhaft ›Villen‹ genannten Paläste der ›Magnaten des Ruhrgebietes‹, die pseudogotischen Schlösser, die sich rheinische Industrielle aus den Ruinen des Mittelalters herrichten ließen, dann schaudert einen vor der Maßlosigkeit des ›Wilhelminismus‹. – Dieser Name hat sich ja für die Jahre 1890 bis 1914 eingebürgert, obwohl Wilhelm II für diese Zeit nur der Exponent, nicht der Verantwortliche war. ›Wilhelminismus‹ aber ist mehr oder minder identisch mit Protzentum, Übertrumpfenwollen. Von dieser Tendenz haben sich sowohl in Berlin als auch im Rhein-Ruhr-Gebiet Altadelige wie Neugeadelte – mochten sie von Haus aus brave Handwerker, geschickte Unternehmer oder gescheite Juden sein – einfangen lassen. Alle haben sie ihrer Zeit Tribut gezollt; die schlesischen Magnaten, die Krupp und Hentschel, die Mendelsohn und die Friedländer-Fuld.«[277]

Verglichen mit dem bescheidenen Lebenszuschnitt, den das Bürgertum des ausgehenden 18. und beginnenden 19. Jahrhunderts als das dem wahren Bürger angemessene Verhalten gepriesen hatte, war dieser Aufwand, diese Demonstration des Reichtums und der sozialen Position ein Novum. Es muß hier jedoch noch einmal betont werden, daß nicht die Repräsentation der sozialen Stellung an sich bereits als Ausdruck der »Aristokratisierung« des Bürgertums begriffen werden kann, sondern nur im Zusammenhang mit seiner Orientierung an adeligen Verhaltensweisen und Aufwandsnormen.

II. Heiratsverhalten

Im Gegensatz zu den Verhältnissen im »ganzen Haus« bestand für die Angehörigen des Bürgertums kein Heiratszwang, der sich auf die notwendige Mitarbeit der Ehefrau gründete. Die Trennung von Betrieb bzw. Beruf und Haushalt hatte die Arbeitsleistung der bürgerlichen Frau auf den Bereich der Hausarbeit im engeren Sinne eingeschränkt. Gleichwohl hatte die Heirat für eine Gruppe des Bürgertums, die Unternehmer, eine wichtige Bedeutung. Wie noch gezeigt werden wird, wurden durch Heiraten Kapital beschafft, Geschäftsverbindungen geknüpft, Konkurrenten ausgeschaltet u. a. m. Für die anderen Gruppen des Bürgertums, die selbständigen Akademiker und die höheren Beamten, war ein Junggesellenleben ohne materielle Nachteile möglich. Allerdings war eine Ehefrau bei den gesellschaftlichen Verpflichtungen zwar nicht unbedingt notwendig, aber eine große Erleichterung. Dieses Moment wird vermutlich auch bei den großen Unternehmern eine noch wichtigere Rolle gespielt haben. Ohne dies im einzelnen belegen zu können, dürfte bei den Unternehmern der Prozentsatz der Verheirateten größer gewesen sein.[278] Generell aber war die Heirat für alle bürgerlichen Männer ein sozial zwar nicht unumgängliches, aber übliches traditionelles Verhalten, von dem nur in wenigen Fällen abgewichen wurde.[279] Für die bürgerlichen Frauen war eine Eheschließung immer noch aus den gleichen Gründen zweckmäßig und erwünscht wie rund hundert Jahre zuvor. Normalerweise ohne Berufsausbildung oder eine andere, für die Beschaffung des Lebensunterhalts verwertbare Qualifikation, waren sie auf eine Heirat angewiesen, wollten sie nicht lebenslang den Eltern bzw. Brüdern oder anderen Verwandten zur Last fallen.

1. Heiratsalter

Aus den wenigen Studien, die das Heiratsalter im Bürgertum untersuchen,[280] läßt sich im Vergleich zur Situation am Ende des 18. Jahrhunderts folgender Trend erkennen:

Das Heiratsalter der bürgerlichen Männer blieb nahezu unverändert hoch. Es lag bei rund 30 Jahren. Dabei bestanden nach den Angaben von Nells für das niedersächsische Bürgertum leichte Differenzen zwischen Unternehmern und Großkaufleuten einerseits und Bildungsschicht (höhere Beamte, selbständige Akademiker und Offiziere) andererseits. Das Heiratsalter lag in der ersten Gruppe etwas unter 30 Jahren, in der zweiten darüber, was vermutlich überwiegend auf das sehr hohe Heiratsalter der Beamten zurückzuführen sein dürfte.[281]

Ursächlich für dies hohe Heiratsalter waren im Kaiserreich ebenso wie schon 100 Jahre zuvor die lange Ausbildung der bürgerlichen Männer. Da die Frauen nicht durch eigene Berufstätigkeit zum Lebensunterhalt beitragen konnten und sollten, mußte, wenn kein größeres Vermögen vorhanden war, mit der Eheschließung gewartet werden, bis die Ausbildung der Männer abgeschlossen war und sie eine Planstelle erhalten oder sich selbständig etabliert hatten. Dieses Prinzip läßt sich durchgängig nachweisen.

Eine Untersuchung von 328 großstädtischen Beamtenfamilien zeigte, daß die jungen Ehepaare (das sind diejenigen, die weniger als 10 Jahre verheiratet waren) im Durchschnitt eineinhalb Jahre nach der etatmäßigen Anstellung des Mannes geheiratet hatten.[282] Auf die lange Ausbildungszeit der höheren Verwaltungsbeamten,

die nach dem Jurastudium den unbesoldeten Vorbereitungsdienst, dann das Assessorexamen und danach die lediglich durch
Diäten vergütete Assessorenzeit absolvieren mußten, bevor sie
überhaupt in eine Planstelle eingewiesen werden konnten, wurde
schon aufmerksam gemacht. Ähnlich stellte sich die Situation für
die anderen höheren Beamten dar.

Die selbständigen Akademiker mußten nach dem Studium und
der Niederlassung als Anwalt oder Arzt erst ausreichend viele
zahlungskräftige Klienten haben, bevor sie an eine Eheschließung
denken konnten.

Zur Berufsausbildung des Unternehmers gehörten im Anschluß
an die Lehre im allgemeinen mehrere Jahre, in denen er in
anderen Betrieben, häufig im Ausland, Erfahrungen sammelte
und Geschäftskontakte knüpfte. Sofern die Eltern ihn nicht
finanziell unterstützten, war der Unternehmer erst dann in der
Lage, seiner Frau und potentiellen Kindern einen standesgemäßen Lebensstil bieten zu können, wenn er sich selbständig
gemacht, den Betrieb übernommen oder eine Teilhaberschaft
erworben hatte.

Im Gegensatz zum nahezu unverändert hohen Heiratsalter der
Männer stieg das der Frauen im Laufe des 19. Jahrhunderts an
und lag im Kaiserreich bei Mitte Zwanzig. Der durchschnittliche
Altersabstand zwischen den Ehepartnern sank infolgedessen auf
fünf bis sechs Jahre.[283] Beim frühen Bürgertum des ausgehenden
18. Jahrhunderts war die hohe Altersdifferenz zwischen den
Ehepartnern als Indiz für eine strukturelle Asymmetrie der
Ehebeziehungen angesehen worden. Inwieweit aus einem geringeren Altersabstand umgekehrt auf die Entwicklung eher gleichrangiger Beziehungen in den bürgerlichen Ehen des Kaiserreichs
geschlossen werden kann, wird im folgenden untersucht werden.

2. Heiratskreise und Motive der Partnerwahl

Traditionell sind in *Unternehmer*familien Heiraten immer
zugleich Geschäftsverbindungen gewesen.[284] Nicht nur bedeuteten Mitgiften eine Vergrößerung des Vermögens. Die Verbindung
mit einer renommierten Familie steigerte das eigene Ansehen und
damit die Kreditfähigkeit, schuf neue oder stabilisierte alte
geschäftliche Beziehungen, knüpfte neue Kontakte. Teilweise

wurden, wie Redlich für die Unternehmer des Ruhrgebietes festgestellt hat, durch Heiraten auch Spezialisten an ein Unternehmen gebunden, die sich sonst selbständig gemacht hätten und zu Konkurrenten geworden wären.[285] Bei den frühkapitalistischen Unternehmern waren Mehrfach-Verehelichungen zwischen einigen wenigen Familien, die zu ausgesprochenen Dynastiebildungen führten, keine Seltenheit.[286] In Bremen existierte ein »geschlossener Heiratskreis« zwischen vier Familien über zweihundert Jahre lang.[287]

Familienbeziehungen wurden trotz der schon früh bei den Unternehmern einsetzenden Separierung von Familien- und Geschäftsbereich weiterhin für die Zwecke des Unternehmens instrumentalisiert. Ursächlich für den hohen Stellenwert der Heiratsverbindung als Geschäftsverbindung im Früh- und teilweise auch noch im Hochkapitalismus waren ein gering entwickelter Kapitalmarkt und die Bindung der großen Vermögen an Familien. Eine Lockerung der die Eheschließung bestimmenden Zwänge läßt sich erst tendenziell in der zweiten Hälfte des 19. Jahrhunderts registrieren. Insbesondere die Entwicklung neuer Rechtsformen für Unternehmen und die Bildung eines nationalen und internationalen Kapitalmarkts entlastete die Heiratsverbindungen teilweise von ihrer Bedeutung als geschäftlicher Transaktion.[288] Allerdings zeichneten die Unternehmer sich auch noch zu Beginn der zweiten Hälfte des 19. Jahrhunderts durch hohe soziale Endogamie in ihrem Heiratsverhalten aus. So heirateten beispielsweise in den 1850er und 1860er Jahren die Töchter Berliner Unternehmer zu rund 60% (!) Söhne aus Unternehmerfamilien.[289] Die nächstgrößte Gruppe, aus der die Ehemänner kamen, war das Bildungsbürgertum.[290]

Bedingt durch die größere Weitläufigkeit des Lebens infolge der Verbesserungen der Verkehrsverbindungen verloren die Heiratskreise ihre enge lokale Begrenzung, behielten aber immer noch einen stark regionalen Schwerpunkt.[291] In der Folge gingen auch die auf planvoller Heiratspolitik beruhenden Mehrfachverehelichungen zwischen wenigen Familien zurück.[292] Zum Teil war diese Entwicklung darauf zurückzuführen, daß nun auch die Angehörigen der Unternehmerfamilien zunehmend von dem vom Bildungsbürgertum entworfenen Ideal des verinnerlichten und emotionalisierten Ehe- und Familienlebens »infiziert« wurden. Kocka hat aus seinen Quellenstudien den Eindruck gewonnen, daß sich im Verlauf des 19. Jahrhunderts auf Grund dieser Tendenz der Freiheitsspielraum bei der Wahl des Ehepartners für die Unternehmersöhne vergrößerte – allerdings blieben die Töchter davon ausgeschlossen.[293]

Es wäre dennoch verfehlt, aus diesen Entwicklungen zu schließen, daß »Liebe« als ehestiftendes Motiv nun in die Unternehmerfamilien uneingeschränkt Einzug gehalten hätte. Die Eheschließung verlor lediglich den Charakter einer ausschließlich oder primär geschäftlichen Transaktion. »Kalkül war und blieb in der Partnerwahl«[294] – auch wenn dem Moment der Zuneigung größere Bedeutung als zuvor beigemessen wurde.

Für die *höheren Beamten* lassen sich die die Partnerwahl bestimmenden Motivationen aus ihrer geschilderten wirtschaftlichen Lage unschwer entnehmen. Zwar ist auch schon früher das Beamtengehalt nicht übermäßig üppig gewesen. Da jedoch die höheren Beamten in der Einkommenshierarchie abrutschten, verschlechterte sich ihre relative materielle Situation in der zweiten Hälfte des 19. Jahrhunderts.[295] Hinzu kam, erschwerend, daß die Normen der »standesgemäßen Lebensführung« sich am Lebensstil der reichen Unternehmer orientierten, mit deren finanziellen Möglichkeiten die höheren Beamten nicht Schritt halten konnten. Beides bedeutete, daß ein junges Beamtenehepaar, das allein mit dem schmalen Anfangsgehalt des Mannes auskommen mußte, gezwungen war, hinter feiner Fassade eine kümmerliche Existenz zu fristen.[296] Für viele Beamte, die diese zweifellos nicht verlockende Situation vermeiden wollten, war der Zwang, nach Geld zu heiraten, daher nahezu unausweichlich.[297]

Aus der Notwendigkeit, die finanzielle Lage durch eine »günstige« Heirat zu verbessern, erklärt Henning die große Einheitlichkeit des Heiratsverhaltens der höheren Beamten. In den preußischen Provinzen Rheinland und Westfalen heiraten sie überwiegend (um 50%) Töchter aus Unternehmerfamilien. (Eine Ausnahme stellte bis 1890 lediglich das ehemalige Königreich Hannover dar, die sich aber aus seiner spezifischen historischen Situation erklärt.)[298] Daneben heirateten die höheren Beamten in die eigene Berufsgruppe und in die der selbständigen Akademiker. Heiratsverbindungen mit anderen Bevölkerungsgruppen spielten kaum eine Rolle.[299] Während des Zeitraums von 1860 bis 1914, den Henning untersuchte, nahm das Konnubium mit der eigenen

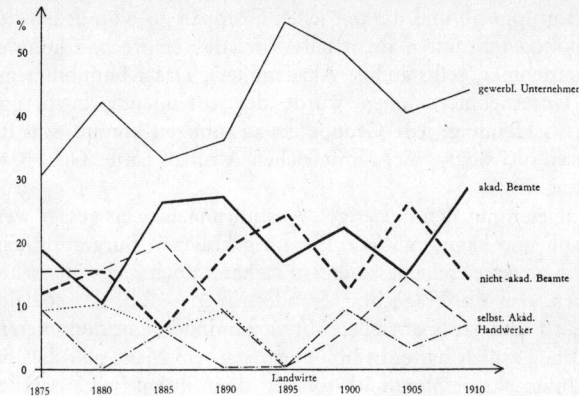

Konnubium der akademisch gebildeten Beamten in Westfalen

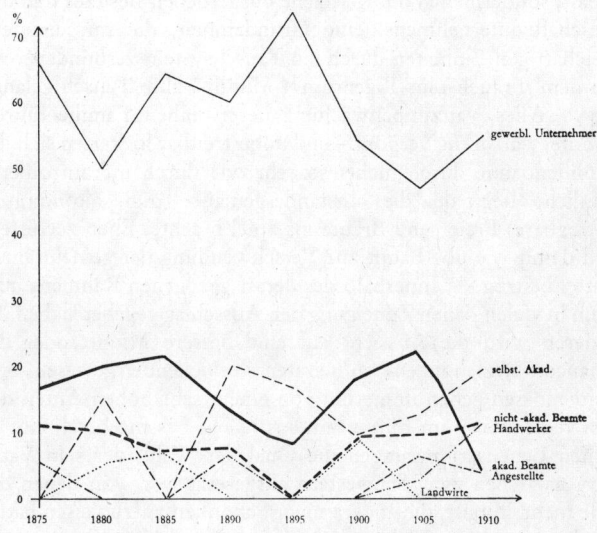

Konnubium der akademisch gebildeten Beamten in der Rheinprovinz

Quelle: H. Henning, Das westdeutsche Bürgertum in der Epoche der Hochindustrialisierung 1860-1914, Bd. 1, Wiesbaden 1973, S. 504, 506, Schaubild 8 und 11.

Berufsgruppe ab und das mit jenen Gruppen zu, von denen sich die höheren Beamten finanzielle Vorteile versprechen konnten (Unternehmer, selbständige Akademiker). Das Konnubium mit den Unternehmerfamilien wurde derart eindeutig bevorzugt, weil, so Henning, jede Gruppe etwas anbieten konnte, was die anderen nicht bzw. nicht im gleichen Ausmaß hatte: Geld bzw. Bildung.[300]

Wenngleich mit den bisherigen Ausführungen nicht gesagt werden soll und kann, daß jede Ehe im gehobenen Bürgertum eine reine Konvenienzehe gewesen ist, so kann doch nicht übersehen werden, daß die Frage des »Standesmäßen«, d. h. des sozialen Ranges[301] und der finanziellen Mittel, zumindest eine dominierende Rolle gespielt hatte. In besonders starkem Maße galt dies für die Unternehmersöhne und -töchter, da in ihrem Fall zusätzlich Geschäftsinteressen berücksichtigt werden mußten. Denn: »Die Familie war nicht nur die Kernzelle der bürgerlichen Gesellschaft, sondern auch die Kernzelle bürgerlichen Besitzes und des Geschäftsunternehmens, eine Grundeinheit, die mit anderen, gleichartigen Einheiten durch ein Tauschsystem verbunden war, bei dem ›Frauen-plus-Eigentum‹ (›Mitgift‹) zum Tausch gelangten . . . Alles, war zur Schwächung dieser Einheit ›Familie‹ führen konnte, war streng verpönt – und unbestreitbar lockerten sich die Familienbande durch nichts so sehr wie durch unkontrollierte sinnliche Begierde, die ›unstandesgemäße‹ (d. h. ökonomisch untragbare) Freier und Bräute ins Spiel brachte, Ehen zerrüttete und damit wie überhaupt zur Verschwendung der gemeinsamen Mittel beitrug.«[302] Innerhalb des derart gezogenen Rahmens mag dann in vielen Fällen Zuneigung den Ausschlag gegeben haben. In anderen wird die Aussicht auf eine bessere Mitgift oder die Chance, »Beziehungen« zu heiraten, verlockender gewesen sein. Zeitgenossen gehen immerhin von einem sehr hohen Anteil der Konvenienzehen im Bürgertum aus.[303] Th. Lessing beschreibt in seinen Lebenserinnerungen die Qual der Wahl, der sein Vater 1871 zwischen zwei Schwestern ausgesetzt war, von denen die eine mehr Mitgift, die andere mehr Schönheit aufzuweisen hatte. Nachdem sich die Wahl des Geldes als ein Fehler herausgestellt hatte, versuchte er, die Frau zurückzugeben bzw. gegen die Schwester »umzutauschen«. Der Sohn kommentiert: »Die Bürgerehen jener Tage, nicht nur in jüdischen Geldkreisen, waren fast durchweg Vernunftehen, und Verwandte entschieden, wie heute noch im Orient, über das Schicksal ihrer Töchter.«[304]

Die zentrale Bedeutung der Geld- und Mitgiftheiraten für das Bürgertum wird deutlich in der im BGB (1900) vorgeschriebenen »Publizität des Güterstandes« durch ein Güterrechtsregister, in das jedermann, wie in das Grundbuch, einsehen konnte. Damit wurde der Schutz des Geschäftspartners in jenen Fällen bezweckt, in denen sein Vertragspartner nicht, wie im Normalfall der Verwaltungsgemeinschaft, der Verwalter und Nutznießer des von seiner Frau in die Ehe eingebrachten Vermögens war, sondern im Ehevertrag eine Sonderregelung getroffen worden war.[305] Dies familiale Vermögensrecht hat Anton Menger sehr treffend als »Ehegüterrecht für Geheimräte« bezeichnet.[306]

Andererseits erkannte das BGB im Gegensatz zum ALR einen Irrtum über die Vermögenslage nicht mehr als eheauflösenden Grund an.[307] Das Ideal der Ehe, die in der Verbindung einander in Liebe zugeneigter Menschen besteht und insofern ihren Zweck in sich selbst trägt, hatte sich nun auch im kodifizierten Recht niedergeschlagen.

Die Diskrepanz zwischen diesem unverändert angestrebten Ideal, der sittlichen Forderung nach Liebe als allein ausschlaggebendes Motiv für eine Eheschließung, und der Praxis der »standesgemäßen« und Geldheiraten, die bereits für das frühe Bürgertum registriert wurde, bestand also unvermindert fort. Konnte man dies Auseinanderklaffen von Norm und Realität am Ende des 18. Jahrhunderts noch als eine Folge nachwirkenden tradierten Verhaltens auffassen, das sich mit der Zeit verlieren würde, so zeigt die Realität der Partnerwahl am Ende des 19. Jahrhunderts sehr deutlich, daß diese Interpretation unzutreffend ist. Vielmehr handelt es sich um ein geradezu klassisches Beispiel für die notwendige Differenz zwischen Ideologie und Wirklichkeit. Das ideologische Konstrukt, die Interpretation bürgerlicher Eheschließung als Liebesheirat, nimmt *einen* wichtigen Aspekt der Realität auf. Das durch die veränderte Struktur der bürgerlichen Ehe notwendige Minimum an gegenseitiger Zuneigung der Ehepartner wurde in den Rang einer sittlichen Forderung erhoben, gesellschaftliche Realitäten hingegen, die deren Verwirklichung entgegenstanden, ausgeklammert.

Konflikte zwischen Norm und Realität waren daher unvermeidbar. Andererseits konnte das Bürgertum, wie Fontane an der Figur der Jenny Treibel beschreibt, das Ideal der Liebesehe vehement vertreten und dabei zielstrebig für sich selbst und seine Angehörigen die ökonomisch und sozial passende Partie arrangieren. Beide Haltungen waren ohne weiteres in einer Person vereinbar. In Jenny Treibel personifiziert Fontane die Einstellung eines Teils des Bürgertums, über den er den Professor und Oberlehrer am Gymnasium, Willibald Schmidt, sagen läßt: »Sie liberalisieren und sentimentalisieren beständig, aber das alles ist Farce; wenn es gilt Farbe zu bekennen, dann heißt es: Gold ist Trumpf und weiter nichts.«[308] Andererseits darf aber nicht übersehen werden, daß dem Ideal der Liebesheirat auch eine die Realität bestimmende und verändernde Kraft innewohnte. Für viele Angehörige des Bürgertums legitimierte es den Anspruch auf persönliches Glück gegen elterliche Wünsche, geschäftliche Vorteile etc. Am Beispiel der Unternehmer ist diese Entwicklung beschrieben worden. An ihm wird aber zugleich auch klar, daß, von Einzelfällen abgesehen, solche persönlichen Ansprüche erst dann durchgesetzt werden konnten, als die Strukturen der Realität, hier: die Bedingungen kapitalistischen Wirtschaftens, sich veränderten und infolgedessen das Privatleben »freier« gestaltet werden konnte. Generell aber war es – auch das muß man berücksichtigen – am Ende des 19. Jahrhunderts wesentlich einfacher als einhundert Jahre zuvor, persönliche Wünsche und Ansprüche bei der Partnerwahl zu berücksichtigen, weil die gestiegene räumliche Mobilität innerhalb des durch die soziale Position gesteckten Rahmens eine größere Auswahl möglich machte und dadurch die Chance wuchs, vielleicht nicht die »große Liebe« zu heiraten, aber einen Ehepartner zu finden, dem man Zuneigung entgegenbringen konnte. Insofern waren die Folgen der Diskrepanz zwischen Ideal und Wirklichkeit vielfach nicht gravierend bzw. die Diskrepanz selbst im Einzelfall für die Betroffenen kaum spürbar.

3. Modalitäten der Eheeinleitung

Formell war seit 1875 die Eheschließung nicht mehr an die Zustimmung der Eltern gebunden. Das BGB schließlich sah die elterliche Einwilligung nur für eine Eheschließung Minderjähriger vor.[309] Faktisch behielten die Eltern im Bürgertum jedoch eine zentrale Bedeutung für die Eheeinleitung. Nachdem sich das Paar »standesgemäß« beim Tennis oder auf Bällen kennengelernt hatte, wurde der junge Mann von den Eltern des Mädchens eingeladen. »Wenn ›ernste Absichten‹ angedeutet wurden, folgten heimliche Erkundigungen über den jungen Mann, über das Mädchen und seine Eltern, über die Vermögensverhältnisse usw. Eine Verlobung konnte sehr rasch gefordert werden. Dazu genügten ein langes tête à tête, ein Kuß und eine Umarmung, bei der man überrascht wurde. Mancher ist in eine solche Falle gegangen und ließ es seine Frau später büßen. Willigte er nicht in eine Bindung ein, konnte ihm dies im Amt und in der Gesellschaft schaden.«[310] Bei Familien mit mehreren Töchtern war es, wie Hedwig Wachenheim beschreibt, erwünscht, daß die Verehelichung sich an der Altersreihenfolge der Töchter orientierte. Die Heirat der Ältesten, die sogenannte »Vorderpartie« war am wichtigsten. Dabei wurde eine »Platzpartie«, d. h. die Verheiratung am Ort, als die beste Partie angesehen.[311] Dieses Vokabular verrät die Relevanz, die Heiratspläne und -strategien für die bürgerliche Familie hatten. Dies galt insbesondere im Hinblick auf die Töchter.

Da sie in der Regel keine Berufsausbildung bekamen, sich also nicht selbst standesgemäß ernähren konnten, war für sie, ebenso wie für die Bürgertöchter am Ende des 18. Jahrhunderts, die Ehe die einzig angemessene Lebensperspektive und Versorgung. »Emanzipierte«, wie Hedwig Wachenheim, die in der Lage waren, sich über einen Wust von Konventionen hinwegzusetzen, waren auch am Ende des 19. Jahrhunderts noch die Ausnahme. Romane aus dieser Zeit vermitteln einen guten Eindruck von der Atmosphäre in den Familien mit heiratsfähigen Töchtern, die von der Suche nach der »guten Partie« geprägt wurde.[312]

III. Ehebeziehungen

1. Lebensperspektive der bürgerlichen Frau

Auf die Ehe, die für sie am Ende des 19. Jahrhunderts immer noch einzige akzeptable Lebensperspektive, war die gesamte Erziehung der bürgerlichen Frau ausgerichtet. Während der Mann auch als Junggeselle eine gesellschaftlich anerkannte Position einnehmen konnte, war das Dasein der unverheirateten bürgerlichen Frau wenig beneidenswert. Der Ausdruck »alte

Jungfer« enthält schon ausreichend pejorative Anklänge. Die ledige Frau war, selbst wenn sie Vermögen hatte, in ihrer Bewegungsfreiheit stark eingeengt. Sie konnte nicht, wie ein Mann in gleicher Lage, ungehindert reisen, Kaffees und Restaurants aufsuchen etc. Sie kam leicht ins Gerede. Sexuelle Beziehungen zu Männern waren praktisch unmöglich.[313]

Diese Einschränkungen bestanden in ähnlicher Weise auch für die geschiedene Frau. Erschwerend kam hier allerdings hinzu, daß eine Scheidung zu dieser Zeit und in diesen Kreisen einem Skandal gleichkam.

Aber auch unter dem Aspekt ihrer Versorgung war die Ehe die einzige Perspektive der bürgerlichen Frau. Sie besuchte zwar die Schule, erhielt dort jedoch nur eine sehr oberflächliche, primär auf die Vermittlung von Salonfertigkeiten beschränkte Bildung. Im günstigen Falle wurde sie für die Haushaltsführung geschult. Erst sehr wenige bürgerliche Frauen erhielten im Kaiserreich eine Berufsausbildung, die sie in die Lage versetzte, sich selbst zu ernähren, aber auch eine eigenständige soziale Position zu gewinnen.[314]

Zur Ehe gab es somit für die Mehrzahl der Frauen keine akzeptable Alternative. Daraus erklären sich das schon erwähnte »Schielen« nach der guten Partie und die Angst, sitzen zu bleiben und in den Status der viel belächelten »alten Jungfer« abzurutschen. Diese Alternativelosigkeit ihres Daseins bestimmte aber auch ganz grundlegend die Position der bürgerlichen Frau in der Ehe.

2. Rollenteilung

Jetzt, am Ende des 19. Jahrhunderts, war die bürgerliche Frau immer noch nahezu ausschließlich auf die häusliche Sphäre verwiesen. Dennoch hatte sich zumindest für einen Teil der Frauen die Situation insofern verändert, als der Bereich der Hausarbeit auf Grund gesellschaftlicher, insbesondere ökonomischer Wandlungsprozesse umstrukturiert worden war. Am Ende des 18. und zu Beginn des 19. Jahrhunderts war der Grad der Selbstversorgung auch in den bürgerlichen Haushalten noch sehr groß gewesen. Dazu kam eine ausgedehnte Vorratswirtschaft. Beides verlangte von der Frau auch im wohlhabenden Haushalt große organisatorische Leistungen, mit denen sie normalerweise ausgefüllt war.[315]

Diese Situation hatte sich im Laufe des 19. Jahrhunderts entscheidend geändert.[316] Die ökonomischen Wandlungen führten in diesem Zeitraum zu einem stetigen Rückgang der Eigenproduktion und Selbstversorgung. Die Hauswirtschaft wurde im Bürgertum tendenziell zur Konsumtionswirtschaft. Die Auswirkungen dieser Wandlungen waren allerdings für die bürgerliche Frau je nach der ökonomischen Lage des Haushalts sehr unterschiedlich, wie Freudenthal aufgezeigt hat:

– Die Frau aus vermögender Familie verfügte über ausreichend viel Personal, das ihr auch die Leitung des Haushaltes abnahm. Sie selbst machte sich mit Hausarbeit die Hände nicht schmutzig. Es gehörte geradezu zur Definition der Dame, daß sie nicht arbeitete. »Eine ›Dame‹ war jemand, der keine Arbeit verrichtete, sondern die Arbeit anderen auftrug.«[317] Daraus erklärt sich auch, daß mindestens ein Dienstmädchen unverzichtbarer Bestandteil eines jeden bürgerlichen Haushalts war. Sein Vorhandensein demonstrierte der Außenwelt, daß die Frau des Hauses nicht arbeiten mußte. Zugleich grenzte man sich durch diese Demonstration des »Nichtstuns« sozial ab.[318] Es ist allerdings nicht ganz korrekt, zu sagen, daß die bürgerliche Frau nichts tat. Sie verbrachte die Tage mit vielerlei Beschäftigungen, bei denen den »Handarbeiten«, wie z. B. der Filetstickerei, eine wichtige Rolle zukam.[319] Aber sie arbeitete nicht ernsthaft, sondern das, was sie tat, war primär Zeitvertreib. Dieser Frauentypus war weiterhin aufs Haus verwiesen, ohne dort noch einen befriedigenden Tätigkeitsbereich zu finden. Diese Diskrepanz hat Freudenthal als das Auseinanderklaffen von Ideologie, die die Frau aufs Haus als den Ort ihrer »Bestimmung« verwies, und Realsituation bezeichnet.[320]

– Für die bürgerliche Frau aus einer Familie ohne oder mit nur einem bescheidenen Vermögen stellte sich die Situation anders dar. Zwar demonstrierte auch hier das – normalerweise – einzige Dienstmädchen, daß die Dame des Hauses nicht arbeiten mußte. Tatsächlich war aber auch sie zwangsläufig mit Hausarbeit beschäftigt, besonders dann, wenn mehrere Kinder vorhanden waren. War das Einkommen niedrig, blieb nichts anderes übrig, als weiterhin noch einen Teil der Lebensmittel im Hause zu verarbeiten. Insbesondere aber verblieben Kindererziehung und Näharbeiten für die Frau.[321] In diesen Verhältnissen hatte die Frau viel Arbeit, ohne daß dies nach außen sichtbar werden durfte.

Ideologie und Realsituation fielen hier noch zusammen. Das Vorhandensein eines Dienstmädchens mußte die tatsächlichen Verhältnisse, die Mitarbeit der Frau im Haushalt, vor der Außenwelt verbergen.

Diese Notwendigkeit erklärt sich größtenteils aus einer weiteren, sehr zentralen Funktion der bürgerlichen Frau als Repräsentantin der »standesgemäßen« Lebensführung: »Sie ist ja doch nun einmal das Repräsentationsstück, an dem der Mann sein wirtschaftliches und gesellschaftliches Niveau demonstriert sehen will. An ihren Kleidern, Hüten und Schuhen soll man seine Arbeitserfolge, seine Ehren und Würden gewissermaßen ablesen können. Und so spielt das ›Standesgemäße‹ vor allem im Leben der Frau eine Rolle. Sie darf nicht mit der Markttasche gesehen werden, sie darf nicht die Korridortür selbst öffnen, sie darf keine grobe Arbeit tun (wenigstens nicht so, daß es bekannt werden kann), sie darf keinen Kinderwagen schieben; sie muß einen Federhut und eine Pelzboa haben, sie muß 2. Klasse fahren usw. in endlosen Variationen und Schattierungen.«[322] Im Rahmen dieser Bestrebungen spielte die Mode eine zentrale Rolle. Heilborn weist darauf hin, daß der Anzug des Mannes in dem Maße vernachlässigt werden konnte, »in dem das Kleid der Hausfrau kostbar wird.«[323]

Als Beschäftigung außerhalb des häuslichen Rahmens war nur karitatives Engagement standesgemäß. Für die Frauen der höheren Beamten war es nahezu obligatorisch. Teilweise wurden die höheren Beamten von ihren Vorgesetzten förmlich dazu aufgefordert, »vaterländische Frauenvereinigungen« zu gründen, in denen dann die Frauen die führenden Positionen übernahmen.[324] Es erschien notwendig, daß die wohlhabende Bevölkerung Gemeinsinn zeigte und damit dokumentierte, daß sie nicht nur am eigenen Wohlleben interessiert war. Welche Gesinnung sich in vielen Fällen hinter dieser »Wohltätigkeit« verbarg und in welchem Maße sie Beschäftigungstherapie für die zur Untätigkeit verurteilte bürgerliche, aber auch adelige Frau war, beschreibt Lily Braun aus eigener Erfahrung.

Der »Krippenverein«, dem ihre Tante angehörte, bestand ausschließlich aus in Seidenkleider gewandeten Damen, »keine einzige unter ihnen hatte keine Loge im Theater, keine Equipage vor der Türe, – und doch berieten sie stundenlang, auf welche Weise die . . . paar hundert Mark aufgebracht werden könnten.« Als dann schließlich beschlossen wurde, einen Basar zu veranstalten, kreisten die Gedanken hauptsächlich um die Frage, was bei dieser Gelegenheit anzuziehen sei. »Schon auf dem Heimweg jammerte meine Tante über all die damit verbundenen Mühen und Scherereien, über ein neues Kleid, das ich – als (Basar-)Verkäuferin – notwendig dafür haben müßte, über einen neuen Hut, den sie nur in München bekommen könnte – kurz, ich konnte die Frage nicht unterdrücken, ob nicht die Kosten erheblich geringer sein würden, wenn jede der Damen durch Zahlung von 50 Mark die Sache rasch und glatt erledigt hätte. Aber da kam ich schön an. ›Du hast doch gar keinen Begriff von Geld und Geldes Wert‹, sagte sie, ›wenn Du meinst, wir könnten alle Augenblicke solche Summen einfach hergeben. Was wir für uns tun und unsere Toilette, ist unsere Sache, für die Bedürftigen aber muß die ganze Bevölkerung herangezogen werden.‹ «[325]

Die Rolle der bürgerlichen Frau war auch da, wo sie nennenswerte Arbeitsleistungen vollbrachte, fast ausschließlich auf Aufgaben innerhalb des häuslichen Rahmens beschränkt. Hier lag der Mittelpunkt ihres Lebens, ohne daß sie in und für den Haushalt und die Familie allein kompetent gewesen wäre. Einzig die Repräsentationspflicht umfaßte gelegentlich Betätigungen in anderen Bereichen.

Demgegenüber war das Leben des Mannes weit stärker in außerhäuslichen Bereichen verhaftet. Er verbrachte einen erheblichen Teil des Tages außerhalb der Wohnung, im Geschäft oder im Büro. Ob als Unternehmer, selbständiger Akademiker oder höherer Beamter – der bürgerliche Mann war in seinem Beruf Autoritätsperson und rangierte in der gesellschaftlichen Hierarchie in der Spitzengruppe. Beruflicher Erfolg und soziales Ansehen stützten seine innerfamiliale Position und legitimierten die traditionelle patriarchalische Struktur der Familie in besonderer Weise. Der Mann war ihr unangefochtenes Oberhaupt. Er erwirtschaftete den Lebensunterhalt, verfügte über das Familienvermögen, repräsentierte die Familie als Ganze nach außen, war ihr Mittler zur Welt. Aber auch innerhalb der Familie stand ihm die letzte Entscheidung in allen wesentlichen Fragen zu. Er bestimmte die Ausbildung der Kinder, akzeptierte die Bewerber um die Töchter oder lehnte sie ab, verteilte testamentarisch das Familienvermögen.

Seine vielfältige Kompetenzen in und außerhalb des Hauses

einschließende Position wurde dadurch unterstrichen, daß die Frau von den Bereichen der Wirtschaft, des Berufs und der Politik, in denen der Mann am stärksten wurzelte, völlig ausgeschlossen war. Mann und Frau hatten den jeweiligen Mittelpunkt ihres Daseins in voneinander getrennten und unterschiedlich strukturierten Lebensbereichen. Der Mann hatte, wie Hegel schon postulierte, »sein wirkliches substantielles Leben im Staate, der Wissenschaft und dergl., und sonst im Kampfe und der Arbeit mit der Außenwelt und mit sich selbst . . .«[326] Er lebte in den Bereichen der gesellschaftlichen Dynamik und Entwicklung. Die Frau hingegen hatte ihre »substantielle Bestimmung« in der Familie, konnte aber auch dort nicht ohne Zustimmung des Mannes agieren. Die Frau hatte, da sie ohne Berufsausbildung war, normalerweise auch überhaupt keine Alternative zu diesem Dasein; sie war vom Mann und seinen Leistungen ökonomisch und sozial vollständig abhängig.

Diese Unterordnung und Abhängigkeit wurde durch ihre rechtlich unselbständige Position noch verfestigt. Selbst wenn sie eigenes Vermögen hatte, so ging dessen Verwaltung und Nutznießung mit der Eheschließung auf den Mann über. Das war jedenfalls der gesetzliche Normalfall. Ausgenommen davon war lediglich das ehevertraglich festgelegte Vorbehaltsgut. Noch das BGB von 1900 kombinierte den Schutz des Vermögens der Frau mit einem Maximum an Dispositionsbefugnis des Ehemannes. Die Zustimmung der Frau war nur erforderlich, wenn die Vermögens*substanz* betroffen war. Die Frau selbst konnte nur bedingt über ihr eigenes Vermögen verfügen. Die Zustimmung des Ehemannes war erforderlich. Diese konnte auch von ihr im Klagewege (!) eingeholt werden. Verfügte die Frau ohne Zustimmung ihres Mannes über ihr Vermögen, so entstand ein rechtlicher Schwebezustand (wie bei Minderjährigen (!)), der erst durch die Zustimmung des Mannes oder, wenn er keinen Widerspruch einlegte, nach Ablauf von zwei Wochen beendet wurde.[327]

Daß diese rechtlichen Regelungen des BGB, die sich nicht erheblich von denen des ALR unterschieden, in bürgerlichen Familien durchaus Relevanz hatten, berichtet Marianne Weber von der Ehe ihrer Schwiegereltern, wo die Neigung der Frau, die Bedürftigen zu beschenken, auf zunehmenden Widerstand ihres Ehemannes stieß. Obwohl die Frau eigenes Vermögen besaß, kam der Mann gar nicht auf die Idee, sie an dessen Verfügung zu beteiligen, geschweige denn darüber entscheiden zu lassen. Ihn beherrschte »das typische Bedürfnis der Ehemänner jener Zeit, die Verwendung des Familieneinkommens allein zu bestimmen und Frau und Kinder im Dunkeln zu lassen, wie hoch es sich beläuft. Das patriarchalische Machtbedürfnis jener Generation verschanzt sich in der Überzeugung, daß Frauen von Geldsachen ja doch nichts verstehen, und daß es auch nicht zu ihrem ›Wesen‹ gehört, sich damit zu befassen.«[328] Aber nicht nur das. Die ca. 50-jährige Frau verfügte weder über ein Taschengeld für ihre persönlichen Bedürfnisse noch über ein festes Haushaltsgeld. Sie mußte jede Mark vom Ehemann erbitten. Dies entsprach, so Marianne Weber, durchaus der Tradition dieser Kreise.

Selbst wenn die Frau in der Lage gewesen wäre, eigenes Geld zu verdienen, konnte sie das nicht ohne weiteres. Die Regelungen des BGB sahen die Zustimmung des Mannes zur Berufstätigkeit seiner Frau vor. Er konnte ihr Arbeitsverhältnis vermittels des Vormundschaftsgerichtes (!) kündigen.[329] Formal gestand das BGB der Frau zwar die volle Geschäftsfähigkeit zu, praktisch blieb dem Manne jedoch die endgültige Entscheidung.

Die ökonomische Lage der bürgerlichen Frau verschlechterte sich rapide, wenn sie Witwe wurde. Die Witwenrenten bzw. -pensionen waren bei den Beamten bedeutend niedriger als das vormalige Gehalt. Hobsbawm weist darauf hin, daß das größte Risiko, »dem man sich in bürgerlichen Kreisen ausgesetzt sah . . . die zu unfreiwilligem Schmarotzertum verurteilte Weiblichkeit (betraf) und . . . im unvorhergesehenen Verlust des männlichen Versorgers« bestand.[330]

Die strikte Trennung der Lebensbereiche von Mann und Frau und die unterschiedlichen Positionen, die sie innerhalb der Ehebeziehung einnahmen, begrenzten auch die Kommunikationsbereiche zwischen den Ehegatten. Gemeinsame Interessen konnten bestenfalls in der Erziehung der Kinder bestehen, sich u. U. auch in religiösen oder kulturellen Fragen entwickeln. Von dem Bereich, in dem die meisten bürgerlichen Männer am engagiertesten lebten, Geschäft oder Beruf, u. U. auch Politik, war die Frau ausgeschlossen und ohne tieferes Verständnis, da sich die Distanz zwischen ihrem häuslichen Bereich und dem immer stärker durchrationalisierten und sich komplizierenden von Beruf und Geschäft vergrößerte. Daraus zieht Freudenthal die Folgerung, die bürgerliche Frau habe dem Mann keine

Gefährtin sein können.[331] Und in der Tat scheint die im bürgerlichen Ehe- und Familienleitbild geforderte »geistige Gemeinschaft« der Ehegatten rund hundert Jahre nach ihrer Formulierung weit von der Realisierung entfernt zu sein. Zwar hatte als Folge der Reformbestrebungen des 18. Jahrhunderts die Mädchenbildung bescheidene Fortschritte gemacht. Einiges davon war schon im Biedermeier zurückgenommen worden. Die Emanzipationsfeindlichkeit hielt an. So blieben die Frauen im Vergleich zu den Erweiterungen, die die Bildung und Ausbildung des Mannes erfuhr, hoffnungslos abgeschlagen. Der Abstand zwischen den Geschlechtern vergrößerte sich vermutlich im 19. Jahrhundert noch weiter. Aber nur hier, für das Bürgertum, trifft m. E. die Feststellung zu, die Position der Frau sei noch nie so untergeordnet und unselbständig gewesen wie in der zweiten Hälfte des 19. Jahrhunderts.[332] Der registrierte Anstieg des Heiratsalters der bürgerlichen Frauen im Laufe des 19. Jahrhunderts hat, das ist aus den bisherigen Überlegungen deutlich ersichtlich, nichts mit einer Verbesserung ihrer Position in Ehe und Familie oder in anderen gesellschaftlichen Bereichen zu tun. Dies Verhältnis der Geschlechter in der bürgerlichen Ehe, den Mann als aktiven, durch seinen Beruf definierten, und die Frau als aufs Haus und dessen Repräsentation verwiesenen Teil, beschreibt Katia Mann in ihren »Ungeschriebenen Memoiren« in - wenn wohl auch unfreiwillig – klassischer Weise: »Mein Vater war Professor der Mathematik in München und meine Mutter war eine sehr schöne Frau!«[333]

Nur durch umfassende Identifikation mit dem Mann, seiner Tätigkeit und seinen Erfolgen konnte die bürgerliche Frau im Normalfall das Fehlen eines eigenständigen, sinnvollen Tätigkeitsbereichs psychisch kompensieren. Sie lebte in mehrfacher Hinsicht durch den Mann: insofern, als er das Geld verdiente bzw. über das Vermögen verfügte und dadurch, daß durch ihn und seine Arbeit zugleich ihr sozialer Rang sowie der Sinn ihres Daseins festgelegt wurde. »Der scheinbare Müßiggang ist auch hier gepaart mit äußerster Unfreiheit.«[334]

Da für die Frau die Ehe die einzig akzeptable Lebensperspektive blieb, war sie darauf angewiesen, zu heiraten und eine möglichst gute, d. h. vermögende Partie zu machen. Zum anderen mußte sie ihre Energie darauf verwenden, die einmal geschlossene Ehe auch für alle Beteiligten halbwegs akzeptabel zu gestalten (sofern ihr das allein möglich war), mindestens aber die Fassade einer glücklichen Ehe aufrechtzuhalten. Darüber hinaus war die Frau, vom Mann und seinem Erfolg vollständig abhängig, dazu gezwungen, diesen Erfolg abzusichern und zu beschleunigen, d. h. die bestehenden gesellschaftlichen Strukturen, in denen seine Karriere berechenbar, kalkulierbar war, zu stützen. Da andererseits ihre eigene untergeordnete und abhängige Situation diesen gesellschaftlichen Strukturen unmittelbar zugerechnet werden konnte, befand sich die Frau in der Lage, Verhältnisse zu bestärken, in denen sie selbst benachteiligt wurde. Horkheimer hat auf diese, aus ihrer Interessenlage resultierende, konservative und gesellschaftsstabilisierende Haltung der Frau aufmerksam gemacht.[335] Auch dieser Aspekt der Struktur bürgerlicher Familie trägt somit zur Stabilisierung der gesellschaftlichen Verhältnisse bei.

3. Sexuelle Beziehungen

Angesichts der beschriebenen Struktur der Ehebeziehung im Bürgertum stellt sich die Frage, ob im sexuellen Bereich eine beide Ehepartner befriedigende Beziehung entstehen konnte. Generell sind durch die zunehmende Privatisierung und Abkapselung der bürgerlichen Familie nach außen und der damit verbundenen Intensivierung der binnenfamiliären Beziehungen auch die sexuellen Beziehungen zwischen den Ehepartnern aufgewertet worden. Damit verbunden war eine verschärfte Sensibilisierung gegenüber vor- und außerehelichem Geschlechtsverkehr[336]. So wie – zumindest im Leitbild – die »Liebe« wurde auch die Sexualität in der bürgerlichen Ehe monopolisiert.

Nun erst entstand in der Familie eine Intimsphäre der Eltern, die vor den Kindern verborgen gehalten wurde. Deutlich läßt sich diese Entwicklung an den beschriebenen Veränderungen des Wohnens ablesen. Neue, spezielle Räume entstanden, besonders Schlafräume. Einerseits wurde die Beziehung der Eltern zu den Kindern in der bürgerlichen Familie intensiviert, andererseits wurden diese nicht nur aus der elterlichen Intimsphäre ausgeschlossen, sondern die Eltern-Kind-Beziehung selbst mußte von erotischen, auf jeden Fall sexuellen Momenten »gereinigt« werden. Insbesondere die Mutter-Kind-Beziehung, die durch die Abwesenheit des Vaters besonders eng wurde, war hiervon betroffen. So »wird nicht nur das Geschlechtsleben der Gatten den Kindern gegenüber mit Geheimnis umgeben, sondern von aller, der Mutter zugewandten Zärtlichkeit des Sohnes muß aufs strengste jedes sinnliche Moment gebannt werden.«[337]

Die Rigidität, mit der diese für die Herausbildung der bürgerlichen Persönlichkeitsstruktur zentrale Triebverdrängung und Triebmodellierung in der bürgerlichen Familie geleistet wurde, hatte bedeutsame Folgen für die Beziehung der Geschlechter. Für den dermaßen sozialisierten Mann zerfiel die weibliche Menschheit in heilige, vorwiegend geistige Wesen (Mutter, Schwester, Ehefrau) und in verderbte, sinnliche Verführerinnen (Geliebte, Prostituierte).[338]

Das Verhältnis des bürgerlichen Menschen zur Sexualität hatte sich seit dem 18. Jahrhundert offenbar verändert. Van Ussel hat darauf hingewiesen, daß es teilweise noch bis zum Ende des 18. Jahrhunderts für beide Geschlechter möglich gewesen sei, die eigenen sexuellen Bedürfnisse und Wünsche zu artikulieren.[339] Im Laufe des 19. Jahrhunderts wurde dies bereits als ein Zeichen sittlicher Verderbtheit interpretiert.[340] Diese Entwicklung stellt van Ussel in eine Reihe mit den Veränderungen des bürgerlichen Charakters im Verlauf des Formierungsprozesses des Bürgertums. Die notwendige Kontrolle der Affekte und Emotionen erstreckte sich auch auf die Sexualität. Im Zuge der Umformung des Körpers von einem Lust- zu einem Leistungsorgan mußte sie verdrängt werden.[341] In der Folge wurden sittsamen (= bürgerlichen, wohl auch adeligen) Frauen sexuelle Bedürfnisse abgesprochen.[342] Die Frauen, die für den bürgerlichen Mann als Ehefrauen in Frage kamen, waren asexuelle, unschuldige Geschöpfe. Hobsbawm beschreibt zutreffend, daß gerade dies Insistieren auf der »in erster Linie geistigen Natur der Frau« als Kehrseite das Eingeständnis umfaßte, »daß die Männer anders beschaffen waren.«[343] Diese Auffassung legitimierte hervorragend die allerdings nicht neue und über bürgerliche Kreise hinaus verbreitete doppelte Sexualmoral, die Mann und Frau sehr verschiedene Verhaltensweisen abverlangte.

Die herrschenden Normen forderten, daß die Frau keusch erzogen wurde, d. h. unaufgeklärt blieb. Sie mußte jungfräulich in die Ehe gehen, »süß, hilflos und unwissend« sein.[344] Sexuelle Themen waren für das »anständige« Mädchen und die »anständige« Frau tabu. Selbst die Bibel wurde nur von allen anstößigen

Passagen gereinigt in ihre Hände gegeben.[345] Zwar wurde theoretisch auch von dem jungen Mann verlangt, daß er bis zur Heirat »rein« blieb, praktisch aber toleriert, daß er voreheliche Erfahrungen sammelte, sich die »Hörner« abstieß. Außerdem sollte er der Lehrer der jungen Frau sein, und das setzte schließlich ein Minimum an Erfahrung voraus.[346]

Seine sexuellen Erfahrungen sammelte der junge Mann aus gutem Hause auf verschiedene Weise: im Umgang mit Dienstmädchen und Gouvernanten im elterlichen Hause, mit Schauspielerinnen u. ä., sowie im Bordell. Normalerweise handelte es sich dabei um weibliche Angehörige einer anderen sozialen Klasse, denen, im Gegensatz zu den als Ehefrau in Frage kommenden sittsamen Frauen der eigenen Klasse, sexuelle Bedürfnisse unterstellt werden konnten. Das machte nicht nur den Umgang mit ihnen angenehm, sondern rechtfertigte geradezu Verführung, selbst Vergewaltigung.[347]

Entscheidend war, daß die sexuellen Erfahrungen dezent gesammelt wurden. Insbesondere gegenüber den weiblichen Familienmitgliedern war absolutes Stillschweigen geboten – wenngleich die meisten etwas ahnten. Diese familiale Konstellation hat Heilborn treffend geschildert: »Der Vater verargte es dem Sohn denn auch keineswegs, daß der sein Verhältnis hatte, wobei es nur selbstverständliche Voraussetzung war, daß es sich um ein Mädel aus den unteren Volksschichten handelte, und daß man nicht kleben blieb ... wesentlich war: man wußte von nichts. Dies Nichtswissen war bei der Mutter – sehr im Gegensatz zum Vater, der unterrichtet schien und zu der Schwester, die ahnte, – sogar Herzensüberzeugung. Für die Unschuld ihres Jungen hätte sie die Hand unter das Bügeleisen gelegt. Trotzdem sie mehrfach heimlich Schulden für ihn bezahlt hatte (der Vater übrigens auch).«[348]

In der Ehe gaben die Unwissenheit und Unaufgeklärtheit der jungen Frau und die »Erfahrungen« des jungen Mannes nicht gerade eine ideale Kombination ab. Zumindest galt das für jene, offenbar nicht seltenen Fälle, in denen der junge Mann bar jeden Einfühlungsvermögens in die Situation seiner Frau war. Nicht wenige Frauen haben in der Hochzeitsnacht einen Schock erfahren, der häufig die gesamte Ehebeziehung lebenslang überschattete. So schreibt George Sand, die selbst in ihrer Hochzeitsnacht vergewaltigt wurde, zwanzig Jahre später (ca. 1842) anläßlich der

Hochzeit ihrer Nichte an ihren Halbbruder: »Verhindere, daß dein Schwiegersohn in der Brautnacht brutal mit deiner Tochter umgeht, denn viele organische Leiden und schmerzhafte Niederkünfte haben bei zartbesaiteten Frauen keine andere Ursache. Die Männer wissen nicht genügend, daß dieses Vergnügen für uns eine Marter ist. Sag ihm also, er solle sich mit seiner Sinneslust ein wenig zurückhalten und solange warten, bis seine Frau durch ihn allmählich so weit gebracht ist, sie zu begreifen und zu erwidern. Nichts ist abscheulicher als der Schrecken, die Qual und der Abscheu eines armen Kindes, das von nichts weiß und sich nun von einem Rohling vergewaltigt sieht. Wir erziehen sie wie Heilige, aber dann geben wir sie wie Stutenfüllen preis . . .«[349]

Lily Brauns (adelige) Mutter begann 1863 unter den gleichen Bedingungen ihre Ehe. Sie heiratete den Mann ihrer Wahl, gegen den anfänglichen Widerstand ihres Vaters, so daß man relativ intensive Zuneigung unterstellen kann. Später erzählte sie der Tochter, »daß sie in den ersten acht Tagen ihres Zusammenlebens mit ihrem Mann am liebsten davongelaufen wäre, wenn sie sich nicht vor ihren Eltern geschämt hätte. Erst allmählich kam ihr die Erkenntnis, daß ihr Gatte kein Verbrecher, ihr Schicksal kein abnormes war.«[350] Daß an einem solchen Erlebnis – wie in diesem Falle – auch eine vorhandene Zuneigung zerbricht, ist nicht verwunderlich.

Derartige Erfahrungen bestätigen die allgemein dominierende, vereinzelt noch bis in die Gegenwart anzutreffende Auffassung, eine »anständige« Frau habe an sexuellen Beziehungen kein Vergnügen, empfinde sie lediglich als eheliche Pflicht, die man nur um der Mutterschaft willen auf sich nehmen müsse. Unter diesen Bedingungen dürften beide Partner befriedigende sexuelle Beziehungen in der Ehe wohl nicht der Normalfall gewesen sein.

Die doppelte Moral galt auch hinsichtlich der außerehelichen Beziehungen. Theoretisch waren sie für Frau und Mann gleichermaßen verwerflich, wegen der möglichen Konsequenzen wurde der Ehebruch der Frau jedoch anders beurteilt. Das war allerdings am Ende des 19. Jahrhunderts nicht neu. Bereits Knigge hatte 1794 alle bekannten Argumente zusammengefaßt, die auch 100 Jahre später noch Geltung hatten: Die Unkeuschheit einer Frau »zerreißt die Familienbande, vererbt auf Bastarde die Vorzüge ehelicher Kinder, *zerstört die heiligen Rechte des Eigentums* und widerspricht laut den Gesetzen der Natur, nach welchen immer Vielweiberei weniger unnatürlich als Vielmännerei sein würde.«[351]

Für den Mann waren außereheliche Beziehungen augenzwinkernd gestattet.[352] Sie waren die Kehrseite unbefriedigender sexueller Beziehungen in der Ehe. Die Frau fand, wenn sie die ihr zugeschriebene Asexualität akzeptierte, Trost in der Mutterschaft; der Mann hielt sich anderweitig schadlos. Ehebruch und Prostitution waren so gleichsam die Konsequenzen dieser Sexualmoral, »die dem Mann sowohl in als auch vor der Ehe gestattet, was sie den Frauen aus ökonomischen Gründen versagen *muß*.«[353]

Die nachstehende Charakterisierung der Ehebeziehungen, die Kramer auf die »Vernunftehen« beschränkt, gilt m. E. darüber hinaus auch für jene, in denen einstmals vorhandene Liebe und Zuneigung durch spezifische sexuelle Erfahrung abgetötet wurde. » . . . die Partner (lebten) ohne echte Neigung miteinander: er machte seine Frau zur Mutter seiner Kinder, und man demonstrierte der Welt einen gut geführten bürgerlichen Haushalt, mit schöner Wohnung, Personal und so weiter. Zeugung und Fortpflanzung der Sippe – so hieß es – seien das eine, Sinnlichkeit und ihre Befriedigung bei einer Frau etwas völlig anderes, durch das man die eigene Frau nicht ›entwürdigen‹ dürfe. Erotik sei lasterhaft und für eine Frau aus guten Kreisen in der Ehe nicht ›standesgemäß‹. Die Ehegattin wurde also oft nicht zugleich eine Geliebte, sie hat den Ehemann nicht erotisch zu fesseln gewußt, und der Ehemann suchte den Rausch der Verzauberung nicht selten in der Halbwelt oder bei Lebedamen.«[354]

IV. Situation der Kinder in der bürgerlichen Familie

1. Kinderzahl

Wie gezeigt worden ist, bekamen die Kinder auf Grund der Intensivierung und Emotionalisierung der Ehebeziehung im bürgerlichen Familienideal – und zunehmend auch in der Realität – einen anderen Stellenwert als zuvor. Ihre Individualität fand größere Beachtung. Bewußte Erziehung und Ausbildung der Kinder, speziell der männlichen, rückten in den Mittelpunkt des

Familienlebens. Kinder wurden tendenziell zum Gegenstand von Aufmerksamkeit, Zuwendung und Liebe der Eltern.

Mit dieser veränderten Stellung des Kindes in der bürgerlichen Familie korrespondierte die zu beobachtende Beschränkung der Geburten im Bürgertum.[355] Verbesserte Pflege, Hygiene und medizinische Vorsorge führten zu einer Reduzierung der Säuglings- und Kindersterblichkeit. Das bewußt geplante Kind hatte somit auch eine größere Chance zu überleben. Erst jetzt, als Kinder nicht mehr unvermeidbares Nebenprodukt sexueller Beziehungen waren, konnten sie in ihrer Einzigartigkeit und Individualität von den Eltern geschätzt werden und jene Aufmerksamkeit und Fürsorge erhalten, die das neue Familienleitbild propagierte. Auslösendes Moment für die Geburtenkontrolle war allerdings kaum das Bedürfnis der Eltern, sich weniger Kindern mehr und intensiver zu widmen, sondern dürfte neben finanziellen Überlegungen auch in der Rücksichtnahme auf die Gesundheit der Frau zu suchen sein, die durch Dauerschwangerschaften stark strapaziert wurde. Insofern kann der Übergang zur Empfängnisverhütung als Ausfluß der gewandelten Ehebeziehungen angesehen werden.[356] Aber auch das neue Leitbild der Frau als geistiger Gefährtin des Mannes und Repräsentantin der Familie vertrug sich nicht mehr mit der Beschränkung ihrer Rolle auf die einer unermüdlichen Produzentin von Nachkommen.

Am frühesten zeigte sich in Deutschland die Tendenz zur Geburtenbeschränkung bei den Angehörigen des Bildungsbürgertums. Noch bis zur Jahrhundertmitte hatten die Familien der niedersächsischen Unternehmer und des Bildungsbürgertums im Durchschnitt 5,9 bzw. 5,8 Kinder.[357] Danach setzte im Bildungsbürgertum ein drastischer Geburtenrückgang ein. Die Fruchtbarkeit der Unternehmerehen war bis zur Jahrhundertwende deutlich höher. Eine Annäherung vollzog sich erst allmählich, seit ca. 1890. Allerdings wurde bei beiden, Unternehmer- und bildungsbürgerlichen Familien, die Kinderzahl reduziert (vgl. Tab. S. 353).

Hennings Zahlen für die Familien der höheren Beamten in den preußischen Provinzen, Hannover, Rheinland und Westfalen liegen allerdings höher. Bis 1890 hatten sie im Durchschnitt vier Kinder, zwischen 1890 und 1914 sank die Zahl auf drei.[358] Die Differenz zu den Angaben von Nells erklärt sich aus Unterschieden in Kategorisierung, Berechnungszeitraum und -gebiet. Letzteres dürfte ausschlaggebend sein, denn von Nell macht darauf

Durchschnittliche Kinderzahl pro vollständiger Ehe

Heiratsjahr	Bildungsschicht[1]	Selbständige in Handel und Industrie[2]
1875-1890	3,0	4,1
1890-1909	2,6	2,9
1900-1914	2,1	2,8

1 dazu gehören: höhere Verwaltungs- und Justizbeamte, Diplomaten und höhere, politische Beamte, Offiziere (ab Leutnant), Hochschullehrer, Studienräte, freie Berufe (ohne Ingenieure und Architekten).
2 Selbständige ohne Handwerker und Kleingewerbebetreibende.
Quelle: Von Nell, a.a.O., Tab II, 1.16, S. 58.

aufmerksam, daß im Vergleich zum gesamten Reichsgebiet der Wandel der generativen Struktur in Niedersachsen (ehemals Hannover) von einem relativ niedrigen Niveau ausging.[359]

Die Differenz in der durchschnittlichen Kinderzahl von Unternehmer- und bildungsbürgerlichen Familien bleibt gleichwohl erklärungsbedürftig. Vermutlich drücken sich in ihr sowohl eine andere Bedeutung von Kindern als auch Unterschiede der materiellen Situation aus.

Bei der Erörterung des Heiratsverhaltens wurde bereits deutlich, daß die Familie der *Unternehmer* noch lange Zeit wichtige Funktionen für das Geschäft und den Betrieb erfüllte[360] und erst die Entwicklung neuer Rechtsformen für die Unternehmen sowie eines Kapitalmarkts am Ausgang des 19. Jahrhunderts sie von solchen Funktionen allmählich entlastete. Auch als die Bereiche von Familie und Unternehmen bereits räumlich voneinander getrennt waren, wurden noch spezifische Verhaltensweisen einzelner Familienangehöriger gezielt für den Bereich des Betriebs oder Geschäfts eingesetzt. Am deutlichsten zeigte sich diese Instrumentalisierung des Familienbereichs für andere, außer seiner selbst liegende Zwecke an den bereits erwähnten »Heiratsstrategien« der Unternehmerfamilie. Zweckmäßige Heiraten der Kinder stellten ein wichtiges Potential dar, Kapital zu erlangen und Geschäftsverbindungen zu knüpfen und zu pflegen. Eine große Kinderschar war angesichts des relativ bescheidenen Lebenszuschnitts vieler früher Unternehmer keine übermäßige finanzielle Belastung und bedeutete zugleich eine Vermehrung der Chancen zu günstigen Heirats- (= Geschäfts)Verbindungen.

Als aufwendigerer Lebensstil sich auch bei den Unternehmern als Norm durchsetzte, war ihr materieller Spielraum bereits so angewachsen, daß Aufzucht, Erziehung und Ausbildung auch einer größeren Zahl von Kindern ihr Budget nicht nennenswert belastete. Der deutliche Rückgang der durchschnittlichen Kinderzahl der Unternehmerfamilien im Kaiserreich, wie er aus der oben angegebenen Tabelle ersichtlich wird, kann m. E. also weder allein mit finanziellen Überlegungen noch einfach mit der Übernahme der Standards des Bildungsbürgertums erklärt werden. Zugrunde liegt ihm vermutlich auch die am Ausgang des Jahrhunderts nachlassende Instrumentalisierung der Familie für den geschäftlichen Bereich. Als eine zweckrationale Heiratspolitik für das Florieren des Betriebes oder Geschäfts zunehmend weniger notwendig war, konnten persönliche Zuneigung und Ansprüche mehr Raum in Partnerwahl und Ehebeziehung erlangen.[361] Das bedeutete, daß sich nun auch die Unternehmerfamilien stärker dem bürgerlichen Familienleitbild annäherten und die eingangs beschriebene Haltung gegenüber Kindern entwickeln konnten.

Im *Bildungsbürgertum*, wo die Trennung von beruflicher und familialer Sphäre viel früher und vollständiger ausgebildet wurde, faßten die neuen Ideen über Ehe und Familienbeziehungen, die die Frau als geistige Gefährtin des Mannes und nicht mehr ausschließlich als Hausfrau und Produzentin und Erzieherin von Nachkommen definierten, eher Fuß. Hinzu kam, daß bei den Beamten und selbständigen Akademikern der materielle Spielraum stets begrenzter war als bei den Unternehmern. Bei den Beamten verschärfte sich die (relative) finanzielle Situation im 19. Jahrhundert fühlbar. Die selbständigen Akademiker konnten erst am Ende des Jahrhunderts eine behagliche Wohlhabenheit erlangen. Die Diskrepanz zwischen Besoldung bzw. Einkommen und standesgemäßer Lebensführung, wozu eine gute Ausbildung der Kinder, zumindest der Söhne gehörte, legte bei diesen beiden Gruppen eine Beschränkung der Kinderzahlen nahe. Im Kaiserreich wurde dieser Zusammenhang am Beispiel der Beamten eingehend diskutiert.[362]

Daß ein solcher Zusammenhang bestand, ist nicht von der Hand zu weisen. Problematisch scheint mir allerdings zu sein, einzig die finanzielle Situation für die Zahl der Kinder als ausschlaggebend anzusehen. Das konnte am Beispiel der Unternehmerfamilien, die trotz Wohlstands zur Geburtenbeschränkung übergingen, gezeigt werden. Auf andere Faktoren, die eine Rolle spielten, ist schon hingewiesen worden: die Wandlungen der Ehebeziehungen, die damit verbundene neue Einstellung zu Kindern und die geänderte Rolle der Frau.

Die Frage nach der Zahl der Kinder kann, das soll hier noch einmal ausdrücklich betont werden, nicht allein durch den Rückgriff auf zweckrationale ökonomische Motive beantwortet werden. Wären diese tatsächlich ausschlaggebend, würden unter der Bedingung, daß wirksame Verhütungsmittel und -methoden bekannt und erschwinglich sind, kaum noch Kinder geboren werden, jedenfalls dort nicht, wo Kinder hohe Kosten verursachen, ohne eine quantifizierbare Gegenleistung erbringen zu können. In hohem Maße ist der Wunsch nach Kindern von traditionellen Verhaltensmustern geprägt. Wenn sich auch die Vorstellungen über die günstigste Anzahl im Laufe der historischen Entwicklung als relativ flexibel herausgestellt haben, so gehören Kinder doch herkömmlicherweise einfach zu einer Ehe dazu. Es handelt sich um ein eingeschliffenes Muster, das der Zeit entstammt, in der die Kinder unvermeidbares Beiprodukt geschlechtlicher Beziehungen waren. Kinderlosigkeit beruhte auf Unfruchtbarkeit, also einem Defekt, und wurde entsprechend gewertet. Den starken sozialen Druck, der auf die Anpassung an die gesellschaftliche Norm des Kinderproduzierens wirkte, schildert der Unternehmer P. E. Müllensiefen, dessen Ehe anfangs kinderlos war, aus der ersten Hälfte des 19. Jahrhunderts. Seine Frau und er wurden bald zum Gegenstand vielfältiger grober Witzeleien und Anspielungen. »Die Folge davon war verzehrender Gram, gräßliche Verstimmung, Vergiftung aller Lebensfreude! Unseren Gedanken überlassen saßen wir nach solchen Auftritten oft eine Stunde lang schweigend in unserem Schlafgemach, bis wir endlich lautlos einander in die Arme sanken und unseren verhaltenen Schmerz in Tränen verströmten.«[363]

Zu solchen traditionellen Motiven gehört auch, daß die Zeugung von Kindern als Beweis von Potenz und Leistungsfähigkeit der Männer galt. Daneben konnten noch andere Überlegungen eine Rolle spielen. So war beispielsweise bei den Unternehmern, solange die Familienunternehmen dominierten, der Wunsch nach einem Erben und Fortsetzer der eigenen Arbeit sicher wichtig. Problematisch scheint es mir aber zu sein, die Kinderzahl einzig auf ihre Funktion für die Familie zurückzuführen, gleichsam gezielte Fertilitätsstrategien zu unterstellen. Eine solche Argumentation klingt bei Kocka an, wenn er schreibt: »Bei der Kapitalbildung konnten größere Familien eher helfen als kleine – ceteris paribus. *Dem entsprach* der Kinderreichtum der wirtschaftsbürgerlichen Familien.«[364]

Aus der Tatsache, daß Kinder tatsächlich eine sinnvolle Funktion für den Betrieb oder das Geschäft erfüllten, kann aber nicht geschlossen werden, diese Überlegung sei ausschlaggebend für ihre Zeugung gewesen. Aus einem solchen Zusammenhang kann man nur folgern, daß keine Veranlassung bestanden hat, um jeden Preis Geburtenbeschränkung zu praktizieren. Denn eheliche Fruchtbarkeit ist, wie nachzuweisen versucht wurde, ein sehr komplex bestimmtes Verhalten, das nicht auf eine einzige Variable zurückgeführt werden kann und sich rationaler Kalkulation weitgehend entzieht.

So waren gerade für die Beamtenfamilien Kinder angesichts des knappen Gehalts nicht rational. Sie konnten weder als Arbeitskraft Bedeutung erlangen noch, da in der Regel kein nennenswertes Vermögen vorhanden war, als Erbe. Insofern dürfte der Wunsch nach Kindern in diesen Gruppen des Bürgertums vornehmlich der beschriebenen traditionellen Familienvorstellung verdankt sein. Besonders wenn Kinder heranwachsen, können sich gleichwohl noch andere Hoffnungen und Wünsche der Eltern an sie heften. Kinder können wichtig werden, weil die Eltern durch sie die eigenen, selbst nicht erreichten Lebensziele realisiert zu sehen wünschen, oder weil die Fortsetzung dessen, was sie erreicht haben, für die Mühen und Entbehrungen entschädigt, die sie dafür auf sich nehmen mußten. Dies Moment beschreibt Heilborn am Beispiel der Familie eines höheren Beamten des Kaiserreichs. »Ja, wenn der Vater, und er tat es oft in geheimem Stolz, auf den Jungen blickte, konnte er in ihm die gradlinige Fortsetzung seiner eigenen Existenz erblicken.«[365]

2. Kindererziehung

Infolge der räumlichen Trennung von Berufsarbeit und Familie, die den Mann tagsüber von Frau und Kindern fernhielt, war der Vater in den Erziehungsprozeß zeitlich wenig involviert. Verstärkt wurde die Abwesenheit des Vaters durch die Verlegung des

Wohnsitzes an den Stadtrand oder aufs Land. Selbst das gemeinsame Mittagessen entfiel dadurch weitgehend. So berichtet beispielsweise Schramm von seinem Vater, der Anwalt war, er sei immer erst abends um halb sieben aus dem Büro in der Stadt nach Hause gekommen und habe sich nur am Wochenende mit den Kindern beschäftigen können.[366] Maximal standen für das Familienleben nur die Abende und das Wochenende zur Verfügung. Auch da, wo der Mann im Hause arbeitete, wie bei vielen Bildungsbürgern üblich, war sein Arbeitszimmer innerhalb des Hauses gegen die Familie, und das heißt, gegen Störungen, abgeschirmt. Die Rationalisierung und Intensivierung der Arbeit, auch der intellektuellen, und ihre Abtrennung von anderen Lebensbereichen hatte einen neuen Stand erreicht. Daß beispielsweise ein Gelehrter in demselben Raum arbeitete, in dem seine Frau, seine Kinder und seine Dienstboten sich aufhielten, wie es Strombecks Vater rund hundert Jahre früher noch tat, war nunmehr undenkbar geworden.

Infolgedessen wurde die Kindererziehung weitgehend der Frau überantwortet. Das bedeutete allerdings auch im Kaiserreich nicht, daß die Mutter die einzige Erziehungsperson war. Obschon das Stillen des Säuglings durch bürgerliche Frauen inzwischen üblicher geworden war, waren Ammen immer noch gefragt. Lily Braun verlor noch 1900 herbe Worte über das Ammen-»Unwesen« und wies darauf hin, daß der ganze Spreewald Preußens von dem Verdienst der Ammen lebte.[367] *Ein* Motiv für die Beschäftigung von Ammen nennt Fontane in »Jenny Treibel«, wenn von der jungen Schwiegertochter berichtet wird, sie sei nicht zum Selbstnähren zu bewegen gewesen, »weil es so unschön sei.«[368] In dieser Begründung schimmert die verdrängte Körperlichkeit durch, die Grundlage der herrschenden Einstellung zur Sexualität war.

Bei wohlhabenden Familien wurde außer der Amme anderes Erziehungspersonal engagiert. Vorwiegend dort, wo – wie bei den Beamtenfamilien – die finanzielle Decke kurz war, war die Mutter ungeschmälert die zentrale Erziehungsinstanz. Sonst war ihr Einfluß durch Kindermädchen und Erzieherin abgeschwächt.[369]

Diese Bemerkungen über die zeitliche Limitierung, die die Berufsarbeit dem Mann für die Beschäftigung mit seinen Kindern auferlegte, und die Existenz professioneller Erzieher dürfen nicht darüber hinwegtäuschen, daß die Angehörigen des Bürgertums sich relativ intensiv um ihre Kinder kümmerten. Die Anteilnahme an der Entwicklung der Kinder, die Überwachung ihrer Erziehung und die Lenkung ihrer Ausbildung durch die Eltern stellte – verglichen mit den Verhältnissen im »ganzen Haus« – eine neue Qualität der Eltern-Kind-Beziehungen dar.

3. Verhältnis Eltern – Kinder[370]

Es wurde schon darauf hingewiesen, daß sich erst in der bürgerlichen Familie die »klassische« Konstellation der Eltern-Kind-Beziehungen, wie sie Freud herausgearbeitet hat, entwickelte. Die überragende Autorität blieb der Vater. Er verfügte über das Vermögen bzw. erarbeitete den Unterhalt für die Familie. Er besaß das Geld, »diese Macht in substantieller Form«[371]. Dadurch wurde der patriarchalische Anspruch auf Gehorsam der Kinder gegenüber elterlichen, insbesondere väterlichen Anordnungen gestützt und legitimiert. In Konfliktfällen stellte die Androhung der Enterbung ein machtvolles Instrument dar, den kindlichen Gehorsam durchzusetzen. In besonderem Maße galt dies in jenen Familien, die Vermögen oder ein florierendes Unternehmen besaßen. Der Erbe des Familienunternehmens stand unter starkem Druck, den väterlichen Vorstellungen und Erwartungen genügen zu müssen.

Die Autorität des Mannes und Vaters mußte auf jeden Fall gewahrt bleiben. Wie zentral dieser Anspruch für das Bewußtsein und Selbstbewußtsein des bürgerlichen Mannes (und nicht nur für ihn) war, wird deutlich aus der Lebensgeschichte Fanny Lewalds, die, 1811 geboren, nach Ablehnung einer ungewünschten Eheverbindung von zu Hause fortging und sich als Schriftstellerin auf eigene Füße stellte. Erst als ihr Vater gestorben war, erfuhr sie, daß alle Verwandten von ihm in dem Glauben gelassen worden waren, er hätte den Lebensunterhalt seiner Tochter finanziert. »... und der teure, sonst so wahrhafte Mann hatte diese Täuschung aufrechterhalten, weil nach seiner Ansicht die Autorität des Familienoberhauptes darunter gelitten haben würde, wenn er eingestanden hätte, daß seine 30-jährige glücklich begabte Tochter sich ihr Brot jetzt selbst zu verdienen im Stande sei.«[372] Dieses Beispiel liegt zeitlich um die Mitte des Jahrhunderts, aber der Tendenz nach hatte es noch für das Kaiserreich Gültigkeit.

Als Folge dieses Bemühens um unbedingte Wahrung der väter-lichen Autorität ergab sich eine andere Vater-Kind-Beziehung als Weiße sie im »Kinderfreund« entworfen hatte. Das Verhältnis der Väter zu ihren Kindern war oft distanziert und wenig liebevoll. Teilweise lag die Ursache dafür in der Unsichtbarkeit weiter Bereiche des väterlichen Lebens für das Kind. Tagsüber ver-schwand der Vater im Büro oder im Arbeitszimmer. Hinzu kam, daß viele Männer die Beschäftigung mit Kindern für unmännlich und ihrer Autorität abträglich hielten. Überhaupt galt »sich Gefühlen, Empfindungen, Betrachtungen, Regungen anzuver-trauen ... (als) gefährlich, unmännlich, weiblich«.[373] Das lernte der Knabe schon frühzeitig. Zärtlicher Umgang der Väter mit den Kindern war aus diesen Gründen selten.[374]

So war in der Regel das Verhältnis der Kinder zum Vater von Respekt, gelegentlich von Furcht geprägt. Das galt für Mädchen wie für Knaben. Der Biograph des preußischen Regierungspräsi-denten Dr. Francis Kruse berichtet, dieser habe seines Vaters stets »mit einem gewissen distanzierenden Respekt gedacht.«[375] Von einer »ursprünglichen Fremdheit« gegenüber seinem Vater schreibt auch von Hippel.[376]

Die Mutter war hingegen der Gegenstand von Liebe und Verehrung. Von Hippel erschien sie dermaßen unentbehrlich für sein kindliches Leben, daß er von großer Furcht erfüllt war, sie könne einmal sterben.[377] Dies Muster eines vergleichsweise küh-len und distanzierten Verhältnisses zum Vater und einer liebe-voll-innigen Beziehung zur Mutter taucht in vielen (männlichen) Biographien auf. Dabei handelt es sich um die Beschreibung der klassischen ödipalen Situation. Die Beziehung zu den Eltern sah aus der Perspektive der Töchter etwas anders aus. Zwar domi-nierte auch bei ihnen Respekt und Distanz zum Vater. Er hatte jedoch positivere Züge, da der Vater-Tochter-Beziehung das Moment der Konkurrenz fehlte, das das Verhältnis zwischen Söhnen und Vater prägte. Entsprechend war die Mutter-Tochter-Beziehung normalerweise problemhafter. In klassischer Weise zeigt sich diese Konstellation in der Lebensgeschichte Fanny Lewalds.[378] Obwohl der Vater schon früh verstorben war, gehört auch das gespannte Verhältnis Hedwig Wachenheims und ihrer Schwester zur Mutter zum Teil in diesen Zusammenhang.[379]

Als Kehrseite der Intensivierung der Eltern-Kind-Beziehungen in der bürgerlichen Familie ergab sich die Notwendigkeit, die erotisch-sexuellen Momente dieser Beziehung zu verdrängen. Dazu gehörte einmal, daß die Sexualität der Eltern vor den Kindern verborgen gehalten wurde. Ein weiterer Ausdruck dieser Bemühungen war die Tabuisierung von Zärtlichkeit zwischen Eltern und Kindern. Helene Lange erinnert sich, nur einmal in ihrem Leben, bei der Rückkehr von einer längeren Reise, von ihrem Vater geküßt worden zu sein – es machte sie sehr verlegen.[380] Auf die Art des Umgangs zwischen Eltern und Kindern und das Ausmaß der Ächtung zärtlichen Verhaltens lassen Äußerungen Bindings tiefe Rückschlüsse zu. Er erzählt, er habe sich als Schuljunge seiner jüngeren Schwestern geschämt. Diese hätten auf der anderen Straßenseite gehen müssen, und der Knabe tat so, als ob sie nicht zusammengehörten. Mag man dies Verhalten noch für eine kindliche oder jugendliche Marotte halten, so deutet seine Bemerkung, als Junge habe man sich damals etwas durch die Tatsache bedrückt gefühlt, »daß man eine Mutter hatte«,[381] auf ein hohes Maß sexueller Verdrängungen und Verklemmungen.

Die Lösung des ödipalen Konflikts und die Verinnerlichung des väterlichen Vorbilds als Ich-Ideal zwang die Söhne zu besonderen Anstrengungen, um sich dem Beispiel des mächtigen, starken, sozial angesehenen Vaters anzunähern. Dieses väterliche Vorbild konnte sehr erdrückend sein und dazu führen, daß der Sohn erst sehr spät eine eigenständige Persönlichkeit entwickelte. In exemplarischer Weise klingt dies in der Autobiographie Rudolf Bindings an, dessen Vater ein berühmter Rechtswissenschaftler war. Als Binding fast vierzigjährig nach zwei abgebrochenen akademischen Ausbildungen seinen Weg als Schriftsteller fand, kommentierte er diese Entscheidung mit den Worten: »Damals trat ich aus dem Schatten meines Vaters heraus. Ich tat etwas, was er zu tun sich scheute, ja was, wie er meinte, seinem und meinem Geschlecht versagt war.«[382]

Über die Beziehungen der Geschwister untereinander liegt jenseits der klassischen psychoanalytischen Studien, deren Ergebnisse hier nicht referiert werden können, wenig Material vor. Es gibt jedoch einige typische konfliktreiche Konstellationen, die kurz erwähnt werden sollen.

In jenen Familien, deren Finanzlage stets angespannt war, mußten im allgemeinen die Mädchen gegenüber den Brüdern, auf die sich der elterliche Ehrgeiz konzentrierte, in ihren Ansprüchen auf Kleidung und Ausbildung zurückstecken.[383] Nicht selten schmälerte die teure und aufwendige Ausbildung des Bruders die Mitgift der Schwestern, wodurch deren Heiratschancen tangiert wurden. Nur außerordentliche Fähigkeit zu Verzicht half in solchen Fällen, Gefühle der Bitterkeit nicht aufkommen zu lassen.

Ein anderes Problem in der Beziehung zwischen Geschwistern wird aus Fanny Lewalds Autobiographie deutlich. Sie hatte außer zwei Brüdern noch fünf Schwestern, und jeder potentielle Freier ist von der Aussicht abgeschreckt worden, die u. U. nicht heiratenden Schwestern mitversorgen zu müssen. Dies habe zu einer Trübung des Verhältnisses der Schwestern untereinander geführt. Aber auch die beiden Brüder, auf denen die Sorge um den künftigen standesgemäßen Unterhalt der Schwestern lastete, hätten unter dieser Perspektive gelitten.[384] Wo Vermögen oder nennenswertes Eigentum vorhanden war, bildete die Rivalität der Geschwister um den jeweiligen Anteil ein Moment des Konflikts. Besonders gravierend ist diese Rivalität vermutlich dort gewesen, wo mehrere Söhne als Nachfolger für das väterliche Unternehmen infrage kamen und die Eltern – aus welchen Gründen auch immer – sich nicht frühzeitig auf einen festlegen konnten.

4. Schule und Ausbildung

Die standesgemäße *Ausbildung der Söhne* bürgerlicher Familien schloß nach dem Besuch der Vorschule den eines Gymnasiums ein. Der bevorzugte Ausbildungsgang sah das Abitur und danach ein Studium vor. Eine Variante der Ausbildung, die besonders von den angehenden Kaufleuten durchlaufen wurde, bestand im Gymnasialbesuch bis zum »Einjährigen«.[385] Daran schlossen eine Lehre oder weitere (Fach-)Schulbesuche an, gegebenenfalls noch Auslandsaufenthalte. Der Gymnasialbesuch hatte unbedingte Priorität. Darin unterschied sich die Ausbildung der Söhne bürgerlicher Familien im Kaiserreich von der am Ende des 18. Jahrhunderts. Der Gymnasialbesuch war einmal für alle jene unumgänglich, die den Reserveoffizierstitel erwerben wollten; zum anderen vermittelte er das für die Zugehörigkeit zum Bürgertum notwendige Minimum an Bildung, präziser: an klassischer Bildung. Die Beschäftigung mit dem Altertum, insbesondere der griechischen und lateinischen Sprache stand im Lehrplan des Gymnasiums derart im Vordergrund, daß – wie Binding schreibt – Deutsch und Turnunterricht gleichwertige Nebenfächer wurden.[386] Die starke Vernachlässigung der sozialen und politischen Realitäten in den Lehrplänen der Gymnasien des Kaiserreichs läßt sich m. E. nur aus der bereits betonten großen Bedeutung der Bildung als Statussymbol erklären. Die Gymnasialbildung kann daher nicht nach ihrer Funktionalität für die potentiellen Berufe der Absolventen beurteilt werden. Ihre Funktion bestand einerseits in der Stärkung des Selbstbewußtseins des Bürgers als Angehöriger einer über die Banalitäten des täglichen Lebens hinausschauenden geistigen Elite, die auf Grund ihrer Bildung zu Recht zur Spitze der gesellschaftlichen Hierarchie gehörte. Andererseits vermochte er sich durch diese Bildung gegen die unteren sozialen Klassen und Schichten abzugrenzen. Angesichts der geringen praktischen Verwertbarkeit der Gymnasialausbildung nimmt es nicht Wunder, daß selbstbewußte Kaufleute ihre Söhne auf die Realschule schickten, wie es beispielsweise Sax von den Sonneberger Verlegern berichtete.[387]

In der *Ausbildung der Töchter* bürgerlicher Familien hatte sich kaum etwas geändert. Sie wurden anfangs durch Privatlehrer unterrichtet oder gingen auf eine Privatschule. An die ersten Schuljahre schloß sich eine Ausbildung in der Höheren Töchterschule oder in Pensionaten an. Unverändert war die Schulbildung der Mädchen sehr begrenzt und zeichnete sich durch die nahezu vollständige Vernachlässigung der Naturwissenschaften aus, die als dem weiblichen »Wesen« nicht adäquat empfunden wurden. So berichtet Hedwig Wachenheim, die ein großherzogliches Institut in ihrer Heimatstadt Mannheim besuchte, sie sei dort ebenso wie auch andere Schülerinnen vom Unterricht in Rechnen und Geographie befreit worden, als sie nach Ansicht der Lehrer darin ausreichende Kenntnisse erworben hatte. Welcher Maßstab dabei angelegt wurde, kann man daraus ersehen, daß Hedwig Wachenheim zeit ihres Lebens die vier Grundrechenarten nicht beherrschte und aus diesem Grunde auch einen Kurs in Buchhaltung, den sie nach Abschluß der Schule besuchte, bald abbrechen mußte.[388]

Zentraler Wert wurde dagegen auf die Vermittlung englischer und französischer Sprachkenntnisse sowie auf Literatur, Geschichte, Anstandsunterricht gelegt, u. U. auch auf Haushaltsführung.[389] Im Grunde genommen handelte es sich immer noch um jene »Salonfertigkeiten«, die ein junges Mädchen aus aufgeklärter bürgerlicher Familie schon am Ende des 18. Jahrhunderts erhalten hatte. Insgesamt war dies eine Ausbildung, von der Helene Lange sagte, sie habe keine übermäßige geistige Anstrengung erfordert.[390]

Am charakteristischsten für den Schulunterricht der Mädchen war jedoch dessen Ziellosigkeit. Da für die Töchter bürgerlicher Familien eine Berufsausbildung nicht standesgemäß war, fehlte ihrer Ausbildung jene Ernsthaftigkeit, die größere Anstrengungen gelohnt hätte. Die Ziellosigkeit kennzeichnete auch die Zeit danach. Im Vergleich zum Beginn des Untersuchungszeitraums hatten hier kaum Veränderungen stattgefunden. Helene Lange kam beispielsweise im Anschluß an die Schule im Alter von 16 Jahren als Haustochter in ein süddeutsches Pfarrhaus, wo sie sich sehr langweilte. Denn Haustochter zu sein bedeutete, » . . . ein wenig Haus- und Handarbeit, etwas Klavierspielen, einen Spaziergang durch den Schloßgarten oder das Everstenholz und ›Kaffee-Visiten‹, bei denen häufig der rote kalte Pudding mit weißer oder der weiße mit roter Sauce das wesentliche Unterscheidungsmerkmal bildete. Der geistige Bedarf wurde durch eine gründliche Erörterung bevorstehender oder schon erledigter Veranstaltungen, Verlobungen oder Verlobungsmöglichkeiten gedeckt. Manchmal wurde dabei eine überflüssige Stickerei mehr oder weniger gefördert.«[391] Nahezu identisch ist die Situationsbeschreibung durch Hedwig Wachenheim: »Nach der Schulzeit bestand mein Leben großteils im Anfertigen von Handarbeiten, in Besuchen bei meinen Großmüttern, Kaffee-Visiten, Besuch von Theateraufführungen und Bällen, Schlittschuhlaufen und den sechswöchigen Sommerferien.«[392]

In diesen Schilderungen von Helene Lange und Hedwig Wachenheim liegt das ganze Schicksal der »höheren« Tochter beschlossen. Sie mußte mangels anderer akzeptabler Lebensperspektive herumsitzen und warten, bis um sie angehalten wurde. Da Arbeit für sie verpönt war, hatten ihre Tätigkeiten den Charakter eines Zeitvertreibs. Der Anstieg des Heiratsalters der bürgerlichen Frauen im Laufe des 19. Jahrhunderts war gleichbedeutend mit einer Verlängerung dieser Phase des Abwartens und Nichtstuns. »Vier Jahre lang«, berichtet Hedwig Wachenheim, »bis ich 1912 von zu Hause wegging, habe ich im Sommerhalbjahr jeden Tag nur auf die Zeit gegen vier oder fünf Uhr gewartet, um auf den Tennisplatz zu gehen.«[393] Wachenheim schildert auch eindrucksvoll, wie wenig diese Art der Erziehung mit den Realitäten des Lebens vertraut machte und die höhere Tochter zur »Treibhauspflanze« (H. Kramer) werden ließ: »Als Kind einer bürgerlichen Familie wurde ich, wie die höheren Töchter jener Zeit, zu einer passiven rein ästhetischen Betrachtung des Lebens erzogen. Ich wuchs in einer männerlosen Familie auf. Wir gehörten zum wohlhabenden Großbürgertum, und so arbeiteten die Frauen der Familie weder zum Gelderwerb noch in ihrem Haushalt. Ich habe daher als Kind weder die Vorstellung von einem Beruf noch die Eingliederung wenigstens eines Familienmitglieds in die Außenwelt kennengelernt. Arbeit und Pflichten waren für mich abstrakte Begriffe, die man immer predigte, denen aber diejenigen, die sie predigten, nicht unterworfen waren.«[394] Denn eine Berufsausbildung und -ausübung der Töchter wurde im Kaiserreich von der Mehrzahl bürgerlicher Familien noch nicht als standesgemäß angesehen. Die allein akzeptable »Karriere der Frau« bestand in einer guten »Partie«.[395] Erst unter Bedingungen, die ahnen ließen, daß die Hoffnung darauf trügerisch war, wurde eine Berufsausbildung auch von dem realistischeren Teil des Bürgertums akzeptiert. So berichtet Hermes von dem hohen Beamten O., dieser habe in einem Beruf das einzige Mittel gesehen, seine Töchter vor äußerer Not und seelischer Verkümmerung zu bewahren. Denn, so mußte er ihnen sagen: »Hübsch seid ihr nicht, Geld habt ihr nicht, also von Heiraten ist keine Rede.«[396]

Die Kosten für die Erziehung und Ausbildung der Kinder waren außerordentlich hoch. Für alle mußte Schulgeld gezahlt werden. Bei den Söhnen kamen noch Kosten für die weitere Ausbildung dazu. Wenn sie in den Staatsdienst gingen, blieben sie von den Eltern abhängig, bis eine Planstelle frei wurde. Bei den Töchtern fielen Kosten für Musikstunden und ähnliches an. Für sehr wohlhabende Familien waren diese Ausgaben weniger belastend. Für die anderen wogen die Kosten schwer. Hermes hat bei der höheren Beamtenfamilie, deren Budget sie untersuchte, die Ausgaben berechnet. Die Erziehung und Ausbildung von drei Söhnen (zwei Juristen und ein Förster) verschlang in den 31 Berichtsjahren 31,8% der gesamten Ausgaben des Haushalts. Dabei muß berücksichtigt werden, daß die Söhne weder in feudale Corps eintraten noch als Einjährig-Freiwillige in teure

Kavallerie-Regimenter. Weder große Reisen noch teure Sportarten schlugen zu Buche.[397]

Erstaunlich ist weiterhin, daß die nicht mit einer beruflichen Perspektive verbundene musische Ausbildung einer Tochter genauso viel kostete wie die Ausbildung eines Sohnes zum Juristen.[398] Es dürfte gleichwohl eine Ausnahme sein, daß bei geringem Wohlstand einer Familie so viel für die Erziehung der Tochter aufgewendet wurde.

Diese kurzen Hinweise lassen deutlich werden, welche großen finanziellen Belastungen die bürgerliche Familie ohne nennenswertes Vermögen für die Ausbildung ihrer Kinder auf sich nahm und verweisen im übrigen noch einmal auf den bereits angedeuteten Zusammenhang zwischen dem Einkommen und Geburtenrückgang in Beamtenfamilien.

V. Familiengröße und -zusammensetzung

1. Generative Zusammensetzung

Die Frage nach der Generationstiefe der bürgerlichen Familie kann nicht definitiv beantwortet werden. Zu diesem Problemkomplex fehlen gründliche Untersuchungen. Die folgenden Ausführungen stützen sich neben einigen Hinweisen aus der Literatur vornehmlich auf – m. E. plausible – Vermutungen.

Die *Unternehmerfamilien* waren, bedingt durch Geschäft oder Betrieb, oft über Generationen an einen Ort gebunden. Dies und die Führung des Unternehmens als Familienbetrieb lassen ein Zusammenleben mehrerer Generationen nicht unwahrscheinlich sein. Aus älteren Materialien über wohlhabende Kaufmannsfamilien aus Salzburg (17. und 18. Jahrhundert) und Wien (1857) läßt sich entnehmen, daß ein Zusammenleben von Eltern mit erwachsenen Kindern vorgekommen ist,[399] wenn es auch offenbar nicht die Regel war. Bei der Beurteilung dessen muß, wie Mitterauer betont, berücksichtigt werden, daß durch den größeren materiellen Spielraum dieser Familien, der ihnen den Besitz großer Wohnhäuser erlaubte, das Zusammenleben von Eltern und erwachsenen Kindern eine andere Qualität hatte als im »ganzen Haus«. Man war nicht auf so engem Raum zusammengedrängt und konnte sich daher individuelle Freiräume schaffen. Begünstigt wurde das durch die in Kaufmannsfamilien geringere Determination der Rollen als dies im Handwerk oder bei Bauern der Fall gewesen ist. Insofern kann man davon ausgehen, daß dort, wo erwachsene Kinder mit den Eltern zusammen wohnten, es sich normalerweise um eine viel distanziertere Form des Miteinanderlebens handelte. Beispielsweise konnte der Sohn mit seiner Familie eine abgeschlossene Etage im Elternhaus bewohnen.

Für das deutsche Kaiserreich gibt es nur spärliche Hinweise. Die geschilderte materielle Situation der Unternehmer erlaubte ihnen getrennte Wohnsitze, und alle Überlegungen sprechen denn auch für Neolokalität.[400] Versorgungsgründe, die im bäuerlichen Bereich bei der Einrichtung des Altenteils dominierten, existierten bei diesen wohlhabenden Bürgern nicht. Die Angehörigen konnten sich in ausreichendem Maße Wohnraum wie auch Dienst- und Pflegepersonal leisten. Auch in Fontanes Roman »Jenny Treibel« hat sich der älteste Sohn des Unternehmers und Kommerzienrates Treibel »selbständig etabliert«[401], d. h. ein eigenes Geschäft eröffnet und eine eigene Wohnung bezogen.

Das Zusammenwohnen mit der verwitweten Mutter oder mit unverheirateten weiblichen Verwandten ist vermutlich häufiger gewesen. In solchen Fällen wurden, wie Kocka hervorhebt, »Stockwerke und Zimmer genau aufgeteilt.«[402] Aber es war auch nicht unüblich, daß alleinstehende weibliche Verwandte einen eigenen Haushalt führten. Aus Schramms Beschreibung der »Familientage« im Hamburgischen Bürgertum läßt sich dieser Schluß ziehen, denn er erwähnt die »unverheirateten oder verwitweten Tanten, die berufslos und oft in beschränkten Verhältnissen lebten.«[403] Getrennte Wohnsitze der Eltern- und der Kindergeneration sind offenbar normal gewesen. Andere Verwandte wurden vermutlich nur dort in den Haushalt aufgenommen, wo geräumige Häuser dies ohne empfindliche Störung des Zusammenlebens erlaubten.

Für das *Bildungsbürgertum*, die höheren Beamten und die selbständigen Akademiker, läßt sich die Frage nach der generativen Zusammensetzung der Familien insofern einfacher beantworten, als diese Berufsgruppen sich durch eine hohe räumliche Mobilität auszeichneten, die einem Zusammenleben mit der Elterngeneration von vornherein entgegenstand.[404] Sowohl für höhere Beamten als auch für die selbständigen Akademiker galt, daß sie meist nach Beendigung der Schule das Elternhaus zum

Studium verließen und ihre weitere berufliche Laufbahn die Rückkehr in die Heimatstadt recht unwahrscheinlich werden ließ. Die selbständigen Akademiker ließen sich dort nieder, wo ihnen gute Verdienstchancen winkten. Den Beamten wurde die Planstelle zugewiesen, und häufige Versetzungen waren üblich. Auch die Größe der Dienstwohnung, die mit einer Stelle verbunden sein konnte, war allein auf den beruflichen Rang abgestellt, keinesfalls auf möglicherweise vorhandene Wünsche nach einem Zusammenleben mit Eltern oder Elternteilen. Und trotz aller Klagen war selbst bei den Beamten so viel Geld vorhanden, daß jede Generation sich eine eigene Wohnung leisten konnte. Als Beispiel sei auf die schon mehrfach erwähnte Familie von Hippel verwiesen. Der verwitwete Großvater führte mit Köchin und Hausmädchen einen eigenen Haushalt, sein Sohn bewohnte mit seiner Familie im gleichen Ort ein ganzes Haus für sich.[405]

Die Tendenz zur Separierung der Generationen und der Verwandten beim Bürgertum schloß enge verwandtschaftliche Bindungen nicht aus. Selbst wenn die Großeltern nicht am Ort lebten, waren häufige gegenseitige Besuche in den Ferien die Regel. Zumindest die Kinder hatten zu den Großeltern viel Kontakt.[406] Viele Familien pflegten betont den verwandtschaftlichen Zusammenhalt, sei es durch Institutionen wie die »Familientage« im Hamburger Bürgertum oder Familienfeste oder Familienzeitungen.[407]

Diese Beziehung zu den näheren Verwandten kann man mit dem Begriff der »Nähe auf der Basis von Distanz« beschreiben. Auffällig ist nämlich die starke Sentimentalisierung und Verinnerlichung der Familienbeziehungen über den Kreis von Eltern und Kindern hinaus, für die m. E. die räumliche Distanz, die tägliche Reibereien und Auseinandersetzungen verhindert, ebenso Voraussetzung ist wie das Fehlen gemeinsamer Arbeit und existentieller materieller Not, wodurch die Rollenfixierungen gelockert und größere Freiräume in den Beziehungen ermöglicht wurden.

2. Personal

Im normalen bürgerlichen Haushalt des Kaiserreichs lebten also nur die Eltern mit ihren unverheirateten Kindern zusammen. Zusätzlich verfügte jeder bürgerliche Haushalt über mindestens ein Dienstmädchen. Schramms Eltern, die zum Kreis der wohlhabenden selbständigen Akademiker gehörten und ihre Ehe mit »nur« zwei Dienstmädchen begannen, fingen nach Auffassung ihrer Kreise »klein« an. Während Schramms Kindheit am Anfang des 20. Jahrhunderts (er ist 1894 geboren) umfaßte der Haushalt außer den Eltern und Kindern ein Kinderfräulein, das das Kindermädchen abgelöst hatte, eine Köchin, eine Unterköchin, ein Serviermädchen, eine Jungfer, ein Dienstmädchen. Das heißt, im Hause lebten ständig sechs familienfremde Personen.[408]

Anders als im »ganzen Haus« gehörte dieses Personal nicht zur Familie – weder tatsächlich noch in der Auffassung der Zeitgenossen.[409] Es war wirklich »familienfremd«. Die unangenehmen Züge seiner Arbeits- und Lebenssituation im herrschaftlichen Haushalt traten durch den Vergleich mit der Lebensweise der »Herrschaft« besonders hervor. Solange sich die Lage des Gesindes und Hauspersonals nicht wesentlich von der der Familienangehörigen unterschieden hatte – wie im ganzen Haus – ließen sich auch schlechte Lebensbedingungen leichter ertragen. Die betonte soziale Distanz im Bürgerhaus machte dem Personal das »Dienen« besonders schwer. Familienanschluß wurde seitens der Herrschaft zwar gelegentlich betont, aber selten praktiziert.[410] Viersbeck, die mehrere Jahre in Hamburger Bürgerhäusern als Dienstmädchen gearbeitet hat, beschreibt die völlige Trennung der Lebensweise. Sie begann bei der Unterkunft, die sich im günstigeren Fall im Souterrain oder in der Dachkammer des Bürgerhauses befand, im schlimmsten Fall auf dem berüchtigten »Berliner Hängeboden«, einem meist fensterlosen, auf einer Zwischendecke befindlichen Gelaß.[411] Nicht selten erhielt das Personal auch anderes Essen als die Herrschaft. Viersbeck berichtet von vielen durch die Gesindeordnung legitimierten Eingriffen in das persönliche Leben der Dienstboten, angefangen bei der Regelung der Ausgangs- und Rückkehrzeiten, Singverboten, genauen Erkundigungen über den Umgang in der Freizeit etc.[412]

Die Distanz der Bürgerfamilie zu ihrem Dienstpersonal resultierte wesentlich aus dem Bedürfnis, den Familienkreis nach außen abzuschließen und nach intimem Zusammensein mit den nächsten Angehörigen. Verschärft wurde diese Situation dadurch, daß sich die Dienstboten vorwiegend aus Bevölkerungsschichten rekrutierten, von denen sich das Bürgertum dezidiert absetzte, aus dem Kleinbauerntum sowie städtischen und ländlichen

Unterschichten. Lily Braun weist allerdings darauf hin, daß ein Teil der schlechten Lebens- und Arbeitsbedingungen des Dienst- personals in den Großstädten, speziell die Unterkünfte, »nicht etwa nur Ausfluß ausgesuchter Bosheit der Herrschaft (waren), sondern Folge der allgemeinen ökonomischen Verhältnisse.« Die schon mehrfach beschriebene Diskrepanz zwischen standesgemä- ßem Lebensunterhalt und Einkommen bei Teilen des Bürgertums führte überall da zu Sparmaßnahmen, »wo das Auge des Fremden nicht hindringen kann, und die großstädtischen Wohnungen sind der Ausdruck dieser Entwicklung; das Eßzimmer, der Salon sind geräumig und glänzen in falscher Pracht, die Schlafzimmer sind eng und dunkel, der Raum für das Dienstmädchen ist eine Art Höhle.«[413]

Aber diese Behandlung des Personals war auch unter diesen Bedingungen dem Bürgertum nur möglich, weil es die Bedienste- ten nicht mehr als »seinesgleichen« oder nahezu »seinesgleichen« akzeptieren konnte.

VI. Wohnverhältnisse

Das Familienleben spielte sich im Bürgertum des Kaiserreichs in – verglichen mit den heutigen, aber auch den frühbürgerlichen Verhältnissen – großzügig bemessenen Wohnungen und Häusern ab. Die bescheidenste Variante der Mietwohnung einer bürgerli- chen Familie umfaßte fünf bis acht Zimmer. Damit fing das junge Ehepaar, selbst das Beamtenehepaar an.[414] Hervorstechendstes Merkmal einer derartigen Mietwohnung war eine Zweiteilung der Räume; zur Straße gelegen waren die Wohn- und Repräsenta- tionsräume (Salon, Eßzimmer, Besuchszimmer), daran schlossen sich mit den Fenstern nach Norden die – verglichen mit den Wohnräumen – beengten Schlafräume für Eltern und Kinder, die Küche und – soweit nicht ein Hängeboden vorhanden war – ein (nicht heizbares) Dienstbotenzimmer an.[415]

Dieser Wohnungszuschnitt, gleich ob größer oder kleiner, war typisch für die Bürgerwohnung des Kaiserreichs. Die schönsten und größten Räume waren die Repräsentationszimmer, die oft nur zweimal im Jahr benutzt wurden und sonst leerstanden. Die anderen Zimmer, die Besucher normalerweise nicht zu Gesicht bekamen, waren dunkel und unfreundlich. Wachenheim erinnert sich, daß das Zimmer, das ihrer Schwester und ihr am Tage als Aufenthaltsraum diente, auf einen schachtähnlichen Hof ging, der weder Licht noch Luft spendete. »Das Kinderzimmer gehörte eben nicht zu den Repräsentationsräumen, die den sozialen Stand der Familie zeigten.«[416]

Bedeutend günstiger war die Wohnsituation, wenn ein eigenes Haus gekauft oder gebaut werden konnte. Von Hippel beschreibt das Haus, das sein Vater am Ende des 19. Jahrhunderts in Göttigen bauen ließ.[417] Sein Typus ist im Göttinger Ostviertel heute noch in großer Zahl zu finden: Im *Souterrain* befand sich die Küche. Die Speisen wurden mittels eines Aufzugs in das Eßzimmer transportiert. Im *Erdgeschoß* der Wohnung befanden sich das Zimmer der Mutter, Wohnzimmer, Eßzimmer, Spiel- und Arbeitszimmer der Söhne, sowie die Veranda (= Wintergarten). Diese Zimmer waren alle miteinander verbunden und boten daher ausreichend Platz, wenn die Eltern ihren gesellschaftlichen Verpflichtungen nachkamen. *Im ersten Stock* waren das Arbeitszimmer des Vaters, das Schlafzimmer der Eltern und das der Söhne, das Zimmer der kleinen Tochter und das Bad untergebracht. Das (schräge) *Dachgeschoß* enthielt das später dem ältesten Sohne zugewiesene Fremdenzimmer und das Mädchenzimmer. Die sechsköpfige Familie von Hippel lebte somit in neun Zimmern, nicht eingerechnet die Veranda, das Mädchenzimmer, Küche und Bad. Alle Räume zusammen nahmen eine Wohnfläche von ca. 300-340 qm ein,[418] das entsprach etwa dem zehnfachen Wohnraum, über den zur gleichen Zeit eine Arbeiterfamilie verfügte. Derart geräumige Behausungen waren ohne die Arbeit von Dienstboten gar nicht in Ordnung zu halten. Dabei muß berücksichtigt werden, daß die Familie von Hippel in nicht besonders guter finanzieller Situation lebte. Der Vater besaß kein Vermögen und hatte das Haus nur durch Kreditaufnahme finanzieren können.[419] Prinzipiell die gleiche Aufteilung der Räume zeigte das Schrammsche Elternhaus. Allerdings war dort alles eine Spur größer und luxuriöser.[420]

Das wirklich reiche Bürgertum hingegen baute sich üppige Landhäuser und Paläste.[421] Die Magnaten an Rhein und Ruhr bevorzugten den Kauf oder Nachbau alter Schlösser und wiesen sich auch in ihrer Wohnkultur als Nachfolger der Feudalherren aus.

Diese geräumigen Wohnungen und Häuser des Bürgertums

boten ihren Bewohnern je nach Bedarf die Möglichkeit des Rückzugs, des Alleinseins, des Ungestörtseins mit sich und seinen Gedanken oder die Teilnahme am Leben der anderen. Damit waren für den Prozeß der Individuierung günstige Voraussetzungen geschaffen.

Die Wohnungseinrichtung war vor dem Aufkommen des Jugendstils, der als eine Art Gegenbewegung verstanden werden kann, sehr aufwendig. Auch sie repräsentierte den Reichtum der Familie. Komplizierte Möbelein- und -umbauten, Nippes, wallende Portieren, Wandteppiche, Gardinen und Vorhänge ließen die bevorzugte »distinguierte« Atmosphäre entstehen. Schramm deutet die Funktion dieses Einrichtungsstils[422] an: »Der Wohnzimmerstil dieser Zeit läßt sich wohl zu einem guten Teil aus dem Bedürfnis erklären, in dem immer hastiger werdenden Leben ein vom Lärm und allzu grellen Licht abgekapseltes ›buenretiro‹ zu besitzen und in ihm den Ärger des Alltags durch zahllose, mit guten Erinnerungen verknüpfte Dinge zu verscheuchen.«[423]

VII. Geselligkeit

Die häusliche Geselligkeit großer Teile des Bürgertums, sofern sie über den engen Kreis von Familie und Verwandtschaft hinausreichte, war durch die Erfüllung von Repräsentationspflichten geprägt. In besonderem Maße war dies bei den höheren Beamten der Fall. Durchgängig handelte es sich dabei um eine Geselligkeit, »deren Zweck zum großen Teil vom Manne her bestimmt war, als eines seiner wichtigsten und durchschlagendsten Mittel für Konkurrenz und Karriere.«[424] Aufgrund dessen war es außerordentlich schwer bis unmöglich, sich diesen gesellschaftlichen Verpflichtungen zu entziehen.

Heilborn nennt sie bissig die »Zwangsgeselligkeit«. Sie »zeigt das eigentliche Gesicht der Zeit. Man hat Einladungen erhalten, es muß wieder eingeladen werden. Jeder Beamtenkreis hat seine Pflichtrunde. Man ißt sich in jedem Ministerium, in jedem Regiment allwinterlich einmal um die Zahl der Eßtische herum. Dabei ist Abwechslung, ein mehr oder minder der zu bietenden kulinarischen Genüsse verpönt. Es wiederholt sich ständig, daß der Oberst den jungen Offizier rüffelt, dessen Frau sich erdreistet hat, ein Gericht über das vorgeschriebene Maß hinaus zu bieten.«⁴²⁵ Diese »Abfütterungen«, wie sie der Volksmund nannte, waren steif und zeremoniös. Auch von Hippels Eltern hatten unabwendbare gesellschaftliche Verpflichtungen gegenüber den Kollegen und Studenten des Vaters. Obwohl sie den »gesellschaftlichen Zwang« nicht liebten, weil er das Familienleben störte und zudem kostspielig war, blieb ihnen, wie der Sohn berichtet, nichts anderes übrig, als sich den Gepflogenheiten anzupassen.⁴²⁶

Gegenüber dieser ritualisierten Geselligkeit, die sich vornehmlich in Beamtenkreisen fand und die wenig Spielraum für individuelle Gestaltung ließ, existierte bei den Diners im wohlhabenderen Bürgertum eine ungeheure Üppigkeit und Prachtentfaltung, die vor keiner Geschmacklosigkeit zurückschaute, wie aus Bindings Schilderung der Gastmähler seiner Eltern – der Vater war ein berühmter und offenbar sehr gut verdienender Jurist – hervorgeht: »Die Üppigkeit, das Vielerlei bei den Tafeleien wurde selbst im Hause meiner Eltern sinnlos. Mein Vater schimpfte, aber es ging bei ihm erst recht am Feinsten zu. Man saß überall eineinhalb, zwei Stunden bei Tisch, vor vielen Gläsern, bei vielerlei Weinen und vielen seltsam ausgeschmückten, bewimpelten, Burgen und Schlösser, Tiere und Blumen darstellenden, aufgeputzten und garnierten Gerichten. Jeder Rehrücken hatte seine Takelage und der Fisch schwamm gekocht in einem Pavillon aus gebackenem Kartoffelbrei. Keinesfalls suchten meine Eltern diese Pracht. Sie war, wie bei vielen, der Nachhall eines gemeinsamen Lebensgefühls, dem man sich, obgleich man ihm oft innerlich ahnungsvoll widerstrebte, doch nicht zu entziehen vermochte. Das Gefühl eines allgemeinen Aufstiegs, einer blinden Sicherheit, Unbesorgtheit, Gehobenheit überwog zu sehr.«⁴²⁷

Diese Geselligkeit war im Grunde »ungesellig« und hatte sehr demonstrative Züge. Dabei blieb das Bürgertum nahezu völlig unter sich. Für den Adel war es, von Ausnahmen abgesehen, nicht gesellschaftsfähig. Von den anderen Bevölkerungsklassen und -schichten grenzte es sich dezidiert ab.⁴²⁸ Die soziale Abkapselung des Bürgertums bestand auch bei anderen Geselligkeitsformen, wie der Mitgliedschaft in den Casino-Gesellschaften und Clubs. In ihnen trafen sich die Herren, die Damen hatten als Äquivalent ihr Kränzchen. Obwohl die bis ca. 1850 im geselligen Bereich dominierende Trennung nach Geschlechtern⁴²⁹ allmählich aufhörte, existierten noch einige Überbleibsel aus dieser Zeit.

Eins davon war die Separierung nach dem Diner. Die Herren rauchten zusammen ihre Zigarre, die Damen saßen derweil in einem anderen Zimmer, und erst am fortgeschrittenen Abend fanden sie wieder zusammen.[430]

Die ausgeprägte soziale Kontrolle, der bestimmte Arten der Geselligkeit unterlagen, wirkte auch auf andere Bereiche des Freizeitverhaltens. Für die höheren Beamten war die Sommerreise nahezu obligatorisch. Die finanziellen Möglichkeiten erlaubten jedoch nur ein billiges Quartier und die Fahrt in der 3. Klasse der Eisenbahn.[431] Andere Familien verbrachten den Sommer in benachbarten Städtchen, wo ein paar Privatzimmer gemietet und mit dem halben Hausrat umgezogen wurde. Obwohl diese Art der »Sommerwohnung« weder unter dem Aspekt der Luftveränderung noch dem der Bequemlichkeit einen Vorteil versprach, gehörte sie zu den gesellschaftlichen Normen, deren Befolgung erwartet wurde.[432] Die reichen Leute hingegen fuhren in die berühmten Strandbäder sowie in Orte mit Rennplätzen oder Spielcasinos, wie Baden-Baden, Bad Ems, Homburg, Nauheim, Wiesbaden.[433]

VIII. Die Bedeutung der Familie im Bürgertum: Familie als Gegenstruktur zur Gesellschaft

Im Laufe der beschriebenen Entwicklung wird die sich nach außen abschließende bürgerliche Familie immer stärker als eine Fluchtburg vor den Anforderungen des Alltags empfunden. Selbst die Wohnungseinrichtung unterstrich, wie Schramm betonte, diese Bedeutung der Familie für das Bürgertum.

Es liegt auf der Hand, daß die Familie diese Funktion als Schutz- und Schonraum in erster Linie für den außerhalb des Familienbereichs arbeitenden Mann hatte. Die Frau lebte nahezu ausschließlich in der Familie. Obgleich dies von einigen Frauen als Zwang empfunden wurde, akzeptierten die meisten die Beschränkung ihres Lebens auf die Familie. Teils weil sie auf Grund ihrer Erziehung und der verbreiteten Vorstellungen über das »Wesen« der Frau, das sich allein in der Familie entfalten könne,[434] keine andere Perspektive hatten, teils weil ihnen die gesellschaftliche Umwelt, von der sie immer fern gehalten worden waren und die zunehmend komplexer wurde, nicht vertraut war. Das Leben außerhalb der Familie wurde von ihnen als undurchdringlich und bedrohlich empfunden. Insofern stellte die Familie auch für die bürgerliche Frau, wenn auch aus anderen Motiven als für den Mann, einen Schutzbezirk, den ruhenden Pol ihres Daseins dar. Für die Männer wurde die Familie aber in immer stärkerem Maße zum Rückzugsgebiet, in dem sie neue Kräfte schöpfen konnten. Bei dieser Rekreation kam der Frau eine wichtige Rolle zu. Von ihr wurde erwartet, darauf war ihre gesamte Erziehung abgestellt und die meisten Ehefrauen verhielten sich entsprechend, innerhalb des familialen Bereichs den Mann gegen alle Störungen abzuschirmen. Sehr augenfällig wird dies in folgender autobiographischen Äußerung: »Sie (die Ehefrau – H. R.) hat mir alle kleinen (!) Sorgen immer abgenommen und für meine leiblichen und seelischen Bedürfnissen so treu gesorgt, wie eben nur eine mit ihrem Gatten aufs innigste verbundene Gattin sorgen kann. Ich konnte aus der Arbeit und aus dem Kampf heimkehren, im Hause untertauchen, hier alles vergessen und deswegen immer wieder mit frischer Kraft und frischem Mute an die Arbeit gehen und in den Kampf eintreten.«[435] In diesem Zitat wird darüber hinaus ein weiteres Problem deutlich markiert. Während das Heim, die Familie, »deren ›Seele‹ die Frau ist«[436], als der Ruhepunkt des Daseins empfunden wurde, war das Leben außerhalb des Hauses das Kampfgebiet des bürgerlichen Mannes, in dem er ständig auf der Hut sein und sich bewähren mußte. Auf die dabei verwendeten verräterischen Metaphern hat Hobsbawm hingewiesen: »Bilder des Krieges drängten sich diesen Menschen sobald sie von ihrem ›Kampf ums Dasein‹ oder vom ›Überleben der Tauglichsten‹ sprachen, mit der gleichen Selbstverständlichkeit auf die Lippen wie die Bilder des Friedens bei der Schilderung des Familienlebens: ihr Heim nannten sie einen ›Hort der Freude‹, einen Ort, wo ›das Herz sich seines gestillten Verlangens erfreut‹, so wie es sich draußen niemals würde freuen können, weil dort entweder das Verlangen nie so recht gestillt war, oder man andernfalls dergleichen nicht eingestehen konnte.«[437]

Das komplementäre Verhältnis von Familie und den anderen gesellschaftlichen Bereichen stellt sich in der Interpretation der Betroffenen als ein scharfer Gegensatz dar: private und öffentliche Sphäre schienen zwei gegensätzlichen Strukturprinzipien unterworfen zu sein. Die Familie wurde als Gegenstruktur zur

Gesellschaft wahrgenommen und erhielt dadurch ihre herausragende Bedeutung. Sie wurde zu *der* Energiequelle bürgerlichen Lebens. Aus dieser stark gefühlvollen Bewertung des Familienlebens erklären sich Erscheinungen wie die feierliche Zelebrierung von Familienfesten.[438]

Der sich seit dem Ende des 18. Jahrhunderts entwickelnde sentimentalisierte Familienkult führte einige Familien dazu, »Familienzeitungen« herauszugeben, die die verstreut lebenden Verwandten allmonatlich oder halbjährlich über alle relevanten Ereignisse im Verwandtschaftskreise unterrichteten.[439]

Zur »Gegenstruktur« und zum Zentrum bürgerlichen Lebens konnte die Familie erst werden, als sich Erwerbs- und Wohnbereich separiert hatten. Erst als, wie Brunner betont hat, die Familie sich aus dem »ganzen Haus« gelöst hatte, konnte jene Sentimentalisierung der Familie und Familienbindungen einsetzen[440], die dazu führte, daß Beziehungen innerhalb und außerhalb der Familie als grundsätzlich verschieden empfunden wurden. Dieser Prozeß setzte am Ende des 18. Jahrhunderts ein. Er bestärkte und beschleunigte sich in besonderem Maße in der zweiten Hälfte des 19. Jahrhunderts auf Grund der sich schnell wandelnden beruflichen und wirtschaftlichen Realität. Das Erwerbsleben wurde zunehmend hektischer und komplexer. Infolgedessen mehrten sich die Schwierigkeiten, diesen neuen Anforderungen mit traditionellen Verhaltensweisen zu begegnen. Am Beispiel der Arbeitsmentalität ist in diesem Kapitel beschrieben worden, welche psychischen und intellektuellen Umstellungen von den Menschen verlangt wurden. Die wachsende Verflechtung der Wirtschaftsbereiche untereinander und mit denen anderer Länder verstärkte nicht nur die Konkurrenzsituation, sondern ließ das Wirtschaftsleben insgesamt komplexer und unübersichtlicher werden. Selbst aus der Perspektive des einzelnen Unternehmers erschien das Wirtschaftsgeschehen als ein Prozeß kaum steuerbarer, blind wirkender Faktoren. Hinzu kam, daß politische Instabilitäten und Verwicklungen, auf die er als einzelner keinen Einfluß nehmen konnte, Auswirkungen auf die Geschäfte hatten.

Für die anderen Teilgruppen des Bürgertums stellte sich die Situation ähnlich dar. Sie war umso schwerer zu bewältigen als keine bewährten Handlungsmuster zur Verfügung standen, auf die zurückgegriffen werden konnte. Jeder mußte für sich allein adäquate Lösungen finden. Insofern war der Rückgriff auf die Sprache des Kampfes und des Krieges durchaus verständlich. Verständlich ist aber auch, daß in dieser Situation der Verunsicherung und Desorientierung in wichtigen Lebensbereichen, aus der sich auch die beschriebenen Geschmacksverirrungen erklären lassen, nach dem Überschaubaren, Stetigen und Beständigen im Leben gesucht wurde, als das sich die Familie geradezu anbot.

Wenn vorstehend die bürgerliche Familie als Gegenstruktur zur Gesellschaft beschrieben wurde, so erfaßte dieser Begriff zunächst nur die Selbstinterpretation der Betroffenen, die Ebene der Familienideologie. Insofern muß die Frage gestellt werden, inwieweit die Familie tatsächlich Gegenstruktur zur Gesellschaft war bzw. sein konnte?

Erleichtert wurde die Interpretation des Familienbereichs als Gegenstruktur durch seine Abschließung nach außen. Direkte Eingriffe des Staates, aber auch der Nachbarschaft in das private Leben waren dadurch weitgehend unmöglich geworden. Einzig die Beamten unterlagen in einem relativ hohen Maße sozialer Kontrolle auch ihres Privatlebens durch den Dienstherrn bzw. die Dienstbehörde.

Zumindest auf den ersten Blick war die bürgerliche Familie also tatsächlich ein gegen andere gesellschaftliche Bereiche weitgehend abgeschotteter Lebensraum. Dadurch entstand der Eindruck, das Leben in der Familie unterliege keinen gesellschaftlichen Zwängen und würde von deren Angehörigen frei und unabhängig gestaltet. Im Gegensatz zu anderen gesellschaftlichen Einrichtungen, wie beispielsweise einem Unternehmen, fehlte der Familie ein einheitlicher Zweck, der alle Beziehungen und Verhaltensweisen strukturierte und prägte. Sofern darüber überhaupt nachgedacht wurde, verbanden die Familienmitglieder mit dem Leben in der Familie sehr verschiedene Wünsche und Vorstellungen. Gerade diese Diffusität der Zwecke erlaubte einen – wenn auch begrenzten – individuellen Spielraum in der Gestaltung des Privatlebens.

Die Vorstellung von Familie als einem a-gesellschaftlichen Raum war, wie gezeigt worden ist, in den in der zweiten Hälfte des 18. Jahrhunderts entstehenden neuen Ideen über Ehe und Familie bereits implizit enthalten gewesen. Verstärkt wurde dieser Eindruck des aus gesellschaftlichen Bezügen herausgehobenen Familienbereichs dadurch, daß die die ganze Gesellschaft prägenden Markt- und Konkurrenzbeziehungen in der Familie wenig Raum fanden, zumindest in ihr nicht dominierten. Familienbeziehungen waren nicht über den Markt vermittelt, sondern – zumindest der Idee nach – Liebesbeziehungen, unbezahlte und unbezahlbare Leistungen und Gegenleistungen, durch die Qualitäten des menschlichen Lebens aktiviert wurden, die außerhalb der Familie nicht gefragt waren und nicht gelebt werden konnten.

Diese für die Vorstellung von der Familie als Gegenstruktur zur Gesellschaft konstitutiven Momente sind Bestandteile der Ideologie der bürgerlichen Familie. Sie sind nicht schlichtweg falsch, aber sie enthalten nur die halbe Wahrheit. Ideologische Konstrukte zeichnen sich dadurch aus, daß sie nur bestimmte, ausgewählte Elemente der Realität aufnehmen und interpretativ überhöhen, andere hingegen vernachlässigen. Gegenstruktur in dem beschriebenen Sinne konnte die Familie gar nicht sein. Als Teil des gesellschaftlichen Zusammenhangs war sie nicht völlig ausgenommen von den die gesamte Gesellschaft prägenden Zwängen und Strukturprinzipien. Diese wirkten nicht mehr direkt, sondern nur noch mittelbar als gesellschaftliche Normen und Leitbilder, denen man genügen mußte, in die Familie hinein. Auch der Zusammenhang von Familien- und Produktionsbereich war wegen der Trennung beider Lebenssphären weniger offensichtlich als früher. Hinzu kam, daß auf Grund der materiell gesicherten Lage der Angehörigen des Bürgertums solche Abhängigkeiten faktisch kaum spürbar waren. Alle diese Momente stützten die Vorstellung eines gesellschaftsfreien Familienbereichs. Aus dem Selbstbild der Familie wurden die in sie hineinreichenden und sie prägenden gesellschaftlichen Strukturprinzipien und Zwänge systematisch ausgeklammert.

Familienbeziehungen waren auch nicht mit Liebesbeziehungen identisch. In hohem Maße, in einigen Familien wohl auch überwiegend, waren sie Machtbeziehungen, die auf Befehl und Gehorsam gründeten. Die Familie war hierarchisch organisiert. Ebenso wie in anderen gesellschaftlichen Bereichen hatte der Mann die dominante Position inne. Er war unangefochtenes Haupt der Familie und Herrscher über Frau und Kinder, der aus seiner Position Selbstbewußtsein schöpfen konnte. Dem Ideal der Liebesbeziehungen widersprach nicht zuletzt die Bedeutung, die dem Geld innerhalb der Familie zukam. Nicht nur die Partnerwahl war in hohem Maße von finanziellen Überlegungen abhängig. Auch die Unterwerfung der Frau und der Kinder beruhte wesentlich darauf, daß »der Mann das Geld, diese Macht in substanzieller Form, besitzt und über seine Verwendung bestimmt.«⁴⁴¹

Weder Liebe und Freiwilligkeit noch Macht und Zwang waren also allein für die Familienbeziehungen konstitutiv. Erst alle Momente zusammen machten die Familienrealität aus, wobei im konkreten Fall das eine oder andere überwiegen konnte. Diese grundlegende Ambivalenz ist in der bürgerlichen Familienideologie zu schöner Eindeutigkeit aufgelöst worden. Auch in der Vorstellung von der Familie als Gegenstruktur, die viele wahre Momente enthält, sind die Widersprüche ausgeklammert.

IX. Abschließende Bemerkungen

1. Die bürgerliche Familie enthielt, wie wir gesehen haben, mehrere historisch neue Elemente, durch die sie sich von den traditionellen Familienformen grundlegend unterschied. Wenn auch das im 18. Jahrhundert entworfene Ideal der Familie als ein Zusammenhang gebildeter, sittlich vervollkommneter, einander in Zuneigung verbundener Menschen selten voll verwirklicht werden konnte, so hatten sich doch die Familienbeziehungen im Bürgertum unter dieser Leitvorstellung gewandelt. Das konnten sie allerdings nur, weil reale Veränderungen der sozialen und ökonomischen Situation des Bürgertums diese Entwicklung begünstigten. Zu den hervorstechendsten Merkmalen der neuen bürgerlichen Familienform zählten:

– eine Veränderung des *Inhalts* des Familienlebens. Die Beziehungen zwischen den Familienmitgliedern wurden für das Zusammenleben zentral. Dadurch bekamen das Ehe-, aber auch das Eltern-Kind-Verhältnis eine emotionale Tönung, die in den traditionellen Familienformen normalerweise nicht vorhanden war. Die Personen wurden in ihrer individuellen Besonderheit wahrgenommen und geschätzt. Speziell die Kinder, ihre Aufzucht und Erziehung, rückten in das Zentrum des Familienlebens;

– die Abschließung der auf sich selbst und ihre zwischenmenschlichen Beziehungen konzentrierten Familie als Privatsphäre von anderen Lebensbereichen, insbesondere dem des Erwerbs, aber auch gegen Eingriffe aus der engeren sozialen Umgebung (Nachbarschaft, Gemeinde).

2. Diese Charakteristika der sich im Bürgertum ausbildenden neuen Familienform waren allerdings von vornherein gebunden an spezifische Voraussetzungen. Diese sind weder in der im 18. Jahrhundert geführten Diskussion über Ehe- und Familie expliziert noch später ausdrücklich benannt worden.

Wichtig war zunächst die Trennung von Erwerbsarbeit und Familienbereich. Diese Bedingungen allein genügten aber nicht. Schon zuvor hatte es Bevölkerungsgruppen gegeben, wie beispielsweise Bauhandwerker und Tagelöhner, bei denen Arbeitsplatz und Wohnung keine Einheit bildeten und die nicht eine der des Bürgertums vergleichbare Familienform entwickelten.

Auf einem relativ hohen und stetigen Einkommen des Mannes aus Erwerb oder Vermögen beruhender materieller Wohlstand war eine weitere Voraussetzung der neuen Familienform. Dadurch wurden die übrigen Familienmitglieder der ständigen Sorge um die Sicherung des Lebensunterhalts enthoben und Frau und Kinder von Erwerbsarbeit freigestellt. Erst auf der Basis *beider* Voraussetzungen, der Trennung von Berufs- und Familienleben und der materiellen Absicherung, konnte sich die neue Familienform ausbilden. Infolge der Separierung der Berufsarbeit vom Familienleben waren die Beziehungen der Familienmitglieder nicht mehr über die gemeinsame Arbeit vermittelt. Die menschlichen Beziehungen konnten jetzt zum Mittelpunkt des Familienlebens werden. Aber erst unter den im Bürgertum vorhandenen günstigen ökonomischen Bedingungen wurden zugleich die für die Pflege der menschlichen Beziehungen notwendigen Energien freigesetzt und war Muße – im Sinne nicht unmittelbar arbeits- und sozialbestimmter Zeit – vorhanden, sich der Kultivierung von Gefühlen und Empfindungen zu widmen.

3. Die große Attraktivität, die die bürgerliche Familienform für andere Bevölkerungsklassen und -schichten entwickelte, beruhte wesentlich auf der kulturellen Prägekraft des Bürgertums und seiner Vorbildfunktion innerhalb der bürgerlichen Gesellschaft. Im Gegensatz zur ständischen Gesellschaft, in der die Vorstellung der gottgewollten Ungleichheit die Grenzlinien zwischen den einzelnen Ständen zog und legitimierte, war für die bürgerliche Gesellschaft der Anspruch auf Gleichheit aller Gesellschaftsmit-

glieder konstitutiv. Dadurch und durch die in der bürgerlichen Gesellschaft relativ großen Möglichkeiten sozialen Aufstiegs konnte die Übernahme bürgerlicher Lebensideale zum Anspruch und Ziel anderer Bevölkerungsklassen und -schichten werden. Unterstützt wurde dieser Prozeß durch die Tendenz des Bürgertums, ebenso wie seine Denk- und Wirtschaftsweise auch seine Familienform als allgemeingültige anzusehen und auszugeben.

Solange die anderen Bevölkerungsklassen und -schichten aber unter anderen als den genannten bürgerlichen Existenzbedingungen lebten, konnten sie das vom Bürgertum entwickelte und teilweise auch realisierte Familienideal nur mit eigenen spezifischen, durch ihre Lebensbedingungen verursachten Modifikationen verwirklichen.

4. Vieles von dem, was an Neuem im bürgerlichen Familienleitbild entwickelt und auch in der Realität bürgerlicher Familien tendenziell verwirklicht worden ist, hat sich als befreiend und fortschrittlich herausgestellt. Dazu zählen insbesondere die gewandelte Beziehung der Ehepartner, die große Aufmerksamkeit, die den Kindern und ihrer Erziehung gewidmet wurde, die Betonung der Bildung, insgesamt die erhöhte Sensibilität für menschliche Bedürfnisse und Beziehungen. So wichtig und fortschrittlich diese Aspekte bürgerlicher Familien auch waren, so dürfen über ihnen nicht die repressiven und negativen, mit dieser Familienform ebenso verbundenen Elemente vergessen werden. Neben der Unterdrückung der Sexualität sind hier insbesondere zu nennen die problematische Rolle der Frau, die von den zentralen gesellschaftlichen Lebenssphären ausgeschlossen wurde. Die Entwicklung und Kultivierung des Familienlebens ging im wesentlichen auf ihre Kosten. Langfristig mindestens genauso gravierend aber wirkte sich die Abkapselung des Privatlebens von der politisch-sozialen Öffentlichkeit aus. Immer mehr Energien wurden durch das Privatleben absorbiert. Gegenwärtig beklagte gesellschaftliche Erscheinungen, wie der Mangel an politischem Engagement breiter Bevölkerungsgruppen sowie fehlendes Verantwortungsgefühl für Angelegenheiten außerhalb des engen privaten Bereichs, haben hier ihre Wurzel.

Kapitel 5

Die proletarische Familie

Spezifische Züge der hausindustriellen Familie: ungesicherte und elende ökonomische Situation, Abhängigkeit vom kapitalistischen Verleger, weitgehende Arbeitszerlegung hatten bereits auf die proletarische Familie verwiesen. Diese unterschied sich von der Familie in der Hausindustrie allerdings in einem sehr wichtigen Punkt: durch die Trennung von (Erwerbs-)Arbeitsplatz und Wohnbereich. Dieses Merkmal hat die proletarische Familie wiederum mit der bürgerlichen Familie gemeinsam. Die zwiefachen Verbindungslinien sowohl mit der Heimarbeiterfamilie als auch mit der bürgerlichen Familie als Prototyp moderner Familie lassen bereits vermuten, daß die proletarische Familie nicht voll dem Typus moderner Familie entsprechen wird. Deren charakteristische Merkmale, die bereits im bürgerlichen Familienideal des 18. Jahrhunderts antizipiert worden waren, wie Intimität der familialen Beziehungen, Kindzentrierung und bewußtes Erziehungsverhalten, bilden den Hintergrund, vor dem erst die spezifischen Besonderheiten der Familienform des Proletariats sichtbar werden können. Andererseits wird der Rückblick auf und der Vergleich mit den verschiedenen Varianten der Sozialform des »ganzen Hauses« dazu dienen, die spezifisch neuen, man kann auch sagen: die spezifisch »modernen« Züge der proletarischen Familie aufscheinen zu lassen.

In dem Kapitel über die bürgerliche Familie wurde die Vermutung geäußert, daß neben der Trennung von Arbeitsstätte und Wohnung die materielle Sicherheit eine wichtige Voraussetzung für die Entwicklung »moderner« Familienbeziehungen ist. Am Beispiel der proletarischen Familie, die die erste Voraussetzung erfüllt, kann diese Hypothese überprüft werden.

Wegen der räumlichen Separierung von Erwerbsarbeit und Wohnbereich liegt es nahe, sich bei der Untersuchung proletarischer Familien auf die innerfamilialen Beziehungen zu konzentrieren. Wenn auch die Produktions- und Arbeitsbedingungen nicht mehr unmittelbar das gesamte Leben und die familialen Beziehungen strukturierten, wie dies in den verschiedenen

Varianten der Sozialform des »ganzen Hauses« der Fall gewesen ist, so bestimmten sie doch unmittelbar durchgreifend das gesamte Familienleben. Lohnhöhe, Lohnsicherheit und -stetigkeit entschieden über den Standard der Reproduktion, Arbeitsbedingungen und Arbeitszeit strukturierten den Tagesablauf und den Rhythmus des Familienlebens, entschieden über das Maß der außerhalb der Arbeit noch zur Verfügung stehenden Energie und Spannkraft. Selbst in der knappen, formal »arbeitsfreien« Zeit setzte sich daher »ein aus der Produktion kommendes Fortsetzungsverhalten durch . . .«[1]

Unter diesem Gesichtspunkt verbietet sich die naheliegende Konzentration allein auf den familialen Binnenbereich. Die Familie war Teil des »proletarischen Lebenszusammenhangs«.[2] Dazu gehörten nicht nur die Arbeitsbedingungen im Betrieb, sondern auch die Lebensverhältnisse außerhalb der Arbeit in der Familie und im Wohnquartier, einschließlich spezifischer Formen sozialer Kontrolle, von Geselligkeit und Öffentlichkeit.

Für die Untersuchung konnte auf eine Fülle von Material zurückgegriffen werden, allerdings nur auf wenige, dies Material bereits verarbeitende Literatur, die sich gezielt mit der proletarischen Familie beschäftigt. Es gibt einige Studien zur Situation der proletarischen Frau in der Familie, wie die Untersuchungen Freudenthals und Fischer-Eckerts und die recht umfassende, aber auch allgemein gehaltene Untersuchung Rühles.[3] Quantifizierende Studien zur Familiengröße, dem Generationszusammenhang fehlen m. W. gänzlich. Allerdings sind im letzten Drittel des 19. Jahrhunderts im Zusammenhang mit der sozialen Frage und dem neuen Problem der *industriellen* Frauenerwerbsarbeit eine Vielzahl von Enquêten und sonstigen Untersuchungen zu Einzelproblemen entstanden, die stets auch, gerade wegen des Blickes aufs »Soziale«, Beobachtungen über das Familienleben des Proletariats enthalten. Arbeiterpsychologische Forschungen bezogen ebenfalls Aspekte des Familienlebens ein. Solche Beobachtungen über das Familienleben fielen meist nur nebenbei an, waren gleichsam »Abfallprodukte« auf andere Probleme orientierter Studien. Dies mindert ihren Wert erheblich und macht ihre Einordnung schwierig.

Insbesondere wird das proletarische Familienleben, soweit von ihm überhaupt die Rede sein kann, häufig ausschließlich gemessen am Ideal bürgerlicher Familie, so daß die Perspektive des

Verfalls dominiert. Geradezu klassisches Beispiel hierfür ist Sombarts Studie »Das Proletariat«.[4] Aber selbst so engagierte Untersuchungen wie die Rühles, aber auch Kanitz', sind nicht frei von diesem Blickwinkel. Diese Perspektive ist nicht nur unangemessen, weil es sich beim Proletariat schließlich gerade nicht um abgesunkenes Bürgertum handelt, sondern versperrt darüber hinaus die Sicht auf Ansätze zu eigenständigen proletarischen Lebensformen. Insgesamt gewinnt man den Eindruck, daß diese Perspektive auch in der Arbeiterbewegung verbreitet gewesen ist und verantwortlich war für den Verzicht auf die Entwicklung alternativer »privater«, proletarischer Lebensformen.

Von diesem Problem abgesehen, liegt für die Untersuchung der proletarischen Familie außerordentlich reichhaltiges Material vor, dessen Thematik von den Arbeitsbedingungen über die Frage der Empfängnisverhütung, die Säuglingssterblichkeit, den Alkoholkonsum, die Kinderarbeit, die Wohnungsfrage bis zur Untersuchung der sozialistischen Maifeiern als Möglichkeiten für die Entwicklung kollektiver Lagedeutung und Lageverarbeitung gespannt ist.

I. Der Begriff des Proletariats

Das moderne Proletariat entstand im wesentlichen mit der Ausbreitung der Fabrikarbeit.[5] Als Massenphänomene traten beide in Deutschland erst in der zweiten Hälfte des 19. Jahrhunderts auf. Bis ca. 1850 dominierten im Bereich der gewerblichen Produktion noch Handwerk und Hausindustrie. Die Mehrzahl der gewerblichen Arbeitskräfte war dort beschäftigt. Das änderte sich erst, wie sich aus nachstehender Tabelle (S. 384) ersehen läßt, ab 1873. Im Kaiserreich überstieg die Zahl der in den Fabriken beschäftigten Arbeitskräfte erstmals die der in Handwerk und Hausindustrie Tätigen.

Charakteristische Merkmale des modernen Proletariers[6] waren seine *Besitzlosigkeit,* durch die er zum *ständigen Verkauf seiner Arbeitskraft* gegen Lohn gezwungen wurde. Dadurch unterschied er sich allerdings noch nicht von den Tagelöhnern der vorkapitalistischen Gesellschaft. Darüber hinaus war der Proletarier aber *rechtlich frei und unabhängig,* unterlag nicht mehr feudalen oder ständischen Beschränkungen. Seine rechtliche Frei-

Die Strukturänderungen im sekundären Sektor im 19. Jahrhundert unter dem Einfluß der Industrialisierung

Jahr	Verlag		Manufaktur, Industrie, Bergbau		Handwerk		sekundärer Sektor	
	1	2	1	2	1	2	1	2
1780	0,86	8,5	0,08	1,0	0,97	9,5	1,9	19,0
1800	0,96	9,0	0,12	1,5	1,12	10,5	2,2	21,0
1835	1,40	10,0	0,35	2,0	1,50	11,0	3,2	23,0
1850	1,50	10,0	0,60	4,0	1,70	12,0	3,8	26,0
1873	1,10	6,0	1,80	10,0	2,50	14,0	5,4	30,0
1900	0,50	2,0	5,70	22,0	3,30	13,0	9,5	37,0
1913	0,50	2,0	7,20	23,0	4,00	13,0	11,7	38,0

1 = Beschäftigte in Millionen;
2 = Beschäftigte in v. H. aller in allen drei Sektoren der Volkswirtschaft Beschäftigten
Quelle: F. W. Henning, Die Industrialisierung in Deutschland 1800 bis 1914, Paderborn 1973, S. 130, Tab. 7.

heit und Unabhängigkeit verband sich mit einer umfassenden Fremdbestimmtheit bei der Arbeit. Mit dem Eintritt in den Betrieb unterstand er den Anweisungsbefugnissen seiner Vorgesetzten. Arbeitsplatz, Arbeitsart, Arbeitsintensität, Arbeitsmethode, Arbeitszeit und Arbeitsmittel wurden ihm vorgeschrieben. Die Arbeit wurde schlecht bezahlt. Hinzu kam, daß der Proletarier in der Phase des Hochkapitalismus allein alle Risiken wie Krankheit, Arbeitslosigkeit, Kurzarbeit etc. trug. Zwar wurden die ersten Sozialversicherungen im Kaiserreich eingeführt; ihre Leistungen waren jedoch nicht mit den modernen sozialen Sicherungen vergleichbar.[7]

Proletarier und freier Lohnarbeiter waren mithin identisch. Gelegentlich wurden auch die landwirtschaftlichen Tagelöhner nach Aufhebung der feudalen Bindungen zum Proletariat gezählt. Dessen sich vergrößernder und auch die Landarbeiter sukzessiv aufsaugender Kern bestand jedoch aus den Fabrikarbeitern. Auf sie wird sich die folgende Darstellung konzentrieren. Ausgeschlossen bleiben die ländlichen Industriearbeiter mit kleinem Landbesitz, die sog. Arbeiter-Bauern, die in Mentalität, Lebensweise und Orientierungen der dörflichen Kultur stark verhaftet geblieben sind.[8] Sinnvollerweise müßten sie Gegenstand einer eigenen Untersuchung sein. Im Mittelpunkt der nachstehenden Untersuchung steht der städtische Fabrikarbeiter. Daß große Teile der Arbeiterschaft damit ausgeklammert bleiben, muß in Kauf genommen werden.[8a]

Der »Vollblutproletarier« (W. Sombart) kann sich erst entwikkeln mit dem »Vollblutkapitalisten«. Beide waren zwei Seiten ein und derselben Sache, des kapitalistischen Industrialisierungsprozesses. Dessen entwickelte Phase fiel in Deutschland in die zweite Hälfte des 19. Jahrhunderts. Von einer »industriellen Revolution« kann erst für den Zeitraum von 1849 bis 1873 gesprochen werden. Die Entwicklung verlangsamte und konsolidierte sich in der »Great Depression«[9] der Jahre 1873 bis 1896. Bis 1914 war die deutsche Wirtschaft gleichwohl noch stark von Klein- und Mittelbetrieben geprägt.[10]

Von Anfang an war die proletarische Selbstrekrutierung für die Bereitstellung der Arbeitskräfte in den Fabriken erheblich; anfangs durch die verbreitete Kinderarbeit, später durch hohe Reproduktionsziffern als Folge sinkenden Heiratsalters und der Aufhebung von Ehebeschränkungen.[11] Überwiegend rekrutierten sich die industriellen Lohnarbeiter jedoch aus proletaroiden Handwerksmeistern, die ihre Selbständigkeit aufgeben mußten, aus Handwerksgesellen, in die Stadt abwandernden Kleinstlandwirten und nichterbenden Bauernsöhnen, aus ehemaligen Landarbeitern und Hausindustriellen.[12] Dieses Arbeitspotential wurde zum erheblichen Teil erst durch die großen liberalen Reformen am Anfang des 19. Jahrhunderts geschaffen, durch Bauernbefreiung und Einführung der Gewerbefreiheit.[13] Bei diesem Prozeß der sozialen Umschichtung kam der Ost-West-Wanderung, die freigesetzte oder mit ihren Arbeits- und Lebensbedingungen unzufriedene Landarbeiter aus den Ostprovinzen nach Westen führte, große Bedeutung zu. In verstärktem Maße setzte sie nach der Reichsgründung ein. Als eine Folge dieser verschiedenen Rekrutierungsbasen für die industriellen Lohnarbeiter ergibt sich eine vergleichsweise geringe berufliche Kontinuität zwischen den Generationen. So waren in einem 1908 untersuchten Textilbetrieb erst 15,6% aller Arbeiter Söhne und Enkel von Industriearbeitern.[14] Allerdings bildeten sich schnell typische Berufsabfolgen vom Großvater über den Sohn zum Enkel aus. In dem erwähnten Textilbetrieb verlief die häufigste (bei 6,6% der Beschäftigten nachweisbare) Abfolge vom Landarbeiter bzw. Kleinbauern (Großvater) über den Handwerker (Vater) zum Fabrikarbeiter (Sohn).[15] Diese Ergebnisse lassen auch für unseren Untersuchungszeitraum noch auf eine recht heterogen zusammengesetzte Arbeiterschaft schließen, in der vermutlich aus den verschiedensten Herkunftsgruppen stammende traditionelle Einstellungen und Verhaltensweisen nachweisbar sind und erst in einem langsamen und allmählichen Prozeß zu proletarischer Mentalität und Lebensweise verschmolzen.

Aus den bisherigen Erörterungen geht hervor, daß von Proletariat sinnvollerweise erst seit der industriellen Revolution gesprochen werden kann. Mit dem »Pöbel« der ständischen Gesellschaft, der fest in sie eingebunden war,[16] hatte die Arbeiterschaft des ausgehenden 19. Jahrhunderts nicht mehr viel gemein. Durch die wesentlich schlechtere materielle Lage, insbesondere die fehlende existentielle Lebenssicherung für Notlagen (Krankheit, Unfall, Alter, Arbeitslosigkeit, Kurzarbeit) sowie durch die klare Außenseiterposition innerhalb der bürgerlichen Gesellschaft unterschied sich die Situation der Arbeiter des Kaiserreichs von der gegenwärtiger Industriearbeiter. In dem Begriff Proletarier wird diese Differenz deutlich.

Auch für die Familienverhältnisse waren diese Momente: materielle Lage und Ausgrenzung aus der Gesellschaft, prägend. Damit verband sich für die Betroffenen das Bewußtsein von der Unausweichlichkeit des proletarischen Schicksals, was auch für die Kinder galt. Die Untersuchung der proletarischen Familie konzentriert sich deshalb zeitlich auf die zweite Hälfte des 19. Jahrhunderts, wobei das Schwergewicht auf der Zeit des Kaiserreichs liegt.

II. Proletarische Arbeitssituation

Als Teil des kapitalistischen Produktionsprozesses ist die proletarische Arbeitssituation von den Verwertungsinteressen des Kapitals abhängig. Zwar sind Kapitalisten und Arbeiter aufeinander angewiesen, sie stehen jedoch auch in einem strukturellen Gegensatz zueinander. Verbesserung der Arbeitsbedingungen und des Lohnes sind für die Kapitalseite identisch mit Schmälerung des Gewinnes und umgekehrt. Innerhalb dieser Beziehung sind die

Arbeiter unterlegen. Da sie wegen ihrer Besitzlosigkeit auf den ständigen Verkauf ihrer Arbeitskraft angewiesen sind, müssen sie die angebotenen Arbeitsbedingungen akzeptieren. Insbesondere unter den Voraussetzungen großer Konkurrenz unter den Arbeitern und fehlender bzw. schwacher Interessenvertretung, wie dies im Kaiserreich der Fall war, haben sie kaum Einflußmöglichkeiten auf die Lohnhöhe und die Gestaltung der Arbeitsbedingungen. Ihre strukturelle Unterlegenheit spiegelt sich durchgängig in ihrer Arbeitssituation wider.

1. Arbeitsbedingungen

Fabrikarbeit war unter kapitalistischen Bedingungen von Anfang an identisch mit der Einbindung der Arbeiter in eine betriebliche Hierarchie, in der sie sich am unteren Ende befanden. Die hierarchische Organisation des Industriebetriebes ist eine notwendige Folge des spezifischen, in der kapitalistischen Produktion erreichten Grades der Arbeitszerlegung. Insbesondere die weitreichende Trennung in körperliche und geistige Arbeit (Arbeiter auf der einen, Aufseher und Kapitalisten auf der anderen Seite), d. h. die Reduzierung der unmittelbaren Produktionsarbeit auf sinnentleerte Teilarbeiten, machte die quasi militärische Disziplin erst erforderlich.[17] Die wesentliche Funktion der hierarchischen Organisation des Produktionsablaufes bestand in der Disziplinierung der Arbeiterschaft durch Machtausübung von Vorgesetzten.[18] Diese waren, wie Fischer aus eigenem Erleben beschreibt, für die Arbeiter »die eigentlichen Kapitalisten«.[19]

Das System von Vorgesetzten und Werkmeistern diente dazu, der heterogen zusammengesetzten Arbeiterschaft alle noch vorhandenen Elemente vorkapitalistischer Arbeitshaltungen auszutreiben. Insbesondere die große Zahl vom Lande zugewanderter Arbeiter, aber auch die ehemaligen Handwerksgesellen brachten tradierte Arbeitsrhythmen in die Fabrik ein, die den Kapitalinteressen zuwiderliefen.[20] Gegenüber den Versuchen, ihnen die Dauer und Intensität der Verausgabung ihrer Arbeitskraft vorzuschreiben, leisteten sie langanhaltenden Widerstand.[21] Wie lange sich Elemente der über Jahrhunderte tradierten Arbeitsmentalität erhielten, wird anschaulich in den Schilderungen Brommes, denen zufolge noch um 1890 das »Blaumachen« gang und gäbe gewesen sei. Montags seien die Fabriken immer halb leer gewesen.[22] Er selbst verließ z. B., als er von einer für den Abend angesetzten Rede Bebels in einem entfernteren Ort hörte, nachmittags um drei Uhr seinen Arbeitsplatz, um rechtzeitig dort sein zu können.[23]

Das wichtigste Mittel zur Disziplinierung der Arbeiterschaft in den Händen der Vorgesetzten war die betriebliche Arbeitsordnung, die einseitig vom Arbeitgeber erlassen wurde.[24] Die Arbeitsordnung regelte die Arbeitszeiten, deren Lage sowie das Verhalten der Arbeiter im Betrieb. Bei Verstößen wurden Geldstrafen verhängt, die gleich vom Lohn einbehalten wurden. So wurde, wie Göhre aus Sachsen berichtet, das Zuspätkommen mit gravierenden Strafen geahndet.[25] Die Existenz und Gültigkeit der Arbeitsordnung bezeichnete er als Symbol der »vollkommenen und schweigenden Abhängigkeit aller Arbeiter, sie ist Ausdruck eines absolutistischen Systems . . .«[26]

Die Arbeitszeit, eins der zentralen Momente der Arbeitsbedingungen, schwankte regional und zwischen den einzelnen Gewerben. Zum Teil war das eine Folge des unterschiedlichen Organisationsgrades, d. h. der Stärke der Arbeiterbewegung in den einzelnen Branchen.[27] Verglichen mit heutigen Verhältnissen war der Arbeitstag sehr lang. Daran änderte auch die Reduzierung der Arbeitszeit im Untersuchungszeitraum wenig. Betrug die durchschnittliche Arbeitszeit um 1870 noch zwölf Stunden, so war um 1900 der Elf-Stunden-Tag verbreitet.[28]

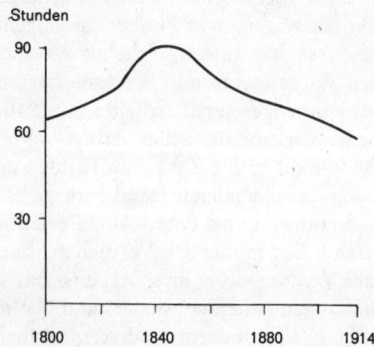

Wöchentliche Arbeitszeit (in Stunden) der Lohnarbeiter in Deutschland 1800 bis 1914
Quelle: F. W. Henning, Die Industrialisierung . . ., a.a.O., S. 195.

Mit diesen Durchschnittsangaben stimmen die von E. Hofmann für Chemnitz ermittelten Werte überein. In den 90er Jahren betrug dort die reine Arbeitszeit (ohne Pausen) zehneinhalb bis elf Stunden, um 1911 neuneinhalb Stunden. Rechnet man die Pausen hinzu, kommt man auf zwölfeinhalb bzw. elfeinhalb Stunden effektiver Anwesenheit im Betrieb.[29]

Diese globalen Angaben lassen leicht vergessen, daß viele Arbeiter, auch Kinder, mehr als 90 Stunden pro Woche arbeiten mußten. Selbst der Sonntag war für viele kein Ruhetag. Mancher versuchte, durch Nebenverdienste am Wochenende sein Einkommen zu erhöhen.[30]

Die Zeit, die für Regeneration zur Verfügung stand, wurde noch durch die Wegezeiten geschmälert. Dazu gibt es kaum präzise Angaben.[31] Die Wegezeiten wurden aber in ihrer Bedeutung um so größer, je mehr die Stadtplaner dazu übergingen, Industrie- und Wohngebiete zu entflechten bzw. Teile der Arbeiterschaft wegen der Wohnungsnot oder der Mietpreise an den Stadtrand oder gar aufs Land ziehen mußten. Entweder waren die Wege dann sehr lang, wie Bürgel berichtet, der für seinen (Fuß-)Weg zur Arbeit eineinhalb Stunden brauchte,[32] oder Fahrtkosten schmälerten den Verdienst. Je weiter der Arbeitsweg, desto größer war auch die Gefahr, zu spät zu kommen; Geldbußen waren dann fällig.[33]

Aus der allmählichen Reduzierung der Arbeitszeit im Untersuchungszeitraum kann nicht ohne weiteres auf eine Verbesserung der Arbeitsbedingungen geschlossen werden. Sie ging mit einer Intensivierung der Arbeit einher. Der von Bromme für die Zeit um 1890 geschilderte Schlendrian verschwand aus dem Arbeitsleben.[34]

Die bisher beschriebenen Aspekte der Arbeitsbedingungen: Einbindung in die Betriebshierarchie und Unterordnung unter Vorgesetzte sowie die Arbeitszeitregelungen galten für alle Arbeiter eines Betriebes in gleicher Weise. Dennoch waren die Arbeitsbedingungen nicht für alle gleich. Sie variierten mit der beruflichen Qualifikation. Diese hatte Einfluß auf die Gebundenheit an den Arbeitsplatz, auf Eintönigkeit oder Abwechslung der Arbeitsvollzüge, auf Arbeitsfreude sowie die Ersetzbarkeit des Arbeiters.

Am günstigsten war die Situation für die sehr kleine Gruppe der *Fabrikhandwerker*, die vorwiegend mit Wartungs- und Repara-

turarbeiten betraut waren, sowie die *gelernten* Arbeiter.[35] Sie
übten, wie z. B. Feinmechaniker und Elektrotechniker, sehr
qualifizierte und vielseitige Tätigkeiten aus oder leiteten größere
Arbeitsvorgänge und -abläufe. Die Angehörigen beider Kategorien
waren begehrte Spezialisten, die auf Grund ihrer herausragenden
Qualifikation gegenüber Arbeitgeber und Vorgesetzten
eine relativ gute Position hatten. In der Tradition der Handwerksbursche
wechselten sie häufiger den Betrieb und wanderten,
um ihre Fertigkeiten zu vervollkommnen.[36] Fabrikhandwerker
und gelernte Arbeiter machten jedoch nur einen geringen Teil
der industriellen Arbeitskräfte aus.

Das Gros der Arbeiter bestand aus Angelernten und Ungelernten.
Die *angelernten* Arbeiter waren für einen sehr schmalen
Tätigkeitsbereich qualifiziert. Die Mehrzahl war als Maschinenarbeiter
beschäftigt, die immer wieder dieselben Handgriffe
ausüben mußten und deren Arbeitsrhythmus von der Maschine
vorgegeben wurde. Vielfach waren sie wegen ihrer engen Spezialisierung
praktisch an einen Betrieb gebunden.

Die *ungelernten* Arbeiter leisteten die körperlich schwere und
wenig qualifizierte Arbeit. Teilweise waren sie als Maschinenarbeiter,
teilweise als Arbeitsleute und Handlanger mit Hilfs- und
Aufräumarbeiten beschäftigt. Beide Kategorien, angelernte und
ungelernte Arbeiter, hatten die schlechtesten Arbeitsbedingungen.
Sie waren praktisch beliebig auswechselbar und ersetzbar.
Innerhalb der Arbeiterschaft waren sie am wenigsten angesehen.[37]

Die Arbeitsplätze der meisten Arbeiter waren schlecht ausgestattet.
Von staubiger oder ölverschmutzter Luft, Lärmbelästigungen
sowie zu schwerer Arbeit wird in der Literatur durchgängig
berichtet.[38] In der Weberei, in der Wettstein-Adelt ihre
Beobachtungen machte, herrschte eine derartig staubige Luft, daß
sie innerhalb von drei Tagen einen Lungenkatarrh bekam.[39] Der
Arbeitsschutz war in diesem Zeitraum nur gering entwickelt.[40]
Die wenigen Schutzbestimmungen wurden teilweise übergangen
und die Fabrikinspektoren getäuscht.[41]

2. Lohnhöhe und -entwicklung

Da der Arbeitslohn die einzig relevante Unterhaltsquelle für den
Arbeiter war, hatte die Lohnhöhe ausschlaggebende Bedeutung

für die Lebensgestaltung. Im Untersuchungszeitraum von 1870 bis 1914 stiegen sowohl die Nominal- als auch die Reallöhne;[42] allerdings muß berücksichtigt werden, daß in dem Zeitraum zuvor die Reallöhne gesunken waren. Die Reallohnsteigerung war geringer als der Anstieg der Arbeitsproduktivität.[43] Ein Ende der Massenarmut war jedoch nicht in Sicht. Von der Problematik der Reallohnberechnung abgesehen, sagen die globalen Meßziffern nichts über das tatsächliche reale Jahreseinkommen aus, für das Kurzarbeit und Arbeitslosigkeit eine erhebliche Rolle spielten.[44] Aus dem gesamten Untersuchungsmaterial geht hervor, daß nur bei wenigen Arbeitern der Verdienst ausreichte, die Familie zu ernähren.

Die Arbeits- und Lohnsituation des Proletariers im wilhelminischen Deutschland war dadurch gekennzeichnet, daß er nicht mit stetiger Beschäftigung und daher auch nicht stetig mit konstanten Lohnzahlungen rechnen konnte. Wirtschaftliche Risiken und Konjunkturschwankungen trug großenteils nicht der Arbeitgeber, sondern sie wurden ohne Zögern auf die Arbeiter abgewälzt, die sich in ihrer Mehrheit dagegen aufgrund ihrer strukturell unterlegenen Position nicht wehren konnten. So heißt es in der Beschreibung der Arbeitsbedingungen eines Arbeiters (Schreiner) bei der Königlichen Eisenbahndirektion in Frankfurt/Main im Jahr 1888: »Falls ausreichende Beschäftigung für alle Arbeiter nicht vorhanden ist, ist der Vorsteher befugt, die Arbeitszeit zu kürzen: Der Lohn wird alsdann nur für die wirkliche Arbeitszeit gewährt.«[45]

Das Arbeitsverhältnis wurde als ein rein schuldrechtliches Austauschverhältnis angesehen. Nicht geleistete Arbeit, auch wenn kein Verschulden vorlag, wurde grundsätzlich nicht bezahlt.[46] Die Arbeitszeit war im allgemeinen im Sommer beträchtlich länger als im Winter.[47] Entsprechend schwankte die Lohnhöhe. Kuczynski merkt zu Recht an, daß es sich hierbei um versteckte Kurzarbeit handelte.

Die stärkste Bedrohung des Arbeiters und seiner Angehörigen lag jedoch in der *Arbeitslosigkeit*. In einigen Branchen, wie z. B. im Baugewerbe, waren sie regelmäßig davon betroffen. Kündigungen waren bis 1914 jederzeit ohne längere Frist und ohne besondere Rechtfertigung möglich. Schlechte Wirtschaftslage reichte als Begründung immer aus.[48]

Bis 1914 gab es keine allgemeine Arbeitslosenversicherung.

Lediglich einige Gewerkschaften hatten Unterstützungskassen für ihre Mitglieder eingerichtet. Arbeitslosigkeit war daher mit Existenzgefährdung des Arbeiters und seiner Familie identisch. Die Löhne waren so niedrig, daß schon in normalen Zeiten nur von der Hand in den Mund gelebt werden konnte. Sparen war angesichts dessen ohnehin sinnlos, da die geringen Beträge kaum mehr als ein paar Tage Arbeitslosigkeit überbrücken konnten. Insofern schwebte in der Tat »die Arbeitslosigkeit wie ein Damoklesschwert über dem Haupte des Arbeiters . . .«[49]

Einen ähnlichen Effekt hatte *Krankheit*. Sie war ebenfalls mit Verdienstausfall und drohender Not identisch, denn das Krankengeld der seit 1883 eingeführten Krankenversicherung war wesentlich niedriger als der normale Lohn.

So prägten Unstetigkeit der Arbeit und des Verdienstes das Leben des Arbeiters grundlegend. »Wenn irgendein Einzelfaktor im Leben des Arbeiters des 19. Jahrhunderts eine beherrschende Rolle spielte, so war dies die *Unsicherheit*. Kein Arbeiter wußte, wieviel Geld er am Wochenende nach Hause bringen würde . . . Die Unsicherheit des Arbeiters war auch eine andere als die der Bauern . . . Das Arbeiterschicksal war von sehr viel tiefer gehenden Unwägbarkeiten bestimmt . . .«[50]

Ebensowenig wie mit stetigem Einkommen im Laufe des Arbeitsjahres konnten viele Arbeiter auch im Laufe ihres Arbeitslebens nicht mit gleichbleibendem oder steigendem Lohn rechnen. Mit Ausnahme der Fabrikhandwerker, die normalerweise keine Akkordarbeit leisteten, erlebten alle (überwiegend an- und ungelernten) Akkord-Arbeiter einen »Knick« in ihrem Berufsschicksal bzw. ihrer Leistungsfähigkeit. Dieser »Knick« lag ca. beim 40. Lebensjahr. Dann war das Leistungsmaximum erreicht. Danach sank die Leistungsfähigkeit rapide. Arbeiter, die ihr Leistungsmaximum überschritten hatten, bekamen einen anderen Arbeitsplatz zugewiesen. Meist sanken sie damit auf den Rang eines ungelernten Arbeiters herab, wurden mit Hilfsarbeiten wie Packen und Kehren beschäftigt.[51] Parallel zur Kurve der Leistungsfähigkeit entwickelte sich auch der Verdienst. Detaillierte Untersuchungen des Vereins für Socialpolitik haben ergeben, daß die Löhne ungefähr bis zum 22. Lebensjahr stiegen, danach bis um das 40. Lebensjahr auf der gleichen Höhe blieben, dann schnell absanken.[52] Gegen die Auswirkungen des Alterungsprozesses und Kräfteverschleißes konnte der Arbeiter nichts tun. An jedem einzelnen bewahrheitete sich Briefs Feststellung: »Der Rhythmus der Leistungsfähigkeit wird zum Rhythmus des Lohnes und damit zum Rhythmus des proletarischen Lebensstandards.[53] Verarmung und Abhängigkeit von der Wohlfahrt waren nicht selten die Folge.[54]

3. Einstellung zur Arbeit

Für die Einstellung zur Arbeit sind sowohl die konkrete, aktuelle Tätigkeit als auch die Berufsperspektive ausschlaggebend. Die geringe Zahl hochqualifizierter Arbeiter, insbesondere der Fabrikhandwerker, konnte aus ihrer abwechslungsreichen Arbeit, ihrer häufig persönlichen Unersetzbarkeit für das Unternehmen und ihrem Ansehen innerhalb der Arbeiterschaft Befriedigung ziehen. Diese Arbeiter erfuhren, da sie in der Regel keine Akkord-Arbeit machten, auch nicht den beschriebenen »Knick« in ihrer Leistungsfähigkeit. Erfahrung und Geschick waren wichtige Komponenten ihrer Arbeitsleistung und blieben ihnen bis ins hohe Alter erhalten.

Das Gros der Arbeiter aber führte nur Teilarbeiten aus, war leicht ersetzbar und ohne Überblick über den Produktionsablauf. Es dominierte weniger das Interesse an der Arbeit als an einem möglichst hohen Lohn.[55] Verstärkt wurde diese Entwicklung dadurch, daß es für den Arbeiter, wenn er Lebenserfahrung gesammelt hatte und auf der Höhe seiner geistigen Leistungsfähigkeit war, beruflich unaufhaltsam bergab ging. »Die Perspektive seines Berufsdaseins . . . ist in ihrem Wesen trostlos.«[56] Darin liege, so A. Weber »der wesentliche Grund des selbstverständlichen und unausrottbaren Pessimismus der gesamten Klasse, das graue Fatum, unter dem sie steht. Die Arbeiter, die man gefragt hat, was ihr Lebensziel sei, haben fast überall mit einer bitteren Bemerkung, mit einem höhnischen Achselzucken, oder mit einer schnoddrigen Redensart geantwortet.«[57]

Gemäß dieser hoffnungslosen Berufsperspektive, den schlechten Arbeitsbedingungen, der wenig befriedigenden Tätigkeit und der geringen Bezahlung wurde die Arbeit meist als eine Last empfunden,[58] nur die Arbeit, die viel Geld einbringt, wurde geachtet. »Arbeit und Nichtstun waren . . . die parallelen Begriffe zu Last und Lust, Langeweile und Abwechslung.«[59]

Die hohe Fluktuation der Arbeitskräfte war Ausdruck dieser für

die meisten sehr unbefriedigenden Arbeitssituation. Fabrikhandwerker und gelernte Arbeiter wechselten oft den Betrieb, um
weitere Erfahrungen zu sammeln. Viele taten es ihnen gleich,.
wenn auch aus anderen Gründen. Da die Löhne so knapp
bemessen waren, reichten ein paar Pfennige Differenz als Grund
für einen Arbeitsplatzwechsel aus.[60] Besonders häufig wechselten
ungelernte Arbeiter Arbeitsplatz und Wohnort. Bei ihnen war die
Identifizierung mit der Arbeit am geringsten. Da unter ihnen
viele zugewanderte Arbeitskräfte gewesen sind, fehlte auch die
Verwurzelung in einem örtlichen Bekanntenkreis. Für sie war
allein die Lohnhöhe ausschlaggebend.[61] Erst nach dem 40. Lebensjahr, wenn sie ihr Leistungsmaximum überschritten hatten,
wurden die meisten Arbeiter seßhaft. Dann mußten sie froh sein,
überhaupt noch einen halbwegs gut bezahlten Arbeitsplatz zu
bekommen und zu behalten. Besonders ausgeprägt war der
Betriebs- und Wohnortwechsel in den im Kaiserreich schnell
wachsenden neuen Industrieorten. Beispielhaft zeigt die nachfolgende Übersicht über den Belegschaftswechsel auf der Zeche
»Deutscher Kaiser« in Hamborn die hohe Fluktuation der
Arbeitskräfte, für die, der Berichterstatterin zufolge, die schlechten Arbeits- und Wohnbedingungen ausschlaggebend waren.

Belegschaftswechsel auf der Zeche »Gewerkschaft Deutscher Kaiser« in
Hamborn

Jahr	durchschnittl. Zahl der Belegschaft	Angelegt (= eingestellt)	Abgekehrt	
			durch Kündigung	durch Kon-traktbruch
1910	14 699	8 748 = 59%	9 420 = 64%	1 318 = 8,9%
1911	13 345	8 064 = 60%	8 424 = 63%	919 = 6,8%
1912 (bis Ende Mai)	13 728	3 324 = 24%	4 668 = 34%	1 054 = 7,6%

Quelle: L. Fischer-Eckert, Die wirtschaftliche und soziale Lage . . .,
a.a.O., S. 58.[62]

Die Unstetigkeit der Arbeits- und Lebensverhältnisse, die sich in
diesen Zahlen niederschlägt, entsprang in der Mehrzahl der Fälle
nicht einem Bedürfnis nach Abwechslung, wie Göhre unterstellt,

»sondern ist einerseits von der Wirtschaft bedingt, andererseits durch deren Organisation ermöglicht.«[63]

4. Bedeutung der Arbeitssituation für das proletarische Lebensgefühl (Mentalität)

Die proletarische Existenz ist gekennzeichnet durch die Lohnabhängigkeit. Auf das Arbeitseinkommen sind zwar auch andere Kategorien von Unselbständigen, Angestellte und Beamte, angewiesen; die Lohnabhängigkeit verband sich beim Proletarier jedoch mit existentieller Unsicherheit. Der Arbeitsplatz war ihm nicht sicher, er konnte von heute auf morgen seine Stelle verlieren. In Notlagen wie Arbeitslosigkeit, Krankheit und Kurzarbeit war er materiell nicht abgesichert, schutzlos gegenüber der Willkür von Unternehmern und Vorgesetzten. Hinzu kamen, von Ausnahmen abgesehen, die Perspektivlosigkeit seines Berufsschicksals und die umfassende Fremdbestimmtheit im Betrieb. Diese Merkmale seiner Arbeitssituation waren gleichsam nur die Kehrseite der Eigentumslosigkeit des Proletariers, speziell des fehlenden Eigentums an Produktionsmitteln, die sich mit einer unzureichenden Bildung und Berufsausbildung verband.

Verfügung bzw. Nichtverfügung über Eigentum prägt die Mentalität in entscheidender Weise. Besitz bedeutet Sicherheit und Stabilität, aber zugleich, da der Besitz unabhängig vom Individuum weiter existiert, auch Kontinuität des Daseins. Ein solches sachliches Fundament des Lebens, von dem aus und für das gelebt wird und das zugleich die Beziehungen zu anderen Personen (auch den nächsten Angehörigen) prägt, fehlte dem Proletarier vollständig.[64] Ein Äquivalent für Besitz und Eigentum konnte, wie am Beispiel der höheren Beamten und der Angehörigen der freien Berufe gezeigt worden ist, auch in umfassender Bildung und beruflicher Qualifikation bestehen. Über beides verfügte der Proletarier ebenfalls nicht. Hinzu kam, daß der Arbeiter im Gegensatz zu den eigentumslosen Unselbständigen, wie Beamte und Angestellte, auch nicht ». . . mit der Dauer des Vertragsverhältnisses in dem Sinne rechnen (konnte), daß sie seine Existenz gliedert. Hier verschwimmt alles ins Unbestimmte und von außen kommende Kräfte (Konjunktur, Saison usw.) atomisieren sein Leben.«[65]

Inmitten einer Umwelt, die auf Daseinssicherung durch Besitz und (ergänzende) Versicherungen gegründet war, befand sich die proletarische Existenz in einer fortgesetzten Schwebelage.[66] Diese Differenz, dieses »Unterschiedsbewußtsein« (Briefs) war grundlegend für die proletarische Mentalität und zugleich konstitutiv für das Bewußtsein der Einheitlichkeit der Arbeiterklasse.[67] Das Lebensgefühl des Proletariers gründete mithin nicht in einem sachlichen Fundament wie dem Besitz und nur für wenige in einer spezifischen Arbeitsqualifikation.

Von zentraler, alles überschattender Bedeutung war für den Proletarier der tagtägliche Kampf um die Sicherung der schlichten Existenz – seine eigene und die seiner Angehörigen. Im Gegensatz zu dem, was sie selbst dazu beitragen konnten, waren von außen wirkende Kräfte dermaßen überwältigend, daß viele sich ohnmächtig fühlten. In diesem Gefühl des Ausgeliefertseins und der Ohnmacht wurzelten zwei sehr verschiedene Verhaltensweisen: die »Passivität« großer Teile der Arbeiterschaft, aber auch das revolutionäre Aufbegehren eines kleineren Teils.[68]

Für viele Arbeiter erschöpfte sich das Leben in der Arbeit und der unablässigen Sorge um den Lebensunterhalt. Energien für andere Aktivitäten standen ihnen kaum mehr zur Verfügung. Nur für eine kleinere Gruppe bildete die Mitarbeit in der Partei oder Gewerkschaft einen weiteren Schwerpunkt ihres Daseins. Eine ausgesprochene Familienorientierung dürfte nur bei wenigen vorhanden gewesen sein.[69] Die Chancen für ein befriedigendes Familienleben waren für die Mehrheit der Proletarier, wie noch zu zeigen sein wird, denkbar gering.

III. Höhe und Zusammensetzung des Familieneinkommens

Die zentrale Subsistenzgrundlage der proletarischen Familie war der Arbeitslohn. So wichtig Eigenleistungen wie schneidern oder Schuhe besohlen oder ein eigenes Gemüsegärtchen auch für den einzelnen Haushalt sein konnten, so wurde doch die Bedeutung des Verdienstes dadurch nicht tangiert.

Die Höhe des Lohnes entschied, da der Arbeiter normalerweise keine weiteren bedeutsamen Einkommensquellen hatte, nicht nur über das Niveau der Lebenshaltung, sondern darüber hinaus über weitere wesentliche Aspekte der familialen Situation. Von der Höhe des Verdienstes hing nämlich ab, ob außer dem Mann noch weitere Familienmitglieder erwerbstätig sein mußten. Die Antwort darauf läßt Rückschlüsse zu auf verschiedene Bereiche des Familienlebens: so tangiert die Mitarbeit der Ehefrau die Bereiche der Kindererziehung, der Ehebeziehung, der Pflege des Haushalts usw.

1. Verdienste der Arbeiter

Es ist bereits darauf hingewiesen worden, daß im Untersuchungszeitraum sowohl die Nominal- als auch die Realeinkommen gestiegen sind. Diese, auf die Einkommensentwicklung *aller* Erwerbstätigen zielende Aussage ist für die vorliegende Fragestellung, außer dem Trend, den sie signalisiert, wenig brauchbar. In den aggregierten Daten werden vielfältige Differenzen zusammengefaßt und eingeebnet.[70] Hinzu kommt das Problem der Gewichtung in der Berechnung der Lebenshaltungskosten, wenn ausgehend vom Nominaleinkommen das Realeinkommen errechnet werden soll. Auch die vom Arbeiter zu tragenden Risiken von Kurzarbeit und Arbeitslosigkeit relativieren die allgemeine Aussage. Ganz generell lassen sich aus den Globalziffern kaum Rückschlüsse auf die Lebensverhältnisse des einzelnen Haushalts ziehen, insbesondere deshalb nicht, weil auch die konkrete Ausgangssituation der Haushalte unbekannt ist.

Will man sich gleichwohl ein Bild von der materiellen Situation der Arbeiterhaushalte machen, kann auf Budgetuntersuchungen einzelner Haushalte zurückgegriffen werden. Sie sind nicht repräsentativ, gleichwohl erlauben die breite regionale Streuung und viele Hinweise in den Analysen eine Einordnung der Ergebnisse dahingehend, ob es sich um typische oder untypische Verhältnisse handelt. Im folgenden soll die Einkommenssituation einiger ausgewählter Haushalte kurz skizziert werden. Die Fragestellung zielt dabei einzig auf die Frage, ob der Lohn eines durchschnittlichen Arbeiters für den Unterhalt seiner Familie ausreicht oder ob noch weitere Familienangehörige arbeiten müssen. Als Orientierungsrahmen für die nachstehend skizzierten »Fälle« kann die folgende Tabelle über die Entwicklung der durchschnittlichen Nominallöhne in Industrie und Handwerk dienen:

Durchschnittliche jährliche Arbeitseinkommen in Industrie und Handwerk in Deutschland (Mark)

Jahr	1850	1860	1870	1875	1880	1885	1890	1895	1900	1905	1910
Einkommen (Mark)	329	412	526	696	588	647	739	768	877	965	1106

Quelle: W. G. Hoffmann, Das Wachstum der deutschen Wirtschaft . . ., a.a.O., Tab. 119, S. 492 ff.

1. Fall: Eine Leipziger Arbeiterfamilie 1887[71]
Der Mann war als Arbeiter in einer chemischen Fabrik bei Leipzig tätig. Er erhielt einen Tagelohn von 2,20 Mark, was einem Jahreseinkommen von 603,– Mark entsprach. Die Summe lag damit etwas niedriger als das durchschnittliche Arbeitseinkommen im Deutschen Reich. Selbst die überaus kärgliche Lebenshaltung dieser Familie, die aus den Eltern und drei Kindern bestand, konnte bei diesem Verdienst des Mannes nur durch die – allerdings nicht kontinuierliche – Mitarbeit der Frau und zweier Kinder gesichert werden. Das Jahreseinkommen wurde durch deren Verdienst um 437 Mark auf 1100 Mark gesteigert. Für die Einordnung dieser Familie ist der Hinweis Mehners wichtig, daß seiner Einschätzung zufolge ca. ein Drittel der Arbeiter besser leben, ein anderes Drittel aber auch schlechter, die Familie also durchaus einen mittleren »Lebensstandard« innerhalb der Arbeiterschaft habe.[72]

2. Fall: Familie eines gelernten Schreiners in Frankfurt/Main 1888[73]
Der Mann war bei der Königlichen Eisenbahn-Direktion in Frankfurt a. M. beschäftigt. Er erhielt einen Tagelohn von 3,22 Mark, was einer Jahreseinnahme von 1 024,51 Mark entsprach. Davon lebten er, seine Frau und vier Kinder, wenn auch in sehr beschränkten Verhältnissen. Die Frau übernahm gelegentlich Wasch- und Putzarbeit. Flesch weist darauf hin, daß sich dieser Arbeiter sehr günstig stand: »Es werden nicht viele Schreiner in Frankfurt am Main sein, die *bei absolut fester und stetiger Arbeitsgelegenheit* durch das ganze Jahr, einen Tagelohn von mehr als 3 Mark erzielen.«[74] Der ortsübliche Tagelohn lag in Frankfurt wesentlich niedriger und habe 1884 2,40 Mark betragen, wobei normalerweise arbeitslose Tage in Kauf genommen werden mußten.[75] Der Verdienst des Mannes lag erheblich über dem Reichsdurchschnitt. Die Familie lebte davon kaum besser als im ersten Fall[76], allerdings mußten Frau und Kinder nicht mitarbeiten.

3. Fall: Familie eines Arbeiters in der Königlich-Bayerischen Artillerie-Werkstätte in München[77]

Sein jährlicher Verdienst betrug laut Arbeitsbuch:

Jahr	1894	1895	1896	1897	1898
Verdienst	1 157,46	1 066,14	1 073,59	1 225,25	1 314,35

Dies vom Arbeiterausschuß des Betriebes angeführte Beispiel betraf einen sehr guten Arbeiter im leistungsfähigsten Alter. Sein Verdienst lag auch deutlich über den in obiger Tabelle angeführten Durchschnittslöhnen. Das vom Arbeiterausschuß für ihn, seine Frau und zwei Kinder berechnete Existenzminimum, das keine Ausgaben über unvorhergesehene Fälle enthält, lag aber im Jahr bei 1 874 Mark. Der Fehlbetrag konnte nur durch die Mitarbeit von Frau und Kindern aufgebracht werden.

4. Fall: Gelernter Arbeiter in Chemnitz 1902[78]

Bei der Analyse des Verdienstes der Lebenshaltungskosten Chemnitzer Arbeiter um 1900 gelangt E. Hofmann zu dem Ergebnis, daß die niedrig angesetzten Lebenshaltungskosten einer fünfköpfigen Familie durch den Verdienst des Mannes nicht bestritten werden konnten. Das traf zu
– bei 58,82% der gelernten Arbeiter in der Metallindustrie,
– bei 81,61% der gelernten Arbeiter in der Textilindustrie,
– bei 86,43% der gelernten Arbeiter im Baugewerbe.
Die Mitarbeit von Frau und Kindern war die notwendige Folge.

5. Fall: Familien ungelernter Arbeiter in München 1907[79]

Zugrunde liegt die Analyse der Budgets von zweiundzwanzig Familien in München. Es handelt sich bei den Männern fast ausschließlich (21 von 22) um gelernte Arbeiter. Entsprechend lagen ihre Arbeitsverdienste über dem Reichsdurchschnitt (vgl. Tabelle S. 400/401).

Trotz des überdurchschnittlichen hohen Arbeitseinkommens der Männer verdienten in 13 von 22 Fällen die Frauen hinzu, sei es durch Untervermietung und/oder Erwerbsarbeit. Allerdings kannten nur wenige Familien Kinderarbeit. Aus ihrer Untersuchung zieht Conrad die Schlußfolgerung: »Wenn wir die vorstehende Darstellung zusammenfassen, so scheint vor allem mit Deutlichkeit daraus hervorzugehen, daß nur eine Familie mit drei, höchstens vier Kindern von dem Verdienst eines gelernten Arbeiters gesund und kulturwürdig leben kann, aber auch da muß mit großer Sparsamkeit und sorgfältiger Abwägung der Ausgaben gewirtschaftet werden. Ferner hat sich gezeigt, daß jede längere Krankheit oder sonstige Arbeitslosigkeit des Mannes trotz Kassenbezügen gleich die

Tab. 1: Einnahmen der Familien (1907)

Nr.	Kopfzahl der Familie	Beruf des Mannes	Wochen-lohn des Mannes	Jahresverdienst des Mannes	
				aus regel-mäßiger Arbeit	aus Über-stunden und Ne-benarbeit
			Mk.	Mk.	Mk.
2	5,dann 6	Schuhmacher	23,00	686,00	79,15
1	5	Hilfsarbeiter	20,00	958,95[3]	–
13	4	Schumacher	19,00	945,77	–
29	5	Braugehilfe	20,00	1109,02	–
7	2	Militärarbeiter	21,20	1103,10	–
20	4	Maler	24,00	1111,56	13,50
9	2	Schuhmacher	24,25	1128,50	–
31	4	Schuhmacher	25,60	1132,08	63,50
30	4	Bürstenmacher	23,70	1180,35	–
22	4	Sattler	23,00	1201,00	44,80
8	2	Maler	25,45	1260,07	11,60
12	6,dann 7	Schmied	27,50	1351,20	–
11	7	Schreiner	25,50	1187,13	12,00
19	3	Maler	23,90	1286,30	–
4	7,dann 6	Maurer	26,50	1342,50	–
5	4	Metallarbeiter	26,75	1402,80	–
27	3	Gerüstbauer	26,90	1466,84	–
6	3,dann 4[1]	Bezirksleiter	29,00	1509,00	–
16	5	Graveur	32,75	1677,27	9,90
14	4,dann 5	Schmiedgehilfe	33,50	1723,82	–
23	3	Ziseleur	36,35	1842,02	–
17	8	Pflasterer	34,80	1846,93	–
Durchschnitt:			26,00	1291,50	10,65

1 Im Laufe des Jahres wurde ein Pflegekind aufgenommen.
2 Einschließlich 58 M. Nebenverdienst des Mannes.
3 Der Jahresverdienst von Nr. 2 ist wegen längerer Krankheit so niedrig.
4 Sonstige Einnahmen umfassen Unterstützung durch Verwandte, Behörden etc., Krankengeld, zusätzlichen Verdienst durch Pflegekind (Nr. 14) oder erspartes Geld (Nr. 14).

Jahresverdienst der Ehefrau	Verdienst der Kinder	Einnahmen durch Untervermietung	Sonstige Einnahmen[4]	Gesamt-Jahreseinnahmen der Familie
Mk.	Mk.	Mk.	Mk.	Mk.
70,14	145,62	294,75	566,50[2]	1842,16
185,00	-	33,20	91,22	1268,37
451,30	-	24,00	141,05	1562,12
465,77	-	-	5,00	1579,79
245,40	-	125,00	5,00	1478,50
357,70	-	-	52,30	1535,06
635,58	-	-	68,00	1832,08
84,50	-	-	126,00	1406,08
319,29	3,00	-	110,27	1612,91
384,98	-	-	50,09	1680,87
220,00	-	-	5,00	1496,67
384,30	-	107,85	206,10	2049,45
85,60	-	-	74,85	1359,58
2,70	-	-	10,00	1299,00
10,50	-	-	37,84	1390,84
-	-	-	19,00	1421,80
532,00	-	-	160,00	2118,84
-	-	-	240,00	1749,00
-	-	-	131,76	1818,93
119,87	-	-	227,00	2070,69
4,45	-	-	37,15	1883,62
-	-	-	-	1846,93
207,22	6,75	26,58	107,45	1650,15

Quelle: E. Conrad, Lebensführung von 22 Arbeiterfamilien Münchens, in: Einzelschriften des Statistischen Amtes der Stadt München Nr. 8, München 1909, S. 45.

Ausgaben in Mißklang mit den Einnahmen bringt. Eine Familie mit vielen Kindern kann nur auf Kosten der Ernährung und der Vorsorge für die Zukunft auf den Mitverdienst der Mutter verzichten; darauf sind also gerade jene Familien angewiesen, in welchen die Mutter zu Hause am notwendigsten ist.«[80]

Als Ergebnis kann somit festgestellt werden, daß trotz der Reallohnsteigerungen im Untersuchungszeitraum in der Mehrzahl der Arbeiterfamilien zumindest die zeitweilige Mitarbeit der Ehefrau unumgänglich gewesen ist. Diese Konsequenz wird noch eindringlicher, wenn man sich vor Augen hält, daß in allen angeführten Beispielen, mit Ausnahme des ersten, die Männer überdurchschnittlich gut verdienten. Die Notwendigkeit der Erwerbstätigkeit der Ehefrau hing jedoch nicht nur von der absoluten Lohnhöhe des Mannes ab. Große Bedeutung hatte die Zahl der Kinder, die versorgt werden mußte. Aber auch die relative Position des Mannes in der Lohnhierarchie, das Anspruchsniveau[81], entschied über den Zuverdienst der Ehefrau. Er war, bedenkt man diese Aspekte, notwendig in den Familien ungelernter, angelernter und selbst bei Teilen der gelernten Arbeiter.[82]

2. Ausmaß und Bedeutung weiblicher Erwerbstätigkeit

Für die vorliegende Fragestellung wäre es wichtig zu wissen, wie hoch der Anteil mitverdienender Ehefrauen in der Arbeiterschaft gewesen ist. Meines Wissens liegen dazu keine Untersuchungen vor. Hinzu kommt, daß vermutlich nicht alle erwerbstätigen Ehefrauen in den Statistiken erfaßt worden sind.[83] Die vorhandenen Zahlenangaben differenzieren zudem nicht nach dem Beruf des Mannes. Weder kann unterstellt werden, *alle* berufstätigen Ehefrauen seien mit Arbeitern verheiratet gewesen, noch galt diese Annahme für *alle* Fabrikarbeiterinnen. Allerdings wird es sich bei ihnen überwiegend um Ehefrauen von Arbeitern handeln. Für die meisten Arbeiterfrauen, die Geld dazu verdienen mußten, gab es neben der Fabrikarbeit wenig Alternativen. Einige machten Heimarbeit. Dem Vorteil, zu Hause arbeiten zu können, standen jedoch gravierende Nachteile gegenüber: schlechterer Verdienst, längere Arbeitszeit und unstetige Auftragslage. Die ohnehin beengten Wohnverhältnisse wurden durch Heimarbeit

zusätzlich beansprucht. Eine andere Verdienstmöglichkeit boten
Putz-, Scheuer- und Wascharbeiten, die ähnliche Probleme mit
sich brachten. Sie waren günstig für Frauen, die nicht ganztägig
arbeiten konnten oder wollten, wurden allerdings sehr schlecht
bezahlt.[84] Im folgenden sollen einige Aspekte der Fabrikarbeit
verheirateter Frauen behandelt werden, da die ganztägig außerhäusliche Erwerbsarbeit der Frau für die Familienbeziehungen
die gravierendsten Auswirkungen hatte.

a. Entwicklung der weiblichen Erwerbstätigkeit

Im Untersuchungszeitraum stieg die Zahl der erwerbstätigen
Frauen und ihr Anteil an der Gesamtzahl der Erwerbstätigen. Die
entscheidende Zunahme lag zwischen 1895 und 1907. Sie ging
offenbar wesentlich auf die Ausweitung der Angestelltenberufe
zurück, denn der Anteil der Arbeiterinnen an der Gesamtzahl der
weiblichen Erwerbstätigen sank zwischen 1895 und 1907 von
63,2 auf 51,1% bei einer Steigerung der weiblichen Erwerbstätigen um 46% im gleichen Zeitraum.[85] Dennoch stieg auch die
absolute Zahl der Arbeiterinnen.
  In sehr hohem Maße schlug sich die Zunahme der weiblichen
Erwerbstätigen auch bei den verheirateten Industriearbeiterinnen
nieder. Ihre Zahl stieg zwischen 1895 und 1907 von 140 804 auf
278 387. Das ist eine Zunahme um 97,7%.[86] Der Anteil der
verheirateten Arbeiterinnen schwankte regional außerordentlich
stark. Während 1899 28,7% der Fabrikarbeiterinnen im deutschen Reich verheiratet waren, lag dieser Prozentsatz in Frankfurt an der Oder bei 49,2%.[87]
  Für den überwiegenden Teil der Frauen war wirtschaftliche Not
der primäre Beweggrund.[88] Eine Befragung erwerbstätiger Ehefrauen und Witwen in Liegnitz ergab, daß 73% der Frauen
angaben, wegen zu geringen Verdienstes ihres Mannes bzw.
seines Todes arbeiten zu müssen.[89] Schwankungen im Umfang der
Frauenerwerbstätigkeit nach dem Alter lassen erkennen, daß die
weibliche Berufstätigkeit die Funktion hatte, ökonomisch prekäre Phasen im Familienzyklus überwinden zu helfen.
  Die folgende Tabelle bezieht sich zwar auf *alle* weiblichen
Erwerbstätigen, unabhängig vom Familienstand und der Art der
Arbeit; da jedoch davon ausgegangen werden kann, daß die
ledigen Frauen überwiegend ohne Unterbrechungen berufstätig

waren, können die altersspezifischen Unterschiede nur von verheirateten Frauen herrühren.

Anteil der weiblichen Erwerbstätigen je 1000 der weiblichen Gesamtbevölkerung in verschiedenen Altersstufen (1882) (ohne Dienstboten)

unter 15 J.	17,9
von 15-20 J.	451,9
von 20-30 J.	319,8
von 30-40 J.	185,0
von 40-50 J.	219,7
von 50-60 J.	258,1
von 60-70 J.	227,1
über 70 J.	132,6

Quelle: L. Schneider, a.a.O., S. 102, Tab. 9.

Ein relativ hoher Prozentsatz von Frauen arbeitete im Alter von 20 bis 30 Jahren, also dann, wenn kleine Kinder vorhanden waren. Darin drückt sich aus, daß in dieser Phase des Familienzyklus das Budget am stärksten belastet wurde. Der starke Rückgang der Erwerbstätigkeit in der folgenden Altersklasse zeigt an, daß größere Kinder schon zum Familienunterhalt beitragen konnten. Die leichte Zunahme bei den 40-50jährigen Frauen korrespondierte dem sinkenden Arbeitsverdienst vieler Männer, die ihr Leistungsmaximum überschritten hatten, und der Tatsache, daß viele Frauen inzwischen Witwe geworden waren.[90]

Wahrscheinlich ist das Bild, das die vorstehende Tabelle vermittelt, nicht ganz zutreffend. Viele Frauen, die beispielsweise wegen mehrerer Kleinkinder nicht voll erwerbstätig sein konnten, werden vermutlich, gerade weil sie in dieser Phase des Familienzyklus auf weitere Einnahmen nicht verzichten konnten, andere Möglichkeiten zum Zusatzverdienst ergriffen haben, ohne daß diese Arbeit in der Erwerbstätigenstatistik auftauchte. Dies gilt insbesondere für die bereits erwähnten Wasch- und Putzarbeiten.

Im Proletariat mußten die Frauen nur bei überdurchschnittlich hohem Verdienst des Mannes nicht mitarbeiten.[91] Mit dieser generellen Regel stimmen Äußerungen von Gewerbebeamten überein, denen zufolge gelernte Arbeiter, die zugleich die am besten verdienenden waren, ihre Frauen nicht in die Fabriken schicken würden.[92] Wie oben gezeigt worden ist, können aber auch sie es sich nicht immer leisten, auf die Mitarbeit der Frauen zu verzichten; dennoch fällt es ihnen leichter. Daß das gleichwohl nicht bei allen der Fall war, wird deutlich in dem Schluß, den Landé aus ihrer Untersuchung der Berliner Maschinenindustrie zog: auch beim gelernten Arbeiter sei die Mitarbeit der Ehefrau notwendig, »wenn er seinen Kulturstandpunkt bewahren und seine Kinder auf der gleichen sozialen Stufe erhalten will.«[93]

b. Verdienstmöglichkeiten von Arbeiterfrauen

Fabrikarbeit war, wie gezeigt wurde, immer noch die am besten bezahlte Erwerbsmöglichkeit für die Arbeiterfrauen. Die Frauenverdienste lagen aber erheblich niedriger als die der Männer. Dies nicht nur, weil Frauenarbeit normalerweise ungelernte Arbeit war und deshalb schlecht bezahlt wurde. Ungelernte Arbeiterinnen verdienten beträchtlich weniger als ungelernte Arbeiter.[94] Die folgende Tabelle, die diesen Sachverhalt deutlich zeigt, beruht auf der Übersicht eines Gewerbeinspektors über die faktisch ausbezahlten Löhne im Regierungsbezirk Oppeln.

Schichtlöhne der Männer und Frauen, 1888 in Mark

| Industriezweig | Männer | | Frauen |
	gelernte	ungelernte	
Walzwerk	2,46	2,16	0,98
Hochofenwerk	2,16	1,73	0,85
Stahlwerke	2,54	1,49	1,33
Chamotte-Ziegelei	2,28	1,62	0,87
Zucker-Fabrik	1,73	1,10	0,53
Porzellanfabrik	1,32	1,17	0,34
Wollwarenfabrik	1,65	1,28	0,98
Baumwollspinnerei	1,34	1,09	0,63
Tabak- u. Zigarrenfabrik	2,08	1,95	1,06
Pulverfabrik	1,86	1,14	0,61

Quelle: J. Kuczynski, Die Geschichte der Lage der Arbeiter unter dem Kapitalismus, Bd. 3, Berlin 1962, S. 338.

Ledige Arbeiterinnen, sofern sie nicht bei den Eltern wohnten, konnten von ihrem Verdienst auf die Dauer nicht leben.[95] Die Heirat war für sie die einzige Chance, selbständig leben zu können. Als Antwort auf die naheliegende Frage, weshalb die Frauen diese schlechte Bezahlung akzeptierten, reicht der Hinweis auf die Konkurrenz um die Arbeitsplätze nicht aus. Vielmehr spiegeln sich darin die fortexistierenden traditionellen, mit der Frauenarbeit verknüpften Mentalitäten. Die Mitarbeit der Ehefrau war ja keine Erfindung des Kapitalismus. Sie war sowohl im bäuerlichen wie im handwerklichen Bereich für die Sicherung der Existenz der Familie stets notwendig gewesen. Unterschiede bestanden nur in der für viele Stunden ununterbrochenen außerhäuslichen Tätigkeit und den getrennten Arbeitsplätzen der Eheleute. Beides war die Folge der veränderten ökonomischen und gesellschaftlichen Verhältnisse. Kempf gewann bei ihrer Untersuchung den Eindruck, daß »die außerhäusliche Erwerbstätigkeit der Ehefrau in München ... nichts anderes zu sein (schien) als eine Umsetzung dieser alten Zustände in die wirtschaftlichen Verhältnisse der Großstadt.«[96]

In Sonderheit für die vom Lande zugewanderten Frauen war ihre Erwerbstätigkeit eine ihnen selbstverständliche Leistung für die familiale Ökonomie. Dieser Einstellung entsprach auch ihr Verhältnis zur Bezahlung. »Diese Frauen aber, deren Tätigkeitsfeld bisher nur die Familie war (bzw. auf deren Umkreis beschränkt war, wie bei Landarbeiterinnen – H. R.), verstanden es nicht, die Erwerbstätigkeit in Geld zu bewerten, sie betrachteten ihren Lohn meist nur als Zubuße zu dem des Mannes.«[97]

Viele Fabrikarbeiterinnen um 1900 definierten ihre Tätigkeit noch weitgehend innerhalb des traditionellen familialen Bezugsrahmens. Die wirtschaftliche Einheit war für sie, von denen viele aus kleinbäuerlichen und Landarbeiterfamilien stammten, weiterhin ungefragt der Familienhaushalt. Entscheidend war deshalb auch nicht das Individual-, sondern das Familieneinkommen.[98] Die Maxime »gleicher Lohn für gleiche Arbeit« konnte unter diesen Bedingungen bei ihnen keinen Nährboden finden.

Allerdings bedeutete diese Einstellung praktisch, daß die Frauenarbeit den Lohn drückte. In den Domänen der industriellen Frauenarbeit, beispielsweise in der Textilindustrie, lagen auch die Männerlöhne unter dem Durchschnitt, was wiederum eine vermehrte Mitarbeit der Frauen notwendig machte.[99]

c. Auswirkungen weiblicher Erwerbstätigkeit auf die Familie

Gegen die Erwerbsarbeit von Ehefrauen und Müttern wurden schon früh gravierende Einwände erhoben.[100] Die Argumente konzentrierten sich schnell auf zwei Ebenen. Die erste war ökonomischer Art. Es wurde eingewendet, die Mitarbeit der Frau bedeute im Grunde keinen wirtschaftlichen Vorteil, da ihr ohnehin bescheidener Verdienst durch die entstehenden Mehrkosten für die Kinderaufbewahrung und die unrationelle Haushaltsführung praktisch aufgezehrt würde.[101] Otto hat dagegen in ihrer detaillierten Untersuchung feststellen können, daß relevante Mehrkosten, die das Budget belasteten, nur für die Kinderaufbewahrung entstanden, u. U. auch durch außerhäusliche Verpflegung der Eheleute.[102] Andere Ausgaben fielen nicht ins Gewicht, da die anfallenden Arbeiten von der Frau zusätzlich zur Erwerbsarbeit am Abend oder sonntags erledigt wurden.[103]

Gegen die Behauptung, die Arbeiterfrau könne, wenn sie nur Hausfrau sei, rationeller wirtschaften, hat Otto eingewandt, daß dazu wegen der marginalen wirtschaftlichen Existenz des durchschnittlichen Arbeiterhaushalts jede Voraussetzung fehle. »Erstens fällt die Auswahl zwischen verschiedenen Speisen fort. Das billigste Fleisch, das billigste Gemüse muß genommen werden. Es muß auf die einfachste Weise zubereitet werden, denn Zutaten sind auch teuer. Und dann wird in so kleinen Quantitäten gekauft, daß ›Reste‹, deren zweckmäßige Anwendung und Weiterverwendung im besser gestellten Haushalt von Bedeutung sind, nicht überbleiben können.«[104] Auch könne wegen des fehlenden Platzes und des nur wöchentlich ausbezahlten Lohnes keine (preiswertere) Vorratswirtschaft betrieben werden. Hauswirtschaftliche Schulung der Frauen sei ohnehin nicht vorhanden – gleich ob sie zu Hause bleiben oder berufstätig seien.[105] Otto gelangt zu dem Ergebnis, daß ohne den Frauenverdienst – so gering er auch im Einzelfall sein mag – die Arbeiterfamilie nicht existieren könne, ohne Schulden zu machen.[106]

Die anderen Argumente gegen die Erwerbsarbeit waren eher ethisch-moralischer Art. Es wurden unheilvolle Auswirkungen auf die sittliche und gesundheitliche Entwicklung der Kinder sowie generell der Zerfall der Familie prognostiziert.[107] Nachteilige Folgen für die Kinder entstanden zweifellos. Solange sie klein waren, mußten sie in Aufbewahrungsanstalten untergebracht oder zu Verwandten, Nachbarn oder Ziehmüttern gegeben werden. Waren sie größer, blieben sie viel sich selbst und der wichtigen Sozialisationsinstanz »Straße« überlassen.

Wie bei der Untersuchung der Familienformen von Bauern, Handwerkern und Heimarbeitern deutlich geworden ist, wuchsen die Kinder dort überall »nebenher« auf. Eine »Vernachlässigung« der Kinder und ihrer Erziehung war also durchaus üblich gewesen. Sie hielt sich bei der ärmeren Bevölkerung unter dem Zwang ihrer Lebensumstände länger als im Bürgertum. Neu an dieser Kritik ist, daß nun erstmals bürgerliche Maßstäbe für die Beurteilung der Kindheit im Proletariat angewendet wurden.

Zweifellos aber ist an alledem richtig, daß die gesundheitliche Gefährdung der Kinder von Arbeiterinnen schon vor der Geburt beträchtlich war. Gesundheitsschädliche Arbeitsbedingungen und unzureichender Schwangeren- und Wöchnerinnenschutz trugen dazu bei. Aus finanziellen Gründen arbeiteten die Frauen praktisch bis zum letzten Tag vor der Niederkunft. Das von der Krankenkasse für vier Wochen gewährte Wöchnerinnengeld war so knapp bemessen, daß viele Mütter schon früher die Arbeit wieder aufnahmen.[108] Unterleibserkrankungen waren infolgedessen häufig. Fabrikarbeit vertrug sich auch nicht mit dem Stillen des Säuglings. Die Umstellung auf »künstliche« Ernährung aber gefährdete ihn im hohen Maße.[109]

Für das tägliche familiale Zusammenleben gravierender dürfte die übermäßige Belastung der Frauen durch ihre Aufgaben als Hausfrau, Mutter und Arbeiterin gewesen sein. Fabrikarbeiterin sein bedeutete tägliche Abwesenheit von zu Hause für 12-14 Stunden[110], bedeutete die Gefahr spezifischer Berufskrankheiten (dies galt im übrigen auch für viele Heimarbeiterinnen), bedeutete Suchtgefahren wegen des Verlangens nach Stimulanzien wie Alkohol, bedeutete aber auch, daß die anfallende Hausarbeit in der knappen Zeit vor und nach der Fabrikarbeit erledigt werden mußte. Fuerth zitiert die ausführliche Beschreibung des Tageslaufs einer verheirateten Fabrikarbeiterin aus dem Bericht der Gewerbeaufsicht für das Unterelsaß von 1899: »Je nach der Entfernung der Wohnung von der Fabrik, nach dem Beginn der Fabrikarbeit und je nach dem Arbeitsbeginne des Mannes steht die Frau um 3½ 4, 4½ oder 5 Uhr auf. Nur in den Städten gestatten zuweilen jene Voraussetzungen, daß sie bis 5½ Uhr ruhen kann. Dann wird das Frühstück für Mann, Frau und

Kinder zubereitet und genossen, das Abends vorher schon vorbereitete und angekochte Essen aufs Feuer gebracht und – wenn Mann und Frau oder eines von ihnen Mittags nicht heimkehren kann – für diese in Blechtöpfe gefüllt, für die Kinder zum Wärmen hergerichtet. Die Kinder werden dann angekleidet, wenn sie größer sind schulfertig gemacht, wenn kleiner und der Aufsicht und Wartung bedürftig, genährt und zur Hütfrau getragen; wo eine Krippe vorhanden ist oder eine Bewahrschule, werden die Kleinsten und Kleinen diesen viel billigeren Anstalten anvertraut. Von da geht es zur Fabrik. Entfernungen von 2 bis 3 Kilometer gelten als nahe, es gibt aber zahlreiche Arbeiterinnen, welche täglich 10-12 Kilometer auf ihren Fabrikwegen zu Fuße zurücklegen müssen. Danach die nur von der Kaffee-, Vesper- und Mittagspause unterbrochene Tagesarbeit. Wo die Frauen während der Mittagspause heimgehen, stellt sich diese angebliche Ruhezeit als regelmäßige Arbeit dar. Im Schnellschritt eilt die Frau heim, macht Feuer, setzt die in Scheiben geschnittenen Kartoffeln auf, wärmt das vorher fertig gestellte Essen und speist mit den Angehörigen, denen sie die weitere Haussorge überlassen muß, um den Beginn der Fabrikarbeit nicht zu versäumen. Manch eine hat in der kurzen Pause auch noch den in der Obhut älterer Kinder belassenen Säugling zu nähren, oder Kranke oder Altersschwache zu versorgen und in Ordnung zu bringen, bevor sie das Haus verläßt. Abends dasselbe, Abendessen, Schularbeiten der Kinder, Flicken und Waschen der Kleider und Wäsche, Vorbereitung des Essens für den anderen Tag. ›Vor 9 Uhr endet der Arbeitstag nie, vor 10 Uhr selten und oft erst nach 11 Uhr.‹ 16 Stunden im besten, ihrer 20 im ungünstigsten Fall.«[111] Hinzu kam, daß die Hausarbeit unter den durchschnittlichen Existenz-bedingungen der Arbeiterfamilie, d. h. ohne technische Hilfsmit-tel, eine große körperliche Belastung darstellte.[112]

So ist nicht verwunderlich, daß diese Frauen vor der Zeit alt wurden.[113] Zugleich hatten ein so langer Arbeitstag und diese Belastungen zur Folge, daß die Frauen kaum mehr Zeit und Energie für die Pflege persönlicher Beziehungen erübrigen konn-ten. Allerdings muß bedacht werden, daß die mit der Berufstätig-keit der Arbeiterfrau verbundenen Probleme nicht Folge der Erwerbsarbeit an sich waren, sondern – wie Fuerth betont – der Arbeit »unter den heute obwaltenden inneren und äußeren Bedin-gungen.«[114]

Ebenso wie ihre Mütter mußten in vielen Arbeiterfamilien auch die Kinder, sobald sie dazu fähig waren, ihren Beitrag zum Familienunterhalt leisten. Auf kindliche Bedürfnisse konnte und wurde keine Rücksicht genommen – ebensowenig wie dies bei Bauern, Handwerkern und Heimarbeitern der Fall war. Allerdings dürfte im Untersuchungszeitraum die Kinderarbeit bereits nicht mehr so selbstverständlich gewesen sein, wie noch Jahrzehnte früher. Das allen sichtbare Beispiel groß- und mittelbürgerlicher Familien, in denen den Kindern unbeschwert von materiellen Sorgen eine lange Schonzeit für ihre Entwicklung gewährt wurde, ließ die Kinderarbeit in den unteren Bevölkerungsklassen, bei armen Handwerkern, Heimarbeitern und Proletariern, als »unnormal« und als Ausdruck bitterster Not erscheinen. Am ehesten war die Mitarbeit der Kinder den Bauern selbstverständlich, obschon auch hier, wie gezeigt wurde, am Ende des 19. Jahrhunderts sich sehr langsam und allmählich andere Maßstäbe durchzusetzen begannen.

Ebenso wie die Frauenarbeit ist auch der Umfang der Kinderarbeit von dem Verdienst des Mannes abhängig gewesen. Je geringer der Lohn desto höher war der absolute und relative Beitrag der Kinder zum Familieneinkommen.[115] Kinderarbeit fand allerdings – anders als in der Frühphase der Industrialisierung – nur noch in geringem Umfang in den Fabriken statt. Technische Entwicklungen[116] und Kinderschutzgesetzgebung hatten die Hausindustrie zur Domäne der Kinderarbeit werden lassen.[117] Der Umfang der Kinderarbeit blieb hoch. Eine Reichsenquête ermittelte 1898 über 500 000 außerhalb der Fabriken erwerbstätige Kinder unter 14 Jahren (ohne in Landwirtschaft und Gesindedienst beschäftigte).[118] Dabei muß eine hohe Dunkelziffer berücksichtigt werden. Viele Kinderarbeit taucht in diesen Statistiken überhaupt nicht auf.[119] Ungleich informativer als diese Global-Zahlen waren die Ergebnisse lokaler Erhebungen. Teilzählungen haben in Berlin in den 90er Jahren zwischen 12 und 18 Prozent arbeitender Schulkinder ermittelt.[120] In Chemnitz lagen diese Ziffern 1901 bedeutend höher.[121]

Teilweise machten die Frauen und die Kinder, wie im Zwickauer Steinkohlengebiet, Heimarbeit. Gleich nach der Schule mußten sie damit beginnen, und die Arbeit hörte nicht auf, bis sie ihr tägliches Pensum erfüllt hatten. Zeit zum Spielen gab es dabei kaum.[122] Überwiegend wurden von den Kindern Hilfsdienste ausgeführt. Knaben trugen Brötchen und Zeitungen aus oder verdingten sich zum Aufstellen der Kegel an der Kegelbahn.[123] Normalerweise wurden die Mädchen für häusliche Arbeiten in Anspruch genommen[124], obwohl es auch Ausnahmen davon gab.[125] Die geschlechtsspezifische Arbeitsteilung setzte sich frühzeitig durch. Die Arbeiten der Kinder in der Familie Wilhelm Kaisens sind dafür ein konkretes Beispiel: als die Familie eine bessere, aber teurere Wohnung bezog, mußten auch die Kinder Geld verdienen. Kaisen selbst trug Zeitungen aus, der Bruder half beim Bäcker und die drei Schwestern machten, da auch die Mutter arbeiten ging, die Haus- und Gartenarbeit.[126]

Eine andere Möglichkeit der Unterstützung der Familie durch die Kinder bestand in der zwar nicht bezahlten, aber gleichwohl wertvollen Beschaffung von Naturalien, beispielsweise durch das Absammeln der Felder nach der Ernte, »Organisierung« von Kohlen durch Kinderbanden u. a. m. Diese Tätigkeiten tauchten selbstverständlich nicht in den Statistiken auf. Insgesamt bot das Leben in der Stadt eine Vielzahl von Möglichkeiten für die Kinder, Geld zu verdienen oder auf andere Weise einen Beitrag zur Familien-Subsistenz zu leisten. Nie handelte es sich bei der proletarischen Kinderarbeit jedoch um Tätigkeiten, die den kindlichen Bedürfnissen entgegenkamen. Vielmehr fungierten die Kinder normalerweise als billiger Ersatz für die Arbeitskraft Erwachsener.[127]

Die Kinderarbeit führte zu einer physischen und psychischen Überbeanspruchung der Kinder. Das gilt, da sehr früh damit begonnen wurde, selbst für die häuslichen Arbeiten wie Putzen, Kochen, Kinderhüten.[128] Kinderarbeit ging daher auch durchgängig zu Lasten der Schule. Oft wurde in Zeiten großen Arbeitsanfalls oder -bedarfs die Schule überhaupt nicht besucht[129], zumindest war der Schulbesuch wegen der übermäßigen Belastung der Kinder wenig effektiv. Wenn, wie offenbar nicht unüblich, Schulkinder regelmäßig nachmittags fünf Stunden lang arbeiteten[130], blieb kaum Zeit für Erholung und Schulaufgaben. Aus den autobiographischen Zeugnissen spricht ein tiefsitzendes Verlangen nach spielerischer Betätigung und Befreiung von der Arbeit.[131] Die Kinder fühlten sich ausgebeutet und niedergeschlagen.[132] Die dreifache Belastung vieler proletarischer Kinder mit

Schulbesuch, gewerblicher und häuslicher Arbeit verhinderte, daß die Arbeit ihnen Freude und Spaß machen konnte. »Geld« wurde schon frühzeitig zum Zentrum ihres Lebens – entsprechend des Ausspruchs Oscar Wildes: »Es gibt nur eine Art von Leuten, die mehr an das Geld denken als die Reichen, und das sind die Armen.«[133] Eine fröhliche, unbeschwerte Kindheit erlebte die Mehrzahl der Proletarierkinder nicht.

Zusammenfassend läßt sich festhalten, daß die spezifischen Lebensumstände der proletarischen Familie die Trennung aller Familienmitglieder voneinander während des Tages implizierten. Der Mann, oft auch die Frau, waren tagsüber für ca. 12 Stunden abwesend. Damit einher ging die Trennung der Kinder, von denen das eine bei Nachbarn oder in der Bewahranstalt untergebracht wurde, die größeren die Schule besuchten und nachmittags verschiedenen Beschäftigungen nachgingen. Zusammensein konnte die Familie nur am Abend oder sonntags. Da die Kinder früh ins Bett gingen, reduzierte sich die gemeinsam verbrachte Zeit auf die Morgen- und Abendmahlzeit sowie den Sonntag. Auch wenn die Frau zu Hause blieb, änderte sich an diesem sehr geringen zeitlichen Spielraum für das »Familienleben« wenig[134], außer daß die kleinen Kinder bei der Mutter blieben. Anders war es, wenn die Frauen und die Kinder Heimarbeit machten. Dann verbrachten sie zwar die Nachmittage zusammen, die Arbeit dominierte jedoch vollständig. Ob dieses formale Beisammensein »Familienleben« gewesen ist, wurde schon bei der Darstellung hausindustrieller Verhältnisse bezweifelt. Daß selbst in der knappen Zeit, in der alle beisammen waren, die Belastungen durch die Arbeit kaum mehr Energie für persönliche Gespräche, Eingehen aufeinander etc. übrigließen, liegt nach den bisherigen Erörterungen auf der Hand.

IV. Niveau der Lebenshaltung: Konsum und Wohnverhältnisse

1. Konsumverhalten

Von dem mühsamen, unter Aufbietung aller Kräfte verdienten, dennoch geringen Einkommen der Arbeiterfamilie ließen sich kaum Rücklagen abzweigen.[135] Es wurde normalerweise jeden

Monat wieder vollständig ausgegeben. Rücklagen waren selten möglich und fielen nicht sehr ins Gewicht. Variationen der Ausgabenstruktur innerhalb der Arbeiterschaft selbst waren allerdings nicht nur auf Einkommensunterschiede zurückzuführen, sondern dokumentierten bereits verschiedene Anspruchsniveaus.[136] Den Löwenanteil des Familieneinkommens verschlangen die Ausgaben für die Ernährung. Hatte deren Anteil an den Gesamtausgaben von Arbeiterhaushalten in der Mitte des 19. Jahrhunderts noch bei 60-70 Prozent gelegen, so sank er nach 1900 auf ca. 50 Prozent. Daraus kann allerdings nicht auf ein entsprechend höheres Lebensniveau geschlossen werden, da die enormen Mietpreissteigerungen das Budget der durchschnittlichen Arbeiterfamilie enorm belasteten. Um 1907 verschlangen die beiden größten Ausgabenposten, Ernährung und Miete, mindestens 70 Prozent der Gesamteinnahmen.[137] Dadurch war der Spielraum bei der Verwendung des Einkommens von vornherein sehr begrenzt.

Die Budgetstudien zeigen den hohen Anteil der Ausgaben für Nahrungsmittel an den Gesamtausgaben. Zwei Regelmäßigkeiten stellten sich dabei heraus: je geringer das Einkommen bzw. je größer bei gleichem Einkommen die Familie, umso höher waren der Anteil der Kosten für Nahrungsmittel an der Gesamtlebenshaltung (= Engelsches Gesetz)[138] und der Anteil der pflanzlichen Nahrung.[139]

Generell läßt sich die Ernährung der Arbeiterfamilie charakterisieren durch: einen hohen Anteil pflanzlicher und kohlehydrathaltiger Nahrung; wenig Fett; wenig Gemüse, Eier, Fisch sowie wenig Fleisch.[140] Der Hauptanteil des Fleischverbrauchs entfiel dabei auf den Mann.[141] Daraus und aus der Tatsache, daß die Männer bei Wirtshausbesuchen zusätzliche Kost bekamen, erklärt sich Kempf den durchweg normalen Gesundheitszustand der Münchner Arbeiter, deren Familien sie untersucht hat.

Das schlechte Bild, das man von der Ernährung der Arbeiterfamilien im Kaiserreich auf Grund der teilweise sehr detaillierten Haushaltsbeschreibungen erhält[142], vermittelt gleichwohl einen nicht ganz zutreffenden Eindruck. Die Perspektive von Unterernährung und Verelendung der Arbeiterschaft, die aus der heutigen Sicht, aber auch durch den Vergleich mit der Situation des Bürgertums naheliegt, ist insofern nicht richtig, als sich im Laufe des 19. Jahrhunderts die Ernährungssituation der gesamten

Bevölkerung grundlegend gebessert hatte, wodurch sich die Beurteilungsmaßstäbe änderten. Nahrungsmittel, die um die Wende vom 18. zum 19. Jahrhundert selbst im wohlhabenden Bürgertum als Luxus galten, gehörten, wie der Zucker, um 1900 selbstverständlich zur Ernährung der Arbeiterfamilie dazu.[143] Die städtischen Lohnarbeiter verzehrten auch mehr Fleisch als die Angehörigen der ländlichen Unterschicht.[144] Damit soll die Ernährungssituation der Arbeiterschaft nicht beschönigt werden, zumal man sie auch messen muß an den in der Gesellschaft des Kaiserreichs vorhandenen Möglichkeiten. Vor allem war die Ernährung qualitativ nicht optimal und für viele Familien zweifellos sogar erbärmlich.[145]

Schon von den Zeitgenossen wurde die Frage diskutiert, ob sich die Arbeiterfamilie mit dem zur Verfügung stehenden Einkommen nicht besser hätte ernähren können. In neuerer Zeit hat Schneider implizit die These vertreten, der Arbeiterhaushalt hätte wesentlich wirtschaftlicher geführt werden können, wenn die Frau die Zeit der niedrigsten Preise ausgenutzt und dann in großen Mengen eingekauft und Vorräte angelegt hätte. Er behauptet nämlich, das Ausmaß der Verbesserung der Lebenshaltung in der zweiten Hälfte des 19. Jahrhunderts sei von der Arbeiterfamilie selbst bestimmt worden, »da es von Frau und Mann abhing, *inwieweit günstige Marktbedingungen genutzt* und Ersparnisse durch vernünftige haushälterische Erwägungen realisiert wurden«.[146] Diese Bemerkungen beziehen sich auf *typisches* Konsumverhalten der städtischen Lohnarbeiterhaushalte. Normalerweise fand in ihnen keine nennenswerte Eigenproduktion mehr statt, und alle Nahrungsmittel wurden auf dem Markt gekauft. Damit war die Familie vollständig von den Schwankungen der Preise abhängig. Die problematische Einkommenssituation und die kurzfristigen, wöchentlichen, höchstens vierzehntägigen Lohnzahlungstermine ließen nur den Einkauf in kleinen, preislich sehr ungünstigen Mengen zu. Die von Schneider aufgestellte Forderung nach Großeinkauf und Vorratshaltung stößt hier bereits auf die erste Barriere. Eine andere lag in der Wohnsituation, die eine sinnvolle Vorratswirtschaft gar nicht zuließ. »Wo sollen die Leute z. B. Butter und Fette im Sommer kühl halten, wo die Sachen im Winter verwahren? In dem einen Zimmer, in dem gewohnt, gegessen, evtl. geschlafen wird, oder im Schlafzimmer? Die Arbeiterwohnungen selbst und die Einrichtung der Arbeiter zeigen nicht die Vorbedingungen des wirtschaftlich praktischen, größeren Einkaufs auf einmal.«[147]

Unabhängig von diesen Problemen war die Ernährung der Arbeiterfamilie durch die traditionellen agrarischen Eßgewohnheiten belastet.[148] Die Anpassung der Ernährung an die veränderten Wohn- und Lebensgewohnheiten brauchte lange Zeit.

Den Zeitgenossen erschien auch der Genußmittelkonsum, speziell der Alkoholkonsum der Arbeiterschaft, exzessiv und bedenklich. Hier ist nicht der Ort, diese Frage ausführlich zu erörtern.[149] Nur einige Punkte sollen kurz gestreift werden. Das Trinkverhalten der Arbeiterschaft veränderte sich im Untersuchungszeitraum drastisch. Nach einer Zunahme zwischen 1850 und 1873 ging nach der Gründerkrise vor allem der Branntweinkonsum zugunsten von Bier und nach 1900 der Alkoholkonsum insgesamt zurück.[150] Verglichen mit anderen Bevölkerungsschichten wurde in Arbeiterhaushalten gleichwohl mehr Alkohol getrunken. Dies zeigen vergleichende Budgetuntersuchungen deutlich.[151] Die Ursachen dafür liegen auf verschiedenen Ebenen. Zum einen war in den ärmeren Schichten der städtischen und ländlichen Bevölkerung traditionell der Glaube an die stärkende und nährende Wirkung des Alkohols weit verbreitet gewesen. Diese Vorstellung war nur schwer abzubauen, weil der Branntwein in der Tat Lücken in der Ernährung der Armen verdeckte.[152] Eine weitere Ursache des hohen Alkoholverbrauchs lag in den Arbeitsbedingungen in den Fabriken. Ähnlich wie in der Hausindustrie boten bei der schweren und monotonen Arbeit vor allem die offiziellen und heimlichen Pausen willkommene Abwechslung; sie strukturierten den Arbeitstag. Der heimliche Schluck aus der Flasche wurde zum »Zeittöter« (Teuteberg). Der Konsum von Alkohol, aber auch Kaffee wurde darüber hinaus als Stimulanz im Trott der eintönigen Fabrikarbeit gebraucht.[153] Hinzu kam der Mangel an alternativen Getränken. Erst spät wurden in Betrieben alkoholfreie Getränke angeboten.[154] Insbesondere bei mit viel Staub und Hitze verbundenen Arbeiten war der Alkoholkonsum deshalb beträchtlich.

Als dritte Ursache des hohen Alkoholverbrauchs, durch den sich die deutschen Arbeiter vor denen vergleichbarer Länder »auszeichneten«, müssen die allgemeinen Lebensverhältnisse angesehen werden. An erster Stelle sind die überaus schlechten Wohnverhältnisse zu nennen, die die Leute ins Wirtshaus trieben.

So schreibt Conrad über eine von ihr untersuchte Familie mit sechs Kindern und einer kranken Frau: »Anscheinend verbringt der Mann seine Abende sehr häufig im Wirtshaus, und wer seine Häuslichkeit gesehen hat, kann das wenigstens verstehen.«[155] Besonders für diejenigen Arbeiter und Arbeiterinnen, die eine Schlafstelle gemietet und damit nur Anspruch auf Aufenthalt in der Wohnung während der Schlafenszeit hatten, war das Wirtshaus ein notwendiger Aufenthaltsort.[156] Darüber hinaus ist das Wirtshaus wegen der schlechten Wohnverhältnisse der einzige Ort gewesen, an dem Vergnügen und Geselligkeit gefunden werden konnte.[157] Es spielte aber auch zunehmend eine wichtige Rolle als Ort nicht nur geselliger, sondern auch politischer Kommunikation.[158]

Einen weiteren Stein des Anstoßes boten die Arbeiter den Zeitgenossen durch ihren angeblichen »Kleiderluxus«[159], der sogar auf Kosten der Ernährung betrieben werde. Sehr viel Belege dafür sind nicht zu finden[160], wohl aber Hinweise darauf, daß die Arbeiter großen Wert darauf legten, außerhalb der Arbeit, vornehmlich am Sonntag, so gut angezogen zu sein, daß man ihnen den Fabrikarbeiter nicht ansah. Dadurch unterschieden sich die deutschen Arbeiter, so Stearns, von ihren englischen und französischen Kollegen.[161] Göhre, der einige Monate als Fabrikarbeiter arbeitete, war peinlich berührt, als er bei seiner ersten Teilnahme an einer SPD-Veranstaltung der einzige war, der in schmutziger Arbeitskleidung, ohne Schlips und Kragen erschien, während alle anderen im guten Anzug steckten.[162]

Den Wert, den die deutschen Arbeiter auf ihre Kleidung legten, interpretiert Stearns als Übertragung ländlicher Verhältnisse, in denen sich soziale Abstufungen in der Differenzierung der Tracht widerspiegelten, in eine neue soziale Umwelt:

»The early interest in clothing was a reaction to change, a desire to prove one's own place in fairly well known terms, for even in the countryside differences in dress were known marks of status.«[163] Das mag sein. Zentraler ist m. E. jedoch das Bemühen, durch die gute Kleidung den Status als Arbeiter zu überdecken und damit der Distanzierung und Diffamierung durch die soziale Umwelt zu entgehen. Adelheid Popp hat in ihrer Autobiographie diesen Wunsch aus eigenem Erleben beschrieben. Auch sie wollte beim sonntäglichen Kirchgang nicht als Fabrikarbeiterin erkannt werden.[164]

Welche Rolle die Diffamierung durch andere Bevölkerungsgruppen im täglichen Leben der Arbeiterschaft gespielt hat[165],
wird deutlich in der Schilderung Bernays, die während einer von
ihr durchgeführten Betriebsuntersuchung (1908) in dem Betrieb
als Arbeiterin arbeitete. Sie hatte außerordentliche Schwierigkeiten in einem »ordentlichen Hause« ein Zimmer zu mieten. Von
der bettelarmen Vermieterin, einer Bäckersfrau, bekam sie das
Zimmer im fünften Stock nur unter der Bedingung, daß sie nie im
Hause *ohne Hut,* wodurch die Fabrikmädchen zu erkennen
waren, erscheinen würde. Niemand durfte wissen, daß eine
Arbeiterin im Hause wohnte. Offenbar wurde der Wert der
Wohnungen dadurch gesenkt. Gegenüber anderen Leuten wurde
Bernays von der Vermieterin als Kontoristin ausgegeben.[166]

Anders als bei den Hausindustriellen, deren sozialer Status,
soweit sie auf dem Lande wohnten, sowieso allseits bekannt war
und bei denen der Kleideraufwand überwiegend demonstrative
Funktionen hatte, diente der Arbeiterschaft die Kleidung dazu,
ihren untergeordneten sozialen Status zu verdecken und innerhalb der bürgerlichen Gesellschaft akzeptiert zu werden. Insofern
kann die Wertschätzung guter Kleidung, die Stearns an der
deutschen Arbeiterschaft so auffällig findet, als Ausdruck einer
spezifischen sozialen Situation angesehen werden: der überaus
scharfen Ausgrenzung der Arbeiterschaft aus der »Gesellschaft«
und dem Verlangen großer Teile der Arbeiterschaft nach Integration in diese Gesellschaft sowie – gleichsam als Kehrseite – dem
geringen sozialen Selbstbewußtsein und politischer Organisierung. Nur wenige Ansätze zu eigenständigen proletarischen
Verhaltensweisen wurden entwickelt.

2. Wohnen

Nach den Ausgaben für Nahrungsmittel entfiel die nächst größere Summe auf die Miete. Die Darstellung der bürgerlichen
Familie hat erkennen lassen, welchen großen Stellenwert das
Wohnen, eine gepflegte Häuslichkeit für die Entwicklung des
Familienlebens hatte. Die im Bürgertum entstehende Wohnkultur war wesentlich der dort seit dem Ende des 18. Jahrhunderts
sich durchsetzenden Trennung von Erwerbsarbeit und Wohnbereich verdankt. Inwieweit fanden in der Arbeiterschaft, für die die
Trennung von Arbeitsplatz und Wohnung ebenfalls Realität war,

ähnliche Entwicklungen statt? Bedeutete die Verlagerung der Erwerbsarbeit aus dem Hause in die Fabrik, die den Übergang von der Heimarbeit zur Fabrikarbeit begleitete, tatsächlich mehr Wohnkomfort und Lebensqualität, wie Stadelmann/Fischer unterstellen, wenn sie schreiben: »Das private Leben gewinnt dadurch erst die *Möglichkeit*, seine Eigenart auszuformen, es verengt sich, aber verinnerlicht sich auch.«[167]

In den Großstädten und Industrieorten, aber selbst in kleinen Städten wie Göttingen hatte der Wohnungsbau mit dem durch Zuzug und eigene Reproduktion bedingten enormen Bevölkerungszuwachs nicht Schritt gehalten.[168] Infolgedessen gab es viel zu wenige der für die Arbeiter einzig in Frage kommenden kleinen Wohnungen, und diese waren im Verhältnis zu dem Verdienst entschieden zu teuer.[169] Die Diskrepanz zwischen Nachfrage und Angebot führte im Untersuchungszeitraum zu einem überproportionalen Anstieg der Mietpreise.[170] In besonderem Maße waren davon die billigen Wohnungen betroffen.[171] Das Budget wurde dadurch übermäßig belastet. 1907 lag der Anteil der Mietausgaben an den Gesamtausgaben bei gelernten Arbeitern bei 16,8%, bei den ungelernten bei 18,4%.[172] Bei diesen Angaben ist zu berücksichtigen, daß in der Untersuchung die sehr gut verdienenden Arbeiter überrepräsentiert waren.[173] Die Belastung der Budgets durch die hohe Miete bedeutete für die großenteils von der Hand in den Mund lebenden Arbeiter, daß sie bei jeder Minderung des Einkommens, sei es durch Kurzarbeit, Arbeitslosigkeit, Krankheit oder durch Vergrößerung der Familie, Mietschulden machen mußten, die über kurz oder lang zur Zwangsräumung führten. Neben dem Wechsel des Arbeitsplatzes lag hierin der zweite Grund für den vielfach belegten häufigen Wohnungswechsel von Arbeiterfamilien.[174] Um der Wohnungsnot zu begegnen, insbesondere aber um Facharbeiter an den Betrieb zu binden, bauten viele Großunternehmen Werkswohnungen. Diese boten zwar relativ gute Wohnbedingungen, waren aber aus verschiedenen Gründen nicht sehr beliebt. Zum einen versuchten die Werksleitungen anfangs, über die Mietverträge, die Arbeiter auch noch in ihrem Privatleben zu gängeln, zum anderen hatten viele Arbeiter das verständliche Bedürfnis, den Zwängen des Arbeitslebens, denen auch das Leben in der Arbeiterkolonie unterworfen war, zu entkommen.[175] Darüber hinaus hatten die Arbeitgeber mit den Werkswohnungen ein starkes

Druckmittel gegen kollektive Aktionen der Arbeiter in der Hand. Die Werkswohnung mußte mit Beendigung des Arbeitsverhältnisses unverzüglich geräumt werden. Als beendigt galten aber die Arbeitsverhältnisse auch im Falle der auf einen Streik folgenden Aussperrung.[176]

Normalerweise bewohnte eine Arbeiterfamilie eine zugleich als Küche dienende Stube und eine kleine, unheizbare Kammer. Diese Beobachtung Göhres aus Sachsen um 1890 wird durch alle anderen Untersuchungen bis zum 1. Weltkrieg bestätigt.[177] Falls mehr Raum vorhanden war, wurde er in der Regel vermietet.[178] Konkret heißt das: In dem einen heizbaren Raum wurde gegessen, gekocht, wurden Schulaufgaben gemacht, wurde Wäsche gewaschen und bei schlechtem Wetter auch getrocknet. Der zweite Raum diente zum Schlafen. War die Familie groß, schliefen einige Familienmitglieder auch in der Wohnstube. Einige Arbeiter wohnten besser, viele andere aber auch noch schlechter. Die kleinsten und billigsten Wohnungen wurden von den am schlechtesten verdienenden Arbeitern und denen mit vielen Kindern bewohnt. Daran zeigt sich deutlich, daß weniger ein geringes Anspruchsniveau, das sicher bei einigen vorhanden war, als vielmehr der geringe Verdienst die Wohnsituation bestimmte.[179] Diese Wohnungen, von denen die nachstehende Skizze (S. 420) einen Eindruck vermittelt, waren nicht nur sehr klein, sondern zudem häufig unhygienisch, insbesondere hinsichtlich der sanitären Verhältnisse. Viele Wohnungen waren feucht, teilweise wegen unzureichender Lüftungsmöglichkeit, teilweise weil sie, wie viele Hinterhofwohnungen, keine Sonne bekamen, teilweise wegen schlampiger Bauweise.[180] Viele Wohnungen waren Teilwohnungen, sie waren also nicht separiert.[181]

Die Wohnungen waren nur mit dem Allernotwendigsten ausgestattet, da die Arbeiterehe normalerweise ohne Ersparnisse begonnen wurde und größere Anschaffungen nach der Geburt von Kindern nicht mehr möglich waren. Besonders schlimm war der Mangel an Betten.[182] Die Kinder schliefen ohnehin zu mehreren in einem Bett, nicht selten auch Erwachsene und Kinder zusammen, wie Bromme aus eigener Erfahrung berichtet: »Aber auch wenn sie (die Kinder – H. R.) nachts still sind, hat die Frau noch keine rechte Nachtruhe. Da schlafen zwar drei Kinder in einem Bett, ein Knabe schläft mit mir, aber die zwei kleinsten mit der Mutter, selbst wenn diese hochschwanger ist. Es ist einmal

nicht anders möglich. Man schafft nicht früher ein Bett an, bis die
allerhöchste Not da ist. Denn bar bezahlen kann man es doch
nicht. Dabei sind meine Betten nicht etwa zweischläfrige, sondern sie sind nur 90 cm breit.«[183]

Wohnung der von Flesch beschriebenen sechsköpfigen Familie des
Arbeiters X

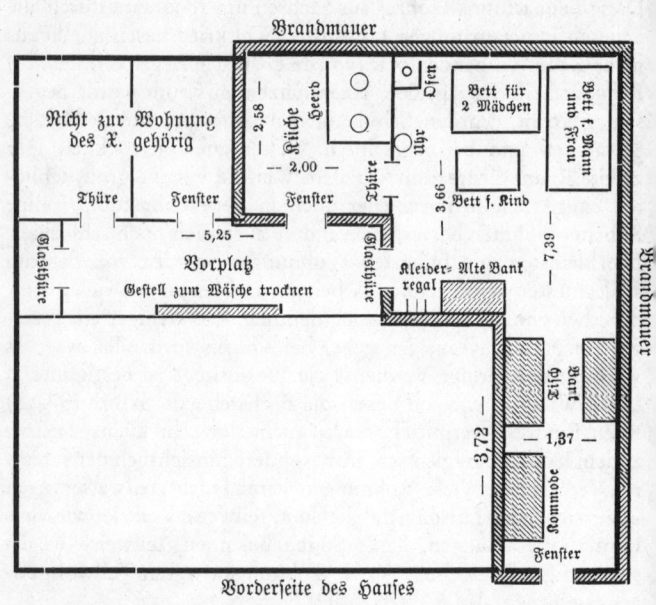

Quelle: K. Flesch (Hg.), Frankfurter Arbeiterbudgets, a.a.O., S. 35.

Das Grundübel der Wohnverhältnisse der Arbeiterschaft lag
aber weniger in diesem Mangel an Mobiliar, insbesondere Betten,
als vielmehr in der Wohndichte. Zu viele Menschen lebten auf
engstem Raum zusammen[184], sowohl bezogen auf die Wohnung
als auch auf das Haus und das Quartier. »Das Mißverhältnis
zwischen der Enge der Räume und der Zahl ihrer Bewohner«
hatte schon Göhre als gravierendstes Problem erkannt.[185] Verschärft wurde diese Wohnsituation noch durch Untervermietung
und das Schlafgängerwesen. Ein Schlafgänger mietete kein Zim-

mer, sondern nur ein Bett. Sein Anrecht auf Aufenthalt in der Wohnung war auf die Schlafenszeit begrenzt. Da die Arbeiterwohnungen im Durchschnitt sehr klein waren, dürften in ihnen vorwiegend Schlafgänger gelebt haben, auch in jenen Fällen, wo Untermieter ausgewiesen waren. Schlafstellen waren bedeutend billiger als ein Zimmer und wurden vorwiegend von den jungen, ledigen Arbeitern und Arbeiterinnen gemietet.[186]

Als Folge dieser Wohnverhältnisse auf das Familienleben wurden allgemein beklagt: gesundheitliche Schäden und fehlende Nachtruhe. Besonders hervorgehoben wurde die sittliche Gefährdung der Kinder auf Grund des engen Zusammenschlafens so vieler Menschen.[187] Wo Untermieter und Schlafgänger lebten, waren die Ehen besonders gefährdet.[188]

Die Beschreibung der typischen Wohnverhältnisse der Arbeiterschaft des Kaiserreichs hat deutlich werden lassen, daß die Wohnung für die überwiegende Mehrheit kein Platz der Ruhe und Erholung sein konnte, wo ein Ausgleich für die Hetze und Belastungen des Arbeitslebens gefunden wurde. Sowohl die Überbelegung der Wohnungen als auch ihre schlechte Ausstattung standen dem entgegen. Nur bei überdurchschnittlichem Verdienst und wenigen Kindern konnte eine halbwegs gepflegte, bescheidene Häuslichkeit entstehen.[189] Auch der häufige Wohnungswechsel verhinderte, daß das »Heim« einen hohen Stellenwert bekam. »Wer immer wieder umzog, sich in einer immer neuen Umgebung befand, wohnte notgedrungen offener; er konnte sich nicht auf seine Wohnung zurückziehen und sie zu einem Hort der Gemütlichkeit und des Rückzuges von der Außenwelt machen.«[190]

Die Aufnahme von Untermietern und Schlafgängern, die hohe Quote der Teilwohnungen, gemeinsame sanitäre Einrichtungen, das enge Zusammenleben im Mietshaus standen der Entwicklung einer ungestörten Privatsphäre, selbst in der wenigen »Freizeit« entgegen – was ein Bedürfnis danach nicht ausschließt.[191] Stadelmann und Fischer haben in ihrer eingangs zitierten Stellungnahme insofern recht, als die Trennung von Erwerbsarbeit und Wohnbereich in der Tat eine wichtige Voraussetzung für die Entwicklung des Privatlebens und einer gepflegten Häuslichkeit ist. Sie haben aber übersehen, daß es dazu noch einer anderen Voraussetzung bedarf: eines minimalen materiellen Wohlstandes.[192] Solange die Arbeiterschaft, von Einzelfällen abgesehen, darüber nicht verfügte, konnte sie kaum anders leben als sie lebte. Das Lebensniveau der deutschen Arbeiter im Kaiserreich läßt sich kurz und treffend mit den Worten Grebings charakterisieren: »Eine Industriearbeiterfamilie war vor 1914 meist nicht in der Lage, gleichzeitig sich satt zu essen, gesund zu wohnen und ausreichend Kleidung zu haben.«[193]

3. Bedeutung der Kinderzahl

Diese sehr generalisierenden Feststellungen bedürfen einer wichtigen Ergänzung. Wenn vorstehend die Höhe des Arbeitseinkommens als entscheidender Faktor für das Niveau der Lebenshaltung betont wurde, so ist das nicht ganz präzise. Unter der Voraussetzung einer relativ niedrigen, nur in bescheidenen Grenzen variablen Lohnhöhe wurde das Lebensniveau in entscheidendem Maße von der Zahl der im Haushalt lebenden und noch nicht ihren Unterhalt verdienenden Kinder bestimmt.[194] Sie stellte sich, wie im folgenden zu zeigen sein wird, als gravierender heraus als die absolute Lohnhöhe. Diese Bedeutung der Kinderzahl hat Fischer-Eckert in einer Untersuchung Hamborner Familien herausgearbeitet. 446 der von ihr untersuchten 495 Haushalte, also 90%, waren Arbeiterhaushalte, in 281 von ihnen war der Mann als Bergarbeiter beschäftigt, in 165 Fällen arbeitete er in einer Fabrik. Die Frauen waren bis auf eine, die als Schneiderin dazu verdienen konnte, nicht erwerbstätig. Fischer-Eckert teilt die von ihr untersuchten Haushalte in vier Kategorien ein:[195]

Zum Typ I gehörten jene Haushalte, deren Angehörige in »normaler Weise, ohne Luxus zwar, aber doch ohne Entbehrungen in einem behaglichen Heim ein auskömmliches Dasein führen können«.

Zum Typ II zählten jene Haushalte, »die nur mit äußerster Kraftanstrengung der Frau, recht oft auf Kosten von deren Gesundheit, die Wohnung, Kleidung und Nahrung in den Grenzen des Herkömmlichen« hielten.

Typ III bildeten schließlich diejenigen Haushalte, wo die Frau zwar einmal den festen Willen zur guten Hausfrau gehabt hatte, deren Kraft aber den ungünstigen Lebensverhältnissen unterlag.

Zum Typ IV zählten die Haushalte, die der völligen Verwahrlosung anheimgefallen waren.

Von den 446 Arbeiterhaushalten waren 86 = 19,3% dem ersten

Typ zuzurechnen; 176 = 39,5% dem zweiten; 53 = 11,9% dem
dritten und 131 = 29,3% dem vierten Typus.[196] Das heißt, nur
knapp jeder fünfte Haushalt konnte als »normal« bezeichnet
werden

Bezieht man die durchschnittliche Kinderzahl ein, so ergibt sich
ein recht eindeutiger Zusammenhang zwischen ihr und der Lage
des Haushalts.

Beruf	Typ I		Typ II		Typ III		Typ IV	
	Zahl der geborenen Kinder	Zahl der überlebenden Kinder	Geborene	Überlebende	Geborene	Überlebende	Geborene	Überlebende
Bergleute	3,25	2,42	6,13	4,35	5,89	4,13	6,62	4,69
Fabrikarbeiter	3,50	2,60	6,32	4,40	6,50	4,70	6,16	4,67

Quelle: Fischer-Eckert, a.a.O., S. 82.

Die Tabelle zeigt deutlich, daß die Familie mit dem Verdienst des
Mannes nur dann halbwegs »normal« leben konnte, wenn nicht
mehr als zwei bis drei Kinder zu versorgen waren. »Sobald es
über diese Zahl hinausgeht, beginnt die Spannung zwischen
Einnahmen und Ausgaben, die auszugleichen Heldenkräfte der
Hausfrau fordern.«[197]

Zusätzlich muß berücksichtigt werden, daß alle von Fischer-
Eckert als Beispiel für den Typ I geschilderten Haushalte unter
außergewöhnlichen Bedingungen gegründet worden waren.[198]
Entweder wurde die Ehe ohne Schulden begonnen oder sogar
von der Frau eine kleine Mitgift eingebracht. In einem Fall
verbesserte sich die Situation durch Zuverdienst (die Frau schnei-
derte, der Mann kellnerte sonntags), in einem anderen waren
schon erwachsene mitverdienende Söhne vorhanden. Die höhere
Kinderzahl führt bei ungefähr gleichem Einkommen in den
Haushalten des Typs II dazu, daß alles wesentlich dürftiger war.
Das Mobiliar beschränkte sich auf das Minimum, ebenso die
Kleidung. Jeder hatte von jedem Bekleidungsstück nur eins.[199]
Auffällig ist, daß in kaum einer Familie des Typs III alle
Angehörigen gesund waren.[200] Am häufigsten war die Frau krank

(meist unterleibskrank), teilweise aber auch die Kinder oder der Mann. Das heißt, der Verfall des Haushalts, so Fischer-Eckert, war überwiegend eine Folge äußerer Umstände. In diesen Haushalten herrschte große Unsauberkeit, die Frauen waren müde und gleichgültig geworden, alle hatten Schulden und mußten zeitweilig hungern. »Genug zu essen haben ist ihnen der Inbegriff ihrer Sehnsucht.«[201]

In den Haushalten des Typs IV war die Verwahrlosung nach den Beobachtungen Fischer-Eckerts zum Teil eine Folge der hohen Kinderzahl, und hier zum Teil auch auf die Unfähigkeit vornehmlich aus den ländlichen (Ost-)Gebieten zugewanderter Frauen zurückzuführen, sich den veränderten Lebensbedingungen anzupassen.[202]

Von der Zahl der Kinder hing es somit ab, ob die Familie halbwegs normal, dürftig oder gar erbärmlich leben konnte.[203] Daher kam den Bemühungen, die Kinderzahl zu steuern, in den Arbeiterfamilien lebenswichtige Bedeutung zu.

V. Sexualität und Heiratsverhalten

1. Einstellung zur Sexualität

Das Verhältnis der proletarischen Bevölkerung zur Sexualität war grundlegend durch ihre Erfahrungen in ihren beiden zentralen Lebensräumen, Wohnung und (Berufs-)Arbeitsplatz, geprägt. Das enge Zusammenwohnen, insbesondere Zusammenschlafen vieler Personen, nicht selten auch »fremder« Schlafgänger und Logierleute, bedeutete, daß schon das Kind alle Lebensäußerungen der Mitbewohner von früh an beobachten konnte, teilweise mußte. Ob Zärtlichkeiten oder Geschlechtsverkehr, Geburt oder Stillen, Wutausbrüche des Vaters, bei denen er Frau (und Kinder) verprügelte – alle diese Vorgänge blieben den Kindern nicht verborgen, sie waren notwendig in sie einbezogen. Der Mangel an räumlicher Isolierung verhinderte die Ausbildung einer ausgeprägten Intimsphäre und Schamschranke.

Das übliche Zusammenschlafen mehrerer Personen in einem Bett, auch solcher verschiedenen Geschlechts, von Halbwüchsigen oder Erwachsenen zusammen mit Kindern, begünstigte frühe sexuelle Erfahrungen. Sexuelle Attacken von Vätern oder Schlafburschen auf die Töchter werden berichtet. Nicht nur der frühe

Zeitpunkt, sondern insbesondere auch die Gewaltsamkeit war für die sexuelle Erfahrung vieler Mädchen prägend.[204]

Am Arbeitsplatz waren sexuelle Verhaltensweisen und Vorgänge *das* Dauerthema. Schmutzige und obszöne Bemerkungen waren an der Tagesordnung. Der Schock, den die als Arbeiter verkleideten bürgerlichen Beobachter wie Göhre, Wettstein-Adelt und Bernays erhielten, traf aber selbst die aus kleinbürgerlichen bzw. Arbeiterfamilien stammenden Bromme und Holek, als sie die Fabrikarbeit aufnahmen.[205] Die Fabrik war jedoch in Sonderheit auch ein Ort sexueller Verführung. Sexuelle Attacken von Vorgesetzten auf die Arbeiterinnen bzw. deren Versuch, durch Gunstbezeugungen einen guten Lohn zu erhalten, waren üblich.[206] Auch hier dominierte die Erfahrung von Sexualität in ihrer gewalttätigen Form, im Zusammenhang mit Machtgefälle. Sexuelle Gespräche und Zoten ebenso wie das Anknüpfen sexueller Beziehungen boten bei der eintönigen Fabrikarbeit willkommene Abwechslung. Sexuelle Beziehungen waren für viele das einzige ihnen zugängliche Vergnügen.

Die aus der spezifischen Erfahrung am Arbeitsplatz und zu Hause resultierende Einstellung zur Sexualität trug ambivalente Züge. Einerseits konnten sexuelle Vorgänge, die nicht verschämt verschwiegen wurden, eher den Charakter des Selbstverständlichen bekommen. Daher konnte es in der Arbeiterschaft gar nicht jene Tabuisierung der Sexualität geben, wie zur gleichen Zeit im Bürgertum. In den Autobiographien sprechen Arbeiter teilweise sehr offen über ihre sexuellen Probleme.[207] Andererseits war die Sexualität, wie aus den bisherigen Bemerkungen schon hervorgeht, auch nicht unproblematisch. Durch ihre Einbindung in patriarchalische Machtbeziehungen in Familie und Fabrik waren sexuelle Beziehungen nicht solche zwischen gleichwertigen und gleichberechtigten Personen. Ihnen hafteten stets Momente von Über- und Unterordnung, von Macht und Unterlegenheit an.

Darüberhinaus wurde die Einstellung zur Sexualität von dem geringen Maß an Aufklärung und Information sowohl über schlichte sexuelle Vorgänge wie über Verhütung belastet. Selbst in der organisierten Arbeiterschaft hielten sich, wie aus Brommes Äußerungen ersichtlich, viele irrige Vorstellungen.[208] Ein freies und unbefangenes Verhältnis zur Sexualität war unter diesen Bedingungen unmöglich.[209] Zu den Erfahrungen mit Sexualität zählte aber auch die Erfahrung der Tabuisierung des Sexuellen in weiten Bereichen der Gesellschaft des Kaiserreichs. Ausdruck dessen waren Obszönitäten und Zoten. Wenn auch diese Zwiespältigkeit zweifellos vorhanden war, so war der Bereich des Sexuellen andererseits weniger tabuisiert als in anderen Bevölkerungsgruppen. Bernays glaubt, aufgrund ihrer Erfahrungen von einer zwar generell ungezügelten, aber »gesunden« Sinnlichkeit der Arbeiterinnen sprechen zu können.[210]

Arbeiterinnen und Arbeiter nahmen früh Kontakt zum anderen Geschlecht auf.[211] In Sachsen hatten die Arbeiterinnen von 16 Jahren an einen »Schatz«.[212] Auch sexuelle Beziehungen waren sehr schnell darin eingeschlossen. Vorehelichen Sexualbeziehungen haftete ganz offenbar nicht das Odium des Verbotenen und Heimlichen an. Sie waren, wie bereits betont wurde, eines der wenigen Vergnügen – ob für beide Geschlechter in gleichem Maße, erscheint allerdings angesichts der stets drohenden Schwangerschaft der Frau fraglich. Göhre meint in Sachsen beobachtet zu haben, daß der Geschlechtsverkehr für die jungen Leute den üblichen Abschluß des sonntäglichen Tanzvergnügens bildete. Dieses Sich-Austoben am Wochenende sei angesichts der Lebensumstände der arbeitenden Bevölkerung auch nicht weiter verwunderlich.[213]

Zeitgenössische Beobachter tendierten dazu, die sexuelle Libertinage oder »Unmoral« als eine der traurigen Folgen der Fabrikindustrie anzusehen. Die Männer seien früh ökonomisch selbständig und lösten sich aus ihren Herkunftsfamilien.[214] Die Arbeiterinnen unterlägen, soweit sie nicht mehr bei den Eltern lebten[215], ebenfalls keinen Kontrollen und seien sexuell genauso ungebunden wie der Mann.[216]

Ähnlich beredt war bereits in der Hausindustrie über den lockeren Lebenswandel der jungen Leute geklagt worden. Es spricht vieles dafür, daß es sich auch bei der sexuellen Freizügigkeit unter den Fabrikarbeitern um die Übernahme und Modifizierung traditioneller, der dörflichen Welt verhafteten Verhaltensweisen in die Städte und Industrieorte handelte.[217] Im dörflichen Kontext wurden sexuelle Beziehungen oft schon vor der Eheschließung aufgenommen, dann, wenn man sich »einig« war. Die Perspektive auf die Ehe war für die Beziehungen entscheidend und prägend. Die Transponierung dieser Verhaltensweisen durch die vielen vom Land zugewanderten Arbeitskräfte in neue Lebensbedingungen führte zu gewissen Modifikationen. Soweit sich aus den Quellen ersehen läßt, dominierte vielfach zwar nicht von vornherein der Gedanke an eine spätere Eheschließung; es handelte sich aber überwiegend auch nicht um regellose sexuelle Beziehungen. Hatte das Verhältnis »Folgen«, so war eine Heirat, mindestens das Zusammenleben und die spätere Legalisierung der Beziehung üblich. Der soziale Druck auf denjenigen, der diese Konsequenzen scheute, war groß. Prügel von den Arbeitskollegen und nächtliche »Katzenmusiken«, wie Köllmann aus Bochum berichtet, bewegten ihn dann entweder zur Heirat oder es war für ihn ratsam, einen Ortswechsel vorzunehmen.[218]

Die soziale Kontrolle war jedoch in der Stadt nicht ebenso effektiv wie in den überschaubareren sozialen Beziehungen des Dorfes. Infolgedessen waren uneheliche Kinder keine Seltenheit. Ein uneheliches Kind zu haben, galt aber auch nicht als ehrenrührig.[219] Meist waren uneheliche Kinder von Arbeiterinnen die Folge eines *stabilen* Verhältnisses.[220] Deutlich zeigt sich dies an der hohen Legitimierungsquote der Kinder.[221] Eine Untersuchung bei Daimler-Benz ergab, daß bei 59 von 115 Ehen schon vor der Ehe Kinder vorhanden waren, die vermutlich in der Mehrzahl der Fälle vom späteren Ehemann stammten.[222] Für die Ehe und Legitimierung der Kinder sprachen aber auch ökonomische Gründe: die Alimente wurden zum Haushaltsgeld.[223]

Die Legitimierung erfolgte teilweise sehr spät. Kempf schildert einen Fall aus München. Das Paar zog mit der Perspektive einer späteren Heirat zusammen, um sparsamer wirtschaften und Geld für die Gründung eines Hausstandes beiseite legen zu können. Nach drei Jahren wurde das erste Kind geboren. Aber erst nach der Geburt des vierten Kindes fand die Hochzeit statt.[224]

Es dürfte deutlich geworden sein, daß voreheliche sexuelle Beziehungen im Proletariermilieu einem spezifischen Ehrenkodex unterlagen. Sie hatten mit Prostitution nichts zu tun. Ganz im Gegenteil war die Abwehr gegenüber Prostitution bei Arbeitern und Arbeiterinnen gleich stark.[225] Arbeiterinnen suchten in den Beziehungen zu einem Kollegen, so Bernays, Genuß und Anregung, auch Zuneigung, aber keinen Verdienst.[226]

2. Motive der Eheschließung

In der Arbeiterschaft waren Ehe und Familie die einzige sozial akzeptierte Alternative zu einem Dasein als Untermieter und

Schlafgänger. Kollektive Lebensformen spielten keine Rolle. Die Selbstverständlichkeit von Eheschließung und Familiengründung als *die* Lebensform war ungebrochen. Alternativen sind auch von der Arbeiterbewegung nicht entwickelt und propagiert worden. Auf Grund dessen ist es wenig verwunderlich, daß die überwiegende Zahl der Arbeiter heiratete. Vielfach, wenn nicht mehrheitlich, gab eine Schwängerung den äußeren Anstoß. Überstürzte, oft unüberlegte Ehen waren die Folge.[227] Bromme, der 22-jährig heiratete, schreibt von sich, er hätte dies noch lange nicht getan, wäre seine Braut nicht schwanger geworden.[228] Selbst wenn von einer Schwangerschaft häufig der stärkste Druck auf eine Heirat ausgegangen war, so waren doch andere Beweggründe damit nicht ausgeschlossen.

Das Anknüpfen und Aufrechterhalten sexueller Kontakte implizierte normalerweise zumindest von einem der Beteiligten, oft auch von beiden, ein Mindestmaß an sexueller Attraktion, häufig waren damit Zuneigung und Sympathie verbunden. Die normalerweise in eine Ehe mündende Liebesbeziehung bot für die meisten die einzige Chance, zumindest zeitweise Zuneigung zu empfangen und zu geben. Den mit einer Ehe- und Familiengründung verbundenen Problemen konnten nur diejenigen entgehen, die konsequent auch diese Bedürfnisse unterdrückten und die Einsamkeit des Alleinlebens vorzogen.

Wenn auch Rücksichtnahme auf Besitzverhältnisse, wie bei Bauern und Bürgern, keine Rolle spielte, so sprachen – wenigstens von seiten der Frauen – doch einige ökonomische Überlegungen zu Gunsten einer Heirat. Eine Arbeiterin konnte wegen der niedrigen Frauenlöhne kaum von ihrem Verdienst leben. Sofern sie nicht in dauernder Abhängigkeit und Unselbständigkeit bei den Eltern leben wollte (und auf die Dauer war das ohnehin keine Perspektive), war sie praktisch auf eine Eheschließung angewiesen. In verstärktem Maße galt das bei einer Schwangerschaft. Im Gegensatz dazu konnte der ledige Arbeiter zwar von seinem Lohn recht gut leben; aber sofern er nicht bei den Eltern wohnte, gab es für ihn nur die Alternative als Schlafgänger oder Untermieter. Beide Existenzformen ermöglichten zwar ein relativ ungebundenes, aber teureres und mindestens für den Schlafgänger auch wenig angenehmes Dasein. Die Ehe bedeutete für den Arbeiter »Erlösung von der Kneipe und vom Logierhaus«[229] sowie geregelte sexuelle Beziehungen. Allerdings wogen die ökonomischen Überlegungen nicht schwer, da normalerweise auf eine Eheschließung viele Kinder und materielle Not folgten.

Diese Konsequenzen, die man in seiner täglichen Umgebung ständig beobachten konnte, waren vielen sehr bewußt. Wettstein-Adelt berichtet aus Sachsen, die Arbeiterinnen seien nicht so sehr versessen aufs Heiraten gewesen, weil sie Sorge gehabt hätten, schnell viele Kinder zu bekommen und dann endgültig zum »Arbeitstier« zu werden. Sie hätten daher versucht, durch eine lange »Verlobungszeit« die Heirat hinauszuschieben.[230] Auch wenn die Verlobung sexuelle Beziehungen einschloß, was man vermuten kann, so waren sie, sofern das Paar nicht zusammenlebte, doch seltener und eine Empfängnis deshalb weniger wahrscheinlich. In dem von Göhre zitierten Ausspruch eines Chemnitzer Arbeiters, die Ehe sei »die letzte und größte Dummheit, die einer machen kann«[231], spiegelt sich das verbreitete Wissen um die mit dem sich normalerweise schnell einstellenden Kindersegen verbundenen materiellen Sorgen. Unter ihnen hatten zwar primär die Frauen zu leiden, aber auch für die Männer war die übliche Familiensituation kein erstrebenswerter Zustand.[232]

Trotzdem verbanden sich in den Köpfen vieler Arbeiter und Arbeiterinnen mit Familie Vorstellungen von Glück und Zuneigung. Sie gaben die Hoffnung nicht auf, daß es in *ihrer* Ehe und *ihrer* Familie gelingen würde, den üblichen Zwängen zu entgehen. Darüber hinaus war und blieb Familie der Bereich, der ansatzweise selbständig gestaltet werden konnte, in dem man nicht nur Objekt war. In Sonderheit war die Ehe für viele und besonders für die Frauen gleichbedeutend mit der Lösung aus elterlicher Abhängigkeit und dem vollen Erwachsenenstatus. Man versuchte, der als drückend empfundenen Abhängigkeit vom Elternhaus durch »die in gewissem Sinne paradoxe Lösung«[233] einer eigenen Ehe – und damit neuen Abhängigkeiten – zu entgehen.

Die bisherigen Überlegungen deuten auf ein relativ frühes Heiratsalter der Arbeiter hin. Ähnlich wie die Heimarbeiter erreichten sie schon in jungen Jahren einen hohen Verdienst; weder eine lange Berufsausbildung wie bei Handwerkern noch das Warten auf das elterliche Erbe zwang sie, die Heirat hinauszuschieben. Spätestens nach der Reichsgründung war auch der bei einer Eheschließung zu erbringende Vermögensnachweis entfallen.[234] Lediglich Kosten für die Ausstattung des neuen

Haushalts fielen an. Wer seine Ehe ohne Schulden beginnen wollte und von zu Hause nichts zu erwarten hatte, mußte allerdings einige Jahre sparen.[235] Zumindest dort, wo wegen einer Schwangerschaft schnell und überstürzt geheiratet werden mußte, blieb nichts anderes übrig als Schulden zu machen.[236] In Chemnitz waren um 1900 90% der Arbeiter bis zum 30. Lebensjahr verheiratet, 50% schon bis zum 26. Die Frauen, meist Arbeiterinnen oder Dienstmädchen[237], waren normalerweise gleichaltrig oder etwas jünger.[238]

VI. Größe und Zusammensetzung der Familie

Sowohl den Zeitgenossen als auch der frühen Familiensoziologie erschien die proletarische Familie entwurzelt. Und dies in einem doppelten Sinne: der Heimat ebenso wie dem Netz verwandtschaftlicher Beziehungen, in das sie vormals angeblich eingebunden war.[239] Letzteres verbindet die proletarische Familie mit dem Typus der modernen Kleinfamilie, von der bis in die jüngste Zeit führende Familiensoziologen behaupteten, auch sie sei im Gegensatz zur traditionellen oder auch vorindustriellen Familie aus dem Verwandtschaftssystem desintegriert.[240] Diese These ist inzwischen weitgehend revidiert worden[241], insbesondere auch durch die »Entdeckung« intensiver Beziehungen zwischen der Kleinfamilie und in der Nähe wohnender Verwandten.[242] Im folgenden interessiert vor allem die Frage, ob und in welchem Ausmaß verwandtschaftliche Beziehungen über den Bereich der Kernfamilie hinaus auch für die proletarische Familie des Kaiserreichs typisch waren.

Die meisten Beschreibungen von Arbeiterhaushalten stützen den Eindruck, daß mit der Heirat normalerweise die Gründung eines eigenen Haushalts verbunden war.[243] Für Neolokalität sprechen im übrigen mehrere Überlegungen. Es gab keine wirtschaftlichen Gründe, die wie bei Bauern in Anerbengebieten das Zusammenleben mehrerer Generationen nahelegten. Zwar könnte man, analog zu den erweiterten Haushaltsverbänden bei Hausindustriellen, die eine Reaktionsweise auf die zunehmende Verarmung waren, ein derartiges Verhalten auch bei den Proletariern unterstellen. Die unterschiedlichen Produktions- und Lebensbedingungen verbieten aber eine solche unmittelbare

Übetragung. Die beschriebenen Wohnverhältnisse waren erweiterten Familienverbänden auch nicht günstig.

1. Zusammensetzung der Familie

Wenn auch von der aus Eltern und Kindern bestehenden Kernfamilie als Normalfall der Arbeiterfamilie ausgegangen werden muß, haben erweiterte Familien durchaus existiert. So ist Kempf bei ihrer Untersuchung in München mehrfach auf umfassendere Familien gestoßen. Die Haushalte mit bereits erwachsenen Kindern waren am größten, wenn die Frau nicht erwerbstätig war.[244] Sofern nämlich der Familienzusammenhang mit den erwachsenen Kindern lange erhalten blieb, hörte die Frau auf zu arbeiten. Die Kinder verdienten den Unterhalt und sie leitete den großen Haushalt, »der nicht selten auch illegitime Enkel oder gar Schwiegersöhne und deren Kinder mit umfaßt.«[245] Einer dieser Haushalte, den Kempf untersucht hat, bestand aus 12 Personen, die in drei Räumen wohnten. Er umfaßte außer dem Ehepaar zwei vorschulpflichtige Kinder, 2 schulpflichtige Kinder, 2 berufstätige Söhne, 2 berufstätige Töchter sowie Ehemann und Kind der einen Tochter.[246]

Häufiger waren solche erweiterten Familien dort, wo der männliche Haushaltsvorstand fehlte. Das heißt, die verwitwete oder verlassene Großmutter wohnte mit Kindern und Enkeln zusammen. Im Durchschnitt lebten in den Haushalten nicht erwerbstätiger Frauen (ohne Ehemann) noch 3,7 weitere Personen im Alter über 14 Jahren. Dort, wo der Mann noch lebte, waren es nur 2,2 Personen.[247] Daß solche Formen keine Münchner Spezialität waren, zeigen die Angaben für Crimmitschau. Dort lebten normalerweise die Großeltern allein. Starb der Mann, dann fand die Großmutter in der Regel Aufnahme im Haushalt eines ihrer Kinder. Sie führte den Haushalt und beaufsichtigte die Enkel.[248] Wenn diese Angaben Kempfs und Felds auch nicht repräsentativ sind, so vermitteln sie doch eine leichte Modifikation des eingangs geschilderten Bildes. Die Vorstellung der aus verwandtschaftlichen Bindungen losgelösten proletarischen Familie ist in dieser Schlichtheit nicht richtig. Am ehesten traf sie noch auf die Situation der ersten Generation neu zugewanderter Arbeiter zu.

Über diese offenbar nicht allzu große Zahl erweiterter Familien hinaus kann verwandtschaftliche Bindung auch auf andere, eher distanziertere Art gepflegt werden, beispielsweise wenn Verwandte in getrennten Wohnungen in einem Haus, in einer Straße, einem Wohnquartier wohnen.[249] Auch in der Nähe lebende Angehörige (Eltern und Geschwister) waren im täglichen Lebensablauf wichtig, konnten in Not- und Konfliktsituation helfend einspringen. Solche Verwandtschaftsnetze sind weitaus schwieriger zu erfassen als die Zusammensetzung der Haushalte. Einen Eindruck von der Relevanz derartiger Beziehungen in der Arbeiterschaft des Kaiserreichs kann man einer Untersuchung entnehmen, die die Situation der Kinder von Fabrikarbeiterinnen in Crimmitschau am Anfang dieses Jahrhunderts untersucht hat. Von 1055 beaufsichtigten Kindern waren 629 (= 59,6%) in der Obhut von Großeltern.[250] Die Quote ist vermutlich noch höher, weil nur jene Großeltern als solche kategorisiert wurden, die mit ihren Kindern in einem Hause lebten. Ein Teil großelterlicher Pflege dürfte sich daher noch unter den restlichen 40,4% verbergen.[251]

Der starke Rückgriff auf Verwandte bei der Beaufsichtigung der Kinder war nicht auf Crimmitschau beschränkt. Aus Berichten von Gewerbe-Inspektoren geht hervor, daß auch andernorts Verwandte solche Hilfeleistungen übernahmen, teilweise in noch höherem Maße als in Crimmitschau.[252] Die verbreitete These von der Isolierung der proletarischen Familie, ihrer Lösung aus verwandtschaftlichen Bindungen, kann somit in der Allgemeinheit, in der sie vertreten wird[253], nicht bestätigt werden.

2. Kinderzahl

Trotz dieser Überlegungen über verwandtschaftliche Bindungen, die leider nicht ausreichend durch quantifizierende Untersuchungen abgestützt werden können, muß Neolokalität als Normalfall angesehen werden. Die Größe der proletarischen Familie bzw. des Haushaltes hing somit in entscheidendem Maße von der Zahl der Kinder ab. Meines Wissens gibt es keine repräsentativen Untersuchungen zum Kinderreichtum proletarischer Familien. Lediglich einige regionale Untersuchungen lassen Rückschlüsse zu. Dabei müssen die Zahl der Geburten, die Zahl der überlebenden und die der im Haushalt lebenden Kinder auseinandergehalten werden. Nur die beiden letzten Ziffern sind für unsere Frage wichtig. Es leuchtet ein, daß diese Zahlen je nach der Phase des Familienzyklus unterschiedlich hoch sein werden. Untersuchungen, die entsprechend differenzieren, gibt es kaum. Insofern stehen die folgenden Ausführungen unter großen Vorbehalten. Sie vermögen nur ein ungefähres Bild der Kinderzahl proletarischer Familien zu entwerfen.

Seit 1891 war im deutschen Reich ein Rückgang der ehelichen Fruchtbarkeit zu verzeichnen.[254] In der Arbeiterschaft vollzog sich diese Entwicklung langsamer als in anderen Bevölkerungsgruppen.[255] Die durchschnittliche Zahl der Geborenen pro Ehe war bei den Arbeitern am höchsten.

Durchschnittliche Zahl der Geborenen je vor 1905 geschlossener, 1939 noch bestehender Ehe

Nicht-landwirtschaftliche Sektoren:	Angestellte ohne Werkmeister	3,09
	Beamte ohne Bahn, Post	3,15
	Werkmeister (Angest.)	3,81
	Bahn/Post (Beamte)	3,78
	Selbst. in HVG	3,77
	Selbst. in Industrie	3,84
	Selbst. im Handwerk	4,41
	Arbeiter	4,67
Agrarsektor:	Beamte u. Angestellte	4,01
	Selbst. (+ mithelf. F.-Angeh.)	5,40
	Arbeiter	6,05

Quelle: A. Gräfin zu Castell, Forschungsergebnisse zum gruppenspezifischen Wandel generativer Strukturen, in: W. Conze (Hg.), Sozialgeschichte der Familie . . ., a.a.O., S. 167.

Die durchschnittliche Geburtenzahl lag (innerhalb der Arbeiterschaft) bei den großstädtischen Arbeitern mit 4,12 am niedrigsten.[256]

Diesen hohen Geburtenzahlen stand allerdings (immer noch) eine hohe Säuglingssterblichkeit gegenüber. An dem seit dem Ende der 70er Jahre einsetzenden Rückgang der Säuglingssterblichkeit hatte die Arbeiterschaft nur unterproportionalen Anteil.[257] 1890 lag die Säuglingssterblichkeit im Berliner Arbeiterviertel Wedding bei über 30%, in der wohlhabenderen Friedrichstadt bei weniger als der Hälfte.[258] Die Aufschlüsselung der

Säuglingssterblichkeit in die innerhalb des ersten Monats nach der Geburt (neonatal) sowie des 2.-12. Lebensmonats (postnatal) zeigt, daß das Arbeiterkind nicht gleich nach der Geburt, sondern verstärkt während des 1. Lebensjahres ins Hintertreffen geriet.[259]

Entgegen ersten Erwartungen kann als Ursache dieser hohen Sterblichkeit nicht die Ernährungssituation angesehen werden. In der armen Bevölkerung wurden die Säuglinge am häufigsten und am längsten gestillt[260] und genossen dadurch den besten Schutz vor Infektionskrankheiten. Allerdings war die Säuglingssterblichkeit in jenen Fällen, in denen nicht gestillt wurde oder werden konnte (wie fast durchgängig bei den Fabrikarbeiterinnen), besonders hoch.[261] Die Kombination und Kumulation verschiedener negativer Lebensbedingungen der proletarischen Familie: geringes Einkommen plus unzulängliche Wohnverhältnisse plus Überlastung der Mütter plus Unwissenheit, scheint eine wichtige Rolle sowohl hinsichtlich vorgeburtlicher Schädigungen des Säuglings[262] als auch seiner Überlebenschancen nach der Geburt gespielt zu haben.[263] Die Überlastung der Mütter resultierte nicht nur aus dem hohen Anteil erwerbstätiger Frauen, sei es als Fabrikarbeiterinnen, Heimarbeiterinnen oder Putzfrauen, und der schweren Hausarbeit. Auch die erwähnte hohe Geburtenzahl pro Ehe schwächte die Gesundheit der Frauen zusätzlich.

Das spezifische generative Verhalten der Arbeiter erwies sich als eine weitere wesentliche Ursache der hohen Säuglingssterblichkeit. Es bestand ein enger Zusammenhang zwischen der Zahl der Konzeptionen und der Zahl der Abtreibungen und der Zahl der Todesfälle im ersten Lebensjahr.[264] Eine Befragung von 1 000 Berliner Arbeiterfrauen (1905 und 1907), die mindestens 10 Jahre verheiratet waren, ergab, daß bei mehr als 8 Konzeptionen pro Ehe die Quote der Abtreibungen plus Säuglingssterblichkeit über 50% lag. Das traf auf ca. ein Drittel der Ehen zu.[265] Die insgesamt hohe Zahl der Konzeptionen pro Ehe (in 50% 5-9 Konzeptionen, nur in 29% weniger als 5) zeigt, daß die Geburtenkontrolle selbst in Teilen der großstädtischen Arbeiterschaft vor dem 1. Weltkrieg noch nicht sehr verbreitet war. Der Ausgleich zwischen dem Familieneinkommen und der Kinderzahl wurde »offenbar weitgehend im Sinne der vorindustriellen Bevölkerungsweise über die Säuglingssterblichkeit, ergänzt durch Abtreibungen«[266], herzustellen versucht.

434

Die Zahl der überlebenden Kinder war gleichwohl hoch. Familien mit wenigen Kindern waren die Ausnahme, kinderreiche Familien das Normale. Im Berliner Arbeiterviertel Wedding lag 1885 der Prozentsatz der Haushalte mit mehr als fünf Kindern bei über 25%[267], in Chemnitz um 1900 bei 20%.[268] In Hamborn hatten um 1910 von 3 963 Familien nur 20% 1-3 Kinder, 51,5% 4-6 Kinder und 25% 7-9 Kinder.[269] Einiges deutet darauf hin, daß der große Kinderreichtum am stärksten bei den ungelernten Arbeitern verbreitet war. Landé bemerkt, daß »bekanntlich der ungelernte Arbeiter in bezug auf die Kinderzeugung skrupelloser handelt, als der qualifizierte.«[270] Die qualifizierten, oft auch gut organisierten Arbeiter gingen offenbar als erste Gruppe der Arbeiterschaft zur Geburtenplanung und -kontrolle über.[271]

3. Weitere Haushaltsmitglieder

Auf zwei Kategorien von weiteren Haushaltsmitgliedern wurde bei den Wohnverhältnissen schon hingewiesen: Untermieter und Schlafgänger. Daneben werden gelegentlich in Haushaltsbeschreibungen auch Pflegekinder erwähnt.[272] Für sie wurde normalerweise von den Gemeinden Geld bezahlt, so daß Pflegekinder auch eine Geldquelle waren.[273]

Schlafgänger und Untermieter sprengten den engeren, aus Eltern und Kindern bestehenden Familienverband und prägten das häusliche Leben in spezifischer Weise. In besonderem Maße galt das für Schlafgänger, die nicht separiert von der Familie wohnten. Die Gefahr von Spannungen wurde zwar dadurch reduziert, daß der Schlafgänger nur zur Schlafenszeit Anspruch auf Aufenthalt in der Wohnung des Vermierters hatte. Des weiteren verminderte ein spezifisches Rekrutierungssystem – bevorzugt, wenn auch nicht durchgängig, wurden Verwandte oder Bekannte aufgenommen – Reibungen.[274] Angesichts der beengten Wohnverhältnisse, die schon für die Familie des Vermieters häufig nicht hinreichten, dürften Spannungen jedoch nicht zu vermeiden gewesen sein.

Zwischen 10 und 20 Prozent der Haushalte im Kaiserreich hatten Schlafgänger aufgenommen. Dieser Anteil lag in den Arbeiterquartieren höher.[275] 1894 hatten beispielsweise von den Bergleuten des nördlichen Reviers 30 Prozent Untermieter; fast ausschließlich waren das Schlafgänger.[276] Untermieter und Schlafgänger wurden bevorzugt in prekären Phasen des Familienzyklus aufgenommen, in denen der Familienunterhalt auf andere Weise nicht zu sichern war, beispielsweise bei Krankheit und Arbeitslosigkeit. Aber auch Familien mit vielen kleinen Kindern waren auf zusätzliche Einnahmen durch die Vermietung von Schlafstellen angewiesen. Familien also, die andererseits Platz und Betten dringend selbst benötigten.[277] Die oft sporadische Aufnahme von Schlafgängern im Familienzyklus bedeutet aber zugleich – wie Brüggemeier/Niethammer betont haben –, daß in wesentlich mehr Familien im Laufe der Zeit Schlafgänger gelebt haben als die Statistik ausweist.[278]

In diesem Zusammenhang haben Niethammer und Brüggemeier von einer »halb-offenen« Familienstruktur in der Arbeiterschaft des Kaiserreichs gesprochen.[279] Im Gegensatz zu den bürgerlichen zeitgenössischen Beobachtern, die die »Öffentlichkeit« des proletarischen Familienlebens beklagten[280], sieht Brüggemeier in der »halb-offenen« Familienstruktur auch eine Basis für solidarische Aktionen durch den Zwang, sich gegenseitig in typischen Situationen helfen zu müssen. Eine »Solidarität des Alltags« könne sich entwickeln.[281] Eine solche Konstellation berichtet in der Tat Bromme aus seinem Elternhaus, wo stets drei bis vier Logierherren gewohnt hätten.[282] Diese saßen oft mit den Familienmitgliedern zusammen und halfen auch in Krisensituationen. Brommes Eltern gehörten allerdings zum Kleinbürgertum und wohnten besser und geräumiger als die hier behandelte typische Arbeiterfamilie.

Wenn man sich deren Wohn- und Lebenssituation vergegenwärtigt, die Überfüllung der Räume, den Mangel an Betten, die Unmöglichkeit, innerhalb dieser Wohnungen einen stillen Platz zu finden, die wenige Zeit, in der die Familie als Familie zusammenleben kann, fällt es schwer, dem Schlafgängerwesen positive Seiten abzugewinnen. Ob unter solchen Existenzbedingungen solidarisches Verhalten tatsächlich typischerweise – und nur darum geht es hier – nahegelegt wurde, erscheint zweifelhaft. Realistischer dürfte der Hinweis Lüdtkes sein, ob nicht »die Konsequenzen (des Schlafgängerwesens – H. R.) weniger eine Vervielfältigung von Erfahrung und Überwindung von Isolierung (waren) als die weitere Beschneidung minimaler Chancen, Subjekt zu sein – und sei es in Distanz und Rückzug.«[283]

VII. Eheleben

1. Materielle Basis der proletarischen Ehe und ihre Bedeutung für das Zusammenleben

Die materielle Basis der Arbeiterehe bestand normalerweise nur aus dem augenblicklichen Arbeitsverdienst der beiden Eheleute und der Hoffnung auf eine anhaltend gute Konjunktur. Bestenfalls wurden einige ererbte oder selbst gefertigte Gebrauchsgegenstände in die Ehe eingebracht. Ersparnisse des Mannes waren selten. Zwar war er aufgrund seines schon früh erreichbaren (relativ) hohen Lohnes prinzipiell dazu in der Lage. Einige unterstützten von ihrem Verdienst aber noch alte Eltern oder jüngere Geschwister.[284] Diejenigen, die dazu nicht verpflichtet waren, lebten meist so gut wie möglich – eine angesichts der oft entbehrungsreichen Kindheit verständliche Reaktion. Rückblickend dürfte die Zeit zwischen zwei Familien, Herkunfts- und eigener Familie, für die Arbeiter die angenehmste Lebensphase gewesen sein. Die Arbeiterinnen waren aufgrund ihres bedeutend geringeren Verdienstes zu Rücklagen nur dann in der Lage, wenn sie am Essen sparten oder durch »Zusammenhausen mit dem Bräutigam« billiger leben konnten.[285] Am ehesten konnten noch Dienstmädchen sparen, da sie neben einem geringen Lohn Kost und Logis frei hatten.

Die finanzielle Ausgangslage bei Ehebeginn war aber von entscheidender Bedeutung für den Verlauf der Ehe. Wenn erst einmal Kinder vorhanden waren, konnten keine größeren Anschaffungen mehr gemacht werden.[286] Es ist kein Zufall, daß in den meisten Familien, die Fischer-Eckert als normal, ohne Luxus, aber auch ohne Entbehrungen, lebend beschreibt, nicht nur wenig Kinder vorhanden waren, sondern die Ehen schuldenfrei bzw. mit einer kleinen Mitgift begonnen werden konnten.[287] Wenn erst so viele Kinder vorhanden waren, daß die Frau nicht mehr mitarbeiten konnte, zogen endgültig Not und Elend in die Arbeiterfamilien ein. Der Zusammenhang von Kinderzahl, Mitverdienst der Frau und häuslichem Elend bzw. Zufriedenheit läßt sich durchgängig nachweisen. Finanzielle Sorgen und Probleme waren das zentrale Konfliktpotential der proletarischen Ehen.[288] Die Beschreibung einer Arbeiterfamilie, in der der Mann in 14 Berufsjahren 5 Winter arbeitslos war, die Frau zehn Schwangerschaften durchmachte und vier überlebende Kinder hatte, veranlaßte Flesch zu dem Resumée: ».. . die Geschichte des X ist einfach ein Bild, das uns in der Armenpflege und in den an sie angrenzenden Klassen immer wieder begegnet. Arbeitslosigkeit mit oder ohne Schuld, infolgedessen Mietrückstand, Klagen, Retention von Kleidungs- und Mobiliarstücken, daraus sich ergebende Vorwürfe der Frau, die ja die Möbel gewöhnlich mit in die Ehe bringt, gegen den Mann, ehelicher Unfriede und infolgedessen allgemeiner Rückgang! Was bei vermögenden Klassen durch gütliche Einigung sich ausgleicht, wird hier Ursache des dauernden Verfalls der Ehe und des vollständigen wirtschaftlichen Ruins .. .«[289]

Es bedurfte noch nicht einmal extremer Umstände, wie Alkoholismus, um diesen Verfall herbeizuführen. Bei der Mehrzahl der proletarischen Familien ist er durch ihre materiellen Existenzbedingungen vorprogrammiert gewesen. Wenn die Männer das Geld ins Wirtshaus trugen oder, wie Holeks Vater, der Frau nur ein äußerst knapp bemessenes Kostgeld gaben, war die Situation doppelt schlimm. Aus der Perspektive der Frauen, die schließlich die Sorge für die Ernährung der Familien trugen, machte es dann auch keinen großen Unterschied, ob der Mann das dringend benötigte Geld vertrank, es für Gewerkschafts- und Parteiarbeit oder für Bücher ausgab.[290]

Finanzielle Fragen dominierten in der Arbeiterfamilie. Das Geld, das nicht vorhandene Geld, war der Dreh- und Angelpunkt aller Probleme und nahezu aller Streitigkeiten. So war das Klima vieler Ehen durch Zank und Auseinandersetzungen gekennzeichnet, die nicht selten Prügel für Frau und Kinder einschlossen. Wie häufig letzteres war, kann man u. a. daraus ersehen, daß Bromme besonders hervorhebt, er habe seine Frau nie geschlagen.[291]

2. Ehebeziehungen

Für die Gestaltung der Ehebeziehungen sind – das ist im Verlauf der Untersuchung deutlich geworden – gesamtgesellschaftliche Muster und Vorstellungen über die Rolle der Geschlechter, die Arbeitsteilung usw. von nicht zu unterschätzender Bedeutung. Das Verhältnis der Geschlechter im Kaiserreich war durch die unbezweifelte Dominanz des Mannes sowie weitgehende Inferiorität der Frau geprägt, die besonders in ihrer politischen und rechtlichen Unselbständigkeit und Abhängigkeit zutage trat. Alle gesellschaftlichen Bereiche waren durchgängig patriarchalisch geprägt, vom Bildungswesen über Politik, Wirtschaft bis zur Familie. Die patriarchalische Familienstruktur war stets mit einer rigiden Trennung der Tätigkeitsbereiche von Mann und Frau verbunden gewesen, die nur in Ausnahmefällen durchbrochen wurde.

Im Bürgertum hatte diese Entwicklung, wie wir gesehen haben, die Konsequenz, daß der Mann außerhalb des Hauses den Bereichen von Beruf und Politik verhaftet war, die Frau hingegen, zumindest die verheiratete Frau und Mutter, den Schwerpunkt ihres Daseins überwiegend innerhalb der eigenen vier Wände bei Haus- und Kinderarbeit fand. Diese Trennung der Tätigkeits- und Lebensbereiche war ideologisch überhöht und in den Rang einer gleichsam »natürlichen«, einzig dem unterschiedlichen Wesen der Geschlechter angemessenen Lebensform erhoben worden.

Innerhalb großer Teile der Arbeiterschaft wurden solche Vorstellungen zunehmend akzeptiert. Lediglich für die ehemaligen Landarbeiter war der außerhäusliche Miterwerb der Ehefrau eine Selbstverständlichkeit. Für jene Arbeiter hingegen, die sich aus dem städtisch-handwerklichen Milieu rekrutierten und zudem meist die qualifizierten Arbeitskräfte mit relativ gutem Verdienst und ausgeprägtem Berufsstolz stellten, gehörte die Frau traditionell ins Haus.[292]

Auch die Arbeiterbewegung, Gewerkschaften und Sozialdemokratie eingeschlossen, hielten an einem Ideal von Ehebeziehungen fest, das dem Mann die Rolle des (außerhäuslichen) Ernährers und politischen Kämpfers zuwies, der Frau die Rolle von Hausfrau, Mutter und liebender Ehefrau, die an den Kämpfen des politischen Aktivisten Anteil nahm.[293] Eine eigenständige politische Rolle der Frau war nicht vorgesehen, wie Popp aus eigener schmerzlicher Erfahrung aus der SPÖ berichtet.[294] Symptomatisch für dieses Festhalten an tradierten Rollenbildern scheinen mir Engels Worte zu sein, mit denen er Familienverhältnisse kommentiert, in denen ein arbeitsloser Arbeiter die Hausarbeit machen muß, derweil seine Frau in der Fabrik arbeitet: »Kann man sich einen verrückteren, unsinnigeren Zustand denken, als den in diesen Briefen geschilderten? Und doch ist dieser Zustand, der den Mann *entmannt* und dem Weibe seine Weiblichkeit nimmt, ohne imstande zu sein, dem Manne wirkliche Weiblichkeit und dem Weibe wirkliche Männlichkeit zu geben, dieser beide Geschlechter und in ihnen die Menschheit aufs schändlichste entwürdigende Zustand die letzte Folge unserer hochgelobten Zivilisation . . .«[295]

Selbst wenn man berücksichtigt, daß in diesen Worten propagandistische Absichten stark durchschlagen, so wird mit ihnen nicht nur die übliche Rollenteilung festgeschrieben. Implizit wird mit der Geißelung der Rollenverkehrung auch die Beschäftigung des Mannes mit Hausarbeit als unmännlich und damit ehrenrührig beurteilt. Große Teile der Arbeiterschaft akzeptierten die traditionellen Rollen von Mann und Frau, die sich in Engels Worten ausdrückt. Das sagt über die Realität der Beziehungen in Ehe und Familie zunächst wenig aus. Beide, Ideologie und Realität, sind nie völlig deckungsgleich. Vielmehr könnte man vermuten, daß durch den hohen Anteil außerhalb des Hauses erwerbstätiger Frauen und ihrem baren Beitrag zum Familieneinkommen sich allmählich neue Rollendefinitionen durchsetzten, die auf eine eher egalitäre Beziehung der Geschlechter, speziell auch in der Ehe wirkten. Bei dieser Überlegung wird jedoch unterstellt, daß ein in der Erwerbsarbeit gewonnenes Selbstbewußtsein der Frauen (sei es auf Grund der Bezahlung, sei es durch die Arbeit selbst) und die Anerkennung ihrer Leistungen durch die Männer den überkommenen männlichen Anspruch auf Vorherrschaft in den Ehebeziehungen beseitigt.

a. Charakter der Erwerbsarbeit von Arbeiterfrauen

Im Zusammenhang mit der Darstellung weiblicher Erwerbsarbeit ist bereits darauf hingewiesen worden, daß viele Frauen in sehr traditioneller Weise ihre Berufstätigkeit, sei es in der Fabrik oder anderswo, als ihren Beitrag zum Familieneinkommen interpretierten. Miterwerb der Ehefrauen war in den armen Bevölkerungsklassen stets notwendig und selbstverständlich gewesen. Er fand im Kaiserreich nur unter modifizierten Bedingungen statt. Das heißt, der Berufstätigkeit der Frauen, auch der verheirateten, fehlte von vornherein ein originär emanzipatorischer Gehalt. In besonderem Maße galt das für solche Tätigkeiten wie Putzen und Waschen sowie Heimarbeit. War das eine nichts anderes als Hausarbeit zu Erwerbszwecken, so war das letztere eben als Arbeit im Haus und durch die wirtschaftliche Entwicklung zu typischer (d. h. gering bewerteter und schlecht bezahlter) »Frauenarbeit« geworden. Lediglich in den Fabriken führten Frauen und Männer tendenziell ähnliche Arbeiten aus. Aber auch hier kristallisierten sich schnell geschlechtsspezifische Tätigkeiten heraus.

Die Frauen waren zudem fast alle ungelernte Arbeiterinnen; sie erledigten die Schmutzarbeit. Standen die Arbeiter in den Betrieben am unteren Ende der Hierarchie, so doch immer noch ein bißchen über den Frauen. Diese wurden normalerweise auch keine Vorarbeiter. Frauen wurden überdies bedeutend schlechter bezahlt, worin sich die geringere Bewertung ihrer Arbeit, nicht etwa eine schlechtere Leistung ausdrückte; in wirtschaftlichen Krisenzeiten waren sie zudem eine unwillkommene Konkurrenz um die Arbeitsplätze.

Arbeiterinnen waren für die Männer keine gleichgestellten und sozial gleichwertigen Kolleginnen. Die unterschiedlichen Positionen der Geschlechter im Betrieb schlugen sich selbst auf der sprachlichen Ebene nieder: während die Männer im Betrieb nur von den »Weibern« gesprochen hätten, so berichtet Kempf aus München, waren sie für die Arbeiterinnen die »Herren«.[296]

Viele Arbeiter sahen in der Arbeitskollegin primär die Frau, das »Geschlechtswesen«. Ausdruck dessen waren die schon erwähnten sexuellen Nachstellungen. Diese Rolle wurde den Arbeiterinnen jedoch nicht nur von außen aufgedrängt, viele akzeptierten sie und verstärkten durch ihr Verhalten das Überlegenheitsgefühl der Männer.

Die Positionen der Arbeiterinnen in den Fabriken war mithin nicht dazu angetan, ihr Selbstbewußtsein zu stärken. Die frühen Sozialreformer in den Betrieben haben im Gegenteil die Unterdrückung und Verachtung der Arbeiterinnen als besonders kraß empfunden.[297] Bernays hat allerdings darauf hingewiesen, daß die Arbeiter sich in diesem Punkt an sich nicht schlimmer verhielten als die Männer »besserer« Gesellschaftskreise. Nur falle die Frauenverachtung in Proletarierkreisen deshalb so stark ins Auge, »weil der schützende Mantel jener Ritterlichkeit und Galanterie fehlt, mit dem diese Verachtung in anderen Gesellschaftsschichten oft bis zur Unkenntlichkeit verdeckt wird.«[298]

Es kann daher keine Rede davon sein, daß die Erwerbstätigkeit von Frauen, auch ihre Eingliederung in den kapitalistischen Produktionsprozeß, einen ersten Schritt zu politischem und gesellschaftlichem Selbstbewußtsein der Frau darstellte. Weder von der Art der Tätigkeit und ihrer Bezahlung noch der Position in der betrieblichen Hierarchie konnten Impulse für ein gestärktes Selbstbewußtsein der Frauen ausgehen. »In der Zulassung der Frauen zu allen möglichen überwachten Tätigkeiten verbirgt sich die Fortdauer ihrer Entmenschlichung. Sie bleiben im Großbetrieb, was sie in der Familie waren, Objekte.«[299] Sie selbst, aber auch die Männer, wurden in ihrer Auffassung von der Inferiorität des weiblichen Geschlechtes dadurch geradezu bestärkt. Insofern nimmt es nicht wunder, daß sich auch an der traditionellen familialen Arbeitsteilung nichts änderte.

b. Arbeitsteilung in der Familie

Idealtypisch lassen sich drei familiale Situationen unterscheiden, die aber in einer Vielzahl von Fällen praktisch im Verlauf des Familienzyklus *einer* Familie auftreten können.

(1) Der Mann verdient das Geld durch Fabrikarbeit; die Frau bleibt zu Hause und besorgt den Haushalt.

(2) Mann und Frau sind erwerbstätig; die Frau erledigt *zusätzlich* die Hausarbeit.

(3) Frau und Mann sind abwechselnd erwerbstätig; wenn der Mann arbeitslos ist, geht die Frau arbeiten, wenn er wieder Arbeit hat, hört sie auf.

In den beiden erstgenannten Fällen bleibt die Hausarbeit alleiniger Tätigkeitsbereich der Frau. Auch wenn sie voll erwerbstätig ist, beteiligt sich der Mann normalerweise nicht an dieser Frauenarbeit.[300] Die Frauen erledigten die Hausarbeit abends und am Wochenende[301], was bedeutete, daß für sie praktisch überhaupt keine Zeiten für Erholung übrigblieben.

Die zusätzliche Belastung erwerbstätiger Frauen durch die Hausarbeit hat Otto eindringlich am Beispiel der Wäsche geschildert: »Das bedeutet für sie (die Frau - H. R.) eine Ausdehnung der Arbeitszeit an den großen Waschtagen bis 11, ja bis 1 Uhr nachts. Gewöhnlich werden alle 8 Tage in dem einen Zimmer, in dem alles vorgeht, nach Schluß der Fabrikarbeit die notwendigsten Sachen gewaschen. Am nächsten Abend wird dann gebügelt. Falls eine Waschküche vorhanden ist, werden etwa alle acht Wochen die größeren Stücke dort gewaschen. Diese große Wäsche wird meistens am Samstag Abend vorgenommen und es wird bis in die Nacht hinein gearbeitet, um alles fertigzustellen. Der Sonntag ist im allgemeinen dem Flicken und Nähen gewidmet, wofür in der Woche nur wenige Minuten frei sind.«[302]

Diese Verteilung der Arbeiten verändert sich u. U. im dritten geschilderten Fall. Wenn der Mann arbeitslos war und die Frau das Geld verdienen mußte, erledigte auch er einiges von der anfallenden Hausarbeit, beispielsweise das Einkaufen und Kochen. Unter der Belastung dieser von vielen Männern als unwürdig empfundenen Rollenumkehrung ging aber ein Teil der ohnehin nicht sehr stabilen Ehen in die Brüche.[303] Es gab jedoch auch Familien, in denen diese Umkehrung der Verhältnisse recht gut funktionierte. Dies war vornehmlich dort der Fall, wo sie eine stetig wiederkehrende Erscheinung bildete, so bei den regelmäßig im Winter arbeitslosen Bauarbeitern. In einigen dieser Familien, so berichtet Kempf aus München, habe sich ein neues Verhaltensmuster eingespielt. In der Zeit der beständig sich wiederholenden Arbeitslosigkeit des Mannes wurden die Frauen erwerbstätig, auch jene, die sonst wegen der Kinder nicht daran denken konnten. In jenen Ehen, in denen ein gutes Einvernehmen zwischen den Ehegatten herrschte, übernahm der Mann nicht selten die Haushaltsführung für diesen Zeitraum. Einer dieser frühen »Hausmänner« entrüstete sich darüber, »daß die Kontrolle für (die) Arbeitslosenunterstützung gerade auf die Vormittagsstunden verlegt sei und ihm . . . jene Zeit wegnähme, in welcher er für die Familie ›kochen‹ sollte.«[304] Dabei handelt es sich aber um eine äußerst seltene Ausnahme. Nur hier, in der Übernahme der Hausarbeit, die in unserer Gesellschaft der Inbegriff typisch weiblicher Tätigkeit ist, durch Männer, liegen Ansätze zu einer neuen Entwicklung, nicht etwa in der Erledigung der Männerarbeiten durch Frauen. In der ärmeren Bevölkerung haben Frauen häufig, teils aus »Not am Mann« (!), teils regelmäßig, »Männerarbeit« übernommen. Riehl hat dies eindringlich am Beispiel unterbäuerlicher Verhältnisse beschrieben.[305] An der Unterordnung und Unterdrückung der Frau hat sich dadurch nichts geändert. Niemals jedoch (von untypischen Einzelfällen abgesehen) haben Männer die Hausarbeit erledigt. Erst dann, wenn die Übernahme dieser ursprünglich typisch weiblichen Arbeiten vom Mann nicht mehr als entwürdigend, als unmännlich angesehen wird, können nicht nur die familialen Lasten gleich verteilt werden, sondern signalisiert das zugleich eine neue Bewertung nicht nur der »weiblichen« Arbeiten, sondern auch der Frau selbst. Die Übernahme von Hausarbeit durch Männer war im Proletariat aber durchaus unüblich. Nur selten berichtet ein Arbeiter, daß er die schweren Hausarbeiten erledige, wie Wasser oder Kohlen holen.[306] Es ist leicht einsehbar, daß in der Ablehnung der Hausarbeit durch die Männer eine der Konfliktquellen der Arbeiterfamilie gelegen hat.[307]

Der inferioren Stellung der Frau entsprach ihre Überlastung in der Familie. Sie war Mutter, Hausfrau, Ehefrau und Arbeiterin. Auf ihren Schultern lag die ganze Last. Wenn wegen ihrer Erwerbstätigkeit der Haushalt durcheinander geriet, durfte sie nicht mit Hilfe, sondern nur mit Vorwürfen rechnen, wie Brommes Frau, die von ihm »Anweisung« bekam, die Betten früh morgens und nicht erst abends zu machen.[308]

Diese mehrfachen Belastungen, zu denen sich noch die vielen anstrengenden Schwangerschaften und Geburten gesellten, waren so stark, daß die Frauen außer der Arbeit nichts kannten. Viele kamen, nachdem mit der Geburt von Kindern Arbeit und materielle Sorgen überhand genommen hatten, kaum mehr aus dem Hause, wie Fischer-Eckert selbst von nicht berufstätigen Hamborner Arbeiterfrauen berichtet. Es fehlte ihnen vornehmlich an Zeit, aber auch an Kleidung.[309] Dieses Problem beschreibt Bromme in merkwürdig distanzierter Weise am Beispiel seiner Frau, die wegen der Kinder Heimarbeit macht: »Wie oft hat es mich aufs tiefste geschmerzt, daß meine Frau stets und ständig bei den Kindern zu Hause sitzen muß und sich gar nichts bieten kann. Andere gehen sonntags spazieren, sie muß in ihrem Loche bleiben. Oft hat sie schon gejammert: Ich lebe schlechter wie ein Zuchthäusler oder wie ein alter Hund.‹ Wenn die Spaziergänger vorbeiziehen, dann schaut sie wehmütig durchs Fenster. ›Die hat schon wieder ein neues Kleid; unsereins kann sich noch nicht rechtschaffen einen Rock zulegen!‹ Wenn ich sie auffordere, einmal mit zu irgendeiner Parteiveranstaltung zu kommen, dann heißt es wieder: ›Ich hab nichts anzuziehen; in der Fahne, wo ich schon fünfzigmal gelaufen bin, gehe ich nicht und laß mich anglotzen wie ein aus dem Käfig entflohenes Tier.‹ Tatsächlich hat sich meine Frau während der zehn Jahre unserer Ehe, abgesehen von einem Rock und zwei bis drei Blusen noch kein neues Kleid schaffen können. Ich selbst war natürlich auch nicht in der Lage, ihr eins zu kaufen.«[310] In den Ehen, in denen die

Männer, sei es durch Gewerkschafts- oder Parteiarbeit, sei es durch andere Interessen, stark außerhäuslich orientiert waren, bedeutete diese Fesselung der Frau ans Haus eine weitgehende Trennung ihrer Lebenskreise.

Es nimmt nicht wunder, daß die Arbeiterfrauen unter diesen Bedingungen vor der Zeit alterten;[311] »... kein Lächeln, keine Freudigkeit im Blick, armselige von der Last der Arbeit nieder-gedrückte Geschöpfe mit müdem Gesicht, schon um die Dreißig, wenn unsere (d. h. die bürgerlichen – H. R.) Frauen am schön-sten sind, verfallen, verblüht, verwelkt.«[312] Andauernde Überan-strengung, nicht selten verbunden mit Unterernährung, sowie die ausschließliche Konzentration auf die Beschaffung des täglichen Lebensunterhalts lassen sie darüber hinaus psychisch verarmen. »Sie lesen nichts und sie fragen nichts«, beschreibt Fischer-Eckert die Hamborner Arbeiterfrauen. »Außerhalb ihrer täglichen Sor-gen ist keine Welt mehr für sie da.«[313]

c. Eheliche Machtverhältnisse

Aus den bisherigen Ausführungen ist bereits deutlich geworden, daß der Mann auch in der proletarischen Familie die dominante Position einnahm. Sie wurde durch patriarchalische Tradition und Gewohnheit gestützt, durch seine rechtliche und politische Stellung abgesichert. Zwar hatte das BGB der Frau volle Geschäftsfähigkeit zugestanden, praktisch blieb sie in wesentli-chen Fragen (der Verfügung über ihr Vermögen, der Entschei-dung für eine Erwerbstätigkeit) von der Zustimmung des Mannes abhängig. Wenn diese Regelungen im Proletariat auch weniger relevant waren als für das Bürgertum, so darf der symbolische Gehalt nicht unterschätzt werden. Das Wahlrecht stand im Kaiserreich ebenfalls nur den Männern zu.

Die Rolle des Mannes als Ernährer der Familie wurde von der Frau nur selten ernsthaft in Frage gestellt – auch dann nicht, wenn sie erwerbstätig war. Zwar war ihr finanzieller Beitrag für viele Arbeiterfamilien unverzichtbar; nicht selten machte er gerade die Spanne zwischen hungern und satt essen aus. Dennoch war die Erwerbsarbeit der Frau zu unstetig und insbesondere ihr Ver-dienst zu gering, als daß sie ökonomisch gleichrangig und unabhängig sein konnte. Wenn selbst die ledige Arbeiterin mit ihrem Lohn kaum hinkam, wie sollte die Mutter sich und ihre

Kinder davon ernähren?

Andererseits wird die Tatsache, ob die Frau Geld verdiente und wieviel, auf die Beziehungen in der Ehe nicht ohne Einfluß gewesen sein. Es ist vorgekommen, daß Arbeiter bei Befragungen die Mitarbeit der Ehefrau u. a. deshalb verschwiegen haben, weil es ihnen peinlich war zuzugeben, daß ihr eigener Lohn für den Unterhalt nicht ausreichte bzw. – was wohl seltener der Fall war – die Frau fast so viel verdiente wie sie selbst.[314] Vermutlich handelte es sich bei ihnen vorwiegend um qualifizierte, schon länger in der Stadt lebende oder aus dem Handwerk stammende Arbeiter, die die städtisch-bürgerliche Norm, derzufolge der Mann den Unterhalt zu verdienen und die Frau Haushalt und Kinder zu versorgen habe, auch für sich akzeptierten. Bei den neu vom Land zugewanderten Arbeitern, in deren alter Umgebung Mitverdienst der Ehefrauen als Landarbeiterin o. ä. eine selbstverständliche und gewohnte Erscheinung war, dürfte die Erwerbstätigkeit ihrer Frau geringere psychische Probleme aufgeworfen haben.

Die innerfamiliale Position der Frau besserte sich durch ihre Erwerbstätigkeit in jedem Fall, ohne allerdings den Vorrang des Mannes prinzipiell in Frage zu stellen. Die wegen ihrer elenden Existenzbedingungen in den proletarischen Familien vorherrschende Orientierung aufs Geld hatte die zwar nicht notwendige, aber naheliegende Konsequenz, daß derjenige, der am meisten verdiente, auch am meisten zählte bzw. zu sagen hatte. Die größeren Portionen, die dem Mann und Vater durchgängig bei den Mahlzeiten überlassen wurden[315], lassen sich nicht nur rational darauf zurückführen, daß er derjenige war, der körperlich schwer arbeitete und von dessen Arbeitsleistung die Existenz der Familie entscheidend abhing. Darin drückt sich zugleich der generelle Vorrang des Mannes gegenüber Frau und Kindern aus.

An der innerfamilialen Dominanz des Mannes änderte die Tatsache nichts, daß in vielen Familien die Frau das Geld verwaltete und ausgab. Es reichte normalerweise ohnehin gerade für den schlichten Lebensunterhalt aus, war im Grunde nie mehr als äußerst knappes »Wirtschaftsgeld«. Da finanzielle Spielräume für größere Anschaffungen praktisch nicht bestanden, waren Verwaltung und Verausgabung des Geldes keine Quelle von Macht. Erst wenn die finanziellen Möglichkeiten größer sind, kann die Entscheidungsbefugnis über die Verwendung des »überschüssigen« Geldes eine »Machtfrage« sein.

In der Literatur wird betont, das oft belegte autoritäre Verhalten vieler proletarischer Männer gegenüber Frauen und Kindern, das nicht selten körperliche Züchtigung einschloß, beruhe darauf, daß die Familie der einzige Ort gewesen sei, an dem der Proletarier Überlegenheitsgefühle entwickeln konnte. Nur hier, in dem Umgang mit den von ihm abhängigen Personen konnte er jenes Selbstbewußtsein entwickeln, das es ihm ermöglichte, die vielfältigen Demütigungen und Erniedrigungen im Arbeitsleben, in Politik und im Umgang mit Angehörigen »höherer« Gesellschaftsklassen und -schichten zu ertragen. Ein Indiz für diese Zusammenhänge kann in Brommes Verhalten gesehen werden, der seiner Frau »Anweisung« gibt, die Betten gleich frühmorgens zu machen. Auch bei den klassenbewußten Arbeitern endete die revolutionäre Gesinnung normalerweise in der eigenen Familie. »So behauptet sich der Proletarier in seiner letzten Domäne, der Familie . . . und spielt den kleinen Herrgott, oder wenigstens den starken Mann, die Autorität.«[316]

Wenn ein solcher kompensatorischer Zusammenhang zwischen beruflicher Situation und Verhalten in der Familie besteht, könnte daraus gefolgert werden, daß hochqualifizierte Arbeiter mit (relativ) befriedigender Arbeitssituation für ihr psychisches Gleichgewicht weniger auf eine uneingeschränkte Machtposition im familialen Bereich angewiesen sind. Diese Vermutung kann jedoch auf Grund des vorliegenden Materials weder bestätigt noch abgelehnt werden. Das liegt einmal in der Art des Materials begründet. Hinzu kommt, daß die subjektive Verarbeitung derselben realen Situation auf Grund unterschiedlicher Ansprüche und Erwartungshaltungen sehr verschieden sein kann. Derartige, aus der jeweiligen Biographie resultierende Differenzen müßten zudem berücksichtigt werden.

Gegen die »Kompensationsthese« spricht, daß auch die bürgerlichen Männer, deren Arbeitsbedingungen zweifellos besser waren und vielfältige Gelegenheit boten, Überlegenheitsgefühle zu entwickeln und auszuleben, sich in ihren Familien autoritär verhielten. In der Art und Weise, in der sie ihre Autorität wahrnahmen, lag die wesentliche Differenz zum Verhalten der proletarischen Männer.

Für deren Auftreten im Familienkreis waren offenbar allgemein verbreitete gesellschaftliche Leitbilder maßgebend. Das bejahen hieße, einen prägenden Einfluß von Arbeitserfahrungen auf einen wichtigen Aspekt außerbetrieblichen Verhaltens abzulehnen. Möglicherweise aber bestand die Bedeutung der gesellschaftlichen Normen nur darin, daß unter ihrem Einfluß lediglich bestimmte Arbeitserfahrungen, die von Über- und Unterordnung, Befehl und Gehorsam, in das familiale Leben eingebracht wurden, andere, wie Solidarität und Rücksichtnahme, unberücksichtigt blieben bzw. für andere Bereiche sozialen Verhaltens aktiviert wurden. Diese Frage kann hier nicht entschieden werden, ihr nachzugehen wäre lohnend.

3. Eheliche Sexualität

Es fällt schwer, sich vorzustellen, daß unter den beschriebenen Lebensbedingungen der proletarischen Familie befriedigende sexuelle Beziehungen möglich waren. Verschiedene Momente standen dem ungezwungenen Ausleben der Sexualität entgegen. Die Asymmetrie der Rollen von Mann und Frau prägte auch das Sexualverhalten. Den sexuellen Beziehungen haftete daher stets auch ein Moment von Über- und Unterordnung an. Die beengten Wohnverhältnisse, die Anwesenheit von Kindern und Schlafgängern reduzierten wahrscheinlich sexuelle Kontakte auf einen heimlichen und hastigen Beischlaf. Die Überarbeitung und Überlastung beider Ehepartner, in besonderem Maße der Frauen, ließ wenig Zeit und Energie für Zärtlichkeit und Zuwendung.

Insbesondere aber setzt ein ungezwungenes und unbefangenes Ausleben der Sexualität Einfühlung in die Bedürfnisse und Empfindungen des Partners voraus, Wissen um die biologischen Vorgänge, in Sonderheit aber die Möglichkeit, Lust und Fortpflanzung voneinander zu trennen.

Spätestens dann, wenn schon mehrere Kinder vorhanden waren, dürfte für die meisten Frauen, aber auch viele Männer, mit jedem sexuellen Kontakt die Angst vor einer neuerlichen Empfängnis verbunden gewesen sein. Wie brennend dieses Problem war, wird deutlich in den Worten eines 29-jährigen Grubenarbeiters mit drei Kindern, der um 1910 auf die Frage, welche Hoffnungen und Wünsche er für die Zukunft hat, antwortete: »Mein Wunsch und meiner Frau Wunsch ist, daß wir keine Kinder mehr bekommen. Da redet Herr Bebel vom Schein der Wissenschaftlichkeit, wenn sich ein Arzt hergiebt und den Armen geplagten Aufklärung giebt über Verhütung der Empfängnis. Man verlangt die Frau soll sich emanziepieren. Aber wenn er wüßte wie es um die meisten Arbeiterfrauen steht. Ihr ganzes Denken und Fühlen ist auf die Verhütung der Empfängnis gerichtet. Man sieht es überall an der Unterhaltung. Bleibt die Mennstration zum Datum aus, gleich ist die Angst groß, denn jede Arbeiterfrau weiß, was ein Kind mehr bedeutet, wieder mehr Sorge und Not denn der Verdienst steigt nicht. So ist bei der Arbeiterfrau ein fortwährendes in der Angst leben von einer Periode zur andern, denn auch die Preservativs verfehlen oft die Wirkung.«[317]

Stearns bezweifelt allerdings, ob alle oder auch nur viele junge Arbeiter diese Einstellung geteilt hätten. In einer Männergesellschaft, und das war die der Fabrikarbeiter ohne Zweifel, werde wegen der Betonung der physischen Stärke auch in der Vaterschaft ein Statussymbol gesehen.[318] Wie weit verbreitet in der männlichen Arbeiterschaft der Wunsch nach Begrenzung der Kinderzahlen gewesen ist, kann nicht entschieden werden. Auf jeden Fall zeigten sich in der Arbeiterschaft des Kaiserreichs Tendenzen zur Geburtenbeschränkung.

Exkurs
Geburtenkontrolle[319]

Praktizierung von Geburtenkontrolle setzt nicht nur Aufklärung über biologische Vorgänge voraus, sondern auch die Bereitschaft, den eigenen Körper und die sexuellen Funktionen zu kontrollieren und damit sein Leben *bewußt* zu gestalten. Darüber hinaus müssen finanziell erschwingliche, leicht anzuwendende und nicht lusthemmende Mittel und Methoden der Empfängnisverhütung zur Verfügung stehen. Diese Bedingungen entwickelten sich nur sehr langsam. Die öffentliche Propagierung der Geburtenkontrolle und Aufklärung über Empfängnisverhütung war im Kaiserreich streng tabuiert.[320] Bis ca. 1890 waren Informationen über Empfängnisverhütung wenig verbreitet. Praktisch standen außer der schwer zu praktizierenden Enthaltsamkeit nur der coitus interruptus und die Ausdehnung der Stillzeit als Methoden zur Verfügung. Aber auch der coitus interruptus war nicht durchgängig bekannt und bot zudem nur eine relative Sicherheit. Die Ausdehnung der Stillzeit war ebenfalls keine besonders effektive

Methode. Für die Fabrikarbeiterinnen verbot sie sich außerdem von selbst, für viele andere Frauen war langes Stillen der Kinder auf Grund ihres schlechten Gesundheitszustandes nicht möglich.

Andere Mittel waren entweder unbekannt oder zu teuer. Wenn auch das Thema »Verhütung« am Arbeitsplatz heftig diskutiert wurde[321], waren vor 1890 doch nur wenige Arbeiter und ihre Frauen zu wirksamer Geburtenkontrolle in der Lage. Die ganze Hilflosigkeit in Fragen der Empfängnisverhütung kommt in Brommes Worten zum Ausdruck, der über den coitus interruptus, von den Arbeitern als »Vorortsgeschäft« bezeichnet, schreibt: »Erst später erfuhr ich, daß dies höchst schädlich für Mann und Weib ist. Trotzdem ich die Pessare (meint vermutlich Präservative – H. R.) und ebenfalls das letztgenannte Mittel (c. i. – H. R.) anwandte, war mir ein Jahr später mein Sohn Ernst beschert. Leider ist er sehr kränklich veranlagt, sehr schwächlich und von blasser Gesichtsfarbe; ob nicht diese verwünschten Sachen die Schuld daran tragen?«[322]

Andere, insbesondere die vom Land in die Städte zugezogenen, meist ungelernten Arbeiter und ihre Frauen waren über Schwangerschaftsverhütung noch weniger informiert. Sie behielten das traditionelle generative Verhalten bei, das durch hohe Geburtenziffern und hohe Säuglingssterblichkeit gekennzeichnet war.[323] Abtreibung war hier wie dort oft der letzte Ausweg.

Zwischen 1890 und 1914 verbreiteten sich Kenntnisse über Empfängnisverhütung auch in der Arbeiterschaft. Allerdings reduzierte sich die Fruchtbarkeit in Arbeiterkreisen wesentlich langsamer als in »höheren« Bevölkerungsklassen und -schichten.[324] Der Effekt vermehrter Aufklärung war noch nicht sehr groß; zum Teil lag das an der zunächst sehr eindeutigen Ablehnung, später einer schwankenden Haltung der Arbeiterbewegung zur Geburtenkontrolle.[325]

Eine Befragung von Berliner Arbeiterfrauen durch den Arzt Max Marcuse vermittelt, obwohl sie nicht repräsentativ war, wichtige Einblicke in das Sexualleben. In großen Teilen der Arbeiterschaft wurde versucht, Geburtenkontrolle zu betreiben. Gebräuchlichste Methoden waren coitus interruptus und Ausspülungen der Frau post coitum. Antikonzeptionelle Mittel wie Kondome und Pessare wurden nur ausnahmsweise und vereinzelt benutzt, und zwar von Eheleuten, die einer »bürgerlichen

Lebensführung« nahestanden.[326] Die Beliebtheit des coitus interruptus erklärt sich daraus, daß er eine Methode der Empfängnisverhütung war, die nichts kostete und zudem angewendet werden konnte, ohne das Bett zu verlassen und in den überfüllten Wohnungen andere Familienmitglieder zu stören.[327]

Daneben spielten unverändert Abtreibungen eine große Rolle. Von den 100 Frauen, die Marcuse befragte, hatten 41 abgetrieben, auf 260 Konzeptionen kamen 76 Aborte, das ist eine Quote von 29,2%. Mit großer Wahrscheinlichkeit lagen die Zahlen noch höher, da einmal, wie Marcuse betont, sehr früh stattfindende Aborte leicht vergessen werden und zudem nicht gesagt ist, daß die Frauen, die keine Abtreibung zugaben, die Wahrheit gesagt haben.[328] Es handelt sich also um Minimalzahlen.

Trotz all dieser, oft verzweifelten Bemühungen, die Kinderzahl einzuschränken, hatten die Arbeitereltern selbst in einer Großstadt wie Berlin im Durchschnitt zwei überlebende Kinder mehr als die Familien des »neuen Mittelstandes«, die allerdings die niedrigsten Kinderzahlen hatten.[329]

Es wäre verfehlt, das Problem der Empfängnisverhütung auf den bisher diskutierten, mehr technischen Aspekt zu beschränken. Die Praktizierung von Geburtenkontrolle setzt, wie eingangs angedeutet, eine spezifische Entwicklung des sozialen und politischen Bewußtseins voraus, da sie gleichbedeutend war mit dem Versuch, einen bislang unkontrollierten Bereich in den Griff zu bekommen, bewußt sein Leben zu gestalten. Dahinter verbergen sich mithin eigene Ansprüche an das Leben, Rücksicht auf die Gesundheit der Frau, Sorge für die Entwicklungsmöglichkeiten von Kindern. Empfängnisverhütung war somit Ausdruck einer durchgreifenden Rationalisierung in der Lebensführung der Arbeiterschaft.[330] »As people become more conscious of their socioeconomic status, of their sense of individuality, and their chances for ego gratification they begin to rationalize and demystify their sexual lives with the help of contraception.«[331] Im Einklang damit steht die Beobachtung, daß Geburtenbeschränkung zuallererst in den Ehen qualifizierter Arbeiter praktiziert wurde sowie bei jenen, deren politisches Engagement Aufklärung im weitesten Sinne sowie bewußte Gestaltung gesellschaftlichen Lebens beinhaltete, den Sozialdemokraten.[332] Dieser Zusammenhang, der Wettstein-Adelt schon in den 90er Jahren aufgefallen war, wird von verschiedenen Seiten bestätigt.[333]

Es ist eingangs darauf hingewiesen worden, daß unter den Lebensbedingungen des Proletariats eine Trennung von Lust und Fortpflanzung, also Empfängnisverhütung, eine zentrale Vorbedingung für ein befriedigendes Sexualleben ist. Die in der Arbeiterschaft des Kaiserreichs vornehmlich praktizierte Methode des coitus interruptus war – mit Einschränkungen – dazu geeignet, eine Empfängnis zu verhüten und beiden Partnern die Angst davor zu nehmen. Wenn es aber richtig ist, wie neuere Untersuchungen ergeben haben, daß die sexuelle Erregung der Frau einen anderen Verlauf nimmt als die des Mannes, nämlich längere Zeit benötigt[334], wird vermutlich die Praktizierung des coitus interruptus zumindest für viele Arbeiterfrauen nicht sehr lustvoll gewesen sein.

VIII. Die Situation der Kinder in der proletarischen Familie

1. Einstellung der Eltern zu den Kindern

Im allgemeinen kann davon ausgegangen werden, daß, ebenso wie heute noch, für die Mehrzahl der Menschen Kinder zu einer Ehe gleichsam selbstverständlich dazu gehörten. Allerdings, und darauf ist schon verschiedentlich hingewiesen worden, waren mehr als zwei, höchstens drei Kinder auf Grund der marginalen ökonomischen Existenz proletarischer Familien sehr schnell eine große Belastung.

Das erste Kind, das in so vielen Fällen der äußere Anlaß für die Heirat gewesen ist, wurde wohl selten mit großem Jubel, aber meist auch nicht mit Abneigung begrüßt. So schreibt Bromme über die Taufe seines ersten Kindes: »... diese erste Taufe war noch ein fröhliches echtes Familienfest. Wir hatten Freude, was bei späteren Gelegenheiten nicht der Fall war.«[335] Das Wissen um das künftige Schicksal des Kindes, das sich kaum von dem der Eltern unterscheiden würde, trübte gelegentlich die Freude. Das wird deutlich in den Worten, mit denen ein Arbeiter seine Empfindungen bei der Geburt seines ersten, tot geborenen Kindes ausdrückte: »Unsere Sehnsucht? Nein, meine Seele konnte in jenen Stunden sich nicht belügen. Was harrte dem armen Kinde des Proletariers, der kaum des andern Tages seinem Weibe die notwendigste Nahrung vorsetzen konnte. Was nützt all die Arbeit, die unsere Muskeln zermürbt, unsere Nerven zerfetzt, ... wenn wir unsern Kindern nicht ein menschenwürdiges Dasein ermöglichen können.«[336]

Auch ein zweites Kind wird noch willkommen gewesen sein, obwohl mit seiner Geburt die Probleme sich vermehrten. Spätestens von diesem Zeitpunkt an konnten viele Frauen nicht mehr voll außerhäuslich berufstätig sein, und es mußte an allen Ecken und Enden gespart werden. So schreibt Wilhelm Kaisen über seine Geburt – er war der zweite Sohn –, er könne sich denken, daß sie den Eltern »neben dem Glück, das sie zweifellos empfanden, auch viel Kopfzerbrechen bereitete«.[337]

Weitere Kinder belasteten die Kräfte der Frauen, aber auch die finanziellen Möglichkeiten übermäßig. In der Familie Bromme, die die Taufe der ersten drei Kinder noch gefeiert hatte, beschränkte sich die Zeremonie bei den nächsten dreien darauf, daß die Hebamme allein mit dem Kind in die Kirche ging und die Namen der Paten nur eingeschrieben wurden.[338]

Der allmähliche Niedergang halbwegs geordneter Familienverhältnisse mit wachsender Kinderzahl war allen bewußt, war aktuelles oder potentielles Schicksal.[339] Insofern erstaunt es nicht, von Vätern und Müttern vieler Kinder ähnlich herbe Worte zu hören, wie sie Braun von den Hausindustriellen des Zürcher Oberlandes berichtet hat. Conrad besuchte die Familie eines Pflasterers, zu der außer dem Ehepaar sechs Kinder zählten: »Die Frau hatte offenbar alle Spannkraft verloren und litt schwer unter ihrer Arbeitslast. Auf unsere Frage, ob alle von ihr geborenen Kinder am Leben geblieben seien, gab sie mit einem Seufzer eine bejahende Antwort.«[340] Und Bromme, der sechs überlebende Kinder hat, schreibt über seine Frau: »Wie oft klagte sie mir dann ihr Leid, das ihr durch den reichen Kindersegen verursacht worden sei. Mir schnitt es jedesmal tief ins Herz, wenn sie im Blatt las, daß der oder jener kinderarmen Familie wieder ein kleines Kind gestorben sei, und dann ausrief: ›Nee, haben diese Leute Glück, haben es die schön, jetzt ist denen das Kind schon wieder gestorben, das wäre nun das sechste, wenn sie bei denen noch alle lebten; die können alles mitmachen und unsereins ist geplagt, muß alles an die Kinder wenden und kann sich gar nichts bieten.‹«[341]

So herzlos diese Worte im ersten Moment anmuten, so verständlich werden sie angesichts der Situation dieser Familien und speziell der Frau, die die meiste Last mit den Kindern hatte. Im Gegensatz zur hausindustriellen Familie, wo Kinderreichtum auch nicht nur eine reine Freude war, konnten in vielen proletarischen Familien die Kinder erst von einem höheren Alter an einen Beitrag zum Lebensunterhalt leisten. Selbst Arbeiten wie Botengänge erledigen und Zeitungen austragen waren vor dem sechsten bis achten Lebensjahr nicht möglich. Diese ersten Jahre aber waren die Kinder ökonomisch ausschließlich eine Last. Sie strapazierten in den kleinen Wohnungen durch ihre motorische Unruhe und ihr Geschrei die Nerven der Eltern, speziell der Frauen.

Dies betonen bedeutet nicht, daß diese Eltern völlig unfähig waren, Liebe und Zuneigung zu ihren Kindern aufzubringen. Auch wenn die Kinder nicht gerade jubelnd begrüßt wurden, schloß dies jedoch eine emotionale Bindung nicht aus. Brommes Frau, die die zitierten bitteren Worte aussprach, hat sich immerhin für ihre Kinder abgearbeitet. Das kann wohl mit Recht als ein Ausdruck nicht nur von Verantwortungs- und Pflichtgefühl, sondern auch von Zuneigung gewertet werden, Zuneigung, die sich oft fast unkenntlich hinter herben Worten versteckte. In welch kleinen und bescheidenen Gesten sie sich äußerte, wird deutlich am Beispiel einer Mutter, die sich tagsüber von dem Essen, das sie in der Fabrik zu sich nahm, ein paar Bissen vom Munde absparte. »Abends erwartet sie ihr kleiner blauäugiger Junge schon am (Fabrik-)Tore und fragt: ›Mutter, hast Du mir etwas mitgebracht?‹ Da gibt sie ihm denn eine Spur Wurst oder ›einen Käseringel‹ eines Quarkkäses. ›Die Kinder müssen doch auch Liebe behalten zu einem.‹«[342]

Das sich in diesem Verhalten andeutende Verhältnis zu Kindern konnte sich am ehesten in jenen proletarischen Familien anbahnen, in denen durch Geburtenkontrolle die Kinderzahl gering war und nur so viele Kinder geboren wurden, wie das Ehepaar glaubte, finanziell, physisch und psychisch verkraften zu können. Dies war, wie gezeigt worden ist, vornehmlich bei der kleinen Gruppe von Arbeitern der Fall, die, sei es auf Grund ihrer beruflichen Qualifikation, sei es durch ihre politische Orientierung, bereit und in der Lage waren, ihr Leben selbst in die Hand zu nehmen, es *bewußt* zu gestalten. In diesen Familien fiel Bernays die starke Zuneigung der Arbeiter zu ihren Kindern auf, die selbst dann bestand, wenn die Beziehung zwischen den Ehepartnern sich unter dem Zwang der Umstände abgekühlt hatte, wenig gefühlbetont war. Sie folgert: »In dieser selbstlosen Hingabe an die Kinder ist wohl mehr als in der Gemeinschaft von Mann und Frau das veredelnde Element der Ehe zu sehen.«[343] Am stärksten drücke sich diese Haltung gegenüber den Kindern in dem Bemühen aus, ihnen eine bessere Zukunft zu sichern.[344] Allerdings betraf das vornehmlich die Söhne, deren beruflichem und sozialem Aufstieg der besondere Ehrgeiz dieser Väter galt.[345]

Diese uns gewohnte und vertrautere Einstellung zu Kindern traf jedoch, das soll noch einmal hervorgehoben werden, nur auf eine Minderheit der proletarischen Familien zu. Von einer direkten Kindzentrierung dieser Familien konnte allerdings angesichts ihrer Lebensverhältnisse, die zu bewältigen bzw. zu ertragen viel Kraft kostete, noch keine Rede sein. Für die überwiegende Mehrheit bedeutete die Geburt eines weiteren Kindes nach dem ersten oder auch zweiten selten Anlaß zu Freude und Glück.

2. Verlauf der Kindheit im proletarischen Milieu

Sofern die Mutter nicht Fabrikarbeiterin oder aus anderen Gründen dazu nicht in der Lage war, wurden die Säuglinge normalerweise gestillt. Für die Versorgung der Kleinkinder in der Arbeiterschaft waren eine hohe Stillquote und lange Stilldauer charakteristisch.[346] Ebenso wie in den Handwerkerhaushalten war die Behandlung der Kinder durch ausgeprägte Beruhigungsstrategien gekennzeichnet. Die Verwendung von Branntwein, Opiaten, Lutschern und Schlafmitteln wird bezeugt.[347] In Nordböhmen wurde zur Ernährung und Beruhigung der »Zummel« verwendet. Für seine Zubereitung wurden »Brot und Zucker . . . im Munde zu Brei gekaut, dann in einen weißen Leinwandflicken gespuckt, dieser dann zusammengezogen und Zwirn darum gewickelt, so daß es das Aussehen eines Puppenkopfes erhielt. Dieses Fabrikat tauchte man dann in Milch, häufiger in Kaffee ein, drückte es am Ende des Kopfes ein bißchen zusammen und steckte es dann dem Kinde in den Mund.«[348] Holek, von dem diese Beschreibung stammt, weist selbst auf die Schädlichkeit dieses Instruments hin: das Vorkauen vermehre die Gefahr von Ansteckungen und im Sommer werde die Masse häufig sauer. Daß Kleinkinder, die damit ernährt wurden, leicht Krämpfe bekamen und starben, ist nicht verwunderlich. Die Beschwichtigung des Säuglings und Kleinkindes in der proletarischen Familie war aus mehreren Gründen notwendig. In jenen Fällen, in denen die Frau arbeiten ging, sei es in der Fabrik oder als Putz- und Waschfrau zu anderen Leuten, mußten die Kinder oft stundenlang allein oder unter der Aufsicht älterer Geschwister verbleiben. Die engen Wohnungen, in denen viele Menschen zusammenlebten und schliefen machten es erforderlich, Säuglings- und Kindergeschrei auszuschalten.

Normalerweise war auch im proletarischen Milieu die Mutter die wichtigste Erziehungsinstanz – außer in jenen Fällen, in denen sie außerhäuslich voll erwerbstätig war. Dann konnten Großeltern oder der Kinderhort – zumindest was den zeitlichen Umfang betrifft – an die erste Stelle rücken. Der Vater war, außer in Fällen von Kurzarbeit und Arbeitslosigkeit, für das Kind nur abends und am Wochenende gegenwärtig. Neben den Eltern bestimmten, je nach den Lebensumständen in unterschiedlichem Ausmaß, Großeltern, Hort, ältere Geschwister, aber auch die Kindergruppe des Hauses oder der Straße die Welt des Kindes. Zusätzlich müssen noch Schlafgänger und Untermieter erwähnt werden, die jedoch nicht in allen Haushalten und auch nicht ständig vorhanden und zudem in sehr verschiedenem Maße in diese einbezogen waren.

Ebensowenig wie bei Bauern, Handwerkern und Heimarbeitern war die Erziehung in den Arbeiterfamilien normalerweise bewußte und gezielte »Bildung« des Kindes. Der Erziehungsprozeß verlief auch hier weitgehend naturwüchsig. Ein anderes Verhalten der Eltern war selbst bei den besten Einsichten und Absichten angesichts ihrer Lebensumstände schwer zu realisieren. Jene Maximen der Kindererziehung, die für das höhere Bürgertum schon in der zweiten Hälfte des 18. Jahrhunderts formuliert worden waren, nämlich Verständnis für kindliche Bedürfnisse, Förderung der individuellen Anlagen und Fähigkeiten, Verurteilung harter Strafen wie Prügel usw., setzten auf seiten der Erziehungspersonen psychische Stabilität und Ausgeglichenheit, insbesondere aber Zeit und Energie voraus. An all dem mangelte es aber den Arbeitereltern. Die *Mütter* waren überlastet. In extremer Weise galt das für alle jene Frauen, die neben ihrer Arbeit für die Familie noch in irgendeiner Form erwerbstätig waren. Aber auch wenn sie wegen mehrerer kleiner Kinder zu Hause bleiben mußten, zehrten die Hausarbeit und die nun größere Sorge, mit dem Verdienst des Mannes auskommen zu müssen, ihre Kräfte auf. Der *Vater* fiel als Erzieher nahezu ganz aus. Er war den größten Teil des Tages von zu Hause abwesend. Die Kleinkinder schliefen bei seiner Rückkehr vermutlich bereits.[349] Wenn er abends müde und abgespannt nach Hause kam, verfügte er, selbst wenn er die Erziehung als seine Aufgabe angesehen hätte, was nicht allgemein unterstellt werden kann, weder über die notwendige Disposition noch Spannkraft.[350] Viele waren selbst zu zärtlicher Zuwendung gegenüber den Kindern nicht mehr in der Lage.[351]

Beispielhaft deutlich wird die geringe Einbezogenheit der Väter in die Erziehung ihrer Kinder in den Antworten auf die Frage nach der Beschäftigung in der freien Zeit. Nur vereinzelt wurde von den von Morgenstern untersuchten Arbeitern einer Lederfabrik in Offenbach die Kindererziehung genannt.[352] Nahezu völlig fielen jene Väter als Erzieher aus, die entweder nur am Wochenende nach Hause kamen (wie viele Pendler) oder als Nachtarbeiter gleichsam im Gegenrhythmus zu dem der Familie lebten oder als Wanderarbeiter kaum zu Hause waren. Eine intensive Beziehung zwischen ihnen und ihren Kindern konnte sich unter solchen Bedingungen nur schwer entwickeln. Wenzel Holek kannte seinen Vater, einen Wanderarbeiter, als jüngeres Kind kaum, »weil er sich nicht viel zu Hause aufhielt und wenn er da war, so machte er sich mit uns Kindern wenig zu tun, verhielt sich vielmehr uns gegenüber gleichgültig«.[353] Es erstaunt deshalb nicht, daß die Autobiographien unterschiedlich intensive Bindungen der Kinder an den Vater und die Mutter widerspiegeln. Die meisten Autoren empfanden zur Mutter Liebe und Zuneigung, wohingegen sie sich zum Vater wenig hingezogen fühlten.[354]

Die anderen, mit der Beaufsichtigung der Kinder befaßten Personen und Institutionen, Großmütter, ältere Geschwister und Nachbarn sowie Kindergärten und -horte, boten selten die Gewähr für eine adäquate Betreuung. Insofern schreibt Kanitz zu Recht: »Welches Gepräge mag wohl die Intelligenz des proletarischen Kindes bekommen, das einer geplagten Mutter, einer alten Frau, einer überarbeiteten Nachbarin, einem zehnjährigen Schwesterchen zur Pflege anvertraut ist?«[355]

Wegen der schwierigen Wohnverhältnisse und der starken

Beanspruchung der Eltern wurden Aufenthalt und Spiel auf der Straße und Integration in die Gruppe der Kinder (des Hauses, der Straße, des Quartiers) früh zu einem wichtigen Element in der Sozialisation des proletarischen Kindes.[356] Die Straße war der Spielplatz der proletarischen Kinder. Als ein Ort, der auch ein wichtiges Kommunikationszentrum für die Erwachsenen war, vermittelte sie den Kindern bereits in jungen Jahren vielfältige soziale Erfahrungen. Frühe Selbständigkeit und Einfügung in kollektive Lebensformen waren die Folge. Die Einbindung in das Kollektiv der Kindergruppe wurde durch die große Mobilität der Arbeiterfamilie relativiert. Häufiger Wohnungs- und Wohnortwechsel ließen für viele Kinder nur kurzfristige Freundschaften zu.[357] Auf einen anderen Aspekt der »permanenten Domizil-Unsicherheit« macht Rühle aufmerksam: »Da sind keine stabilen und gesicherten Ausgangspunkte und Bestände für Assoziations-Reihen, keine fest umgrenzten Bezirke in der Erlebniswelt für die Hegung und Klärung bestimmter Gefühle, keine geordneten und erprobten Prozesse zum ruhigen Ausgleich der psychischen Energieaufwendungen vorhanden, vielmehr läuft das Filmband chaotischen Erlebens mit einer Hast und Flüchtigkeit ab, daß zu Sammlung, Ordnung, Konsolidierung weder Zeit noch inneres Vermögen bleibt.«[358]

3. Familiale Autoritätsverhältnisse

Obschon der Vater normalerweise in der proletarischen Familie kaum unmittelbar in den Erziehungsprozeß einbezogen war, merkten die Kinder sehr schnell, daß er an der Spitze der familialen Hierarchie stand und sie selbst sich ganz unten befanden. Die durch Tradition, Recht und Gewohnheit einer patriarchalen Kultur unterstützte, dominierende Rolle des Mannes und Vaters in der Familie bekam im Proletariat auf Grund des starken materiellen Drucks spezifische Züge. Die Anweisungsbefugnis gegenüber Frau und Kindern leitete der Mann und Vater aus dem herrschenden gesellschaftlichen (Geschlechts-)Rollenverständnis sowie aus seiner hervorgehobenen ökonomischen Position und physischen Stärke ab. Weitere Momente, die bei den anderen Familienformen die innerfamiliale Position des Mannes und Vaters zusätzlich abgestützt hatten, eine gesellschaftlich geachtete Stellung, seine Fähigkeit als Leiter und Organisator der häuslichen Ökonomie, Macht- und Anweisungsbefugnisse gegenüber Untergebenen, spielten hier keine Rolle. Es fehlte aber auch jene Verinnerlichung und Sentimentalisierung der Beziehungen, die im gebildeten und wohlhabenden Bürgertum die familialen Abhängigkeits- und Unterordnungsverhältnisse milderten. Die ökonomische Abhängigkeit der Kinder von den Eltern, insbesondere vom Vater, trat deshalb besonders schroff hervor und diente stets aufs Neue zur Legitimation des Anspruchs auf Gehorsam.

Dieser Begründungszusammenhang, der sicher nicht allein im Proletariat existierte, aber dort besonders kraß hervortrat, schlug sich in Redensarten wie der folgenden nieder: »Wenn du einmal selbst verdienst, kannst du tun und lassen was du willst! Solange du aber die Füße unter Vaters Tisch stellst, hast du zu tun und zu lassen, was ich will!«[359] Die Assoziation, daß es sich hierbei um die unmittelbare Übertragung betrieblicher Verhältnisse in die Familie handelt, stellt sich schnell ein. So wie die Arbeiter dem Unternehmer Gehorsam, Respekt und Arbeitsleistung auf Grund ihrer materiellen Abhängigkeit schulden, so aus dem gleichen Grunde die Kinder dem Vater.

Es muß noch einmal betont werden, daß es sich hierbei um ein generelles Muster patriarchalischer Kultur, nicht nur bürgerlicher, wie Rühle meint,[360] handelt, das jedoch im Proletariat besonders scharf hervortrat. Die Autorität des Vaters »gebärdet sich umso strenger, je mehr es dem Vater auf anderen Lebensgebieten versagt ist, als Autorität zur Geltung zu kommen.«[361] Auch in der proletarischen Familie wurden Untertanen erzogen.[362] Ausdruck dieser strengen familialen Hierarchie war die häufig belegte Bevorzugung des Mannes bei den Mahlzeiten.[363] Vielfach durften die Kinder beim Essen keinen Ton sagen. »Wir Kinder«, so berichtet ein Arbeiter, »hatten keine Meinung zu haben, sondern zu gehorchen.«[364] Prügel war das übliche Mittel, den Anspruch auf Gehorsam durchzusetzen,[365] »Leitmotiv der Erziehung ... die Proklamierung und Anerkennung der Pflicht zum Parieren.«[366]

Unter diesen Bedingungen, die sicher nicht durchgängig, aber weit verbreitet waren, verbunden mit dem Druck der materiellen Verhältnisse liegt es nahe, daß Kinder eine Überlebensstrategie entwickeln, die primär auf Befriedigung der eigenen Bedürfnisse ohne Rücksicht auf die der anderen gerichtet ist. »Der proletarische Individualist ist's, der sich da entwickelt. ›Gut essen, wenn auch die eigenen Kinder dann ebenso sehnsüchtig zugucken, wie jetzt ich dem Vater!‹ Der proletarische Familientyrann ist's, der da wiederum aufwächst. Je größer die wirtschaftliche Not der Kindheit, umso größer die Gier nach all den primitiven und doch so notwendigen Dingen, die des Lebens Notdurft befriedigen.«[367] Wie verbreitet derartiges Verhalten des Vaters oder der Eltern gegenüber den Kindern waren, läßt sich daraus ersehen, daß Bromme betont, er teile mit seinen Kindern jeden Brocken. Bei ihnen sei es nicht üblich, daß die Leckerbissen erst gegessen würden, wenn die Kinder im Bett sind.[368]

Dies insgesamt recht düstere Bild der Situation der Kinder in der proletarischen Familie trifft sicher für die Mehrzahl der Fälle zu. Am ehesten waren in jenen Familien, wo sich auf Grund rationaler Familienplanung eine geringe Kinderzahl mit einer relativ günstigen materiellen Situation verband, die Voraussetzungen für die Entwicklung einer innigeren Eltern-Kind-Beziehung gegeben. Dieser Zusammenhang hat zwar hohe Plausibilität, ist jedoch nicht zwingend. Daß auch unter widrigen Bedingungen Liebe und Zuneigung zu den Kindern entstehen können, zeigt das Beispiel Brommes. Er, der sechs rasch aufeinander geborene Kinder hatte, dessen Frau durch Heimarbeit hinzuverdienen mußte, dessen materielle Situation, insbesondere die Wohnverhältnisse, elend waren, betont seine Zuneigung zu den Kindern, schildert liebevoll ihre Eigenheiten und seine Unfähigkeit, streng mit ihnen zu sein.[369]

Als einen »Spezialfall häuslicher Unterdrückung« bezeichnet Kanitz die Situation der Mädchen in der proletarischen Familie. Während den Knaben eher Zeit zum Spielen und Umhertollen verblieb, wurden sie schon früh zur Hausarbeit herangezogen. Damit wurden die Jungen, wenn sie Schwestern hatten, nicht belästigt. Die Mädchen waren die Dienstboten für die männlichen Familienmitglieder.[370] Die traditionelle Arbeitsteilung wurde früh eingeübt und der Grundstein für die spätere doppelte Belastung der Frau durch Erwerb und Haushalt gelegt.[371]

4. Familienbindung der Jugendlichen

Die Kindheit in der proletarischen Familie endete früh. Schon mit sechs bis acht Jahren mußten viele Kinder einen Beitrag zum Familienunterhalt leisten. Spätestens mit vierzehn Jahren wurden sie voll berufstätig. Zwischen dem Status des Kindes und dem des Erwachsenen lag eine sechs- bis achtjährige Übergangsphase, in der der Erwachsenenstatus schrittweise angesteuert wurde. Sie war geprägt durch wenig Freiraum für unbeschwerte Kindlichkeit und sukzessive Übernahme von Verantwortung für Familie und Haushalt. Insofern ähnelte die proletarische Kindheit stark der in den traditionellen Familienformen, unterschied sich gleichwohl durch die Art der kindlichen Tätigkeiten. Die Kinder wurden nicht, wie bei Bauern und Heimarbeitern, frühzeitig in die Arbeitsvollzüge eingeübt, die sie als Erwachsene ausführen würden, bekamen auch nicht, wie im Handwerkerhaus, wenigstens einen anschaulichen Eindruck davon, sondern verrichteten wegen der Trennung von Haushalt und Arbeitsstätte prinzipiell andere Tätigkeiten. Lediglich die Mädchen wurden bereits in jungen Jahren zu den auch für ihr späteres Leben wichtigen Arbeiten herangezogen: Kinderbetreuung und Haushaltsführung.

Die Arbeitersöhne verdienten schon in jungen Jahren relativ viel Geld – spätestens nach Ende der Lehre, die viele absolvierten. Teilweise erreichten sie bereits am Anfang ihrer 20er Jahre jenes Lohnniveau, das sie bis zum Absinken ihrer Leistungsfähigkeit um das 40. Lebensjahr halten konnten.[372] Die Söhne waren dadurch früh finanziell unabhängig. Viele zogen es vor, das Elternhaus zu verlassen, besonders, wenn das Familienklima unerfreulich war, um als Schlafgänger oder Untermieter ein unabhängiges Leben zu führen. Die Position derjenigen, die zu Hause wohnen blieben, besserte sich. Die Eltern verfügten nicht mehr über ökonomische Druckmittel, mit denen sie ihren Willen durchsetzen konnten. Es gab Familien, in denen die Söhne mehr Geld verdienten als der wesentlich ältere und nicht mehr so leistungsfähige Vater. Auf jeden Fall war ihr finanzieller Spielraum größer, weil sie von ihrem Lohn nicht noch eine Familie unterhalten mußten. Die erwachsenen Söhne waren somit die ökonomisch potentesten Familienmitglieder.

Es ist verständlich, daß aus dieser Konstellation und angesichts des insgesamt geringen finanziellen Spielraums der meisten Arbeiterfamilien große Konflikte resultierten. Zum Teil dürfte es zwischen Söhnen und Vätern auch zu Spannungen um die dominante Machtposition in den Familien gekommen sein. Von früher Kindheit an daran gewöhnt, daß derjenige, der über das meiste Geld verfügte, das Sagen hatte, meldeten die Söhne ihren Anspruch an bzw. waren nicht mehr bereit, sich jedem Wunsch oder gar Befehl des Vaters zu beugen. Der im Vergleich zu den Töchtern geringere Prozentsatz lediger Söhne, die in den von Kempf untersuchten Münchner Familien bei den Eltern lebten, dürfte aus solchen Auseinandersetzungen resultieren.[373] Zumindest in bezug auf die Söhne traf zu, »daß überall, wo die Kinder bald ihren eigenen Unterhalt gewinnen können, ... das Band zwischen Eltern und Kindern gelockert« wird.[374]

Die meisten Arbeitertöchter mußten als ungelernte, bestenfalls als angelernte Arbeiterinnen ihr Geld verdienen.[375] Dienstmädchen wurden sie selten. Nur wenige, relativ gut situierte Arbeiterfamilien konnten es sich leisten, eine Tochter nach bürgerlichem Vorbild nicht Geld verdienen zu lassen, sondern zu Hause zu behalten. Wegen der erheblich niedrigeren Frauenverdienste, aber auch der anderen Sozialisation der Mädchen war ihre Familienbindung stärker als die der Brüder. Obwohl sie mehr Geld abgaben als diese und auch größere Verantwortung für den Haushalt trugen, blieben die Töchter häufiger und länger bei den Eltern wohnen.[376] Die niedrigeren Löhne, aber auch die Schwierigkeiten, als Arbeiterin ein »anständiges« Zimmer zu mieten, spielten dabei gewiß eine Rolle. Entscheidend aber dürfte gewesen sein, daß die Mädchen, ebenso wie in anderen Bevölkerungsklassen, von frühester Kindheit an für ein Leben in der Familie und die Übernahme von Verpflichtungen ihr gegenüber erzogen worden sind – viel stärker als die Söhne. So konnte Kempf feststellen: »Weit höher aber als diese pekuniären schätzen die Mädchen selbst die idealen Vorteile des Familienlebens, den Anschluß an Blutsverwandtschaft, das Gefühl des Heimatlichen und Geborgenseins, das das Zusammenleben mit Menschen erzeugt, welche durch persönliche Liebe verbunden sind.«[377] Aber auch ihre Position in den Familien änderte sich. Viele gaben ihren ganzen Verdienst zu Hause für Unterkunft und Verpflegung ab[378] und trugen dadurch merklich zur Besserung der finanziellen Situation bei. Den Eltern mußte daran gelegen sein, sie möglich lange bei sich zu behalten. Infolgedessen gewährten sie den Töchtern oftmals größere Freiheiten.[379]

Die endgültige Trennung der Kinder von den Eltern erfolgte mit der Heirat. Aber es gab auch Ausnahmen wie den oben geschilderten Fall, in dem erwachsene Söhne und Töchter, eine mit

Mann und Kind, bei den Eltern lebten. Häufig wurde eine verwitwete oder verlassene Mutter von den erwachsenen Kindern, auch den Söhnen[380], unterstützt. Nicht selten lebte sie auch mit ihnen zusammen. An diesen Fällen wird sichtbar, daß die proletarische Familie ungeachtet, vielleicht auch gerade wegen ihrer marginalen ökonomischen Existenz zur Solidargemeinschaft werden *konnte*. In ihr entstanden Bindungen, an denen deutlich wird, daß Familie selbst unter diesen Existenzbedingungen mehr war als ein rein ökonomischer Zweckverband. Die verbreitete Diagnose von der Familienlosigkeit des Proletariats[381] bzw. des Verfalls der Familienbeziehungen[382] trifft jedenfalls in dieser Allgemeinheit nicht zu.

Gegen die autoritäre häusliche Erziehung bildete die Schule kein Gegengewicht. Auch dort waren Befehl und Gehorsam die Grundlage der Beziehung zwischen Lehrern und Schülern, Prügel das probate Mittel der Durchsetzung dieses Musters.[383] Der Ausbildungseffekt der Schule war insgesamt sehr gering. Verglichen mit Kindern anderer Bevölkerungsklassen begannen viele Arbeiterkinder, die nur mangelhaft beaufsichtigt und viel sich selbst überlassen wurden, von vornherein mit schlechteren Voraussetzungen ihre »Schulkarriere«. Ein Chemnitzer Lehrer beschreibt den Startnachteil vieler Arbeiterkinder und seine Ursachen plastisch: »Den Lehrern an der einfachen Volksschule entrollt sich oft ein trauriges Bild des großstädtischen Lebens. Vater und Mutter gehen früh, oft ehe die Kinder erwachen, bis abends, wenn diese schon schlafen, dem täglichen Erwerbe nach und haben wenig Zeit . . . zur eigentlichen Kindererziehung. Die kleinen vorschulpflichtigen Kinder sind auf diese Weise sich selbst überlassen, niemand öffnet ihnen die Sinne, löst ihnen die Zunge. So darf es nicht wunder nehmen, wenn beim Eintritt in die Schule ihr Vorstellungskreis überaus beschränkt ist, das Denken und Sprechen eine bemitleidenswerte Unbeholfenheit zeigt.«[384]

Trotz Einführung der allgemeinen Schulpflicht konnten sich viele Kinder dem Schulbesuch entziehen. Für andere wiederum war er eine Zeit relativer Ruhe inmitten eines Arbeitstages, der schon vor der Schule begann und nach der Schule bis zum Abend fortgesetzt wurde. Aber auch unabhängig davon waren sowohl die Schul- als auch die Lebensbedingungen der Ausbildung der Kinder nicht günstig. Es gab zu wenig Schulen und überfüllte

Klassen, in denen oft mehrere Schülerjahrgänge zusammengefaßt wurden. Die Lehrer waren nicht selten unzureichend ausgebildet und mußten, um ihr Salär aufzubessern, noch Nebentätigkeiten ausüben, so daß der Unterricht für sie zweitrangig wurde. Neben rühmlichen Ausnahmen werden in den Autobiographien viele Fälle geschildert, in denen die Lehrer den Arbeiterkindern und ihren Problemen ohne Verständnis begegneten und sie diskriminierten.[385]

Hinzu kam, daß viele Eltern kein Verständnis für eine solide schulische Ausbildung aufbrachten, die Lernmotivation der Kinder also nicht verstärkt wurde. Für Schulbücher war meist kein oder nur wenig Geld übrig; in den engen überfüllten Wohnungen war kein Platz, die Schulaufgaben ruhig und ungestört erledigen zu können. Häufige Umzüge und Wohnortwechsel standen einem erfolgreichen Abschluß der Schule ebenfalls entgegen. Der Effekt des Schulbesuchs beschränkte sich auf die Vermittlung von ein wenig Rechnen, Schreiben und Lesen.[386]

In der weiteren Ausbildung setzte sich insbesondere die Diskriminierung der Mädchen fort. Im Gegensatz zu ihren Brüdern mußten sie überwiegend als ungelernte Arbeitskräfte ihr Geld verdienen. Die Söhne konnten häufiger eine Lehre machen.[387] Sie hatten dadurch immerhin die Chance, innerhalb der Arbeiterschaft nach »oben« zu kommen. Der Aufstieg in Angestellten- und Beamtenpositionen war nur einer sehr kleinen Gruppe möglich; ». . . die Mehrzahl der Arbeiter (wurde) wiederum Arbeiter . . .«[388]

Von der starken Konzentration der Eltern auf die Kinder, wie sie sich in den bürgerlichen Familien bereits lange durchgesetzt hatte, konnte in den proletarischen Familien keine Rede sein. Es scheint, als bedürfe es dazu neben der Verlagerung der Produktion aus den Häusern und Wohnungen vor allem auch eines Minimums an materieller Sicherheit. Solange die Sorge um das tägliche Brot dermaßen im Mittelpunkt des Lebens stand wie in den meisten proletarischen Familien des Kaiserreichs, war nicht viel überschüssige Energie für die intensive Beschäftigung mit anderen, auch nahestehenden Personen vorhanden. Die Kinder wuchsen daher auch im Proletariat überwiegend »nebenbei« auf, ohne daß ihnen und ihrer Entwicklung viel Zeit und Aufmerksamkeit gewidmet werden konnte.[389] Allerdings – und das unterscheidet das Erziehungsverhalten von dem bäuerlicher Eltern um

1800 – waren sich viele Arbeitereltern bewußt, daß sie sich eigentlich mehr um ihre Kinder kümmern müßten. In der Klage, »man kann die Kinder ja nicht anweisen!«, der Eltern der von Mehner untersuchten Leipziger Arbeiterfamilie kommt das deutlich zum Ausdruck.[390]

Die geschilderten Bedingungen proletarischer Sozialisation waren wenig dazu geeignet, einen Menschen heranwachsen zu lassen, der selbstbewußt und ausgeglichen das Leben meistern konnte. Daß sie selten erwünscht waren und mit Freude begrüßt wurden, haben die Kinder sicher sehr früh gemerkt. Auch ältere Geschwister waren über den Zuwachs nicht erfreut, der die materiellen Möglichkeiten einschränkte, ihnen Platz wegnahm und nur mehr Arbeit brachte. Der Erstgeborene, der als Junge nur durch die Angst vor der dann fälligen Prügel davon abgehalten wurde, die jüngeren Geschwister, mit denen er die ganze Arbeit hatte, umzubringen[391], und jener, der seiner Mutter im Wochenbett drohte, »allein nach Amerika zu gehen, wenn noch ein einziges Kind kommen sollte . . .«,[392] waren vermutlich sehr krasse Beispiele für das Verhältnis von Geschwistern untereinander. Aber sie sind wohl auch keine absoluten Einzelfälle.

Die Kindheitsphase war, aus heutiger Perspektive und verglichen mit der Sozialisation des Bürgerkindes desselben Zeitraums, kurz. Die meisten mußten vom sechsten bis achten Lebensjahr an ihren Beitrag zum Lebensunterhalt leisten. Wenn dies auch normalerweise keine volle Erwerbstätigkeit bedeutete, so doch ernsthafte Arbeit neben der Belastung durch die Schule. Mit dem Ende der Schulzeit, mit dreizehn bis vierzehn Jahren wurden sie voll erwerbstätig und in die disziplinierende Umgebung des Betriebes einbezogen. Jener Prozeß der Selbstfindung und Identitätsbildung, für den dem bürgerlichen Kind mehr als zehn Jahre zur Verfügung stand, war beim proletarischen Kind stark verkürzt.[393] Rückzug von den anderen und Selbstbesinnung war in den beengten überfüllten Wohnungen nicht möglich. Die Sozialisation der Mehrzahl der Kinder war in ganz traditioneller Weise durch die ständige Anwesenheit anderer Personen gekennzeichnet. Auch das unbeaufsichtigte Spiel auf der Straße war kollektives Spiel. Die Bedingungen für eine Ausbildung des »bürgerlichen« Sozialcharakters waren mithin (noch) nicht gegeben.

IX. »Freizeit«-Verhalten

Inwieweit erschöpft sich das Leben der Angehörigen der Arbeiterfamilie, speziell des Ehepaares, in Berufstätigkeit sowie Familienleben und -arbeit? Gibt es über diese beiden Bereiche hinaus Aktivitäten, die ihr Leben und Verhalten bestimmen? Teilweise sind diese Fragen identisch mit der nach dem »Freizeit«-Verhalten, teilweise zielen sie aber auch auf die Einbeziehung in andere öffentliche oder halböffentliche Zusammenhänge neben der Berufstätigkeit.

Die mit der Ausbreitung industrieller Arbeit verbundene Veränderung der Arbeitsweise, d. h. größere Arbeitszerlegung und Intensivierung sowie die Trennung von (Erwerbs-)Arbeitsplatz und Wohnung, ziehen eine schärfere Akzentuierung der Differenz von Arbeitszeit und Freizeit nach sich als das unter den Bedingungen des »ganzen Hauses« möglich und notwendig war.[394] In erster Linie dient die Zeit nach der Erwerbsarbeit unmittelbar der Erholung von ihr, d. h. der Wiederherstellung der Arbeitskraft. Die spezifischen Arbeitsbelastungen bestimmen Umfang und Inhalt dieser Erholzeiten. Die arbeitsfreie Zeit ist deshalb nicht nur zeitlich durch die Länge des Arbeitstages begrenzt, sondern auch inhaltlich durch das Regenerationsbedürfnis geprägt.[395]

Der Umfang der über die Regenerationsphase hinausreichenden arbeitsfreien Zeit war im hier untersuchten Zeitraum trotz der Arbeitszeitverkürzungen sehr gering. Der Arbeitstag blieb, wie wir gesehen haben, noch recht lang, so daß an den Werktagen die Zeit nach der Arbeit vermutlich durchgängig der Erholung von der Arbeit diente. Freizeit in einem engeren Sinne, d. h. Zeit für Aktivitäten verschiedenster Art, gab es, wenn überhaupt, nur am Sonntag.

Selbst diese sehr allgemeinen Überlegungen treffen nicht auf alle Arbeiter und Arbeiterinnen zu. Freizeit im Sinne auch nur von arbeitsfreier Erholzeit gab es in erwähnenswertem Umfang nur für die Arbeiter.[396] Für die verheirateten Arbeiterinnen war die Zeit nach der Fabrikarbeit identisch mit Arbeit im Haushalt. Und selbst für die Mehrzahl nicht erwerbstätiger Ehefrauen von Arbeitern war der Tag von morgens bis abends mit der Haus- und Kinderarbeit ausgefüllt. Lediglich für die ledigen Arbeiterinnen boten sonntägliche Tanzvergnügen, u. U. auch Wirtshausbesuche die einzige Abwechslung von einer eintönigen Arbeitswoche.[397] Aber auch für sie war der Sonntag nicht uneingeschränkt ein Tag der Erholung und des Ausspannens, sondern primär der für die Hausarbeit.[398]

Für die Ehefrauen erschöpfte sich das Leben hingegen überwiegend in Arbeit, ob in der Fabrik, auf der Putzstelle, zu Hause an der Nähmaschine bei Heimarbeit oder für die Familie.[399] Die dauerhafte Überbelastung vieler Arbeiterfrauen ließ ihnen keine Zeit, insbesondere aber keine psychische Energie für zusätzliche Aktivitäten. Verstärkt wurde dies Problem durch den empfindlichen Mangel an Geld, der, wie das Beispiel der Frau Bromme zeigt, die Frauen teilweise wegen ihrer schlechten und unzureichenden Kleidung ins Haus verbannte. Vielfach scheiterten daran selbst so einfache Vergnügen wie ein Spaziergang mit Mann und Kindern. Vereinsaktivitäten, insbesondere politische Arbeit, stießen auf dieselben Barrieren. Die damit verbundenen Geldausgaben konnten nur wenige aufbringen. Zusätzliche Hemmungen bestanden in der traditionellen Sozialisation, die den Frauen Familie und Kinder als ihr Lebenszentrum zuwies. Darüber hinausreichende Interessen, besonders politisches Engagement und Initiative gehörten nicht zum Rollenbild der Frau – selbst nicht in der Sozialdemokratie.[400, 401]

Nur für die Arbeiter war die Zeit nach der Arbeit weitgehend identisch mit arbeitsfreier Zeit. Von der Hausarbeit hielten sie sich überwiegend fern. Nur wenige waren in der Lage und willens, andere Leistungen für den Haushalt zu erbringen, wie zum Beispiel Schuhe besohlen. Wie diese arbeitsfreie Zeit genutzt wurde, hing, darauf wurde bereits verwiesen, in hohem Maße von den spezifischen Arbeitsbelastungen ab.

Aus verschiedenen Studien des Vereins für Socialpolitik läßt sich ersehen, daß jene Arbeiter, die besonders monotone und restriktive Tätigkeiten ausführten, praktisch die gesamte arbeitsfreie Zeit, einschließlich des Sonntags, als vorwiegend passiv verbrachte Erholzeit benötigten. Nur qualifizierte Arbeiter, mit abwechslungsreicher und befriedigender Arbeitssituation waren in der Lage, wenigstens am Sonntag so etwas wie »Freizeit*aktivitäten*« zu entfalten.[402] Viele suchten einen Ausgleich für die Belastungen durch die Fabrikarbeit in der Natur. Der Sonntagsspaziergang, u. U. mit Frau und Kindern, war häufig. Auch in der Arbeit im Schrebergarten konnte unter anderem dieses Bedürfnis befriedigt werden.

Daß diese Naturverbundenheit in den Arbeitsbedingungen wurzelt, liegt auf der Hand. Die ganze Woche über waren die Arbeiter »von der übrigen Welt gleichsam abgeschlossen, unter einer der militärischen nicht unähnlichen Disziplin, in lärm- und menschenerfüllten Arbeitsräumen«.[403] Viele sahen im Winter wegen der langen Arbeitszeiten praktisch keinen Sonnenstrahl. Die neu vom Land zugewanderten Arbeiter empfanden das Eingepferchtsein in den lärmerfüllten Betrieben und die Dunkelheit am schlimmsten.[404]

Zu den individualisierten und privaten Freizeitaktivitäten gehörte auch das Lesen, von dem besonders stark in Arbeiterautobiographien[405] berichtet wird. Reck weist allerdings darauf hin, daß angesichts der durchschnittlichen Lebensverhältnisse verheirateter Arbeiter die Zahl exzessiver Leser nicht groß gewesen sein kann.[406]

Im Gegensatz zu den Ehefrauen gab es für viele Arbeiter neben Beruf und Familie weitere Bereiche, in die sie einbezogen waren und die zwar wohl nur selten den Mittelpunkt ihres Lebens, aber doch einen wichtigen Teil ausmachten. Zu nennen sind die Mitgliedschaft in Organisationen: Partei, Gewerkschaft, Arbeiterverein, und die Teilhabe an der Wirtshausgeselligkeit. Ein mehr oder weniger großer Teil der arbeitsfreien Zeit wurde damit verbracht. Zwar waren nur eine Minderheit der Arbeiter aktive Gewerkschafts- und Parteimitglieder. Dennoch hatte die Mitgliedschaft und Teilnahme an den Versammlungen für die soziale Identität der meisten Arbeiter große Bedeutung. Dies gilt auch für die Beteiligung an den seit dem Ausgang des Jahrhunderts zahlreicher werdenden Arbeitervereinen.[407] Arbeitersportbünde, Arbeitergesangvereine, Arbeiterwandervereine, Arbeiterkegelklubs etc. boten ihren Mitgliedern Ablenkung, Entspannung, Unterhaltung und Feste.

Nicht scharf von diesen, der Tendenz nach mehr oder weniger politischen Aktivitäten abgrenzbar war die Wirtshausgeselligkeit: ein Großteil der Partei-, Gewerkschafts- und Vereinsversammlungen fand in den Gasthäusern statt.[408] Da andererseits aber auch ohne derartige Anlässe in den Gasthäusern »politisiert« wurde, war der Übergang von den politischen Veranstaltungen zur »normalen« Geselligkeit fließend. Nur sehr wenige Arbeiter nahmen an der Wirtshausgeselligkeit nicht teil. Neben den politischen Veranstaltungen bot der Kneipenbesuch auch jenen, die nicht im Alkohol Vergessen suchten, Abwechslung, Anregung und Kontakte. Überhaupt war das Wirtshaus der einzig mögliche Ort von Arbeitergeselligkeit.[409] Für Geselligkeit war in den überfüllten Wohnungen kein Platz. Andere wiederum suchten in der Kneipe Zuflucht vor den häuslichen Verhältnissen: vor engen und stickigen Wohnungen, vor Kindergeschrei, vor einer nörgelnden Ehefrau. Die Feststellung Roberts: »Das Wirtshaus ergänzte den meist sehr engen Wohnraum der Arbeiterschaft«[410], gilt in erster Linie nur für die Männer. Wirtshausgeselligkeit war vorwiegend männliche Geselligkeit.[411]

Der Typus des »familienorientierten Arbeiters«, der seine arbeitsfreie Zeit hauptsächlich in und mit der Familie verbringt,[412] ist vermutlich nicht sehr verbreitet gewesen. Die geschilderten Lebensumstände der Mehrzahl der Arbeiterfamilien waren einer Familienzentrierung nicht günstig. Welche große Rolle dafür allein eine gepflegte Häuslichkeit spielt, konnte dem Beispiel der bürgerlichen Familie entnommen werden. Insofern läßt sich vermuten, daß eine Familienzentrierung der Männer am ehesten in jenen Familien möglich war, deren gesamter Lebenszuschnitt sich infolge guten Verdienstes und geringer Kinderzahl über den Durchschnitt erhob.[413] Diese Hypothese kann aber nicht belegt werden. Zwar hatten auf die Frage: »Finden Sie Ihr Vergnügen mehr in der Familie oder im Wirtshaus?« relativ viele (zwischen 29,5% und 45,3%)[414] Arbeiter sich für die Familie entschieden. Am höchsten lag der Anteil bei den gut verdienenden Metallarbeitern. Aber abgesehen davon, daß die Frage wenig präzise war und viele Deutungen zuließ, suggerierte sie durch die Gegenüberstellung von vornherein eine Antwort zugunsten der Familie.[415] Denn schon frühzeitig versuchten halböffentliche Institutionen, kirchliche Stellen, aber auch einzelne Unternehmen, die Familie als zentralen Ort der Freizeit zu propagieren.[416]

Außerhäusliche Orientierung der Männer und erzwungene Konzentration der Frauen auf den Familienbereich spiegeln die Trennung von Interessen und Kommunikationskreisen wider: ». . . die Frau kommt auf der Stiege, im Ladengeschäft mit den Frauen zusammen, der Mann sucht aber im Wirtshaus die Männerwelt auf.«[417] Die Öffentlichkeit zerfiel in geschlechtsspezifische Segmente. Nur die Straße war ein allen, Männern und Frauen, aber auch den Kindern, gemeinsamer Ort, an dem man sich aufhielt. Dort traf und unterhielt man sich auf dem Weg von und zur Arbeit, von und zum Kaufmann. Dort verbrachten die Kinder einen Großteil des Tages.

Diese weitgehende Trennung der Interessen von Frauen und Männern sei, so behauptet Wettstein-Adelt, nur in den Ehen der Sozialdemokraten nicht vorhanden gewesen: »Am Abend stehen die Frauen mit den Männern vor der Haustür und unterhalten sich über politische und andere Tagesereignisse, während die nichtsozialdemokratischen Männer vielfach die Kneipen aufsuchen und die Frauen zu Hause bleiben müssen.«[418]

Das ist eine sehr pauschale Zuordnung. Gerade aktive Gewerkschafter und Parteigenossen haben ihr politisches Engagement, das viel Zeit, aber auch Geld erforderte und die Gefährdung des Arbeitsplatzes einschloß, häufig gegen den Willen und Widerstand ihrer Frauen gelebt.[419] Die Autobiographien Brommes und Holeks geben davon beredtes Zeugnis.

X. Zusammenfassende Bemerkungen

1. Trotz der Trennung von Wohnung und Arbeitsplatz, die die proletarische Familie des Kaiserreichs mit der bürgerlichen Familie desselben Zeitraums verband, sind weitere Gemeinsamkeiten kaum zu entdecken. Die für die bürgerliche Familie typische Abwesenheit eines Familienmitgliedes, des Mannes, tagsüber wurde in der proletarischen Familie noch intensiviert. Hier wurde nicht selten auch die Ehefrau, u. U. auch ältere Kinder, durch den Zwang zum Zuverdienst tagsüber der Wohnung ferngehalten. Insofern galt für die proletarische Familie ausgeprägter als für die bürgerliche, daß die Familienangehörigen außer an den sehr kurzen Abenden nur am Wochenende beisammen sein *konnten.* Und auch diese Zeiten waren wegen der anfallenden Hausarbeiten keine Mußestunden, die dem intensiven Gespräch über gemeinsame oder auch individuelle Probleme zur Verfügung standen.

Auf der Ebene der Familienbeziehungen, durch deren Veränderungen sich die bürgerliche Familie am stärksten von den traditionellen Familienformen abgehoben hatte, waren in der proletarischen Familie nur schwache Tendenzen zu derartigen Wandlungen auszumachen. Zwar waren Familienbeziehungen im Proletariat prinzipiell private Beziehungen, die ohne Rücksicht auf irgendwelche übergeordneten Interessen, seien es nun Erfordernisse des Besitzes, Ansprüche der Herkunftsfamilien oder Abstimmung der Arbeitskapazitäten gestaltet werden konnten. Sie waren sogar von solchen Überlegungen weniger belastet als das in vielen bürgerlichen Familien der Fall war. »Private«, persönliche Beziehungen existieren und entwickeln sich jedoch nicht im luftleeren Raum, sondern sind gebunden an spezifische Lebensverhältnisse. Die vorhandenen Freiräume und Zwänge prägen die persönlichen Beziehungen durchgängig auch dort, wo sie rein private zu sein scheinen.

Wenn auch oft eine Schwangerschaft den äußeren Anlaß für eine Eheschließung bot, so waren die Ehepartner normalerweise einander durch Zuneigung verbunden. Diese aufrechtzuerhalten dürfte allerdings angesichts der beschriebenen typischen Existenzbedingungen proletarischer Familien nicht einfach gewesen sein. Zuneigung ist keine beständige Gefühlslage, die einmal erreicht, von sich aus erhalten bleibt, sondern sie muß stets wieder aufs Neue bekräftigt und hergestellt werden. Sie setzt daher ein Mindestmaß an gegenseitiger Zuwendung und Aufeinander-Eingehen voraus, wenn sie nicht verkümmern soll. Es ist daher leicht vorstellbar, daß unter den Bedingungen rasch aufeinanderfolgender Geburten, Geldsorgen, unzureichender Wohnverhältnisse und starker Arbeitsbelastungen (in Fabrik und Haushalt) alle Kräfte für die Sicherung des schlichten Überlebens mobilisiert werden mußten und kaum mehr Zeit und Energie für die Pflege der persönlichen Beziehungen verblieb. Das betrifft nicht nur die beiden Eheleute, sondern auch ihr Verhältnis zu den Kindern. Die beschriebene ambivalente Einstellung zu den Kindern war überwiegend die Folge vieler Schwangerschaften und Geburten, der hohen Säuglingssterblichkeit und von Lebensbedingungen, mit denen auch eine kleine Familie genug zu tun hatte, um über die Runden zu kommen. Hinzu kam, daß traditionelle vorbürgerliche Verhaltensorientierungen, wie sie beispielsweise das generative Verhalten noch prägten, weiterwirkten. Dies nicht nur, weil Einstellungen sich nicht sofort und unmittelbar mit Wandlungen der Lebensverhältnisse verändern, sondern auch, weil ein Großteil dieser Lebensverhältnisse, insbesondere der zeitliche Spielraum, kaum eine Chance zur Entwicklung neuer bot.

Allerdings zeichneten sich in dem Eltern-Kind-Verhältnis bereits

Wandlungen ab, die zumindest einen kleinen Teil proletarischer Familien erfaßt hatten. Die Wahrnehmung der kindlichen Besonderheiten, wie sie in Brommes Beschreibung seiner Kinder zutage tritt, das Bemühen, den Kindern eine gute Ausbildung und dadurch ein besseres Leben zu ermöglichen als man es selbst führen mußte – dies alles sind Indizien für in der Arbeiterschaft beginnende Veränderungen der Eltern-Kind-Beziehungen.

Von den Ausnahmen wie Bromme abgesehen, war diese Einstellung am frühesten bei der kleinen Gruppe relativ gut verdienender Arbeiter zu beobachten, denen es gelang, die Zahl ihrer Kinder klein zu halten. Ihre Lebensverhältnisse boten ihnen u. a. dadurch das für die Pflege der persönlichen Beziehungen notwendige Minimum an verfügbarer Zeit und Energie. Die Bedeutung der Kinderzahl hebt Stearns hervor: »Es gibt jedoch gute Gründe für die Vermutung, daß die verstärkte Beschränkung der Geburtenhäufigkeit die emotionale Zuwendung für jedes Kind stärkte und umgekehrt.«[420] Ob für diese Veränderungen in der Einstellung zu den Kindern auch die Orientierung am bürgerlichen Familienideal eine Rolle gespielt hat, kann nicht definitiv gesagt werden. Völlig unbeeinflußt dürfte aber auch die Arbeiterschaft des Kaiserreichs davon nicht geblieben sein. Gleichwohl wird deutlich, daß die Veränderung der Lebenssituation eine unabdingbare Voraussetzung dafür ist, derartige Vorstellungen auch nur ansatzweise realisieren zu können.

Die auf den ersten Blick auffälligste Differenz zwischen bürgerlicher und proletarischer Familie lag in einem anderen Punkt. Eines der zentralen Charakteristika der bürgerlichen Familie war die Abschottung des Familienlebens gegenüber der Außenwelt, die Ausbildung der Familie zur reinen Privatsphäre, in die einzudringen nur ausgewählten Personen erlaubt wurde. Von dieser Entwicklung war in den proletarischen Familien kaum etwas zu spüren. Nicht zuletzt lag dies an den Wohnverhältnissen, die der Familie keinen stillen Raum für Rückzug und Erholung boten. Überbelegung der Wohnungen und der Häuser, hohe Quote von Teilwohnungen, mit vielen Familien gemeinsame sanitäre Einrichtungen, Einbeziehung von Untermietern und Schlafgängern – diese Wohnbedingungen verhinderten die Abschließung der Familie nach außen. Gleich ob man diese »Öffentlichkeit« des Familienlebens beklagt oder positiv bewertet, fest steht, daß sie der Entwicklung einer ungestörten Privatsphäre, der intimen Häuslichkeit entgegenstand, der im Bürgertum so große Bedeutung für die Pflege der Familienbeziehungen zugekommen war. Der geringen Abschließung der proletarischen Familie korrespondierte ihre Offenheit für soziale Kontrolle. Einerseits nahm die unmittelbare Umgebung lebhaften Anteil. Nachbarn, ob Erwachsene oder Kinder, sahen und hörten vieles und mischten sich ein. Das für Arbeiterquartiere typische enge Netz nachbarschaftlicher Kommunikation bot allerdings auch Hilfe. Andererseits kümmerten sich staatliche Institutionen um die proletarische Familie. Wenn Schlafgänger oder Untermieter gemeldet waren, sorgte sich die Wohnungspolizei um die sittlichen Verhältnisse und kontrollierte sie[421], Wohlfahrtsbehörden beschäftigten sich mit anderen Problemen. Auf jeden Fall war die proletarische Familie nicht nur informeller, sondern auch institutionalisierter sozialer Kontrolle in hohem Maße ausgesetzt.

2. Die letztlich entscheidende Ursache dieser Differenzen zwischen bürgerlicher und proletarischer Familie besteht trotz der beiden gemeinsamen Trennung von Wohnung und Berufsarbeit in den Arbeitsverhältnissen. Sie prägen zwar nicht mehr unmittelbar wie bei Bauern, Handwerkern und Heimarbeitern, aber mittelbar die gesamten Lebensbedingungen – sowohl formal als auch inhaltlich. Länge des Arbeitstages und Lage der Arbeitszeit bestimmen den zeitlichen Rhythmus des Familienlebens; die Höhe des Verdienstes entscheidet zusammen mit der Kinderzahl über das Niveau der Lebenshaltung und über die Notwendigkeit der Mitarbeit weiterer Familienmitglieder. Zeit und Energie, über die die berufstätigen Familienmitglieder am Ende des Arbeitstages verfügen, sind abhängig von den spezifischen Belastungen, denen sie bei der Arbeit ausgesetzt sind. In hohem Maße bestimmt die Arbeitssituation nicht nur den formalen zeitlichen Spielraum, sondern sie prägt auch inhaltlich die Struktur der außerbetrieblichen Zeit.[422] Meines Erachtens ist das generative Verhalten das einzige *zentrale* Merkmal proletarischer Familie,[423] das lange relativ unabhängig von der Arbeitssituation bleibt. Es handelt sich um einen Bereich menschlichen Handelns, der in hohem Maße traditionellen Mentalitäten verhaftet ist. Ihn zu beherrschen und zu steuern mußte erst gelernt werden. Dieser Prozeß braucht seine Zeit.

Es hat sich gezeigt, daß die Trennung von Arbeitsplatz und Wohnung keine ausreichende Bedingung für die Entwicklung intensiver Familienbeziehungen ist. Wie eingangs vermutet, müssen ein Minimum an materiellem Wohlstand damit verbunden und die drängendsten Nöte und Sorgen beseitigt sein. Darüber hinaus aber bedarf es einer Arbeitssituation, die ausreichend Zeit und Energie für die Zuwendung zu anderen Personen beläßt.

3. Ebensowenig wie das Familienleben der Proletarier ist das gegenwärtiger Arbeiter systematisch erforscht. Das schließt, wie sich zeigt, theoretische Annahmen darüber nicht aus, es fehlt ihnen jedoch die empirische Fundierung. Eine der gängigen Annahmen über die Beziehungen in Unterschichtfamilien, die zum großen Teil mit Arbeiterfamilien identisch sind, besteht in dem Bild des in den Erziehungsprozeß kaum involvierten Vaters, der seine Wünsche und Vorstellungen gegenüber den Kindern autoritär durchsetzt.[424]

Zwei neue Untersuchungen sind dazu angetan, diese theoretischen Konstrukte zu unterminieren.[425] Sie registrieren eine positive Einstellung der Väter zu den Kindern, die sich in starker Zuwendung äußert.[426] Teilweise sind die Familien geradezu kindzentriert.[427] Diese Änderungen gegenüber den Verhältnissen um die Jahrhundertwende beruhen sicher auch auf der Möglichkeit, die Kinderzahl zu steuern. Den wenigen gewollten Kindern kann mehr Aufmerksamkeit geschenkt werden.

Daß diese Erklärung allein nicht ausreicht, wird daran sichtbar, daß das gesamte Verhalten in der außerbetrieblichen Zeit tiefgreifenden Veränderungen unterzogen worden ist. Für gegenwärtige Industriearbeiter ist Freizeitverhalten weitgehend identisch mit dem Leben in der Familie. Die Familie ist auch für die Männer zum unumstrittenen Mittelpunkt des Lebens nach der Arbeit geworden. »Dort vollzieht sich die Freizeit weitgehend, und auf Heim und Familie beziehen sich die meisten Aktivitäten. Dieses familienzentrierte Verhalten ... folgt den von der Lebensweise der Familie ausgehenden Verpflichtungen und ist zugleich Ausdruck eines Bedürfnisses, die Zeit mit jenen zu verbringen, die einem nahestehen.«[428] Außerhäusliche Orientierungen, die für die männlichen Proletarier des Kaiserreichs eine so große Rolle gespielt haben, sind nur noch für eine sehr kleine Gruppe der Arbeiter typisch.

Es liegt auf der Hand, daß für diese Veränderungen gegenüber der Situation des Kaiserreichs in erster Linie strukturelle Wandlungen der Arbeits- und Lebenssituation verantwortlich sind. Die

Reduzierung der Arbeitszeit, wesentlich höhere Löhne und größere Wohnungen sind als wichtigste zu nennen.[429]

Daß darüberhinaus die Arbeitsbelastungen von nicht zu unterschätzender Bedeutung sind, wird deutlich an dem außerbetrieblichen Verhalten von Arbeitern mit überdurchschnittlich restriktiven Arbeitsbedingungen und hohen Belastungen[430] (Band- und Maschinenarbeiter). Sie sind viel passiver als Arbeiter mit günstigerer Arbeitssituation (Facharbeiter und Meßwarte). Passivität heißt in diesem Zusammenhang: Unfähigkeit zu aktiver Gestaltung und Zuwendung. Auch die Beziehung zu ihren Kindern ist dadurch bestimmt.[431] Die hohen Arbeitsbelastungen erfordern offenbar die gesamte außerbetriebliche Zeit für passive Regeneration. Es ist kein Antriebsüberschuß vorhanden, der in Unternehmungslust oder Zuwendung umgesetzt werden könnte.

Es wäre voreilig, die beschriebene Kind- und Familienzentrierung moderner Industriearbeiter unter die Rubrik »Verbürgerlichung« zu subsumieren. Das wenige vorhandene Material stützt diese These jedenfalls nicht. Beispielsweise unterscheidet sich das »Freizeitverhalten« selbst gut verdienender Arbeiter immer noch deutlich von dem der Angestellten. Diese von Goldthorpe u. a. für englische Verhältnisse nachgewiesene Differenz[432] wird von bundesrepublikanischen Untersuchungen über gesellige Kontakte bestätigt.[433]

Schluß

1. Die Verallgemeinerung des bürgerlichen Familienideals und ihre Ursachen

Ausgehend von der Frage nach den Bedingungen, die zu der relativen Einheitlichkeit der »modernen Familie« führten, hat die Untersuchung folgendes ergeben: Zu Beginn des Untersuchungszeitraums, am Ende des 18. Jahrhunderts, existierten mehrere deutlich voneinander abgegrenzte Familienformen, die aufgrund der Einheit von Produktion und Haushalt in hohem Maße durch die Spezifika der jeweiligen Produktionsweise geprägt waren. Dies wurde am Beispiel von Haushalt und Familie bei Bauern, Handwerkern und Heimarbeitern gezeigt.

Im Laufe des 19. Jahrhunderts haben die bürgerliche und die proletarische Familie an Bedeutung gewonnen und sich in den Vordergrund geschoben und damit die weitere Entwicklung bestimmt. Die bürgerliche Familie spielte quantitativ keine große Rolle. Ihre Relevanz resultierte vornehmlich aus der Attraktivität des vom Bürgertum entworfenen Ideals von Familie und Familienbeziehungen, das mit der Realität bürgerlicher Familie identifiziert wurde. Die Bedeutung der proletarischen Familie ergab sich hingegen primär aus der großen Zahl der proletarischen Bevölkerung. Die mit ihrer Lebensweise verbundenen Probleme wurden bereits von den Zeitgenossen heftig diskutiert. In beiden Familienformen hatten sich Erwerbsleben und Wohnbereich voneinander separiert. Insofern kann man sie als Prototypen der »modernen Familie« ansehen.

Die traditionellen Familienformen unterlagen im Laufe des 19. Jahrhunderts mehr oder weniger einschneidenden Umbildungen. Die Ausdehnung der kapitalistischen Produktionsweise führte dazu, daß die Trennung von Arbeitsstätte und Haushalt immer größere Bevölkerungskreise erfaßte und die beiden Klassen, die die sozialen Träger der »modernen Familienformen« waren, an Bedeutung zunahmen. Aber auch das Handwerk konnte sich diesem Prozeß nicht entziehen. In jenen Handwerksbetrieben, die Anschluß an die kapitalistische Wirtschaft fanden, sprengte die damit verbundene Produktionsausweitung die

Sozialform des »ganzen Hauses«. Gesellen und Lehrlinge konnten nicht länger in den Meisterhaushalt integriert werden. Die Produktion wurde aus dem Haushaltsverband ausgegliedert. Die Familie wurde zum »Privatbereich«. Die Lebensverhältnisse der um ihre selbständige Existenz kämpfenden Alleinmeister entsprachen ebenfalls nicht mehr dem Bild des »ganzen Hauses«, sie waren vielmehr nur noch dessen Zerrbild. Viele dieser proletaroiden Handwerker und ihre Angehörigen wurden mit der endgültigen Aufgabe der Selbständigkeit zur proletarischen Existenz gezwungen. Die Handwerksgesellen, mit deren Status sich nun die Eheschließung verband, waren in einer der der Fabrikarbeiter vergleichbaren Lage. Lebenslange Unselbständigkeit verband sich bei ihnen mit einer materiell dürftigen und unsicheren Situation. Alle diese Familien hatten mit der traditionellen Handwerkerfamilie nicht mehr viel gemein.

Die Familienform der Heimarbeiter war von Anfang an eine Zwischenlage oder Übergangsform zwischen »ganzem Haus« und proletarischer Familie gewesen. Mit zunehmender Verelendung durch die Konkurrenz industrieller Massenprodukte, die die Heimarbeiter zur Aufgabe ihrer selbständigen Existenz und in den Status unselbständiger Lohnarbeiter zwang, verschwand auch diese Familienform.

Am wenigsten wurde von den infolge der kapitalistischen Entwicklung eintretenden strukturellen ökonomischen Veränderungen noch die bäuerliche Familie tangiert. Ausschlaggebend dafür war das geringe Ausmaß an Marktverflechtung der klein- und mittelbäuerlichen Selbstversorger. Allerdings darf nicht der Eindruck entstehen, als sei ihre Lebensweise vollständig unverändert geblieben. Die Folgen der Bauernbefreiung, die Einführung neuer Feldfrüchte (Kartoffeln, Rüben etc.) und neue Anbaumethoden veränderten die Lebensbedingungen und hatten Auswirkungen auf die Familienbeziehungen. Beispielsweise wurde die familiale Arbeitsteilung durch die Einführung der Hackfrüchte modifiziert. Es fand aber keine grundlegende Umwälzung der bäuerlichen Lebensweise statt.

Außerdem wurden die Familienverhältnisse und -beziehungen durch die Ausstrahlungskraft des bürgerlichen Familienideals zunehmend tangiert. Anders läßt sich m. E. die bei den Bauern zu beobachtende Distanzierung der Familie vom Gesinde, die nicht nur auf die Großbauern beschränkt blieb und durch die die

Sozialform des »ganzen Hauses« sich auch hier zumindest in ihrer klassischen Form auflöste, nicht erklären. Auch die zwar nicht überall praktizierbare, aber zunehmend anerkannte Notwendigkeit, sich intensiver mit den Kindern, besonders den ganz kleinen, zu beschäftigen, war m. E. auf die Ausstrahlungskraft des bürgerlichen Familienideals zurückzuführen. Derartige Einflüsse gerieten bei den Bauern sehr schnell in Konflikt mit den Erfordernissen der landwirtschaftlichen Produktion und konnten nur bruchstückhaft übernommen werden. Ebenso wurde der Prozeß der Individualisierung, ein sehr bürgerliches Phänomen, zunehmend für Angehörige anderer sozialer Klassen bedeutsam. Die fraglose Unterordnung des einzelnen unter die Familienziele, wie sie am ausgeprägtesten bei den Bauern war, hörte allmählich auf. Die Familienmitglieder versuchten, ihren persönlichen Wünschen und Lebenszielen mehr Geltung zu verschaffen.

Die jeweiligen Lebensverhältnisse standen allerdings derartigen Bemühungen häufig im Wege. Das bürgerliche Familienideal konnte nicht überall, nicht vollständig und nicht ohne Brechungen realisiert werden. Unterschiede der Lebenssituation und der materiellen Lage, der Erfahrungshorizonte und der Bildung führten notwendig zu Modifikationen. Allerdings war schon bei der Darstellung der bürgerlichen Familie auf die auch hier auftretende Diskrepanz zwischen Ideal und Wirklichkeit hingewiesen worden. Sie resultierte daraus, daß Normen und Leitbilder zwar stets an der Realität ansetzen, aber nur einzelne ihrer Aspekte aufnehmen und überhöhen, andere vernachlässigen bzw. relativieren und deshalb nie mit der Wirklichkeit deckungsgleich sind. Davon zu unterscheiden sind jedoch solche Modifikationen, die auftreten, wenn Normen in einem anderen sozialen Milieu wirksam werden als in dem, in welchem sie entstanden sind. Auf solche Momente ist in den einzelnen Kapiteln bereits verwiesen worden.

Aus diesen Überlegungen resultiert die Frage nach den gesellschaftlichen Voraussetzungen, unter denen klassenspezifische normative Orientierungen – und darum handelt es sich bei dem bürgerlichen Familienleitbild – Angehörige anderer Klassen beeinflussen können.

Auf einen wichtigen Zusammenhang verweist die Tatsache, daß das bürgerliche Leitbild von Ehe und Familie, obschon bereits in der zweiten Hälfte des 18. Jahrhunderts entstanden, seine Breitenwirkung 100 Jahre später entfaltete. Offensichtlich waren die dafür notwendigen Voraussetzungen erst am Ende des 19. Jahrhunderts gegeben. Eine zentrale Differenz zwischen der deutschen Gesellschaft am Ende des 18. und am Ende des 19. Jahrhunderts bestand in dem unterschiedlichen Grad der Vergesellschaftung, d. h. dem Umfang gegenseitiger Verflechtung, Abhängigkeit und Angewiesenheit. Sie bietet einen Schlüssel zur Erklärung der Differenziertheit der vorkapitalistischen Familienverhältnisse und der relativen Einheitlichkeit der »modernen Familie«.

Zu Beginn des untersuchten Zeitraums existierten in Deutschland mehrere Produktionsweisen und damit auch Lebens- und Familienverhältnisse nebeneinander: die einfache Warenproduktion des Handwerks, die stark an Gebrauchsgüter-Produktion orientierte Landwirtschaft mit feudalen Elementen, kapitalistische Produktion in Form des Verlags und der (weniger wichtigen) Manufaktur sowie das Handelskapital. Die stark differierenden Familientypen beruhten also auf stark differierenden, aber nebeneinander existierenden Produktionsweisen. Charakteristisch für diesen Zeitraum war weiterhin, daß diese verschiedenen Produktionsweisen und Lebensverhältnisse relativ unverbunden nebeneinander bestanden. Der Grad der wechselseitigen ökonomischen, sozialen, aber auch politischen Verflechtung war noch sehr gering. Koselleck betont, es sei geradezu ein »Merkmal der gesamteuropäischen Agrarverfassung in der vorindustriellen Zeit (gewesen), daß die einzelnen Landschaften in relativer Autarkie lebten.«[1] Darüber hinaus waren die ständischen Abgrenzungen sehr ausgeprägt und konnten nur in Ausnahmefällen überschritten werden. Der soziale Kontakt über die Grenzen des eigenen Standes hinaus war minimal. Dem zeitgenössischen Beobachter erschienen die Grenzen zwischen den Ständen auffallender als die zwischen den Nationen.[2]

Hinzukam eine ungeheure Zerklüftung des »Staats«-Gebietes in eine Vielzahl selbständiger Einheiten. Die gestaltenden Eingriffe der einzelnen Regierungen waren wenig intensiv und folgten keinem das Gesamtgebiet betreffenden Plan. Der »Staat (erschien) als eine lockere Zusammenfassung disparater Landesteile mit höchst uneinheitlicher sozialer und wirtschaftlicher Struktur.«[3] Dieser geringe Grad ökonomischer, sozialer und politischer Verflechtung sowie die ständischen Abgrenzungen standen der

Ausbreitung und Verallgemeinerung von Ideen, Werten und Normen von vornherein entgegen.

Die Situation änderte sich im Laufe des 19. Jahrhunderts, besonders in seiner 2. Hälfte sehr tiefgreifend. Parallel zu den strukturellen Umschichtungen des Wirtschaftslebens (das Schwergewicht verlagerte sich vom primären zum sekundären Sektor, der tertiäre Sektor erweiterte sich[4]) wuchs der Grad der Vergesellschaftung.

Auf der *ökonomischen Ebene* wurde die Produktion in größeren Einheiten konzentriert und von den alten ständischen Bindungen und Beschränkungen (Zunftverfassung) unabhängig. Das bedeutete eine größere Konzentration der Arbeitskräfte und eine räumliche Ballung der Produktion an besonders günstigen Standorten. Diese Prozesse, die mit wachsender Spezialisierung der Produktionsstätten einhergingen, führten zu stärkerer gegenseitiger Abhängigkeit und Verflechtung. Zwar existierten neben den kapitalistischen Produktionsbetrieben noch Reste der einfachen handwerklichen Warenproduktion. Aber sie führten keine unabhängige Existenz. Tendenziell standen alle Formen gewerblicher Produktion in über den Markt vermittelten Konkurrenzbeziehungen zueinander. Um 1800 hatte ein traditioneller Handwerksbetrieb mit kleiner Nebenerwerbslandwirtschaft in Zeiten schlechten Geschäftsgangs seinen Nebenerwerb stärker ausbauen können und umgekehrt. Dadurch war seine ökonomische Unabhängigkeit weitgehend gesichert gewesen. In dem Augenblick, in dem ausschließlich Produkte produziert wurden, für die der Handwerker auf Vorleistungen anderer Betriebe und den Absatz auf einem größeren Markt angewiesen war, wurde die Abhängigkeit von anderen Wirtschaftseinheiten, aber auch von der gesamtwirtschaftlichen Entwicklung fundamental.

Begünstigt wurden diese ökonomischen Veränderungen durch die Gründung des Zollvereins (1834), die den ungehinderten Warenaustausch in einem größeren Gebiet ermöglichte. Der Ausbau der Verkehrswege (Straßen, Eisenbahnen (!), Kanäle) trug dazu entscheidend bei. Mit dieser ökonomischen Entwicklung war die zunehmende Angewiesenheit des Verbrauchers auf die Versorgung seines Bedarfs über den Markt verbunden.

Die beiden zuletzt genannten Momente, Ausbau der Verkehrswege und zunehmende Marktverflechtung und -abhängigkeit, bedeuteten zugleich eine stärkere Vergesellschaftung auf der *sozialen Ebene.* Dazu trug weiter die Urbanisierung der deutschen Gesellschaft bei. Lebten zu Beginn des Untersuchungszeitraums, um 1800, ca. 80% der deutschen Bevölkerung auf dem Lande, so hatten sich an seinem Ende die Verhältnisse nahezu umgekehrt: am Vorabend des 1. Weltkrieges wohnten fast zwei Drittel der Bevölkerung in der Stadt.[5] Diese Umschichtung verband sich mit Migrationsprozessen. Räumliche Mobilität brachte Bekanntschaft mit anderen, zuvor unbekannten Lebensverhältnissen. Die starren ständischen Abgrenzungen verschwanden. Wenn auch die Barrieren zwischen den Klassen die Möglichkeit sozialer Mobilität eng begrenzten, so waren doch durch das nahe räumliche Zusammenleben und die vielfältigen wirtschaftlichen Verflechtungen Kontakte zwischen den Angehörigen der verschiedenen Klassen zahlreicher geworden.

Auf der *politischen Ebene* trug die Bildung eines einheitlichen und zentralisierten deutschen Nationalstaates wesentlich zur Vergesellschaftung bei. Die Bildung von für das gesamte Staatsgebiet zuständigen Parteien und Verbänden verstärkte diese Tendenzen. Auch staatliche Maßnahmen und gestaltende Eingriffe wie die Vereinheitlichung des geltenden Rechts und der Abbau intermediärer Gewalten trugen dazu bei. Die im allgemeinen Wahlrecht (für die erwachsene männliche Bevölkerung) sich manifestierende staatsbürgerliche Gleichheit überdeckte im politischen Bereich die sozialen Differenzen.

Auch auf der *ideologischen Ebene* dominierten egalitär-bürgerliche soziale und politische Leitbilder. Gegenüber dem Beginn des Untersuchungszeitraums hatten sich die Perspektiven geradezu verkehrt: nicht mehr die ständische Sonderung, sondern die Gleichheit aller Staatsbürger war für den gesellschaftlichen Zusammenhang ideologisch konstitutiv. Diese Vorstellung von der prinzipiellen Gleichwertigkeit aller schuf eine zentrale Voraussetzung für die Übernahme bzw. Nachahmung anderer Lebensstile und -orientierungen. Erst wenn die soziale Position nicht mehr als gottgegebenes und unveränderbares Schicksal begriffen wird, können an andere soziale, aber prinzipiell erreichbare Positionen gebundene Lebensstile imitiert werden. Eine sich ausbreitende Presse (mit Familienzeitungen wie der »Gartenlaube«) und literarische Produktion verbreiteten bürgerliche Wertvorstellungen und Normen und trugen zu deren Verallgemeinerung bei.

Durch die auf den verschiedenen gesellschaftlichen Ebenen ablaufenden Prozesse der Vergesellschaftung, d. h. der sozialen Verflechtung, verschwanden die Klassenunterschiede nicht. Aber soziale, politische und geistige Kontakte zwischen den Gesellschaftsmitgliedern waren häufiger geworden.

Dieser zunehmenden Vergesellschaftung auf den verschiedenen Ebenen korrespondierte die Ausdifferenzierung verschiedener gesellschaftlicher Teilbereiche, die in der vorkapitalistischen Gesellschaft noch eng miteinander verbunden gewesen waren. Dazu gehört die Lösung der Produktion aus dem Haushaltsverband. Im Verlauf dieser Entwicklungen kristallisierte sich durch die sich immer mehr durchsetzende Separierung des Erwerbs- vom Wohnbereich die »Familie« zu *einem* gesellschaftlichen Teilbereich neben anderen heraus. Dadurch konnte der Anschein einer großen Einheitlichkeit des Familienbereichs entstehen. Die Abkoppelung des Familienlebens von der Produktion verdeckte die weiter bestehenden fundamentalen Abhängigkeiten. Indem Familienbeziehungen und Produktionsbeziehungen nicht länger identisch waren, wirkte die spezifische Art und Weise der Produktion nicht mehr unmittelbar auf den Familienbereich ein. Dieser erscheint nun als ein für persönliche Gestaltungen weitgehend offenes Feld. Daß trotz dieser Trennung die Arbeitsbedingungen gleichwohl die Familienbeziehungen tiefgreifend beeinflussen, dürfte am Beispiel der proletarischen Familie deutlich geworden sein.

Beide Prozesse, Vergesellschaftung und Ausdifferenzierung des gesellschaftlichen Teilbereichs »Familie«, bedeuten, daß in zunehmenden Maße gesamtgesellschaftliche Normen und Ideologien auf die Familienformen einwirken können. Denn diese werden nicht nur geprägt durch die, wenn nun auch vermittelter sich auswirkende Stellung der Familie bzw. einzelner Mitglieder in der Produktion und den damit zusammenhängenden, auf ihr basierenden Ideologien und spezifischen Traditionen. Vielmehr ist der Prozeß der Vergesellschaftung begleitet von einer größeren Relevanz gesellschaftlicher Leitbilder und Normen, so daß teilweise Vorstellungen und Verhaltensweisen – wenn auch mit spezifischen Brechungen und Modifikationen – übernommen werden können, die ursprünglich von anderen Klassen entwickelt worden sind. In die gleiche Richtung wirkte sich die Ausdifferenzierung des Familienbereichs aus. Das Familienleben wurde dadurch gleichsam »offener« gegenüber gesamtgesellschaftlich wirksamen Ideologien, Normen und Verhaltensweisen.

Ideologisch-normative Konstrukte können diese Wirkung entfalten, weil die Ebene der Werte und Normen *relativ* abgehoben von der gesellschaftlichen Realität existiert. Sie sind zwar mit der sozialen Wirklichkeit insofern verbunden, als sie stets an einzelnen Aspekten der Realität ansetzen, diese aufnehmen und zu einem Deutungsmuster verarbeiten. Indem andere Momente der Wirklichkeit dabei jedoch ausgeblendet werden, sind normative Orientierungen und Leitbilder stets mehr als nur eine einfache Widerspiegelung der Realität. Ihre Klassen- und Interessengebundenheit wird dadurch verwischt, die Normen erhalten einen *allgemeineren* Charakter. Besonders auffällig zeigt sich das bei der bürgerlichen Ideologie, die von Anfang an mit dem Anspruch aufgetreten ist, nicht spezifische, sondern allgemeingültige, für alle Menschen geltende Maxime zu sein. Das gilt auch für das bürgerliche Familienideal. Es repräsentiert seinem Anspruch nach Familienbeziehungen schlechthin. Deutlich wird dies daran, daß die ihm zugrunde liegenden materiellen und strukturellen Voraussetzungen nicht thematisiert werden.

Diese Zusammenhänge lassen sich am Beispiel der proletarischen Familie sehr gut verfolgen. Obschon die proletarische Familie ein zentrales Strukturmerkmal mit der bürgerlichen Familie gemeinsam hat, die Trennung von Wohn- und Erwerbsbereich, waren die anderen Lebensbedingungen denen des Bürgertums diametral entgegengesetzt. Dennoch fand das vom Bürgertum entworfene Ideal der Familie Eingang in die Arbeiterschaft. Zweifellos hat dabei die scheinbare Privatheit des Familienbereichs eine wichtige Rolle gespielt. Durch die zunehmend intensivere Erwerbsarbeit wurde das Bedürfnis nach einem von der Produktion getrennten Bereich der Regeneration verstärkt. Wenn dieses Bedürfnis in der Arbeiterschaft in der Familie zu befriedigen gesucht wurde, so lag das wesentlich daran, daß sich die Arbeiterbewegung nicht darum bemüht hat, für das »private« Leben der Arbeiter alternative Lebensformen zu entwickeln und zu propagieren. Das Ideal bürgerlichen Familienlebens wurde auch dort relativ unproblematisch akzeptiert und propagiert.[6]

Nicht nur aufgrund der generellen »Dominanz der bürgerlichen Kultur« (Bausinger)[7] übernahm die Arbeiterschaft das bürgerliche Familienideal, sondern auch, weil der Arbeiterschaft die Familie als *der* Ort des Lebens nach der Arbeit angepriesen wurde. Bürgerliche Vereine, halböffentliche Institutionen, aber auch einzelne Unternehmer beteiligten sich an dieser Familienpropaganda: So sagte Alfred Krupp 1877 in einem »Wort an seine Angehörigen« (!): »Genießet, was Euch beschieden ist. Nach getaner Arbeit verbleibt im Kreise der Eurigen, bei den Eltern, bei der Frau und den Kindern und sinnt über Haushalt und Erziehung.«[8]

Die anderen Schichten, die dem Bürgertum sozial und d. h. auch in ihrer materiellen Lebenssituation näherstanden, wohlhabende Handwerker und aufstiegsorientierte Angestellte, übernahmen das bürgerliche Familienideal schneller. Eine typische Ausnahme blieben allerdings die Bauern. Zwar war die Distanzierung vom Gesinde, wo überhaupt noch welches vorhanden war, inzwischen allgemein geworden. Die Orientierung am bürgerlichen Familienleitbild stieß jedoch wegen der weiterbestehenden Einheit von Produktion und Haushalt sehr schnell und unmittelbar auf Lebensverhältnisse, die der Realisierung dieses Leitbildes schroff entgegenstanden. Das galt in gleicher Weise für das Ideal der Liebesehe wie für die Kindzentrierung.

Das relativ einheitliche Bild, das die Familienformen schon am Ende des vergangenen Jahrhunderts boten, täuscht. Betrachtet man die beiden Prototypen moderner Familie, bürgerliche und proletarische, am Ende unseres Untersuchungszeitraumes, so besteht das einzige, beide Familientypen verbindende Moment in der Separierung des Bereichs von Beruf und Erwerb von dem des Wohnens, und, damit zusammenhängend, in dem Nicht-Vorhandensein bzw. der Distanzierung vom Dienstpersonal. Darüber hinausreichende Ähnlichkeiten waren kaum bzw. nur in Ansätzen vorhanden. Es dominierten die Unterschiede, die wesentlich auf grundlegenden Differenzen der gesamten Lebenssituation beruhten. Sie resultierten nicht allein aus der ökonomischen Lage der Familien und den mit ihr unmittelbar zusammenhängenden Lebensbedingungen wie Ernährungsniveau und Wohnverhältnissen, sondern ergaben sich auch aus der jeweiligen Beanspruchung durch die Arbeit in Betrieb und Haushalt. Länge des Arbeitstages sowie Art und Umfang der Arbeitsbelastungen sind hier zu nennen. Gleichwohl ist es berechtigt, beide Familientypen als »moderne Familie« zu bezeichnen. Allerdings nur und insoweit man sie abgrenzen will von den traditionellen Familienformen.

Lediglich in bezug auf die Sozialform des ganzen Hauses ist es erlaubt, das beiden Familientypen Gemeinsame und gegenüber der Vergangenheit *Besondere*, die Separierung des Familienlebens gegenüber dem Produktionsbereich und seine tendenzielle Privatheit, in den Vordergrund zu schieben.

In gleicher Weise ist die Verwendung des Begriffs des »ganzen Hauses« nur dort angebracht, wo die Differenzen, das Besondere der vorkapitalistischen »Familien«-Verhältnisse, gegenüber gegenwärtigen Familienverhältnissen hervorgehoben werden sollen. Darüber darf nicht übersehen werden, daß innerhalb der Sozialform des ganzen Hauses wichtige Unterschiede bestanden, wie sie die Analyse der Haushalte von Bauern und Handwerkern gezeigt hat. Zählt man die Heimarbeiterfamilie noch dazu, so vergrößert sich die Variationsbreite beträchtlich. Sie resultierte aus Verschiedenheiten der Produktionsweise und der jeweiligen Einbindung in den gesellschaftlichen Zusammenhang.

Der analytische Charakter von Begriffen wie »moderner Familie« und »ganzes Haus« darf also nicht aus den Augen verloren werden. Sinnvoll angewendet werden können sie nur dort, wo ein erster Zugriff auf den Untersuchungsgegenstand durch Hervorhebung seiner Besonderheiten gegenüber früheren oder späteren Formen notwendig erscheint. Weitere Differenzierungen werden dann jedoch unumgänglich, wenn man nicht dabei stehenbleiben will, das Offensichtliche zu konstatieren.

In der Gegenwart haben sich die die Familienverhältnisse vereinheitlichenden Tendenzen zweifellos verstärkt. Dazu haben zwei Entwicklungen maßgeblich beigetragen. Einmal hat sich die materielle Situation verglichen mit der am Anfang des Jahrhunderts erheblich verbessert. Insbesondere bei den unselbständig Beschäftigten ist durch den Ausbau der sozialen Sicherung nach dem 2. Weltkrieg die Bedrohung durch Notlagen wie Krankheit, Unfall, Arbeitslosigkeit u. ä. zwar nicht verschwunden, aber doch wesentlich verringert worden. Große Kreise der Bevölkerung sind in der Lage, die Zahl der Kinder mit ihren finanziellen Möglichkeiten und ihren Vorstellungen von »Familienleben« in Einklang zu bringen. Wenn auch zweifellos noch nicht optimal, so ist die Bevölkerung besser mit Wohnraum versorgt. Zwar gibt es selten einen eigenen Raum für jedes Familienmitglied, aber gesonderte Zimmer für Eltern und Kinder sind üblicher geworden und lassen dem einzelnen partiell eine Chance zum Rückzug und zur Besinnung. Die Reduzierung der Arbeitszeit und Verbesserung der Urlaubsregelungen haben den zeitlichen Spielraum geschaffen, der eine intensivere Zuwendung zu anderen Personen ermöglicht. In diesem Prozeß spielt die Schule aufgrund der Durchsetzung der Schulpflicht, der Verlängerung der Schulzeit und des intensiveren Unterrichts eine wichtige Rolle. Sie prägt nicht nur unmittelbar *alle* Kinder in einem für ihre Entwicklung zentralen Lebensabschnitt, sondern wirkt über sie auch in die Familien normierend und vereinheitlichend hinein. Zu diesen Veränderungen gesellen sich Anstrengungen der verschiedenen »Wertevermittler«, das »richtige« Familienleben zu propagieren.[9] Ärzte und Psychologen bieten nicht nur individuelle Beratung an, sondern wissenschaftliche Erkenntnisse werden in popularisierter Form durch Presse, Rundfunk, Fernsehen und Sachbücher einer breiteren Öffentlichkeit nahegebracht. Familienberatungsstellen öffentlicher oder privater Träger bemühen sich, den – in der Sprache unserer Zeit – »Unterschichten« das wahre Familienleben, das mit dem bürgerlichen weitgehend identisch ist, beizubringen.

Besonders am Beispiel der Eltern-Kind-Beziehungen läßt sich zeigen, daß sie ganz massiv von außen beeinflußt werden. Popularisierte und instrumentalisierte psychoanalytische Erkenntnisse, die in speziellen, viel gelesenen Zeitschriften und Büchern verbreitet werden, erklären die Eltern zu den Hauptverantwortlichen für die Entwicklung ihrer Kinder. Auch die Wissenschaft rückt die Kinder ins Zentrum der Familie. Die personellen Beziehungen werden dabei zum zentralen Punkt und Problem der Familie. Mit diesen Feststellungen ist keine Bewertung dieser Vorgänge intendiert. Für den vorliegenden Zusammenhang ist daran lediglich wichtig, daß die strukturellen Bedingungen, unter denen die Familienbeziehungen so und nicht anders ablaufen, nicht ins Blickfeld geraten, vielmehr in der Diskussion abgedrängt werden. Das Gelingen oder Mißlingen familialer Beziehungen erscheint dadurch als in erster Linie, wenn nicht ausschließlich, von individuellen Fähigkeiten abhängig.

Beide Entwicklungen, die Verbesserung der materiellen Lebenssituation und die massive »Familienpropaganda«, bewirkten, daß das Selbstverständnis der meisten Familien sich immer mehr an die Normen des bürgerlichen Familienlebens angenähert hat. Auch die Realität hat sich geändert. Die schon bei einer kleinen

Gruppe besser situierter Arbeiter im Kaiserreich zu beobachtenden Tendenzen zur Kindzentrierung sind – jedenfalls den wenigen vorliegenden Untersuchungen zufolge – wesentlich allgemeiner und intensiver geworden. Die gewachsene Chance, das eigene generative Verhalten autonom zu steuern, dürfte dazu wesentlich beigetragen haben. Die das proletarische Familienleben damals noch beherrschende Einbindung zumindest einzelner Mitglieder in außerfamiliale Zusammenhänge, die Bedeutung kollektiver (männlicher) Freizeitgestaltung in Wirtshaus und Vereinen ist stark zurückgegangen. Die Freizeit auch der Männer ist oft mit der Zeit in und für die Familie identisch.

Kann daraus geschlossen werden, daß sich gegenwärtig im Unterschied zur Jahrhundertwende tatsächlich ein in sich einheitlicher Typus »moderne Familie« herausgebildet hat? Vorstehend sind lediglich einige Trends flüchtig aufgezeigt worden. Wieweit sich die Gemeinsamkeiten zwischen den Familien tatsächlich erstrecken und ob sie die Zusammenfassung zu *einem* Typus von Familie rechtfertigen, kann nur auf Grund einer sehr gründlichen und sorgfältigen Untersuchung der Entwicklung der Familie in diesem Jahrhundert festgestellt werden. Daran fehlt es bislang. Es ist aber zu vermuten, daß auch die gegenwärtige »moderne Familie« wichtige Differenzierungen einschließt. Die immer wieder festgestellten auffälligen Unterschiede in der Art der geselligen Kontakte zwischen Arbeiter- und »Mittelschicht«-Familien (Verwandtschafts- versus Bekanntschaftskontakte) sind ein wichtiges Indiz. Wahrscheinlich sind das nicht die einzigen Differenzen. Gerade weil die vorliegende Untersuchung einen engen Zusammenhang zwischen sozialstruktureller Lage und Familienform nachweisen konnte, sprechen viele Gründe für die Hypothese, daß auch in der gegenwärtigen Gesellschaft entsprechend ihrer sozialstrukturellen Gliederung verschiedene Familienformen existieren. Daß ihre Differenzen nicht mehr so ins Auge springen wie noch im Kaiserreich, ist kein Argument gegen ihr Vorhandensein. Diese Hypothese wäre es wert, genauer untersucht zu werden.

Ein solches Forschungsprogramm setzt allerdings differenziertere sozialstrukturelle Untersuchungskonzepte voraus als dies gemeinhin der Fall ist. Viele empirische Studien gehen davon aus, daß in der heutigen Gesellschaft nur zwei große, teilweise in sich untergliederte Schichten existieren: Grund- oder Unterschicht und Mittelschicht. Abgesehen davon, daß dabei zumeist die Mittelschicht zu einem Sammelbecken für die verschiedensten sozio-ökonomischen Lagen gerät (verschiedene Kategorien von Unselbständigen einschließlich der Beamten, Bauern, Handwerker, kleinen und mittleren Unternehmer, Akademiker . . .), wird meist nicht einmal thematisiert,[10] daß zu einem solchen Schichtungsschema auch eine Oberschicht gehört – und das nicht nur aus sprachlogischen Gründen. Durch die Vernachlässigung der Untersuchung der Verhaltensweisen der sicher nicht sehr zahlreichen Oberschicht wird aber ein wichtiger Bereich auf der Skala möglicher Verhaltensdifferenzierungen gar nicht zur Kenntnis genommen.[11] Der Anschein gering ausgeprägter Unterschiede bei den gegenwärtigen Lebensstilen und Verhaltensweisen hat auch darin eine Ursache.

2. Überprüfung familiensoziologischer Theoreme

Abschließend sollen die in der Einleitung referierten, in der Familiensoziologie verbreiteten Theoreme zur Entwicklung *der* Familie anhand der Untersuchungsergebnisse überprüft werden.

Die Vorstellung von der Dominanz großfamiliärer Lebensformen in der Vergangenheit ist im Bewußtsein der meisten Zeitgenossen fest verankert. Daß sie sich auch bei vielen Familiensoziologen solange hält bzw. gehalten hat,[12] verweist auf ein wichtiges Problem. Das Bild der vorkapitalistischen Großfamilie fungiert als Hintergrund, vor dem die Probleme gegenwärtiger Familie in spezifischer Weise wahrgenommen und herausgearbeitet werden. Die Veränderung dieses Hintergrundes zwingt deshalb auch zur Revision der Perspektive auf die gegenwärtigen Familienformen – eine Veränderung, deren Folgen bis auf die Ebene der Begriffe durchschlagen.[13] Die Hartnäckigkeit, mit der sich die meisten – ich schließe mich da nicht aus – einer solchen Veränderung der Perspektive widersetzen, zeigt sich daran, daß Mackenroth bereits Anfang der 50er Jahre die »Zwei-Generationen-Kleinfamilie« als die dem Pflugbauerntum optimal angepaßte Familienverfassung deduziert hat und für das zünftige Handwerk zu analogen Ergebnissen gekommen ist[14] – richtige Erkenntnisse, die niemand ernsthaft weiterverfolgt hat. Offensichtlich existiert ein so tiefsitzendes Bedürfnis nach stabilen Orientierungen, daß sie selbst bei Wissenschaftlern von wissenschaftlichen Gegenargumenten nur sehr schwer zu erschüttern sind. Für England hat das Forscherteam um Laslett Anfang der 70er Jahre die Vorstellung von der Dominanz der vorkapitalistischen Großfamilie mit aufwendigem statistischen Material widerlegt.[15] Auch für die deutschen Verhältnisse kann keine Rede von der großen Verbreitung großfamiliärer Lebensformen sein. Die vorliegende Untersuchung hat gezeigt, daß lediglich im bäuerlichen Bereich unter bestimmten Bedingungen für eine kurze Zeitspanne das Zusammenleben von drei Generationen auftreten *konnte*.

Die Gründe dafür, daß Drei-Generationen-Familien nicht die Regel waren, lagen auf verschiedenen Ebenen:

– Der begrenzte Nahrungsspielraum in den Getreidewirtschaften Mitteleuropas führte dazu, daß normalerweise nur eine Familie auf einem Hof leben konnte.[16] Dieser Zusammenhang wird in der Hufenverfassung deutlich. Im Handwerk lagen die Verhältnisse ähnlich. Der Hufenverfassung im agrarischen Bereich entsprach im Gewerbe die Zunftverfassung.

– Die Bindung der Heiratsfähigkeit an den Nachweis einer ökonomischen Vollstelle oder einer vergleichbaren Nahrungsbasis sicherte diesen Zusammenhang. Dadurch lag das Heiratsalter hoch.

– Nur dort, wo in Gebieten geschlossener Vererbung der Hof groß genug war, mehr als eine Familie ernähren zu können, konnte sich unter bestimmten Bedingungen die Drei-Generationen-Familie ausbilden. Allerdings handelte es sich dabei wegen der Kombination von hohem Heiratsalter und niedriger Lebenserwartung stets nur um eine recht kurze Phase im Familienzyklus.

Eine, einen Teil der Gegenargumente berücksichtigende Variante der Großfamilien-These behauptet, in der Oberschicht sei die Großfamilie, in der Unterschicht die Kleinfamilie üblich gewesen.[17] Die Entwicklung der Familie könne insofern als eine Universalisierung des Familientyps der Unterschichten aufgefaßt werden.[18]

Diese These hat auf den ersten Blick eine größere Plausibilität, weil sie dem Zusammenhang von Nahrungsspielraum und Familienzusammensetzung Rechnung trägt. Dennoch ist sie unzutreffend. Zwar wurde gezeigt, daß im bäuerlichen Bereich das Anerbenrecht die Bildung von Drei-Generationen-Familien *begünstigte*. Aber es dürfte auch deutlich geworden sein, daß dies nicht durchgängig der Fall war. Eine derartige Regelung setzte nicht nur voraus, daß der Hof zwei Familien ernähren konnte. Weiter waren notwendig: Bereitschaft der Eltern zur Hofübergabe und d. h. zum »Abtreten«, einvernehmliche Regelung der Altenteilsbestimmungen, Akzeptierung der Schwiegertochter. Außer von ökonomischen Überlegungen war das Zustandekommen von Drei-Generationen-Familien also noch von einer Reihe anderer Faktoren abhängig. Offensichtlich läßt sich die generative Zusammensetzung der Familien nicht einfach aus Besitz- bzw. Eigentumsverhältnissen deduzieren.

Ein noch gravierenderer Einwand ergibt sich aus der Überlegung, daß dieser Typus von Bauern ohnehin nicht zur »Oberschicht« gehört. Jene sehr reichen Bauern, für die diese Klassifizierung eher zutrifft, zogen es hingegen häufig vor, getrennt von dem Hofnachfolger von den Zinsen zu leben, die dieser ihnen für den Hof zahlen mußte. Ihr Reichtum ermöglichte diesen Großbauern eine Lebensweise, die einerseits den Wünschen der nachfolgenden Generation entgegenkam und andererseits jene Spannungen und Reibereien vermied, die ein Zusammenleben der Generationen mit hoher Wahrscheinlichkeit mit sich brachte.

Auch im Bürgertum lebten die Generationen normalerweise getrennt voneinander. Wo sie in einem Haus wohnten, waren die Räumlichkeiten strikt voneinander abgegrenzt, boten aber dennoch viel Platz für jede Familie. Insofern handelte es sich dabei um prinzipiell andere Verhältnisse als im »ganzen Haus«.

Andererseits lebten Teile der sehr armen Bevölkerung, wie die Heimarbeiter, gelegentlich in erweiterten Familienverbänden. Sie waren eine Reaktionsform der Hausindustriellen auf ihre wachsende Verelendung. Es handelt sich hier gerade nicht, wie in der These unterstellt, um durch Besitz, sondern durch Nicht-Besitz provozierte erweiterte Familien.

Aus diesen Überlegungen folgt, daß Haushaltsgröße und -zusammensetzung offenbar nicht monokausal bestimmt sind. Eine Vielzahl von Faktoren spielen dabei eine Rolle, die in ihrem jeweils spezifischen Zusammenwirken im Einzelfall berücksichtigt werden müssen.

Zu Recht hat deshalb Mitterauer darauf hingewiesen, daß die Diskussion um Großfamilie, Kleinfamilie, Stammfamilie etc., die die Familiensoziologie seit ihren Anfängen beschäftigt und auch der historischen Familienforschung zunächst die Fragestellung vorgegeben hat, das entscheidende Problem verfehle. Gravierender für den Strukturwandel der Familie seien vielmehr die Veränderungen der Gesindehaltung gewesen. Das entscheidende Merkmal, durch das sich die traditionellen Familienformen von der gegenwärtigen unterscheiden, sei nicht die generative Zusammensetzung, sondern die Einbeziehung von Arbeitskräften gewesen. Jene Familien, die Produktionsfunktionen wahrnahmen, tendierten strukturell zur Gesindehaltung, während gesindelose Haushalte sich überall dort ausbildeten, wo die Familie nicht mehr Träger der Produktionsfunktion war.[19] Dieser von Mitterauer betonte Zusammenhang läßt sich auch anders formulieren: Entscheidend für den Strukturwandel der Familie sind die Veränderungen im Verhältnis von Produktion und Familie gewesen.

Die vorliegende Untersuchung hat diese These bestätigen können. Zwar ist auch im Heimarbeiterhaushalt normalerweise kein Gesinde beschäftigt worden. Bei ihm handelt es sich aber von vornherein um eine Übergangsform zwischen traditionellen und modernen Familienformen. Die bürgerliche Familie verfügte zwar über Dienstpersonal, dies war jedoch, anders als im »ganzen Haus«, nicht in die Haushalte integriert. Die beherrschende Rolle der Produktion und – damit zusammenhängend – die Einbeziehung von Arbeitskräften hatte den traditionellen Haushalten und den personalen Beziehungen in ihnen ihren spezifischen Charakter gegeben.

Hingegen scheint die These vom Funktionsverlust bzw. -wandel der Familie durch die Untersuchung bestätigt worden zu sein. Das »ganze Haus« ist multifunktional gewesen. In ihm wurde produziert, konsumiert, Herrschaft ausgeübt, es war Religions- und »Freizeit«-Gemeinschaft.

Bei einer derartig vergleichenden Perspektive stellt sich sehr schnell die Frage, ob die aneinander gemessenen Familienformen alle unter den einen Begriff »Familie« subsumiert werden können. In der Einleitung wurde auf die ihm eigenen zwei Ebenen verwiesen. Als an der gegenwärtigen gesellschaftlichen Wirklichkeit gewonnener Begriff, der Aspekte dieser Realität enthält, ist er in seinem Geltungsbereich auch auf sie beschränkt. Seine Anwendung auf andere gesellschaftliche Verhältnisse beinhaltet daher stets die Gefahr, ihnen implizit gegenwärtige Strukturen zu unterschieben. Andererseits ist der Begriff »Familie« als soziologischer Allgemeinbegriff unverzichtbar, da er dazu benötigt wird, den Untersuchungsgegenstand einzugrenzen und zu benennen. Diese beiden Dimensionen müssen aber stets streng auseinander gehalten werden. Die Untersuchung hat nun gezeigt, daß es sich bei den Sozialformen des »ganzen Hauses« um gegenüber den gegenwärtigen Familien grundlegend andere Lebensformen handelt. Jene Betrachtungsweise, die die Funktionen gegenwärtiger mit denen vergangener Familienformen vergleicht, unterstellt aber eine prinzipielle Kontinuität in der Entwicklung. Nur so ist es möglich, von dem jeweiligen gesellschaftlichen Zusammenhang, innerhalb dessen die einzelnen Familientypen existieren, zu abstrahieren und die Funktionen vergangener und gegenwärtiger Familien isoliert miteinander verglichen. Es wird dabei übersehen, daß völlig Verschiedenes, im Grunde nicht Vergleichbares, aneinander gemessen wird. Die als Norm dienenden Familienformen des »ganzen Hauses« übten zentrale Produktionsfunktionen aus und nahmen innerhalb der Gesellschaft eine völlig andere Stellung ein als die gegenwärtigen Familien in den industriekapitalistischen Gesellschaften. Diese Familienformen existieren aber nicht mehr bzw. nur noch, wie im bäuerlichen Bereich, aber wohl auch bei einzelnen Kleinhändlern, rudimentär. Eine die historische Verschiedenheit ernst nehmende Familiensoziologie könnte deshalb allenfalls von Funktionsveränderungen bei jenen Familientypen sprechen, die wie die bäuerliche, aber auch die bürgerliche Familie über einen längeren Zeitraum existierten und existieren. Die Aussage vom Funktionsverlust oder -wandel gibt hingegen für die proletarische Familie, die als Typus erst in der zweiten Hälfte des 19. Jahrhunderts entstanden ist, keinen Sinn. Gerade wenn man Entwicklungen betrachtet, muß man sich davor hüten, durch die Begrifflichkeit eine Kontinuität zu suggerieren, die tatsächlich nicht vorhanden ist.

Im Zusammenhang der Diskussion der Familienfunktionen wird häufig festgestellt, die Sozialisationsfunktion habe sich im Laufe der Entwicklung als die »eigentliche« oder »ureigenste« Funktion der Familie für die Gesellschaft herausgestellt.[20] Diese Aussage zielt auf den unbestreitbar richtigen Tatbestand, daß in den verschiedenen Familienformen Kinder geboren und aufgezogen worden sind. Sie impliziert aber jenseits dieser Feststellung, daß alle anderen Funktionen, die die Familien jemals ausgeübt haben, un-eigentliche, familienfremde Funktionen gewesen sind. Damit wird nicht berücksichtigt, daß der Stellenwert, den die Sozialisation innerhalb der verschiedenen Familienverbände eingenommen hat und noch einnimmt, sehr unterschiedlich gewesen ist, nicht nur tatsächlich, sondern auch im Selbstverständnis der Betroffenen. In den traditionellen Familienformen des »ganzen Hauses« ist die Erziehung und Aufzucht der Kinder von untergeordneter Bedeutung gewesen. Sie erfolgte »nebenbei«. Viel zentraler, sowohl die Zusammensetzung der Familien als auch ihre internen Verhältnisse prägend, waren die von der täglichen Arbeit ausgehenden Anforderungen. Gerade die mit der Produktion eng verbundenen Familienformen lassen sich nicht über die Sozialisationsfunktion definieren.

Jene Zuwendung zu Kindern, auch ihre zentrale Stellung innerhalb der Familie, die wir als selbstverständlich zu unterstellen geneigt sind, ist – wie die vorliegende Arbeit gezeigt hat – ein historisch neues Phänomen und an spezifische Voraussetzungen gebunden (familiale Privatsphäre; Freiheit von drückenden materiellen Sorgen; Minimum an Bildung; Arbeitsbedingungen, die Zeit und Energie für Zuwendung übriglassen). Wenn die Sozialisationsleistung als das »Wesen« der Familie bestimmt wird, so zeigt sich daran vollends, daß hier ein vermeintlich allgemeingültiger, faktisch jedoch gegenwärtige Strukturen enthaltender Familienbegriff verwendet wird. Und »unter der Hand« stellen sich dann in der Tat die »bürgerlichen Verhältnisse als unumstößliche Naturgesetze« heraus.[21] Das sogenannte »Wesen« der Familie entzieht sich aber – wie das aller gesellschaftlichen Erscheinungen – einer ein für allemal gültigen Bestimmung.

Mit dem unreflektierten Gebrauch des Familienbegriffs hängt ein weiteres Problem eng zusammen: die unhistorische Betrachtungsweise. Sie kommt am deutlichsten in solchen Überlegungen zum Ausdruck, in denen »ureigenste« und »familienfremde« Funktionen unterschieden werden. Damit wird unterstellt, daß »familienfremde« Funktionen alle diejenigen seien, die die Familie früher einmal erfüllte, aber heute nicht mehr ausübt. Folgerichtig kann dann erst vom heutigen Zustand aus »mit Sicherheit gesagt werden, was wirklich zur Familie gehört und was nur sekundäres Merkmal ist, das ebenso oder sogar besser von anderen Einrichtungen der Gesellschaft verwirklicht werden kann.«[22]

Hinter solchen Formulierungen verbirgt sich die Vorstellung von einer »natürlichen« Ordnung der Familie, ihrem »Wesen«, das jenseits aller historischen Überformungen existiere. Zum anderen impliziert diese Aussage, daß die gegenwärtige »moderne Familie« diesem »Wesen« der Familie am reinsten entspreche. Unter dieser Voraussetzung ist eine historische Analyse verschiedener Familienformen, die sich einläßt auf die jeweilige Besonderheit und sie in ihrer Bedeutung für den jeweiligen gesellschaftlichen Zusammenhang untersucht, nicht mehr möglich. Stattdessen werden die Wandlungen der Familientypen nur noch wahrgenommen und interpretiert als Hinentwicklung auf oder Abweichung von dem vorausgesetzten »Wesen« der Familie.[23]

Eine weitere Differenz zwischen traditionellen und gegenwärtigen Familienformen wird in der »relativen Autonomie« der »modernen Familie« gesehen.[24] Darunter wird verstanden die »strukturelle Abschirmung ... gegen *direkte externe* soziale Kontrolle und ›Einmischung‹, also Reduktion der legitimen Chancen auf Intervention und Steuerung der betroffenen Sphäre von außen.«[25]

Die Untersuchung hat in der Tat gezeigt, daß die traditionellen Familienformen viel stärker als die heutigen unmittelbar in außerfamiliäre Zusammenhänge eingebunden waren. Dieser »Offenheit« der Familie nach außen entsprach ihre »Offenheit« für Eingriffe von außen. Nachbarschaft, Jugendverbände, Kirchen- oder Dorfgemeinde kontrollierten und sanktionierten durch unmittelbaren sozialen Zwang das Fehl-Verhalten gegenüber dem Ehepartner, vor- und außereheliche Beziehungen etc., mischten sich also in Angelegenheiten, die unserem heutigen Verständnis nach vollständig privat sind und niemanden etwas angehen. In dieser Form funktioniert heute die soziale Kontrolle des familialen Verhaltens überwiegend nicht mehr.

Selbst wenn – wie von Tyrell – betont wird, mit dieser These von der »relativen Autonomie« der modernen Familie Interdependenzen zwischen verschiedenen gesellschaftlichen Teilbereichen nicht übersehen werden, so bleiben bei dieser Gegenüberstellung traditioneller und moderner Familien verschiedene Phänomene der externen Beeinflussung des gegenwärtigen Familienlebens unberücksichtigt:
– Wie anders als einen Eingriff in die Autonomie der Eltern kann

man eine Erscheinung wie die Schulpflicht klassifizieren, wie die – gesetzliche – Verpflichtung der Eltern, den Kindern eine angemessene Ausbildung zukommen zu lassen?[26] Dabei handelt es sich um Regelungen, denen die traditionellen Familienformen nicht unterlagen bzw. denen ihre Angehörigen sich relativ leicht entziehen konnten. Große Teile der staatlichen Familienpolitik gehören in diesen Bereich der Kontroll- und Anpassungsmaßnahmen.

– Auch heute gibt es direkte Eingriffe von außen in die Familien, die allerdings ebenso wie früher Ausnahmecharakter haben. Bei Kindesmißhandlung und -vernachlässigung, abweichendem Verhalten von Kindern und Jugendlichen können das Jugendamt und die Gerichte einschreiten. Entzug der elterlichen Gewalt und Heimerziehung sind die schärfsten Reaktionen.[27] Lediglich aus der Tatsache, daß solche Eingriffe massiert in den Familien sozialer Randgruppen vorkommen und weniger in den den Wissenschaftlern vertrauteren Bevölkerungsschichten, darf nicht geschlossen werden, sie spielten praktisch kaum eine Rolle.

– Daß auch heute noch die unmittelbaren Nachbarn im Wohnviertel und am Arbeitsplatz starken Einfluß auf die Gestaltung des »Privat«-Lebens nehmen, ist nicht zu leugnen. Die viel zitierten Konsumzwänge sind ja nicht nur eine Folge der Werbung, sondern beruhen auch auf dem von der sozialen Umgebung ausgehenden Konformitätsdruck in diesem Bereich. Für den vorliegenden Zusammenhang zentraler ist, daß vom gesellschaftlichen Normalfall Ehe und Familie abweichende Lebensformen, seien es nun Wohngemeinschaften oder nicht-eheliche Partnerschaften, diskriminiert, teilweise sogar massiv bekämpft werden.

Es ist aber m. E. generell unzulässig, das Problem der sozialen Kontrolle auf die Frage des unmittelbaren sozialen Zwanges einzugrenzen und es damit zu verkürzen. Da die Familienformen innerhalb der verschiedenen Gesellschaften eine unterschiedliche Stellung haben, jeweils anders in den sozialen Zusammenhang eingebunden sind, differieren auch die Methoden, deren sich »die Gesellschaft« hauptsächlich bedient, um normkonformes Verhalten zu erzwingen. Diese können in direkten, mehr oder weniger formalisierten Eingriffen gesellschaftlicher Gruppen bestehen; sie können allgemeingültige Gesetze sein, die nicht (mehr) als unmittelbar verhaltenssteuernd empfunden werden. Die Standardisierung kann aber auch mittels indirekter Beeinflussung durch Massenmedien etc. erreicht werden, eine Form, die wegen der (vermeintlichen) Freiheit, Ratschläge anzunehmen oder abzulehnen, nicht mehr als normierend wahrgenommen wird. Auf die heute von Massenmedien und Massenliteratur ausgehenden normierenden Wirkungen auf Erziehungsverhalten und Ehebeziehungen wurde bereits verwiesen. Hochgradig standardisierte Konsumangebote unterstützen diese Tendenzen. Der kaum variierbare Grundriß der meisten Wohnungen schreibt ein Grundmuster des Zusammenlebens vor, dessen sichtbarer Ausdruck die Aufteilung der Räume in Elternschlafzimmer, Kinderzimmer und Wohnzimmer ist. Die Angebote der Möbelindustrie komplettieren die Konformität.

Welche Formen sozialer Kontrolle am wirksamsten sind, läßt sich nach dem heutigen Erkenntnisstand schwer entscheiden. Explizit wird mit dem Begriff der »relativen Autonomie« dieser Anspruch auch nicht erhoben. Er suggeriert jedoch durch die definitorische Einschränkung auf »direkte externe soziale Kontrolle« die Vorstellung eines gegenwärtig vorhandenen familialen Freiraums, der tatsächlich nicht existiert.

Da soziale Kontrolle nicht auf den unmittelbaren sozialen Zwang bzw. Eingriff reduziert werden kann, muß bei einem Vergleich vergangener und gegenwärtiger Familien die Frage anders gestellt werden, nämlich nach den unterschiedlichen Formen der Außenbeeinflussung sowie nach der unterschiedlichen Intensität der verschiedenen Mechanismen sozialer Kontrolle. Die Antwort darauf ergibt sich nicht quasi von selbst, sondern setzt eine, den gesellschaftlichen Kontext der jeweiligen Familienformen einschließende, gründliche Untersuchung voraus. Die These von der »relativen Autonomie der modernen Familie« drückt allerdings weit verbreitete Vorstellungen über Unterschiede zwischen traditionellen und gegenwärtigen Familienformen aus. Insofern ist sie eher dem Bereich der Familienideologie als dem der Realität von Familien zuzuordnen.

Für alle vorstehend aufgeworfenen Fragen, die Einheitlichkeit der modernen Familie, ihre relative Autonomie etc. gilt, daß sie nur zu klären sind, wenn auch die gegenwärtigen Familien eingehend untersucht worden sind, und zwar im Zusammenhang mit ihren unterschiedlichen Lebens- und Arbeitsbedingungen und Sozialbeziehungen. Bislang werden die referierten Aussagen nur als bewiesen unterstellt.

Anmerkungen

Anmerkungen zur Einleitung

1 Die Begriffe Familientypus und Familienform werden im folgenden synonym benutzt. Sie bezeichnen die Gesamtheit familialen Daseins, also Familienstruktur, -beziehungen, -inhalte. Diese Wortwahl resultiert aus der Tatsache, daß der Begriff der Familienstruktur normalerweise zur Bezeichnung der generativen Zusammensetzung der Familie verwendet wird und insofern »besetzt« ist.

2 H. Tyrell, Familie und gesellschaftliche Differenzierung, in: H. Pross (Hg.), Familie – Wohin?, Reinbek 1979, S. 13. Eine Ausnahme bildet immer (noch) die bäuerliche Familie, in der die Familienstruktur durch die Einheit von Produktion und Haushalt eine spezifische Prägung erhält.

3 Dies sind zugleich die wesentlichen Elemente des in der Familiensoziologie üblichen Familienbegriffs. Seine Definition geht auf R. König zurück (vgl. Versuch einer Definition der Familie, in: ders., Materialien zur Soziologie der Familie, 2. Aufl., Köln 1974, S. 88 ff.).

4 Beispielhaft dafür: F. Neidhardt, Die Familie in Deutschland, in: K. M. Bolte, F. Neidhardt, H. Holzer, Deutsche Gesellschaft im Wandel, Bd. II, Opladen 1970, S. 31 ff.

5 Vgl. E. Durkheim, Der Selbstmord, Neuwied, Berlin 1973, S. 447 f.

6 W. J. Goode, World Revolution and Family Patterns, New York 1963, S. 17. Im Anschluß an Goode auch König, Alte Probleme und neue Fragen in der Familiensoziologie, in: ders., Materialien . . ., a.a.O., S. 132.

7 König, Alte Probleme . . ., a.a.O., S. 143.

8 Vgl. König, Art. »Familie und Familiensoziologie«, in: W. Bernsdorf (Hg.), Wörterbuch der Soziologie, 2. neubearb. und erw. Aufl., Stuttgart 1969, S. 255; Tyrell, Probleme einer Theorie der gesellschaftlichen Ausdifferenzierung der privatisierten modernen Kernfamilie, in: Zeitschrift für Soziologie, 5. Jg. (1976), S. 396.

9 Vgl. dazu Neidhardt, Die Familie in Deutschland, a.a.O., S. 65 f.; von Funktionsentlastung spricht M. Mitterauer (Vorindustrielle Familienformen. Zur Funktionsentlastung des »ganzen Hauses« im 17. und 18. Jahrhundert, in: Engel-Janosi/Klingenstein/Lutz (Hg.), Fürst, Bürger, Mensch, Wien 1975, S. 123 ff.).

10 So König im Anschluß an MacIver (Zwei Grundbegriffe der Familiensoziologie: Desintegration und Desorganisation der Familie, in:

ders., Materialien . . ., a.a.O., S. 70).

11 Ebd.

12 Tyrell, Probleme einer Theorie . . ., a.a.O.

13 Wenn auch in den meisten west- und mitteleuropäischen Gesellschaften ähnliche Entwicklungen stattgefunden haben, so war die Ausdehnung des Untersuchungsgebietes auf sie aus arbeitsökonomischen Gründen nicht möglich. Gleichwohl werden Untersuchungen über englische und französische Verhältnisse mit herangezogen und ihre Ergebnisse, wenn auch teilweise unter Vorbehalt, verwendet.

14 L. Stone, The Crisis of Aristocracy 1558-1641, Oxford 1965; ders., Family and Fortune: Studies in Aristocratic Finance in the Sixteenth and Seventeenth Century, Oxford 1973; ders., The Family, Sex and Marriage in England 1500-1800, London 1977.

15 H. Reif, Westfälischer Adel 1770-1860. Vom Herrschaftsstand zur regionalen Elite, Göttingen 1979.

16 F. Le Play, Les ouvriers européens, 6 Bde., 2. Aufl. Tours 1878/79 (1. Aufl. 1855); W. H. Riehl, Naturgeschichte des deutschen Volkes, Bd. 3: Die Familie, Stuttgart 1861 (1. Aufl. 1855). Erst in allerjüngster Zeit ist eine neue Arbeit erschienen, leider so spät, daß sie nicht mehr berücksichtigt werden konnte (Kocka, J. u. a., Familie und soziale Plazierung, Köln, Opladen 1980).

17 H. Möller, Die kleinbürgerliche Familie im 18. Jahrhundert, Berlin 1969.

18 Vgl. beispielsweise die Position von D. Claessens und F. W. Menne, Zur Dynamik der bürgerlichen Familie und ihrer möglichen Alternativen, in: G. Lüschen und E. Lupri (Hg.), Soziologie der Familie, Sonderheft 17 der Kölner Zeitschrift für Soziologie und Sozialpsychologie, Opladen 1970, S. 182.

19 Die nachstehenden methodologischen Überlegungen basieren zum großen Teil auf der Lektüre von und der Auseinandersetzung mit K. Korsch (Karl Marx, 3. Aufl., Frankfurt, Wien 1971) und L. Colletti (Marxismus als Soziologie, Berlin 1973).

20 K. Marx, Einleitung zur Kritik der Politischen Ökonomie, in: MEW, Bd. 13, S. 618 f.

21 Max Weber hat darauf hingewiesen, daß – im Gegensatz zur Theoriebildung in den Naturwissenschaften – »für die Erkenntnis der historischen Erscheinungen in ihrer konkreten Voraussetzung . . . die *allgemeinsten* Gesetze, weil die inhaltsleersten, regelmäßig auch die wertlosesten (sind). Denn je umfassender die Geltung eines Gattungsbegriffes – sein *Umfang* – ist, desto mehr führt er uns von der Fülle der Wirklichkeit *ab*, da er ja, um das Gemeinsame möglichst vieler Erscheinungen zu enthalten, möglichst abstrakt, also inhalts*arm* sein muß.« (Max Weber, Die »Objektivität« sozialwissenschaftlicher Erkenntnis, in: ders., Soziologie. Weltgeschichtliche

Analysen. Politik, Stuttgart 1956, S. 222).

22 K. Marx, Randglossen zu Adolph Wagners »Lehrbuch der politischen Ökonomie«, in: MEW, Bd. 19, S. 375.

23 Vgl. Korsch, a.a.O., S. 45 ff.

24 Vgl. dazu Max Weber, Die »Objektivität« ..., a.a.O., S. 234 ff. Weber hat allerdings in seinen historischen Schriften durchaus Ansätze zu realtypischer Betrachtung entwickelt. Vgl. dazu W. Schulze, Soziologie und Geschichtswissenschaft, München 1974, S. 222 ff.

25 Vgl. O. Brunner, Das »Ganze Haus« und die alteuropäische »Ökonomik«, in: ders., Neue Wege der Verfassungs- und Sozialgeschichte, 2. verm. Aufl., Göttingen 1968, S. 111.

26 Vgl. dazu C. W. Mills, Kritik der soziologischen Denkweise, Neuwied, Berlin 1963, S. 202 f.; J. Habermas, Theorie und Praxis, Neuwied, Berlin 1963, S. 173.

27 Th. Geiger, Die soziale Schichtung des deutschen Volkes, Darmstadt 1967, S. 78.

28 Ebd., S. 77.

29 Ebd., S. 80, 81.

30 Daraus ergibt sich von vornherein, daß hier weder gradationale noch funktionale Schichtungstheorien verwendet werden können. Gegen sie spricht darüber hinaus, daß sie nicht an – wie auch immer definierten – sozialen Kollektiven ansetzen, sondern das einzelne Individuum in den Mittelpunkt stellen. Sozial handlungs- oder verhaltensrelevante Merkmale, durch die Gruppen sich als eine Einheit erweisen, können nicht erfaßt werden. (Vgl. dazu M. Tjaden-Steinhauer und K. H. Tjaden, Klassenverhältnisse im Spätkapitalismus, Stuttgart 1973, S. 8 ff.). Obschon funktionalistische Schichtungstheorien im Gegensatz zu den gradationalen die Schichten innerhalb des gesellschaftlichen Zusammenhangs einander funktional zuordnen, ist dieser Versuch mit derart unrealistischen Annahmen befrachtet, daß auch diesem Ansatz nicht gefolgt werden kann. (Vgl. K. M. Bolte, Art. »Schichtung«, in: Soziologie. Das Fischer-Lexikon, umgearb. und erw. Neuausgabe, Frankfurt 1967, S. 269 f.)

31 Vgl. dazu K. Marx, Das Kapital, Bd. 1, in: MEW, Bd. 23, S. 382, 386, 446.

32 H. Stuke, Bedeutung und Problematik des Klassenbegriffs, in: Engelhardt, Sellin, Stuke (Hg.), Soziale Bewegung und politische Verfassung, Festschrift f. W. Conze, Stuttgart 1976, S. 66 f.

33 K. Marx, Der achtzehnte Brumaire des Louis Bonaparte, in: MEW, Bd. 8, S. 198.

34 Vgl. zum folgenden N. Poulantzas, Zum marxistischen Klassenbegriff, Berlin 1973.

35 Dieser Begriff ist insofern irreführend, als er in den Theorien sozialer Schichtung verwendet wird. Andererseits ist er aber auch in der Klassentheorie eingebürgert. Wenn im Rahmen dieser Arbeit von Schichten die Rede ist, sind damit Gliederungen innerhalb einer Klasse gemeint.

36 P. Bourdieu, Zur Soziologie der symbolischen Formen, Frankfurt 1974, S. 42.

37 Ebd., S. 46.

38 Max Weber, Wirtschaft und Gesellschaft, Studienausgabe, Bd. II, Köln, Berlin 1964, S. 680.

39 Ebd., S. 683.

40 Ebd., S. 679.

41 Ebd., S. 684.

42 Ebd., S. 686.

43 Vgl. ebd., S. 686 und 688. Webers Interpret R. Bendix formuliert diesen Gegensatz dahingehend, daß Klassen aus ökonomischen Interessen entstünden, Stände hingegen in Familienerfahrungen wurzelten und im Sozialisationsprozeß reproduziert würden (Inequality and Social Structure: A Comparison of Marx and Weber, in: American Sociological Review, Bd. 39 (1974), S. 153).

44 Max Weber, Wirtschaft und Gesellschaft, Bd. II, a.a.O., S. 683.

45 Ebd., S. 688.

46 Das verkennt auch Bendix, wenn er schreibt: »Before the individual reaches maturity, he has participated in his family's claim to social prestige, its occupational subculture and educational level.« (a.a.O., S. 153). Seiner Ansicht nach hat das mit Klassenlage nichts zu tun!

47 Bourdieu, Zur Soziologie . . ., a.a.O., S. 57 f.

48 Ebd., S. 59.

49 Ebd., S. 72 f.

50 Ebd., S. 74.

51 Die Übernahme des bürgerlichen Familienideals durch das Proletariat findet allerdings zunächst nur auf der ideologischen Ebene statt, weil die Praktizierung von Verhaltensweisen gebunden ist an bestimmte materielle Voraussetzungen (Zeit, Geld, Arbeitsweise etc.).

52 Bourdieu, Zur Soziologie . . ., a.a.O., S. 62.

53 Mit dem Begriff »vorkapitalistische Gesellschaft« werden hier die gesellschaftlichen Verhältnisse in Mittel- und Westeuropa unmittelbar vor Entstehen der kapitalistischen Gesellschaft bezeichnet. Für Deutschland ist damit – grob gesprochen – der Zeitraum des 17. und 18. Jahrhunderts angesprochen.

54 Vgl. W. Küttler, Zum Problem der Anwendung des marxistisch-leninistischen Klassenbegriffs auf das mittelalterliche Stadtbürgertum, in: Zeitschrift für Geschichtswissenschaft, Bd. 22 (1974),

S. 607 f.; M. Mauke, Zur Klassentheorie von Marx und Engels, Frankfurt 1970, S. 18 ff.

55 Küttler, a.a.O., S. 607.

56 Oder, wie Marx es ausdrückte, die treffende Analyse der Gegenwart bietet »auch den Schlüssel für das Verständnis der Vergangenheit« (K. Marx, Grundrisse der Kritik der politischen Ökonomie (Rohentwurf), Berlin 1953, S. 365).

57 So Stuke, a.a.O., S. 67.

58 R. Koselleck, Die agrarische Grundverfassung Europas zu Beginn der Industrialisierung, in: Fischer Weltgeschichte, Bd. 26: Das Zeitalter der europäischen Revolutionen 1780-1848, Frankfurt 1969, S. 234.

59 H. Gerth, Die Sozialgeschichte der bürgerlichen Intelligenz um die Wende des 18. Jahrhunderts, phil. Diss., Frankfurt/M. 1936, S. 6 f.

60 »Die soziale Einheit der Klasse war noch weniger ausgeprägt und organisiert als in der bürgerlichen Gesellschaft; ihre Konturen sind folglich weniger ausgeprägt und weniger deutlich faßbar.« (Küttler, a.a.O., S. 608).

61 Vgl. M. Vester, Die Entstehung des Proletariats als Lernprozeß, Frankfurt 1970; für England: E. P. Thompson, The Making of the English Working Class, 1. Aufl., London 1963.

62 Vgl. die Ausführungen bei J. Kocka, Stand-Klasse-Organisation. Strukturen sozialer Ungleichheit in Deutschland vom späten 18. bis zum frühen 20. Jahrhundert im Aufriß, in: H.-U. Wehler, Klassen in der europäischen Sozialgeschichte, Göttingen 1979, S. 144 ff.

63 K. Marx, Der achtzehnte Brumaire . . ., a.a.O., S. 198.

64 Dies betont Küttler, a.a.O., S. 608. Der Begriff der »ständischen Klasse« (Lenin) nimmt dies Moment auf. Vgl. dazu H. Schissler, Preußische Agrargeschichte im Wandel, Göttingen 1978, S. 45 ff.; L. Kuchenbuch und B. Michael, Schlußbetrachtung, in: dies. (Hg.), Feudalismus – Materialien zur Theorie und Geschichte, Berlin, Wien 1977, S. 731 ff.

65 Vgl. K. M. Bolte, Art. »Schichtung«, a.a.O., S. 269.

66 Der Begriff der »Arbeitsorganisation« steht im Zentrum des von Mitterauer und seinen Mitarbeitern durchgeführten Forschungsprojekts »Strukturwandel der Familie«. Vgl. die Hinweise darauf bei M. Mitterauer, Familiengröße – Familientypen – Familienzyklus, in: Geschichte und Gesellschaft, 1. Jg. (1975), S. 226 f.

67 Vgl. J. Ehmer, Arbeitsorganisation und Familienstruktur, unveröff. Manuskript, Frühjahr 1977, S. 3.

Anmerkungen zu Kapitel 1
Die Bauernfamilie

1 Vgl. dazu G. Franz, Geschichte des deutschen Bauernstandes vom frühen Mittelalter bis zum 19. Jahrhundert, Stuttgart 1970, S. 214 ff.

2 Vgl. R. Koselleck, Die agrarische Grundverfassung Europas zu Beginn der Industrialisierung, in: Das Zeitalter der europäischen Revolutionen 1780-1848, Fischer Weltgeschichte, Bd. 26, Frankfurt 1969, S. 250.

3 Mit dieser Bemerkung soll lediglich die *relative Konstanz* bäuerlicher Lebens- und Arbeitsverhältnisse hervorgehoben werden. Es wird nicht verkannt, daß im Untersuchungszeitraum die »Agrarrevolution« stattgefunden hat und die Technisierung der Produktion einsetzte.

4 Vgl. G. Franz, Landwirtschaft 1800-1850, in: Handbuch der deutschen Wirtschafts- und Sozialgeschichte, Bd. II, Stuttgart 1976, S. 294.

5 Eine wichtige Ausnahme, die hier jedoch nicht berücksichtigt werden kann, waren die Weinbauern. Sie heben sich durch geringe Autarkie und ausgeprägte Marktverflechtung hervor.

6 Vgl. W. Abel, Geschichte der deutschen Landwirtschaft vom frühen Mittelalter bis zum 19. Jahrhundert, 2. neubearb. Aufl., Stuttgart 1967, S. 212 ff.; W. Sombart, Die deutsche Volkswirtschaft im neunzehnten Jahrhundert und im Anfang des 20. Jahrhunderts, 7. Aufl., Berlin 1927, S. 325 f., 518.

7 Vgl. S. Kheras Untersuchung im Burgenland, wo die Landzersplitterung durch gezielte Heiraten zwischen Verwandten zu verhindern gesucht wird (Kin Ties and Social Interaction in an Austrian Peasant Village with Divided Land Inheritance, in: Behavior Science Notes, Bd. 7 [1972], S. 349 ff.).

8 Vgl. K. Grünberg, Agrarverfassung. Begriffliches und Zuständliches, in: Grundriß der Sozialökonomik, VII. Abt., Tübingen 1922, S. 154.

9 Darauf weist auch U. Planck (Die Landfamilie in der Bundesrepublik Deutschland, in: Sonderheft 14 der Kölner Zeitschrift für Soziologie und Sozialpsychologie, Opladen 1970, S. 383) hin, wenn er schreibt: »Die literarischen Zeugnisse und die wenigen wissenschaftlichen Abhandlungen, die wir über die deutsche Agrargesellschaft der Neuzeit besitzen, lassen schichtspezifische Unterschiede in Lebensstil und in der Organisation der Landfamilie vermuten.«

10 So auch F. W. Henning, Die Betriebsgrößenstruktur der mitteleuropäischen Landwirtschaft im 18. Jahrhundert und ihr Einfluß auf die

ländlichen Einkommensverhältnisse, in: Zeitschrift für Agrarge-schichte und Agrarsoziologie, Jg. 17 (1969), S. 174 ff.

11 Vgl. G. Albrecht, Das deutsche Bauerntum im Zeitalter des Kapita-lismus, in: Grundriß der Sozialökonomik, IX. Abt., 1. Teil, Tübin-gen 1926, S. 49 f.: Dieses Kriterium des Familienbetriebes kann man auch als »Unabkömmlichkeit« bezeichnen, wenn damit Unabkömm-lichkeit aller Familienmitglieder von der Arbeit gemeint ist. Besonders ausgeprägt ist sie bei vielseitiger Wirtschaft (so M. E. Graf zu Solms-Roedelheim, Die Einflüsse der Industrialisierung auf 14 Land-gemeinden bei Karlsruhe, Heidelberger staatswiss. Diss., 1939, S. 13, 19.).

12 Ähnlich auch J. Peters, Ostelbische Landarmut, in: Jb. für Wirt-schaftsgeschichte, 1967, Teil III, S. 274.

13 G. Franz, Geschichte des deutschen Bauernstandes . . ., a.a.O., S. 229; ähnlich E. W. Buchholz, Ländliche Bevölkerung an der Schwelle des Industriezeitalters, Stuttgart 1966, S. 9.

14 Wie intensiv gleichwohl die Differenzierung erlebt wurde, wird sehr eindringlich beschrieben von A. Ilien/U. Jeggle (Leben auf dem Dorfe, Opladen/Wiesbaden 1978, S. 67 ff.).

15 Vgl. ebd., S. 78 ff.

16 Einen Erklärungsansatz versucht R. Schulte: »Die unaufhörliche Thematisierung dieser Kluft in der Literatur und der Volkserzählung jener Zeit dient wohl eher ihrer Zementierung und Mythisierung als ihrer Infragestellung.« (Kindsmörderinnen auf dem Lande. Beitrag zur Tagung: Family and Kinship: Material Interest and Emotion, Paris 1980, unveröffentlichtes Manuskript, S. 6, erscheint in: Emotion und materielle Interessen in Familie und Verwandtschaft, hrsg. von H. Medick u. D. Sabean, Göttingen 1982).

17 Vgl. M. Segalen, Nuptualité et alliance: le choix du conjoint dans une commune de l'Eure, Paris 1972, S. 77 f.

18 Vgl. die sicher besonders krassen Verhältnisse in einem österreichi-schen Dorf, die Khera beschreibt (Social Stratification and Land Inheritance among Austrian Peasants, in: American Anthropologist, Jg. 75 [1973], S. 820).

19 Vgl. auch Henning, Die Betriebsgrößenstruktur . . ., a.a.O., S. 188.

20 Bestenfalls könnte man wie Henning sagen: »Unter der Vorausset-zung, daß Getreide die Hauptnahrung auf den Bauernhöfen bildete, mußte jede Familie an Ackerland mindestens zur Verfügung haben: westlich des Rheins 3,5 bis 4 ha, zwischen Rhein und Oder 5 bis 6 ha, östlich der Oder etwa 8 ha.« (F. W. Henning, Bestimmungsfaktoren der bäuerlichen Einkommen im 18. Jahrhundert, in: Jahrbuch für Wirtschaftsgeschichte 1970, Teil I, S. 173.)

21 Koselleck, Die agrarische Grundverfassung, a.a.O., S. 250.

22 Vgl. ebd.

23 F. W. Henning, Dienste und Abgaben der Bauern im 18. Jahrhundert, in: Quellen und Forschungen zur Agrargeschichte, hrsg. von W. Abel und G. Franz, Bd. 21 (1969), S. 171 ff.

24 Vgl. ebd., S. 117.

25 Henning, Bestimmungsfaktoren . . ., a.a.O., S. 183.

26 Ders., Dienste und Abgaben . . ., a.a.O., S. 7.

27 Vgl. Franz, Landwirtschaft . . ., a.a.O., S. 302.

28 Vgl. die Tab. 12 und 21 bei Henning, Dienste und Abgaben . . ., a.a.O., S. 40 und 79.

29 O. Mulert, Vierundzwanzig ostpreußische Arbeiter und Arbeiterfamilien, Jena 1908.

30 Ilien/Jeggle, a.a.O., S. 73.

31 J. Eilers, Meine Wanderung durchs Leben, 1. Teil, Leipzig 1856, S. 23.

32 Sombart, Der moderne Kapitalismus, Bd. I, Leipzig 1902, S. 39; ähnlich auch R. Braun, Industrialisierung und Volksleben, 2. Aufl., Göttingen 1979, S. 189 f.

33 Vgl. Lippische Landesbeschreibung von 1786, Detmold 1973, S. 8 f.

34 Vgl. Sombart, Der moderne Kapitalismus, Teil I, a.a.O., S. 34.

35 Vgl. O. Brunner, Adeliges Landleben und europäischer Geist, Salzburg 1949, S. 244.

36 M. Weber, Wirtschaft und Gesellschaft, Bd. I, a.a.O., S. 278.

37 So Ch. Garve, Über den Charakter der Bauern und ihr Verhältnis gegen die Gutsherrn und gegen die Regierung, in: ders., Vermischte Aufsätze, Breslau 1796, S. 77.

38 Teilweise wurden auch Tagelöhner beschäftigt. Hauptsächlich aber nur in den Spitzenzeiten des Arbeitsanfalls, als Ergänzung zu den kontinuierlich vorhandenen Arbeitskräften, zu denen das Gesinde gehörte.

39 Vgl. auch Albrecht, a.a.O., S. 30; so auch Franz für das 19. Jahrhundert (Landwirtschaft . . ., a.a.O., S. 294).

40 Diese Begrifflichkeit orientiert sich stark an N. Poulantzas (Zum marxistischen Klassenbegriff, a.a.O.). K. A. Wittfogel (Die natürlichen Ursachen der Wirtschaftsgeschichte, in: Archiv für Socialwissenschaft und Socialpolitik, Bd. 67 (1932), S. 466 ff.) verwendet den Begriff der Produktionsweise anders. Er dient ihm zur Bezeichnung dessen, was hier Arbeitsweise genannt wird. Jenseits dieser begrifflichen Differenzen werden von beiden Autoren unterschiedliche Akzente gesetzt. Während Wittfogel sehr stark das Verhältnis des Menschen zur Natur, die natürlichen Voraussetzungen der Produktion, betont, liegt für Poulantzas das Schwergewicht auf den Produktionsverhältnissen, also den gesellschaftlich-geschichtlichen Bedingungen. Welches Moment in der Produktionsweise dominiert, läßt

sich wohl kaum abstrakt entscheiden, sondern nur in einer konkreten, historisch-politischen Analyse. Es ist einleuchtend, daß die natürlichen Bedingungen der Produktion in Gesellschaften mit gering entwickelter Arbeitstechnik eine weitaus größere Bedeutung haben als beispielsweise in den industriekapitalistischen Gesellschaften der Gegenwart.

41 Vgl. Planck, Die Landfamilie . . ., a.a.O., S. 392, Tab. 6. Heute findet man häufig die »Betriebsgemeinschaft« zwischen Jungbauern- und Altenteilbetrieb. »Die Arbeitsteilung erfolgt dabei in der Regel so, daß die ältere Generation, solange sie noch einigermaßen leistungsfähig ist, die Landwirtschaft besorgt, während die jüngere zunächst einem nicht landwirtschaftlichen Hauptberuf nachgeht, um mit dem erzielten Barverdienst, u. U. eine schnellere Konsolidierung des landwirtschaftlichen Betriebs zu erreichen.« (H. Röhm, Das Problem einer sozialökonomischen Klassifikation der landbesitzenden Familien, in: Berichte über Landwirtschaft, N. F. 35 [1957], S. 30.)

42 Braun, Industrialisierung . . ., a.a.O., S. 155.

43 Vgl. M. Mitterauer, Der Mythos von der vorindustriellen Großfamilie, in: Familie und Gesellschaftsstruktur, hrsg. von H. Rosenbaum, Frankfurt 1978, S. 138 f.

44 So zutreffend D. Sabean, Aspects of Kinship Behavior and Property in Rural Western Europe before 1800, in: J. Goody, J. Thirsk, E. P. Thompson (Hg.), Family and Inheritance, Cambridge usw. 1977, S. 104, 107. Auf die Ursachen für die verschiedenen erbrechtlichen Regelungen kann hier nicht eingegangen werden.

45 W. Goldschmidt/E. Kunkel, The Structure of the Peasant Family, in: American Anthropologist, 73 (1971), S. 1069.

46 Vgl. L. K. Berkner, Inheritance, Land Tenure and Peasant Family Structure: a German Regional Comparison, in: Goody/Thirsk/Thompson, a.a.O., S. 87, Tab. 3.

47 Vgl. dazu das Beispiel bei Mitterauer, Der Mythos . . ., a.a.O., S. 139 ff.

48 Vgl. dazu die Beispiele für Altenteilsverträge bei H. Lauenstein, Die Entwicklung eines niedersächsischen Bauerndorfes in den letzten 100 Jahren, Hildesheim 1921, S. 46 ff. Interessanterweise steht in vielen Fällen den Altenteilern mehr an Naturalien zu als sie selbst verzehren können. Vgl. dazu D. Gaunt, The Retired Farmer: his Property and his Family Relations since the Middle Ages: Northern and Central Europe, Vortragsmanuskript, Göttingen 1979, S. 18.

49 Vgl. dazu Mitterauer, Der Mythos . . ., a.a.O., S. 139 f. Der Anstieg der Lebenserwartung kommt erst Ende des 19. Jahrhunderts voll zum Tragen. Die schon in seiner ersten Hälfte zu beobachtende Zunahme der Ausgedinge muß demnach andere Ursachen haben. Möglicherweise spielen hier die Verbesserungen der wirtschaftlichen

Situation der Bauern durch die günstige Agrarkonjunktur und Verbesserung des Ertrags durch neue Anbaumethoden und Feldfrüchte eine Rolle. (Hinweis von Prof. Dr. Mitterauer).

50 Ebd., S. 136.

51 So R. König (Alte Probleme und neue Fragen in der Familiensoziologie, a.a.O.) im Anschluß an Goode.

52 Vgl. G. Schwägler (Soziologie der Familie, Tübingen 1970, S. 145 ff.) und J. Kuthe (Bauerntum und Stadtkultur, phil. Diss. Hamburg 1934) für die Marschenbauern; entsprechendes berichtet auch H. Voigt-Diederichs (Auf Marienhoff, Jena 1926) vom elterlichen Hof.

53 Vgl. dazu J. Hajnal, European Marriage Patterns in Perspective, in: D. V. Glass/D. E. C. Eversley (Hg.), Population in History, London 1965.

54 Vgl. die Übersicht über verschiedene europäische Gebiete bei E. Shorter, Der Wandel der Mutter-Kind-Beziehungen zu Beginn der Moderne, in: Geschichte und Gesellschaft, 1. Jg. (1975), S. 278 ff.

55 J. Knodel, Two and a Half Centuries of Demographic History in a Bavarian Village (Anhausen), in: Population Studies, Jg. 24 (1970), Tab. 2, S. 359.

56 Vgl. ebd., S. 372, Tab. 11 und ff.; ähnliche Ergebnisse bei Mitterauer, Zur Familienstruktur in ländlichen Gebieten Österreichs im 17. Jahrhundert, in: Beiträge zur Bevölkerungs- und Sozialgeschichte Österreichs, hrsg. von H. Helczmanovszki, Wien 1973, S. 193 ff.

57 Vgl. H. Wülker, Bauerntum am Rande der Großstadt, Bd. I, Leipzig 1940, S. 14.

58 Ebd., S. 27 f. und 29.

59 Vgl. dazu Mitterauer, Der Mythos . . ., a.a.O., S. 149.

60 Vgl. die Übersicht über die Kinderzahl pro Hausgemeinschaft in zwei österreichischen Dörfern bei R. Sieder, Persönlichkeitsbildung in Haus und Familie, phil. Diss. Wien 1975, S. 179, Tab. 62.

61 Mitterauer, Zur Familienstruktur . . ., a.a.O., S. 192.

62 Vgl. ders., Vorindustrielle Familienformen . . ., a.a.O., S. 178.

63 L. K. Berkner, The Stem Family and the Developmental Cycle of the Peasant Household: an Eighteenth Century Austrian Example, in: American Historical Review, Bd. 77 (1972), S. 413; so auch Kuthe, a.a.O., S. 56.

64 Berkner, The Stem Family . . ., a.a.O., S. 416.

65 Mitterauer, Zur Familienstruktur . . ., a.a.O., S. 207.

66 Sie wird auch nur in groben Zügen behandelt. Es gibt zu diesem Problem sehr viel Literatur, die hier nicht in aller Breite abgehandelt werden kann.

67 Vgl. dazu F. Neidhardt, Die Familie in Deutschland, a.a.O., S. 15.

68 Mitterauer, Zur Familienstruktur . . ., a.a.O., S. 175; vgl. auch die Grafiken bei Sieder, Strukturprobleme der ländlichen Familie im 19. Jahrhundert, in: Zeitschrift für bayerische Landesgeschichte, Bd. 41 (1978), S. 199 ff.

69 Mitterauer, Zur Familienstruktur . . ., a.a.O., S. 176; für das 19. und 20. Jahrhundert vgl. Segalen, The Family Cycle and Household Structure: Five Generations in a French Village, in: Journal of Family History, Bd. 2 (1977), S. 227.

70 Mitterauer, Familiengröße – Familientypen – Familienzyklus, in: Geschichte und Gesellschaft, 1. Jg. (1975), S. 234 f.

71 Vgl. dazu Mitterauer, Zur Familienstruktur . . ., a.a.O., S. 177: »Wenn man Knechte, Mägde und andere – verwandte oder nicht-verwandte – in Hausgemeinschaft lebende Personen in historischen Rückblicken familiensoziologischer Arbeiten als ›familienfremd‹ bezeichnet, so wird dabei, von einem Vorverständnis des Begriffs Familie ausgegangen, das das Resultat einer späteren historischen Entwicklung als stets gegeben annimmt . . .«

72 Mitterauer, Familiengröße – Familientypen – Familienzyklus, a.a.O., S. 235.

73 Zit. bei P. Brugger, Der Anerbe und das Schicksal seiner Geschwister, Diss. Hohenheim 1935, S. 16 (Hervorhebungen von mir – H. R.).

74 J.-M. Gouesse (La formation du couple en Basse-Normandie, in: XVIIᵉ Siècle, Jg. 1974, Nr. 102-103, S. 65): »Pour vivre il fallait donc être deux, un homme et une femme . . . Les deux époux formaient la meilleure association.«

75 Wenn Mitterauer auch einen Rückgang der Wiederverehelichungen seit dem 17. Jahrhundert registrieren kann (Familiengröße – Familientyp – Familienzyklus, a.a.O., S. 233), was sicher mit dem Rückgang der Sterblichkeit zusammenhängt, so bleibt der Anteil in unserem Untersuchungszeitraum doch recht hoch. Wülker hat in seiner Untersuchung festgestellt, daß der Anteil der Zweitehen zwischen 1750 und 1850 bei ca. 28% aller Eheschließungen lag. Das heißt, fast jede dritte Ehe war eine Zweitehe (Wülker, a.a.O., S. 10).

76 Vgl. Mitterauer, Zur Familienstruktur . . ., a.a.O., S. 186; Knodel, Two and a Half Centuries . . ., a.a.O., S. 364 f.

77 Median und durchschnittlicher Abstand zwischen dem Ende der 1. Ehe und der Wiederheirat (in Monaten) in Anhausen (siehe Tabelle S. 508 oben).

78 Statt vom Rollenergänzungszwang (Mitterauer) wird hier bewußt von Positionen gesprochen, denn nicht Rollen, sondern Positionen werden wieder besetzt.

79 So Mitterauer, Zur Frage des Heiratsverhaltens im österreichischen Adel, in: Beiträge zur neueren Geschichte Österreichs, hrsg. von H.

Jahr in dem die vorherige Ehe endet	Männer		Frauen	
	Median (Zentral-wert)	Mittel-wert	Median	Mittel-wert
1692-1749	2,4	3,2	5,9	20,4
1750-1799	2,8	6,2	4,0	9,7
1800-1849	3,1	4,3	14,5	19,3
1850-1899	4,7	12,2	16,5	33,7
1900-1949	6,6	7,3	34,8	51,7
zusammen	3,0	6,0	7,5	23,2

Quelle: Knodel, Two and a Half Centuries . . ., a.a.O., S. 364.

Fichtenau und E. Zöllner, Wien, Köln, Graz 1964, S. 182.

80 Vgl. Hajnal, a.a.O.; auch E. A. Wrigley, Bevölkerungsstruktur im Wandel, München 1969, S. 61 ff.

81 Wülker, a.a.O., S. 14.

82 Vgl. Knodel, Two and a Half Centuries . . ., a.a.O., S. 361, Tab. 3 A; vgl. für Frankreich die Ergebnisse Segalens (Nuptialité . . ., a.a.O., S. 60, Tab. 20).

83 Vgl. M. Bidlingsmaier, Die Bäuerin in zwei Gemeinden Württembergs, staatswiss. Diss. Tübingen 1918, S. 165.

84 Vgl. Berkner, The Stem-Family . . ., a.a.O., S. 402.

85 Vgl. Sieder, Persönlichkeitsbildung . . ., a.a.O., S. 145; vgl. auch die Angaben bei Knodel, Two and a Half Centuries . . ., a.a.O., Tab. 3 C, S. 361; Wülker (a.a.O., S. 14) kann für seine Untersuchung keine schichtspezifischen Unterschiede im Heiratsalter ausmachen.

86 Vgl. Sieder, Persönlichkeitsbildung . . ., a.a.O., S. 151; vgl. auch die Tab. 3 bei Mitterauer (Zur Familienstruktur . . ., a.a.O., S. 187).

87 Vgl. ebd., S. 202.

88 Vgl. E. Shorter, Die Geburt der modernen Familie, Reinbek 1977, S. 164 ff.; auch O. Doll (Mir dean heirat'n, München 1940, S. 46) und viele andere.

89 Gouesse's gegenteilige Ansicht, die er u. a. auf Formulierungen in Gesuchen um die Heiratserlaubnis stützt, ist m. E. so nicht begründbar, da diese kaum von den Betroffenen selbst, sondern vermutlich von schreibkundigen Notaren etc. aufgesetzt worden sind, die ihnen die gängigen Gründe angegeben haben mögen (Gouesse, a.a.O., S. 56 f.).

90 Vgl. Shorter, Die Geburt . . ., a.a.O., S. 29 ff.

91 Ilien/Jeggle, a.a.O., S. 79.

92 Vgl. Khera, Kin Ties and Social Interaction . . ., a.a.O., S. 355 ff.

93 Vgl. auch F. W. Henning, Herrschaft und Bauernuntertänigkeit, Würzburg 1964, S. 318.

94 P. Bourdieu, Marriage Strategies as Strategies of Social Reproduction, in: Family and Society, hg. von R. Forster u. O. Ranum, Baltimore 1976, S. 135.

95 Vgl. Allmers: »Den weniger Besitzenden, den Köthner, pflegt der Marschenbauer meist nur über die Schulter anzublicken, ihn nicht anders zu nennen als den ›litten Mann, geringen Mann‹, an welchen seine Tochter zu verheirathen, ihm eine ewig schmerzliche Schmach sein würde. Daher verbinden sich die Hausmannsfamilien (= Marschenbauernfamilien, H. R.) fast ausschließlich mit Ebenbürtigen.« (H. Allmers, Marschenbuch, Gotha 1858, S. 127); ebenso auch G. Wunder, Schwäbische Schultheißenfamilien, in: Zeitschrift für Agrargeschichte und Agrarsoziologie, Jg. 9 (1961), H. 2., S. 209.

96 Vgl. Wülker, a.a.O., S. 50.

97 Planck, Hofstellenchronik von Bölgental, 1650-1966, in: Wege und Forschungen der Agrargeschichte, Frankfurt 1967, S. 252. Vermutlich rühren die Differenzen in den Aussagen Wülkers und Plancks daher, daß einmal nur die Großbauernfamilien, das andere Mal auch die anderen Kinder berücksichtigt wurden.

98 Vgl. Planck, Hofstellenchronik . . ., a.a.O., S. 253; G. Wunder, a.a.O., S. 209; auch Wülker, a.a.O., S. 43.

99 Bourdieu, Marriage Strategies . . ., a.a.O., S. 124.

100 Shorter, Différences de classe et sentiment depuis 1750, in: Annales. E. S. C., 29. Jg. (1974), S. 1043.

101 Vgl. Ilien/Jeggle, a.a.O., S. 78.

102 Bourdieu, Marriage Strategies . . ., a.a.O., S. 140.

103 Vgl. H. Medick u. D. Sabean, Family and Kinship: Material Interest and Emotion, in: Peasant Studies, 8 (1979), H. 2, S. 140.

104 Vgl. Ilien/Jeggle, a.a.O., S. 78 ff.

105 Vgl. P. Zimmermann, Der Bauernroman, Stuttgart 1975, S. 29.

106 Vgl. Ilien/Jeggle, a.a.O., S. 81.

107 Vgl. dazu Riehl, Die Familie, a.a.O., S. 310 ff.; Shorter, Die Geburt . . ., a.a.O., S. 149; neuerdings H. Medick, Spinnstuben auf dem Dorfe, in: G. Huck (Hg.), Sozialgeschichte der Freizeit, Wuppertal 1980, S. 19 ff.

108 Vgl. zur Verbreitung des Kiltgangs, K. R. V. Wikmann, Die Einleitung der Ehe, Abo 1937, S. 218 f.

109 Vgl. für Unterfranken K. S. Kramer, Bauern und Bürger im nachmittelalterlichen Unterfranken, Würzburg 1957, S. 221 f.

110 Vgl. Wikmann, a.a.O., S. 4 ff.

111 Ebd., S. 357 f.

112 Restbestände sind bis ins 20. Jahrhundert hinein zu finden (Hinweis von Prof. Mitterauer).

113 Vgl. K. S. Kramer, Bauern und Bürger . . ., a.a.O., S. 222; Wikmann, a.a.O., S. 366.

114 Aus der ersten Hälfte des 19. Jahrhunderts liegt ein Bericht aus Württemberg vor, der schildert, wie eine Gruppe von Jugendlichen es wagt, mit den Mädchen in einem Nachbardorf Kontakte anzuknüpfen. Sie werden von den jungen Männern (und einigen alten) dieses Dorfes auf dem Heimweg verprügelt. Dadurch wurde der Vorgang aktenkundig. Vgl. M. Scharfe, »Soziale Kontrolle« im Dorf des vorindustriellen Zeitalters, in: Württembergische Jb. für Volkskunde, 1961-64, S. 78 ff.

115 Vgl. dazu Grassl, Bäuerliche Liebe, in: Zeitschrift für Sexualwissenschaft, Bd. 13 (1926-27), S. 375.

116 Vgl. Schnapper-Arndt, Sozialstatistik, Leipzig 1908, S. 523 f.; K. S. Kramer, Bauern und Bürger . . ., a.a.O., S. 149; E. Kück, Das alte Bauernleben der Lüneburger Heide, Leipzig 1906, S. 158 f.; H. F. K. Günther, Das Bauerntum als Lebens- und Gemeinschaftsform, Leipzig 1939, S. 508; für die 2. Hälfte des 19. Jahrhunderts: Die geschlechtlich-sittlichen Verhältnisse der evangelischen Landbewohner im Deutschen Reiche, 1. Bd., 2. Abtl., Leipzig 1895, S. 31, 80.

117 So K. S. Kramer, Bauern und Bürger . . ., a.a.O., S. 222. Auf die Problematik des Anstiegs der Illegitimität seit dem Ende des 18. Jahrhunderts kann hier nicht eingegangen werden. Vgl. dazu die provozierenden Thesen Shorters (Female Emancipation, Birth Control and Fertility in European History, in: American Historical Review, Bd. 78 (1973), S. 605 ff.; ders., Die Geburt . . ., a.a.O., S. 99 ff.) und die profunde Kritik von J. W. Scott u. L. A. Tilly, Women's Work and the Family in Nineteenth-Century Europe, in: Comparative Studies in Society and History, Bd. 17 (1975), S. 36 ff.

118 Vgl. dazu G. Queri, Bauernerotik und Bauernfehme in Oberbayern, München 1975.

119 So zu Recht Shorter, Die Geburt . . ., a.a.O., S. 61 ff., 249 ff.; Ariés (Geschichte der Kindheit, München, Wien 1975, insbes. S. 469 ff.) hat diese Differenz als erster herausgearbeitet.

120 Vgl. z. B. Kück, a.a.O., S. 224, 254.

121 Vgl. I. Pinchbeck, Der Einfluß der ›agrarian revolution‹ auf Art und Umfang der produktiven Tätigkeit von Frauen verschiedener Bevölkerungsgruppen in der englischen Landwirtschaft zwischen 1750 und 1850, in: H. Rosenbaum, Familie und Gesellschaftsstruktur, a.a.O., S. 232 ff.; auch Voigt-Diederichs, a.a.O.

122 Vgl. die Schilderung irischer Verhältnisse bei C. M. Arensberg u. S. T. Kimball, Family and Community in Ireland, 2. Aufl., Cambridge/Mass. 1968, S. 32.

123 Vgl. zu diesen unterschiedlichen Lebensrhythmen Sabean, Intensivierung der Arbeit und Alltagserfahrung auf dem Lande, in: Sozialwis-

senschaftliche Informationen für Unterricht und Studium (SOWI), Jg. 6 (1977), S. 151; auch G. Wurzbacher u. R. Pflaum, Das Dorf im Spannungsfeld der industriellen Entwicklung, Stuttgart 1954, S. 103.

124 Vgl. Sabean, Intensivierung . . ., a.a.O., S. 149 ff., nach Bidlingsmaier, a.a.O., S. 57-59.

125 Berichtet von G. Herring, Ländliche Nahrung im Strukturwandel des 20. Jahrhunderts, Meisenheim 1974, S. 214. Vgl. auch die Schilderung von J. Möser, Die gute selige Frau, in: ders., Patriotische Phantasien, Berlin 1858, S. 203 ff.

126 W. H. Riehl, Die Familie . . ., a.a.O., S. 44.

127 Vgl. dazu W. Kramer, Das Wort ›Bauer‹ im niedersächsischen Sprachgebrauch, unveröff. Manuskript 1976; Shorter, Die Geburt . . ., a.a.O., S. 75 ff.

128 Vgl. K. Baumgarten, Die Tischordnung im alten mecklenburgischen Bauernhaus, in: Dt. Jb. für Volkskunde, Jg. 11 (1965), S. 8; Medick/Sabean, a.a.O., S. 143: »Rights and obligations surrounding the sharing of food are often direct translations of rights in other spheres or symbolize such rights.«

129 So Baumgarten, a.a.O., S. 10; vgl. auch die Belege für die anderen Landschaften in den Anmerkungen.

130 Ebd., S. 8.

131 Shorter, Différence de classe . . ., a.a.O., S. 1048. Aus Irland berichten Arensberg/Kimball: »As at breakfast, the men sit down together immediately, falling to the steaming plates . . . the woman sets before them. As they eat, she stands ready to refill their plates, talking with them about the morning work . . . As before, the woman and the children do not eat until the men have finished. They take their plates together when the men have left or have moved off to smoke an after-dinner pipe . . . The children may sometimes not come to the table but eat sitting upon the settle or the hearth seats.« (a. a. O., S. 37 f.). Zur Genese der nach Geschlechtern getrennten Mahlzeiten bei Bauern vgl. Marianne Weber, Ehefrau und Mutter in der Rechtsentwicklung, Tübingen 1907, S. 265.

132 Vgl. Herring, a.a.O., S. 214.

133 Vgl. dazu Marianne Weber, a.a.O., S. 200 ff.

134 Ebenda, S. 215.

135 Vgl. K. A. Wittfogel, Wirtschaftsgeschichtliche Grundlagen der Familienautorität, in: E. Fromm u. a. (Hg.), Studien über Autorität und Familie, Paris 1936, S. 504.

136 Bourdieu, Marriage Strategies . . ., a.a.O., S. 137, Anm. 33.

137 Riehl, Die Naturgeschichte des Deutschen Volkes, Bd. 2: Die bürgerliche Gesellschaft, Stuttgart 1861, S. 68.

138 Vgl. Sabean, Aspects of kinship behavior . . ., a.a.O., S. 108 ff.

139 E. Lupri, Contemporary Authority Pattern in the West German Family: a Study in Cross-National Validation, in: Journal of Marriage and the Family, Bd. 31 (1969), S. 142.

140 Ilien/Jeggle, a.a.O., S. 68.

141 Sieder, Persönlichkeitsbildung . . ., a.a.O., S. 136 ff.

142 O. Brunner, Das »ganze Haus« . . ., a.a.O., S. 112.

143 Sieder, Persönlichkeitsentwicklung . . ., a.a.O., S. 122 ff.

144 Vgl. dazu Marianne Weber, Ehefrau . . ., a.a.O., S. 215 f. mit vielen Beispielen. Vgl. auch D. Sabean, Verwandtschaft und Familie in einem württembergischen Dorf 1500 bis 1870: einige methodische Überlegungen, in: W. Conze (Hg.), Sozialgeschichte der Familie in der Neuzeit Europas, Stuttgart 1976, S. 233.

145 Fehlende Rücksichtnahme gegenüber schwangeren Frauen berichtet Herring (a.a.O., S. 215, Anm. 43) in ihrer Untersuchung aus einem Dorf in der Westeifel noch für dieses Jahrhundert: »Eine Frau erzählte, daß sie noch während der Wehen Heu abladen half. Als sie nicht mehr weiterarbeiten konnte, wurde ihr Mann unwillig und sagte zu ihr: ›Hättest ja wenigstens warten können, bis wir fertig waren!‹«

146 Riehl, Die Familie, a.a.O., S. 44 f.

147 Bidlingsmaier, a.a.O., S. 157.

148 Eckert, Sexualität auf dem Lande, in: Verhandl. des 1. Intern. Kongresses für Sexualforschung, Bd. 3, Berlin 1927, S. 51.

149 Vgl. E. Meyer (Beiträge zum Sexualleben der Landjugend, in: Zeitschrift für Sexualwissenschaft, Bd. 16 (1929-30), S. 110), der vom Überwiegen der Genitosexualität gegenüber den Äußerungen der Psychosexualität spricht.

150 Ilien/Jeggle, a.a.O., S. 80. Die Bezeichnung »unverklemmte Sexualität« erscheint mir allerdings unangemessen.

151 Shorter, Illegitimacy, Sexual Revolution and Social Change in Modern Europe, in: Journal of Interdisciplinary History, Bd. 2 (1971), S. 240.

152 J.-L. Flandrin, Späte Heirat und Sexualleben, in: C. Honnegger (Hg.), Schrift und Materie der Geschichte, Frankfurt 1977, S. 293 f.

153 Vgl. dazu E. Meyer, a.a.O., S. 109 und Eckert, a.a.O., S. 56.

154 So ausdrücklich für frühere Zeiten ein Gewährsmann bei Wurzbacher/Pflaum, a.a.O., S. 103. Die Magd als Sexualobjekt des Hoferben oder des Bauern ist vielfach belegt (vgl. Bidlingsmaier, a.a.O., S. 157; Die geschlechtlich-sittlichen Verhältnisse . . ., a.a.O., S. 11).

156 So Khera, An Austrian Peasant Village under Rural Industrialization, in: Behavior Science Notes, Bd. 7 (1972), S. 30.

157 Grassl (a.a.O., S. 375) bezieht sich auf die 20er Jahre dieses Jahrhunderts. Er ist als Bauernsohn ein intimer Kenner der Verhältnisse.

158 W. Kramer, a.a.O., S. 14.

159 Vgl. Shorter, Die Geburt der modernen Familie, a.a.O., 2. Kap.; W. Kramer kommt in seiner Untersuchung zu dem Ergebnis, daß eines der wenigen Sprichtworte im niedersächsischen Sprachgebrauch, das »Gutes« zugunsten der Frau aussagt, die schon oben zitierte Redewendung ist: »een Buur kann nich so väl op'n Wagen rinföhren, ans de Froo in de Schört rutdrägen kann.« (a.a.O., S. 13 f.)

160 »So lang we sögt, kriegt wie ken Kind weller«, sagen die Frauen (Kück, a.a.O., S. 11).

161 Flandrin, Familien, Frankfurt, Berlin, Wien 1978, S. 232, 236 f.

162 Vgl. die Tab. 21, S. 321 bei Flandrin (Familien, a.a.O.); Knodel u. E. van der Walle, Breast Feeding and Infant Mortality, in: Population Studies, Bd. 21 (1967), S. 109 ff.; Bäuerliche Zustände in Deutschland, Bd. 1 (= Schriften des Vereins f. Socialpolitik, Bd. 22), Leipzig 1883, S. 280.

163 Shorter, Der Wandel . . ., a.a.O., S. 257.

164 Auch die große Zahl geistig gestörter Kinder dürfte hierauf zurückzuführen sein (Hinweis von Prof. Mitterauer).

165 Shorter, Der Wandel . . ., a.a.O., S. 277.

166 Das Stammhalterdenken ist bei Bauern jedoch nicht überall sehr stark ausgeprägt gewesen. Vielfach wurde der Hof, wie erwähnt, durch Wiederverheiratung der Witwe weitergegeben. Ziehkinder oder weitere Verwandte als Erben kamen häufiger vor.

167 Vgl. Knodel/van der Walle, a.a.O.

168 Kück, a.a.O., S. 11; J. P. Süßmilch, Die göttliche Ordnung in den Veränderungen des menschlichen Geschlechts, aus der Geburt, dem Tode und der Fortpflanzung desselben, 2. Ausg., 1. Theil, Berlin 1761, § 95, S. 194.

169 Vgl. Shorter, Der Wandel . . ., a.a.O., S. 271 ff.; vgl. auch L. deMause, Evolution der Kindheit, in: ders. (Hg.), Hört ihr die Kinder weinen?, Frankfurt 1979, S. 62 ff.

170 P. Laslett, The World we have lost, 2. Aufl., London 1971, S. 111.

171 Ilien/Jeggle, a.a.O., S. 74.

172 Ebd., S. 74.

173 Vgl. Baumgarten, a.a.O., S. 9.

174 Ebd.

175 F. Paulsen, Aus meinem Leben, Jena 1909, S. 37.

176 Vgl. dazu die Äußerungen Lasletts, der für englische Verhältnisse keine wesentliche Differenz ausmachen kann (Introduction, in: ders. u. R. Wall (Hg.), Household and Family in Past Time, Cambridge 1972, S. 71 f.).

177 Bidlingsmaier, a.a.O., S. 174.

178 Wurzbacher/Pflaum, a.a.O., S. 89. Dies Beispiel und auch Beobachtungen Bidlingsmaiers (a.a.O., S. 179) zeigen das Weiterbestehen dieser Zwänge und das neue Moment, das schlechte Gewissen, weil

man den Kindern nicht genug Zeit widmen kann.

179 Vgl. Paulsen, a.a.O., S. 74 f.
180 Vgl. F. Wurst u. a., Entwicklung und Umwelt des Landkindes, Wien, München 1961, S. 177.
181 Sieder, Persönlichkeitsbildung ..., a.a.O., S. 217; M. Bacherler, Deutsche Familienerziehung im Zeitalter der Aufklärung und der Romantik, phil. Diss. Erlangen 1914, Stuttgart 1914, S. 120.
182 W. Roessler, Die Entstehung des modernen Erziehungswesens in Deutschland, Stuttgart 1961, S. 69.
183 Vgl. Mitterauer, Vorindustrielle Familienformen ..., a.a.O., S. 178 f.
184 Vgl. Mitterauer, Zur Familienstruktur ..., a.a.O., S. 205; ebenso Sieder, Persönlichkeitsbildung ..., a.a.O., S. 75; auch Paulsen, a.a.O., S. 49.
185 Roessler, a.a.O., S. 69.
186 W. J. Thomas u. F. Znaniecki, The Polish Peasant in Europe and America, New York 1958, Bd. 2, S. 1920, Anm. 1.
187 Vgl. R. Meiborg (Das Bauernhaus im Herzogtum Schleswig und das Leben des schleswigschen Bauernstandes im 16., 17. und 18. Jahrhundert, Schleswig 1896, S. 51) für Eiderstedt.
188 In Preußen wurde die Schulpflicht schon 1717 landesweit eingeführt und 1794 im Allgemeinen Preußischen Landrecht bekräftigt. Gesellschaftliche Verhältnisse, einerseits die Kinderarbeit, andererseits die Finanzierung der Schulen durch die Kommunen, standen einer vollen Realisierung der Schulpflicht jedoch entgegen. Erst in der zweiten Hälfte des 19. Jahrhunderts setzte sie sich allmählich durch (vgl. H. Titze, Die Politisierung der Erziehung, Frankfurt 1973, S. 40 f., S. 159).
189 Vgl. Paulsen, a.a.O., S. 49; J. Beckmann, Beyträge zur Oekonomie, Technologie, Polizei- und Cameralwissenschaft, 7. Theil, Göttingen 1783, S. 10 f.
190 Zu den schlechten Schulverhältnissen vgl. J. Tews, Aus Arbeit und Leben, Berlin, Leipzig 1921, S. 26; Kück, a.a.O., S. 55; Beckmann, a.a.O., S. 10.
191 Vgl. die Autobiographien Paulsens und Eilers' sowie Bidlingsmaiers These von der Versenkung im Glauben als *eine* Reaktionsmöglichkeit der Frauen auf ihre Überbelastung (a.a.O., S. 168).
192 Vgl. Thomas/Znaniecki, a.a.O., 2. Bd., S. 1920, Anm. 1.
193 Bidlingsmaier, a.a.O., S. 175.
194 T. K. Hareven, Family Time and Historical Time, in: Daedalus, Frühjahr 1977, S. 64.
195 Vgl. Baumgarten, a.a.O., S. 8. »Es ist bekannt, daß in manchen Gegenden Kinder erst dann das Recht erhielten, sich bei den Mahlzeiten auch vom Fleisch zu nehmen, wenn sie bereits zur

Erbringung bestimmter Arbeitsleistungen imstande waren.« (Sieder, Persönlichkeitsbildung . . ., a.a.O., S. 206 f.).

196 Ebd., S. 211.

197 Die Bevorzugung des Erben hat sich auch in den Sprichworten niedergeschlagen. »de Buur hett man ein Kind« heißt es in der Göttinger Gegend (W. Kramer, a.a.O., S. 16).

198 Auf diese Ambivalenz weisen auch Ilien/Jeggle hin (a.a.O., S. 89).

199 Ebd., S. 76. Daß zu diesem Ergebnis auch die erwähnte Vernachlässigung der Kleinkinder sowie die Verwendung von Mohn und Alkohol als Beruhigungsmittel beitrugen, ist wahrscheinlich.

200 So Bacherler, a.a.O., S. 138.

201 E. M. Arndt, Erinnerungen aus dem äußeren Leben, Leipzig 1840, S. 20; so auch Bacherler, a.a.O., S. 139.

202 Ebd., S. 137.

203 So Sieder, Persönlichkeitsbildung . . ., a.a.O., S. 125.

204 Bacherler, a.a.O., S. 95. Er bezieht sich offenbar auf Eilers, a.a.O., S. 18.

205 Doll (a.a.O., S. 98) berichtet solche Fälle aus Bayern. Vgl. auch den eindrucksvollen Roman von F. Innerhofer, Schöne Tage (2. Aufl., Frankfurt 1978), der aus der Perspektive eines unehelichen Bauernsohnes geschrieben ist.

206 Vgl. Sieder, Persönlichkeitsbildung . . ., a.a.O., S. 211; für die Bundesrepublik B. v. Deenen, Die ländliche Familie unter dem Einfluß von Industrienähe und Industrieferne, Berlin 1961, S. 56.

207 Vgl. dazu die unterschiedlich aufschlußreichen Untersuchungen über das Schicksal der weichenden Erben beispielsweise durch P. Brugger (a.a.O.) und J. Hartwig (Das Schicksal der weichenden Erben, in: Archiv für Bevölkerungswissenschaft und Bevölkerungspolitik, Jg. VI (1936), S. 231 ff.).

208 So Günther, a.a.O., S. 123; die Benachteiligung der nachgeborenen Bauernkinder wird auch für den hohen Anteil der Armen in der vorkapitalistischen Gesellschaft verantwortlich gemacht (vgl. H. Schmelzle, Der Staatshaushalt des Herzogtums Bayern im 18. Jahrhundert mit Berücksichtigung der wirtschaftlichen, politischen und sozialen Verhältnisse, Stuttgart 1900, S. 35.).

209 Khera, Social Stratification . . ., a.a.O., S. 817.

210 Dies., An Austrian Peasant Village . . ., a.a.O., S. 32.

211 Sieder, Persönlichkeitsbildung . . ., a.a.O., S. 212, Anm. 1.

212 Ilien/Jeggle, a.a.O., S. 75 f.

213 Ebd., S. 77.

214 Riehl, Bürgerliche Gesellschaft, a.a.O., S. 74 f.

215 Vgl. Th. v. d. Goltz, Die Lage der ländlichen Arbeiter im Deutschen Reich, Berlin 1875, S. 452 ff.

216 Wülker, a.a.O., S. 54; ähnliche Angaben in der Enquête »Die

geschlechtlich-sittlichen Verhältnisse ...« (a.a.O., S. 42) für die östliche Uckermarck.

217 Vgl. zu den Ausnahmen: Mitterauer, Gesindeehen in ländlichen Gebieten Kärntens – ein Sonderfall historischer Familienbildung, in: Grazer Forschungen zur Wirtschafts- und Sozialgeschichte, Bd. 3 (1978), S. 227 ff.

218 Vgl. dazu H. Stekl, Hausrechtliche Abhängigkeit des Gesindes, in: Beiträge zur Historischen Sozialforschung, 5. Jg. (1975), Nr. 2, S. 36; so auch Berkner, The Stem-Family ..., a.a.O., S. 411.

219 Berkner, The Stem-Family ..., a.a.O., S. 417; Baumgarten, a.a.O., S. 8 f.

220 Arndt, a.a.O., S. 12.

221 Vgl. Mitterauer, Familiengröße – Familientypus – Familienzyklus, a.a.O., S. 236, Anm. 32.

222 So J. F. Dietz, Das Dorf als Erziehungsgemeinde, 3. Aufl., Weimar 1947, S. 18; vgl. auch die oben zitierten Äußerungen Paulsens.

223 Für Kleinbauern vgl. W. Gierlichs, Kategorische und persönliche Distanz, in: L. v. Wiese (Hg.), Das Dorf als soziales Gebilde, München, Leipzig 1928, S. 43.

224 Günther (a.a.O., S. 192 f.) für Schleswig und Niedersachsen; Baumgarten für Mecklenburg (a.a.O., S. 8).

225 Vgl. die Schilderungen F. Rehbeins, (Das Leben eines Landarbeiters, Jena 1911, S. 141) über die Marschenbauern in den 80er Jahren des 19. Jahrhunderts, aber auch die Abels über den Reichtum norddeutscher Großbauern seit dem ausgehenden 18. Jahrhundert (Agrarkrisen und Agrarkonjunkturen, 2. neubearb. Aufl., Hamburg, Berlin 1966, S. 201 f.).

226 Wie weit sie reicht wird daran deutlich, daß in Oldenburg und Ostfriesland die Aborte getrennte Sitze für Bauern und Knechte hatten (Das Bauernhaus im deutschen Reiche und in seinen Grenzgebieten, 1906, S. 79).

227 Vgl. Baumgarten, a.a.O., S. 13.

228 Ähnlich v. d. Goltz, a.a.O., S. 452.

229 Vgl. dazu E. W. Buchholz, a.a.O., S. 70 ff., 73 ff.

230 Ganz anders liegen die Verhältnisse bei den Armen und Habenichtsen. Hier muß die Frage umgekehrt gestellt werden: Wie können sich unter diesen oder jenen Bedingungen des Wohnens die Beziehungen entwickeln?

231 Es versteht sich von selbst, daß hier nicht der »Wandel des Wohnens im Bauernhaus« an sich im Mittelpunkt stehen kann.

232 Für Baden (Das Bauernhaus ..., a.a.O., S. 261 f.), für Niedersachsen (W. Bomann, Bäuerliches Hauswesen und Tagwerk im alten Niedersachsen, Weimar 1942, S. 41).

233 Bomann, a.a.O., S. 41.

234 Ebenda, S. 41; E. Meier-Oberist, Kulturgeschichte des Wohnens im abendländischen Raum, Hamburg 1956, S. 97; Abel, Landwirtschaft 1500-1648, in: Hdbuch der dt. Wirtschafts- und Sozialgeschichte, Bd. I, a.a.O., S. 402; Das Bauernhaus . . ., a.a.O., S. 271.

235 Vgl. Meier-Oberist, a.a.O., S. 207; Das Bauernhaus . . ., a.a.O., S. 56.

236 Das Bauernhaus . . ., S. 79, 95.

237 Vgl. Meier-Oberist, a.a.O., S. 207; Das Bauernhaus . . ., a.a.O., S. 79 (Abb.) und S. 56. Ähnliches berichtet Kück für die Lüneburger Heide, a.a.O., S. 203 ff.

238 Vgl. für Württemberg: Bidlingsmaier, a.a.O., S. 126.

239 E. Schuster, Was mein einst war, 2. neubearb. Aufl., Plauen i. V. 1932, S. 12. Es handelt sich bei Schusters Elternhaus offenbar um einen mittleren Betrieb, denn obwohl die Altenteiler noch leben, wird eine Magd erwähnt.

240 Bomann, a.a.O., S. 46.

241 Meier-Oberist, a.a.O., S. 224.

242 Vgl. die zweifellos glorifizierende Schilderung J. Mösers über das alte Sachsenhaus, wie es im 19. Jahrhundert in bestimmten Gegenden noch bestand. Die Schlafstelle der Bäuerin »ist gleichfalls hinter dem Herde und sie behält aus derselben eben diese große Aussicht, sieht ihr Gesinde zur Arbeit aufstehen und sich niederlegen, das Feuer anbrennen und verlöschen und alle Thüren auf- und zuschlagen, höret ihr Vieh fressen, die Weberin schlagen, und beobachtet wiederum Keller, Boden und Kammer. Wenn sie im Kindbette liegt, kann sie noch einen Theil dieser häuslichen Pflichten aus dieser ihrer Schlaf-stelle wahrnehmen.« (J. Möser, zitiert nach W. H. Riehl, Die Familie, a.a.O., S. 213.).

243 Paulsen, a.a.O., S. 34 f.; es handelt sich hier um die Wohn- und Lebensverhältnisse auf einem mittleren Marschenhof, auf dem ein Knecht, eine Magd und ein Tagelöhner sowie Aushilfen bei der Ernte beschäftigt sind.

244 Vgl. die eindrucksvolle Schilderung bei Allmers (a.a.O., S. 157 ff.).

245 Riehl weist darauf hin, daß nicht zufällig jahrhundertelang versucht wurde, durch Polizeiverordnungen das Übermaß der Feste bei Bürgern und Bauern einzuschränken (Die Familie, a.a.O., S. 300). U. Jeggle erklärt diese verschwenderische Verausgabung als »Negation des Alltags« und Antizipation künftigen (erhofften) Überflusses (Familienfeste, in: Sozialwissenschaftliche Informationen für Unter-richt und Studium, Jg. 9 [1979], H. 1, S. 18 f.).

246 Vgl. Wurzbacher/Pflaum, a.a.O., S. 113; J. Feige, Der alte Feier-abend, phil. Diss. Leipzig, München 1936, S. 23 f.

247 So Wurzbacher/Pflaum für die Zeit vor dem 1. Weltkrieg im Huns-rück (a.a.O., S. 125).

248 Vgl. Feige, a.a.O., S. 34 f. Vgl. zum Umfang des Analphabetismus R. Schenda, Volk ohne Buch, Frankfurt 1970, S. 49, 443 ff. Zu den Inhalten: Feige, a.a.O., S. 39 ff.

249 Vgl. Feige, a.a.O., S. 43.

250 Laslett, The World ..., a.a.O., S. 10.

251 Vgl. Kück, a.a.O., S. 253.

252 Khera, Social Stratification ..., a.a.O., S. 817; dies., An Austrian Peasant Village ..., a.a.O., S. 32.

253 dies., Kin Ties and Social Interaction ..., a.a.O., S. 363.

254 Vgl. die Beispiele bei Queri, a.a.O., S. 19 f. und 65 ff.

255 Vgl. dazu Marianne Weber, Ehefrau und Mutter ..., a.a.O., S. 216.

256 I. Weber-Kellermann, Die deutsche Familie, Frankfurt 1974, S. 86.

257 Vgl. O. Brunner, Das »ganze Haus« ..., a.a.O., S. 105 ff.

258 Brunner, Adeliges Landleben ..., a.a.O., S. 245 f.

259 U. Planck, Der bäuerliche Familienbetrieb zwischen Patriarchat und Partnerschaft, Stuttgart 1964, S. 49; neuerdings setzen sich getrennte Haushalte wieder durch, vgl. Planck, Die Landfamilie ..., a.a.O., S. 398.

260 Ebd., S. 395.

261 So Bidlingsmaier, a.a.O., S. 179.

262 Planck, Die Landfamilie ..., a.a.O., S. 401.

263 Ebd.

264 Brugger, a.a.O., S. 34.

265 Planck, Die Landfamilie ..., a.a.O., S. 385.

266 So Schelsky am Anfang der 50er Jahre (Wandlungen der deutschen Familie in der Gegenwart, 5. Aufl., Stuttgart 1967, S. 360 f.).

267 Zu dieser Debatte vgl. Planck (Die Landfamilie ..., a.a.O., S. 380 ff.) und H. Linde (Persönlichkeitsbildung in der Landfamilie, in: H. Rosenbaum (Hg.), Familie und Gesellschaftsstruktur, a.a.O., S. 215 ff.).

268 Vgl. Linde, a.a.O.

Anmerkungen zu Kapitel 2
Die Familie im »alten« Handwerk

1 Vgl. K.-H. Kaufhold, Handwerk und Industrie 1800-1850, in: Handbuch der deutschen Wirtschafts- und Sozialgeschichte, Bd. 2, Stuttgart 1976, S. 354, Tab. 4.

2 Vgl. die eindrucksvollen Beispiele, die Ph. A. Nemnich gibt (Tagebuch einer der Kultur und Industrie gewidmeten Reise, Tübingen 1809, Bd. 1, S. 130 ff., 142; Bd. 2, S. 159 ff.).

3 Vgl. W. Zorn, Gewerbe und Handel 1648-1800, in: Handbuch der

deutschen Wirtschafts- und Sozialgeschichte, Bd. I, Stuttgart 1971,
S. 536.

4 Vgl. Kaufhold, Umfang und Gliederung des deutschen Handwerks
um 1800, in: W. Abel (Hg.), Handwerksgeschichte in neuerer Sicht,
Göttingen 1970, S. 52 ff.

5 Vgl. O. K. Roller, Die Einwohnerschaft der Stadt Durlach im
18. Jahrhundert, Karlsruhe 1907, S. 304, 326; W. Fischer, Das
deutsche Handwerk in den Frühphasen der Industrialisierung, in:
ders., Wirtschaft und Gesellschaft im Zeitalter der Industrialisierung,
Göttingen 1972, S. 328, und die Tabelle bei G. Schmoller, Zur
Geschichte der deutschen Kleingewerbe im 19. Jahrhundert, Halle
1870, S. 65; J. Kulischer, Allgemeine Wirtschaftsgeschichte des
Mittelalters und der Neuzeit, Bd. II, 3. Aufl., München, Wien 1965,
S. 480.

6 W. Fischer, Handwerksrecht und Handwerkswirtschaft um 1800,
Berlin 1955, S. 69.

7 »Nur solange die Technik, die häusliche Wirtschaft und die Ver-
kehrsverhältnisse dieselben bleiben – und die haben sich bis 1831
wenig geändert –, wird die Thatsache, daß die vorzüglichsten
Handwerke in erster Linie für lokale, nothwendige, stets ziemlich
konstante Bedürfnisse arbeiten, dem Handwerk den sichern, unveränderten Boden erhalten.« (Schmoller, a.a.O., S. 57 f.). Ähnlich auch
Kulischer (a.a.O., S. 480 f.), der auf den hohen Anteil der häuslichen
Eigenproduktion hinweist.

8 Vgl. G. Wunder, Die soziale Struktur der Handwerkerschaft in
unseren alten Städten, in: E. Maschke und J. Sydow, Städtische
Mittelschichten, Stuttgart 1972, S. 120.

9 Vgl. O. Bährs Schilderung Kassels um 1830 (Eine deutsche Stadt vor
60 Jahren, Leipzig 1884); ähnlich auch Kaufhold, Das Handwerk der
Stadt Hildesheim im 18. Jahrhundert, Göttingen 1968, S. 261 f.

10 Vgl. dazu Schmoller, a.a.O., S. 278.

11 Vgl. W. Harnisch, Mein Lebensmorgen, Berlin 1865, S. 18, 32.

12 Vgl. Schmoller, a.a.O., S. 263.

13 In der Stadt hingegen mußte jeder, der ein Gewerbe selbständig und
legal ausübte, der jeweiligen Zunft beitreten (Vgl. Schmelzle, a.a.O.,
S. 76 f.).

14 Vgl. W. Sombart, Die deutsche Volkswirtschaft, a.a.O., S. 56.

15 Vgl. R. Wissell, Des Alten Handwerks Recht und Gewohnheit,
Berlin 1971/74 (Neudruck), Bd. II, S. 402; W. Nahrstedt, Die Entstehung der Freizeit, Göttingen 1972, S. 126 ff.; A. Bruns (Die
Arbeitsverhältnisse der Lehrlinge und Gesellen im städtischen Handwerk in Westdeutschland bis 1800, Köln 1938, S. 38) meint sogar, ein
großer Teil des Tages sei nur in »Arbeitsbereitschaft« verbracht
worden.

16 So Max Weber (Die protestantische Ethik, München, Hamburg 1965, S. 50), der anschließend auf den anhaltenden Widerstand der Betroffenen gegen die Durchsetzung einer anderen Arbeitsmentalität im Zuge der kapitalistischen Entwicklung hinweist.

17 Vgl. W. Fischer, Das deutsche Handwerk in den Frühphasen der Industrialisierung, a.a.O., S. 328; vgl. auch die Tab. bei Schmoller, a.a.O., S. 65 und 71. In diesen Zahlen sind die Dorfhandwerker eingeschlossen, die in der Regel ohne Gesellen arbeiten.

18 Vgl. dazu auch die Angaben bei Schmoller, a.a.O., S. 278.

19 Vgl. Kaufhold, Das Handwerk der Stadt Hildesheim ..., a.a.O., Anlage 1, Tab. 2, S. 293 und S. 56.

20 Zu den Ausnahmen vgl. die Schilderung in dem Roman »Anton Reiser« von K. Ph. Moritz, in dem einfühlsam das Problem monotoner Arbeit im Handwerk beschrieben wird (1. Theil, Berlin 1785, S. 109).

21 Vgl. Schmelzle, a.a.O., S. 76 f. Der Begriff »Zunft« wird hier als Sammelbegriff für die regional unterschiedlichen Bezeichnungen (Amt, Gilde, Innung) verwendet. Vgl. dazu F. Frensdorff, Das Zunftrecht insbes. Norddeutschlands und die Handwerkerehre, in: Hansische Geschichtsblätter, XIII (1907), S. 9.

22 Wissell, a.a.O., Bd. I, S. 145.

23 Vgl. ebd., Bd. II, S. 298.

24 Wie stark diese Abwehrhaltung gegenüber technischem Fortschritt mit der Existenz der Zunft verbunden ist, zeigt sich daran, daß schon 1523 eine Thorner Zunftordnung vorschrieb: »Niemand soll etwas neues erdenken, erfinden oder gebrauchen, sondern jeder soll aus bürgerlicher oder brüderlicher Liebe seinem Nächsten folgen.« (zit. bei J. Bergmann, Das Berliner Handwerk in den Frühphasen der Industrialisierung, Berlin 1973, S. 18).

25 Diese Meinung wird in der Literatur generell vertreten. Kaufhold hat für Hildesheim jedoch festgestellt, daß dort auch im 18. Jahrhundert für Fremde der Zugang zum Gewerbe noch relativ einfach möglich war. Einen Einblick vermittelt die unten (S. 150) übernommene Tabelle über den Anteil der Meistersöhne und der einheiratenden Gesellen an den Neuaufnahmen in die Zunft.

26 Vgl. Roller, a.a.O., S. 283; Schmelzle, a.a.O., S. 83 f.; H. Bopp, Die Entwicklung des deutschen Handwerksgesellentums im 19. Jahrhundert unter dem Einfluß der Zeitströmungen, Paderborn 1932, S. 25 f.

27 Vgl. dazu Wissell, Bd. II, a.a.O., S. 34 ff.; im einzelnen vgl. dazu unten.

28 »Unehrliche Leute« sind Unfreie und deren Nachkommen, unehelich Geborene und Angehörige unehrlicher Gewerbe (Scharfrichter, Schäfer, Leineweber, Spielleute etc.). Unehrlich sind solche Gewerbe

teils, weil sie traditionell von ehemals Unfreien betrieben wurden (z. B. das Dorfhandwerk der Leineweber), teils weil sie verachtungswürdige Tätigkeiten umfassen (Scharfrichter). Dies ist eine generelle Rechtsauffassung, die sich bis ins 18. Jahrhundert hinein unangefochten erhält. (Vgl. Wissell, a.a.O., Bd. I, S. 145 ff.) Ähnlich Frensdorff, a.a.O., S. 40. Insbesondere die »uneheliche Geburt« wird sehr weit ausgelegt. Nicht nur die außerhalb der Ehe Geborenen gehören dazu, sondern in einigen Zünften auch diejenigen, die zu schnell nach der Eheschließung geboren werden. Vgl. Wissell, a.a.O., Bd. I, S. 262 ff. Viele Beispiele dafür bringt auch H. Möller, Die kleinbürgerliche Familie . . ., a.a.O., S. 91 ff.

29 Vgl. die Schilderung des Verhaltens der Hildesheimer Schmiedezunft bei Joh. H. Gebauer (Das Hildesheimer Handwerkswesen im 18. Jahrhundert und das Reichsgesetz von 1731 gegen die Handwerksmißbräuche, in: Hansische Geschichtsblätter, XXIII [1917] S. 170 ff.).

30 »Die hohe Einschätzung der Herkunft, der ›Geburt‹, ist ein Merkmal der altständischen Welt überhaupt. Die Familie ist der kleinste menschliche Verband, der heil sein muß, soll der Verband der Zunft, in den sie eingeht, heilbleiben . . . Für das korporative und traditionale Lebensgefühl kommt es wesentlich darauf an, in welchen Bindungen der Mensch steht; nicht was einer kann, sondern was er ist, entscheidet, und was einer ist, bestimmt die Geburt, die ihm den Platz in der Gesellschaftspyramide zuweist.« (R. Stadelmann und W. Fischer, Die Bildungswelt des deutschen Handwerkers um 1800, Berlin 1955, S. 81).

31 Für diese Interpretation spricht auch, daß die Fixierung der Zünfte auf die moralische »Reinheit« ihrer Mitglieder das Ergebnis der Entwicklung der Zünfte im 17. und 18. Jahrhundert gewesen zu sein scheint, einem Zeitraum also, in dem es mit dem Handwerk stetig bergab ging. Vgl. dazu M. Walker, German Home Towns, Ithaka, London 1971, S. 105; A. Schäffle, Art. »Gewerbe«, in: Deutsches Staats-Wörterbuch, Bd. IV, Stuttgart, Leipzig 1859, S. 322; J. H. Gebauer, a.a.O., S. 158.

32 Vgl. Wissell, a.a.O., Bd. I, S. 246 und die vielen Beispiele, die er für den Kampf der Zünfte mit der Obrigkeit wegen dieses Kriteriums anführt.

33 Vgl. ebd., S. 272.

34 Vgl. K. Schwarz, Die Lage der Handwerksgesellen in Bremen während des 18. Jahrhunderts, Bremen 1975, S. 217.

35 Vgl. ebd.

36 So Wunder, Die soziale Struktur . . ., a.a.O., S. 122.

37 Es ist annähernd vergleichbar mit dem Berufsstolz eines modernen Facharbeiters (vgl. die Biographie von E. May, Mein Lebenslauf, in:

E. Rosenstock, Werkstattaussiedlung, Berlin 1922.)

38 Vgl. die Schilderung K. F. v. Klödens, Jugenderinnerungen, Leipzig 1874, S. 199 f.

39 Roller, a.a.O., S. 300.

40 Ebd., Anm. 1.

41 Klöden, a.a.O., S. 327.

42 Untersuchungen über die Lage des Handwerks in Deutschland (= Schriften des Vereins für Socialpolitik, Bd. 62, S. 56; Bd. 68, S. 114, 578, Leipzig 1895/96).

43 W. Kießelbach, Drei Generationen, in: Deutsche Vierteljahrsschrift, 1860, 3. Heft, S. 9.

44 E. Mummenhoff, Der Handwerker in der deutschen Vergangenheit, Leipzig 1901, S. 122; ähnlich Wunder, Die soziale Struktur . . ., a.a.O., S. 125, der auf die große Zahl und die Spezialisierung der Handwerksbetriebe in der Stadt hinweist.

45 So Kaufhold, Umfang und Gliederung des deutschen Handwerks . . ., a.a.O., S. 62 f.

46 Ebd., S. 63. An dieser Stelle ist es m. E. wenig sinnvoll, wie Möller es versucht (a.a.O., S. 101 ff.), eine Zusammenstellung der Verdienste vorzunehmen. Es gibt dagegen verschiedene Einwände, die er selbst bringt und die das ganze Unterfangen unsinnig werden lassen:
   – das Problem der Vielfalt der Währungen und die daraus resultierenden Umrechnungsschwierigkeiten;
   – große regionale Differenzierungen, die es nicht erlauben, ohne weiteres von Lohnsätzen auf reale Einkommenssituationen zu schließen;
   – die Mehrzahl der Einkommensquellen vieler Handwerker;
   – das Fehlen von Kostenrechnungen.

47 Vgl. die einzelnen Angaben bei Möller, a.a.O., S. 101 ff.

48 Kaufhold, Das Gewerbe in Preußen um 1800, Göttingen 1978, S. 328.

49 Vgl. H. Göbel, Darstellung und Entwicklung des süddeutschen Bürgerhauses, Dresden 1908, S. 87.

50 Klöden, a.a.O., S. 182.

51 Roller, a.a.O., S. 326.

52 Vgl. Möller, a.a.O., S. 121.

53 A. Damschke, Aus meinem Leben, 2. Aufl., Berlin 1928, S. 23.

54 Im Gegensatz zu den Bauern, deren Haushaltsstruktur in den letzten Jahren in einer Vielzahl von Einzelstudien erforscht worden ist, insbesondere auch solchen, die die Veränderung der Zusammensetzung der Haushalte im zeitlichen Ablauf untersucht haben, hat der Handwerkerhaushalt bislang keine vergleichbare Aufmerksamkeit seitens der Wissenschaft gefunden. Insofern können die folgenden Ausführungen zur generativen Zusammensetzung des Handwerker-

haushalts nicht mehr sein als mehr oder weniger abgesicherte Vermutungen.

55 Vgl. ebd., S. 33 f.
56 Vgl. D. Saalfeld, B. Sachse, W. Sachse, Die Haushaltsstruktur der Göttinger Bevölkerung im 18. und 19. Jahrhundert als Kriterium der sozialen Differenzierung einer städtischen Population, in: Göttinger Jahrbuch, Bd. 25 (1977), S. 105, Tab. 6.
57 1829: 5,1; 1861: 4,3. Diese höheren Zahlen kommen ganz offenbar durch die höhere Zahl von gewerbl. Arbeitskräften und Dienstboten zustande. Vgl. die Tab. 5a, S. 103 bei Saalfeld u. a., a.a.O.
58 Diese Zahlen sind vermutlich etwas zu niedrig, da die selbständigen Handwerker nicht gesondert ausgewiesen sind, sondern wie die Tabelle bei B. Sachse (Soziale Differenzierung und regionale Verteilung der Bevölkerung Göttingens im 18. Jahrhundert, Hildesheim 1978, S. 133 ff.) zeigt, auch die Haushalte der unselbständigen gewerblichen Arbeitskräfte einbezogen worden sind. Diese Haushalte sind teilweise sehr klein, aber zahlreich. Dadurch werden die Durchschnittsziffern gedrückt.
59 Saalfeld u. a., a.a.O., S. 90.
60 Vgl. ebd., a.a.O., S. 97; vgl. auch Tab. 6, S. 105.
61 Auskunft von Dipl.-Sozialwirtin U. Ludwig. Ihre Dissertation »Soziale Organisation und soziale Lage des zünftigen Kleingewerbes in Göttingen in der ersten Hälfte des 19. Jahrhunderts« wird im Laufe des Jahres 1981 abgeschlossen.
62 Berechnet nach Rollers Angaben im Anhang (a.a.O., S. 133). Möller (a.a.O., S. 32), der auch diese Zahlen verwendet, weist jedoch darauf hin, daß sich diese sehr niedrige Quote möglicherweise der spezifischen Situation Durlachs in diesem Zeitraum verdanke, die durch eine überdurchschn. Mobilität der Bevölkerung geprägt gewesen sei.
63 Vgl. H. Bahl, Ansbach, Ansbach 1974, S. 226; der Prozentsatz der 3-Generationen-Familie wurde berechnet nach den Angaben auf S. 299 ff.
64 Vgl. zum folgenden Gedankengang M. Mitterauer, Vorindustrielle Familienformen, a.a.O., S. 140 ff.
65 Ebd., S. 142.
66 Vgl. J. H. Mitgau, Berufsvererbung und Berufswechsel im Handwerk, Berlin 1952, S. 37. Wunder (Die soziale Struktur . . ., a.a.O., S. 123 ff.) schließt aus der Berufsvererbung unmittelbar auf die betriebliche Kontinuität als »Normfall«.
67 Vgl. die Beispiele bei Möller, a.a.O., S. 31 f.
68 Vgl. M. Mitterauer, Zur familienbetrieblichen Struktur im zünftischen Handwerk, in: Wirtschafts- und sozialhistorische Beiträge. Festschrift für A. Hoffmann zum 75. Geburtstag, hrsg. von H. Knittel, Wien 1979, S. 209 f.

84 Gliederung der Göttinger Haushalte nach ausgewählten Berufen 1763–1861
(aufgenommen wurden alle Berufe, die in Göttingen mit mehr als 10 Haushalten vertreten waren)

Beruf Code	Bezeichnung	Zahl der Haushalte 1763	1829	1861	Personen je Haushalt 1763	1829	1861	Dienstbotenindex[1] 1763	1829	1861
222/3	Maurer/Zimmerer	19	39	42	3,9	4,4	4,2	53	49	66
	a) Meister	5	11	17	4,2	5,9	5,5	20	155	129
	b) Gesellen	14	28	25	3,8	3,9	3,4	0	0	32
232 236	Grob-, Huf- u. a. (Eisen-)Schmiede	16	14	18	3,9	6,1	4,1	38	136	100
242	Goldschmiede	7	17	9	4,7	5,9	6,0	57	165	189
255	Schlosser	9	22	36	4,7	6,5	5,2	22	200	147
262	Tischler	16	37	56	4,8	6,8	4,6	94	254	130
273	Buchdrucker	12	27	11	3,5	4,1	4,2	42	30	36
276	Buchbinder	11	20	23	4,3	6,7	4,6	27	210	117
283	Gerber	18	17	19	5,3	6,5	6,2	67	200	221
284	Sattler	6	12	9	6,5	6,3	5,8	183	250	244
285	Schuhmacher	86	138	148	4,5	5,5	4,2	66	111	84
293	Bäcker	48	47	30	5,3	7,3	6,9	73	213	277
295	Metzger	23	23	19	5,2	6,8	5,8	43	265	253
322	Tuchmacher	74	82	92	3,8	4,9	4,3	18	51	54
325	Leineweber	15	6	4	4,7	3,8	3,8	73	50	50
333	Schneider	50	95	131	5,0	6,0	3,9	94	175	76

Beruf Code	Bezeichnung	Zahl der Haushalte			Personen je Haushalt			Dienstbotenindex[1]		
		1763	1829	1861	1763	1829	1861	1763	1829	1861
334	Putzmacher(in)	9	9	12	3,1	4,3	3,0	44	56	50
336	Färber	8	6	9	3,1	5,8	5,8	38	250	156
338/9	Näherin u. a. Textilheimarbeiter	131	103	81	2,1	2,2	2,4	0	4	25
352	Instrumentenmacher	2	12	23	4,5	7,3	4,5	50	200	61

1 Zahl der Dienstboten bezogen auf 100 Haushalte.

Quelle: Saalfeld u. a., a.a.O., S. 104, Tab. 5b.

Die hohen Ziffern für 1829 resultieren aus den überaus großen Studentenzahlen der 20er Jahre, die den Göttinger Handwerkern eine überdurchschnittliche Konjunktur bescherte, wie sich aus dem hohen Dienstbotenindex ablesen läßt.

69 Vgl. ebd., S. 210 und Anm. 50 bis 52 daselbst.
70 Vgl. ebd., S. 196 f.
71 Vgl. Kaufhold, Das Handwerk der Stadt Hildesheim . . ., a.a.O.,
   S. 140.
72 Berechnet nach der Tabelle im Anhang bei Sachse (a.a.O., S. 133).
   Der Anteil liegt vermutlich höher, da die Tabelle auch die Haushalte
   unselbständiger Handwerker umfaßt.
73 Auskunft von Dipl.-Sozialwirtin U. Ludwig.
74 So auch Möller, a.a.O., S. 32.
75 Mitterauer, Vorindustrielle Familienformen . . ., a.a.O., S. 173.
76 So schreibt z. B. G. Wunder: »Normalerweise aber sucht der
   Handwerker seinen Betrieb einem der Söhne zu vererben, so wie
   heute noch, oft unter wirtschaftlich völlig veränderten Voraussetzungen, ein natürliches (!) Bedürfnis Bauern, Geschäftsleute und Fabrikanten veranlaßt, eines ihrer Kinder zur Fortsetzung des Geschäfts
   zu gewinnen.« (Wunder, Die soziale Struktur . . ., a.a.O., S. 123,
   Hervorhebungen von mir – H.R.).
77 Vgl. Roller, a.a.O., S. 110.
78 Vgl. Harnisch, a.a.O., S. 16. Ein Halbbruder wurde 31 Jahre alt.
79 Mitterauer, Zur familienbetrieblichen Struktur . . ., a.a.O., S. 214
   und Anm. 66.
80 Vgl. Saalfeld u. a., a.a.O., S. 98.
81 Vgl. ebd., Tab. 3, S. 98 und Tab. 5b, S. 104.
82 Mitterauer, Zur familienbetrieblichen Struktur . . ., a.a.O., S. 196.
83 Vgl. Mitterauer, Vorindustielle Familienformen . . ., a.a.O., S. 178;
   so auch J.-P. Lehners, Haus und Familie im Markt Stockerau am
   Ende des 17. Jahrhunderts, in: Unsere Heimat, Bd. 45 (1974),
   S. 226.
84 Siehe Seiten 524, 525.
85 Mitteilung von Privatdozent Dr. Saalfeld. Dies Beispiel läßt im
   übrigen erkennen, daß es sehr wohl möglich war, die Bestimmungen
   der Zunftgesetze, die eine Beschränkung der Mitarbeiterzahlen
   vorsahen, zu umgehen.
86 Vgl. C. F. Zelter, Darstellungen seines Lebens, hrsg. v. J.-W.
   Schottländer, Weimar 1931, Einleitung S. XIV.
87 Mitterauer, Vorindustrielle Familienformen, a.a.O., S. 151 (Hervorhebung von mir – H. R.).
88 Ebd., S. 173.
89 Laslett, The World we have lost, a.a.O., S. 12.
90 Vgl. Wissell, Bd. II, a.a.O., S. 12; Mitgau, a.a.O., S. 19.
91 Roller, a.a.O., S. 150 f.
92 Zitiert bei Mitgau, a.a.O., S. 19.
93 Vgl. J. Ehmer, Familienstruktur und Arbeitsorganisation im frühindustriellen Wien, Wien 1980, S. 109.

94 Vgl. Mitterauer, Vorindustrielle Familienformen, a.a.O., S. 174.

95 Schmoller, Geschichte der deutschen Kleingewerbe, a.a.O., S. 327.

96 Vgl. Wissell, Bd. I, a.a.O., S. 246.

97 Ebd., S. 258.

98 Hinweis von Prof. Mitterauer.

99 Roller, a.a.O., S. 326.

100 J. H. Gebauer, a.a.O., S. 170 (Hervorhebungen von mir – H. R.).

101 Lehners hat für den Marktort Stockerau in Österreich nachgewiesen,
daß dort am Ende des 17. Jahrhunderts im Durchschnitt sieben
Monate nach dem Tode des Ehepartners wieder geheiratet wurde
(a.a.O., S. 280 f.). Auf die regionale Differenzierung der Trauerzeit
und geschlechtsspezifische Unterschiede verweist Möller (a.a.O.,
S. 192.).

102 Da bei den Frauen nicht wie bei den Männern eine festgelegte
berufliche Ausbildung ein (relativ) hohes Mindestalter bei der Heirat
erzwingt, ist die Variationsbreite im Heiratsalter größer als bei den
Männern. Vgl. dazu Roller, a.a.O., S. 166, und auch Imhofs Angaben
für Philippsburg (A. Imhof, Wiederverheiratung in Deutschland
zwischen dem 16. und dem Beginn des 20. Jahrhunderts, in: Marburger Personalschriften – Forschungen, Bd. 4 (1981), S. 201.

103 B. Riedel, »Gut Gesell«, und du mußt wandern, Goslar 1938,
S. 174.

104 Vgl. Wissell, Bd. I, a.a.O., S. 254.

105 Vgl. ebd., S. 246; J. H. Gebauer, a.a.O., S. 170 ff.

106 J. H. Gebauer, a.a.O., S. 175. Es waren im einzelnen folgende
Ausgaben zu leisten:

Für Gewinnung der Gilde	43 Taler 4 Gr.
(diese Summe fiel der Kämmereikasse zu)	
Für die vier Vorsteher und den Vorsitzenden dazu je	1 Taler 5 Gr.
Für die vier Schaumeister zusammen	2 Taler 24 Gr.
An Spielgeldern an die Vorsteher und Schaumeister	1 Taler 4 Gr.
Für den Gildeboten	– 20 Gr.
Eine Mahlzeit für Vorsteher und Schau- meister oder statt dessen . . .	10 Taler 20 Gr.
Für 2 Tonnen Broihan, Karten, Pfeifen und Tabak	10 Taler –
Für den Mangel der beiden Mutjahre	15 Taler –
Für Ausweisung des Meisterstückes	– 18 Gr.
	88 Taler 14 Gr.

Diese Ausgaben waren für einen Fremden unvermeidlich. Dazu
traten dann »zufällige Ausgaben«;

1. wenn der, der die Gilde erwerben wollte,   4-5   Marien-   – Gr.
   Fehler im Zuschneiden machte, zur Stra-   gulden
   fe

2. wenn das Meisterstück nicht völlig gut,   5-8   Marien-   – Gr.
   jedoch auch nicht »ganz verwerflich«   gulden
   war (!) zur Strafe

3. wenn der neue Meister eine Frau hat   5   Marien-   – Gr.
   (Einschreibgebühr)   gulden

4. für jedes schon geborene Kind   2   Marien-   18 Gr.
                                           gulden

Hinzu kam endlich ein Bürgerschaftsgewinnungsgeld in der Altstadt
von 21 Gulden und 4 Gr. und in der Neustadt von 20 Gulden, sowie
für die Frau von 5 und für jedes Kind von 2 Gulden 18 Gr.
(J. H. Gebauer, a.a.O., S. 175, Anm. 2.)

107 Der Wochenlohn eines Tischlergesellen lag 1804 in Braunschweig bei
ein bis zwei Talern. Vgl. Möller, a.a.O., S. 103.

108 Vgl. Wissell, Bd. I, a.a.O., S. 362 ff.

109 Ebd., S. 127 ff.; die Hamburger Buchbinder verlangten schon
1559 (!) die Einheirat in die Zunft (ebenda, S. 302).

110 Vgl. dazu auch die Bemerkungen Möllers, a.a.O., S. 97. Daß darüberhinaus das Erbteil in der Stadt verblieb, war zweifellos ein
willkommener Nebeneffekt (vgl. Mitgau, a.a.O., S. 13).

111 Vgl. G. Kessler, Genealogie und Wirtschaftsgeschichte, in: Flugschriften für Familiengeschichte, H. 21, Leipzig 1932, S. 14.

112 Vgl. beispielsweise C. Scholl, Lebenserinnerungen eines alten Handwerkers aus Memel, des Böttchers Carl Scholl, Stuttgart, Gotha 1922,
S. 123 f.

113 Vgl. Roller, a.a.O., S. 293.

114 Vgl. ebd., S. 170 f.

115 Vgl. Möller, a.a.O., S. 26 f. und S. 27, Anm. 112; auch Mitterauer für
Salzburg (Vorindustrielle Familienformen, a.a.O., S. 140 f.).

116 A. F. Nolde, Medicinisch-anthropologische Betrachtungen über
Rostock und seine Bewohner, Erfurt 1807, S. 83.

117 Kessler, a.a.O., S. 14; ähnlich liegen die Verhältnisse bei Dietz, der
erst eine 11 Jahre ältere Witwe heiratet, dann in zweiter Ehe,
62jährig, eine 25jährige Frau (Meister Johann Dietz erzählt sein
Leben, hrsg. von E. Consentius, Ebenhausen 1919, S. 304 ff.).

118 Vgl. Roller, a.a.O., S. 173; Mitterauer, Zur familienbetrieblichen
Struktur ..., a.a.O., S. 216.

119 Roller, a.a.O., S. 174.

120 Vgl. Mitterauer, Zur familienbetrieblichen Struktur ..., a.a.O.,
S. 214.

121 Zitiert bei Schwarz, a.a.O., S. 41.

122 Der Fall des Hofbarbiers Meister Johann Dietz ist ein klassisches

Beispiel solcher »Kalkulation«, die dann allerdings nicht aufgeht (vgl. ebd., a.a.O., S. 229 ff.).

123 Vgl. Möller, a.a.O., S. 27.

124 Vgl. J. D. F. Rumpf, Der Haus-, Brot- und Lehrherr in seinen ehelichen, väterlichen und übrigen hausherrlichen Verhältnissen gegenüber Gesinde, Gesellen und Lehrlingen, Berlin 1823, S. 8.

125 Ebd., S. 4.

126 Ebd., S. 5.

127 Vgl. ebd., S. 8 f.

128 Ebd., S. 9.

129 Vgl. dazu Marianne Weber, Ehefrau und Mutter in der Rechtsentwicklung, a.a.O., S. 200 ff.

130 Vgl. Rumpf, a.a.O., S. 8 f.

131 Im Gegensatz zu den Bauern war im Handwerk die eheliche Gütergemeinschaft verbreiteter. Daraus ergibt sich auch die große Bedeutung der Wiederheirat der Witwen (Hinweis von Prof. Mitterauer).

132 So Mitterauer, Zur familienbetrieblichen Struktur ..., a.a.O., S. 216.

133 Vgl. Stadelmann/Fischer, a.a.O., S. 150.

134 So Schwarz, a.a.O., S. 39.

135 Vgl. die Autobiographie A. Günthers, der von seinem Vater, einem Schmied, berichtet, dieser habe bei der Brautsuche nach der Tochter eines Schmiedes Ausschau gehalten, »die das Handwerk kannte und notfalls selber mitarbeiten konnte« (Anton Günther, in: Deutsche Kindheiten 1700-1900, hrsg. von I. Hardach-Pinke und G. Hardach, Kronberg 1978, S. 119).

136 Vgl. Mitterauer, Zur familienbetrieblichen Struktur ..., a.a.O., S. 216.

137 Diese Koppelung wird erst gegen Ende des 19. Jahrhunderts gang und gäbe (vgl. Untersuchungen zur Lage des Handwerks in Deutschland, Schriften des Vereins für Socialpolitik, Bd. 64, S. 546; Bd. 66, S. 342; Bd. 67, S. 133; Bd. 69, S. 36, 421.).

138 O. Ludwig, Die Heiteretei, in: ders., Werke, Bd. 4, Leipzig 1906, S. 17 f.

139 Erst der Zerfall des zünftigen Handwerks läßt Verhältnisse zu, wie sie in den Schriften des Vereins für Socialpolitik (Bd. 63, S. 275 f.) für den Ausgang des 19. Jahrhunderts beschrieben werden, wo ein Schuhmacher so wenig Geld mit seiner Arbeit verdient, daß die Familie von der Arbeit der Frau leben muß, die aushäusig in einer Spinnerei arbeiten geht.

140 Vgl. Marianne Weber, Ehefrau und Mutter ..., a.a.O., S. 275.

141 J. Bergmann, Das »Alte Handwerk« im Übergang, in: Untersuchungen zur Geschichte der frühen Industrialisierung, hrsg. von O.

Büsch, Berlin 1971, S. 243. Entsprechende Ergebnisse erbrachte eine Studie Lupris über Autoritätsverhältnisse in westdeutschen Familien. Der Mann hat die größte Autorität in den Unternehmerfamilien. Lupri erklärt das damit, daß der größte Teil der Unternehmer Familienunternehmen betreibt, wodurch die Rollen von Ehemann, Vater und Chef zusammenfallen. »When the family and economic activities are fused, as among entrepreneurs, central control is required. The professional works in an outside organization with no such emotional contacts or exercise of direct and necessary command. When the family is also a buisiness enterprise, the husband-father is the boss because he runs the buisiness . . .« (Lupri, a.a.O., S. 139).

142 Vgl. dazu J. Ehmer, Familie und Industrialisierung, in: Beiträge zur Historischen Sozialkunde, Wien, 4. Jg. (1974), S. 40.

143 Vgl. ebd.

144 Laslett, The World we have lost, a.a.O., S. 2.

145 Harnisch, a.a.O., S. 27.

146 Fischers Mutter, eine Bäckersfrau, »war nicht mächtig, ein Loth Kaffee oder einen Faden Zwirn oder eine Stecknadel zu kaufen, ohne daß sie es vorher meinem Vater verantwortet hätte« (K. Fischer, Denkwürdigkeiten und Erinnerungen eines Arbeiters, Leipzig 1903/04, Bd. I, S. 111).

147 R. Köpke, Ludwig Tieck, 2 Teile, Leipzig 1855, S. 19.

148 Harnisch, a.a.O., S. 21 (Hervorhebungen von mir – H. R.).

149 P. v. Bohlen, Autobiographie, 2. Aufl., Königsberg 1842, S. 12. Er selbst bekommt genug dabei ab. Vgl. auch K. Fischer (a.a.O., Bd. I, S. 72), dessen Vater seine Frau auch häufig prügelte.

150 Vgl. zur Figur des »Pantoffelhelden« im Kleinbürgertum Möller, a.a.O., S. 17 ff.

151 K. Fischer, a.a.O., Bd. I, S. 72.

152 Vgl. Möller, a.a.O., S. 301; auch J. Dietz, a.a.O., S. 249.

153 Vgl. den Fall J. Dietz, a.a.O.

154 So Möller, a.a.O., S. 300 f.

155 Ebd., S. 301.

156 Ehmer, Familie und Industrialisierung, a.a.O., S. 40.

157 F. Hartl. Das Wiener Kriminalgericht, Böhlau 1973, S. 361.

158 Vgl. Wissell, a.a.O., Bd. I, S. 262 und die Beispiele auf den folgenden Seiten.

159 Vgl. ebd., S. 272.

160 Die Rigidität der Sexualnormen dürfte damit zusammenhängen, daß im Handwerk uneheliche Kinder eine größere Last waren als bei Bauern, wo sie frühzeitig als Arbeitskräfte eingesetzt werden konnten (Hinweis von Prof. Mitterauer).

161 Wissell, Bd. II, a.a.O., S. 146.

162 Vgl. Möller, a.a.O., S. 286, 295 f.

163 Nolde, a.a.O., S. 53.

164 Möller, a.a.O., S. 287 f.

165 Ebd., S. 288.

166 Vgl. ebd., S. 293 ff.

167 Ebd., S. 287.

168 Er berechnet 2,7 Kinder pro Familie, die Geburtenzahl liegt bei 6,6. Die Zahlen beziehen sich auf Hausbesitzerhaushalte, die überwiegend Handels- und Gewerbetreibende umfassen (vgl. Lehners, a.a.O., S. 225).

169 Ebd., S. 229.

170 Sachse bringt einige Beispiele solcher Altersdifferenzen zwischen den Kindern infolge offenbarer Wiederverehelichung aus dem Jahre 1763:

Vater	Mutter	Sohn	Tochter
27	36	17, 2, 1	16
57	29	30	6, 3

(Sachse, a.a.O., S. 128, Anm. 339.)

171 Vgl. Mitterauer, Familienbetriebliche Struktur, a.a.O., S. 214 und Anm. 66.

172 Vgl. Möller, a.a.O., S. 288.

173 Vgl. dazu auch Mitterauer, Vorindustrielle Familienformen, a.a.O., S. 176 ff.

174 Vgl. Mitgau, a.a.O., S. 37; ähnlich auch Roller, a.a.O., S. 308 ff.; G. Wunder, a.a.O., S. 123.

175 So Mitterauer, Zur familienbetrieblichen Struktur, a.a.O., S. 211.

176 J. Schlumbohm (Straße und Familie, in: Zeitschrift für Pädagogik, 25. Jg. (1979), S. 705) hält es für die Ausnahme; in Göttingen ist es in der ersten Hälfte des 19. Jahrhunderts die Regel gewesen (Auskunft von Dipl.-Sozialwirtin U. Ludwig); K. Ernst (Aus dem Leben eines Handwerksburschen, 2. Aufl., Neustadt 1913, S. 379.) empfindet die Lehre des Sohnes beim Vater als nicht optimal.

177 Mitterauer, Vorindustrielle Familienformen . . ., a.a.O., S. 180.

178 Harnisch, a.a.O., S. 23, 20.

179 Vgl. Mitterauer, Vorindustrielle Familienformen . . ., a.a.O., S. 181.

180 Generell muß das Problem der Situation der Tochter im Handwerkerhaushalt weitgehend ausgeklammert werden. Das ist eine Folge der insgesamt spärlichen Quellenlage. Die vorliegenden Autobiographien sind alle von Männern verfaßt, die zudem, selbst wenn sie mit Schwestern zusammen aufgewachsen sind, diese kaum erwähnen.

181 Köpke, a.a.O., S. 10; Zelter, a.a.O., S. 9.

182 J. P. Frank, System einer vollständigen medicinischen Polizey, Bd. 2, Mannheim 1780, S. 235 (zit. nach Schlumbohm, a.a.O., Anm. 85);

ebenso Nolde, a.a.O., S. 110.

183 Vgl. Möller, a.a.O., S. 122.

184 Vgl. Nolde, a.a.O., S. 103 ff.

185 Vgl. die Belege bei Möller, a.a.O., S. 37.

186 F. X. Bronner, Leben von ihm selbst beschrieben, Bd. 1, Zürich 1795, S. 21.

187 Vgl. Möller, a.a.O., S. 39 f.

188 J. Dietz berichtet, daß seine Eltern, die sich um sein Kind kümmern, weil die Mutter es vernachlässigt, es sehr liebten und fährt fort: »Doch ihre Liebe schadete dem Kind mehr, weil sie ihm Wein, Branntwein und alles gaben. Insonderheit aß es gerne Bücklinge.« (A.a.O., S. 240) Wenn er dann mitteilt, daß das Kind mit drei Jahren starb, so wundert sich der Leser nicht.

189 Vgl. C. G. Salzmann, Ueber die heimlichen Sünden der Jugend, 4. Aufl., Leipzig 1819, S. 63; ähnlich S. 116 f.

190 Vgl. Möller, a.a.O., S. 41.

191 Schlumbohm, a.a.O., S. 703.

192 Nolde, a.a.O., S. 125.

193 Bronner, a.a.O.

194 K. Fischer, a.a.O., S. 30.

195 Köpke, a.a.O., S. 19.

196 Wenn Möllers These von der weitgehenden Frustrationsfreiheit der Säuglingsphase zutrifft, könnte in dem abrupten Übergang zu exzessiver körperlicher Züchtigung eine Erklärung für den in den Biographien sehr häufig erwähnten väterlichen Jähzorn liegen.

197 Rumpf, a.a.O., S. 52, 53.

198 Köpke, a.a.O., S. 19 und 20.

199 K. Fischer, a.a.O., S. 30.

200 Möller, a.a.O., S. 35.

201 Schlumbohm, a.a.O., S. 707.

202 Vgl. K. Fischer, a.a.O., S. 59, 60 ff., 80.

203 Rumpf, a.a.O., S. 57 (Hervorhebungen von mir – H. R.).

204 Schlumbohm, a.a.O., S. 704.

205 Zelter, a.a.O., S. 8; damit im Einklang stehen Klödens und Bronners Berichte über fehlende sexuelle Aufklärung (Bronner, a.a.O., S. 24; Klöden, a.a.O., S. 146 f.).

206 J. Chr. Brandes, Meine Lebensgeschichte, Bd. 1, Berlin 1799, S. 31.

207 Ebd., S. 32. Diese Angabe läßt allerdings Skepsis aufkommen, wenn man auch Salzmanns Äußerung, die Onanie sei zu der Zeit, als er sein Buch »Ueber die heimlichen Sünden der Jugend« schrieb (1781), fast allgemein üblich gewesen, für übertrieben hält (vgl. Vorwort, ebd.).

208 Vgl. J. G. A. Probst, Handwerksbarbarei oder Geschichte meiner Lehrjahre, Halle, Leipzig 1790, S. 54 ff.

209 Möglicherweise besteht ein enger Zusammenhang zwischen rigiden Sexualnormen und der ausgeprägten, oft asketisch gefärbten Religiosität von Handwerkern. (Hinweis von Prof. Mitterauer.) M. W. gibt es zu diesem Komplex keine Untersuchungen.

210 Vgl. Harnisch, a.a.O., S. 19.

211 Moritz, Anton Reiser, a.a.O.

212 Brandes, a.a.O., S. 17.

213 Ebd., S. 19.

214 Vgl. Klöden, a.a.O.; auch Möller, a.a.O., S. 50 f.; allgemein dazu: A. Leschinsky und P. M. Roeder, Schule im historischen Prozeß. Stuttgart 1976.

215 Vgl. dazu die Beispiele bei Möller, a.a.O., S. 52 f.

216 Klöden, a.a.O., S. 70 f.

217 Vgl. K. Fischer, a.a.O., S. 95.

218 Vgl. Roessler, a.a.O., S. 69.

219 Mitterauer, Vorindustrielle Familienformen . . ., a.a.O., S. 151.

220 Vgl. Schwarz (a.a.O.) für Bremen, Roller (a.a.O.) für Durlach.

221 So hält sich die Einbeziehung von Lehrlingen und Gesellen am längsten beim Lebensmittelgewerbe. Vgl. Mitterauer, Zur familienbetrieblichen Struktur . . ., a.a.O., S. 218.

222 Vgl. J. Bergmann, Das Berliner Handwerk . . ., a.a.O., S. 7 f.

223 W. Neumann, Der Handwerkslehrling in der Meisterfamilie, rechts- und staatswiss. Diss., Marburg 1954, S. 7.

224 Mummenhoff beschreibt die Situation des Lehrlings im 15. bis 17. Jahrhundert: »Für den Jungen brachen jetzt trübe Tage und eine lange Zeit der Prüfung an, . . . gehörte er auch zur Familie, so merkte er im allgemeinen, bis auf die Schläge, die er erhielt, nur wenig davon: nicht selten war es gerade, daß er zu Haus- und Nebenarbeiten verwendet wurde und vom Handwerk außerordentlich wenig lernte. Die Kost war oft schmal und dürftig, die Lagerstatt hart und schlecht. In der Werkstatt aber gab es Püffe und Stöße genug vom Meister und ganz besonders von den Gesellen . . .« (a.a.O., S. 59).

225 Vgl. Klöden, a.a.O., S. 199 f.; Probst, a.a.O., S. 22.

226 Klöden, a.a.O., S. 190; Probsts Lehrherr schafft 14 Tage nach Lehrbeginn die Magd ab, mit dem Hinweis, der Lehrjunge verdiene nicht so viel, daß man daneben noch eine Magd halten könne (a.a.O., S. 14 f.).

227 Vgl. Klöden, a.a.O., S. 170, 182.

228 Von Bohlen, a.a.O., S. 12; J. Dietz, a.a.O., S. 24 ff.; Probst, a.a.O., S. 46 f.

229 Vgl. das Nachwort zu Probst, a.a.O., S. II.

230 Vgl. W. Nahrstedt, a.a.O., S. 98.

231 Vgl. Schwarz, a.a.O., S. 36.

232 Vgl. dazu Mummenhoff schon für die Blütezeit des Handwerks

(a.a.O., S. 75).

233 Die Dauer der Lehrzeit differiert einmal nach Branchen, zum anderen danach, ob Lehrgeld gezahlt werden konnte. Beispielsweise mußte Klöden 5 Jahre lang das Goldschmiedehandwerk erlernen, weil seine Eltern kein Lehrgeld zahlen konnten. Ein anderer Lehrling, der 50 Taler zahlte und bei seinen Eltern wohnte, brauchte nur 3½ Jahre zu lernen (a.a.O., S. 200 f.).

234 Vgl. Kaufhold, Das Handwerk der Stadt Hildesheim im 18. Jahrhundert, a.a.O., S. 95. In Hildesheim waren 1720-1729 74% der Gesellen bis zu einem Jahr beschäftigt, von dieser Gruppe viele jedoch nur für ¼ Jahr (ebd.).

235 Die Rechtsquellen machen einen Unterschied »zwischen Handwerksgesellen und Hausgesinde; die Gesellen leben zwar im Hause des Meisters und unterliegen daher zwangsläufig seiner Hausgewalt, ihre Rechtsstellung im Ganzen ist aber bedeutend weniger familienrechtlich bestimmt als die des Gesindes« (D. Schwab, Familie, in: Geschichtliche Grundbegriffe, Bd. II, Stuttgart 1975, S. 275.).

236 Vgl. Mitterauer, Zur familienbetrieblichen Struktur, a.a.O., S. 193 f.

237 So Roller (a.a.O., S. 289, 308) für Durlach; U. Ludwig für Göttingen (mündliche Auskunft).

238 Klöden ist ausgesprochen gekränkt darüber, daß er nicht als Verwandter behandelt wird. (a.a.O., S. 170, 175 f.)

239 Positiv: Riedel, a.a.O., S. 22; Bechstedt, Meine Handwerksburschenzeit 1805-1810, Köln 1925, S. 156; S. J. Ramann, Stephan, oder der Handwerker, wie er seyn soll, Altenburg, Erfurt 1802, S. 66; negativ: Probst, a.a.O., Klöden, a.a.O.

240 Schneer schreibt 1845 über das Verhältnis des Gesellen zur Meisterfamilie in Breslau: »... nirgends umfaßt den Gesellen und die Angehörigen des Meisters ein familienmäßiges Band und wenn der Geselle auch an den Mahlzeiten des Meisters Theil hat, so bleibt er ihm und dessen Angehörigen im übrigen doch ganz fremd.« (A. Schneer, Über die Zustände der arbeitenden Klassen in Breslau, Breslau 1845, S. 23 f.) Ähnlich Bähr für Kassel, a.a.O., S. 160. Vgl. auch die Enquête des Vereins für Socialpolitik zur Lage des Handwerks, a.a.O.

241 Vgl. Schwarz, a.a.O., S. 210.

242 Vgl. Scholl, a.a.O., S. 97 f.; K. Ernst, Aus dem Leben eines Handwerksburschen, 2. Aufl., Neustadt 1913, S. 135 f.

243 Auseinandersetzungen über die Qualität des Essens werden häufig berichtet. Vgl. Wissell, Bd. II, a.a.O., S. 538; Mummenhoff, a.a.O., S. 75; Schwarz, a.a.O., S. 207. Scholl schreibt von einer Stellung, daß die Meisterin, »besonders im Essen kochen, höchst *unreinlich* (war), so daß ich oft nur mit Ekel gegessen habe.« (a.a.O., S. 84)

244 Vgl. Schwarz, a.a.O., S. 210.
245 Vgl. Bechstedt, a.a.O., S. 53, 58.
246 Vgl. Scholl, a.a.O.
247 Vgl. Riehl, Die Familie, a.a.O., S. 177 ff.; O. Brunner, Das »ganze Haus« und die alteuropäische »Ökonomik«, a.a.O., S. 107 f.
248 Vgl. Klöden, a.a.O., S. 176.
249 Vgl. Göbel, a.a.O., S. 15 ff., 87.
250 Vgl. Klöden, a.a.O., S. 178.
251 Vgl. Möller, a.a.O., S. 119 ff.
252 Vgl. Harnisch, a.a.O., S. 41.
253 Die Prägung auch der Geselligkeit von Meister und Geselle durch zünftiges Brauchtum und den zünftigen Ehrbegriff betont Bergmann (Das »Alte Handwerk« . . ., a.a.O., S. 252.).
254 Bergmann, Das Berliner Handwerk in den Frühphasen der Industrialisierung, a.a.O., S. 7 f.
255 Brunner, Das »ganze Haus« und die alteuropäische »Ökonomik«, a.a.O., S. 111.
256 Laslett, The World we have lost, a.a.O., S. 5.
257 Vgl. die Tab. bei Schmoller, a.a.O., S. 71.
258 W. Fischer, Das Handwerk in den Frühphasen der Industrialisierung, a.a.O., S. 323.
259 Vgl. Möller, a.a.O., S. 112 f.
260 Schmoller, a.a.O., S. 667.
261 Vgl. zu diesen Prozessen W. Fischer, Das deutsche Handwerk in den Frühphasen der Industrialisierung, a.a.O., S. 335; auch Schriften des Vereins für Socialpolitik, Bd. 67, a.a.O., S. 57.
262 Vgl. Schmoller , a.a.O., S. 183.
263 Ebd., S. 333.
264 K. Abraham, Der Strukturwandel im Handwerk in der ersten Hälfte des 19. Jahrhunderts und seine Bedeutung für die Berufserziehung, Köln 1955, S. 66.
265 Th. Geiger, Die soziale Schichtung des deutschen Volkes, a.a.O., S. 31.
266 »Aus dem Idealbild der im Hause emsig schaltenden und waltenden ehrbaren ›Frau Meisterin‹ ist eine Lohnarbeiterin in der Fabrik geworden . . .« (Untersuchungen über die Lage des Handwerks in Deutschland = Schriften des Vereins für Socialpolitik, Bd. 63, S. 275 f.).

1 R. Braun, Industrialisierung und Volksleben, 2. Aufl., Göttingen 1979.

2 P. Kriedte, H. Medick, J. Schlumbohm, Industrialisierung vor der Industrialisierung, Göttingen 1977.

3 F. Le Play, Les Ouvriers Européens, 6 Bde., 2. Aufl., Tours 1878/79.

4 E. Sax, Die Hausindustrie in Thüringen, 3 Bde., 2. Aufl., Jena 1884 ff.; W. Troeltsch, Die Calwer Zeughandelskompagnie und ihre Arbeiter, Jena 1897; A. Thun, Die Industrie am Niederrhein und ihre Arbeiter, 2 Bde., Leipzig 1879.

5 Die deutsche Hausindustrie (= Schriften des Vereins für Socialpolitik, Bd. 39, 40, 41, 42, 48), Leipzig 1889 ff.

6 Sie vollzieht sich, wenn auch mit zeitlichen Verschiebungen und regionalen Besonderheiten, im europäischen Raum in prinzipiell gleicher Weise. Vgl. dazu den Überblick bei J. Kulischer, Bd. II, a.a.O., S. 113 ff.; neuerdings Kriedte, in: Kriedte/Medick/Schlumbohm, a.a.O., S. 36 ff.

7 Dies tut W. Stieda (Litteratur, heutige Zustände und Entstehung der Hausindustrie, Leipzig 1889 (= Schriften des Vereins für Socialpolitik, Bd. 39), S. 22. Dagegen hat sich scharf Sombart gewandt, der darauf besteht, daß es sich bei der Hausindustrie um eine prinzipiell neue Art der Organisation der Produktion handelt (W. Sombart, Die Hausindustrie in Deutschland, in: Archiv für soziale Gesetzgebung und Statistik, Bd. 4 [1891], S. 117.).

8 Die wichtigste Ausnahme ist das in der schlesischen Leinwandweberei vorherrschende Kaufsystem, bei dem die Produzenten zwar formal selbständig bleiben, gleichwohl in drückende doppelte Abhängigkeit, vom Kaufmann und vom Garnhändler, geraten (vgl. dazu H. Kisch, Das Textilgewerbe in Schlesien und im Rheinland: Eine vergleichende Studie zur Industrialisierung, in: Kriedte/Medick/Schlumbohm, a.a.O., S. 350 ff.).

9 Die Begriffe »Verlag« und »Verleger« leiten sich aus der Tatsache ab, daß jemand für eine Unternehmung Geld bereit stellt; er legt die Summe aus, er »verlegt« sie. So zur Begriffsgeschichte W. Sombart, Der Bourgeois, München/Leipzig 1913, S. 86.

10 Vgl. ders.: Der moderne Kapitalismus, Bd. 1, a.a.O., S. 724.

11 Im Vergleich zu den Kötnern, Häuslern, Gärtnern etc, waren die Bauern in vielen Gebieten in der Minderzahl, wenn sie auch ihre dominierende Position innerhalb der Dorfgemeinde behielten. Vgl. Franz, Geschichte des deutschen Bauernstandes, a.a.O., S. 226 und

die Beispiele ebd., S. 220 ff.

12 Zu diesem Punkt vgl. auch Braun, Industrialisierung . . ., a.a.O., S. 73 und Anm. 66, S. 264.

13 Kriedte, in: Kriedte/Medick/Schlumbohm, a.a.O., S. 48.

14 Wie bereits erwähnt, knüpfen viele hausindustrielle Gewerbe an traditionelle Nebenbeschäftigungen der ländlichen Bevölkerung an, die vornehmlich im Winter ausgeübt wurden. In besonderem Maße galt dies für die wichtigen Erwerbszweige des Spinnens, Webens, Strickens und Klöppelns. Von einigen Autoren wird diese gewerbliche Tätigkeit, im Sinne einer Beschäftigung *neben* der landwirtschaftlichen Arbeit, als wichtigste Voraussetzung für die Ansiedlung der Hausindustrie auf dem Lande angesehen (vgl. Braun, Industrialisierung, a.a.O., 1. Kapitel; Stieda, a.a.O., S. 108 ff.). Dagegen führt Sombart an, die Anknüpfung an übliche Nebenbeschäftigungen und das ursprüngliche Nebeneinander von Landwirtschaft und hausindustrieller Produktion sei sekundär. Entscheidend für die Ausbreitung der Hausindustrie auf dem Lande sei das Bedürfnis des Wirtschaftslebens nach neuen Formen der gewerblichen Produktion gewesen. Daß dies das treibende Moment der Entwicklung gewesen sei, sehe man im übrigen auch daran, wie schnell vielfach die Landwirtschaft zugunsten der Hausindustrie aufgegeben worden sei. Beides sei prinzipiell miteinander nicht vereinbar. Dazu trage u. a. auch bei, daß die Arbeitsspitzen wichtiger Gewerbe mit den Arbeitsspitzen der Landwirtschaft zusammenfielen (Sombart, Die Hausindustrie . . ., a.a.O., S. 103 ff.).

15 Dies Moment betont auch D. S. Landes, Technological Change and Development in Western Europe, in: H. J. Habakkuk und M. Postan (Hg.), The Cambridge Economic History of Europe, Bd. 6, Cambridge 1965, S. 276 f.

16 Vgl. Kriedte, in: Kriedte/Medick/Schlumbohm, a.a.O., S. 60.

17 Vgl. W. Zorn, Eine Wirtschaftskarte Deutschlands um 1820 als Spiegel der gewerblichen Entwicklung, in: F. Lütge (Hg.): Wirtschaftliche und soziale Probleme der gewerblichen Entwicklung im 15.-16. und 19. Jahrhundert, Stuttgart 1968, S. 146.

18 Vgl. Braun, Industrialisierung . . ., a.a.O., Anm. 66, S. 264.

19 Eine Ausnahme von dieser Regel bildet die schlesische Hausindustrie, die feudal gebunden war und blieb. Die Abgaben der schlesischen Hausindustriellen an Grundherrn, Kirche und Staat werden auf ein Drittel ihres Jahresverdienstes geschätzt (vgl. H. Kisch, a.a.O., S. 359; ebenso W. v. Westernhagen, Leinwandmanufaktur und Leinwandhandel in der Oberlausitz in der zweiten Hälfte des 18. Jahrhunderts und während der Kontinentalsperre, phil. Diss. Leipzig 1932, S. 11.).

20 Vgl. Stieda, a.a.O., S. 56 f.

21 Ebd., S. 57; im Kreise Schmalkalden, wo eine bedeutende Kleineisen-
industrie vorhanden war, machte der Anteil der landwirtschaftlichen
Betriebe mit bis zu 10 ha ca. 97% (!) an der Gesamtzahl aus
(berechnet nach K. Frankenstein, Bevölkerung und Hausindustrie im
Kreise Schmalkalden seit Anfang dieses Jahrhunderts, Tübingen
1887, S. 141).

22 Vgl. F. W. Henning, Die Industrialisierung in Deutschland 1800 bis
1914, Paderborn 1973, S. 130, Tab. 7. Halbwegs präzise Angaben für
frühere Zeiträume lassen sich auf Grund statistischer Unklarheiten
kaum machen. Schätzungen für einzelne Regionen finden sich in der
einschlägigen Literatur.

23 Vgl. W. Sombart und R. Meerwarth, »Hausindustrie«, in: Handwörterbuch der Staatswissenschaften, 4. Aufl., Bd. 5, Jena 1927, S. 182 f.
In den Städten verdienten sich alleinstehende Frauen des Bürgertums
und Kleinbürgertums durch Heimarbeit, insbesondere Nähen und
Sticken ihr Brot. Dabei handelt es sich um eine mit der Frauenfrage
in engem Zusammenhang stehende Spezialform der Hausindustrie
(vgl. Sombart, Die Hausindustrie, a.a.O., S. 141).

24 F. W. Henning, Die Industrialisierung . . ., a.a.O., S. 130.

25 Vgl. dazu Kulischer, Bd. 2, a.a.O., S. 125 ff.

26 Diese doppelte Abhängigkeit ist u. a. für den frühen Niedergang des
hausindustriellen schlesischen Textilgewerbes verantwortlich ge-
macht worden (H. Fechner, Wirtschaftsgeschichte der preußischen
Provinz Schlesien in der Zeit ihrer provinziellen Selbständigkeit
1741-1806, Breslau 1907, S. 721; Kisch, a.a.O., S. 363, S. 383 ff.).
Minutoli macht das Kaufsystem für den Verfall und die Unsolidität
der schlesischen Leinenweberei verantwortlich (A. v. Minutoli, Die
Lage der Spinner und Weber im schlesischen Gebirge und die
Maßregeln der Preußischen Staats-Regierung zur Verbesserung ihrer
Lage, Berlin 1851, Anlage A, S. 63).

27 Vgl. dazu J. H. Mendner, Technologische Entwicklung und Arbeitsprozeß, Frankfurt 1975, S. 30 ff.

28 Sombart, Die Hausindustrie . . ., a.a.O., S. 117.

29 Fr. F. Mendels, Proto-Industrialization: The First Phase of the
Industrialization Process, in: Journal of Economic History, Bd. 32
(1972), S. 241 ff.

30 Sombart, Die Hausindustrie . . ., a.a.O., S. 117.

31 So Mauke, a.a.O., S. 114.

32 Vgl. Minutoli, a.a.O., Anlage A, S. 70.

33 »In diesem Teil Deutschlands haben die Arbeiter, welche in ihren
eigenen Häusern arbeiten, fast alle eine unheilvolle Neigung; sie
verlassen nach und nach das Land, um sich in den kleinen Städten
und Dörfern niederzulassen; gleichzeitig verringern sie den Umfang
ihrer Tätigkeiten in der Landwirtschaft und wollen in immer größe-

rem Maße als Handwerker ihre Existenz sichern ... Indem diese Arbeiter die Sicherheit und Stabilität, welche die Landwirtschaft gibt, verlieren, geraten sie nach und nach in die prekäre Situation, welche seit dem Beginn dieses Jahrhunderts im Abendland charakteristisch war für die Zusammenballung einer Handwerksbevölkerung.« (Le Play, Bd. V, a.a.O., S. 86).

34 Vgl. dazu Sombart, Die Hausindustrie . . ., a.a.O., S. 137 ff.

35 Vgl. Sax, der darauf hinweist, daß die Spielzeugmacher von November bis Ostern praktisch arbeitslos sind. Das Weihnachtsgeschäft fällt aber zugleich in die Erntezeit (Bd. 1, a.a.O., S. 42 f.).

36 Sax, Bd. 1, a.a.O., S. 50; Peuckerts Feststellung: »Der schlesische Spinner und Weber gehört dem Landvolk an; er ist ein Bauer, der sich gelegentlich industriell betätigt.« (W.-E. Peuckert, Volkskunde des Proletariats, Bd. 1: Aufgang der proletarischen Kultur, Frankfurt/Main 1931, S. 32) ist in ihrer ersten Hälfte sicher zutreffend, verkennt aber in dem zweiten Teil die beschriebene Entwicklung der Hausindustrie, die gerade auch für die schlesische Textilproduktion zutrifft.

37 K. Bücher, Die Hausindustrie auf dem Weihnachtsmarkte, in: ders., Die Entstehung der Volkswirtschaft, Bd. II, 5. und 6. verm. Auflage, Tübingen 1921, S. 179.

38 Vgl. Sax, Bd. 1, a.a.O., S. 83.

39 Zum Truck-System vgl. Thun, Bd. 1, a.a.O., S. 29; Bd. 2, a.a.O., S. 33 f., besonders S. 71 ff.; auch Sax, Bd. 1, a.a.O., S. 53, Anm. 1; Stieda, a.a.O., S. 35 ff. Die Anwendung falschen Maßes berichtet Thun, Bd. 1, a.a.O., S. 31.

40 Vgl. Braun, Industrialisierung . . ., a.a.O., S. 198.

41 Vgl. Sax, Bd. 2, a.a.O., S. 42 f. Auch Braun, Industrialisierung . . ., a.a.O., S. 222.

42 Vgl. dazu Bücher, a.a.O., S. 180.

43 Vgl. Braun, Industrialisierung . . ., a.a.O., S. 199 f.

44 J. Beckmann, Beyträge zur Ökonomie, Technologie, Polizey und Cameralwissenschaft, 1. Theil, Göttingen 1779, S. 110; ähnlich Braun für das Zürcher Oberland (Industrialisierung . . ., a.a.O., S. 229).

45 Troeltsch, a.a.O., S. 248.

46 Vgl. das Beispiel bei Peuckert, a.a.O., S. 66 f.

47 Vgl. Troeltsch, a.a.O., S. 278. Vgl. auch U. Bräker, Lebensgeschichte und natürliche Ebenteuer des Armen Mannes im Tockenburg (Nachdruck der Ausgabe von 1789), Stuttgart 1969.

48 So Medick, in: Kriedte/Medick/Schlumbohm, a.a.O., S. 109.

49 Vgl. ebd.

50 Peuckert, a.a.O., S. 67.

51 Davon kann aber nicht generell ausgegangen werden, da oft Räume

vermietet wurden, um die aufgenommenen Kredite abzahlen zu können.

52 B. Schöne, Kultur und Lebensweise der Lausitzer Bandweber, Berlin (DDR) 1977, S. 55.

53 Vgl. Minutoli, a.a.O., S. 16.

54 So Braun, Industrialisierung . . ., a.a.O., S. 195.

55 In der neueren Literatur zur Hausindustrie wird die Ausbeutung des formell selbständigen Hausindustriellen, der – ebenfalls formell – seine Arbeitsbedingungen einschließlich der Arbeitszeit selbst bestimmen kann, als *Selbstausbeutung* bezeichnet – offenbar um die Differenz zur »Fremd«-Ausbeutung der Arbeiter in Manufaktur und Fabrik zu markieren (so Medick, in: Kriedte/Medick/Schlumbohm, a.a.O., S. 100 f.). M. E. ist dieser Begriff sehr unpräzise. Wesentliche Momente der hausindustriellen Produktion werden durch ihn nicht bzw. unzureichend und verfälschend erfaßt.

1. Der Begriff der Ausbeutung, so wie er gängig gebraucht wird, bezeichnet stets den Sachverhalt, daß das von einer Person produzierte Mehrprodukt von einer anderen Person angeeignet wird – sei es, weil diese über die Produktionsmittel verfügt (wie der Unternehmer) und/oder auf Grund einer unmittelbaren Herrschaftsbeziehung dazu in der Lage ist (wie der Grundherr). Ausbeutung findet also immer zwischen verschiedenen Personen statt, umschreibt eine soziale *Beziehung*, die durch ungleiche Machtpositionen gekennzeichnet ist. Der Begriff der Selbstausbeutung ist insofern ein Widerspruch in sich. Niemand kann sich selbst ausbeuten. Auch in der Hausindustrie, unabhängig von ihrer jeweiligen Erscheinungsform, ist es der Kaufmann/Verleger, der sich das Mehrprodukt aneignet.

2. Die mit den Begriffen Selbst- und Fremdausbeutung versuchte Differenzierung zwischen der Ausbeutung des kleinen Warenproduzenten (Heimarbeiter) und der des Manufaktur- oder Fabrikarbeiters ist allerdings notwendig. M. E. liegt der entscheidende Unterschied, auf den abgestellt werden muß, in der Form und dem Mechanismus, d. h. dem zugrundeliegenden Tauschakt. Die Hausindustriellen, sofern sie noch formal selbständig waren, wurden *am Markt* ausgebeutet, auf dem der Verleger/Kaufmann die überlegene Position innehatte. Es handelte sich um nicht-äquivalenten Tausch. Fabrik- und Manufakturarbeiter werden *in der Produktion* ausgebeutet. Grundlage der Ausbeutung ist hier das fehlende Eigentum an Produktionsmitteln. Es handelt sich um äquivalenten Tausch zwischen Lohnarbeiter und Kapitalisten.

3. Im Grunde ist die Ausbeutung des Heimarbeiters durch den Verleger/Kaufmann eine Form der ursprünglichen Akkumulation. Wie beschrieben eignet sich das Handelskapital nicht nur das

Mehrprodukt an, sondern Zug um Zug wurden die Hausindustriellen ihres geringen eigenen Vermögens beraubt (Haus, Land, Produktionsmittel), bis sie im Endstadium wirklich auf die Stufe des nicht über die Produktionsmittel verfügenden Lohnarbeiters gelangt waren. Dieser Expropriierungsprozeß unterscheidet sich prinzipiell nicht von anderen Formen der ursprünglichen Akkumulation.

56 Vgl. Braun, Industrialisierung . . ., a.a.O., S. 160 ff.

57 Vgl. G. Schnapper-Arndt, Fünf Dorfgemeinden auf dem hohen Taunus, Leipzig 1883, S. 117; Sax, Bd. 1, a.a.O., S. 88.

58 Vgl. die Ausführungen von Sax, Bd. 1, a.a.O., S. 38 ff., S. 93.

59 Vgl. Thun (Bd. 1, a.a.O., S. 148 f.) für die Mehrzahl der Weber in der Umgebung Krefelds, auch Schöne, a.a.O., S. 80, 84; Braun, Industrialisierung . . ., a.a.O., S. 160 ff.

60 Sax, Bd. 1, a.a.O., S. 38 f.

61 Vgl. Schnapper-Arndt, Beschreibung der Wirtschaft und Statistik der Wirtschaftsrechnungen der Familie eines Uhrschildmalers im badischen Schwarzwald, in: ders., Vorträge und Aufsätze, Tübingen 1906, S. 171, 173, 180.

62 Vgl. Thun, Bd. 1, a.a.O., S. 149.

63 Sombart bezeichnet eine »vollendete Irrationalität ihrer Lebensauffassung und Lebensführung« als grundlegenden Wesenszug *aller* Arbeiter des Frühkapitalismus. Sie lebten noch »im Bann der alten Nahrungs-, Entbehrungs- und Genußideen«. (Sombart, Die Arbeiterverhältnisse im Zeitalter des Frühkapitalismus, in: Archiv für Sozialwissenschaften und Sozialpolitik, Bd. 44, (1917/18), S. 26).

64 Thun, Bd. 1, a.a.O., S. 150. Der Freitag fehlt in der Aufzählung. Nahezu identischen Inhalts ist ein von E. P. Thompson berichteter englischer Spottvers von 1639: »You know that Monday is Sundays brother, Tuesday is such another; Wednesday you must go to Church and pray; Thursday is half-holiday; on Friday it is too late to begin to spin; the Saturday is half-holiday again.« (Time, Work-Discipline and Industrial Capitalism, in: M. W. Flinn und T. C. Smout (Hg.), Essays in Social History, Oxford 1974, S. 50.)

65 Vgl. die Angaben (für die zweite Hälfte des 19. Jahrhunderts) bei Sax, Bd. 3, a.a.O., S. 59; Stieda, a.a.O., S. 79 f.; G. Lange, in: Schriften des Vereins für Socialpolitik, Bd. 42, S. 160.

66 Vgl. Thompson, a.a.O., S. 49, 50.

67 Vgl. ebd., S. 59; auch Sombart, Der moderne Kapitalismus, Bd. 1, a.a.O., S. 802.

68 Vgl. Braun, Industrialisierung . . ., a.a.O., S. 192 ff.

69 Dies verkennt Braun, der m. E. zu schnell auf eine neue Einstellung zur Arbeit schließt (a.a.O., S. 194).

70 Sax, Bd. 1, S. 32 (Hervorhebungen von mir – H. R.).

71 Sombart, Die Arbeiterverhältnisse, a.a.O., S. 26.

72 »Es ist ebenso schwierig, den Bauern von der Nützlichkeit einer Hagel- oder Viehversicherung zu überzeugen, wie dem Heim- und Fabrikarbeiter den Sinn einer Spar- und Krankenkasse klar zu machen.« (Braun, Industrialisierung . . ., a.a.O., S. 203).

73 Vgl. ebd., S. 94 ff.

74 Vgl. Thun, Bd. 2, a.a.O., S. 75; Beckmann, 1. Theil, a.a.O., S. 110; Schöne, a.a.O., S. 107.

75 Beckmann, 1. Theil, a.a.O., S. 110.

76 Troeltsch, a.a.O., S. 249.

77 Sax, Bd. 1, a.a.O., S. 49.

78 Vgl. Braun, Industrialisierung . . ., a.a.O., S. 94 ff.

79 So Schöne, a.a.O., S. 108.

80 Vgl. Braun, Industrialisierung . . ., a.a.O., S. 94 ff.; auch Medick, in: Kriedte/Medick/Schlumbohm, a.a.O., S. 149.

81 Vgl. Sax, Bd. 3, a.a.O., S. 77 und Anm. 3.

82 J. S. Roberts, Der Alkoholkonsum deutscher Arbeiter im 19. Jahrhundert, in: Geschichte und Gesellschaft, 6. Jg. (1980) H. 2, S. 230 f. und Anm. 4.

83 Troeltsch, a.a.O., S. 317.

84 Thun, Bd. 2, a.a.O., S. 72; die Schilderung bezieht sich auf die Zeit um 1845.

85 Diese Funktion betont auch Schöne, a.a.O., S. 107; Medick, in: Kriedte/Medick/Schlumbohm, a.a.O., S. 149; Braun, Industrialisierung . . ., a.a.O., S. 104 ff.

86 Beckmann, 1. Theil, a.a.O., S. 110.

87 Vgl. dazu Bourdieu, Zur Soziologie . . ., a.a.O., S. 62.

88 Peuckert, a.a.O., S. 24; dieser Auffassung schließen sich prinzipiell Medick (in: Kriedte/Medick/Schlumbohm, a.a.O., S. 95, 152) und Braun (Industrialisierung . . ., a.a.O., S. 234) an.

89 Vgl. Sombart, Die Hausindustrie . . ., a.a.O., S. 109.

90 Bräker, a.a.O., S. 159, 174 ff.

91 Bräker, a.a.O., S. 233.

92 (Joh. G.) Schummels Reise durch Schlesien im Julius und August 1791, Breslau 1792, S. 309.

93 Vgl. Thun (Bd. 1, a.a.O., S. 151) für die Krefelder Weber; Schöne (a.a.O., S. 110) für die westlausitzer Bandweber.

94 Vgl. Schöne, a.a.O., S. 110.

95 Thun, Bd. 1, a.a.O., S. 151.

96 So Schöne für die westlausitzer Bandweber, a.a.O., S. 106, auch S. 27; auch Medick, in: Kriedte/Medick/Schlumbohm, a.a.O., S. 128 f.

97 Schöne, a.a.O., S. 47.

98 Vgl. ebd.

99 Vgl. Braun, Industrialisierung . . ., a.a.O., S. 162 f.

100 D. Levine, Family Formation in an Age of Nascent Capitalism, New York usw. 1977.

101 Vgl. ebd., S. 52 und Tab. 4.5., S. 54.

102 Vgl. ebd., S. 56 f.; auch Medick, in: Kriedte/Medick/Schlumbohm, S. 129 ff.

103 Der Anteil sinkt von 24,5% bei kinderlosen Ehepaaren auf 5,2% bei Ehepaaren mit zwei Kindern. Vgl. Levine, a.a.O., Tab. 4.6, S. 55.

104 Vgl. dazu H. Rosenbaum, Zur neueren Entwicklung der historischen Familienforschung, in: Geschichte und Gesellschaft, 1. Jg., (1975) S. 213 ff.

105 Vgl. Sax, Bd. 1, a.a.O., S. 51.

106 Da die Konzeptionsfähigkeit von Frauen mit zunehmendem Alter abnimmt, hatte eine Senkung des Heiratsalters überproportionale Auswirkungen auf die Geburtenzahl pro Ehe. Vgl. den Hinweis bei Medick, in: Kriedte/Medick/Schlumbohm, a.a.O., S. 182.

107 Zum Vergleich: In der BRD sind 1971 von 1000 überhaupt Geborenen bis zum Ende des 1. Lebensjahres 32,8 gestorben (berechnet nach Statistisches Jahrbuch für die BRD 1973, Stuttgart, Mainz 1973, S. 63, 58).

108 Vgl. G. Lange, a.a.O., S. 129.

109 Vgl. ebd., S. 132.

110 Schnapper-Arndt, Fünf Dorfgemeinden . . ., a.a.O., S. 141 f.

111 Allerdings lag die Erwachsenensterblichkeit bei ländlichen Hausindustriellen nicht so niedrig wie bei der agrarischen Bevölkerung seit der Mitte des 18. Jahrhunderts. Darauf verweist Medick (in: Kriedte/Medick/Schlumbohm, a.a.O., S. 185).

112 A. Popp, Jugendgeschichte einer Arbeiterin, München 1909, S. 76 und 23.

113 So J. L. Flandrin, La cellule familiale et l' œuvre de procréation dans l'ancienne société, in: XVIIᵉ siècle, 1974, Nr. 102-103, S. 12, 14; ähnlich neuerdings R. Schulte, Kindsmörderinnen . . ., a.a.O., S. 22 f.

114 Vgl. Braun, Industrialisierung . . ., a.a.O., S. 82. Eine ähnliche Einstellung werden wir auch bei vielen proletarischen Familien finden.

115 Vgl. die instruktive tabellarische Zusammenstellung bei Levine, a.a.O., Tab. 4.2., S. 50.

116 Linde hat in seiner Rezension des Buches von Kriedte/Medick/Schlumbohm m. E. zutreffend darauf hingewiesen, daß diese Folgerung nur dort zutrifft, wo der Ausdehnung der gewerblichen Tätigkeit keine Schranken gesetzt sind. Vgl. Proto-Industrialisierung: Zur Justierung eines neuen Leitbegriffs sozialgeschichtlicher Forschung, in: Geschichte und Gesellschaft, 6. Jg. (1980), S. 117 ff.

117 Vgl. auch Medick, in: Kriedte/Medick/Schlumbohm, S. 120 f.

118 Seltener jedenfalls als bei Bauern, Handwerkern und Kaufleuten, wie Levine für Shepsed nachgewiesen hat (vgl. a.a.O., Tab. 4.2., S. 50).

119 Auf dieses gewichtige Heiratsmotiv verweist O. Hufton (Women and the Family Economy in Eighteenth Century France, in: French Historical Studies, Bd. 9 [1975-76], S. 2).

120 Vgl. Levine, a.a.O., S. 47; ebenso Medick mit vielfältigen Belegen, in: Kriedte/Medick/Schlumbohm, a.a.O., S. 166, S. 177 ff. und Anm. 65 auf S. 177.

121 Medick, in: Kriedte/Medick/Schlumbohm, a.a.O., S. 178.

122 Schöne, a.a.O., S. 53.

123 Vgl. ebd., S. 54.

124 Sie könnten damit zusammenhängen, daß es sich hier um selbständige Kleinmeister handelt. Schönes Untersuchung unterscheidet Kleinmeister und Lohnweber nicht ausreichend und nicht durchgängig. Allerdings muß man berücksichtigen, daß die Grenzen sich auch verwischen. Sax schreibt über die Kleinmeister in der Sonneberger Spielwarenindustrie, sie seien nicht gesondert von den Lohnarbeitern zu behandeln, da sie sich in identischer Lage befänden. Zwar besäßen sie mitunter ein eigenes Häuschen, einen Kartoffelacker etc., »aber fast immer ist ihr Eigenthum mit schweren Hypotheken belastet«. (Vgl. Sax, Bd. 1, a.a.O., S. 38)

125 So auch Ch. Lasch, What the Doctor ordered, in: New York Review of Books, Bd. XXII (1975), No. 20, S. 50.

126 So Medick, in: Kriedte/Medick/Schlumbohm, a.a.O., S. 166 ff.

127 Vgl. ebd., insbes. S. 98; 110 ff.; 141, 152 f.

128 M. E. ist diese Fehlinterpretation Medicks eine Folge seines Rückgriffs auf die Kategorien der Grenznutzentheorie. Daß diese jenseits der Analyse privatkapitalistischen Unternehmerverhaltens nicht fruchtbar angewendet werden können, hat W. Hofmann betont. Vgl. ders., Sozialökonomische Studientexte, Bd. I: Wert- und Preislehre, Berlin 1964, S. 113 ff., insbesondere S. 180 ff.

129 Vgl. dazu Braun, Industrialisierung . . ., a.a.O., S. 61, 64.

130 Sax, Bd. 3, a.a.O., S. 58. Er folgert: »Daher der geringe Umfang der Korbwaarenbetriebe, daher die frühen Ehen: es kann eben Jeder alsbald auf eigene Faust wirthschaften und sein eigener Herr sein.«

131 So Schöne für die Westlausitzer Bandweber (a.a.O., S. 50).

132 Vgl. Segalen, a.a.O., S. 102 f.

133 Vgl. beispielsweise die von Le Play beschriebene Weberfamilie, Bd. V, a.a.O., S. 60 ff.

134 Vgl. Braun, Industrialisierung . . ., a.a.O., S. 66; Schnapper-Arndt referiert den Bericht einer Drahtzieherswitwe: »Als wir heirateten, hatte keiner von uns etwas. Wir zogen in Miete. Die Eltern schenkten uns das Bettzeug, das sie aber nicht bezahlen konnten, so, daß sie um ihr Häuschen kamen.« (Schnapper-Arndt, Fünf Dorfgemeinden . . .,

a.a.O., S. 168, ähnlich auch S. 166 f.)

135 Braun, Industrialisierung . . ., a.a.O., S. 65.

136 Ebd., S. 67 (Hervorhebungen von mir – H. R.).

137 So Segalen für die Weber in Vraiville im 18. und 19. Jahrhundert (a.a.O., S. 88).

138 Ebd., Tab. 33, S. 76 und Tab. 34, S. 77 f.

139 Vgl. ebd., S. 79.

140 W. Köllmann, Sozialgeschichte der Stadt Bochum, Tübingen 1960, S. 127.

141 Segalen, Nuptialité . . ., a.a.O., S. 104 f.

142 Vgl. ebd., S. 106.

143 Braun hat dies für das Zürcher Oberland feststellen können (Industrialisierung . . ., a.a.O., S. 68 ff.). Troeltsch berichtet von dem Vorwurf wollüstigen Lebenswandels, den die Zeitgenossen gegen die Weber der Calwer Zeughandelskompagnie erheben, und den häufigen vorehelichen Schwängerungen (a.a.O., S. 316). Schummel schließlich berichtet Ende des 18. Jahrhunderts aus dem schlesischen Weberstädtchen Bielau von einer großen Zahl unehelicher Geburten. Seinen Angaben nach verhalte sich das Verhältnis von ehelichen zu unehelichen Geburten in Bielau (1791) wie 8½ zu 1 und liege sogar in Berlin nur bei 10 zu 1 (a.a.O., S. 307).

144 Vgl. P. Caspard, Conceptions prénuptiales et development du capitalisme dans la Principauté de Neuchâtel (1678-1820), in: Annales E.S.C., 29. Jg. (1974), S. 989 ff.

145 Vgl. Levine, a.a.O., S. 139. Es gibt allerdings auch Regionen, in denen die Entwicklung eher in den gewohnten Bahnen verläuft, wie Schnapper-Arndt aus dem Hohen Taunus berichtet (Fünf Dorfgemeinden . . ., a.a.O., S. 159).

146 So bei Braun explizit nur für die Spinnstuben (Industrialisierung . . ., a.a.O., S. 131), während Medick verallgemeinert (in: Kriedte/Medick/Schlumbohm, a.a.O., S. 137).

147 So Medick, in: Kriedte/Medick/Schlumbohm, a.a.O., S. 137. Diese generalisierende Bemerkung scheint mir durch seine Belege nicht hinreichend gestützt.

148 Vgl. Braun, Industrialisierung . . ., a.a.O., S. 69 f.

149 So Medick, in: Kriedte/Medick/Schlumbohm, a.a.O., S. 150 f.

150 Vgl. Levine, a.a.O., S. 139 ff.

151 Ebd., S. 141.

152 Das 9. Kapitel seiner Untersuchung trägt den Titel: Illegitimacy: Marriage Frustrated, Not Promiscuity Rampant (a.a.O., S. 127). Auch Troeltsch ist der Ansicht, der Vorwurf wollüstigen Lebenswandels sei übertrieben und lediglich berechtigt für die Fälle vorehelicher Schwängerung (!) (vgl. a.a.O., S. 318).

153 Vgl. E. Shorter, Female Emancipation . . ., a.a.O. In gleicher Weise

argumentiert Shorter in seinem Buch: Die Geburt der modernen Familie, a.a.O., S. 289 ff.

154 Vgl. Braun (Industrialisierung . . ., a.a.O., S. 70 f.) für das Zürcher Oberland, Caspard (a.a.O., S. 996 ff.) für Neuchâtel.

155 Shorter, Female Emancipation . . ., a.a.O., S. 611; ders., Die Geburt . . ., a.a.O., S. 289.

156 Scott/Tilly, a.a.O.

157 O. Hufton, a.a.O., S. 11. Auch die Akzeptierung der gegenüber denen der Männer wesentlich niedrigeren Löhne durch die Fabrikarbeiterinnen am Ende des 19. Jahrhunderts läßt sich m. E. schlüssig nur aus dem Fortdauern dieses traditionellen Selbstverständnisses der Frauen und ihrer Arbeitsleistung erklären. Vgl. dazu das Kapitel zur proletarischen Familie.

158 »The actual historical experience of young women working in the nineteenth century was not what Shorter assumes it was. When one examines their history and finds that peasant values and family interests sent them to work and when one examines the kind of work they did and the pay they received, it is impossible to agree with Shorter that their experience was either radically different from that of women in the past or was in any sense ›emancipating‹« (Scott/Tilly, a.a.O., S. 55, Anm. 71).

159 Mit der Zunahme ehelicher Fruchtbarkeit setzen sie sich nicht ausreichend auseinander. Soweit mir bekannt, gibt es dafür bislang keine plausible Erklärung.

160 Vgl. Medick, in: Kriedte/Medick/Schlumbohm, a.a.O., S. 134.

161 Le Play, a.a.O., S. 65.

162 Medick, in: Kriedte/Medick/Schlumbohm, a.a.O., S. 134 und Anm. 148 mit vielen Belegen.

163 Schöne, a.a.O., S. 55.

164 Vgl. Thun, Bd. 1, a.a.O., S. 108, 148.

165 Sax, Bd. 1, a.a.O., S. 55; auch Bd. 2, a.a.O., S. 70.

166 Vgl. Beckmann (1. Theil, a.a.O., S. 109), der von klöppelnden Männern im Erzgebirge berichtet. Ebenso Achilles, demzufolge im südlichen Niedersachsen auch der »hochfahrende Ackermann« das lukrative, ursprünglich ausschließlich Frauen und Kindern vorbehaltene Spinnen nicht verschmähte (W. Achilles, Die Bedeutung des Flachsanbaus im südlichen Niedersachsen für Bauern und Angehörige der unterbäuerlichen Schicht im 18. und 19. Jahrhundert, in: H. Kellenbenz (Hg.): Agrarisches Nebengewerbe und Formen der Re-Agrarisierung im Spätmittelalter und 19./20. Jahrhundert, Stuttgart 1975, S. 117, 122.).

167 Schlumbohm, in: Kriedte/Medick/Schlumbohm, a.a.O., S. 223.

168 ». . . relatively little cleaning as such went on in these peasant farm-houses, with their thatched roofs and dirt floors, for the simple

reason that things were always dirty and little could be done to make them clean.« (E. Shorter, Womens Work: What Difference did Capitalism make?, in: Theory and Society, Bd. 3 (1976), S. 516.). Ähnlich Hufton, a.a.O., S. 11.

169 »Eine tüchtige Korbflechterin wird selten eine tüchtige Hausfrau – sie kann nicht stricken, kochen, nähen usw. . . .« Sax zitiert diese Bemerkung aus dem Bericht des landwirtschaftlichen Lokalvereins Redwitz, die Förderung der Weidenkultur betreffend (Sax, Bd. 3, a.a.O., S. 58, Anm. 2). Vgl. auch Braun, Industrialisierung . . ., a.a.O., S. 97; ebenso L. Schneider, Der Arbeiterhaushalt im 18. und 19. Jahrhundert, Berlin 1967, S. 32.

170 Braun, Industrialisierung . . ., a.a.O., S. 194 f.

171 Vgl. Hufton, a.a.O., S. 14 f.

172 Sax, Bd. 3, a.a.O., S. 76.

173 Schöne, a.a.O., S. 53; für die wohlhabenderen Kleinmeister ebd., S. 51 f.

174 Dies betont auch Medick (in: Kriedte/Medick/Schlumbohm, a.a.O.).

175 Hufton, a.a.O., S. 16. Ähnlich argumentiert auch Shorter, Female Emancipation . . ., a.a.O., S. 622.

176 Schöne, a.a.O., S. 50 f.

177 Sax, Bd. 3, a.a.O., S. 76.

178 Schöne, a.a.O., S. 52.

179 Vgl. dazu Medick, in: Kriedte/Medick/Schlumbohm, a.a.O., S. 149.

180 Vgl. Shorter, Female Emancipation . . ., a.a.O.; Hufton, a.a.O., S. 16; Schöne, a.a.O., S. 53.

181 Th. Held, Soziologie der ehelichen Machtverhältnisse, Darmstadt, Neuwied 1978, S. 53 (Hervorhebungen von mir – H. R.).

182 Schnapper-Arndt, Fünf Dorfgemeinden . . ., a.a.O., S. 187.

183 Vgl. Braun, Industrialisierung . . ., a.a.O., S. 71.

184 Minutoli, a.a.O., Anlage A, S. 67.

185 »Die Gefahr des Zerbrechens einer Ehe ist umso akuter, je weniger die Ehe von dinglichen Bindungen gehalten wird, je weniger sie in einem (über sie hinausgreifenden – H. R.) Produktionsverband verankert ist.« (Braun, Industrialisierung . . ., a.a.O., S. 72.)

186 Sax, Bd. 1, a.a.O., S. 82.

187 Linde hat dies für die südniedersächsischen Brinksitzer und Anbauern plausibel gemacht, deren potentielle Garnproduktion vom Umfang der eigenen Flachsernte abhängt (Proto-Industrialisierung . . ., a.a.O., S. 118).

188 Diesen Sachverhalt betont Schöne für die zur Miete wohnenden landlosen Bandweber, bei denen nur ein heranwachsendes Kind mitarbeiten konnte. Die anderen mußten vom 13. Lebensjahr an aus

dem Hause (vgl. Schöne, a.a.O., S. 55 f.).

189 Vgl. Braun, Industrialisierung . . ., a.a.O., S. 81.

190 Vgl. ebd., S. 82. Dieser Einstellung korrespondierte im Zürcher Oberland eine sinkende eheliche Fruchtbarkeit (ebd., S. 80 f.), was aber offenbar eine Ausnahme war.

191 Vgl. Medick, in: Kriedte/Medick/Schlumbohm, a.a.O., Ähnlich I. Pinchbeck, Women Workers in the Industrial Revolution 1750-1840, London 1969, S. 179.

192 Medick, in: Kriedte/Medick/Schlumbohm, a.a.O., S. 125.

193 Vgl. ebd., S. 168.

194 Vgl. ebd., S. 126 f.

195 Als direkte Kosten werden die Aufwendungen für Ernährung, Kleidung etc. gewertet. Indirekte Kosten verursachen die Kinder durch die Minderung der Arbeitsfähigkeit der Mutter, körperliche Erschöpfung sowie die Zeit, die ihnen gewidmet werden muß.

196 Medick, in: Kriedte/Medick/Schlumbohm, a.a.O., S. 168.

197 Vgl. Schlumbohm, in: Kriedte/Medick/Schlumbohm, a.a.O., S. 223, Anm. 81.

198 Schnapper-Arndt, Fünf Dorfgemeinden . . ., a.a.O., S. 149.

199 Vgl. Sax, Bd. 1, a.a.O., S. 47.

200 B. Selinger, Der Rachen, Berlin 1926, S. 7.

201 So auch H. Lehmann, Die Wollphantasiewaren-Industrie im nord-östlichen Thüringen, Berlin 1889 (= Schriften des Vereins für Socialpolitik, Bd. 40), S. 70 f.

202 Thun, Bd. 1, a.a.O., S. 109 (ab fünf Jahren Spulen); Beckmann, 1. Theil, a.a.O., S. 108 (ab fünf Jahren Klöppeln); Sax, Bd. 3, a.a.O., S. 81 (ab sechs Jahren und früher Hilfe beim Zündhölzchen-Verpakken), Schnapper-Arndt, Fünf Dorfgemeinden . . ., a.a.O., S. 87 (ab drei Jahren Filet-Stickerei), Selinger, a.a.O., S. 8 (ab drei bis vier Jahren Korbflechten).

203 Schöne berichtet, daß die Kinder zum Viehhüten sogar vermietet wurden (a.a.O., S. 89).

204 Vgl. Schnapper-Arndt (Fünf Dorfgemeinden . . ., a.a.O., S. 89 und die Tab. auf S. 95) zur zeitlichen Ausdehnung.

205 »Und das ist es ja auch, weshalb so mancher flüchtige Beschauer mit einer Art von Genugtuung an dem Kinde vorübergeht, das er emsig und geschickt mit einer scheinbar leichten und doch nützlichen Arbeit beschäftigt sieht: er wiegt sich in der Illusion, als ob er es hier mit der zweckmäßigen Ausnutzung einer überflüßigen Mußestunde zu tun habe und vergißt, das *Andauernde* der Arbeit in Betracht zu ziehen.« (Schnapper-Arndt, Fünf Dorfgemeinden . . ., a.a.O., S. 89).

206 L. Zietz, Aus meinem Leben, in: Die Kämpferin, Beilage, 1. Jg., (1919), Nr. 2.

207 Vgl. W. Bierer, Die hausindustrielle Kinderarbeit im Kreise Sonneberg, Ergänzungsheft 11 des Archivs für Sozialwissenschaft und
Sozialpolitik, Tübingen 1913, S. 47.
208 Vgl. Selinger, a.a.o., S. 8.
209 J. Bruhns, »Es klingt im Sturm ein altes Lied«, Stuttgart, Berlin 1921,
S. 9.
210 K. H. Ludwig, Die Fabrikarbeit von Kindern im 19. Jahrhundert, in:
Vierteljahrsschrift für Sozial- und Wirtschaftsgeschichte, Bd. 52
(1965), S. 84.
211 Vgl. Thun, Bd. 1, a.a.O., S. 109; Sax, Bd. 3, a.a.O., S. 82; Schriften
des Vereins für Socialpolitik, Bd. 42, S. 84; Bd. 40, S. 61 ff.
212 Sax, Bd. 3, a.a.O., S. 82, Anm. 3; Schöne, a.a.O., S. 87 f.
213 Eine Ausnahme davon bilden stark saisongebundene Hausindustrien
wie beispielsweise die Spielwarenindustrie.
214 Insofern erscheint es mir auch völlig unsinnig, von der Ausbeutung
der Kinder durch die Eltern zu sprechen, wie es gelegentlich der Fall
ist. Vgl. beispielsweise Schöne, a.a.O., S. 45.
215 Popp beschreibt die Perspektive ihrer Eltern: »Sie (die Mutter – H.
R.) fand es ungerecht, daß andere Menschen den Eltern vorschrieben,
was sie mit ihren Kindern zu tun hätten. In diesem Punkte hatte mein
Vater ihre Anschauung geteilt und meine Brüder hatten ihm schon
mit zehn Jahren bei seiner Arbeit, der Weberei, helfen müssen. Drei
Jahre Schule war nach Ansicht meiner Eltern genug . . .« (a.a.O., S. 4).
216 Zietz, a.a.O.
217 Dies betont Medick, in: Kriedte/Medick/Schlumbohm, a.a.O.,
S. 138 ff., insbes. S. 145. Vgl. auch seinen Aufsatz »Spinnstuben auf
dem Dorfe«, a.a.O.
218 Selinger, a.a.O., S. 7.
219 Vgl. Popp, a.a.O., S. 1.
220 H. Lehmann, in: Schriften des Vereins für Socialpolitik, Bd. 40,
a.a.O., S. 70 f.
221 Sombart, Die Hausindustrie . . ., a.a.O., S. 149.
222 Die geschlechtlich-sittlichen Verhältnisse . . ., Bd. 1, 2. Abtlg., Leipzig 1895, S. 85.
223 Vgl. Braun, Industrialisierung . . ., a.a.O., S. 118. Ähnliches berichtet
Schöne: Dort, wo die Heimarbeiter gemeinsam ihre Waren abliefern
gingen, bedeutete ihnen »der Ablieferungstag . . . bei ihrem mehr als
zehnstündigen Arbeitstag eine willkommene Erholungspause.« Diese nachbarschaftliche Gruppenbildung konnte Formen einer Erzähl-
gemeinschaft annehmen, da es auf dem Ablieferungswege festgelegte
Raststellen gab, an denen mehrere Weber, z. T. auch aus anderen
Dörfern, aufeinander warteten und bei dieser Gelegenheit Nachrich-
ten über das örtliche Geschehen austauschten. (Vgl. Schöne, a.a.O.,
S. 72).

224 Vgl. Schöne, a.a.O., S. 71.
225 Vgl. Braun, Industrialisierung . . ., a.a.O., S. 118; neuerdings auch Medick, Spinnstuben . . ., a.a.O.
226 Vgl. zu diesem Gedanken oben auch Bourdieu, Zur Soziologie . . ., a.a.O., S. 62.
227 Man könnte auch der Ansicht sein, Bauernkinder, die früh in den Gesindedienst gingen, seien damit schon in jungen Jahren ökonomisch selbständig geworden. Aber es handelte sich nur um einen Wechsel der Familien. Die Unterordnung blieb erhalten. Ohne Hilfe der Eltern oder anderer Personen war auch ihnen keine frühe Heirat möglich.
228 Pinchbeck, Women Workers . . ., a.a.O., S. 182.

Anmerkungen zu Kapitel 4
Die Familie im Bürgertum

1 Genauere Angaben zu den Einkommens- und Vermögensverhältnissen dieses frühen Bürgertums können wegen der schlechten Materialsituation nicht gemacht werden. Genauere Kenntnisse wären allerdings für die folgenden Ausführungen und Überlegungen wichtig gewesen.
2 P. Kluckhohn, Die Auffassung der Liebe in der Literatur des 18. Jahrhunderts und der Romantik, Halle 1922; L. Schücking, Die puritanische Familie, 2. Aufl., Bern 1964.
3 Vgl. K Schwieger, Das Bürgertum in Preußen vor der französischen Revolution, Kieler Diss. 1973, S. 4.
4 Zitiert nach M. Riedel, Art. »Bürger«, in: Geschichtliche Grundbegriffe, Bd. I, Stuttgart 1972, S. 714, Anm. 186.
5 Vgl. Riedel, a.a.O., S. 714.
6 Joh. Schopenhauer, Jugendleben und Wanderbilder, Danzig 1884, S. 79, 115; ähnlich auch R. Stadelmann u. W. Fischer, a.a.O., S. 44; zur Differenzierung in Groß- und Kleinbürgertum vgl. auch H. Möller, Die kleinbürgerliche Familie, a.a.O., S. 2 f.
7 W. Martens, Die Botschaft der Tugend, Stuttgart 1968, S. 147, 149; eine ebensolche Differenzierung findet sich in Chr. F. Weißes »Kinderfreund« (3. Aufl., Leipzig 1780 ff.); vgl. dazu auch B. Hurrelmann, Jugendliteratur und Bürgerlichkeit, Paderborn 1974, S. 85 f.
8 M. Arndt, Frühkapitalismus in Deutschland am Ende des 18. Jahrhunderts, Marburger phil. Diss., 1971, S. 84.
9 N. Elias, Über den Prozeß der Zivilisation, 2. Aufl., Bern/München 1962, Bd. I, S. 21.

10 P.E. Schramm berichtet für das Hamburg des 19. Jahrhunderts: »Die durch die Geburt gegebene soziale Ordnung wurde in seltsamer Weise durch die akademischen Grade durchbrochen. Wer den Titel eines *Dr. juris utriusque* oder auch nur die geringer eingeschätzte Würde eines Licentiaten beider Rechte erworben hatte, rangierte noch bis in das 18. Jahrhundert – auch wenn er kleiner Leute Kind war – an der Tafel vor den Nichtstudierten.« (Neun Generationen, Göttingen 1963/64, Bd. 1, S. 296).

11 Vgl. H. Gerth, a.a.O., S. 31 f.; der Zustrom zu den Universitäten beruhte u. a. auf der dadurch gegebenen Möglichkeit, den Wehrdienst zu vermeiden (S. 32).

12 Vgl. dazu die Schilderungen von Schramm, Neun Generationen . . ., a.a.O.

13 F. Zunkel, Der rheinisch-westfälische Unternehmer 1834-1879, Köln, Opladen 1962, S. 84.

14 Vgl. Schwieger, a.a.O., S. 2.

15 Vgl. H. Henning, Das westdeutsche Bürgertum in der Epoche der Hochindustrialisierung, 1860-1914, Bd. 1, Wiesbaden 1973, S. 6; ähnlich auch H.P.Bleuel, Deutschlands Bekenner, Bern, München, Wien 1968, S. 22.

16 Vgl. W. Roessler, Die Entstehung des modernen Erziehungswesens in Deutschland, Stuttgart 1961, S. 143; Th. Nipperdey, Geschichte der Erziehung, allgemeine Geschichte, historische Anthropologie, in: Goettingische Gelehrte Anzeigen, Jg. 21 (1964), S. 256.

17 Chr. Garve, Über den Charakter der Bauern . . ., a.a.O., S. 5.

18 W. Martens, Bürgerlichkeit in der frühen Aufklärung, in: Jahrbuch für Geschichte der deutschen Reichsstädte, Jg. 16 (1970), S. 112.

19 Vgl. ebd., S. 115.

20 Elias, Über den Prozeß der Zivilisation, Bd. 1., a.a.O., S. 22.

21 F. K. Ringer, Higher Education in Germany in the 19th Century, in: The Journal of Contemporary History, Bd. 2 (1967), S. 127.

22 Gerth, a.a.O., S. 57.

23 H.-J. Haferkorn, Zur Entstehung der bürgerlich-literarischen Intelligenz und des Schriftstellers in Deutschland zwischen 1750 und 1800, in: B. Lutz (Hg.), Deutsches Bürgertum und literarische Intelligenz, Stuttgart 1974, S. 186.

24 Als Ursachen hierfür sind insbesondere zu nennen: Ökonomische Schwäche, aber auch die politische Zersplitterung des deutschen Reiches, die erst spät ein Nationalbewußtsein aufkommen ließ (vgl. Kießelbach, a.a.O., S. 17).

25 W.H. Riehl, Bürgerliche Gesellschaft, a.a.O., S. 271.

26 Martens, Die Botschaft der Tugend, a.a.O., S. 325 u. 329: »Der Bürger hat kein Recht, über Maßnahmen der obrigkeitlichen Personen zu befinden. Es ist nicht seine Sache, sich um die Politik zu

bekümmern. Er ist mit seinem beschränkten Sachverstande auch gar nicht befähigt, Sinn und Zweck von Staatssachen einzusehen.«

27 Vgl. dazu O. Brunner, Das »ganze Haus«, a.a.O., S. 104 f. und ders.: Art. »Hausväterliteratur«, in: Handwörterbuch der Sozialwissenschaften, Bd. 5, S. 92 ff.

28 E.-A. Kirschstein, Die Familienzeitschrift, Charlottenburg 1937, S. 18, 21.

29 Martens, Die Botschaft . . ., a.a.O., S. 303.

30 Generell muten »die Charakterschilderungen der Wochenschriften . . . denn auch oftmals so an, als kennen die hier vorgeführten Bürger keinen mühevollen Werktag, sondern brächten ihre Zeit häuslich, in Gesellschaft, auf Spaziergängen und Visiten, bei freundlichen Unterredungen an der Kaffeetafel, im Familienkreise zu, in aller Bequemlichkeit von den Erträgnissen eines soliden Vermögens lebend« (Martens, ebd., S. 304).

31 Die Auswertung der Abonnenten-Liste ergibt: Bürgertum 85,7%, Adel 8,5%, »niedere« Stände 5,8%. Besonders aufschlußreich ist die Aufschlüsselung der bürgerlichen Abonnenten nach ihrem Beruf:

Beruf:	%	abs.
Lehrer, Privaterzieher	5,2	(94)
Kandidaten, Studenten	10,2	(180)
Kirchliche Beamte	13,4	(238)
Höhere weltliche Beamte	9,4	(166)
Gehobene weltliche Beamte	10,5	(186)
Gelehrte, sonst. Akademiker, Künstler	6,5	(116)
Kaufleute	6,9	(123)
Militärs	1,5	(26)
Sonstige, o. A.	22,1	(391)
	85,7	(1520)

Quelle: Hurrelmann, a.a.O., S. 171, 173.

32 Die berühmten englischen Vorbilder erschienen zwischen 1709 und 1713 (The Tatler: 1709-11; The Spectator: 1711-12; The Guardian: 1713). Die Blütezeit der deutschen Moralischen Wochenschriften lag mit einer Ausnahme später (Der Vernünftler: 1713; Die Discourse der Mahlern: 1721-23; Der Patriot: 1724-26; Die vernünftigen Tadlerinnen: 1725-26; Der Biedermann: 1727-28). Verglichen mit der Situation des englischen Bürgertums begann die Diskussion in Deutschland also sehr früh.

33 Ähnlich, wenn auch m. E. überzogen: Tyrell, Probleme einer Theorie . . ., a.a.O., S. 401 f.

34 K. Biedermann, Deutschlands politische, materielle und sociale

Zustände im 18. Jahrhundert, Bd. II, 1: Geistige, sittliche und gesellige Zustände, 1. Theil, Leipzig 1858, S. 549.

35 Ebd., S. 550.
36 Ebd., S. 548.
37 Vgl. auch Kluckhohn, a.a.O., S. 152.
38 C. Gebauer, Geistige Strömungen und Sittlichkeit im 18. Jahrhundert, Berlin 1931, S. 69.
39 F.K.v. Strombeck, Darstellungen aus meinem Leben und meiner Zeit, 1. Theil, Braunschweig, 1833, S. 23.
40 Vgl. M. Gaus, Das Idealbild der Familie in den moralischen Wochenschriften und seine Auswirkungen auf die deutsche Literatur des 18. Jahrhunderts, Rostock 1936, S. 32; Kluckhohn, a.a.O., S. 147.
41 Gaus, a.a.O., S. 33.
42 Ebd., S. 36 f.
43 Ebd., S. 45.
44 Sehr schön dargestellt in Chr. Felix Weiße, Briefwechsel der Familie des Kinderfreundes, 11. Theil, Leipzig 1791, S. 260 f.
45 Vgl. dazu eingehender Kluckhohn, a.a.O., S. 148.
46 Weiße, Briefwechsel . . ., 9. Theil, Leipzig 1789, S. 298.
47 Zitiert nach C. Gebauer, Studien zur Geschichte der bürgerlichen Sittenreform des 18. Jahrhunderts: Zur Reform der Ehe, in: Archiv für Kulturgeschichte, Bd. 15 (1923), S. 106.
48 Elias, Die höfische Gesellschaft, Neuwied/Berlin 1969, S. 380 f.
49 Vgl. Schücking, Die puritanische Familie, a.a.O., S. 54.
50 Ebd., S. 87.
51 Ebd., S. 130.
52 D. Schwab, Art. »Familie«, a.a.O., S. 285.
53 Ebd., S. 286.
54 G.W.F. Hegel, Rechtsphilosophie, § 161, Zusatz, zitiert nach Schwab, a.a.O., S. 291 (Hervorhebung von mir – H.R.).
55 Vgl. Die vernünftigen Tadlerinnen, 3. Aufl., Hamburg 1748, 1. Theil, S. 255 f.; ebenso Biedermann, Bd. 1, Leipzig 1854, S. 343.
56 Vgl. Die vernünftigen Tadlerinnen, 1. Theil, a.a.O., S. 271 f.; ebenso G. Stephan, Die häusliche Erziehung in Deutschland während des 18. Jahrhunderts, Wiesbaden 1891, S. 227 f.; Biedermann, Bd. 1, a.a.O., S. 343.
57 Vgl. Stephans Schilderungen, a.a.O., S. 137 f.
58 A.F.F.L. v. Knigge, Über den Umgang mit Menschen, Neudruck der 3. Aufl., (1790), Frankfurt/M., 1977, 2. Teil, 2. Kap., 1.
59 Vgl. Die vernünftigen Tadlerinnen, 2. Theil, a.a.O., S. 454 f.
60 A. Flitner u. W. Hornstein, Kindheit und Jugendalter in geschichtlicher Betrachtung, in: Zeitschrift für Pädagogik, 10. Jg. (1964), S. 323.
61 Weiße, Selbstbiographie, Leipzig 1806, S. 186; auch: ders., Der

Kinderfreund, 1. Theil, Leipzig 1780, S. 9.

62 Vgl. Flitner/Hornstein, a.a.O., S. 324.

63 Die vernünftigen Tadlerinnen, 1. Theil, a.a.O., S. 257.

64 Vgl. dazu R. Engelsing, Dienstbotenlektüre im 18. und 19. Jahrhundert, in: ders., Zur Sozialgeschichte der deutschen Mittel- und Unterschichten, Göttingen 1973, S. 187 f.; auch A. Sapper, Das Dienstmädchen, Leipzig 1913.

65 Weiße, Der Kinderfreund, 1. Theil, a.a.O., S. 20.

66 Hurrelmann, a.a.O., S. 211.

67 D. Claessens, Familie und Wertsystem, Berlin 1962, S. 153.

68 In den Grundzügen bestanden die im folgenden am Beispiel Deutschlands geschilderten Entstehungsvoraussetzungen des bürgerlichen Ehe- und Familienmodells auch in England und Frankreich. Es ist allerdings hier nicht möglich, die Variationen der dortigen Entwicklung zu erörtern. Für England vgl. Schücking, Die puritanische Familie, a.a.O., insbes. S. 154 f.; auch L. Stone, The Family, Sex and Marriage in England 1500-1800, London 1977, S. 221 ff.

69 Vermutlich resultiert daraus die in der deutschen Diskussion sehr stark betonte Rolle der Bildung für das Familienleitbild.

70 Die folgenden Ausführungen sind angeregt worden durch einen Vortrag B. Dudens über ihre Dissertation und Diskussionsbemerkungen von H.G. Reif auf Tagungen in Bad Homburg und Göttingen im Frühjahr 1978.

71 Vgl. dazu J. van Ussel, Sexualunterdrückung: Geschichte der Sexualfeindschaft, 2. Aufl., Gießen 1977, S. 39.

72 F.H. Tenbruck, Freundschaft: Ein Beitrag zur Soziologie der persönlichen Beziehungen, in: Kölner Zeitschrift für Soziologie und Sozialpsychologie, Jg. 16 (1964), S. 439.

73 Ebd.

74 Vgl. D. Riesman, Die einsame Masse, Reinbek 1962, S. 32 f.

75 Der innengeleitete Mensch verfügt über eine psychische Struktur, die durch eine starke Differenzierung der psychischen Instanzen, Es, Ich und Über-Ich, gekennzeichnet ist und in der ein spezifisch ausgeprägtes Über-Ich als handlungsleitende Gewissensinstanz zwischen Ansprüchen der Realität und Triebwünschen vermittelt.

76 Riesman, a.a.O., S. 31.

77 Vgl. S. Freud, Das Ich und das Es, in: ders., Psychologie des Unbewußten, Frankfurt/M. 1975, S. 273 f.

78 So H.P. Bahrdt, Die moderne Großstadt, Reinbek, 1961, S. 39 ff. Es darf bei dieser typologischen Betrachtung nicht übersehen werden, daß Bürger, sofern sie Ratsherren waren, in das städtische Patriziat integriert waren.

79 Haferkorn, a.a.O., S. 181 f.

80 Bahrdt, Die moderne Großstadt, a.a.O., S. 53.

81 Vgl. auch Haferkorn, a.a.O., S. 81.

82 Vgl. Tenbruck, a.a.O., S. 436 f.

83 Ebd., S. 445.

84 Ebd., S. 453.

85 Ph. Ariès, Geschichte der Kindheit, a.a.O., S. 517; ähnlich auch Bahrdt, Die moderne Großstadt, a.a.O., S. 53 f.

86 Diesen Gedanken entwickelt Bahrdt, Die moderne Großstadt, a.a.O., S. 39 ff., insbesondere S. 42 f.

87 Vgl. dazu W. Nahrstedt, Die Entstehung der Freizeit, Göttingen 1972.

88 J. Habermas, Strukturwandel der Öffentlichkeit, Neuwied 1962, S. 60.

89 Vgl. E. Blochmann, Das »Frauenzimmer« und die »Gelehrsamkeit«, Heidelberg 1966, 1. Teil.

90 Die These E. Badinters, daß die Entstehung von Mutterliebe wesentlich gesamtgesellschaftlichen ökonomischen Interessen verdankt ist, die sich mit der Verbreitung des Gleichheits- und Glücksanspruchs verbunden haben, ist nicht recht einleuchtend. Vor allem ist m. E. nicht nachvollziehbar, wie sich derartige Interessen und Theorien auf das Verhalten im Familienkreis auswirken (vgl. Interview mit E. Badinter, in: Le Nouvel Observateur, Nr. 812, 2.-8.6. (1980), S. 60 ff.).

91 Vgl. die Hinweise bei Ariès, daß die Entdeckung der Kindheit ein zuerst bei der bürgerlichen Familie beobachtbares Phänomen ist (Geschichte . . ., a.a.O., S. 460, 463, 466).

92 Ebd., S. 209.

93 Vgl. E. Shorter, Der Wandel der Mutter-Kind-Beziehungen, a.a.O., S. 258 f.; L. Stone, The Massacre of the Innocents, in: New York Review of Books vom 14. 11. 1974, S. 29.

94 Vgl. Roessler, a.a.O., S. 90.

95 J.H. van den Berg, Metabletica, Göttingen 1960, S. 34.

96 Vgl. dazu D. Elschenbroich, Kinder werden nicht geboren, Frankfurt/M. 1977, S. 133 ff. Auf den Zusammenhang von zunehmender Vergesellschaftung, d. h. von gegenseitigen Abhängigkeiten und Angewiesenheiten einerseits und der Notwendigkeit von Affekt- und Triebbeherrschung andererseits hat Elias aufmerksam gemacht (vgl. Über den Prozeß . . ., a.a.O., Bd. I, S. 256).

97 W. Hornstein, Vom »jungen Herrn« zum »hoffnungsvollen Jüngling«, Heidelberg 1965, S. 198; ähnlich Hurrelmann, a.a.O., S. 235.

98 Vgl. z. B. Die vernünftigen Tadlerinnen, 1. Theil, a.a.O., S. 257.

99 Diese Überlegung wurde von H.-G. Reif 1978 auf einer Tagung von Sozialhistorikern in Göttingen hervorgehoben.

100 Nach den wenigen Informationen blieb die Säuglingssterblichkeit allerdings bis zum Ende des 18. Jahrhunderts nahezu unverändert

hoch. Imhof folgert aus den Veränderungen der Sterblichkeit: »So wie der Hunger im 18. Jahrhundert als alltägliches Problem geschwunden war, so begann auch die Omnipräsenz des Todes zu weichen ... Wie weit diese strukturellen Veränderungen von den damaligen Zeitgenossen als solche erkannt wurden, ist schwer auszumachen; daß sie jedoch langfristig die Haltung gegenüber Leben und Tod beeinflußten, ist sicher.« (A. Imhof, Einführung in die Historische Demographie, München 1977, S. 67, 68).

101 So Habermas, Strukturwandel ..., a.a.O., S. 58; Schücking, Die puritanische Familie, a.a.O., S. 124 ff.

102 Knigge, a.a.O., 2. Theil, 3. Kap., 22.; ebenso C. Gebauer, Studien zur Geschichte der bürgerlichen Sittenreform des 18. Jahrhunderts, a.a.O., S. 107; Schücking, Die Familie als Geschmacksträger, in: Deutsche Vierteljahrsschrift für Literaturwissenschaft und Geistesgeschichte, Bd. IV (1926), S. 447 f.; auch Ariès, a.a.O., S. 517 ff.

103 In England übernahmen im Gegensatz zu Deutschland Teile des Adels, squirarchy und gentry, sehr bald das bürgerliche Familienmodell. Ursächlich dafür waren die vielen Eheverbindungen zwischen ihnen und dem wohlhabenden Bürgertum und eine in vieler Hinsicht ähnliche soziale und ökonomische Position, d. h. weitgehende Interessenidentität. Dieser Umstand verleitet Stone dazu, von der grundlegenden Einheit der Eliten (underlying unity of the elites) zu sprechen (Stone, The Family, Sex and Marriage ..., a.a.O., S. 223; auch S. 261, 657 f.).

104 Faber, Vom Dritten Stande, in: Deutsche Vierteljahrsschrift Jg. 28 (1865), S. 50 (Hervorhebungen von mir – H.R.).

105 Schücking, Die puritanische Familie, a.a.O., S. 170.

106 Weiße, Briefwechsel ..., 11. Theil, a.a.O., S. 265 f.

107 Ebd., S. 266.

108 Vgl. auch K.F. von Klödens Schilderung der Bedenken seiner Verwandten gegen eine Eheschließung (a.a.O., S. 260).

109 So Schopenhauer, a.a.O., S. 112. Ihr autobiographischer Bericht illustriert sehr gut die neue »Ausgewogenheit« zwischen Gefühlsbetontheit und materiellen Überlegungen.

110 Ebd., S. 113.

111 Diese Vermutung äußert W. Abendroth, Schopenhauer, Reinbek 1967, S. 12.

112 Klassisches Beispiel dafür Tyrell, Probleme einer Theorie ..., a.a.O.

113 A.v. Nell, Die Entwicklung der generativen Strukturen bürgerlicher und bäuerlicher Familien von 1750 bis zur Gegenwart, sozialwissenschaft. Diss. Bochum 1973, S. 69 f. und Tab. II, 1.32. und 1.33., S. 75.

114 Vgl. Schwab, a.a.O., S. 287.

115 Riehl, Die Familie, S. 115 (Hervorhebungen von mir – H.R.).
116 Ch.F. Sintenis, Der Mensch im Umkreise seiner Pflichten, Leipzig 1804/05, 2. Theil, 1. Abtg., S. 25.
117 Schopenhauer, a.a.O., S. 122 (Hervorhebungen von mir – H.R.).
118 Vgl. Hurrelmann, a.a.O., S. 204.
119 Vgl. das I. bis V. Stück im 1. Theil von »Der Kinderfreund«, a.a.O.
120 Schücking, Die puritanische Familie, a.a.O., S. 86.
121 Weiße, Briefwechsel . . ., a.a.O., 1. Theil, S. 19.
122 Zu denken ist hier an Rachel Varnhagen, Caroline Schelling-Schlegel, Bettina von Arnim u.a.m.
123 Vgl. Blochmann, a.a.O., S. 42.
124 B. Duden, Die Konstitution der bürgerlichen Familie, unveröffentlichtes Manuskript für die Tagung der Sektion Familien- und Jugendsoziologie der DGS, April 1978, S. 7.
125 Die folgenden Gedanken basieren im wesentlichen auf den Ausführungen K. Hausens (Die Polarisierung der »Geschlechtscharaktere« – eine Spiegelung der Dissoziation von Erwerbs- und Familienleben, in: W. Conze (Hg.), Sozialgeschichte der Familie in der Neuzeit Europas, Stuttgart 1976, S. 363 ff.) und Schwabs (a.a.O.).
126 Vgl. Schwab, a.a.O., S. 264.
127 Hausen, Historische Familienforschung, in: Historische Sozialwissenschaft, hrsg. v. R. Rürup, Göttingen 1977, S. 81 f.
128 Hausen, Die Polarisierung . . ., a.a.O., S. 377.
129 Schwab, a.a.O., S. 287. Eine Äußerung Blackstones (1723-1780) bringt dies treffend zum Ausdruck: »husband and wife are one, but the husband is that one.« (Stone, The Family, Sex and Marriage . . ., a.a.O., S. 331).
130 Hausen, Die Polarisierung . . ., a.a.O., S. 370.
131 Vgl. ebd., S. 386.
132 Vgl. ebd., S. 386 ff.
133 In diesem Abschnitt wird sehr breit die Erziehung Johanna Schopenhauers dargestellt. Dies dient lediglich zur *Illustration,* nicht als Beleg der neuen Tendenzen in der Erziehung, die auf der Basis anderer Literatur, wie den Werken von Stephan, Gebauer u. a. herausgearbeitet worden ist.
134 So auch Gebauer, Die Reform der häuslichen Erziehung, in: Archiv für Kulturgeschichte, Band 20 (1930), S. 41 ff.
135 Weiße, Der Kinderfreund, 7. Theil, a.a.O., S. 39.
136 Schramm, Neun Generationen, Bd. 1, a.a.O., S. 238.
137 Von der Reckes Reise, S. 113, zitiert bei Stephan, a.a.O., S. 130, der viele weitere Beispiele bringt.
138 Schopenhauer, a.a.O., S. 7.
139 Knigge, a.a.O., 2. Teil, 2. Kap., 2.

140 E. Brandes, Betrachtungen über den Zeitgeist in Deutschland in den letzten Dezennien des vorigen Jahrhunderts, Hannover 1808, S. 135.

141 Weiße, Selbstbiographie, a.a.O., S. 188.

142 Schopenhauer, a.a.O., S. 8.

143 Schramm, Neun Generationen, Bd. 1, a.a.O., S. 207.

144 Vgl. E. Brandes, Über das Du und Du zwischen Eltern und Kindern, Hannover 1809.

145 Weiße, Selbstbiographie, a.a.O., S. 188.

146 Schopenhauer, a.a.O., S. 21.

147 Schramm, Neun Generationen, Bd. 1, a.a.O., S. 238.

148 Schopenhauer, a.a.O., S. 7.

149 Ebd., S. 38.

150 Ebd., S. 61.

151 Ebd., S. 63.

152 So auch Schramm, Neun Generationen, Bd. 1, a.a.O., S. 238 f.

153 F. Lewald, Meine Lebensgeschichte, hrsg. und eingeleitet von G. Brinker-Gabler, Frankfurt/M. 1980, S. 33.
In Fanny Lewalds Erinnerungen wird im übrigen deutlich, zu welchen Spannungen das Bildungsgefälle zwischen Mutter und Tochter führen kann (vgl. beispielsweise S. 60).

154 Vgl. Weiße, Briefwechsel . . ., 12. Theil, a.a.O., S. 313: »Die Töchter hingegen bleiben meistens, wenn nicht ganz besondere Umstände eintreten, bey ihren Vätern und Müttern, und genießen da ihre Erziehung, bis sie ihnen durch eine Heurath, oder einen Sterbefall, oder durch andere zufällige Umstände entrissen werden.«

155 Vgl. Schramm, Neun Generationen, Bd. 1, a.a.O., S. 238; Strombeck, a.a.O., S. 49.

156 Vgl. Förster, Aus der Jugendzeit, Berlin, Stuttgart 1887.

157 Eberty, Jugenderinnerungen eines alten Berliners, Berlin 1878, S. 193 f.

158 Vgl. Schramm, Neun Generationen, Bd. 1, a.a.O., S. 238 f.

159 Weiße, Briefwechsel . . ., 12. Theil, a.a.O., S. 312.

160 Vgl. dazu Hausen, Die Polarisierung . . ., a.a.O., S. 388 ff.

161 Elias, Über den Prozeß . . ., Bd. 1, a.a.O., S. 259.

162 Weiße, Briefwechsel . . ., 4. Theil, a.a.O., S. 16 f.; Gaus, a.a.O., S. 59.

163 Vgl. Freud, Das Ich und das Es, a.a.O., S. 296 ff.; dazu auch Schlumbohm, Straße und Familie, a.a.O., S. 14 f.

164 Zur Ausbildung des Über-Ich im historischen Prozeß vgl. Elias, Über den Prozeß . . ., a.a.O., Bd. 1, S. 262 f.

165 Schramm, Neun Generationen, Bd. 2, a.a.O., S. 236 f.

166 Ausstellungsführer zu: Der Mensch und sein Zuhause, von M. Heffels, Nürnberg 1974, S. 3; D. Schwarz, Sachgüter und Lebensformen,

Berlin 1970, S. 48 f.; Ariès, a.a.O., S. 543; L. Niethammer (Hg.), Wohnen im Wandel, Wuppertal 1979.

167 Strombeck behauptet, von den 40 Zimmern seien überhaupt nur 2 bewohnt worden. Das ist wohl nicht ganz ernst zu nehmen, denn außer den Eltern lebten dort noch fünf Kinder und Hauspersonal. Immerhin gab es noch keine Spezialzimmer wie ein Kontor für den Vater.

168 Strombeck, a.a.O., S. 10; so auch Roessler, S. 145 ff.

169 Vgl. H. Göbel, Darstellung und Entwicklung des süddeutschen Bürgerhauses, Dresden 1908, S. 100.

170 Vgl. Schramm, Neun Generationen, Bd. 2, S. 237.

171 Vgl. Ariès, S. 543; auf alten Grundrissen kann man die Anordnung der Zimmer ohne Korridore verfolgen.

172 Zum Zusammenhang von psychischer Struktur und Wohnformen vgl. E. Wulff, Grundfragen transkultureller Psychiatrie, in: Das Argument, 50/3 (1969), S. 227 ff.

173 Vgl. dazu Schramm, Neun Generationen, Bd. 1, S. 142.

174 Ebd., S. 340 f.; vgl. auch Nahrstedt, a.a.O., S. 202; Die Elbchaussee entsteht seit 1750.

175 H. Sieveking, Georg Heinrich Sieveking, Berlin 1913, zitiert bei Nahrstedt, a.a.O., S. 202.

176 Vgl. Nahrstedt, a.a.O., S. 202.

177 Schopenhauer, a.a.O., S. 121.

178 Bahrdt, Die moderne Großstadt, a.a.O., S. 61.

179 Der Mensch und sein Zuhause, a.a.O., S. 3.

180 Schopenhauer, a.a.O., S. 121.

181 Zitiert bei Schramm, Neun Generationen, Bd. 1, S. 207.

182 Vgl. ebd.

183 Für diese These gibt es keine positiven Belege. Sie wird aber dadurch erhärtet, daß früher weder die ländliche noch die Arbeiter-Bevölkerung die Geburtstage gefeiert haben. In der Bundesrepublik wurden die Geburtstagsfeiern erst nach dem 2. Weltkrieg auf dem Lande allgemein üblich (vgl. W. Kleinschmidt, Der Wandel des Festlebens bei Arbeitern und Landwirten im 20. Jahrhundert, Meisenheim 1977, S. 73, 151.). Auch in der Kindheit und Jugend meines aus kleinbäuerlichen Verhältnissen stammenden Vaters wurde um den Geburtstag kein Aufhebens gemacht. Zum Teil war das sicher auch ein finanzielles Problem. Die Feier des Geburtstages, bei der der einzelne in seiner Einmaligkeit im Mittelpunkt steht, »paßt« aber auch nicht zu den traditionellen Lebensverhältnissen, in denen Individualität keinen besonderen Stellenwert hatte. Bei wohlhabenden Bauern, die das Ideal bürgerlichen Familienlebens schon früher übernahmen und übernehmen konnten, war die Geburtstagsfeier eher üblich. Eigene Familienerfahrungen bestätigen dies.

184 Weber-Kellermann, Die deutsche Familie, a.a.O., S. 226.
185 Schramm, Neun Generationen, Bd. 1, a.a.O., S. 322.
186 Nahrstedt, a.a.O., S. 176 ff.
187 Vgl. dazu Habermas, Strukturwandel . . ., a.a.O., S. 45 f.
188 Vgl. dazu Nahrstedt, a.a.O., S. 202.
189 Habermas, Strukturwandel . . ., a.a.O., S. 60.
190 So ebd., S. 62.
191 Wie gezeigt wurde, sind die Möglichkeiten der Frauen anders und wohl auch begrenzter.
192 Kießelbach, a.a.O., S. 52 f.
193 M. Rudolph, Korbacher Alltagsleben um die Mitte des 19. Jahrhunderts, in: Geschichtsblätter für Waldeck, Bd. 56 (1964), S. 184.
194 Vgl. Zunkel, a.a.O., S. 69 f.
195 Ähnlich auch Braun für das Zürcher Oberland (Industrialisierung und Volksleben, a.a.O., S. 22) »Die Hand Gottes lenkt den Gang des Gewerbes und der reine Geschäftsgewinn wird als Segen Gottes erkannt und gepriesen.«
196 Vgl. Köllmann, Sozialgeschichte . . ., a.a.O., S. 110.
197 Ebd., S. 119.
198 W. Sombart, Der Bourgeois, a.a.O., S. 194 ff.
199 Ebd., S. 203 ff.
200 Ebd., S. 202.
201 Max Weber, Protestantische Ethik, Bd. 1, a.a.O., S. 56; daß diese Schilderung Webers auf eigenen Erfahrungen basiert, hat H. Medick betont (in: Kriedte, Medick, Schlumbohm, a.a.O., S. 116 f. und die Anmerkung 92).
202 Vgl. dazu Schwägler, a.a.O., S. 20 f.
203 Nach Schwägler, a.a.O., S. 35.
204 Die folgenden Ausführungen können im Rahmen dieser Arbeit nicht mehr sein als eine kurze und knappe Skizze. Eingehender dazu: H. Böhme, Prolegomena zu einer Sozial- und Wirtschaftsgeschichte Deutschlands im 19. und 20. Jahrhundert, 2. Aufl., Frankfurt/M. 1968; F. W. Henning, Die Industrialisierung in Deutschland 1800 bis 1914, Paderborn 1973; H.-U. Wehler, Das Deutsche Kaiserreich 1871-1918, Göttingen 1973, mit vielen Literaturverweisen.
205 Die Disziplinierung der Industriearbeiterschaft ist ein langandauernder Prozeß, der nun erst intensiviert wird.
206 Nahrstedt, a.a.O., S. 162 ff.; auch Köllmann, a.a.O., S. 114 f.
207 Ähnlich Nahrstedt, a.a.O., S. 164. »Es ist allerdings nicht zu verkennen, daß der Sinn der Arbeit sich wandelt. Bisher hatte die Arbeit ihren Adel vom Protestantismus empfangen, . . . Seit den fünfziger Jahren des 19. Jahrhunderts tritt jedoch immer deutlicher heraus, daß die Arbeit rein um der Arbeit willen getan wird und daher keiner ethischen oder kirchlichen Begründung mehr bedarf.« Auch

Schramm, Hamburg, Deutschland und die Welt, 2. Aufl., Hamburg 1952, S. 332.

208 Sombart, Der Bourgeois, a.a.O., S. 233.

209 So E. J. Hobsbawm, Die Blütezeit des Kapitals, München 1977, S. 304.

210 Vgl. K.E. Born, Der soziale und wirtschaftliche Strukturwandel Deutschlands am Ende des 19. Jahrhunderts, in: H.-U. Wehler (Hg.), Moderne Deutsche Sozialgeschichte, Köln, Berlin 1966, S. 272.

211 Ebd., S. 273.

212 G.A. Ritter und J. Kocka (Hg.), Deutsche Sozialgeschichte, Bd. 2: 1870-1914, München 1974, S. 63.

213 H. Henning, Das westdeutsche Bürgertum . . ., a.a.O., S. 80.

214 Riehl, Bürgerliche Gesellschaft, a.a.O.; L. Beutin, Das Bürgertum als Gesellschaftstand im 19. Jahrhundert, in: Blätter für die deutsche Landesgeschichte, 90. Jg. (1953), S. 135.

215 H. Henning, a.a.O., S. 34.

216 Vgl. Zunkel, a.a.O., S. 83.

217 Lediglich in der liberalen politischen Theorie werden die Beamten nicht zum Bürgertum gezählt. Dieses könne sich nur im herrschaftsfreien Raum entwickeln, Beamte seien aber der verlängerte Arm der Exekutive. Vgl. dazu H. Henning, a.a.O., S. 31.

218 Vgl. zur Alimentationstheorie, Th. Ellwein u. R. Zoll, Berufsbeamtentum, Düsseldorf 1973, S. 31 ff.

219 Vgl. H. Henning, a.a.O., S. 481; auch die Schaubilder, ebd., S. 501 ff.

220 Fontane am 4. 12. 1869 an seine Frau, zitiert bei H. Henning, a.a.O., S. 122; ähnlich äußert sich E. Heilborn, Zwischen zwei Revolutionen, Bd. 2, Berlin 1929, S. 253.

221 Das betont H. Henning (a.a.O., S. 122) m. E. nicht ausreichend.

222 Nach Schätzungen Sombarts liegt der Anteil des gehobenen Bürgertums, der Bourgeoisklasse, im Kaiserreich bei ca. 3 bis 5% der Gesamtbevölkerung. Er rechnet dazu die Vollblutbourgeois (das sind die Kapitalisten im engeren Sinne), die bourgeoisiden Elemente (Freie Berufe, kleinkapitalistische Unternehmer, Manager) und deren Angehörige. Zusammen sind das 2 1/4 bis 2 1/2 Millionen Menschen. Die höheren (= akademisch gebildeten) Beamten schätze ich auf 14% der Gesamtbeamtenschaft. Zusammen mit ihren Angehörigen machen sie gerade ein halbes Prozent der Gesamtbevölkerung aus und verändern deshalb Sombarts Schätzung nur wenig. Seine Zahlen liegen jedoch m. E. zu hoch, da er sich an den Verfechtern kapitalistischer Wirtschaftsprinzipien orientiert. Hier wird jedoch abgestellt auf diejenigen, die in Lebenssituation und Habitus zum Bürgertum zählen und untereinander durch Heirat und Freundschaft verbunden

sind. (vgl. Sombart, Die deutsche Volkswirtschaft ..., a.a.O., S. 448 f.; die Zahl der höheren Beamten wurde geschätzt nach den Angaben von O. Hintze, Der Beamtenstand, in: ders., Gesammelte Abhandlungen, Bd. II, Soziologie und Geschichte, 2. erw. Aufl., Göttingen 1964, S. 68).

223 R. Binding, Erlebtes Leben, Frankfurt/M. 1927, S. 78.

224 Vgl. dazu H. Henning, a.a.O., S. 377.

225 Vgl. für die Rekrutierung der Richter E. Fraenkel, Zur Soziologie der Klassenjustiz, Darmstadt 1968, S. 10 ff.

226 Vgl. H. Henning, a.a.O., S. 90 f.

227 Vgl. dazu Zunkel, a.a.O., S. 74 ff.

228 Fr. Paulsen, Die Deutschen Universitäten und das Universitätsstudium, Berlin 1902, S. 150, zitiert bei H. Henning, a.a.O., S. 477. Vgl. auch die Angaben W. Stahls (Der Elitekreislauf in der Unternehmerschaft, Frankfurt, Zürich 1973, Tab. 57, S. 297) über den Wechsel von Unternehmersöhnen ins Bildungsbürgertum.

229 Für England vgl. A. Meusel, Art. »Bürgertum«, in: Handwörterbuch der Soziologie, hrsg. von A. Vierkandt, Stuttgart 1931, S. 96.

230 Vgl. Gerth, a.a.O., S. 57.

231 Normalerweise wird statt der hier verwendeten Bezeichnung »Aristokratisierung« von »Feudalisierung« gesprochen. Dieser Begriff ist aber unangemessen, da der deutsche Adel am Ausgang des 19. Jahrhunderts kein Feudaladel mehr gewesen ist. Aus diesem Grunde wird der Begriff »Aristokratisierung« vorgezogen. Von der Notwendigkeit, hier vom gängigen, auch wissenschaftlichen Sprachgebrauch abzuweichen, hat mich Prof. H.P. Bahrdt überzeugt.

232 So Zunkel, a.a.O., S. 107, 248 f.; auch H. Rosenberg, Die Pseudodemokratisierung der deutschen Rittergutsbesitzerklasse, in: H.-U. Wehler (Hg.), Moderne deutsche Sozialgeschichte, a.a.O., S. 297.

233 H. Kaelble, Berliner Unternehmer während der frühen Industrialisierung, Herkunft, sozialer Status und politischer Einfluß, Berlin 1972, S. 6. Allerdings war auch das französische Bürgertum nicht frei von Tendenzen zur Übernahme adeliger Verhaltensweisen und Normen. Vgl. Th. Zeldin, France 1848-1945, Bd. 1, Oxford 1973, S. 16 f.

234 Vgl. Zunkel, a.a.O., S. 106, S. 128.

235 Stone, The Family ..., a.a.O., S. 223.

236 Vgl. Zunkel, a.a.O., S. 249.

237 E. Kehr, Zur Genesis des Königlich Preußischen Reserveoffiziers, in: ders., Der Primat der Innenpolitik, 2. Aufl., Berlin 1970, S. 56.

238 Vgl. Zunkel, a.a.O., S. 114.

239 H. Henning, a.a.O., S. 282, 318, 367. Was für die höhere Beamtenschaft der Reserveoffizier, war für die unteren und mittleren Beam-

ten die Institution des Militäranwärtes, d. h. die Bevorzugung ausge-
dienter Unteroffiziere und Invaliden für die untere und mittlere
Beamtenlaufbahn (vgl. Hintze, a.a.O., S. 103 f.).

240 Kehr, a.a.O., S. 62.

241 Kehr versteht unter Militarisierung die Bejahung der Sonderstellung
des Militärs als gesondertem Kriegerstand mit eigener Ehre, eigenem
Recht, eigener Gesinnung durch wesentliche Teile des Bürgertums
und die Unterordnung unter das Militär (Kehr, a.a.O., S. 54).

242 Als Reserveoffizier wurde ein Bürgerlicher von den Berufsoffizieren,
bei denen die Adeligen den Ton angaben, erst nach einer gründlichen
Überprüfung seiner privaten und finanziellen Verhältnisse akzep-
tiert. Nur untadelige Gesinnung und Lebensführung – im Sinne des
Offizierkorps – ebneten den Weg zu dem begehrten Titel (vgl.
Wehler, Kaiserreich, a.a.O., S. 31).

243 Zunkel, a.a.O., S. 131. Unter Berücksichtigung dieser Auswirkungen
kann man Wehlers Folgerung unschwer zustimmen, daß »für die
Herrschenden ... sich diese Reserveoffiziersausbildung als eine
schlechthin ingeniöse Einrichtung (erwies), die nach dem Schrecken
des Verfassungskonflikts die Integration strebsamer Bürgerlicher auf
Dauer absicherte.« (Wehler, Kaiserreich . . ., a.a.O., S. 131).

244 So Max Weber, Wahlrecht und Demokratie in Deutschland, in: ders.,
Gesammelte politische Schriften, 2. Aufl., Tübingen 1958, S. 266.

245 Zunkel, a.a.O., S. 131.

246 Max Weber, Wahlrecht und Demokratie, a.a.O., S. 266 f.

247 Wehler, Kaiserreich, a.a.O., S. 131, ähnlich S. 54.

248 Zunkel, a.a.O., S. 324; Ritter/Kocka, a.a.O., S. 358; für die westfäli-
sche Beamtenschaft seit 1890: H. Henning, a.a.O., S. 318.

249 Vgl. die eindrucksvollen Beispiele bei Zunkel, a.a.O., S. 118 ff.; er
führt aber auch zahlreiche Gegenbeispiele an.

250 Vgl. die Beispiele bei Zunkel, a.a.O.

251 Schramm, Neun Generationen, Bd. 2, a.a.O., S. 427.

252 Vgl. K.-H. Wallraf, Die »bürgerliche Gesellschaft« im Spiegel der
deutschen Familienzeitschriften, Diss. Köln 1939, S. 36 f.

253 Vgl. Einleitung, S. 39 ff.

254 Max Weber, Wirtschaft und Gesellschaft, Bd. 2, Köln, Berlin 1964,
S. 686 f.

255 Zunkel, a.a.O., S. 112 f., S. 121; Wehler, Kaiserreich, a.a.O., S. 54.

256 Zunkel, a.a.O., S. 110 f.

257 Diese Imitation der Wohnkultur findet sich auch beim englischen
und französischen Bürgertum.

258 Vgl. Hermes Untersuchung des Haushalts eines höheren Beamten.
Als dieser den Gipfel seiner Laufbahn erreicht hat, endlich aus der
Schuldenzone heraus ist und sogar ein kleines Vermögen angespart
hat, kauft er sich davon ein Landgut (G. Hermes, Ein preußischer

Beamtenhaushalt 1859-1890, in: Zeitschrift für die gesamte Staatswissenschaft, Jg. 76, (1921), S. 268).

259 Vgl. Zunkel, a.a.O., S. 112.
260 Vgl. H. Henning, a.a.O., S. 375.
261 Vgl. Zunkel, a.a.O., S. 129 f.
262 Vgl. dazu Zunkel, a.a.O., S. 107; Max Weber, Wahlrecht und Demokratie, a.a.O., S. 272.
263 Max Weber, Wahlrecht und Demokratie, a.a.O., S. 272.
264 Vgl. Wehler, Kaiserreich, a.a.O., S. 146 ff.
265 Vgl. ebd., S. 53, 55.
266 Vgl. die Beispiele des aufwendigen Lebensstils reicher Unternehmer bei Zunkel, a.a.O., S. 110 ff.
Instruktiv sind die Auszüge aus Protokollen der Einkommens-Steuer-Behörde der Stadt Köln, denen zufolge schon 1849 eine recht starke Diskrepanz in der Einkommenssituation der Bürger und der Kleinbürger existierte. Diese Scheidelinie wird sich in den folgenden Jahren noch verstärken (vgl. Tab. V bei K. Obermann, Zur Klassenstruktur und zur sozialen Lage der Bevölkerung in Preußen 1846 bis 1849, in: Jahrbuch für Wirtschaftsgeschichte, 1973, Heft III, S. 162 ff.).
267 H. Henning, a.a.O., S. 423, 437, 460 f.
268 Ebd., S. 437.
269 Schramm, Neun Generationen, Bd. 2, a.a.O., S. 426.
270 O. Most, Zur Wirtschafts- und Sozialstatistik der höheren Beamten in Preußen, in: Schmollers Jahrbuch, Jg. 39 (1915), S. 193.
271 Vgl. H. Henning, a.a.O., S. 390.
272 Vgl. E.B., Ein Beamtenhaushalt 1876-1906, in Thünen-Archiv, Jg. 2 (1909), S. 321-323.
273 H. Henning, a.a.O., S. 344.
274 Heilborn, Bd. 2, a.a.O., S. 159.
275 Binding, a.a.O., S. 144.
276 Von ihm wurde auch das preußische Königshaus nicht verschont. Vgl. die beeindruckenden Beispiele bei Heilborn (Bd. 2, a.a.O., S. 160 ff.).
277 Schramm, Neun Generationen, Bd. 2, a.a.O., S. 426.
278 Bei den von Stahl untersuchten 148 Angestellten-Unternehmern des 19. und 20. Jahrhunderts waren nur 7, das sind 4,7%, nicht verheiratet. Gegenwärtig ist der Anteil der Verheirateten bei den Unternehmern höher als bei dem Bevölkerungsdurchschnitt. Vgl. dazu B. Biermann, Die Sozialstruktur der Unternehmerschaft, Stuttgart 1971, Tab. 14, S. 71.
279 Insofern dürfte auch für das deutsche Bürgertum die Feststellung A. Daumards für den Pariser Bürger zutreffen:
»Le mariage était une étape de la carrière et aussi le symbole d'une

position sociale: ›le bourgeois de Paris est marié, quoiqu'on en ait dit, marié comme l'étaient ses père et mère‹.« (A. Daumard, La Bourgeoisie Parisienne 1814-1848, Paris 1963, S. 326).

280 Von sporadischen Bemerkungen in der Literatur abgesehen, existieren dazu nur die Untersuchungen von Nells über das niedersächsische Bürgertum seit 1750 und Hennings über die Beamten und selbständigen Akademiker in Hannover, Westfalen und dem Rheinland zwischen 1860 und 1914.

281 Das durchschnittliche Heiratsalter von Unternehmern und Großkaufleuten bei ihrer ersten Ehe sank in Niedersachsen im Laufe des 19. Jahrhunderts leicht. Es lag zwischen 1825 und 1874 bei 31,5 Jahren, sank im Zeitraum von 1875 bis 1899 auf 28,5 und stieg zwischen 1900 und 1914 wieder leicht auf 29,6 Jahre. (Von Nell, a.a.O., S. 75, Tab. 1.32).
F. Müller-Lyer gibt für Preußen das durchschnittliche Heiratsalter des Kaufmanns mit 30,5 Jahren an, ohne diese Angabe zeitlich einzugrenzen. (Die Entwicklungsstufen der Menschheit, Bd. IV: Die Familie, München 1921, S. 254). In der niedersächsischen Bildungsschicht, zu der von Nell höhere Beamte, selbständige Akademiker und Offiziere zusammenfaßt (S. 23, Anm. 2), stieg das Heiratsalter der Männer im 19. Jahrhundert hingegen an. Zwischen 1875 und 1899 erreichte es mit 33 Jahren das Maximum (ebd., S. 69).

282 Vgl. F. Haneld, Zur Frage der Geburtenbeschränkung und Lebenshaltung in Beamtenfamilien, Berlin 1916, S. 21. (Das Erhebungsjahr war nicht festzustellen – H.R.).

283 Das durchschnittliche Heiratsalter der Ehefrauen von Unternehmern und Großkaufleuten stieg seit 1825 von 21,6 auf 24,9 Jahre (1875-1899) und sank dann auf 24,2 Jahre (1900-1914) (von Nell, a.a.O., S. 75, Tab. II, 1.33). In der niedersächsischen Bildungsschicht stieg das Heiratsalter der Frauen ebenfalls und erreichte zwischen 1900 und 1914 mit 26,8 Jahren ein Maximum (ebd., S. 74, Tab. II, 1.31).

284 Vgl. dazu die Hinweise in der Untersuchung von J. Kocka, Familie, Unternehmer und Kapitalismus, in: Zeitschrift für Unternehmensgeschichte, 24. Jg. (1979), S. 99 ff.; Zunkel, a.a.O., Kaelble, Berliner Unternehmer, a.a.O.; Schramm, Neun Generationen, a.a.O.

285 Auf diesen Sachverhalt weist Redlich für die Unternehmer des Ruhrgebiets hin (F. Redlich, Der Unternehmer, Göttingen 1964, S. 318).

286 Vgl. H. Boehme, Frankfurt und Hamburg, Frankfurt/M. 1968, S. 62 ff.; ebenso die Stammbäume Hamburger Familien bei Schramm, Neun Generationen, a.a.O.; M. Barkhausen, Der Aufstieg der rheinischen Industrie im 18. Jahrhundert und die Entstehung eines industriellen Großbürgertums, in: Rheinische Vierteljahrsblätter, Bd. 19 (1954), S. 174.

287 E. Brandes, Der Bremer Überseekaufmann in seiner gesellschaftlichen Bedeutung im geschlossenen Heiratskreis, in: Genealogisches Jahrbuch, 3. Jg. (1963), S. 25 ff.; Kocka, Familie ..., a.a.O., S. 116.

288 Vgl. Kocka, Familie ..., a.a.O., S. 109, der auf diesen Zusammenhang hinweist.

289 Kaelble, a.a.o., S. 185.

290 Kocka, Familie ..., a.a.O., S. 115.

291 Vgl. ebd., S. 116.

292 Vgl. ebd.,

293 Vgl. ebd., S. 128.

294 Ebd., S. 128; vgl. auch M. Nordau, Die conventionellen Lügen der Kulturmenschheit, 12. Aufl., Leipzig 1886, S. 270 ff.
Für Frankreich: Daumard, a.a.O., insbesondere S. 325 ff. und Th. Zeldin, a.a.O., Bd. 1, S. 287 ff.

295 So konnten beispielsweise im ehemaligen Königreich Hannover die höheren Beamten recht behaglich von ihrem Einkommen leben, mit dem sie an der Spitze der Einkommenshierarchie rangierten. Erst als Hannover preußische Provinz wurde, verschlechterte sich die finanzielle Situation der Beamten fühlbar (vgl. H. Henning, a.a.O., S. 272 ff.).

296 Vgl. die aufschlußreiche Untersuchung von Hermes, a.a.O., S. 478 ff.

297 Vgl. Most, a.a.O., S. 207; Heilborn, a.a.O., Bd. 2, S. 251; H. Henning, a.a.O., S. 383.

298 Dazu gehörten: stärkere ständische Abschließung der Beamten und bessere Besoldung (vgl. H. Henning, a.a.O., S. 127, S. 272 f.).

299 Höhere Beamte heiraten Töchter von ... (in %)

Beamte	Prov. Hannover		Prov. Westfalen		Prov. Rheinland	
	1860-90	1890-1914	1860-90	1890-1914	1860-90	1890-1914
nicht-akad.	3,6	0,5	10,4	17,5	7,5	8,5
akademische	56,7	34,6	22,6	21,4	17,9	13,6
Selbst. Akademiker	0,9	11,6	14,2	8,4	8,8	14,8
Landwirte	14,4	3,8	5,7	2,3	2,9	1,2
Gewerbe	24,4	50,0	46,2	46,7	59,7	53,1
Handwerker	0	0	3,8	3,8	1,5	4,9
Angestellte	0	0	1,9	0	1,5	3,7
Arbeiter	0	0	1,9	0	0	0

zusammengestellt nach: H. Henning, a.a.O., S. 270, 291, 331.

300 Vgl. H. Henning, a.a.O., S. 383.

301 Bei ausgeprägten sozialen Unterschieden »hatte man seine Gefühle zu unterdrücken und den Partner zu vergessen.« (H. Kramer, Deutsche Kultur zwischen 1871 und 1918, Frankfurt/M. 1971, S. 134).

302 Hobsbawm, a.a.O., S. 291.

303 I.Bloch, Das Sexualleben unserer Zeit in seinen Beziehungen zur modernen Kultur, 4.-6. Aufl., Berlin 1908, S. 226 und Anm. 13, S. 236; auch H. Kramer, a.a.O., S. 134; Nordau, a.a.O., S. 274.

304 Th. Lessing, Einmal und nie wieder – Lebenserinnerungen (= Gesammelte Schriften, Bd. I), Prag 1935, S. 40.

305 Vgl. H. Dörner, Industrialisierung und Familienrecht, Berlin 1974, S. 106.

306 A. Menger, Das bürgerliche Recht und die besitzlosen Volksklassen, Darmstadt 1968, S. 50. Die Publizität des Güterrechtsregisters ist auch heute noch durch die Vorschriften des BGB vorgesehen.

307 Vgl. Dörner, a.a.O., S. 92.

308 Th. Fontane, Frau Jenny Treibel, Frankfurt/M., Berlin, Wien 1974, S. 73 f.

309 Vgl. Dörner, a.a.O., S. 95.

310 H. Kramer, a.a.O., S. 134.

311 H. Wachenheim, Vom Großbürgertum zur Sozialdemokratie, Berlin 1973, S. 6.

312 Für das gehobene Bürgertum: Fontane, Frau Jenny Treibel; für das mittlere Bürgertum: Julius Stinde, Familie Buchholz; für frühes englisches Bürgertum: vgl. Jane Austen, Stolz und Vorurteil und Emma.

313 Vgl. Nordau, a.a.O., S. 278 ff.

314 Hier setzt die bürgerliche Frauenbewegung im 19. Jahrhundert mit ihrer Forderung nach Berufsausbildung und -tätigkeit für die (ledige) Frau an.

315 Vgl. den Haushalt der Familie Goethe, den Freudenthal beschreibt (Gestaltwandel der städtischen bürgerlichen und proletarischen Hauswirtschaft unter besonderer Berücksichtigung des Typenwandels von Frau und Familie, vornehmlich in Südwest-Deutschland zwischen 1760 und 1933, 1. Teil (einziger): von 1760 bis 1910, Würzburg 1934, S. 4 ff.).

316 Vgl. die eindringlichen Schilderungen Freudenthals (ebd., S. 4-49, 84-100, 131-153); auch O. Bähr, a.a.O., S. 46.

317 Hobsbawm, a.a.O., S. 294.

318 Welch seltsame Blüten die Demonstration des Nichtstuns trieb, wird deutlich an den Erlebnissen einer meiner Tanten, die als Kleinbauerntochter 1920 bis 1921 ein Jahr lang in Hannover bei einem Offiziersehepaar »in Stellung« war. Wenn die »gnädige Frau« zum Kränzchen ging, mußte auch das Dienstmädchen zur Begleitung mit

und das Handarbeitskörbchen tragen, wobei es stets einen Schritt hinter der Dame des Hauses gehen mußte.

319 H. Kramer, a.a.O., S. 152.

320 Freudenthal, a.a.O., S. 91, 94.

321 Vgl. Freudenthal, a.a.O., S. 93. Hermes (a.a.O.), die einen wenig begüterten Beamtenhaushalt untersucht, weist darauf hin, welche ungeheure Menge Arbeit allein schon anfällt, wenn in der Wohnung keine Wasserleitung vorhanden ist.

322 G. Bäumer, Die Frau in Volkswirtschaft und Staatsleben der Gegenwart, Stuttgart, Berlin 1914, S. 34 f.

323 Heilborn, Bd. II, a.a.O., S. 8.

324 H. Henning, a.a.O., S. 302, Anm. 575. A. Lucas, Erinnerungen aus meinem Leben, Opladen 1959, S. 34.

325 L. Braun, Memoiren einer Sozialistin, Lehrjahre, München 1920, S. 182 f.

326 G.F.W. Hegel, Grundlinien der Philosophie des Rechts, Hamburg 1962, § 166, S. 154.

327 Dörner, a.a.O., S. 104.

328 Marianne Weber, Max Weber, Tübingen 1926, S. 163.

329 Dörner, a.a.O., S. 100. Diese Regelungen waren nur für das Bürgertum von praktischer Relevanz. Im Proletariat stellte sich das Problem überhaupt nicht, da hier normalerweise die Mitarbeit der Frau für das reine Überleben unumgänglich war (vgl. auch Dörner, a.a.O., S. 99 ff.).

330 Hobsbawm, a.a.O., S. 272.

331 Freudenthal, a.a.O., S. 45.

332 I. Weber-Kellermann, Die deutsche Familie, a.a.O., S. 118; ebenso U. Ottmüller, Die Dienstbotenfrage, Münster 1978, S. 35.

333 K. Mann, Meine ungeschriebenen Memoiren, Wien 1974, S. 9.

334 Ottmüller, a.a.O., S. 35.

335 M. Horkheimer, Allgemeiner Teil, in: E. Fromm/M. Horkheimer/ H. Mayer/H. Marcuse, Studien über Autorität und Familie, Paris 1936, S. 68 f.

336 Vgl. R. Sieder, Ehe, Fortpflanzung und Sexualität, in: M. Mitterauer/ R. Sieder, Vom Patriarchat zur Partnerschaft, München 1977, S. 159.

337 Horkheimer, a.a.O., S. 69.

338 Beide Frauenbilder leiten sich von der Mutter her. Für den mit den bürgerlichen Moralbegriffen aufgewachsenen Knaben, der begreift, was sich im elterlichen Schlafzimmer abspielt, unterscheidet sich die Sexualität der Mutter zunächst nicht von der der Hure (so K. Theweleit [Männerphantasien, Bd. 1, Hamburg 1980, S. 113, Anm.] unter Verweis auf Freud). Erst durch große Verdrängungsleistungen kann er die »Scheidung von idealischer Hingabe und sexueller

Begierde, von zärtlichem Gedanken und bloßem Interesse, von himmlischer Innerlichkeit und irdischer Leidenschaft« vornehmen (Horkheimer, a.a.O., S. 69). Einprägsam beschreibt diese Diskrepanz H. Broch in seinem Roman »Pasenow oder die Romantik«.

339 J. van Ussel, a.a.O., S. 45 f.

340 Ebd., S. 46.

341 Ebd., S. 39.

342 Vgl. dazu die Studie von S. Marcus über Sexualität und Pornographie im viktorianischen England, in der diese »herrschende« Auffassung dargestellt wird (Umkehrung der Moral, Frankfurt/M. 1979, S. 19 ff., insbesondere S. 46 ff.).

343 Hobsbawm, a.a.O., S. 290.

344 H. Kramer, a.a.O., S. 134.

345 Vgl. ebd.; vgl. auch Weber-Kellermann, a.a.O., S. 114.

346 Vgl. Kramer, a.a.O., S. 133.

347 Vgl. dazu sehr eindrucksvoll Marcus, a.a.O., insbes. S. 132 ff.; R. Schulte, Dienstmädchen im herrschaftlichen Haushalt, in: Zeitschrift für bayerische Landesgeschichte, Bd. 41 (1978), S. 879 ff.

348 Heilborn, Bd. 2, a.a.O., S. 217.

349 Zitiert nach R. Wiggershaus, Einleitung zu: George Sand, Frankfurt/M. 1978, S. 16.

350 L. Braun, Memoiren einer Sozialistin, a.a.O., S. 13 f.

351 Knigge, a.a.O., 2. Teil, 3. Kap., 21. (Hervorhebungen von mir – H.R.).

352 Vgl. Nordau, S. 300: ». . . und da der Mann der Stärkere ist, so hat er in der That Gesetz, Sitte, Anschaungsweise und Empfindung zu seinem eigenen Vortheile und zum Nachtheile des Weibes gebildet. Er heischt vom Weib unbedingte Treue, räumt ihm aber nicht dasselbe Recht gegen ihn ein. Wenn sie sich vergißt, so hat sie eine Todsünde begangen, die mit der allgemeinen Verachtung noch am gelindesten bestraft ist; wenn er dasselbe thut, so hat er sich einen liebenswürdigen kleinen Fehltritt zu Schulden kommen lassen, für den das Gesetz keine Strafe kennt, über den die Gesellschaft gutmüthig und diskret lächelt, wenn sie ihn überhaupt ernst genommen hat.«

353 W. Reich, Die sexuelle Revolution, Frankfurt/M. 1966, S. 66; ähnlich auch O. Rühle, Illustrierte Kultur- und Sittengeschichte des Proletariats, Frankfurt/M. 1971, S. 466; ähnlich auch Zeldin, a.a.O., Bd. 1, S. 291. Das Fortdauern dieser Einstellungen wird in klassischer Weise in den Aussagen eines ca. 50jährigen französischen Industriellen in den 60er Jahren dieses Jahrhunderts (!) deutlich: »I make love with my wife when I want a child. The rest of the time I make love with my mistresses. Wifes are to produce heirs. For pleasure men seek other women.« (zitiert bei Zeldin, Bd. I, a.a.O., S. 307).

354 H. Kramer, a.a.O., S. 134 f.

355 Vom Genfer Bürgertum wurde die Geburtenbeschränkung schon seit der Mitte des 17. Jahrhunderts praktiziert, Vgl. L. Henry, Anciennes familles genevoises, Paris 1956.

356 Vgl. dazu Flandrin, Familien : . ., a.a.O., S. 203 ff., insbes. S. 258 f. Stone hat festgestellt, daß Kondome – seit dem späten 17. Jahrhundert bekannt und seit dem Beginn des 18. Jahrhunderts gebräuchlich – ursprünglich fast ausschließlich bei außer- und vorehelichen Beziehungen der Männer der englischen Oberklasse angewendet wurden. Sie wurden primär wegen des Schutzes vor Geschlechtskrankheiten, aber auch als Kontrazeptionsmittel benutzt. Die Verwendung von Kondomen für die eheliche Empfängnisverhütung erfolgt erst relativ spät (The Family . . ., a.a.O., S. 422, 537, 543, 601).

357 Beide Angaben beziehen sich auf Ehen, bei denen die Frau zum Zeitpunkt der Eheschließung jünger als 30 Jahre war und die mindestens bis zum 45. Lebensjahr der Frauen bestanden (vgl. von Nell, S. 29, Tab. II, 0.2, und Tab. II, 0.3).

358 Vgl. H. Henning, a.a.O., S. 388.

359 Vgl. von Nell, a.a.O., S. 115; vgl. auch Tab. III, 1.7, S. 127.

360 Eingehend erörtert bei Kocka, Familie . . ., a.a.O.

361 Vgl. die Beispiele ebd., S. 128.

362 Vgl. Haneld, a.a.O., S. 8. Entsprechend äußern sich heute H. Henning, a.a.O., S. 388; von Nell, a.a.O., S. 120.

363 P.E. Müllensiefen, Ein deutsches Bürgerleben vor 100 Jahren, Berlin 1931, S. 155.

364 Kocka, Familie . . ., a.a.O., S. 119 (Hervorhebungen von mir – H. R.).

365 Heilborn, Bd. 2, a.a.O., S. 217.

366 Schramm, Neun Generationen, a.a.O., Bd. 2, S. 438.

367 L. Braun, Die Frauenfrage, Leipzig 1901, S. 412.

368 Fontane, Frau Jenny Treibel, a.a.O., S. 81.

369 Vgl. Schramm, (Neun Generationen, Bd. 2, S. 438), der von der Erzieherin seiner Schwestern berichtet.

370 Vgl. zu diesem Problemkomplex auch R. Schulte, Sperrbezirke. Tugendhaftigkeit und Prostitution in der bürgerlichen Welt, Frankfurt/M. 1979, bes. S. 119 ff.

371 Horkheimer, Allgemeiner Teil, a.a.O., S. 56.

372 F. Lewald, Für und wider die Frauen, Vereinzelte Briefe, Berlin 1870, hier zitiert nach K.H. Hoefele, Geist und Gesellschaft der Bismarckzeit, Göttingen 1967, S. 141 f.

373 Binding, a.a.O., S. 85.

374 Ähnlich W. Melchers (Die bürgerliche Familie des 19. Jahrhunderts als Erziehungs- und Bildungsfaktor, Kölner phil. Diss. 1930, S. 36), der auf der Basis autobiographischen Materials zu dem Ergebnis

kam: »Elternliebe, namentlich väterliche Liebe scheut oft ihre Kund-
gabe um der Autorität willen, deshalb tritt ein inniges seelisches
Verhältnis zwischen Vätern und Kindern seltener zutage als zwischen Müttern und Kindern.«

375 E. Hoffmann, Dr. Francis Kruse, Königlich-Preußischer Regierungspräsident, Leipzig 1937, S. 11.
376 E. von Hippel, Meine Kindheit im kaiserlichen Deutschland, Meisenheim 1975, S. 11.
377 Vgl. ebd., S. 12; ähnlich E. Hoffmann, a.a.O., S. 11.
378 Lewald, Meine Lebensgeschichte, a.a.O.
379 Vgl. Wachenheim, a.a.O.
380 H. Lange, Lebenserinnerungen, Berlin 1921, S. 57.
381 Binding, a.a.O., S. 75. Diese Äußerung widerspricht nicht der
geschilderten innigen und liebevollen Beziehung der Knaben zur
Mutter. Mit zunehmendem Alter der Knaben wird sie offenbar durch
die geforderten sexuellen Verdrängungsleistungen überlagert.
382 Ebd., S. 173.
383 Vgl. Heilborn, Bd. 2, a.a.O., S. 215; L. Braun, Frauenfrage, a.a.O.,
S. 129.
384 Lewald nach Hoefele, a.a.O., S. 141.
385 Als »Einjähriges« wurde der Schulabschluß bezeichnet, der mit dem
Ende der Untersekunda des Gymnasiums erreicht wurde. Damit
erwarb der Schüler das Recht, als Freiwilliger einjährig den Militärdienst abzuleisten. Die Tatsache, daß ein Schulabschluß seine
Bezeichnung von Regelungen des Militärdienstes erhielt, die sich an
ihn knüpften, sagt über die Gesellschaft des Kaiserreichs viel aus.
386 Vgl. Binding, a.a.O., S. 64.
387 E. Sax, a.a.O., Bd. 1, S. 26 f.
388 Wachenheim, a.a.O., S. 15.
389 Vgl. die Schilderung Wachenheims, a.a.O., S. 14 f.
390 Vgl. H. Lange, a.a.O., S. 73.
391 Ebd., S. 87.
392 Wachenheim, a.a.O., S. 20.
393 Ebd., S. 20 f.
394 Ebd., S. 1.
395 An der Alternativelosigkeit setzte die bürgerliche Frauenbewegung
mit ihrer Forderung nach Berufsausbildung an.
396 Hermes, a.a.O., S. 281.
397 Ebd., S. 280.
398 Ebd., S. 281.
399 Vgl. J. Ehmer, Familienstruktur und Arbeitsorganisation . . ., a.a.O.,
S. 130; M. Mitterauer, Auswirkungen von Urbanisierung und Frühindustrialisierung auf die Familienverfassung an Beispielen aus dem
österreichischen Raum, in: W. Conze, (Hg.), Sozialgeschichte der

Familie, a.a.O., S. 98.

400 So auch Kocka, Familie . . ., a.a.O., S. 118.
401 Fontane, Frau Jenny Treibel, a.a.O., S. 17.
402 Kocka, Familie . . ., a.a.O., S. 118.
403 Schramm, Hamburg, Deutschland und die Welt, a.a.O., S. 351.
404 Ich verdanke diesen Hinweis Prof. H.P. Bahrdt.
405 Vgl. von Hippel, a.a.O., S. 102.
406 Vgl. die Autobiographien von Binding, Wachenheim, H. Lange, von Hippel, Kaufmann.
407 P.Kaufmann, Aus rheinischen Jugendtagen, 2. Aufl., Berlin 1928; Schramm, Hamburg, Deutschland und die Welt, a.a.O., S. 351; Kocka, Familie . . ., a.a.O., S. 123 f.
408 Schramm, Neun Generationen, Bd. 2, S. 421. Sie wurden in ihrer Arbeit von einigen nichtständigen Hilfskräften unterstützt, die allerdings nicht ins Haus einbezogen waren: einem Gärtner mit Gehilfen, einem Mann zum Stiefelputzen und Heizung anmachen, im Sommer von Jätefrauen, außerdem einem Glaser zum Fensterputzen.
409 G. von Viebahn betont zwar in den 60er Jahren des 19. Jahrhunderts noch die Position des Gesindes »als der Familie zugethan mit derselben in einem inneren Zusammenhang« (Statistik des zollvereinten und nördlichen Deutschlands, Teil 2, Berlin 1862, S. 272), am Ende des Jahrhunderts war aber davon kaum mehr etwas zu spüren.
410 Zum Dienstmädchenproblem vgl. die detaillierte Studie von U. Ottmüller, a.a.O.
411 Vgl. dazu Weber-Kellermann, a.a.O., S. 121 ff. und die dort zitierte Beschreibung der Dienstmädchen-Unterkünfte aus Fontanes »Der Stechlin«.
412 Vgl. D. Viersbeck, Erlebnisse eines Hamburger Dienstmädchens, München 1910, S. 7 ff., S. 19; vgl. auch R. Schulte, Dienstmädchen . . ., a.a.O.
413 L. Braun, Die Frauenfrage, a.a.O., S. 397.
414 Vgl. für die höheren Beamten: Hermes, a.a.O., S. 282; für die selbständigen Akademiker: Schramm, Neun Generationen, Bd. 2, a.a.O., S. 401.
415 Vgl. Freudenthal, a.a.O., S. 92, und die Beschreibung der elterlichen Wohnung von Wachenheim (a.a.O., S. 2). In Berlin wurden die beiden Teile der Wohnung häufig durch das »Berliner Zimmer« verbunden, ein schlecht beleuchtetes Durchgangszimmer.
416 Wachenheim, a.a.O., S. 2.
417 Vgl. von Hippel, a.a.O., S. 60 ff.
418 Die Wohnfläche pro Stockwerk beträgt zwischen 100 und 120 qm, die des Dachstocks zwischen 80 und 100 qm.
419 Von Hippel, a.a.O., S. 60. Auf die finanzielle Situation wirft die

Tatsache ein bezeichnendes Licht, daß der Schwiegervater die Hausfrau ohne Wissen ihres Ehemannes jahrelang durch Geldzuwendungen unterstützt hatte, weil das Haushaltsgeld zu knapp bemessen war (ebd., S. 108).

420 Vgl. Schramm, Neun Generationen, Bd. 2, a.a.O., S. 423.
421 Vgl. die Beschreibung bei Zunkel, a.a.O., S. 110 f.
422 So Schramm, Neun Generationen, Bd. 2, a.a.O., S. 422 f; vgl. auch die Beschreibung der elterlichen Wohnung durch Binding. Vgl. ebenfalls G. Korff, Puppenstuben als Spiegel bürgerlicher Wohnkultur, in: Wohnen im Wandel, hrsg. v. L. Niethammer, Wuppertal 1979, S. 34 ff.
423 Schramm, Neun Generationen, Bd. 2, a.a.O., S. 424.
424 So Freudenthal, a.a.O., S. 93.
425 Heilborn, Bd. 2, a.a.O., S. 148.
426 Vgl. von Hippel, a.a.O., S. 62.
427 Binding, a.a.O., S. 144.
428 Vgl. zur sozialen Abgrenzung der Beamten H. Henning, a.a.O., S. 400 ff.
429 Vgl. G. Steinhausen, Häusliches und gesellschaftliches Leben im 19. Jahrhundert, Berlin 1898, S. 135.
430 Vgl. H. Kramer, a.a.O., S. 139.
431 Vgl. Heilborn, Bd. 2, a.a.O., S. 216.
432 Eindrucksvolle Beschreibungen enthalten die Romane der Zeit. Vgl. beispielsweise Julius Stinde, Familie Buchholz.
Meine Schwiegermutter (geboren 1907) verbrachte als Kind mit ihrer Mutter den Sommer ein paar Kilometer außerhalb der Heimatstadt Schweidnitz in einem Zimmer der Gärtnerwohnung eines Schlosses. Das Dienstmädchen, das für den in der Stadt gebliebenen Vater ohnehin kochen mußte, brachte mittags das Essen im »Henkelmann«.
433 Vgl. H. Kramer, a.a.O., S. 139 ff.
434 Vgl. dazu E. Blochmann, a.a.O.,; K. Hausen, Polarisierung ..., a.a.O.
435 J. Tews, Aus Arbeit und Leben, a.a.O., S. 200 f.
436 Blochmann, a.a.O., S. 68.
437 Hobsbawm, a.a.O., S. 296.
438 Vgl. den ersten Teil dieses Kapitels, S. 65 ff.; auch P. Kaufmann, a.a.O., S. 79 ff.
439 Vgl. beispielsweise Kaufmann, a.a.O., S. 55.
440 Vgl. O. Brunner, Das »ganze Haus« ..., a.a.O., S. 111.
441 Horkheimer, Allgemeiner Teil, a.a.O., S. 56.

1 O. Negt/A. Kluge, Öffentlichkeit und Erfahrung. Zur Organisationsanalyse von bürgerlicher und proletarischer Öffentlichkeit, 3. Aufl., Frankfurt 1974, S. 44.

2 Der proletarische Lebenszusammenhang umfaßt »die Stufenleiter der Produktion der Waren- und Gebrauchswerteigenschaften dieser Arbeitskraft (Sozialisation, psychischer Aufbau der Person, Schule, Aneignung von Arbeitswissen, Freizeit, Massenmedien) und den davon nicht abtrennbaren Einsatz dieser Arbeitskraft im Produktionsprozeß.« (Ebd., S. 24).

3 Freudenthal, a.a.O.,; Li Fischer-Eckert, Die wirtschaftliche und soziale Lage der Frauen in dem modernen Industrieort Hamborn im Rheinland, staatswiss. Diss., Tübingen 1913; O. Rühle, Illustrierte Kultur- und Sittengeschichte des Proletariats, 2 Bde., Bd. 1, Frankfurt 1971, Bd. 2, Gießen/Lahn 1977.

4 W. Sombart, Die Gesellschaft, Bd. 1: Das Proletariat, Frankfurt 1906 (im folgenden zitiert als: Das Proletariat).

5 Zur Entstehungsgeschichte vgl. W. Conze, Vom »Pöbel« zum Proletariat, in: H.-U. Wehler (Hg.), Moderne deutsche Sozialgeschichte, Köln, Berlin 1966, S. 117.

6 Vgl. dazu G. Briefs, Das gewerbliche Proletariat, in: Grundriß der Sozialökonomie, IX. Abtlg., 1. Teil, Tübingen 1926, S. 149 ff.

7 Die Situation des Proletariers im deutschen Kaiserreich unterschied sich nicht nur durch schlechtere Bezahlung und längere Arbeitszeiten von der des gegenwärtigen Industriearbeiters, sondern insbesondere auch durch das Fehlen existenzieller Sicherungen für Notlagen.

8 Diese Arbeiterkategorie hat in der deutschen Soziologie kaum Beachtung gefunden. Eine der wenigen Untersuchungen dazu: Solms-Roedelheim, a.a.O., S. 27 f. Neuerdings W. Schäfer (Hg.): Eure Bänder rollen, nur wenn wir es wollen, Göttingen 1979.

8a Die amtlichen Berechnungen der deutschen Reichsstatistik weisen für 1895 12 816 552 Arbeiter aus, die zusammen mit ihren Angehörigen 54,25 % der Erwerbsbevölkerung ausmachen. In diesen Zahlen sind die landwirtschaftlichen Arbeiter, die in dieser Untersuchung nicht berücksichtigt werden, eingeschlossen. Die Zahl der in Gewerbe, Handel und Verkehr beschäftigten Arbeiter liegt bei 7 188 758; zusammen mit den Angehörigen sind das 30,38% der Erwerbsbevölkerung (berechnet nach: Die berufliche und soziale Gliederung des Deutschen Volkes nach der Berufszählung vom 14. Juni 1895, Statistik des Deutschen Reichs, N. F. Bd. 111, Berlin 1899, S. 60.). Der Anteil der städtischen Fabrikarbeiter, auf den sich die Untersuchung konzentriert, liegt niedriger.

9 Diese ist entgegen des sprachlichen Ausdrucks kein wirtschaftlicher Zusammenbruch. Dieser Zeitraum ist gekennzeichnet durch eine Verlangsamung der Wachstumsraten, Rückgang der Agrarwirtschaft und einen deflationistischen Preistrend (so H. Rosenberg, Wirtschaftskonjunktur, Gesellschaft und Politik in Mitteleuropa, 1873–1896, in: Wehler (Hg.), Moderne deutsche Sozialgeschichte, a.a.O., S. 253 f.).

10 Vgl. P. N. Stearns, Adaptation to Industrialization: German Workers as a Test Case, in: Central European History, 3. Jg., (1970), S. 306.

11 Vgl. Briefs, a.a.O., S. 188.

12 Vgl. auch die Übersicht über die Rekrutierung der ersten Generation Kruppscher Arbeiter bei R. Ehrenberg und H. Racine, Kruppsche Arbeiterfamilien, in: Archiv für exakte Wirtschaftsforschung, 6. Ergänzungsheft, Jena 1912, S. 385 f.

13 Vgl. dazu Conze, a.a.O.,; Briefs, a.a.O., S. 185 f.

14 M. Bernays, Auslese und Anpassung der Arbeiterschaft in der geschlossenen Großindustrie, in: Schriften des Vereins für Socialpolitik, Band 133, Leipzig 1910, S. 115; ähnlich auch Stearns, der eine geringe generationelle Berufskontinuität im Ruhrbergbau um 1900 ermittelte (Adaptation . . ., a.a.O., S. 307 f.); für den Bergbau im Rheinland vgl. C. Jantke, Der vierte Stand, Freiburg 1955, S. 183.

15 Vgl. Bernays, Auslese . . ., a.a.O., S. 115.

16 Vgl. Conze, Vom »Pöbel« . . ., a.a.O., S. 113 f.

17 Vgl. dazu: K. Marx, Das Kapital, Bd. 1, a.a.O., S. 349 f., 380 ff., 445 ff. Die autonome Organisation der Produktion, auch von Teilen des Produktionsprozesses, gefährdet die Herrschaft des Unternehmers im Betrieb. Dies wird deutlich, wenn man sich eine Streiksituation vor Augen hält.

18 Vgl. O. Rühle, Kultur- und Sittengeschichte . . ., Bd. 2, a.a.O., S. 262 f.

19 K. Fischer, Denkwürdigkeiten . . ., a.a.O., Bd. 2, S. 339; vgl. auch H. Mehner, Über den Haushalt und die Lebenshaltung einer Leipziger Arbeiterfamilie, in: Schmollers Jahrbuch, Bd. 11 (1887).

20 Stearns (Adaptation, a.a.O., S. 311) weist darauf hin, daß die große Zahl von Vorarbeitern vermutlich die Folge des hohen Anteils vom Land zugewanderter, unqualifizierter und an Fabrikdisziplin nicht gewöhnter Arbeiter war.

21 Vgl. dazu neuerdings: A. Lüdtke, Arbeitsbeginn, Arbeitspausen, Arbeitsende, in: G. Huck (Hg.), Sozialgeschichte der Freizeit, Wuppertal 1980, S. 95 ff.

22 M. W. Th. Bromme, Lebensgeschichte eines modernen Fabrikarbei-

ters, Jena, Leipzig 1905, S. 121, 164.

23 Vgl. ebd., S. 130.

24 Diese Befugnis wurde durch die Einschränkung bei der Novellierung der Gewerbeordnung *praktisch* nicht berührt. In Betrieben mit mehr als 20 Arbeitern hatten Arbeiter bzw. ihre Vertretung lediglich das Recht, sich zur Arbeitsordnung zu »äußern«. Auch die behördliche Kontrolle war minimal (vgl. J. Feig, »Arbeitsordnungen«, in: Handwörterbuch der Staatswissenschaften, Bd. 1, 4. Aufl., Jena 1927, S. 840 ff.; K. Korsch, Arbeitsrecht für Betriebsräte, 2. Aufl., Frankfurt 1968, S. 103 f.).

25 Verspätungen von mehr als zehn Minuten wurden mit 50 Pf. Strafe belegt. Das war mehr als ein Stundenlohn; bei Göhre, der dies aus eigenem Erleben berichtet, waren es sogar zwei bis zweieinhalb Stundenlöhne (P. Göhre, Drei Monate Fabrikarbeiter und Handwerksbursche, Leipzig 1891, S. 63).

26 Ebd., S. 75.

27 Vgl. dazu J. Kuczynski, Die Geschichte der Lage der Arbeiter in Deutschland von 1800 bis in die Gegenwart, Bd. 1, 3. Aufl., Berlin 1947, S. 196.

28 Vgl. ebd.

29 E. Hofmann, Volkskundliche Betrachtungen zur proletarischen Familie in Chemnitz um 1900, in: Wiss. Zeitschrift der Humboldt-Universität zu Berlin. Gesellschafts- und sprachwiss. Reihe, Jg. XX (1971), S. 67. Vgl. auch die Zusammenstellung bei L. Schneider, Der Arbeiterhaushalt . . ., a.a.O., S. 93.

30 Vgl. F. W. Henning, Die Industrialisierung . . ., a.a.O., S. 194 f.; so auch Göhre, a.a.O., S. 14.

31 Eine Umfrage der Hirsch-Dunckerschen Gewerkvereine in Berlin ergab keine verallgemeinerbaren Angaben. (Vgl. Die Wohnungsnot der ärmeren Klassen in den deutschen Großstädten und Vorschläge zu deren Abhilfe, Bd. 2 [= Schriften des Vereins für Socialpolitik, Bd. 31], Leipzig 1886, S. 216.).

32 B. H. Bürgel, Vom Arbeiter zum Astronomen, Berlin 1950.

33 Vgl. Die Wohnungsnot der ärmeren Klassen, Bd. 2, a.a.O., S. 31. Es war offenbar eine übliche Praxis, das Fabriktor auf die Minute genau zu schließen.

34 Vgl. Bromme, a.a.O., S. 42.

35 Vgl. zum folgenden A. Weber, Das Berufsschicksal des Industriearbeiters, in: Archiv für Sozialwissenschaft und Sozialpolitik, Bd. 34 (1913), S. 377 ff.

36 Vgl. dazu die sehr instruktive Autobiographie Eugen Mays, a.a.O.

37 Diese Differenzierung hatte wichtige Konsequenzen für die Aktionseinheit der Arbeiterschaft. Vgl. dazu Stearns, Adaptation . . ., a.a.O., S. 390 ff.; ders.: The Unskilled and Industrialization, in: Archiv für

Sozialgeschichte, Jg. 16 (1976), S. 250 ff.; Rühle, Kultur- und Sittengeschichte, Bd. 1, a.a.O., S. 265 f. K. Fischer (Denkwürdigkeiten, Bd. 2, a.a.O., S. 341 f.) gibt ein eindrucksvolles Beispiel für die Pariasituation der Ungelernten im Industriebetrieb.

38 Beispielsweise von E. Hofmann, a.a.O., S. 68.

39 M. Wettstein-Adelt, 3 1/2 Monate Fabrik-Arbeiterin, Berlin 1892, S. 19.

40 Vgl. die Übersicht bei K. Korsch, Arbeitsrecht, a.a.O., S. 63 f.

41 Vgl. Bromme, a.a.O., S. 105.

42 Vgl. Rosenberg, Wirtschaftskonjunktur . . ., a.a.O., S. 238 f.; A. Desai, Real Wages in Germany, Oxford 1968, S. 36; Kuczynski, Die Geschichte der Lage der Arbeiter unter dem Kapitalismus von 1789 bis zur Gegenwart, Berlin 1960 ff.; Bd. 4, S. 330; F. W. Henning, Industrialisierung . . ., a.a.O., S. 265 f.

43 Vgl. Rosenberg, Wirtschaftskonjunktur . . ., a.a.O., S. 240.

44 Darauf weist Rosenberg (ebd., S. 239) zu Recht hin.

45 K. Flesch (Hg.), Frankfurter Arbeiterbudgets, Frankfurt/M. 1890, S. 29.

46 Vgl. A. Hueck und H. C. Nipperdey, Lehrbuch des Arbeitsrechts, Bd. I, 7. neubearb. Aufl., Berlin, Frankfurt 1963, S. 324.

47 Vgl. die Tabelle bei Kuczynski, Die Geschichte der Lage der Arbeiter unter dem Kapitalismus . . ., a.a.O., Band 4, S. 385 f.; ebenso E. Hirschberg, Die soziale Lage der arbeitenden Klasse in Berlin, Berlin 1897, S. 198.

48 Vgl. Hueck/Nipperdey, a.a.O., S. 617.

49 E. Hirschberg, a.a.O., S. 192.

50 Hobsbawm, Die Blütezeit des Kapitals, a.a.O., S. 271.

51 Vgl. A. Weber, a.a.O., S. 386 f.

52 Vgl. dazu von Bienkowski, Untersuchung über Arbeitseignung und Leistungsfähigkeit der Arbeiterschaft einer Kabelfabrik, Leipzig 1910 (= Schriften des Vereins für Socialpolitik, Bd. 134) S. 21 und die Verdienstkurven S. 21 ff.

53 Briefs, a.a.O., S. 209.

54 Vgl. Hobsbawm, Die Blütezeit . . ., a.a.O., S. 273.

55 Vgl. E. Hirschberg, a.a.O., S. 120.

56 A. Weber, a.a.O., S. 388.

57 Ebd., S. 389.

58 Vgl. hierzu die Ergebnisse der Umfrage A. Levensteins, derzufolge zwischen 57 und 75% der befragten Arbeiter angaben, Unlustgefühle überwögen bei der Arbeit (Die Arbeiterfrage, München 1912, S. 61, 69, 75).

59 Göhre, a.a.O., S. 210; vgl. auch S. 209 ff.

60 Die »instrumentelle« Einstellung zur Arbeit ist also keine Entwicklung, die die Nachkriegszeit auszeichnet, sondern ein mit der

Industriearbeit früh verbundenes Phänomen. Dies betont zutreffend M. Osterland, Innerbetriebliche Arbeitssituation und außerbetriebliche Lebensweise von Industriearbeitern, in: Arbeitssituation, Lebenslage und Konfliktpotential, Festschrift für Max E. Graf zu Solms-Roedelheim, Frankfurt, Köln 1975, S. 173.

61 A. Koch, Arbeitermemoiren als sozialwissenschaftliche Erkenntnisquelle, Archiv für Sozialwissenschaft und Sozialpolitik, Band 61 (1929), S. 155.

62 Ähnliche Zahlen bei Kuczynski (Geschichte der Lage der Arbeiter unter dem Kapitalismus . . ., Band 3, a.a.O., S. 314) für das Oelsnitzer Bergbaurevier. Für die Montanindustrie vgl. die Tabellen bei F. J. Brüggemeier, L. Niethammer, Schlafgänger, Schnapskasinos und schwerindustrielle Kolonie, in: J. Reulecke, W. Weber (Hg.), Fabrik, Familie, Feierabend, Wuppertal 1978, S. 151.

63 Koch, a.a.O., S. 150.

64 Vgl. E. Lederer, Zum sozialpsychischen Habitus der Gegenwart, in: Archiv für Sozialwissenschaft und Sozialpolitik, Bd. 46 (1918/19), S. 117; ähnlich auch Sombart, Das Proletariat, a.a.O., S. 13.

65 Lederer, a.a.O., S. 119.

66 Vgl. Briefs, a.a.O., S. 179. Insofern mußte der Ausbau des Sozialversicherungssystems in der Weimarer Republik und in der BRD von grundlegender Bedeutung für das proletarische Bewußtsein sein.

67 Ähnlich auch Hobsbawm, Blütezeit . . ., a.a.O., S. 257 f.

68 Vgl. dazu A. Weber, a.a.O.

69 Auf die Frage Levensteins: »Finden sie ihr Vergnügen mehr in der Familie oder im Wirtshaus?« gaben zwischen 30 und 45% der befragten Arbeiter die Familie an (Die Arbeiterfrage, a.a.O., S. 259, S. 270, 282).
   Reck hat zutreffend darauf aufmerksam gemacht, daß aus verschiedenen Gründen diese Arbeiter nicht alle als familienorientiert klassifiziert werden dürfen (S. Reck, Arbeiter nach der Arbeit, Gießen 1977, S. 120 f.). Ähnlich P. N. Stearns, Arbeiterleben, Frankfurt, New York 1980, S. 267.

70 Durchschnittslöhne von gelernten und ungelernten Arbeitern und von Frauen werden zusammengefaßt, regionale Differenzen eingeebnet. Teilweise sind die Unterlagen auch unvollständig gewesen. Vgl. dazu Kuczynski, Geschichte der Lage der Arbeiter unter dem Kapitalismus . . ., Bd. 3, a.a.O., S. 297 sowie den Anhang ebd.

71 Vgl. Mehner, a.a.O.

72 Vgl. ebd., S. 332 f.

73 Vgl. Flesch, a.a.O., S. 22 ff.

74 Ebd., S. 31. Der Hinweis ist insofern nicht ganz zutreffend, als auch hier mit verdeckter Kurzarbeit gerechnet werden muß (vgl. S. 29).

75 Vgl. ebd., S. 31.

76 Die durchschnittlichen Lebenshaltungskosten pro Kopf und Woche lagen in dieser Familie bei 2,60 Mark. Für die Beköstigung Frankfurter Armenhausinsassen wurde hingegen ein Betrag von 3,52 Mark pro Woche aufgewendet, wobei berücksichtigt werden muß, daß die Qualität der Armenhausverpflegung wegen des günstigeren Großeinkaufs noch besser gewesen sein muß als die Preisdifferenz vermuten läßt (vgl. Flesch, a.a.O., S. 41 f.).

77 Geschildert bei Kuczynski, Geschichte der Lage der Arbeiter unter dem Kapitalismus . . ., a.a.O., Bd. 3, S. 322 f.

78 Vgl. E. Hofmann, a.a.O., S. 66.

79 E. Conrad, Lebensführung von 22 Arbeiterfamilien Münchens, in: Einzelschriften des Statistischen Amtes der Stadt München, Nr. 8, München 1909.

80 Ebd., S. 79.

81 Darauf hat L. Landé (Arbeits- und Lohnverhältnisse der Berliner Maschinenindustrie zu Beginn des 20. Jahrhunderts, Leipzig 1910 (= Schriften des Vereins für Socialpolitik, Bd. 134), S. 435 f.) hingewiesen.

82 Landé schätzte, daß bei zwei Dritteln aller gelernter und angelernten Arbeiter in der Berliner Maschinenbauindustrie die mehr oder weniger direkte Notwendigkeit der Mitarbeit der Frau bestand. Diese Quote lag bei den ungelernten entsprechend höher (a.a.O., S. 441 f.). Vgl. dazu auch: Erhebungen von Wirtschaftsrechnungen minderbemittelter Familien im deutschen Reich, Berlin 1909 (= Sonderheft 2 des Reichsarbeitsblattes), in denen konstatiert wird: »Das Bedürfnis zur Eröffnung weiterer Einnahmequellen (wird) umso stärker sein, je geringer das Arbeitseinkommen des Mannes . . .« (S. 45*).

83 Landé stieß bei ihrer Untersuchung auf m.E. typische Schwierigkeiten, die Zahl der erwerbstätigen Ehefrauen zu erfassen. Die Mitarbeit der Frauen wurde von den Männern nicht angegeben
- aus Mißtrauen gegen den Zweck der Untersuchung (Angst vor dem Finanzamt);
- wegen der Scheu zuzugeben, daß ihr Verdienst nicht ausreichte;
- weil es ihnen peinlich war, daß die Frau fast so viel verdiente wie sie selbst;
(a.a.O., S. 442); ähnlich auch R. Kempf, Das Leben der jungen Fabrikmädchen in München, (= Schriften des Vereins für Socialpolitik, Bd. 135, 2) Leipzig 1911, S. 16.

84 Vgl. R. Otto, Über die Fabrikarbeit verheirateter Frauen, Stuttgart/Berlin 1910, S. 81, 250 f.

85 Vgl. Bevölkerung und Wirtschaft, 1872-1972, hrsg. vom Statistischen Bundesamt, Stuttgart/Mainz, 1972, S. 145.

86 Otto, a.a.O., S. 101; zu einer ähnlichen Steigerungsrate kommt –

allerdings auf der Basis etwas anderer Zahlen – M. Bernays, Untersuchungen über den Zusammenhang von Frauenfabrikarbeit und Geburtenhäufigkeit in Deutschland, Berlin 1916, S. 13.

87 Vgl. Otto, a.a.O., S. 195.
88 Vgl. L. Schneider, a.a.O., S. 101, Tab. 8; H. Fuerth, Die Fabrikarbeit verheirateter Frauen, Frankfurt 1902, S. 22.
89 Fuerth, a.a.O., S. 22.
90 Diese Interpretation findet sich schon bei Schneider, a.a.O., S. 102 f.
91 Fuerth gibt die Grenze für 1900 mit 20 Mark pro Woche an (a.a.O., S. 11, 23). Dieser hohe Lohn liegt allerdings erheblich über dem Reichsdurchschnitt.
92 Referiert bei Otto, a.a.O., S. 116.
93 Landé, a.a.O., S. 435.
94 Vgl. Kempf, a.a.O., Tabellen S. 34, 35.
95 Vgl. die Untersuchungsergebnisse Kempfs, a.a.O., S. 179 ff.
96 Kempf, a.a.O., S. 17 f.
97 O. Baader, Ein steiniger Weg, Stuttgart, Berlin 1921, S. 20.
98 Am Beispiel der Farbikarbeiterinnen zeigt sich sehr deutlich die Absurdität der Interpretation Shorters, der schon für die Frühzeit außerhäuslicher weiblicher Erwerbstätigkeit emanzipatorische Wirkungen unterstellt (Shorter, Female Emancipation . . ., a.a.O.). Im Sinne der hier vorliegenden Argumentation interpretieren dagegen zutreffend: Scott/Tilly, a.a.O., S. 36 ff.
99 Fuerth (a.a.O., S. 25) zitiert aus dem Württembergischen: »Auch wenn der Arbeiter gesund, fleißig und sparsam und die Familie nicht übermäßig groß ist, muß die Frau mitarbeiten, besonders da, wo viel Frauenarbeit zu Hause ist, die Löhne also niedrig sind.«
100 Vgl. dazu Otto, a.a.O., S. 187 f.
101 Diese Position vertritt in jüngerer Zeit auch noch L. Schneider, a.a.O.
102 Vgl. Otto, a.a.O., S. 218 f., 280.
103 Dies bestätigt auch Conrad (a.a.O., S. 60 f.): »Fast überall wurde uns berichtet, daß die Frau für sich und die Kinder schneidert, selbst da, wo sie auf Arbeit geht . . .«.
104 Otto, a.a.O., S. 279.
105 Vgl. ebd.
106 So Otto, a.a.O., S. 249; ebenso E. Gruner (Die Stellung des Schweizer Arbeiters in Fabrik und Familie während des 19. Jahrhunderts, in: R. Braun u. a., Gesellschaft in der industriellen Revolution, Köln 1973, S. 138) für die Schweizer Verhältnisse.
107 Vgl. dazu Otto, a.a.O., S. 187 f.
108 Vgl. Fuerth, a.a.O., S. 33.
109 Vgl. Otto, a.a.O., S. 108; darauf weist auch R. Spree hin (Strukturier-

te soziale Ungleichheit im Reproduktionsbereich, in: J. Bergmann (Hg.), Geschichte als politische Wissenschaft, Stuttgart 1979, S. 83 ff.).

110 Dabei sind die Arbeitswege eingerechnet. So Otto, a.a.O., S. 81; Wettstein-Adelt, a.a.O., S. 21.

111 Fuerth, a.a.O., S. 42 f.

112 So zutreffend Rühle, Kultur- und Sittengeschichte . . ., Bd. 1, a.a.O., S. 138 f.

113 So Fuerth, a.a.O., S. 28.

114 Ebd.

115 Vgl. Erhebungen von Wirtschaftsrechnungen . . ., a.a.O., S. 44*, 45*.

116 Vgl. K. H. Ludwig, Die Fabrikarbeit von Kindern im 19. Jahrhundert, a.a.O., S. 63 ff.; S. Quandt, Kinderarbeit und Kinderschutz in Deutschland, 1783 bis 1976 – Quellen und Anmerkungen, Paderborn 1977, S. 77.

117 Zur Verlagerung der Kinderarbeit von der Fabrik zur Hausindustrie vgl. auch U. Bendele, Sozialdemokratische Schulpolitik und Pädagogik im Wilhelminischen Deutschland (1890 bis 1914), Frankfurt, New York 1979, S. 106 ff.

118 Vgl. Quandt, a.a.O., S. 86.

119 Vgl. Rühle, Kultur- und Sittengeschichte . . ., Bd. 1, a.a.O., S. 161 ff.; für Österreich: O. F. Kanitz, Das proletarische Kind in der bürgerlichen Gesellschaft, in: ders., Kämpfer der Zukunft, Frankfurt 1970, S. 33 f.

120 Vgl. E. Hirschberg, a.a.O., S. 17.

121 Vgl. E. Hofmann, a.a,O., S. 78.

122 R. Wolf, Materialien zur Lebensweise der Zwickauer Steinkohlebergarbeiter vom Ausgang des 19. Jahrhunderts bis zum Ende der Weimarer Republik, in: W. Jacobeit, U. Mohrmann (Hg.): Kultur- und Lebensweise des Proletariats, Berlin (Ost) 1973, S. 195.

123 Vgl. Mehner, a.a.O., S. 303.

124 Diesen Eindruck, den S. Hirschberg bei der Auswertung von Arbeiterautobiographien erhielt (Das Bildungsschicksal des gewerblichen Proletariats im Lichte der Arbeiterautobiographie, phil. Diss. Köln 1928, S. 17), wird von E. Hofmann für Chemnitz bestätigt (ebd., S. 78).

125 Wenn das älteste Kind ein Junge war, kam es vor, daß ihm Haushalt und Aufsicht über die jüngeren Geschwister aufgehalst wurden. Vgl. die eindringlichen Selbstzeugnisse von F. Krump, Der Erstgeborene, in: R. Broda und J. Deutsch, Das moderne Proletariat, Berlin 1910, S. 193 f. und W. Reimes, Durch die Drahtverhaue des Lebens, Dresden 1920, S. 23 f.

126 Vgl. W. Kaisen, Meine Arbeit, mein Leben, München 1967, S. 10 f.

127 Zu diesem Schluß gelangt S. Hirschberg (a.a.O., S. 33) bei der Auswertung der Autobiographien.

128 Vgl. ebd., S. 32.

129 Vgl. beispielsweise die Autobiographie W. Holeks (Lebensgang eines deutsch-tschechischen Handarbeiters, Jena 1909, S. 33 f.).

130 Vgl. Quandt, a.a.O., S. 81, 85, 88, 89, 109.

131 Vgl. S. Hirschberg, a.a.O., S. 34.

132 Vgl. S. Hirschberg, a.a.O., S. 22, Kanitz, Das proletarische Kind, a.a.O., S. 51.

133 Zitiert bei Kanitz, Das proletarische Kind, a.a.O., S. 49.

134 Vgl. dazu die informative Untersuchung von Li Fischer-Eckert (a.a.O.), die fast ausschließlich Familien mit nicht erwerbstätigen Ehefrauen untersucht.

135 Conrad stellt bei ihrer Untersuchung relativ gut situierter Münchner Arbeiterfamilien fest, daß kaum Ersparnisse möglich sind, aber erstaunlich viel Aufwendungen für Versicherungen gemacht werden (a.a.O., S. 71, 68). Eine relativ hohe Sparleistung hatten hingegen die Berg- und Fabrikarbeiter im nördlichen Revier (1861-1890). Vgl. K. Tenfelde, Sozialgeschichte der Bergarbeiterschaft an der Ruhr im 19. Jahrhundert, Bonn, Bad Godesberg 1977, S. 313 f.

136 Vgl. Tenfelde, Arbeiterhaushalt und Arbeiterbewegung 1850-1914, in: Sozialwissenschaftliche Informationen für Unterricht und Studium (SOWI), Jg. 6 (1977), Heft 4, S. 163. Für die Differenzen zwischen der Ausgabenstruktur von Arbeiterfamilien und anderen Beziehern kleiner Einkommen gilt das gleiche.

137 Vgl. Erhebungen von Wirtschaftsrechnungen, a.a.O., Tab. S. 61*; diese Angabe bezieht sich auf überdurchschnittlich gut verdienende Arbeiter (vgl. ebd., S. 46*). Bei den ebenfalls überdurchschnittlich gut verdienenden Arbeitern, deren Familien Conrad untersucht hat, schwankt der Anteil für Ausgaben an Nahrungsmittel allein zwischen 48,3 und 69,4% (vgl. ebd., Tab. VIII, S. 64).

138 Vgl. die Tabellen in: Erhebungen von Wirtschaftsrechnungen . . ., a.a.O., S. 44*, 48*.

139 Vgl. ebd., S. 61*. Ebenso Teuteberg, Zur Frage des Wandels der deutschen Volksernährung durch die Industrialisierung, in: R. Braun u. a.: Gesellschaft in der industriellen Revolution, a.a.O., S. 335.

140 So Wettstein-Adelt, a.a.O., S. 13 f.; auch Conrad, a.a.O., S. 50 f.; Freudenthal, a.a.O., S. 125 f.; E. Hofmann, a.a.O., S. 74 f.

141 Vgl. Kempf, a.a.O., S. 150 ff.; Freudenthal, a.a.O., S. 125. J. Teuteberg, Die Nahrung der sozialen Unterschichten im späten 19. Jahrhundert, in: E. Heischkel-Artelt (Hg.), Ernährung und Ernährungslehre im 19. Jahrhundert, Göttingen 1976, S. 287.

142 Vgl. z. B. Mehner, a.a.O., Conrad, a.a.O., besonders S. 15 und 26.

143 Vgl. Teuteberg, Die Nahrung der sozialen Unterschichten . . .,

      a.a.O., S. 283.
144 Vgl. ebd., S. 282.
145 Vgl. ebd., S. 287.
146 Vgl. L. Schneider, a.a.O., S. 128 (Hervorhebungen von mir –
      H. R.).
147 Otto, a.a.O., S. 279, Anm. 1; ähnlich Freudenthal, a.a.O., S. 125.
148 Vgl. Teuteberg, Zur Frage des Wandels . . ., a.a.O., S. 336.
149 Vgl. insbes. J. S. Roberts, Der Alkoholkonsum deutscher Arbeiter
      . . ., a.a.O., mit vielen Literaturverweisen.
150 Vgl. ebd., S. 226 ff.
151 Vgl. Erhebungen von Wirtschaftsrechnungen . . ., a.a.O., S. 71*
      (Vergleichsgruppe: untere Beamte); Arbeiter geben prozentual mehr
      Geld im Wirtshaus aus als untere Beamte (vgl. S. 61*).
152 Dies betont Roberts, Der Alkoholkonsum . . ., a.a.O., S. 229 ff.
153 Teilweise wurde der Alkohol von der Betriebsleitung gratis verteilt,
      wie Lüdtke von Krupp berichtet (Arbeitsbeginn . . ., a.a.O.,
      S. 107 f.).
154 Vgl. für Krupp ebd., S. 108 f.
155 Conrad, a.a.O., S. 31.
156 Vgl. E. Hirschberg, a.a.O., S. 26.
157 Vgl. Flesch, a.a.O., S. 46; Bürgel, a.a.O., S. 31 ff.
158 Vgl. dazu Roberts, Der Alkoholkonsum . . ., a.a.O., S. 238 ff.; ders.,
      Wirtshaus und Politik in der deutschen Arbeiterbewegung, in: G.
      Huck (Hg.), Sozialgeschichte der Freizeit, Wuppertal 1980,
      S. 123 ff.
159 Davon sprechen für Sachsen Wettstein-Adelt (a.a.O., S. 15) und
      Göhre (a.a.O., S. 29).
160 Gegen die These vom angeblichen Kleiderluxus wendet sich ganz
      dezidiert Kempf für München (a.a.O., S. 163).
161 Stearns, Adaptation . . ., a.a.O., S. 320; die gute Sonntagskleidung
      der Arbeiter betont auch Köllmann, a.a.O., S. 147.
162 Göhre, a.a.O., S. 89.
163 Stearns, Adaptation . . ., a.a.O., S. 320.
164 A. Popp, Jugendgeschichte einer Arbeiterin, München 1927, S. 38.
165 Vgl. auch die am eigenen Leibe erfahrene Diffamierung der Proleta-
      rierkinder durch andere Kinder, aber auch Erwachsene, die K.
      Grünberg beschrieben hat (Episoden, 2. Aufl., Berlin 1964).
166 Vgl. M. Bernays, Auslese . . ., a.a.O., S. 227 und Anm. 2 ebd.
167 Stadelmann/Fischer, a.a.O., S. 58 (Hervorhebungen von mir –
      H. R.).
168 Liang, Hsi-Huey, Lower-Class-Immigrants in Wilhelmine Berlin,
      in: Central European History, Band 3 (1970), S. 102 ff.; E. Hirsch-
      berg, a.a.O., S. 26 ff.; für Göttingen: A. v. Saldern, Vom Einwohner
      zum Bürger, Berlin 1973, S. 75; Kuczynski, Geschichte der Arbeiter

unter dem Kapitalismus . . ., Band 4, a.a.O., S. 373.

169 Vgl. Die Wohnungsnot der ärmeren Klassen . . ., a.a.O., Band I.

170 F. W. Henning, Industrialisierung . . ., a.a.O., Abb. 45, S. 220; Kuczynski, Geschichte der Lage der Arbeiter unter dem Kapitalismus . . ., Band 4, a.a.O., S. 397.

171 Vgl. Schneider, a.a.O., Tab. 18, S. 137; vgl. auch H. Paasche, Über die Entwicklung der Preise und der Rente des Immobilienbesitzes in Halle an der Saale, Halle 1877, S. 55; zitiert nach E. Neuss, Entstehung und Entwicklung der Klasse der besitzlosen Lohnarbeiter in Halle (Abhandlung der sächsischen Akademie der Wissenschaften zu Leipzig, phil. hist. Klasse, Bd. 51, H. 1), Berlin 1958, S. 318.

172 Erhebungen von Wirtschaftsrechnungen, a.a.O., S. 48*, Tabelle; zum Vergleich: Tab. 18, S. 137 bei L. Schneider, der überwiegend höhere Prozentsätze angibt.

173 Vgl. Erhebungen von Wirtschaftsrechnungen . . ., a.a.O., S. 46*.

174 Vgl. dazu: Liang, a.a.O., S. 107; Brüggemeier/Niethammer, a.a.O., S. 149; Fischer-Eckert, S. 36 f.

175 »Wie die Häuser schon durch ihre äußerliche Übereinstimmung gleichsam als das uniformierte Symbol der ewig gleichmäßigen Beschäftigung seiner Bewohner wirken, ebenso spielt sich auch das Leben seiner Insassen, gleichsam wie das in der Freiheit lebender Gefangener, genau nach dem Schema der Schicht ab.« (Fischer-Eckert, a.a.O., S. 28 f.).

176 Vgl. dazu ebd., S. 28 ff.; und Brüggemeier/Niethammer, a.a.O.

177 Vgl. Göhre, a.a.O., S. 19; E. Hofmann (a.a.O., S. 70) für Chemnitz; Conrad (a.a.O.) für München; Liang (a.a.O., S. 105) für Berlin; für Breslau: Die Wohnungsnot der ärmeren Klassen, Bd. 2, a.a.O., S. 264.

178 Vgl. Holeks Lebensgeschichte, a.a.O. Aus Conrads Untersuchung geht hervor: Fünf der finanziell überdurchschnittlich gut gestellten 22 Familien haben zusätzlich Einnahmen durch Untervermietung (a.a.O., S. 46).

179 So auch Brüggemeier/Niethammer, a.a.O., S. 144.

180 Vgl. Liang, a.a.O., S. 105.

181 Conrad erwähnt den hohen Anteil von Teilwohnungen in München 1904/07 (a.a.O., S. 64, Anm. 1).

182 Vgl. Göhre, a.a.O., S. 22; Kempf, a.a.O., S. 121; Conrad hebt bei der Beschreibung der Wohnungsverhältnisse von zwei Familien hervor, daß offenbar für jedes Familienmitglied ein Bett vorhanden sei (a.a.O., S. 28, 35).

183 Bromme, a.a.O., S. 359.

184 Vgl. Desai, a.a.O., S. 26; Kuczynski, Die Geschichte der Lage der Arbeiter unter dem Kapitalismus . . ., Bd. 4, a.a.O., S. 373; Die

Wohnungsnot der ärmeren Klassen, Bd. 2, a.a.O.; Brüggemeier/ Niethammer, a.a.O., S. 144.

185 Vgl. Göhre, a.a.O., S. 21.

186 Nicht selten teilten sich zwei Schlafgänger ein Bett, dann nämlich, wenn sie in verschiedenen Schichten arbeiteten (vgl. Die Wohnungsnot der ärmeren Klassen, Band 2, a.a.O., S. 92).

187 Vgl. ebd., S. 92, 344; Göhre, a.a.O., S. 24; Lujo Brentano, zitiert bei Kuczynski, Die Geschichte der arbeitenden Klassen unter dem Kapitalismus . . ., Bd. 4, a.a.O., S. 376.

188 Wenzel Holeks Frau betrog ihn mit dem Logisherrn. Die Ehe zerbrach daran. Vgl. a.a.O., S. 243, 254 f.; ähnlich auch Wettstein-Adelt, a.a.O., S. 57.

189 Vgl. Conrad, a.a.O.

190 Brüggemeier/Niethammer, a.a.O., S. 151.

191 Liang berichtet dagegen von Berliner Mietskasernen, daß die Arbeiterfamilien versuchten, ihre Privatsphäre zu schützen (a.a.O., S. 110).

192 Das wird in Conrads Beschreibung von Arbeiterwohnungen sehr deutlich (vgl. a.a.O.).

193 H. Grebing, Geschichte der deutschen Arbeiterbewegung, München 1966, S. 98.

194 Köllmann (a.a.O., S. 139) hat darauf hingewiesen, daß der Lohn des Arbeiters in der Höhe dem des Gesellen entsprach. Nur war der Lohnarbeiter verheiratet und hatte Familie, der Geselle nicht. So auch A. Lüdtke, Alltagswirklichkeit, Lebensweise und Bedürfnisartikulation, in: Gesellschaft, Band 11, Frankfurt 1978, S. 334.

195 Vgl. Fischer-Eckert, a.a.O., S. 77 ff.

196 Berechnet nach Fischer-Eckert, a.a.O., S. 79.

197 Ebd., S. 82.

198 Vgl. ebd., S. 83 ff.

199 Vgl. ebd., S. 89.

200 Vgl. ebd., S. 91 ff.

201 Ebd., S. 92.

202 Vgl. ebd., S. 94 f.; vgl. auch Tenfelde, Sozialgeschichte . . ., a.a.O., S. 317.

203 Dies betont auch Freudenthal, a.a.O., S. 126.

204 Vgl. Rühle, Kultur- und Sittengeschichte, Bd. 1, a.a.O., S. 452 f. Vgl. die eindrucksvolle Lebensgeschichte einer Schweizer Arbeiterin: »Dulden«, hrsg. von E. Bleuler, München 1910.

205 Vgl. Göhre, a.a.O.; Wettstein-Adelt, a.a.O.; Bernays, Auslese und Anpassung . . ., a.a.O.; Bromme, a.a.O.; Holek, a.a.O.

206 Vgl. Rühle, Kultur- und Sittengeschichte, Bd. 1, S. 463 ff.; B. Selinger, Der Rachen, Berlin 1926, S. 153, 155 f.

207 Vgl. beispielsweise Bromme, a.a.O., S. 225; vgl. auch Koch, a.a.O.,

S. 151.

208 Bromme, a.a.O., S. 123, 224 f.

209 Dies betont zu Recht M. Soder, Hausarbeit und Stammtischsozialismus, Gießen 1980, S. 41.

210 Vgl. Bernays, Auslese und Anpassung . . ., a.a.O., S. 228.

211 So Wettstein-Adelt für Sachsen (a.a.O., S. 30, 25); Bernays für Mönchen-Gladbach (Auslese und Anpassung . . ., a.a.O., S. 226 ff.), F. Schumann für die Stuttgarter Gegend (Auslese und Anpassung der Arbeiterschaft in der Automobilindustrie, Leipzig 1911 (Schriften des Vereins für Socialpolitik, Band 135, 1), S. 103); M. Morgenstern für Offenbach: Auslese und Anpassung der industriellen Arbeiterschaft betrachtet bei den Offenbacher Lederarbeitern, Leipzig 1912 (= Schriften des Vereins für Socialpolitik, Band 135, 3), S. 69. Zweifellos hat es aber auch stärker traditionell oder konfessionell geprägte Gebiete gegeben, für die diese Aussage nicht zutrifft.

212 Wettstein-Adelt, a.a.O., S. 25, 30; E. Hofmann, a.a.O., S. 73.

213 Vgl. Göhre, a.a.O., S. 205.

214 Vgl. Koch, a.a.O., S. 151.

215 Das kam allerdings wegen der niedrigen Frauenverdienste nicht für viele in Frage (vgl. R. Kempf, a.a.O.).

216 Vgl. Bernays, Auslese und Anpassung . . ., a.a.O., S. 226.

217 So auch Schumann, a.a.O., S. 103; R.P. Neumann, Industrialization and Sexual Behavior: Some Aspects of Working Class Life in Imperial Germany, in: R.J. Bezucha (Hg.), Modern European Social History, Lexington/Mass., 1972, S. 270 ff.; Reck, a.a.O., S. 113. Es handelt sich also kaum um emanzipatorische Tendenzen, wie sie Shorter überall feststellt.

218 Vgl. Köllmann, a.a.O., S. 148. Von sozialem Druck seitens der Arbeitskollegen berichtet auch E. Hofmann aus Chemnitz (a.a.O., S. 74).

219 Das betonen Bernays (Auslese und Anpassung . . ., a.a.O., S. 226) und Wettstein-Adelt (a.a.O., S. 24).

220 So O. Spann, Die geschlechtlichen Verhältnisse im Dienstboten- und Arbeiterinnenstande, gemessen an der Erscheinung der unehelichen Geburten, in: Zeitschrift für Sozialwissenschaft, Band VII (1904), S. 287 ff.

221 Durch die hohe Legitimierungsquote unterschied sich die Unehelichkeit bei Arbeiterinnen von der der Dienstmädchen. Diese stellten das Hauptkontingent unehelicher Mütter. Sie stammten meist vom Lande, wo die Heirat im Falle der Schwängerung üblich war. Ihre spezifischen Arbeitsbedingungen machten sie anfällig für Verführung durch Männer einer »höheren« sozialen Klasse, oft den Dienstherrn oder dessen Söhne. Dadurch war eine Legitimierung von vornherein illusorisch. Der gleichgestellte Freund hinwiederum konnte sich in

der Stadt leicht drücken (vgl. Spann, a.a.O., S. 301 f.). Vgl. zur sozialen Rekrutierung der Prostituierten auch R. Schulte, Sperrbezirke, a.a.O.

222 Vgl. F. Schumann, a.a.O., S. 101.
223 Darauf weist Morgenstern hin, der in Offenbach ebenfalls eine hohe Zahl später legitimierter Kinder feststellte (a.a.O., S. 69).
224 Kempf, a.a.O., S. 187. Auch Holek heiratete erst nach der Geburt des dritten Kindes (a.a.O.).
225 Vgl. Göhre, a.a.O., S. 206; Wettstein-Adelt, a.a.O., S. 30.
226 Bernays, Auslese und Anpassung . . ., a.a.O., S. 228; so auch Wettstein-Adelt, a.a.O., S. 25. Gewerbsmäßige Prostituierte rekrutierten sich z. T. auch aus Frauen, die aus der Arbeiterschaft kamen, aber dann keine Arbeiterinnen mehr blieben. Gewerbsmäßige Prostitution setzt wesentlich ungleichen sozialen Status voraus. Die Arbeiter verdienten zu wenig, als daß sie systematisch Prostituierte aufsuchen und diese viel an ihnen verdienen konnten. So Rühle, Kultur- und Sittengeschichte, Bd. 1, a.a.O., S. 444 ff.; 488.
227 Vgl. Göhre, a.a.O., S. 206, 209; E. Hofmann, a.a.O., S. 74; Bernays, Auslese und Anpassung . . ., a.a.O., S. 229.
228 Vgl. Bromme, a.a.O., S. 219.
229 Vgl. Koch, a.a.O., S. 151.
230 So Wettstein-Adelt, a.a.O., S. 44, 46.
231 Göhre, a.a.O., S. 206.
232 Dies verkennt m. E. Soder (a.a.O.).
233 K. Wahl u. a., Familien sind anders, Reinbek 1980, S. 49 f.
234 Der Vermögensnachweis war in den einzelnen Ländern unterschiedlich hoch und wurde auch unterschiedlich lange aufrechterhalten. Für Württemberg vgl. H. Schomerus, Die Arbeiter der Maschinenfabrik Eßlingen, Stuttgart 1977.
235 Hauptsächlich darauf führt Schomerus das hohe Heiratsalter der Arbeiter in der Maschinenfabrik Eßlingen zurück (vgl. ebd., S. 180).
236 Wie stark die Ehen dadurch belastet wurden, geht aus den oben referierten Ergebnissen der Untersuchung Fischer-Eckerts hervor.
237 Vgl. Freudenthal, a.a.O., S. 123; Fischer-Eckert, a.a.O., S. 73 f.
238 Vgl. E. Hofmann, a.a.O., S. 74. Ein frühes Heiratsalter bestätigen auch F. Engels, Die Lage der arbeitenden Klasse in England, in: MEW, Band 2, Berlin 1962, S. 372; R. Gauß (Die Arbeiter der Porzellanmanufaktur Kloster Veilsdorf (1760-1862), in: Jacobeit/Mohrmann, a.a.O., S. 69); E. Hirschberg, a.a.O., S. 22.
239 Vgl. dazu beispielhaft Sombart, Das Proletariat, a.a.O.
240 Daß diese Entgegensetzung falsch ist, dürften die bisherigen Ausführungen hinreichend deutlich gemacht haben. Vgl. dazu auch Schwägler, a.a.O., S. 136 ff.

241 Vgl. H. P. Bahrdt, Wandlungen der Familie, in: D. Claessens/
P. Milhofer (Hg.), Familiensoziologie, Frankfurt 1973, S. 117.

242 Vgl. E. Pfeil, Die Großstadtfamilie, ebd., S. 157. Zur gesamten
Diskussion vgl. H. Tyrell, Probleme einer Theorie . . ., a.a.O.,
S. 393 ff.

243 Vgl. die Haushaltsbeschreibungen von Flesch, Mehner und Conrad.

244 Vgl. Kempf, a.a.O., Tab. 11, S. 98/99.

245 Ebd., S. 27.

246 Vgl. ebd., S. 45.

247 Vgl. ebd., S. 28 sowie die Übersicht in Tab. 11, S. 98 und 99.

248 So W. Feld, Die Kinder der in den Fabriken arbeitenden Frauen und
ihre Verpflegung, Dresden 1906, S. 24; ähnliches wurde auch aus
Berlin berichtet, S. 24, Anm. 1.

249 Dies ist auch heute noch häufig der Fall. Vgl. Pfeil, a.a.O., S. 147.

250 Vgl. bei Feld die Tabelle auf S. 22.

251 Vgl. ebd., S. 23 f.

252 Vgl. die Zusammenstellung bei Feld, a.a.O., S. 38, Tab. 21.

253 Von dem typischen Arbeiter in den englischen Textilfabriken in der
ersten Hälfte des 19. Jahrhunderts schreibt M. Anderson: »far from
being lost in an atomized urban mass, . . . (he) seems to have been a
member of a meaningful social network of kin and/or migrants from
his own native village or town.« (Sociological History and the
Working-Class-Family: Smelser revisited, in: Social History, H. 3,
Oct., 1976, S. 321.).

254 Vgl. J. Knodel, The Decline of Fertility in Germany 1871-1939,
Princeton 1974, S. 246 f.

255 Vgl. ebd., S. 252.

256 Vgl. von Castell, a.a.O., Tab II, S. 170.

257 Vgl. die Tab. 4 und 5 bei Spree, a.a.O., S. 73 f. Vgl. auch Otto,
a.a.O., S. 108 f. für München. Weitere Angaben bei Rühle, Die Seele
des proletarischen Kindes, a.a.O., S. 98.

258 Vgl. E. Hirschberg, a.a.O., S. 52.

259 So Spree, a.a.O., S. 83.

260 Dies ist eines der Ergebnisse der Analyse Sprees, a.a.O., S. 83 ff.

261 Vgl. ebd., S. 87.

262 Vgl. beispielsweise den Einfluß bestimmter Arten von Erwerbstätigkeit der Mütter auf Schwangerschaftsrisiken (Rühle, Die Seele des
proletarischen Kindes, a.a.O., S. 70 f.).

263 Spree wendet sich zwar gegen die Konstruktion eines derartigen
Armutssyndroms, weil dabei wichtige Differenzierungen zu anderen
armen Bevölkerungsgruppen und innerhalb der Arbeiterschaft selbst
verwischt würden. Diese Differenzierungen werden m. E. von Spree
über- bzw. falsch bewertet:

1. Zwischen den Arbeitern und den anderen »armen« Bevölkerungs-
gruppen bestehen z. T. recht deutliche Einkommensunterschiede
sowohl in der Höhe als vor allem in bezug auf Stetigkeit und
Entwicklung der Einkommen, die sich überproportional in der
Haushaltsführung niederschlagen. Die Zusammenfassung aller dieser
Gruppen in einer Kategorie ist deshalb m. E. nicht angebracht (vgl.
Erhebungen von Wirtschaftsrechnungen, a.a.O., S. 44*).
2. Die Differenzen innerhalb der Arbeiterschaft werden in Sprees
Analyse dadurch so überaus gewichtig, weil er die landwirtschaftlichen Arbeiter nicht gesondert behandelt. Bei ihnen ist nicht nur die
Säuglingssterblichkeit sehr hoch, sie sinkt auch ausgesprochen langsam (vgl. Tab. 6, S. 77). Die landwirtschaftlichen Arbeiter vergrößern
die Zahl der ungelernten Arbeiter beträchtlich. Durch ihre Einbeziehung wird aber die zweifellos vorhandene Differenz zwischen
gelernten und ungelernten Arbeitern größer und gewichtiger als sie
tatsächlich ist.

264 Vgl. Fischer-Eckert, Tab. VI, S. 119 ff. und Tab. VII, S. 122 ff.
265 Zitiert nach Spree, a.a.O., S. 103.
266 Spree, a.a.O., S. 103. Allerdings verweist er auf starke regionale
     Differenzen (vgl. S. 104).
267 So E. Hirschberg, a.a.O., S. 22.
268 Vgl. E. Hofmann, a.a.O., S. 77.
269 Vgl. Fischer-Eckert, hier zitiert nach Berechnungen Bendeles, a.a.O.,
     S. 142.
270 Landé, a.a.O., S. 436.
271 Vgl. dazu Spree, a.a.O., S. 99, Tab. 19, S. 100, S. 105. Die qualifizier-
     testen bzw. die sozialdemokratischen Arbeiterinnen, was wohl oft
     zusammenfallen wird, haben die wenigsten Kinder. So berichten
     jedenfalls Bernays (Auslese . . ., a.a.O., S. 223) und Wettstein-Adelt
     (a.a.O., S. 45).
272 Vgl. Conrads Familien Nr. 6 und 14 (oben S. 400/401).
273 Vgl. »Erinnerungen eines Waisenknaben« (hrsg. von A. Forel, Mün-
     chen 1910), der das »Kostgeldkind« eines kinderlosen Arbeiterehe-
     paares war.
274 Darauf weist Brüggemeier hin (Bedürfnisse, gesellschaftliche Erfah-
     rung und politisches Bewußtsein, in: Sozialwiss. Informationen für
     Unterricht und Studium (SOWI), 6. Jg. [1977], H. 4, S. 155).
275 So Brüggemeier/Niethammer, a.a.O., S. 152. Die Ergebnisse der
     Berliner Wohnungszählung von 1880 lagen in diesem Rahmen (vgl.
     Die Wohnungsnot der ärmeren Klassen, Bd. 2, a.a.O., S. 206).
276 Vgl. Brüggemeier, Bedürfnisse . . ., a.a.O., S. 155.
277 Vgl. E. Hirschberg, a.a.O., S. 26.
278 Vgl. Brüggemeier/Niethammer, a.a.O., S. 153.
279 L. Niethammer/F. Brüggemeier, Wie wohnten die Arbeiter im

Kaiserreich?, in: Archiv für Sozialgeschichte, Bd. 16 (1976), S. 61 ff.

280 Vgl. Göhre, a.a.O., S. 38 f.

281 So Brüggemeier, a.a.O., S. 156

282 Vgl. Bromme, a.a.O., S. 8.

283 Lüdtke, Alltagswirklichkeit . . ., a.a.O., S. 335.

284 Vgl. E. May, a.a.O., S. 42 ff.; Flesch, a.a.O., S. 25 ff.

285 Vgl. Kempf, a.a.O., S. 181 f.

286 Vgl. Schneider, a.a.O., S. 145.

287 Vgl. Fischer-Eckert, a.a.O., S. 83 ff.

288 Vgl. Bromme, a.a.O., S. 222; Holek, a.a.O., S. 233; Forel (Hg.), Erinnerungen eines Waisenknaben, a.a.O., S. 95.

289 Flesch, a.a.O., S. 29.

290 Vgl. Bromme, in dessen Ehe seine Ausgaben für Gewerkschaft, Sozialdemokratie und Bücheranschaffungen einen zentralen Streitgegenstand bildeten (a.a.O., S. 355 f.).

291 So Bromme, a.a.O., S. 368; er war allerdings im Verhältnis zu seiner Frau ausgesprochen schmächtig.

292 Wenn auch die Handwerksmeisterin im Haus und Garten, u. U. auch in der Werkstatt mitarbeitete, so war dies doch nie Arbeit in »fremdem Dienst« (!) gewesen.

293 Vgl. dazu auch Soder, a.a.O.

294 »Nie hörte oder las ich von Frauen in Versammlungen und auch alle Aufforderungen ›meiner Zeitung‹ (d. i. die Sozialdemokratische Presse – H. R.), waren immer nur an die Arbeiter, an die Männer gerichtet.« (Popp, a.a.O., S. 59). Und: »Auch wurde in den Versammlungen nur für Männer gesprochen . . . Es schien alles nur Männerleid und Männerelend zu sein. Ich empfand es schmerzlich, daß man über die Arbeiterinnen nicht sprach, daß man sich nicht an sie wandte, um sie zum Kampfe aufzurufen.« (Ebd., S. 61). Daß die SPD den Frauen keine Initiative überließ, berichtet auch Wachenheim (a.a.O., S. 58).

295 Engels, Die Lage der arbeitenden Klasse, a.a.O., S. 371 (Hervorhebungen von mir – H. R.). Vgl. auch die Ausführungen Ottos, a.a.O., S. 132 ff.

296 Vgl. Kempf, a.a.O., S. 93.

297 So Göhre, a.a.O., S. 206 f.

298 Bernays, Auslese . . ., a.a.O., S. 226, Anm. 2.

299 Th. W. Adorno, Minima Moralia, Frankfurt 1962, S. 115.

300 Vgl. dazu die Tabelle bei Feld, a.a.O., S. 69.

301 Vgl. Otto, a.a.O., S. 218, Anm. 3; Conrad, a.a.O., S. 60 f.

302 Otto, a.a.O., S. 244 f.; vgl. auch die Schilderung bei Bromme, a.a.O., S. 362 f.

303 Darauf verweist Rühle, Kultur- und Sittengeschichte . . ., a.a.O.,

Bd. 1, S. 279.

304 Kempf, a.a.O., S. 20. Die Absonderlichkeit solchen Verhaltens zeigt sich auch darin, daß die wohlwollende bürgerliche Beobachterin das Wort Kochen in Anführungszeichen setzt.

305 »Bei dem bäuerlichen Tagelöhner und dem armen Kühbauern, schafft die Frau ganz das Gleiche wie der Mann. Auch die geistige Bildungsstufe beider wird völlig gleichartig seyn. Beide arbeiten im Acker, lenken Pflug und Wagen gemeinsam, säen, ernten und verkaufen gemeinsam oder in zufälliger Abwechslung. Das Walten im Hause ist nur (!) eine gelegentliche Zugabe für die Frau.« (Riehl, Die Familie, a.a.O., S. 36).

306 So z. B. bei Levenstein, Aus der Tiefe, a.a.O., S. 88.

307 Vgl. Bromme, dem seine Frau vorwirft, ihr kaum Arbeit im Hause abzunehmen (S. 355 f.).

308 Vgl. ebd., S. 355.

309 Vgl. Fischer-Eckert, S. 89.

310 Bromme, a.a.O., S. 359.

311 Vgl. L. Schneider, a.a.O., S. 105.

312 Sombart, Das Proletariat, a.a.O., S. 37 f.

313 Fischer-Eckert, a.a.O., S. 133.

314 Vgl. Landé, a.a.O., S. 442.

315 Vgl. Freudenthal, a.a.O., S. 125; Kempf, a.a.O., S. 150 ff. Bromme ißt nur Butter, Frau und Kinder dagegen Margarine (a.a.O., S. 351).

316 Rühle, Die Seele des proletarischen Kindes, a.a.O., S. 43.

317 Levenstein, Arbeiterfrage, a.a.O., S. 216.

318 Stearns, Arbeiterleben, a.a.O., S. 268.

319 Ausführlich dazu: Neumann, Working Class Birth Control ..., a.a.O., M. Marcuse, Der eheliche Präventivverkehr, seine Verbreitung, Verursachung und Methodik, Stuttgart 1917; ders., Zur Frage der Verbreitung und Methodik der willkürlichen Geburtenbeschränkung in Berliner Proletarierkreisen, in: Sexual-Probleme, Bd. 9 (1913), S. 752 ff.

320 Beamte hatten dienstrechtliche Konsequenzen zu tragen. Mackenroth berichtet, daß ein höherer Jurist, der sich 1866 für die Zwei-Kinder-Familie in der Arbeiterschaft einsetzte, seines Postens enthoben wurde. Dreißig Jahre lang wagte daraufhin niemand mehr, öffentlich die Geburtenbeschränkung zu erörtern (G. Mackenroth, Bevölkerungslehre, Berlin, Göttingen, Heidelberg 1953, S. 354).

321 Vgl. Bromme, S. 224 f.; er wird im Betrieb interessanterweise vom Chef auf Methoden der Schwangerschaftsverhütung aufmerksam gemacht.

322 Ebd., S. 225.

323 Vgl. Spree, a.a.O., S. 101; Schomerus zufolge braucht die Anpassung

des generativen Verhaltens an neue Lebensbedingungen ca. zwei Generationen (Sozialer Wandel und generatives Verhalten, in: W. Conze (Hg.), Sozialgeschichte der Familie, a.a.O., S. 181).

324 Knodel, The Decline . . ., a.a.O., S. 252; Spree, a.a.O.

325 Vgl. dazu Neumann, Working Class Birth Control . . ., a.a.O., S. 411 ff.

326 So M. Marcuse, Zur Frage der Verbreitung . . ., a.a.O., S. 779.

327 Auf diesen wichtigen Gesichtspunkt hat Neumann (Working Class Birth Control . . ., a.a.O., S. 419) hingewiesen.

328 Marcuse, Zur Frage der Verbreitung . . ., a.a.O., S. 773.

329 Vgl. Spree, a.a.O., S. 103. Auf regionale Differenzen ist schon hingewiesen worden.

330 Vgl. Bernays, Untersuchungen über den Zusammenhang . . ., a.a.O., S. 102; J. Müller, Artikel »Geburtenrückgang«, in: Handwörterbuch der Staatswissenschaften, 4. Bd., 4. Aufl., Jena 1927, S. 644.

331 Neumann, Industrialization . . ., a.a.O., S. 289.

332 Die SPD propagierte keine Geburtenkontrolle, verhielt sich dazu vielmehr sehr ambivalent. Ihre Mitglieder aber lernten mit dem Glauben an die Gestaltbarkeit des gesellschaftlichen Lebens auch, ihr eigenes Leben in die Hand zu nehmen.

333 So Wettstein-Adelt, a.a.O., S. 45; Marcuse, Präventivverkehr, a.a.O., S. 126; Neumann, Industrialization, a.a.O., S. 290.

334 Vgl. M. J. Sherfey, Die Potenz der Frau, Köln 1974.

335 Bromme, a.a.O., S. 220.

336 H. Ferch, Schwere Stunde, in: Anhang in R. Broda/J. Deutsch, Das moderne Proletariat, Berlin 1910; S. 103.

337 W. Kaisen, a.a.O., S. 9.

338 Vgl. Bromme, a.a.O., S. 220.

339 Vgl. oben, S. 422 ff.

340 Conrad, a.a.O., S. 30.

341 Bromme, a.a.O., S. 241.

342 Mehner, a.a.O., S. 309.

343 Bernays, Auslese . . ., a.a.O., S. 230 f.; so auch Göhre, a.a.O., S. 207.

344 Bernays, Auslese . . ., a.a.O., S. 231.

345 Vgl. Göhre, a.a.O., S. 207.

346 Vgl. die Angaben bei Spree, a.a.O., Tab. 16, S. 92 und Tab. 17, S. 94. Entsprechende Ergebnisse auch bei E. Hirschberg, a.a.O., S. 52.

347 Vgl. Engels, Die Lage der arbeitenden Klasse . . ., a.a.O., S. 330, 369; Otto, a.a.O., S. 79; Bromme, a.a.O., S. 358.

348 Holek, a.a.O., S. 30.

349 Bromme fuhr, als er Arbeit in Gera findet, morgens um halb sechs Uhr, wenn die Kinder noch schliefen, mit dem Zug weg und kam erst abends um acht Uhr zurück. Dann waren die Kinder bereits so

müde, daß sie über dem Abendessen einschliefen (a.a.O., S. 234).

350 Vgl. Rühle, Kind und Umwelt, Berlin 1920, S. 9.

351 Vgl. die von P. Gent geschilderte Episode »Feierabend« im Anhang zu Broda/Deutsch, a.a.O., S. 172 f.

352 Vgl. Morgenstern, a.a.O., S. 75.

353 Holek, a.a.O., S. 57.

354 »Es ist charakteristisch, daß nur wenige Berichterstatter (in den Autobiographien – H. R.) zu ihren Vätern in engeren gemütlichen Beziehungen stehen, während viele ihrer Mütter mit innigster Liebe und Dankbarkeit gedenken.« (H. Herkner, Seelenleben und Lebenslauf in der Arbeiterklasse, in: Preussische Jahrbücher, Bd. 140 (1910), S. 410 f.).

355 Kanitz, Das proletarische Kind, a.a.O., S. 59.

356 Dies betonen H. Staudinger und F. Seidel, Individuum und Gemeinschaft in der Kulturorganisation des Vereins, 2. Teil, Jena 1913, S. 157 ff.

357 So Fischer-Eckert für Hamborn, a.a.O., S. 138.

358 Rühle, Die Seele des proletarischen Kindes, a.a.O., S. 29.

359 Ebd., S. 42.

360 Vgl. ebd., S. 43.

361 Rühle, Kultur- und Sittengeschichte, Band 1, S. 287.

362 So Kanitz, Das proletarische Kind, a.a.O., S. 64.

363 R. Wolf, Lebensweise der Zwickauer Steinkohlearbeiter . . ., a.a.O., S. 199; Kempf, a.a.O., S. 150 ff.

364 A. Springer, Der Andere bist Du, Tübingen 1954, S. 26.

365 Bromme berichtet, noch 18jährig von seinem Vater körperlich gezüchtigt worden zu sein (a.a.O., S. 161). Prügel als Strafe wird auch von Mehner berichtet (a.a.O., S. 328). Vgl. auch Rühle, Kultur- und Sittengeschichte, Bd. 2, a.a.O., S. 217 f.

366 Rühle, ebd., Bd. 1, S. 287.

367 Vgl. Kanitz, Das proletarische Kind, a.a.O., S. 29.

368 Vgl. Bromme, a.a.O., S. 352.

369 Ebd., S. 351 ff.

370 So Kempf, a.a.O., S. 162, 222 f.

371 So Kanitz, Das proletarische Kind, a.a.O., S. 68 f.

372 Vgl. Schomerus, Die Arbeiter der Maschinenfabrik Eßlingen, a.a.O., S. 149; Bienkowski, a.a.O., S. 21 und die Kurven, S. 23 ff.

373 So Kempf, a.a.O., S. 55 (in den 270 Familien lebten 402 Töchter und 104 Söhne).

374 S. R. Steinmetz, Feminismus und Rasse, in: Zeitschrift für Sozialwissenschaften, Jg. 7 (1904), S. 760. Ähnlich auch Engels, Geschichte der arbeitenden Klasse . . ., a.a.O., S. 369 ff.

375 Vgl. Bernays, die das fast gänzliche Fehlen der gelernten Fabrikarbeiterin unter den Töchtern der männlichen Arbeiter feststellte (Anpas-

sung . . ., a.a.O., S. 234). Von den 132 Schwestern der von Kempf untersuchten jungen Fabrikarbeiterinnen waren sieben in gelernten, 125 in ungelernten Berufen tätig. Bei den 104 Brüdern war das Verhältnis 56 zu 48. (Kempf, a.a.O., S. 55.).

376 Vgl. Kempf, Tab. 7 im Anhang, S. 222 ff.
377 Ebd., S. 162.
378 Vgl. ebd., Tab. 7, S. 222 ff.
379 Dies fiel Wettstein-Adelt in Sachsen auf (a.a.O., S. 48).
380 Vgl. z. B. E. May, a.a.O., S. 42 ff.; Flesch, a.a.O., S. 25.
381 So Riehl für das frühe Proletariat (Familie, a.a.O., S. 56).
382 So beispielsweise Sombart, Das Proletariat, a.a.O., S. 15 ff.
383 Vgl. Rühle, Die Seele . . ., a.a.O., S. 44 ff.
384 Führer durch die deutsche Lehrerversammlung in Chemnitz, o. J. (1902), S. 85 f., zitiert bei E. Hofmann, a.a.O., S. 71.
385 Z. B. Grünberg, Episoden, Berlin 1964. Auch Rühle, Die Seele . . ., a.a.O., S. 21, 24 ff.
386 Vgl. die vielen orthographischen Fehler in den Antworten auf Levensteins Umfrage (Arbeiterfrage, a.a.O.).
387 So Kempf, a.a.O., S. 55; Bernays, Auslese . . ., a.a.O., S. 234.
388 H. Kaelble, Historische Mobilitätsforschung, Darmstadt 1978, S. 65. Offenbar einen Sonderfall relativ guter beruflicher Aufstiegschancen hat dagegen H. Schomerus für die Maschinenfabrik Eßlingen nachgewiesen, der allerdings den spezifischen betrieblichen Bedingungen unmittelbar zuzurechnen ist (Kaelble, a.a.O., S. 66).
389 ». . . auf die Erziehung können die Eltern nur wenig Zeit verwenden . . .« (Mehner, a.a.O., S. 328).
390 Ebd., S. 328.
391 Autobiographisches von Franz Krump, Der Erstgeborene, in: Broda/Deutsch, Anhang, S. 193 f.
392 Reimes, a.a.O., S. 23 f.
393 Vgl. Negt/Kluge, a.a.O., S. 471.
394 Vgl. dazu M. Schlösser, Industriearbeiter in der arbeitsfreien Zeit. Eine empirische Untersuchung über das Freizeitverhalten und Familienleben von Industriearbeitern, Sozialwiss. Diss., Göttingen 1980, S. 6 ff.
395 Vgl. ebd., S. 83.
396 Vgl. Bernays, Auslese . . ., a.a.O., S. 236.
397 Vgl. Wettstein-Adelt, a.a.O., S. 81.
398 Vgl. Bernays, Auslese . . ., a.a.O., S. 236.
399 Fischer-Eckert stellt in Hamborn fest, daß nur die ledige und die jungverheiratete Frau sich an außerhäuslichen Vergnügungen beteiligte. Die Mutter hingegen im allgemeinen nicht (a.a.O., S. 133).
400 Vgl. Wachenheim, a.a.O., S. 58. Die Feiern zum 1. Mai waren eine der wenigen politischen Veranstaltungen, an denen sich Frauen und

Kinder beteiligten und beteiligen konnten (vgl. G. Korff, Volkskultur und Arbeiterkultur, in: Geschichte und Gesellschaft, 5. Jg. [1979], H. 1, S. 96 und Anm. 48 ebd.).

401 Zu der Frage nach außerhäuslichen Aktivitäten und Interessen gehört auch die nach kirchlichen Bindungen. Dafür liegen meines Wissens nur wenige Informationen vor. Einerseits wird von einigen zeigenössischen Beobachtern eine verbreitete Areligiosität der Industriearbeiter und -arbeiterinnen registriert (vgl. Bernays, Auslese . . ., a.a.O., S. 240; Göhre, a.a.O., S. 142 ff.; Levenstein, Aus der Tiefe, a.a.O., S. 94; A. Springer, a.a.O., S. 25 f.; K. Grünberg, Episoden, a.a.O.), andererseits gibt es Hinweise nicht nur auf die Teilnahme an den kirchlichen Ritualen (vgl. Wettstein-Adelt, a.a.O., S. 68 ff.; S. Hirschberg, a.a.O., S. 52 ff.), die sich ja mit Areligiosität durchaus vertragen kann, sondern auch darauf, daß der Besuch des Gottesdienstes wichtig war. Inwieweit die Teilnahme daran ein eher »geistiger Genuß« ist, wie Mehner bei der Frau der von ihm untersuchten Leipziger Arbeiterfamilie feststellte (a.a.O., S. 327 f.) oder das einzig mögliche kulturelle Vergnügen überhaupt (vgl. Bernays für Mönchengladbach, Auslese . . ., a.a.O., S. 240) oder die Folge tiefverwurzelter religiöser Bindungen, vermag ich nicht zu beurteilen.

402 Vgl. Schlösser, a.a.O., S. 16 ff.

403 Bernays, Auslese . . ., a.a.O., S. 237.

404 So Bernays, ebd., S. 237 und Anm. 2.

405 Vgl. z. B. die Autobiographien von Bromme und Holek.

406 Vgl. Reck, a.a.O., S. 124.

407 Dies betont V. L. Lidtke, Die kulturelle Bedeutung der Arbeitervereine, in: G. Wiegelmann (Hg.), Kultureller Wandel im 19. Jahrhundert, Göttingen 1973, S. 176; vgl. auch Roberts, Alkoholkonsum, a.a.O., S. 239.

408 Vgl. Reck, a.a.O., S. 137; Roberts, Alkoholkonsum, a.a.O., S. 238 ff.

409 Vgl. Flesch, a.a.O., S. 46.

410 Roberts, Alkoholkonsum, a.a.O., S. 241.

411 Alle Indizien deuten darauf hin, daß vornehmlich Männer Wirtshausbesucher waren. Vgl. dazu auch Roberts, Wirtshaus und Politik, a.a.O., S. 139.

412 Vgl. Reck, a.a.O., S. 119 f.

413 Dieser Zusammenhang ist nicht zwingend. Reck hat darauf hingewiesen, daß die Qualität der persönlichen Beziehungen ebenso wie individual- und sozialpsychologische Faktoren eine Rolle spielen (a.a.O., S. 121 f.).

414 Levenstein, Arbeiterfrage, a.a.O., S. 259, 270, 282.

415 Das sieht auch Levenstein selbst, der die Umfrage veranstaltete

(a.a.O., S. 243 ff.); ebenso Reck, a.a.O., S. 120 ff. Die Untersuchung war im übrigen auch nicht repräsentativ.

416 Vgl. K. Hammerich, Skizzen zur Genese der Freizeit als eines sozialen Problems, in: Kölner Zeitschrift für Soziologie und Sozialpsychologie, Jg. 26 (1974), S. 274; auch: Das häusliche Glück (1882) (Nachdruck mit einem Nachwort von R. Blank, München 1975), S. 3, 9 und die Hinweise von Blank ebd., S. 223.

417 Staudinger/Seidel, a.a.O., S. 166.

418 Wettstein-Adelt, a.a.O., S. 45.

419 So auch Staudinger/Seidel, a.a.O., S. 166.

420 Stearns, Arbeiterleben, a.a.O., S. 265; allgemein dazu K. Lüscher, Perspektiven einer Soziologie der Sozialisation, in: Zeitschrift für Soziologie, 4. Jg. (1975), S. 363.

421 Vgl. Fischer-Eckert, a.a.O., S. 32, 36.

422 Vgl. Schlösser, a.a.O., S. 83; Osterland, a.a.O.

423 Es gibt auch noch andere Verhaltensweisen, die sich nur mittelfristig ändern, beispielsweise Ernährungsgewohnheiten, aber auch, wie bereits erwähnt, das generative Verhalten.

424 F. Neidhardt, Schichtspezifischer Elterneinfluß im Sozialisationsprozeß, in: G. Wurzbacher (Hg.), Die Familie als Sozialisationsfaktor, 2. Aufl., Stuttgart 1977, S. 275 ff.; P. Milhofer, Familie und Klasse, Frankfurt 1973, S. 68 f.; G. Vinnai, Sozialpsychologie der Arbeiterklasse, Reinbek 1973, S. 28 ff.

425 Vgl. Schlösser, a.a.O.; Wahl u. a., a.a.O.

426 Vgl. Schlösser, a.a.O., S. 156 ff.

427 So Wahl u. a., a.a.O., insbes. S. 147 ff.

428 Schlösser, a.a.O., S. 86.

429 Vgl. Osterland, a.a.O., S. 182. Dies betonen heißt nicht, zu unterstellen, daß Industriearbeiter in der BRD unter optimalen Bedingungen leben. Insbesondere die Wohnverhältnisse lassen noch viel zu wünschen übrig (vgl. Zweiter Familienbericht, hrsg. vom Bundesministerium für Jugend, Familie und Gesundheit, Bonn-Bad Godesberg 1975, S. 98 und Tabelle II/4, S. 149 und Tabelle II/5, S. 150). Man darf aber andererseits auch nicht verkennen, daß sich die gegenwärtige materielle Situation von Arbeitern im Verhältnis zu der des Kaiserreichs bedeutend verbessert hat.

430 Dazu gehören Einseitigkeit des Bewegungsablaufs, körperliche Anstrengungen, Zeitdruck, Monotonie. Ähnlich wirkt auch Schichtarbeit. Die von Schlösser festgestellte Differenz zwischen Arbeitern mit unterschiedlichen Belastungen verschwindet bei dem Verhalten in der Spät- und Nachtschichtwoche, das bei allen von dem Bedürfnis nach passiver Erholung charakterisiert ist (a.a.O., S. 73, 126 ff.).

431 Schlösser, a.a.O., S. 168 ff.; 158.

432 J. H. Goldthorpe u. a., Der »wohlhabende« Arbeiter in England, München 1970, 3. Bde., insbesondere Bd. 3.
433 Vgl. Familienbericht, a.a.O., S. 34; E. Pfeil und J. Ganzert, Die Bedeutung der Verwandten für die großstädtische Familie, in: Zeitschrift für Soziologie, 2. Jg. (1973), S. 386 ff.

Anmerkungen zum Schluß

1 Koselleck, a.a.O., S. 234.
2 Garve, a.a.O., S. 5.
3 Gerth, a.a.O., S. 6 f.
4 Vgl. F. W. Henning, Industrialisierung . . ., a.a.O., S. 19 ff.
5 Vgl. Born, a.a.O., S. 273.
6 Vgl. dazu, wenn auch leider nicht mit sehr viel Belegen, Soder, a.a.O., S. 67 ff.
7 H. Bausinger, Verbürgerlichung – Folgen eines Interpretaments, in: G. Wiegelmann (Hg.), Kultureller Wandel im 19. Jahrhundert, Göttingen 1973, S. 33.
8 Zitiert nach: Das häusliche Glück, a.a.O., S. 223.
9 Die folgenden Bemerkungen sind angeregt durch die Lektüre von J. Donzelot, Die Ordnung der Familie, Frankfurt 1979.
10 Vgl. z. B. H. Pross, Die Wirklichkeit der Hausfrau, Reinbek 1975, S. 58 f.
11 Aus diesem Grunde war in der ursprünglichen Konzeption der Arbeit, die leider nicht voll realisiert werden konnte, ein Kapitel über die adelige Familie vorgesehen. Der Adel ist zahlenmäßig zwar ohne Bedeutung gewesen; seine Verhaltensweisen und -standards kontrastierten auch im Bereich der Familie aber deutlich zu allen hier dargestellten Familienformen.
12 Vgl. Schelsky, Wandlungen . . ., a.a.O., S. 18; Neidhardt, Die Familie in Deutschland, a.a.O., S. 31; P. Milhofer, Familie und Klasse, Frankfurt 1973, S. 58, 107; Weber-Kellermann, a.a.O., S. 15 f.; auch H. Rosenbaum, Einleitung in: dies., Familie und Gesellschaftsstruktur, 1. Aufl., Frankfurt 1974, S. 18.
13 Vgl. zu diesem Zusammenhang H. Rosenbaum, Die Bedeutung historischer Forschung für die Erkenntnis der Gegenwart – dargestellt am Beispiel der Familiensoziologie, in: A. Lüdtke und H. Uhl (Hg.), Kooperation der Sozialwissenschaften, Teil 2, Stuttgart 1977, S. 178 ff.
14 Mackenroth, a.a.O., S. 360 und 421 ff. (Bauern), S. 362, 431 (Handwerker).
15 Vgl. P. Laslett und R. Wall (Hg.), Household and Family in Past

Time, Cambridge 1972.

16 Mitterauer, Der Mythos . . ., a.a.O., S. 143 f. Damit ist Mackenroths Argument wieder in die Debatte eingebracht.

17 Vgl. Goode, a.a.O., S. 17; König, Alte Probleme . . ., a.a.O., S. 132.

18 Vgl. König, Alte Probleme . . ., a.a.O., S. 143. Zur Unschärfe des von König in diesem Zusammenhang verwendeten Begriffs der Großfamilie vgl. Schwägler, a.a.O., S. 146 f.

19 Vgl. Mitterauer, Vorindustrielle Familienformen . . ., a.a.O., S. 123 ff.

20 Vgl. König, Zwei Grundbegriffe . . ., a.a.O., S. 70; Neidhardt, Die Familie in Deutschland, a.a.O., S. 66; Claessens, a.a.O.

21 K. Marx, Einleitung zur Kritik der politischen Ökonomie, a.a.O., S. 618 f.

22 König, Zwei Grundbegriffe . . ., a.a.O., S. 70.

23 Beispielhaft dafür: König, Entwicklungstendenzen der Familie im neueren Rußland, in: ders., Materialien . . ., a.a.O., S. 198.

24 So Tyrell, Probleme einer Theorie . . ., a.a.O., S. 396 f.; König, Familie und Familiensoziologie, a.a.O., S. 255.

25 Tyrell, Probleme einer Theorie . . ., a.a.O., S. 396.

26 In jüngster Zeit gewährt der § 1631a BGB den Kindern darauf explizit einen Anspruch.

27 Vgl. für Frankreich Donzelot, a.a.O.

Verzeichnis der zitierten Literatur

Abel, W., Agrarkrisen und Agrarkonjunkturen. Eine Geschichte der Land- und Ernährungswirtschaft Mitteleuropas seit dem hohen Mittelalter, 2. neubearb. u. verb. Aufl., Hamburg, Berlin 1966.

Ders., Geschichte der deutschen Landwirtschaft vom frühen Mittelalter bis zum 19. Jahrhundert, 2. neubearb. Aufl., Stuttgart 1967 (Deutsche Agrargeschichte, Bd. 2).

Ders., Landwirtschaft 1500-1648, in: Handbuch der deutschen Wirtschafts- und Sozialgeschichte, hrsg. von H. Aubin und W. Zorn, Bd. 1, Stuttgart 1971, S. 386 ff.

Abendroth, W., Arthur Schopenhauer, Reinbek 1967.

Abraham, K., Der Strukturwandel im Handwerk in der ersten Hälfte des 19. Jahrhunderts und seine Bedeutung für die Berufserziehung, Köln 1955 (Berufserziehung im Handwerk, 9).

Achilles, W., Die Bedeutung des Flachsanbaues im südlichen Niedersachsen für Bauern und Angehörige der unterbäuerlichen Schicht im 18. und 19. Jahrhundert, in: H. Kellenbenz (Hg.), Agrarisches Nebengewerbe und Formen der Reagrarisierung im Spätmittelalter und 19./20. Jahrhundert, Stuttgart 1975, S. 57 ff.

Adorno, Th. W., Minima Moralia. Reflexionen aus dem beschädigten Leben, Frankfurt 1962.

Albrecht, G., Das deutsche Bauerntum im Zeitalter des Kapitalismus, in: Grundriß der Sozialökonomik, IX. Abtl., 1. Teil, Tübingen 1926, S. 35 ff.

Allmers, H., Marschenbuch. Land- und Volksbilder aus den Marschen der Weser und Elbe, Gotha 1858.

Anderson, M., Sociological History and the Working-Class-Family: Smelser revisited, in: Social History, H. 3, Oktober 1976, S. 317 ff.

Arensberg, C.M. and S.T. Kimball, Family and Community in Ireland, (1. Aufl. 1940), 2. Aufl., Cambridge/Mass. 1968.

Ariès, Ph., Geschichte der Kindheit, München, Wien 1975.

Arndt, E.M., Erinnerungen aus dem äußeren Leben, Leipzig 1840.

Arndt, M., Frühkapitalismus in Deutschland am Ende des 18. Jahrhunderts. Ansätze kapitalistischen Wirtschaftens und ihre Auswirkungen auf das System sozialer Schichtung, Marburger phil. Diss. 1971.

E.B., Ein Beamtenhaushalt 1876-1906, in: Thünen Archiv (= Archiv für exakte Wirtschaftsforschung), Bd. 2 (1909), S. 316 ff.

Baader, O., Ein steiniger Weg. Lebenserinnerungen, Stuttgart, Berlin 1921.

Bacherler, M., Deutsche Familienerziehung im Zeitalter der Aufklärung und der Romantik, Erlanger phil. Diss. 1914.

Badinter, E., Interview mit, in: Le Nouvel Observateur, Nr. 812, 2. - 8. 6. 1980, S. 60 ff.

Bähr, O., Eine deutsche Stadt vor 60 Jahren. Kulturgeschichtliche Skizze, Leipzig 1884.

Bäuerliche Zustände in Deutschland, 3 Bde., Leipzig 1883 (= Schriften des Vereins für Socialpolitik, Bd. 22, 23, 24).

Bäumer, G., Die Frau in Volkswirtschaft und Staatsleben der Gegenwart, Stuttgart, Berlin 1914.

Bahl, H., Ansbach. Strukturanalyse einer Residenz vom Ende des Dreißigjährigen Krieges bis zur Mitte des 18. Jahrhunderts. Verfassung, Verwaltung, Bevölkerung und Wirtschaft, Ansbach 1974 (Mittelfränkische Studien, Bd. 1).

Bahrdt, H.P., Die moderne Großstadt. Soziologische Überlegungen zum Städtebau, Reinbek 1961.

Ders., Wandlungen der Familie, in: D. Claessens und P. Milhofer (Hg.), Familiensoziologie, Frankfurt 1973, S. 110 ff.

Barkhausen, M., Der Aufstieg der rheinischen Industrie im 18. Jahrhundert und die Entstehung eines industriellen Großbürgertums, in: Rheinische Vierteljahrsblätter, Bd. 19 (1954), S. 142 ff.

Bauernhaus, Das . . . im deutschen Reiche und seinen Grenzgebieten (1. Aufl. 1906), Hannover 1974.

Baumgarten, K., Die Tischordnung im alten mecklenburgischen Bauernhaus, in: Deutsches Jahrbuch für Volkskunde, Bd. 11 (1965), S. 5 ff.

Bausinger, H. Verbürgerlichung – Folgen eines Interpretaments, in: G. Wiegelmann (Hg.), Kultureller Wandel im 19. Jahrhundert, Göttingen 1973, S. 24 ff. (Studien zum Wandel von Gesellschaft und Bildung im 19. Jahrhundert, Bd. 5).

Bechtstedt, Chr. W., Meine Handwerksburschenzeit 1805-1810 (hrsg. von Chr. Francke-Roesing), Köln 1925.

Beckmann, J., Beyträge zur Ökonomie, Technologie, Polizey und Cameralwissenschaft, 9 Theile, Göttingen 1779 ff.

Bendele, U., Sozialdemokratische Schulpolitik und Pädagogik im wilhelminischen Deutschland (1890-1914), Frankfurt, New York 1979, (Campus-Forschung Bd. 75).

Bendix, R., Inequality and Social Structure: a Comparison of Marx and Weber, in: American Sociological Review, Bd. 39 (1974), S. 149 ff.

Berg, J.H. van den, Metabletica. Über die Wandlungen des Menschen. Grundlinien einer historischen Psychologie, Göttingen 1960.

Bergmann, J., Das »Alte Handwerk« im Übergang. Zum Wandel von Struktur und Funktion des Handwerks im Berliner Wirtschaftsraum in vor- und frühindustrieller Zeit, in: O. Büsch (Hg.), Untersuchungen zur Geschichte der frühen Industrialisierung, Berlin 1971 (Einzelveröffentlichungen der historischen Kommission zu Berlin beim Friedrich-Meinecke-Institut an der Freien Universität, 6).

Ders., Das Berliner Handwerk in den Frühphasen der Industrialisierung, Berlin 1973 (Einzelveröffentlichungen der Historischen Kommision zu Berlin beim Friedrich-Meinecke-Institut an der Freien Universität, Bd. 11).

Berkner, L.K., The Stem Family and the Developmental Cycle of the Peasant Household: An Eighteenth Century Austrian Example, in: American Historical Review, Bd. 77 (1972), S. 399 ff.

Ders., Inheritance, Land Tenure and Peasant Family Structure: a German Regional Comparison, in: J.Goody, J.Thirsk, E.P. Thompson (Hg.), Family and Inheritance. Rural Society in Western Europe 1200-1800, Cambridge usw. 1977, S. 71 ff.

Bernays, M., Auslese und Anpassung der Arbeiterschaft in der geschlossenen Großindustrie. Dargestellt an den Verhältnissen der »Gladbacher Spinnerei und Weberei« AG zu Mönchengladbach im Rheinland, Leipzig 1910 (Schriften des Vereins für Socialpolitik, Bd. 133).

Dies., Untersuchung über den Zusammenhang von Frauenfabrikarbeit und Geburtenhäufigkeit in Deutschland, Berlin 1916 (Schriften des Bundes deutscher Frauenvereine).

Beutin, L., Das Bürgertum als Gesellschaftsstand im 19. Jahrhundert (Ein Versuch), in: Blätter für die deutsche Landesgeschichte, 90. Jg. (1953), S. 132 ff.

Bevölkerung und Wirtschaft 1872-1972, Hrsg. vom Statistischen Bundesamt, Stuttgart, Mainz 1972.

Bidlingmaier, M., Die Bäuerin in zwei Gemeinden Württembergs, Tübinger staatswiss. Diss. 1918.

Biedermann, K., Deutschland im 18. Jahrhundert, Bd. 1: Deutschlands politische, materielle und soziale Zustände im 18. Jahrhundert, Leipzig 1854; Bd. 2,1: Geistige, sittliche und gesellige Zustände, 1. Teil: Bis zur Thronbesteigung Friedrichs des Großen (1740), Leipzig 1858; 2. Teil: Von 1740 bis zum Ende des Jahrhunderts, Leipzig 1867.

Bienkowski, v., Untersuchungen über Arbeitseignung und Leistungsfähigkeit der Arbeiterschaft einer Kabelfabrik, Leipzig 1910 (Schriften des Vereins für Socialpolitik, Bd. 134.)

Bierer, W., Die hausindustrielle Kinderarbeit im Kreise Sonneberg. Ein Beitrag zur Kritik des Kinderschutzgesetzes, Tübingen 1913 (Archiv für Sozialwissenschaft und Sozialpolitik, Ergänzungsheft XI).

Biermann, B., Die Sozialstruktur der Unternehmerschaft, Stuttgart 1971.

Binding, R.G., Erlebtes Leben, Frankfurt a. M. 1927 (Gesammelte Werke, Bd. 4).

Bleuel, H.P., Deutschlands Bekenner. Professoren zwischen Kaiserreich und Diktatur, Bern, München, Wien 1968.

Bleuler, E. (Hg.), »Dulden«. Lebensbeschreibung einer Armen, München 1910.

Bloch, I., Das Sexualleben unserer Zeit in seinen Beziehungen zur modernen Kultur, 4.-6. Aufl., Berlin 1908.

Bochmann, E., Das »Frauenzimmer« und die »Gelehrsamkeit«. Eine Studie über die Anfänge des Mädchenschulwesens in Deutschland, Heidelberg 1966 (Anthropologie und Erziehung, 17).

Böhme, H., Prolegomena zu einer Sozial- und Wirtschaftsgeschichte Deutschlands im 19. und 20. Jahrhundert, 2. Aufl., Frankfurt 1968.

Ders., Frankfurt und Hamburg. Des deutschen Reiches Silber- und Geldloch und die allerenglischste Stadt des Kontinents, Frankfurt 1968.

Bohlen, P. v., Autobiographie, hrsg. von J. Voigt, 2. Aufl., Königsberg 1842.

Bolte, K.M., Art. »Schichtung«, in: Soziologie. Das Fischerlexikon, umgearb. u. erw. Neuausgabe, Frankfurt 1967, S. 266 ff.

Bomann, W., Bäuerliches Hauswesen und Tagwerk im alten Niedersachsen, Weimar 1941.

Bopp, H., Die Entwicklung des deutschen Handwerksgesellentums im 19. Jahrhundert unter dem Einfluß der Zeitströmungen (Münchener pol. Diss. 1932), Paderborn 1932.

Born, K.E., Der soziale und wirtschaftliche Strukturwandel Deutschlands am Ende des 19. Jahrhunderts, in: H.-U. Wehler (Hg.), Moderne deutsche Sozialgeschichte, Köln, Berlin 1966, S. 271 ff.

Bourdieu, P., Zur Soziologie der symbolischen Formen, Frankfurt 1974.

Ders., Marriage Strategies as Strategies of Social Reproduction, in: Family and Society. Selections from the Annales E.S.C., hrsg. von R. Forster und O. Ranum, Baltimore 1976, S. 117 ff.

Bräker, U., Lebensgeschichte und natürliche Ebenteuer des Armen Mannes im Tockenburg (Nachdruck der Ausgabe von 1789), Stuttgart 1969.

Brandes, E., Betrachtungen über den Zeitgeist in Deutschland in den letzten Dezennien des vorigen Jahrhunderts, Hannover 1808.

Ders., Über das Du und Du zwischen Eltern und Kindern, Hannover 1809.

Brandes, E., Der Bremer Überseekaufmann in seiner gesellschaftsgeschichtlichen Bedeutung im »geschlossenen Heiratskreis«, in: Genealogisches Jahrbuch, 3. Jg. (1963), S. 25 ff.

Brandes, J. Chr., Meine Lebensgeschichte, 3 Bde., Berlin 1799/1800.

Braun, L., Die Frauenfrage. Ihre geschichtliche Entwicklung und ihre wirtschaftliche Seite, Leipzig 1901.

Dies., Memoiren einer Sozialistin, Bd. 1: Lehrjahre, München 1920.

Braun, R., Industrialisierung und Volksleben. Veränderungen der Lebensformen unter Einwirkung der verlagsindustriellen Heimarbeit in einem ländlichen Industriegebiet (Zürcher Oberland) vor 1800 (1.

Aufl. 1960), 2. Aufl., Göttingen 1979.

Briefs, G., Das gewerbliche Proletariat, in: Grundriß der Sozialökonomik, IX. Abtl., 1. Teil, Tübingen 1926, S. 142 ff.

Broda, R. und J. Deutsch, Das moderne Proletariat. Eine sozialpsychologische Studie, Berlin 1910.

Bromme, M.W.Th., Lebensgeschichte eines modernen Fabrikarbeiters, Jena, Leipzig 1905.

Bronner, F. X., Leben, von ihm selbst geschrieben, Bd. 1, Zürich 1795.

Brüggemeier, F., Bedürfnisse, gesellschaftliche Erfahrungen und politisches Bewußtsein – das Beispiel der Ruhr-Bergarbeiter, in: Sozialwissenschaftliche Information für Unterricht und Studium (SOWI), 6. Jg. (1977), H. 4, S. 152 ff.

Brüggemeier, F. und L. Niethammer, Schlafgänger, Schnapskasinos und schwerindustrielle Kolonie. Aspekte der Arbeiterwohnungsfrage im Ruhrgebiet vor dem 1. Weltkrieg, in: J. Reulecke, W. Weber (Hg.), Fabrik, Familie, Feierabend, Wuppertal 1978, S. 135 ff.

Brugger, P., Der Anerbe und das Schicksal seiner Geschwister. Eine Untersuchung im Anerbengebiet der Oberämter Laupheim, Ulm, Blaubeuren und Ehingen, Diss. Hohenheim 1935.

Bruhns J., »Es klingt im Sturm ein altes Lied!« Aus der Jugendzeit der Sozialdemokratie, Stuttgart, Berlin 1921.

Brunner, O., Adeliges Landleben und europäischer Geist, Salzburg 1949.

Ders., Art. »Hausväterliteratur«, in: Handwörterbuch der Sozialwissenschaften, Bd. 5, Tübingen, Göttingen 1956, S. 92 ff.

Ders., Das »ganze Haus« und die alteuropäische »Ökonomik«, in: ders., Neue Wege der Verfassungs- und Sozialgeschichte, 2. verm. Aufl., Göttingen 1968, S. 103 ff.

Bruns, A., Die Arbeitsverhältnisse der Lehrlinge und Gesellen im städtischen Handwerk in Westdeutschland bis 1800, Diss. Köln 1938.

Buchholz, E.W., Ländliche Bevölkerung an der Schwelle des Industriezeitalters. Der Raum Braunschweig als Beispiel, Stuttgart 1966.

Bücher, K., Die Hausindustrie auf dem Weihnachtsmarkte, in: ders., Die Entstehung der Volkswirtschaft, Vorträge und Aufsätze, Bd. 2, 5. und 6. verm. Aufl., Tübingen 1921, S. 149 ff.

Bürgel, B.H., Vom Arbeiter zum Astronomen. Der Aufstieg eines Lebenskämpfers, Berlin 1950.

Caspard, P., Conceptions prénuptiales et development du capitalisme dans la Principauté des Neuchâtel (1678-1820), in: Annales E.S.C., 29. Jg. (1974), S. 989 ff.

Castell, A. Gräfin zu (= von Nell), Forschungsergebnisse zum gruppenspezifischen Wandel generativer Strukturen, in: W. Conze (Hg.), Sozialgeschichte der Familie in der Neuzeit Europas, Stuttgart 1976,

S. 161 ff.

Claessens, D., Familie und Wertsystem, Berlin 1962.

Ders. und F.W. Menne, Zur Dynamik der bürgerlichen Familie und ihrer möglichen Alternativen, in: D.Lüschen und E. Lupri (Hg.), Soziologie der Familie, Sonderheft 17 der Kölner Zeitschrift für Soziologie und Sozialpsychologie, Opladen 1970, S. 169 ff.

Colletti, L., Marxismus als Soziologie, Berlin 1973.

Conrad, E., Lebensführung von 22 Arbeiterfamilien Münchens, München 1909 (Einzelschriften des Statistischen Amtes der Stadt München Nr. 8).

Conze, W., Vom »Pöbel« zum Proletariat. Sozialgeschichtliche Voraussetzungen für den Sozialismus in Deutschland, in: Moderne deutsche Sozialgeschichte, hrsg. von H.-U. Wehler, Köln, Berlin 1966, S. 111 ff.

Damaschke, A., Aus meinem Leben, 2. Aufl., Berlin 1928.

Daumard, A., La Bourgeoisie Parisienne, 1815-1848, Paris 1963.

Deenen, B. v. und A. Valtmann, Die ländliche Familie unter dem Einfluß von Industrienähe und Industrieferne, Berlin 1961 (Sozialpolitische Schriften, H. 13).

Desai, A.V., Real Wages in Germany 1871-1913, Oxford 1968.

(Dietz, J.), Meister Johann Dietz erzählt sein Leben, hrsg. von E. Consentius, Ebenhausen 1919.

Dietz, J.F., Das Dorf als Erziehungsgemeinde, 3. Aufl., Weimar 1947.

Dörner, H., Industrialisierung und Familienrecht. Die Auswirkungen des sozialen Wandels dargestellt an den Familienmodellen des ALR, BGB und des französischen Code Civile, Berlin 1974 (Schriftenreihe zur Rechtssoziologie und Rechtstatsachenforschung, Bd. 30).

Doll, O., Mir dean heirat'n. Eine Untersuchung über die bäuerliche Gattenwahl in Bayern südlich der Donau nebst anschließenden Randgebieten, München 1940.

Donzelot, J., Die Ordnung der Familie, Frankfurt 1979.

Duden, B., Die Konstitution der bürgerlichen Familie, Unveröffentlichtes Manuskript für die Tagung der Sektion »Familien- und Jugendsoziologie« der DGS, Bad Homburg, April 1978.

Durkheim, E., Der Selbstmord, Neuwied, Berlin 1973.

Eberty, F., Jugenderinnerungen eines alten Berliners, Berlin 1978.

Eckert, Sexualität auf dem Lande, in: Verhandlungen des 1. internationalen Kongresses für Sexualforschung, Berlin 1926, Bd.3, Berlin 1927.

Ehmer, J., Familie und Industrialisierung, in: Beiträge zur Historischen Sozialkunde, Wien, 4. Jg. (1974), H. 2, S. 38 ff.

Ders., Arbeitsorganisation und Familienstruktur, Unveröffentlichtes Manuskript, Frühjahr 1977.

Ders., Familienstruktur und Arbeitsorganisation im frühindustriellen Wien, Wien 1980 (Sozial- und wirtschaftshistorische Studien,

Bd. 13).

Ehrenberg, R. und H. Racine, Krupp'sche Arbeiterfamilien. Entwicklung und Entwicklungsfaktoren von drei Generationen deutscher Arbeiter, in: Archiv für exakte Wirtschaftsforschung, 6. Ergänzungsheft, Jena 1912.

Eilers, G., Meine Wanderung durchs Leben, 6 Theile, Leipzig 1856 ff.

Elias, N., Über den Prozeß der Zivilisation. Soziogenetische und psychogenetische Untersuchungen, 2 Bde., 2. Aufl., Bern, München 1969.

Ders., Die höfische Gesellschaft. Untersuchungen zur Soziologie des Königstums und der höfischen Aristokratie, Neuwied, Berlin 1969.

Ellwein, Th. und R. Zoll, Berufsbeamtentum – Anspruch und Wirklichkeit. Zur Entwicklung und Problematik des öffentlichen Dienstes, Düsseldorf 1973.

Elschenbroich, D., Kinder werden nicht geboren. Studien zur Entstehung der Kindheit, Frankfurt 1977.

Engels, F., Die Lage der arbeitenden Klasse in England, in: MEW, Bd. 2, S. 225 ff.

Engelsing, R., Dienstbotenlektüre im 18. und 19. Jahrhundert, in: ders., Zur Sozialgeschichte deutscher Mittel- und Unterschichten, Göttingen 1973, S. 180 ff.

Erhebungen von Wirtschaftsrechnungen minderbemittelter Familien im Deutschen Reich, Berlin 1909 (2. Sonderheft zum Reichs-Arbeitsblatte).

Ernst, K., Aus dem Leben eines Handwerksburschen, 2. Aufl., Neustadt 1913.

Faber, Vom dritten Stande, in: Deutsche Vierteljahrsschrift, 28. Jg. (1865), S. 1 ff.

Familienbericht, Zweiter, hrsg. vom Bundesminister für Jugend, Familie und Gesundheit, Bonn – Bad Godesberg 1975.

Fechner, H., Wirtschaftsgeschichte der preußischen Provinz Schlesien in der Zeit ihrer provinziellen Selbständigkeit 1741-1806, Breslau 1907.

Feig, J., »Arbeitsordnungen«, in: Handwörterbuch der Staatswissenschaften, Bd. 1, 4. Aufl., Jena 1927, S. 840 ff.

Feige, J., Der alte Feierabend, Leipziger phil. Diss., München 1936.

Feld, W., Die Kinder der in den Fabriken arbeitenden Frauen und ihre Verpflegung, Dresden 1906 (Probleme der Fürsorge, 3).

Fischer, K., Denkwürdigkeiten und Erinnerungen eines Arbeiters, 2 Bde., Leipzig 1903/04 (= Leben und Wissen, Bd. 2.4).

Fischer, W., Handwerksrecht und Handwerkswirtschaft um 1800, Berlin 1955.

Ders., Das deutsche Handwerk in den Frühphasen der Industrialisierung, in: ders., Wirtschaft und Gesellschaft im Zeitalter der Industrialisierung, Göttingen 1972 (Kritische Studien zur Geschichtswissenschaft, 1).

Fischer-Eckert, L., Die wirtschaftliche und soziale Lage der Frauen in dem modernen Industrieort Hamborn im Rheinland, Tübinger staatswiss. Diss. 1913.

Flandrin, J.-L., La cellule familiale et l'œuvre de procréation dans l'ancienne société, in: XVIIᵉ Siècle, 1974, Nr. 102-103, S. 3 ff.

Ders., Späte Heirat und Sexualleben, in: C. Honnegger (Hg.), M. Bloch, F. Braudel, L. Febvre u. a., Schrift und Materie der Geschichte. Vorschläge zur systematischen Aneignung historischer Prozesse, Frankfurt 1977, S. 272 ff.

Ders., Familien. Soziologie, Ökonomie, Sexualität. Frankfurt, Berlin, Wien 1978.

Flesch, K., Frankfurter Arbeiterbudgets (Im Auftrage des Freien Deutschen Hochstifts), Frankfurt a.M. 1890.

Flitner, A., und W. Hornstein, Kindheit und Jugendalter in geschichtlicher Betrachtung, in: Zeitschrift für Pädagogik, 10. Jg. (1964), S. 311 ff.

Foerster, E., Aus der Jugendzeit, Berlin, Stuttgart 1887.

Fontane, Th., Frau Jenny Treibel, Frankfurt, Berlin,Wien 1974 (Ullstein TB 515).

Forel, A. (Hg.), Erinnerungen eines Waisenknaben. Von ihm selbst erzählt, München 1910.

Fraenkel, E., Zur Soziologie der Klassenjustiz und Aufsätze zur Verfassungskrise 1931-32, Darmstadt 1968.

Frankenstein, K., Bevölkerung und Hausindustrie im Kreise Schmalkalden seit Anfang dieses Jahrhunderts, Tübingen 1887 (Beiträge zur Geschichte der Bevölkerung in Deutschland seit dem Anfange dieses Jahrhunderts, hrsg. von Fr. J. Neumann, Bd. 2).

Franz, G., Geschichte des deutschen Bauernstandes vom frühen Mittelalter bis zum 19. Jahrhundert, Stuttgart 1970 (Deutsche Agrargeschichte, Bd. 4).

Ders., Landwirtschaft 1800-1850, in: Handbuch der deutschen Wirtschafts- und Sozialgeschichte, hrsg. von H. Aubin und W. Zorn, Bd. 2, Stuttgart 1976, S. 276 ff.

Frensdorff, F., Das Zunftrecht insbesondere Norddeutschlands und die Handwerkerehre, in: Hansische Geschichtsblätter, Bd. 23 (1907), S. 1 ff.

Freud, S., Das Ich und das Es, in: ders., Psychologie des Unbewußten, Frankfurt 1975, S. 273 ff. (Studienausgabe, Bd. 3).

Freudenthal, M., Gestaltwandel der städtisch-bürgerlichen und proletarischen Hauswirtschaft unter besonderer Berücksichtigung des Typenwandels von Frau und Familie, vornehmlich in Südwest-Deutschland zwischen 1760 und 1933, I. Teil (einziger): Von 1760 bis 1910, Frankfurter phil. Diss. 1933, Würzburg 1934.

Fuerth, H., Die Fabrikarbeit verheirateter Frauen, Frankfurt a.M. 1902

(Schriften des sozialwissenschaftlichen Vereins in Berlin, H. 3).

Garve, Chr., Über den Charakter der Bauern und ihr Verhältnis gegen die Gutsherrn und gegen die Regierung, in: ders., Vermischte Aufsätze, Breslau 1796.

Gaunt, D., The Retired Farmer: His Property and his Family Relations since the Middle Ages: Northern and Central Europe, Unveröffentlichtes Vortragsmanuskript, Göttingen 1979.

Gaus, M., Das Idealbild der Familie in den Moralischen Wochenschriften und seine Auswirkungen auf die deutsche Literatur des 18. Jahrhunderts, Rostock 1936.

Gauß, R., Die Arbeiter der Porzellanmanufaktur Kloster Veilsdorf (1760/1862). Volkskundliche Materialien zur Kultur- und Lebensweise des Frühproletariats, in: W. Jacobeit und U. Mohrmann (Hg.), Kultur- und Lebensweise des Proletariats. Kulturhistorisch-volkskundliche Studien und Materialien, Berlin (Ost) 1973, S. 61 ff.

Gebauer, C., Studien zur Geschichte der bürgerlichen Sittenreform des 18. Jahrhunderts: Zur Reform der Ehe, in: Archiv für Kulturgeschichte, Bd. 15 (1923), S. 97 ff.

Ders., Die Reform der häuslichen Erziehung, in: Archiv für Kulturgeschichte, Bd. 20 (1930), S. 36 ff.

Ders., Geistige Strömungen und Sittlichkeit im 18. Jahrhundert, Berlin 1931.

Gebauer, J.H., Das Hildesheimer Handwerkswesen im 18. Jahrhundert und das Reichsgesetz von 1731 gegen die Handwerksmißbräuche, in: Hansische Geschichtsblätter, Bd. 23 (1917), S. 161 ff.

Geiger, Th., Die soziale Schichtung des deutschen Volkes. Soziographischer Versuch auf statistischer Grundlage (Nachdruck der Ausgabe von 1932), Darmstadt 1967.

Gerth, H., Die sozialgeschichtliche Lage der bürgerlichen Intelligenz um die Wende des 18. Jahrhunderts. Ein Beitrag zur Soziologie des deutschen Frühliberalismus, Frankfurter phil. Diss. 1936.

Gierlichs, W., Kategorische und persönliche Distanz, in: L. v. Wiese (Hg.), Das Dorf als soziales Gebilde, München, Leipzig 1928, S. 37 ff. (H. 1 der Beiträge zur Beziehungslehre, Ergänzungshefte der Kölner Vierteljahrshefte für Soziologie).

Die berufliche und soziale Gliederung des Deutschen Volkes nach der Berufszählung vom 14. Juni 1895, Berlin 1899 (Statistik des Deutschen Reichs, N.F. Bd. 111).

Glück, Das häusliche (1882), Nachdruck mit einem Nachwort von R. Blank, München 1975.

Göbel, H., Darstellung und Entwicklung des süddeutschen Bürgerhauses, 1 Bd. u. Atlas, Dresden 1908.

Göhre, P., Drei Monate Fabrikarbeiter und Handwerksbursche, Leipzig 1891.

Goldschmidt, W. und E. Kunkel, The Structure of the Peasant Family, in: American Anthropologist, Bd. 73 (1971), S. 1058 ff.

Goldthorpe, J.H., D. Lockwood, F. Bechhofer, J. Platt, Der »wohlhabende Arbeiter« in England, 3 Bde., München 1970.

Goltz, Th. v.d., Die Lage der ländlichen Arbeiter im Deutschen Reich, Berlin 1875.

Goode, W.J., World Revolution and Family Patterns, New York 1963.

Gouesse, J.-M., La formation du couple en Basse-Normandie, In: XVIIe Siècle, Jg. 1974, Nr. 102-103, S. 45 ff.

Grassl, Bäuerliche Liebe, in: Zeitschrift für Sexualwissenschaft, Bd. 13 (1926-27), S. 369 ff.

Grebing, H., Geschichte der deutschen Arbeiterbewegung, München 1966.

Grünberg, K., Agrarverfassung. Begriffliches und Zuständliches, in: Grundriß der Sozialökonomik, VII. Abteilung, Tübingen 1923, S. 131 ff.

Grünberg, K., Episoden. Erlebnisreportagen aus sechs Jahrzehnten Kampf um den Sozialismus, 2. Aufl., Berlin 1964.

Gruner, E., Die Stellung des Schweizer Arbeiters in Fabrik und Familie während des 19. Jahrhunderts, in: R. Braun u. a. (Hg.), Gesellschaft in der industriellen Revolution, Köln 1973, S. 127 ff.

Günther, H.F.K., Das Bauerntum als Lebens- und Gemeinschaftsform, Leipzig 1939.

Habermas, J., Strukturwandel der Öffentlichkeit. Untersuchungen zu einer Kategorie der bürgerlichen Gesellschaft, Neuwied 1962.

Ders., Theorie und Praxis, Neuwied, Berlin 1963.

Haferkorn, H.-J., Zur Entstehung der bürgerlich-literarischen Intelligenz und des Schriftstellers in Deutschland zwischen 1750 und 1800, in: B. Lutz (Hg.), Deutsches Bürgertum und literarische Intelligenz, Stuttgart 1974 (Literaturwissenschaft und Sozialwissenschaft, 3).

Hajnal, J., European Marriage Patterns in Perspective, in: D.V. Glass und D.E.C. Eversley (Hg.), Population in History, London 1965, S. 101 ff.

Hammerich, K., Skizzen zur Genese der Freizeit als eines sozialen Problems, in: Kölner Zeitschrift für Soziologie und Sozialpsychologie, 26. Jg. (1974), S. 267 ff.

Haneld, F., Zur Frage der Geburtenbeschränkung und Lebenshaltung in Beamtenfamilien, Berlin 1916.

Hardach-Pinke, I. und G. Hardach (Hg.), Deutsche Kindheiten 1700-1900. Autobiographische Zeugnisse, Kronberg/Ts. 1978.

Hareven, T.K., Family Time and Historical Time, in: Daedalus, Frühjahr 1977, S. 57 ff.

Harnisch, W., Mein Lebensmorgen, Berlin 1865.

Hartl, F., Das Wiener Kriminalgericht. Strafrechtspflege vom Zeitalter der Aufklärung bis zur österreichischen Revolution, Böhlau 1973.

Hartwig, J., Das Schicksal der weichenden Erben, in: Archiv für Bevölkerungswissenschaft und Bevölkerungspolitik, 6. Jg. (1936), S. 231 ff.

Hausen, K., Die Polarisierung der »Geschlechtscharaktere« – eine Spiegelung der Dissoziation von Erwerbs- und Familienleben, in: W. Conze (Hg.), Sozialgeschichte der Familie in der Neuzeit Europas. Neue Forschungen, Stuttgart 1976, S. 363 ff.

Dies., Historische Familienforschung, in: Historische Sozialwissenschaft. Beiträge zur Einführung in die Forschungspraxis, hrsg. von R. Rürup, Göttingen 1977, S. 59 ff.

Die deutsche Hausindustrie, 5 Bde., Leipzig 1889/90 (Schriften des Vereins für Socialpolitik, Bd. 39-42, 48).

Hegel, G.W.F., Grundlinien der Philosophie des Rechts. Unveränderter Nachdruck der 4. Aufl. (1955), Hamburg 1962 (Philosophische Bibliothek, 124 a).

Heilborn, E., Zwischen zwei Revolutionen. Der Geist der Bismarckzeit (1848-1918), 2 Bde., Berlin 1927, 1929.

Held, Th., Soziologie der ehelichen Machtverhältnisse, Darmstadt, Neuwied 1978.

Henning, H., Das westdeutsche Bürgertum in der Epoche der Hochindustrialisierung 1860-1914, Bd. 1, Wiesbaden 1973 (Historische Forschungen, 6).

Henning, F.-W., Herrschaft und Bauernuntertänigkeit, Würzburg 1964 (Beihefte zum Jahrbuch der Albertus Universität, Bd. 25).

Ders., Die Betriebsgrößenstruktur der mitteleuropäischen Landwirtschaft im 18. Jahrhundert und ihr Einfluß auf die ländlichen Einkommensverhältnisse, in: Zeitschrift für Agrargeschichte und Agrarsoziologie, Bd. 17 (1969), S. 171 ff.

Ders., Dienste und Abgaben der Bauern im 18. Jahrhundert, in: Quellen und Forschungen zur Agrargeschichte, hrsg. von W. Abel und G. Franz, Bd. 21 (1969), S. 16 ff.

Ders., Die Bestimmungsfaktoren der bäuerlichen Einkommen im 18. Jahrhundert, in: Jahrbuch für Wirtschaftsgeschichte, 1970, Teil I, S. 165 ff.

Ders., Die Industrialisierung in Deutschland 1800 bis 1914, Paderborn 1973.

Henry, L., Anciennes familles genevoises, Paris 1956.

Herkner, H., Seelenleben und Lebenslauf in der Arbeiterklasse, in: Preußische Jahrbücher, Bd. 140 (1910), S. 393 ff.

Hermes, G., Ein preußischer Beamtenhaushalt 1859-1890, in: Zeitschrift für die gesamte Staatswissenschaft, Bd. 76 (1921), S. 478 ff.

Herring, G., Ländliche Nahrung im Strukturwandel des 20. Jahrhunderts. Untersuchungen im Westeifeler Reliktgebiet am Beispiel der

Gemeinde Wolsfeld, Meisenheim 1974 (Kultureller Wandel, 1).

Hintze, O., Der Beamtenstand, in: ders., Gesammelte Abhandlungen, Bd. 2: Soziologie und Geschichte, 2. erw. Aufl., Göttingen 1964, S. 66 ff.

Hippel, E. v., Meine Kindheit im kaiserlichen Deutschland, Meisenheim 1975.

Hirschberg, E., Die soziale Lage der arbeitenden Klassen in Berlin, Berlin 1897.

Hirschberg, S., Das Bildungsschicksal des gewerblichen Proletariats im Lichte der Arbeiterautobiographie, Kölner phil. Diss. 1928.

Hobsbawm, E.J., Die Blütezeit des Kapitals. Eine Kulturgeschichte der Jahre 1848-1875, München 1977.

Hoefele, K.H., Geist und Gesellschaft der Bismarckzeit, Göttingen 1967 (Quellensammlung zur Kulturgeschichte, 18).

Hoffmann, E., Dr. Francis Kruse, Königlich-Preußischer Regierungspräsident, Leipzig 1937.

Hoffmann, W.G., Das Wachstum der deutschen Wirtschaft seit der Mitte des 19. Jahrhunderts, Berlin 1965.

Hofmann, E., Volkskundliche Betrachtungen zur proletarischen Familie in Chemnitz um 1900, in: Wissenschaftliche Zeitschrift der Humboldt-Universität zu Berlin. Gesellschafts- und sprachwissenschaftliche Reihe, 20. Jg. (1971), H.1, S. 65 ff.

Hofmann, W., Sozialökonomische Studientexte, Bd. 1: Wert- und Preislehre, Berlin 1964.

Holek, W., Lebensgang eines deutsch-tschechischen Handarbeiters, Jena 1909.

Horkheimer, M., Allgemeiner Teil, in: E. Fromm, M. Horkheimer, H. Mayer, H. Marcuse, Studien über Autorität und Familie, Paris 1936, S. 1 ff.

Hornstein, W., Vom »jungen Herrn« zum »hoffnungsvollen Jüngling«. Wandlungen des Jugendlebens im 18. Jahrhundert, Heidelberg 1965 (Anthropologie und Erziehung, 14).

Hueck, A. und H.C. Nipperdey, Lehrbuch des Arbeitsrechts, Bd. 1, 7. neubearb. Aufl., Berlin, Frankfurt 1963.

Hufton, O., Women and the Family Economy in Eighteenth Century France, in: French Historical Studies, Bd. 9 (1975-76), S. 1 ff.

Hurrelmann, B., Jugendliteratur und Bürgerlichkeit: Soziale Erziehung in der Jugendliteratur der Aufklärung am Beispiel von Chr. F. Weißes »Kinderfreund« 1776-1782, Paderborn 1974 (Informationen zur Sprach- und Literaturdidaktik, 5).

Ilien, A. und U. Jeggle, Leben auf dem Dorfe. Zur Sozialgeschichte des Dorfes und zur Sozialpsychologie seiner Bewohner, Opladen, Wiesbaden 1978.

Imhof, A., Einführung in die historische Demographie, München 1977.

Ders., Wiederverheiratung in Deutschland zwischen dem 16. und dem Beginn des 20. Jahrhunderts, in: Marburger Personalschriften-Forschungen, hrsg., von R. Lenz, Bd. 4, Marburg 1981, S. 185 ff.

Innerhofer, F., Schöne Tage, 2. Aufl., Frankfurt 1978.

Statistisches Jahrbuch für die Bundesrepublik Deutschland 1973, Stuttgart, Mainz 1973.

Jantke, C., Der vierte Stand, Freiburg 1955.

Jeggle, U., Familienfeste, in: Sozialwissenschaftliche Informationen für Unterricht und Studium, 8. Jg. (1979), H. 1, S. 17 ff.

Kaelble, H., Berliner Unternehmer während der frühen Industrialisierung. Herkunft, sozialer Status und politischer Einfluß, Berlin 1972 (Veröffentlichungen der Historischen Kommission zu Berlin, 40).

Ders., Historische Mobilitätsforschung, Darmstadt 1978.

Kaisen, W., Meine Arbeit, mein Leben, München 1967.

Kanitz, F.O., Das proletarische Kind in der bürgerlichen Gesellschaft, in: ders., Kämpfer der Zukunft. Für eine sozialistische Erziehung, hrsg. von L. von Werder, Frankfurt 1970.

Kaufhold, K.H., Das Handwerk der Stadt Hildesheim im 18. Jahrhundert. Eine wirtschaftsgeschichtliche Studie, Göttingen 1968 (Göttinger handwerkswirtschaftliche Studien, Bd. 13).

Ders., Umfang und Gliederung des deutschen Handwerks um 1800, in: W. Abel (Hg.), Handwerksgeschichte in neuerer Sicht, Göttingen 1970 (Göttinger handwerkswirtschaftliche Studien, Bd. 16).

Ders., Handwerk und Industrie 1800-1850, in: W. Zorn (Hg.), Handbuch der deutschen Wirtschafts- und Sozialgeschichte, Bd. 2, Stuttgart 1976, S. 321 ff.

Ders., Das Gewerbe in Preußen um 1800, Göttingen 1978 (Göttinger Beiträge zur Wirtschafts- und Sozialgeschichte, Bd. 2).

Kaufmann, P., Aus rheinischen Jugendtagen, 2. Aufl., Berlin 1920.

Kehr, E., Zur Genesis des Königlich-Preußischen Reserveoffiziers, in: ders., Der Primat der Innenpolitik. Gesammelte Aufsätze zur preußisch-deutschen Sozialgeschichte im 19. und 20. Jahrhundert, eingel. und hrsg. von H.-U. Wehler, 2. Aufl., Berlin 1970, S. 53 ff. (Veröffentlichungen der Historischen Kommission zu Berlin beim Friedrich-Meinecke-Institut der Freien Universität Berlin, Bd. 19).

Kempf, R., Das Leben der jungen Fabrikmädchen in München. Die soziale und wirtschaftliche Lage ihrer Familie, ihr Berufsleben und ihre persönlichen Verhältnisse, Leipzig 1911 (Schriften des Vereins für Socialpolitik, Bd. 135, 2).

Kessler, G., Genealogie und Wirtschaftsgeschichte, in: Flugschriften für Familiengeschichte, H. 21, Leipzig 1932.

Khera, S., An Austrian Peasant Village under Rural Industrialization, in: Behaviour Science Notes, Bd. 7 (1972), S. 29 ff.

Dies., Kin Ties and Social Interaction in an Austrian Peasant Village with

Divided Land Inheritance, in: Behaviour Science Notes, Bd. 7 (1972), S. 349 ff.

Dies., Social Stratification and Land Inheritance Among Austrian Peasants, in: American Antropologist, 75. Jg. (1973), S. 814 ff.

Kirschstein, E.-A., Die Familienzeitschrift. Ihre Entwicklung und Bedeutung für die deutsche Presse, Charlottenburg 1937 (Beiträge zur Erforschung der deutschen Zeitschrift, Bd. 2).

Kießelbach, W., Drei Generationen, in: Deutsche Vierteljahrsschrift, 1860, 3. H., S. 1 ff.

Kisch, H., Das Textilgewerbe in Schlesien und im Rheinland. Eine vergleichende Studie zur Industrialisierung, in: P. Kriedte u. a., Industrialisierung vor der Industrialisierung, Göttingen 1977, S. 350 ff.

Kleinschmidt, W., Der Wandel des Festlebens bei Arbeitern und Landwirten im 20. Jahrhundert, Meisenheim 1977 (Kultureller Wandel, 4).

Klöden, K.F. v., Jugenderinnerungen, hrsg. von M. Jähns, Leipzig 1874.

Kluckhohn, P., Die Auffassung der Liebe in der Literatur des 18. Jahrhunderts und der Romantik, Halle 1922.

Knigge, A.F.F.L.v., Über den Umgang mit Menschen, Neudruck der 3. Aufl. (1790), Frankfurt 1977.

Knodel, J., Two and a Half Centuries of Demographic History in a Bavarian Village (Anhausen), in: Population Studies, 24. Jg. (1970), S. 353 ff.

Ders., The Decline of Fertility in Germany 1871-1939, Princeton 1974 (The Decline of European Fertility, 2).

Ders., und E. van de Walle, Breast Feeding and Infant Mortality: Analysis of some Early German Data, in: Population Studies, 21. Jg. (1967), S. 109 ff.

Koch, A., Arbeitermemoiren als sozialwissenschaftliche Erkenntnisquelle, in: Archiv für Sozialwissenschaft und Sozialpolitik, Bd. 61 (1929), S. 128 ff.

Kocka. J., Stand – Klasse – Organisation. Strukturen sozialer Ungleichheit in Deutschland vom späten 18. bis zum frühen 20. Jahrhundert im Aufriß, in: H.-U. Wehler (Hg.), Klassen in der europäischen Sozialgeschichte, Göttingen 1979, S. 137 ff.

Ders., Familie, Unternehmer und Kapitalismus. An Beispielen aus der frühen deutschen Industrialisierung, in: Zeitschrift für Unternehmensgeschichte, 24. Jg. (1979), S. 99 ff.

Ders., K. Ditt, J. Mooser, H. Reife, R. Schüren, Familie und soziale Plazierung, Studien zum Verhältnis von Familie, sozialer Mobilität und Heiratsverhalten im späten 18. und 19. Jahrhundert, Köln, Opladen 1980 (Forschungsberichte des Landes Nordrhein-Westfalen, Nr. 2953, Fachgruppe Geisteswissenschaften).

Köllmann, W., Sozialgeschichte der Stadt Bochum, Tübingen 1960.

König, R., Art. »Familie und Familiensoziologie«, in: W. Bernsdorf (Hg.), Wörterbuch der Soziologie, 2. neubearb. u. erw. Aufl., Stuttgart 1969, S. 247 ff.

Ders., Zwei Grundbegriffe der Familiensoziologie: Desintegration und Desorganisation der Familie, in: Materialien zur Soziologie der Familie, 2. erw. Aufl., Köln 1974, S. 55 ff.

Ders., Versuch einer Definition der Familie, ebd., S. 88 ff.

Ders., Alte Probleme und neue Fragen in der Familiensoziologie, ebd., S. 131 ff.

Ders., Entwicklungstendenzen der Familie im neueren Rußland, ebd., S. 151 ff.

Köpke, R., Ludwig Tieck. Erinnerungen aus dem Leben des Dichters nach dessen mündlichen und schriftlichen Mitteilungen, 2 Teile, Leipzig 1855.

Korff, G., Puppenstuben als Spiegel bürgerlicher Wohnkultur, in: Wohnen im Wandel. Beiträge zur Geschichte des Alltags in der bürgerlichen Gesellschaft, hrsg. von L. Niethammer, Wuppertal 1979, S. 28 ff.

Ders., Volkskultur und Arbeiterkultur. Überlegungen am Beispiel der sozialistischen Maifesttradition, in: Geschichte und Gesellschaft, 5. Jg. (1979), S. 83 ff.

Korsch, K., Arbeitsrecht für Betriebsräte (1922), 2. Aufl., Frankfurt 1968.

Ders., Karl Marx, 3. Aufl., Frankfurt, Wien 1971.

Koselleck, R., Die agrarische Grundverfassung Europas zu Beginn der Industrialisierung, in: Das Zeitalter der europäischen Revolutionen 1780-1848, Fischer Weltgeschichte, Bd. 26, Frankfurt 1969, S. 230 ff.

Kramer, H., Deutsche Kultur zwischen 1871 und 1918, Frankfurt 1971.

Kramer., K.S., Bauern und Bürger im nachmittelalterlichen Unterfranken, Würzburg 1957.

Kramer, W., Das Wort »Bauer« im niedersächsischen Sprachgebrauch, Vortrag, gehalten auf der Mitgliederversammlung der Historischen Kommission für Niedersachsen und Bremen am 27. 5. 1976 in Cloppenburg (Unveröffentlichtes Manuskript).

Kraus, A., Die Unterschichten Hamburgs in der ersten Hälfte des 19. Jahrhunderts. Entstehung, Struktur und Lebensverhältnisse, Stuttgart 1965 (Sozialwissenschaftliche Studien, Bd. 9).

Kriedtke, P., H. Medick, J. Schlumbohm, Industrialisierung vor der Industrialisierung. Gewerbliche Warenproduktion auf dem Land in der Formationsperiode des Kapitalismus, Göttingen 1977.

Kuchenbuch, L. und B. Michael, Schlußbetrachtung, in: dies., Feudalismus – Materialien zur Theorie und Geschichte, Berlin, Wien 1977, S. 694 ff.

Kuczynski, J., Die Geschichte der Lage der Arbeiter in Deutschland von

1800 bis in die Gegenwart, 2 Bde., 3. Aufl., Berlin 1947.

Ders., Die Geschichte der Lage der Arbeiter unter dem Kapitalismus von 1789 bis in die Gegenwart, 38 Bde., Berlin 1960 ff.

Kück, E., Das alte Bauernleben in der Lüneburger Heide, Studien zur niedersächsischen Volkskunde, Leipzig 1906.

Küttler, W., Zum Problem der Anwendung des marxistisch-leninistischen Klassenbegriffs auf das mittelalterliche Stadtbürgertum, in: Zeitschrift für Geschichtswissenschaft., Bd. 22 (1974), S. 605 ff.

Kulischer, J., Allgemeine Wirtschaftsgeschichte des Mittelalters und der Neuzeit, Bd. 2: Die Neuzeit, 3. Aufl., München, Wien 1965.

Kuthe, J., Bauerntum und Stadtkultur. Soziologische Ermittlungen an zwei Gemeinden in der Wilster Marsch, Hamburger phil. Diss. 1934.

Landé, D., Arbeits- und Lohnverhältnisse der Berliner Maschinenindustrie zu Beginn des 20. Jahrhunderts, Leipzig 1910 (Schriften des Vereins für Socialpolitik, Bd. 134).

Landes, D. S., Technological Change and Development in Western Europe 1750-1914, in: H. J. Habakkuk und M. Postan (Hg.), The Cambridge Economic History of Europe, Bd. 6: The Industrial Revolution and After: Income, Population and Technological Change, Bd. 1, Cambridge 1965, S. 274 ff.

Lange, G., Die Hausindustrie Schlesiens, Leipzig 1890, S. 82 ff. (Schriften des Vereins für Socialpolitik, Bd. 42).

Lange, H., Lebenserinnerungen, Berlin 1921.

Lasch, Chr., What the Doctor Ordered, in: New York Review of Books, Bd. 22 (1975), Nr. 20, S. 50 ff.

Laslett, P., The World We Have Lost, 2. Aufl., London 1971.

Ders., Introduction: The History of the Family, in: ders. und R. Wall (Hg.), Household and Family in Past Time, Cambridge 1972, S. 1 ff.

Lauenstein, H., Die Entwicklung eines niedersächsischen Bauerndorfes in den letzten 100 Jahren, Hildesheim 1921 (Forschungen zur Geschichte Niedersachsens, Bd. 6, H. 1).

Lederer, E., Zum sozialpsychischen Habitus der Gegenwart, in: Archiv für Sozialwissenschaft und Sozialpolitik, Bd. 46 (1918/19), S. 114 ff.

Lehmann, H., Die Wollphantasiewaren-Industrie im nordöstlichen Thüringen, Berlin 1889 (Schriften des Vereins für Socialpolitik, Bd. 40).

Lehners, J.-P., Haus und Familie im Markt Stockerau am Ende des 17. Jahrhunderts, in: Unsere Heimat, Bd. 45 (1974), S. 222 ff.

Le Play, F., Les Ouvriers Européens, 6 Bde., 2. Aufl., Tours 1878/79.

Leschinsky, A. und P.M.Roeder, Schule im historischen Prozeß. Zum Wechselverhältnis von institutioneller Erziehung und gesellschaftlicher Entwicklung, Stuttgart 1976.

Lessing, Th., Einmal und nie wieder. Lebenserinnerungen, Prag 1935 (Gesammelte Schriften, Bd. 1).

Levenstein, A., Aus der Tiefe. Arbeiterbriefe. Beiträge zur Seelen-

Analyse moderner Arbeiter, 3. Aufl., Berlin 1909.

Ders., Die Arbeiterfrage, München 1912.

Levine, D., Family Formation in an Age of Nascent Capitalism, New York, San Francisco, London 1977.

Lewald, F., Meine Lebensgeschichte, hrsg. u. eingel. von G. Brinker-Gabler, Frankfurt 1980.

Liang, Hsi-Huey, Lower-Class Immigrants in Wilhelmine Berlin, in: Central European History, Bd. 3 (1970), S. 94 ff.

Lidtke, V.L., Die kulturelle Bedeutung der Arbeitervereine, in: G. Wiegelmann (Hg.), Kultureller Wandel im 19. Jahrhundert, Göttingen 1973 (Studien zum Wandel von Gesellschaft und Bildung im 19. Jahrhundert, Bd. 5).

Linde, H., Persönlichkeitsbildung in der Landfamilie, in: H. Rosenbaum (Hg.), Familie und Gesellschaftsstruktur, Neuauflage, Frankfurt 1978, S. 215 ff.

Ders., Proto-Industrialisierung: Zur Justierung eines neuen Leitbegriffs der sozialgeschichtlichen Forschung, in: Geschichte und Gesellschaft, 6. Jg. (1980), H. 1, S. 103 ff.

Lippische Landesbeschreibung von 1786, bearb. von H. Stöwer, Detmold 1973 (Lippische Geschichtsquellen, 5).

Lucas, A., Erinnerungen aus meinem Leben, Opladen 1959.

Ludwig, K.H., Die Fabrikarbeit von Kindern im 19. Jahrhundert. Ein Problem der Technikgeschichte, in: Vierteljahrsschrift für Sozial- und Wirtschaftsgeschichte, Bd. 52 (1965), S. 63 ff.

Ludwig, O., Die Heiteretei, in: ders., Werke, Bd. 4, Leipzig 1906.

Ludwig, U., Soziale Organisation und soziale Lage des zünftigen Kleingewerbes in Göttingen in der ersten Hälfte des 19. Jahrhunderts, sozialwiss. Diss. Göttingen 1981.

Lüdtke, A., Arbeitsbeginn, Arbeitspausen, Arbeitsende. Skizzen zur Bedürfnisbefriedigung und Industriearbeit im 19. und frühen 20. Jahrhundert, in: G.Huck (Hg.), Sozialgeschichte der Freizeit. Untersuchungen zum Wandel der Alltagskultur in Deutschland, Wuppertal 1980, S. 95 ff.

Ders., Alltagswirklichkeit, Lebensweise und Bedürfnisartikulation, in: Gesellschaft. Beiträge zur marxistischen Theorie, Bd. 11, Frankfurt 1978, S. 311 ff.

Lüscher, K., Perspektiven einer Soziologie der Sozialisation – Die Entwicklung der Rolle des Kindes, in: Zeitschrift für Soziologie, 4. Jg. (1975), S. 359 ff.

Lupri, E., Contemporary Authority Patterns in the West German Family: A Study in Cross-National Validation, in: Journal of Marriage and the Family, Bd. 31 (1969), S. 134 ff.

Mackenroth, G., Bevölkerungslehre, Theorie, Soziologie und Statistik der Bevölkerung, Berlin, Göttingen, Heidelberg 1953.

Mann, K., Meine ungeschriebenen Memoiren, Wien 1974.

Marcus, St., Umkehrung der Moral. Sexualität und Pornographie im viktorianischen England, Frankfurt 1979.

Marcuse, M., Zur Frage der Verbreitung und Methodik der willkürlichen Geburtenbeschränkung in Berliner Proletarierkreisen, in: Sexualprobleme. Zeitschrift für Sexualwissenschaft und Sexualpolitik, Bd. 9 (1913), S. 752 ff.

Ders., Der eheliche Präventivverkehr, seine Verbreitung, Verursachung und Methodik, Stuttgart 1917.

Martens, W., Die Botschaft der Tugend. Die Aufklärung im Spiegel der deutschen Moralischen Wochenschriften, Stuttgart 1968.

Ders., Bürgerlichkeit in der frühen Aufklärung, in: Jahrbuch der Geschichte der oberdeutschen Reichsstädte, Bd. 16 (1970), S. 106 ff.

Marx, K., Grundrisse der Kritik der politischen Ökonomie (Rohentwurf), Berlin 1953.

Ders., Der achtzehnte Brumaire des Louis Bonaparte, in: MEW, Bd. 8, S. 111 ff.

Ders., Einleitung zur Kritik der Politischen Ökonomie, in: MEW, Bd. 13, S. 613 ff.

Ders., Randglossen zu Adoph Wagners »Lehrbuch der politischen Ökonomie«, in: MEW, Bd. 19, S. 355 ff.

Ders., Das Kapital, Bd. 1, in: MEW, Bd. 23.

Mauke, M., Die Klassentheorie von Marx und Engels, Frankfurt 1970.

de Mause, L., Evolution der Kindheit, in: ders. (Hg.), Hört Ihr die Kinder weinen? Eine psychogenetische Geschichte der Kindheit, Frankfurt 1977, S. 12 ff.

May, E., Mein Lebenslauf (1887-1920), in: E. Rosenstock: Werkstattaussiedlung. Untersuchungen über den Lebensraum des Industriearbeiters, Berlin 1922 (Sozialpsychologische Forschungen, hrsg. von W. Hellpach, Bd. 2).

Medick, H., Spinnstuben auf dem Dorf. Jugendliche Sexualkultur und Feierabendbrauch in der ländlichen Gesellschaft der Neuzeit, in: G. Huck (Hg.), Sozialgeschichte der Freizeit, Wuppertal 1980, S. 19 ff.

Ders. und D. Sabean, Family and Kinship: Material Interest and Emotion, in: Peasant Studies, Bd. 8 (1979), H. 2, S. 139 ff.

Mehner, H., Über den Haushalt und die Lebenshaltung einer Leipziger Arbeiterfamilie, in: Schmollers Jahrbuch, Bd. 11 (1887), S. 301 ff.

Meiborg, R., Das Bauernhaus im Herzogtum Schleswig-Holstein und das Leben des schleswig-holsteinischen Bauern im 16., 17. und 18. Jahrhundert, Schleswig 1896.

Meier-Oberist, E., Kulturgeschichte des Wohnens im abendländischen Raum, Hamburg 1956.

Melchers, W., Die bürgerliche Familie des 19. Jahrhunderts als Erziehungs- und Bildungsfaktor, Kölner phil. Diss. 1930.

Mendels, Fr.F., Proto-Industrialization: The First Phase of the Industrialization Process, in: Journal of Economic History, Bd. 32 (1972), S. 241 ff.

Mendner, J.H., Technologische Entwicklung und Arbeitsprozeß, Frankfurt 1975.

Menger, A., Das bürgerliche Recht und die besitzlosen Volksklassen, Darmstadt 1968.

Der Mensch und sein Zuhause. Ausstellungsführer zur Wechselausstellung des Kupferstichkabinetts des Germanischen Nationalmuseums in Nürnberg von M. Heffels, 1974.

Meusel, A., Art. »Bürgertum«, in: Handwörterbuch der Soziologie, hrsg. von A. Vierkandt, Stuttgart, 1931, S. 90 ff.

Meyer, E., Beiträge zum Sexualleben der Landjugend, in: Zeitschrift für Sexualwissenschaft, Bd. 16 (1929/30), S. 106 ff.

Milhofer, P., Familie und Klasse. Ein Beitrag zu den politischen Konsequenzen familialer Sozialisation, Frankfurt 1973.

Mills, C.W., Kritik der soziologischen Denkweise, Berlin 1963.

Minutoli, A.v., Die Lage der Spinner und Weber im schlesischen Gebirge und die Maßregeln der Preußischen Staats-Regierung zur Verbesserung ihrer Lage, Berlin 1851.

Mitgau, J.H., Berufsvererbung und Berufswechsel im Handwerk. Untersuchungen über das Generationenschicksal im Gesellschaftsaufbau, Berlin 1952 (Friedewalder Beiträge zur sozialen Frage, Bd. 4).

Mitterauer,M., Zur Familienstruktur in ländlichen Gebieten Österreichs im 17. Jahrhundert, in: Beiträge zur Bevölkerungs- und Sozialgeschichte Österreichs, hrsg. von H. Helczmanovszki, Wien 1973, S. 168 ff.

Ders., Zur Frage des Heiratsverhaltens im österreichischen Adel, in: H. Fichtenau und E. Zöllner, Beiträge zur neueren Geschichte Österreichs, Wien, Köln, Graz 1974, S. 176 ff.

Ders., Familiengröße – Familientypen – Familienzyklus. Probleme quantitativer Auswertung von österreichischem Quellenmaterial, in: Geschichte und Gesellschaft, 1. Jg. (1975), S. 226 ff.

Ders., Vorindustrielle Familienformen. Zur Funktionsentlastung des »ganzen Hauses« im 17. und 18. Jahrhundert, in: Fürst, Bürger, Mensch, hrsg. von F. Engel-Janosi, G. Klingenstein, H.Lutz, Wien 1975, S. 123 ff.

Ders., Auswirkungen von Urbanisierung und Frühindustrialisierung auf die Familienverfassung an Beispielen des österreichischen Raumes, in: W. Conze (Hg.), Sozialgeschichte der Familie in der Neuzeit Europas, Stuttgart 1976, S. 53 ff.

Ders., Der Mythos von der vorindustriellen Großfamilie, in: Rosenbaum, H. (Hg.), Familie und Gesellschaftsstruktur, Neuauflage, Frankfurt 1978, S. 128 ff.

Ders., Gesindeehen in ländlichen Gebieten Kärntens – ein Sonderfall historischer Familienbildung, in: Grazer Forschungen zur Wirtschafts- und Sozialgeschichte, Bd. 3 (1978), S. 227 ff.

Ders., Zur familienbetrieblichen Struktur im zünftischen Handwerk, in: Wirtschafts- und sozialhistorische Beiträge, Festschrift für A. Hoffmann zum 75. Geburtstag, hrsg. von H. Knittler, Wien 1979, S. 190 ff.

Möller, H., Die kleinbürgerliche Familie im 18. Jahrhundert. Verhalten und Gruppenkultur, Berlin 1969.

Möser, J., Die gute selige Frau, in: ders., Patriotische Phantasien, Sämtliche Werke, 1. Teil, 2. Aufl., Berlin 1858,S. 203 ff.

Morgenstern, M., Auslese und Anpassung der industriellen Arbeiterschaft betrachtet bei den Offenbacher Lederwarenarbeitern, Leipzig 1912 (Schriften des Vereins für Socialpolitik, Bd. 135).

Moritz, K. Ph., Anton Reiser. Ein psychologischer Roman, 3 Theile, Berlin 1785/86.

Most, O., Zur Wirtschafts- und Sozialstatistik der höheren Beamten in Preußen, in: Schmollers Jahrbuch, Bd. 39 (1915), S. 181 ff.

Müllensiefen, P.E., Ein deutsches Bürgerleben vor 100 Jahren, Berlin 1931.

Müller-Lyer, F., Die Entwicklungsstufen der Menschheit, Bd. 4: Die Familie, München 1921.

Mulert, O., Vierundzwanzig ostpreußische Arbeiter und Arbeiterfamilien, Jena 1908.

Mummenhoff, E., Der Handwerker in der deutschen Vergangenheit, Leipzig 1901 (Monographien zur deutschen Kulturgeschichte, 8).

Nahrstedt, W., Die Entstehung der Freizeit. Dargestellt am Beispiel Hamburgs. Ein Beitrag zur Strukturgeschichte und strukturgeschichtlichen Grundlegung der Freizeitpädagogik, Göttingen 1972.

Negt, O. und A. Kluge, Öffentlichkeit und Erfahrung. Zur Organisationsanalyse von bürgerlicher und proletarischer Öffentlichkeit, 3. Aufl., Frankfurt 1974.

Neidhardt, F., Die Familie in Deutschland, in: K.M. Bolte, F. Neidhardt, H. Holzer, Deutsche Gesellschaft im Wandel, Bd. 2, Opladen 1970, S. 9 ff.

Ders., Schichtspezifische Elterneinflüsse im Sozialisationsprozeß, in: G. Wurzbacher (Hg.), Die Familie als Sozialisationsfaktor, 2. Aufl., Stuttgart 1977, S. 275 ff.

Nell, A. v., Die Entwicklung der generativen Strukturen bürgerlicher und bäuerlicher Familien von 1750 bis zur Gegenwart, sozialwiss. Diss., Bochum 1973.

Nemnich, Ph. A., Tagebuch einer der Kultur und Industrie gewidmeten Reise, 2 Bde., Tübingen 1809.

Neumann, R.P., Industrialization and Sexual Behaviour: Some Aspects of

Working-Class Life in Imperial Germany, in: R.J. Bezucha (Hg.), Modern European Social History, Lexington/Mass.1972, S. 270 ff.

Ders., Working Class Birth Control in Wilhelmine Germany, in: Comparative Studies in Society and History, Bd. 20 (1978), S. 408 ff.

Neumann, W., Der Handwerkslehrling in der Meisterfamilie, rechts- und staatswiss. Diss., Marburg 1954.

Neuss, E., Die Entstehung und Entwicklung der Klasse der besitzlosen Lohnarbeiter in Halle. Eine Grundlegung, Berlin 1958 (Abhandlungen der Sächsischen Akademie der Wissenschaften zu Leipzig, Phil.- Hist. Klasse, Bd. 51, H. 1).

Niethammer, L. (Hg.), Wohnen im Wandel. Beiträge zur Geschichte des Alltags in der bürgerlichen Gesellschaft, Wuppertal 1979.

Ders. und F. Brüggemeier, Wie wohnten Arbeiter im Kaiserreich? in: Archiv für Sozialgeschichte, Bd. 16 (1976), S. 61 ff.

Nipperdey, Th., Geschichte der Erziehung, Allgemeine Geschichte, Historische Anthropologie. Bemerkungen zu W. Roessler, Die Entstehung des modernen Erziehungswesens in Deutschland, in: Goettingische gelehrte Anzeigen, Bd. 216 (1964), S. 249 ff.

Nolde, A.F., Medicinisch-anthropologische Betrachtungen über Rostock und seine Bewohner, Erfurt 1807.

Nordau, M., Die conventionellen Lügen der Kulturmenschheit, 12. Aufl., Leipzig 1886.

Obermann, K., Zur Klassenstruktur und zur sozialen Lage der Bevölkerung in Preußen 1846 bis 1849, in: Jahrbuch für Wirtschaftsgeschichte, 1973, H. III, S. 143 ff.

Osterland, M., Innerbetriebliche Arbeitssituation und außerbetriebliche Lebensweise von Industriearbeitern, in: ders. (Hg.), Arbeitssituation, Lebenslage und Konfliktpotential. Festschrift für Max. E. Graf zu Solms-Roedelheim, Frankfurt, Köln 1975, S. 167 ff.

Ottmüller, U., Die Dienstbotenfrage. Zur Sozialgeschichte der doppelten Ausnutzung von Dienstmädchen im deutschen Kaiserreich, Münster 1978.

Otto., R., Über die Fabrikarbeit verheirateter Frauen, Stuttgart, Berlin 1910 (Münchner volkswirtschaftliche Studien, 104).

Paulsen, F., Aus meinem Leben, Jena 1909.

Peters, J., Ostelbische Landarmut, in: Jahrbuch für Wirtschaftsgeschichte, 1967, H.III, S. 255 ff.

Peuckert, W.-E., Volkskunde des Proletariats, Bd 1: Aufgang der proletarischen Kultur, Frankfurt 1931.

Pfeil, E., Die Großstadtfamilie, in: D. Claessens u. P. Milhofer (Hg.), Familiensoziologie, Frankfurt 1973, S. 144 ff.

Dies. und J. Ganzert, Die Bedeutung der Verwandten für die großstädtische Familie, in: Zeitschrift für Soziologie, 2. Jg. (1973), S. 386 ff.

Pinchbeck, I., Women Workers and the Industrial Revolution 1750-1850,

London 1969.

Dies., Der Einfluß der »agrarian revolution« auf Art und Umfang der produktiven Tätigkeit von Frauen verschiedener Bevölkerungsgruppen in der englischen Landwirtschaft zwischen 1750 und 1850, in: H. Rosenbaum (Hg.), Familie und Gesellschaftsstruktur, Neuauflage, Frankfurt 1978, S. 230 ff.

Planck, U., Der bäuerliche Familienbetrieb zwischen Patriarchat und Partnerschaft, Stuttgart 1964.

Ders., Hofstellenchronik von Bölgental, 1650-1966, in: Wege und Forschungen der Agrargeschichte. Festschrift zum 65. Geburtstag von G. Franz, Frankfurt 1967, S. 242 ff.

Ders., Die Landfamilie in der Bundesrepublik Deutschland, in: Soziologie der Familie, Sonderheft 14 der Kölner Zeitschrift für Soziologie und Sozialpsychologie, Opladen 1970, S. 380 ff.

Popp, A., Jugendgeschichte einer Arbeiterin, 1. Aufl., München 1909.

Poulantzas, N., Zum marxistischen Klassenbegriff, Berlin 1973.

(Probst, J.G.A.), Handwerksbarbarei, oder Geschichte meiner Lehrjahre. Ein Beytrag zur Erziehungsmethode deutscher Handwerker, Halle, Leipzig 1790 (Neudruck, Leipzig 1923).

Pross, H., Die Wirklichkeit der Hausfrau, Reinbek 1975.

Quandt, S. (Hg.), Kinderarbeit und Kinderschutz in Deutschland 1783-1976 – Quellen und Anmerkungen, Paderborn 1977.

Queri, G., Bauernerotik und Bauernfehme in Oberbayern, München 1975.

Ramann, S.J., Stephan, oder der Handwerker, wie er seyn soll, Altenburg/Erfurt 1802.

Reck, S., Arbeiter nach der Arbeit. Sozialhistorische Studien zu den Wandlungen des Arbeiteralltags, mit einem Vorwort von Th. Kleinspehn, Gießen 1977.

Redlich, F., Der Unternehmer. Wirtschafts- und sozialgeschichtliche Studien, Göttingen 1964.

Rehbein, F., Das Leben eines Landarbeiters, Jena 1911.

Reich, W., Die sexuelle Revolution. Zur charakterlichen Selbststeuerung des Menschen, Frankfurt 1966.

Reif, H., Westfälischer Adel 1770-1860. Vom Herrschaftsstand zur regionalen Elite, Göttingen 1979 (Kritische Studien zur Geschichtswissenschaft, 35).

Reimes, W., Durch die Drahtverhaue des Lebens. Aus dem Werdegang eines klassenbewußten Arbeiters. Dresden 1920.

Riedel, M., Art. »Bürger«, in: Geschichtliche Grundbegriffe, hrsg. von O. Brunner u. a., Bd. 1, Stuttgart 1972, S. 672 ff.

Riedel, B., »Gut Gesell«, und du mußt wandern. Aus dem Reisetagebuch eines wandernden Leinewebergesellen, 1803-1816, hrsg. von F. Zollhoefer, Goslar 1938.

Riehl, W.H., Die bürgerliche Gesellschaft (Naturgeschichte des deutschen Volkes, Bd. 2), Stuttgart 1861.

Ders., Die Familie (Naturgeschichte des deutschen Volkes, Bd. 3), Stuttgart 1861.

Riesman, D., Die einsame Masse. Eine Untersuchung der Wandlungen des amerikanischen Charakters, Reinbek 1962.

Ringer, F.K., Higher Education in Germany in the Nineteenth Century, in: The Journal of Contemporary History, Bd. 2 (1967), S. 123 ff.

Ritter, G.A. und J. Kocka (Hg.), Deutsche Sozialgeschichte. Dokumente und Skizzen, Bd. 2: 1870-1914, München 1974.

Roberts, J.S., Der Alkoholkonsum deutscher Arbeiter im 19. Jahrhundert, in: Geschichte und Gesellschaft, 6. Jg. (1980) H. 2, S. 220 ff.

Ders., Wirtshaus und Politik in der deutschen Arbeiterbewegung, in: G. Huck (Hg.), Sozialgeschichte der Freizeit, Wuppertal 1980, S. 123 ff.

Röhm, H., Das Problem einer sozialökonomischen Klassifikation der landbesitzenden Familien, in: Berichte über Landwirtschaft, N.F. 35 (1957), S. 17 ff.

Roessler, W., Die Entstehung des modernen Erziehungswesens in Deutschland, Stuttgart 1961.

Roller, O.K., Die Einwohnerschaft der Stadt Durlach in ihren wirtschaftlichen und kulturgeschichtlichen Verhältnissen, dargestellt aus ihren Stammtafeln, Karlsruhe 1907.

Rosenbaum, H., Zur neueren Entwicklung der historischen Familienforschung, in: Geschichte und Gesellschaft, 1. Jg. (1975), S. 210 ff.

Dies., Die Bedeutung historischer Forschung für die Erkenntnis der Gegenwart – dargestellt am Beispiel der Familiensoziologie, in: A. Lüdtke und H. Uhl (Hg.), Kooperation der Sozialwissenschaften, Teil 2, Stuttgart 1977, S. 178 ff.

Rosenberg, H., Wirtschaftskonjunktur, Gesellschaft und Politik in Mitteleuropa, 1873-1896, in: H.-U. Wehler (Hg.), Moderne deutsche Sozialgeschichte, Köln, Berlin 1966, S. 225 ff.

Ders., Die Pseudodemokratisierung der Rittergutsbesitzerklasse, ebd., S. 287 ff.

Rudolph, M., Korbacher Alltagsleben um die Mitte des 19. Jahrhunderts, in: Geschichtsblätter für Waldeck, Bd. 56 (1964), S. 152 ff.

Rühle, O., Kind und Umwelt. Eine sozialpädagogische Studie, Berlin 1920 (Aus Gesellschaft und Erziehung, 7).

Ders., Illustrierte Kultur- und Sittengeschichte des Proletariats, Bd. 1 (Neudruck der Erstauflage von 1930), Frankfurt 1971, Bd. 2, Gießen 1977.

Rumpf, J.D.F., Der Haus-, Brot- und Lehrherr in seinen ehelichen, väterlichen und übrigen hausherrlichen Verhältnissen gegen Gesinde, Gesellen und Lehrlinge, Berlin 1823.

Saalfeld, D., B. Sachse, W. Sachse, Die Haushaltsstruktur der Göttinger

Bevölkerung im 18. und 19. Jahrhundert als Kriterium der sozialen Differenzierung einer städtischen Population, in: Göttinger Jahrbuch, Bd. 25 (1977), S. 87 ff.

Sabean, D., Verwandtschaft und Familie in einem württembergischen Dorf 1500-1870: einige methodische Überlegungen, in: W. Conze (Hg.), Sozialgeschichte der Familie in der Neuzeit Europas, Stuttgart 1976, S. 231 ff.

Ders., Intensivierung der Arbeit und Alltagserfahrung auf dem Lande – Ein Beispiel aus Württemberg, in: Sozialwissenschaftliche Informationen für Unterricht und Studium (SOWI), 6. Jg. (1977), H. 4, S. 148 ff.

Ders., Aspects of Kinship Behaviour and Property in Rural Western Europe before 1800, in: J. Goody, J. Thirsk, E.P. Thompson (Hrsg.), Family and Inheritance. Rural Society in Western Europe 1200-1800. Cambridge etc. 1977, S. 96 ff.

Sachse, B., Soziale Differenzierung und regionale Verteilung der Bevölkerung Göttingens im 18. Jahrhundert, Hildesheim 1978 (Veröffentlichungen des Instituts für historische Landesforschung der Universität Göttingen, Bd. 11).

Saldern, A.v., Vom Einwohner zum Bürger: Zur Emanzipation der städtischen Unterschicht Göttingens 1890-1920, Berlin 1973.

Salzmann, C.G., Ueber die heimlichen Sünden der Jugend, 4. Aufl., Leipzig 1819.

Sapper, A., Das Dienstmädchen, Leipzig 1913.

Sax, E., Die Hausindustrie in Thüringen, 3 Bde., 2. Aufl., Jena 1884-1888 (Sammlung nationalökonomischer und statistischer Abhandlungen des staatswissenschaftlichen Seminars zu Halle II, 7-9).

Scott, J.W. und L.A. Tilly, Women's Work and the Family in Nineteenth-Century-Europe, in: Comparative Studies in Society and History, Bd. 17 (1975), S. 36 ff.

Segalen, M., Nuptialité et alliance: le choix du conjoint dans une commune de l'Eure, Paris 1972 (Mémoires d'anthropologie françaises, 1).

Dies., The Family Cycle and Household Structure: Five Generations in a French Village, in: Journal of Family History, Bd. 2 (1977), Nr.3.

Selinger, B., Der Rachen. Querschnitt durch ein Leben, Berlin 1926.

Sherfey, M.J. Die Potenz der Frau. Wesen und Evolution der weiblichen Sexualität, Köln 1974.

Shorter, E., Illegitimacy, Sexual Revolution and Social Change in Modern Europe, in: Journal of Interdisciplinary History, Bd. 2 (1971), S. 237 ff.

Ders., Female Emancipation, Birth Control and Fertility in European History, in: American Historical Review, Bd. 78 (1973), S. 605 ff.

Ders., Différences de classe et sentiment depuis 1750. L'exemple de la

France, in: Annales E.S.C., 29. Jg. (1974), S. 1034 ff.

Ders., Der Wandel der Mutter-Kind-Beziehung zu Beginn der Moderne, in: Geschichte und Gesellschaft, 1. Jg. (1975), S. 256 ff.

Ders., Women's Work: What Difference did Capitalism make?, in: Theory and Society, Bd. 3 (1976), S. 513 ff.

Ders., Die Geburt der modernen Familie, Reinbek 1977.

Sieder, R., Persönlichkeitsbildung in Haus und Familie. Studien zur Sozialisation in ländlich-bäuerlichen Hausgemeinschaften der vorindustriellen Zeit. An Beispielen aus dem Salzburger Raum, phil. Diss. Wien 1975.

Ders., Ehe, Fortpflanzung und Sexualität, in: M. Mitterauer und R. Sieder, Vom Patriarchat zur Partnerschaft, München 1977.

Ders., Strukturprobleme der ländlichen Familie im 19. Jahrhundert, in: Zeitschrift für bayerische Landesgeschichte, Bd. 41 (1978), S. 173 ff.

Sintenis, Ch.F., Der Mensch im Umkreis seiner Pflichten, Leipzig 1804/05.

Soder, M., Hausarbeit und Stammtischsozialismus. Arbeiterfamilie und Alltag im Deutschen Kaiserreich, Gießen 1980.

Solms-Roedelheim, M.E. Graf zu, Die Einflüsse der Industrialisierung auf 14 Landgemeinden bei Karlsruhe, Heidelberger staatswiss. Diss. 1939.

Sombart, W., Die Hausindustrie in Deutschland, in: Archiv für Soziale Gesetzgebung und Statistik, Bd. 4 (1891), S. 103 ff.

Ders., Der moderne Kapitalismus, 2 Bde., Leipzig 1902.

Ders., Das Proletariat (Die Gesellschaft, Bd. 1), Frankfurt a.M. 1906.

Ders., Der Bourgeois, München, Leipzig 1913.

Ders., Die Arbeiterverhältnisse im Frühkapitalismus, in: Archiv für Sozialwissenschaft und Sozialpolitik, Bd. 44 (1917/18), S. 19 ff.

Ders., Die deutsche Volkswirtschaft im neunzehnten Jahrhundert und im Anfang des 20. Jahrhunderts, 7. Aufl., Berlin 1927.

Ders. und R. Meerwarth, Art. »Hausindustrie«, in: Handwörterbuch der Staatswissenschaften, Bd. 5, 4. Aufl., Jena 1923, S. 179 ff.

Spann, O., Die geschlechtlichen Verhältnisse im Dienstboten- und Arbeiterinnenstande, gemessen an der Erscheinung der unehelichen Geburten, in: Zeitschrift für Sozialwissenschaft, Bd. 7 (1904), S. 287 ff.

Spree, R., Strukturierte soziale Ungleichheit im Reproduktionsbereich. Zur historischen Analyse ihrer Erscheinungsformen in Deutschland 1870 bis 1913, in: J. Bergmann (Hg.), Geschichte als politische Wissenschaft, Stuttgart 1979, S. 55 ff.

Springer, A., Der Andere bist Du. Lebensgeschichte eines reichen Armen Mannes, Tübingen 1954.

Süßmilch, J.P., Die göttliche Ordnung in der Veränderungen des menschlichen Geschlechts, aus der Geburt, dem Tode und der Fortpflanzung desselben, 2. und ganz umgearb. Ausg., 1. Theil, Berlin 1761.

Schäfer, W. (Hg.), Eure Räder rollen, nur wenn wir es wollen, Göttingen 1979.

Schäffle, A., Art. »Gewerbe«, in: Deutsches Staats-Wörterbuch, Bd. 4, Stuttgart, Leipzig 1859, S. 322 ff.

Scharfe, M., »Soziale Kontrolle« im Dorf des vorindustriellen Zeitalters, in: Württembergisches Jahrbuch für Volkskunde, 1961-1964, S. 78 ff.

Schelsky, H., Wandlungen der deutschen Familie in der Ggenwart, 5. unveränd. Aufl., Stuttgart 1967.

Schenda, R., Volk ohne Buch. Studien zur Sozialgeschichte der populären Lesestoffe 1770-1910, Frankfurt 1970 (Studien zur Philosophie und Literatur des 19. Jahrhunderts, Bd. 5).

Schissler, H., Preußische Agrargesellschaft im Wandel, Wirtschaftliche, gesellschaftliche und politische Transformationsprozesse von 1763 bis 1847, Göttingen 1978 (Kritsche Studien zur Geschichtswissenschaft, 33).

Schlösser, M., Industriearbeiter in der arbeitsfreien Zeit – Eine empirische Untersuchung über das Freizeitverhalten und Familienleben von Industriearbeitern, sozialwissenschaftliche Diss. Göttingen 1980.

Schlumbohm, J., Straße und Familie. Kollektive und individualisierende Formen der Sozialisation im kleinen und im gehobenen Bürgertum um 1800, in: Zeitschrift für Pädagogik, 25. Jg. (1979), S. 697 ff.

Schmelzle, H., Der Staatshaushalt des Herzogtums Bayern im 18. Jahrhundert mit Berücksichtigung der wirtschaftlichen, politischen und sozialen Verhältnisse, Stuttgart 1900 (Münchner volkswirtschaftliche Studien, 41).

Schmoller, G., Zur Geschichte der deutschen Kleingewerbe im 19. Jahrhundert, Halle 1870.

Schnapper-Arndt, G., Fünf Dorfgemeinden auf dem Hohen Taunus. Eine sozialstatistische Untersuchung über Kleinbauerntum, Hausindustrie und Volksleben, Leipzig 1883 (Staats- und sozialwissenschaftliche Forschungen, Bd 4, 2).

Ders., Beschreibung der Wirtschaft und Statistik der Wirtschaftsrechnungen eines Uhrschildmalers im badischen Schwarzwald, in: ders., Vorträge und Aufsätze, Tübingen 1906, S. 168 ff.

Ders., Sozialstatistik. Vorlesungen über Bevölkerungslehre, Wirtschafts- und Moralstatistik, Leipzig 1908.

Schneer, A., Über die Zustände der arbeitenden Klassen in Breslau, Berlin 1845.

Schneider, L., Der Arbeiterhaushalt im 18. und 19. Jahrhundert. Dargestellt am Beispiel des Heim- und Fabrikarbeiters, Berlin 1967 (Beiträge zur Ökonomie von Haushalt und Verbrauch, H. 4).

Schöne, B., Kultur und Lebensweise der Lausitzer Bandweber, Berlin (DDR) 1977 (Veröffentlichungen zur Volkskunde und Kulturgeschichte, Bd. 64).

Scholl, C., Lebenserinnerungen eines alten Handwerkers aus Memel, des Böttchers Carl Scholl, Stuttgart, Gotha 1922.

Schomerus, H., Soziales Verhalten und generatives Verhalten. Diskussionsbeitrag zur branchen-spezifischen Untersuchung generativen Verhaltens, in: W. Conze (Hg.), Sozialgeschichte der Familie in der Neuzeit Europas, Stuttgart 1976, S. 173 ff.

Dies., Die Arbeiter der Maschinenfabrik Eßlingen, Forschungen zur Lage der Arbeiterschaft im 19. Jahrhundert, Stuttgart 1977 (Industrielle Welt, 24).

Schopenhauer, J., Jugendleben und Wanderbilder, hrsg. von W. Cosack, Danzig 1884.

Schramm, P.E., Hamburg, Deutschland und die Welt, 2. Aufl., Hamburg 1952.

Ders., Neun Generationen, 2 Bde., Göttingen 1963/64.

Schücking, L., Die Familie als Geschmacksträger im 18. Jahrhundert, in: Deutsche Vierteljahrsschrift für Literaturwissenschaft und Geistesgeschichte, Bd. 4 (1926), S. 439 ff.

Ders., Die puritanische Familie, 2. Aufl., Bern 1964.

Schulte, R., Dienstmädchen im herrschaftlichen Haushalt. Zur Genese ihrer Sozialpsychologie, in: Zeitschrift für bayerische Landesgeschichte, Bd. 41 (1978), S. 879 ff.

Dies., Sperrbezirke. Tugendhaftigkeit und Prostitution in der bürgerlichen Welt, Frankfurt 1979.

Dies., Kindsmörderinnen auf dem Lande, Beitrag zur Tagung: Family and Kinship: Material Interest and Emotion, Paris 1980, erscheint in: Emotion und materielle Interessen in Familie und Verwandtschaft. Anthropologische und historische Beiträge zur Familienforschung, hrsg. von H. Medick u. D. Sabean, Göttingen 1982.

Schulze, W., Soziologie und Geschichtswissenschaft. Einführung in die Probleme der Kooperation beider Wissenschaften, München 1974.

Schumann, F., Auslese und Anpassung der Arbeiterschaft in der Automobilindustrie, Leipzig 1911 (Schriften des Vereins für Socialpolitik, Bd. 135, 1).

Schummel, (Joh. Gottlieb), Reise durch Schlesien im Julius und August 1792, Breslau 1792.

Schuster, E., »Was mein einst war«. Bilder aus dem Paradiese meiner vogtländischen Dorfheimat, 2. neubearb. Aufl., Plauen i.V. 1932.

Schwab, D., Art. »Familie«, in: Geschichtliche Grundbegriffe, Bd. 2, Stuttgart 1975, S. 253 ff.

Schwägler, G., Soziologie der Familie. Ursprung und Entwicklung, Tübingen 1970.

Schwarz, K., Die Lage der Handwerksgesellen in Bremen während des 18. Jahrhunderts, Bremen 1975 (Veröffentlichungen aus dem Staatsarchiv der Freien Hansestadt Bremen, Bd. 44).

Schwieger, K., Das Bürgertum in Preußen vor der französischen Revolution, Kieler Diss. 1973.

Stadelmann, R. und W. Fischer, Die Bildungswelt des deutschen Handwerkers um 1800. Studien zur Soziologie des Kleinbürgers im Zeitalter Goethes, Berlin 1955.

Stahl, W., Der Elitekreislauf in der Unternehmerschaft. Eine empirische Untersuchung für den deutschsprachigen Raum, Frankfurt, Zürich 1973.

Staudinger, H. (unter Mitarbeit von F. Seidel), Individuum und Gemeinschaft in der Kulturorganisation des Vereins, Jena 1913 (Schriften zur Soziologie der Kultur, 1).

Stearns, P.N., The Unskilled and Industrialization. A Transformation of Consciousness, in: Archiv für Sozialgeschichte, Bd. 16 (1976), S. 250 ff.

Ders., Adaption to Industrialization: German Workers as a Test Case, in: Central European History, Bd. 3 (1970), S. 303 ff.

Ders., Arbeiterleben. Industrialisierung und Alltag in Europa 1890-1914, Frankfurt, New York 1980.

Steinhausen, G., Häusliches und gesellschaftliches Leben im 19. Jahrhundert, Berlin 1898.

Steinmetz, S.R., Feminismus und Rasse, in: Zeitschrift für Sozialwissenschaft, 7. Jg (1904), S. 751 ff.

Steckl, H., Hausrechtliche Abhängigkeit des Gesindes, in: Beiträge zur Historischen Sozialkunde, 5. Jg. (1975), Nr. 2, S. 34 ff.

Stephan, G., Die häusliche Erziehung in Deutschland während des 18. Jahrhunderts, Wiesbaden 1891.

Stieda, W., Litteratur, heutige Zustände und Entstehung der deutschen Hausindustrie. Leipzig 1889 (Schriften des Vereins für Socialpolitik, Bd. 39).

Stone, L., The Crisis of the Aristocracy 1558-1641, Oxford 1965.

Ders., Family and Fortune: Studies in Aristocratic Finance in the Sixteenth and Seventeenth Centuries, Oxford 1973.

Ders., The Massacre of the Innocents, in: New York Review of Books vom 14. 11. 1974, S. 25 ff.

Ders., The Family, Sex and Marriage in England 1500-1800, London 1977.

Strombeck., F.K. v., Darstellungen aus meinem Leben und meiner Zeit, 1. Theil, Braunschweig 1833.

Stuke, H., Bedeutung und Problematik des Klassenbegriffs, in: U. Engelhard, V. Sellin, H. Stuke (Hg.), Soziale Bewegung und politische Verfassung, Festschrift für W. Conze, Stuttgart 1976, S. 46 ff.

Tadlerinnen, Die vernünftigen, 3. Aufl., Hamburg 1748.

Tenbruck, F.H., Freundschaft: Ein Beitrag zu einer Soziologie der persönlichen Beziehungen, in: Kölner Zeitschrift für Soziologie und

Sozialpsychologie, Bd. 16 (1964), S. 431 ff.

Tenfelde, K., Sozialgeschichte der Bergarbeiterschaft an der Ruhr im 19. Jahrhundert, Bonn, Bad Godesberg 1977 (Schriftenreihe des Forschungsinstituts der Friedrich-Ebert-Stiftung, 125).

Ders., Arbeiterhaushalt und Arbeiterbewegung 1850-1914, in: Sozialwissenschaftliche Informationen für Unterricht und Studium (SOWI), 6. Jg. (1977), S. 160 ff.

Teuteberg, H.-J., Zur Frage des Wandels der deutschen Volksernährung durch die Industrialisierung, in: R. Braun u. a., Gesellschaft in der industriellen Revolution, Köln 1973, S. 321 ff.

Ders., Die Nahrung der sozialen Unterschichten im späten 19. Jahrhundert, in: E.Heischkel-Artelt, Ernährung und Ernährungslehre im 19. Jahrhundert, Göttingen 1976, S. 205 ff. (Studien zur Medizingeschichte im 19. Jahrhundert, 6).

Tews., J., Aus Arbeit und Leben. Erinnerungen und Rückblicke, Berlin, Leipzig 1921.

Theweleit, K., Männerphantasien, Bd.1: Frauen, Fluten, Körper, Geschichte, Hamburg 1980.

Thomas, W.J. und Znaniecki, F., The Polish Peasant in Europe and America, 2 Bde., Neudruck der 2. Aufl., New York 1958.

Thompson, E.P., The Making of the English Working Class, 1. Aufl., London 1963.

Ders., Time, Work-Discipline and Industrial Capitalism, in: Essays in Social History, hrsg. von M.W. Flinn und T.C. Smouth, Oxford 1974.

Thun, A., Die Industrie am Niederrhein und ihre Arbeiter, 2 Bde., Leipzig 1879 (Schmollers staats- und socialwissenschaftliche Forschungen, II, H. 2 und 3).

Titze, H., Die Politisierung der Erziehung. Untersuchungen über die soziale und politische Funktion der Erziehung von der Aufklärung bis zum Hochkapitalismus, Frankfurt 1973.

Tjaden-Steinhauer, M. und K.H. Tjaden, Klassenverhältnisse im Spätkapitalismus. Beitrag zur Analyse der Sozialstruktur unter besonderer Berücksichtigung der BRD, Stuttgart 1973.

Troeltsch, W., Die Calwer Zeughandelskompanie und ihre Arbeiter, Jena 1897.

Tyrell, H., Probleme einer Theorie der gesellschaftlichen Ausdifferenzierung der privatisierten modernen Kernfamilie, in: Zeitschrift für Soziologie, 5. Jg. (1976), S. 393 ff.

Ders., Familie und gesellschaftliche Differenzierung, in: H. Pross (Hg.), Familie – wohin? Leistungen, Leistungsdefizite und Leistungswandlungen der Familie in hochindustrialisierten Gesellschaften, Reinbek 1979, S. 13 ff.

Untersuchungen über die Lage des Handwerks in Deutschland, Leipzig

1895/96 (Schriften des Vereins für Socialpolitik, Bd. 62-70).

Ussel, J. van, Sexualunterdrückung: Geschichte der Sexualfeindschaft, 2. Aufl., Gießen 1977.

Verhältnisse, Die geschlechtlich-sittlichen . . . der evangelischen Landbewohner im Deutschen Reiche, 2 Bde., Leipzig 1895/96.

Vester, M., Die Entstehung des Proletariats als Lernprozeß. Zur Soziologie der Arbeiterbewegung, Frankfurt 1970.

Viebahn, G.v., Statistik des Zollvereins und nördlichen Deutschlands, Teil 1, Berlin 1858, Teil 2, Berlin 1862.

Viersbeck, D., Erlebnisse eines Hamburger Dienstmädchens, München 1910.

Vinnai, G., Sozialpsychologie der Arbeiterklasse. Identitätszerstörung im Erziehungsprozeß, Reinbek 1973.

Voigt-Diederichs, H., Auf Marienhoff. Vom Leben und von der Wärme einer Mutter, Jena 1926.

Wachenheim, H., Vom Großbürgertum zur Sozialdemokratie. Memoiren einer Reformistin. Beihefte zur internationalen wissenschaftlichen Korrespondenz zur Geschichte der Arbeiterbewegung, Bd. 1, Berlin 1973.

Wahl., K., G. Tillmann, M.-S. Honig, L. Gravenhorst, Familien sind anders! Wie sie sich selbst sehen: Anstöße für eine neue Familienpolitik, Reinbek 1980.

Walker, M., German Home Towns. Community, State and General Estate 1648-1871, Ithaka, London 1971.

Wallraf, K.-H., Die »bürgerliche Gesellschaft« im Spiegel deutscher Familienzeitschriften, Diss. Köln 1939.

Weber, A., Das Berufsschicksal der Industriearbeiter, in: Archiv für Sozialwissenschaft und Sozialpolitik, Bd. 34 (1912), S. 377 ff.

Weber, Marianne, Ehefrau und Mutter in der Rechtsentwicklung, Tübingen 1907, Neudruck Aalen 1971.

Dies., Max Weber. Ein Lebensbild, Tübingen 1926.

Weber, Max, Die »Objektivität« sozialwissenschaftlicher Erkenntnis, in: ders., Soziologie. Weltgeschichtliche Analysen. Politik, Stuttgart 1956, S. 186 ff.

Ders., Wahlrecht und Demokratie in Deutschland, in: ders., Gesammelte politische Schriften, 2. erw. Aufl., Tübingen 1958, S. 233 ff.

Ders., Wirtschaft und Gesellschaft, 2 Bde., Köln, Berlin 1964 (Studienausgabe).

Ders., Die protestantische Ethik, München, Hamburg 1965.

Weber-Kellermann, I., Die deutsche Familie, Versuch einer Sozialgeschichte, Frankfurt 1974.

Wehler, H.-U., Das deutsche Kaiserreich 1871-1918, Göttingen 1973 (Deutsche Geschichte, Bd. 9).

Weiße, Chr.F., Der Kinderfreund. Ein Wochenblatt, 3. verb. Aufl., 12

Theile, Leipzig 1780 ff.

Ders., Briefwechsel der Familie des Kinderfreundes, Leipzig 1784 ff.

Ders., Selbstbiographie, hrsg. von Chr. E. Weiße und S.G. Frisch, Leipzig 1806.

Westernhagen, W.v., Leinwandmanufaktur und Leinwandhandel in der Oberlausitz in der zweiten Hälfte des 18. Jahrhunderts und während der Kontinentalsperre, phil. Diss. Leipzig 1932.

Wettstein-Adelt, M., 3 1/2 Monate Fabrikarbeiterin, Berlin 1892.

Wiggershaus, R. (Hg.), George Sand. Geschichte meines Lebens, Frankfurt 1978.

Wikmann, K.R.V., Die Einleitung der Ehe. Eine vergleichend ethnosoziologische Untersuchung über die Vorstufe der Ehe in den Sitten des schwedischen Volkstums, in: Acta Academiae Aboensis Humaniora XI, 1, Abo 1937.

Wissell, R., Des Alten Handwerks Recht und Gewohnheit, 2 Bde. (Neudruck), Berlin 1971/74.

Wittfogel, K.A., Die natürlichen Ursachen der Wirtschaftsgeschichte, in: Archiv für Sozialwissenschaft und Sozialpolitik, Bd. 67 (1932), S. 466 ff.

Ders., Wirtschaftsgeschichtliche Grundlagen der Familienautorität, in: E. Fromm u. a., Studien über Autorität und Familie, Paris 1936, S. 473 ff.

Die Wohnungsnot der ärmeren Klassen in deutschen Großstädten und Vorschläge zu deren Abhilfe, 2 Bde., Leipzig 1886 (Schriften des Vereins für Socialpolitik, Bd. 30, 31).

Wolf, R., Materialien zur Lebensweise der Zwickauer Steinkohlebergarbeiter vom Ausgang des 19. Jahrhunderts bis zur Zeit der Weimarer Republik, in: W. Jacobeit und U. Mohrmann (Hg.), Kultur und Lebensweise des Proletariats, Berlin (Ost) 1973, S. 185 ff.

Wrigley, E.A., Bevölkerungsstruktur im Wandel. Methoden und Ergebnisse der Demographie, München 1969.

Wülker, H., Bauerntum am Rande der Großstadt. Bd. 1: Bevölkerungsbiologie der Dörfer Hainholz, Vahrenwald und List (Hannover), Leipzig 1940.

Wulff, E., Grundfragen transkultureller Psychiatrie, in: Das Argument, Bd. 50/3 (1969), S. 227 ff.

Wunder, G., Die soziale Struktur der Handwerkerschaft in unseren alten Städten, in: E. Maschke und J. Sydow, Städtische Mittelschichten. Protokoll der 8. Arbeitstagung des Arbeitskreises für südwestdeutsche Stadtgeschichtsforschung, Stuttgart 1972, S. 120 ff. (Veröffentlichungen der Kommission für geschichtliche Landeskunde in Baden-Württemberg, Reihe B, Bd. 69).

Ders., Schwäbische Schultheißenfamilien, in: Zeitschrift für Agrargeschichte und Agrarsoziologie, 9. Jg. (1961), S. 203 ff.

Wurst, F. u.a., Entwicklung und Umwelt des Landkindes, Wien, München 1961.

Wurzbacher, G. und R. Pflaum, Das Dorf im Spannungsfeld industrieller Entwicklung, Stuttgart 1954 (Schriftenreihe des UNESCO-Institutes für Sozialwissenschaft, Bd. 1).

Zeldin, Th., France 1848-1945, Bd. 1: Ambition, Love and Politics, Oxford 1973.

Zelter, C.F., Darstellungen seines Lebens. Hrsg. von J.W. Schottländer, Weimar 1931 (Schriften der Goethe-Gesellschaft, 44).

Zietz, L., Aus meinem Leben. Wie wir Kinder den Eltern beim Brotverdienen helfen mußten, in: Die Kämpferin. Zeitschrift für Frauen und Mädchen des werktätigen Volkes. Organ der USPD, 1. Jg. (1919), Nr. 2 (Beilage).

Zimmermann, P., Der Bauernroman, Stuttgart 1975.

Zorn, W., Eine Wirtschaftskarte Deutschlands um 1820 als Spiegel der gewerblichen Entwicklung, in: F.Lütge (Hg.), Wirtschaftliche und soziale Probleme der gewerblichen Entwicklung im 15. - 16. und 19. Jahrhundert, Stuttgart 1968 (Forschungen zur Wirtschafts- und Sozialgeschichte, 10).

Ders., Gewerbe und Handel 1648-1800, in: Handbuch der deutschen Wirtschafts- und Sozialgeschichte, Bd. 1, Stuttgart 1971, S. 531 ff.

Zunkel, F., Der rheinisch-westfälische Unternehmer 1834-79. Ein Beitrag zur Geschichte des deutschen Bürgertums im 19. Jahrhundert, Köln, Opladen 1962 (Dortmunder Schriften zur Sozialforschung, 19).

Register

Das Register ist nur als *Ergänzung* des detaillierten Inhaltsverzeichnisses konzipiert worden.

205/3/8.92

205/5/8.92

suhrkamp taschenbücher wissenschaft
Soziologie, Theorie der Gesellschaft

Über sämtliche bis Mai 1992 erschienenen suhrkamp taschenbücher wissenschaft (stw) informiert Sie das Verzeichnis der Bände 1 – 1000 (stw 1000) ausführlich. Sie erhalten es in Ihrer Buchhandlung.

205/6/8.92